Manual de Nefrologia

Nota: A medicina é uma ciência em constante evolução. À medida que novas pesquisas e experiências ampliam os nossos conhecimentos, são necessárias mudanças no tratamento clínico e medicamentoso. Os autores e o editor fizeram verificações junto a fontes que se acredita sejam confiáveis, em seus esforços para proporcionar informações acuradas e, em geral, de acordo com os padrões aceitos no momento da publicação. No entanto, em vista da possibilidade de erro humano ou mudanças nas ciências médicas, nem os autores e o editor nem qualquer outra parte envolvida na preparação ou publicação deste livro garantem que as instruções aqui contidas são, em todos os aspectos, precisas ou completas, e rejeitam toda a responsabilidade por qualquer erro ou omissão ou pelos resultados obtidos com o uso das prescrições aqui expressas. Incentivamos os leitores a confirmar as nossas indicações com outras fontes. Por exemplo e em particular, recomendamos que verifiquem as bulas em cada medicamento que planejam administrar para terem a certeza de que as informações contidas nesta obra são precisas e de que não tenham sido feitas mudanças na dose recomendada ou nas contraindicações à administração. Esta recomendação é de particular importância em conjunto com medicações novas ou usadas com pouca frequência.

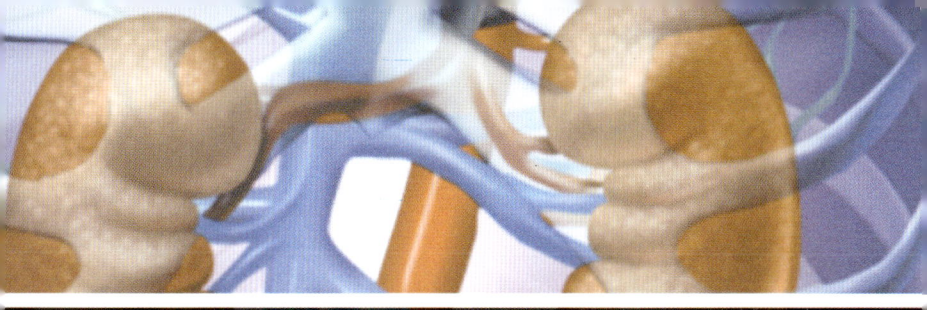

Manual de Nefrologia

OITAVA EDIÇÃO

Robert W. Schrier, MD
Professor Emeritus
Division of Renal Disease and Hypertension
University of Colorado Health Sciences Center
Aurora, Colorado

Revisão Técnica
Maurício Lutzky
Médico-Nefrologista do Serviço de Nefrologia do Hospital Moinhos de Vento, RS
Residência em Medicina Interna pelo Hospital de Clínicas de Porto Alegre, RS
Residência em Nefrologia pelo Hospital São Lucas da
Pontifícia Universidade Católica do Rio Grande do Sul (PUCRS)
Mestrado em Clínica Médica com ênfase em Nefrologia pela
Pontifícia Universidade Católica do Rio Grande do Sul (PUCRS)
Graduação em Medicina pela Pontifícia Universidade Católica do Rio Grande do Sul (PUCRS)

REVINTER

Manual de Nefrologia, Oitava Edição
Copyright © 2017 by Livraria e Editora Revinter Ltda.

ISBN 978-85-372-0678-2

Todos os direitos reservados.
É expressamente proibida a reprodução
deste livro, no seu todo ou em parte,
por quaisquer meios, sem o consentimento,
por escrito, da Editora.

Tradução:
NELSON GOMES DE OLIVEIRA
Médico, Tradutor, RJ

Revisão Técnica:
MAURÍCIO LUTZKY
Médico-Nefrologista do Serviço de Nefrologia do Hospital Moinhos de Vento – Porto Alegre, RS
Residência em Medicina Interna pelo Hospital de Clínicas de Porto Alegre, RS
Residência em Nefrologia pelo Hospital São Lucas da Pontifícia Universidade Católica do Rio Grande do Sul (PUCRS)
Mestrado em Clínica Médica com ênfase em Nefrologia pela Pontifícia Universidade Católica do Rio Grande do Sull (PUCRS)
Graduado em Medicina pela Pontifícia Universidade Católica do Rio Grande do Sul (PUCRS)

CIP-BRASIL. CATALOGAÇÃO NA PUBLICAÇÃO
SINDICATO NACIONAL DOS EDITORES DE LIVROS, RJ

S41m
8.ed.

    Schrier, Robert W.
    Manual de nefrologia/Robert W. Schrier; tradução Nelson Gomes de Oliveira. – 8. ed. – Rio de Janeiro: Revinter, 2017.

    il.

    Tradução de: Manual of nephrology
    Inclui bibliografia e índice
    ISBN 978-85-372-0678-2

    1. Nefrologia. I. Oliveira, Nelson Gomes de. II. Título.

16-34604   CDD: 616.61
                              CDU: 616.61

A Lippincott Williams & Wilkins/Wolters Kluwer Health não teve participação na tradução desta obra.

Título original:
Manual of Nephrology, Eighth Edition.
Copyright © 2015 by Wolters Kluwer Health
ISBN – 13: 978-1-4511-9295-7
ISBN – 10: 1-4511-9295-9

Livraria e Editora REVINTER Ltda.
Rua do Matoso, 170 – Tijuca
20270-135 – Rio de Janeiro – RJ
Tel.: (21) 2563-9700 – Fax: (21) 2563-9701
livraria@revinter.com.br – www.revinter.com.br

Prefácio

A oitava edição do *Manual de Nefrologia* continua focada nos aspectos clínicos práticos do diagnóstico e tratamento de pacientes com distúrbios eletrolíticos e acidobásicos, infecções do trato urinário, cálculos renais, glomerulonefrite e vasculite, insuficiência renal aguda ou crônica, hipertensão, hipertensão e doença renal na gravidez, e posologia de drogas com comprometimento renal. Em consequência do crescente número de pacientes com doença renal terminal (ESRD), há capítulos separados sobre tratamento por terapia de substituição renal crônica com diálise e transplante renal. O *Manual de Nefrologia* continua a ser de excelente valor clínico para os profissionais de saúde que encontrarem pacientes com as doenças acima. Isto incluiria os médicos do hospital, estudantes de medicina, médicos de atenção primária, colegas de nefrologia, enfermeiras clínicas e outros especialistas envolvidos com a nefrologia.

Sou muito agradecido pelas eminentes contribuições dos autores que aplicaram todos os seus esforços para atualizar cada capítulo com os avanços recentes no diagnóstico e tratamento do espectro das doenças hipertensivas e renais. Há novos autores principais de oito capítulos que são proeminentes clínicos-educadores. O *Manual de Nefrologia* é dedicado ao Professor Hugh de Wardener, que perdemos recentemente com a idade de 97 anos. Ele trouxe enormes contribuições aos campos da hipertensão e nefrologia como clínico, cientista e educador durante mais de 60 anos.

Robert W. Schrier, MD

Colaboradores

Phyllis August, MD
Professor of Medicine and Obstetrics and Gynecology
Weill Medical College of Cornell University
New York, New York

William M. Bennett, MD
Professor of Medicine (Retired)
Department of Medicine
Oregon Health and Science University
Medical Director
Transplant Services
Legacy Good Samaritan Medical Center
Portland, Oregon

Tomas Berl, MD
Professor
Department of Medicine
Division of Renal Diseases and Hypertension
University of Colorado Health Sciences Center
University of Colorado Hospital
Aurora, Colorado

Judy Blaine, MD
Assistant Professor
Department of Medicine
Division of Renal Diseases and Hypertension
University of Colorado Health Sciences Center
University of Colorado Hospital
Aurora, Colorado

Godela M. Brosnahan, MD
Associate Professor
Department of Medicine
Division of Renal Diseases and Hypertension
University of Colorado Health Sciences Center
University of Colorado Hospital
Aurora, Colorado

Laurence Chan, MD
Professor
Department of Medicine
Division of Renal Diseases and Hypertension
University of Colorado Health Sciences Center
University of Colorado Hospital
Aurora, Colorado

Michel Chonchol, MD
Professor
Department of Medicine
Division of Renal Diseases and Hypertension
University of Colorado Health Sciences Center
University of Colorado Hospital
Aurora, Colorado

James E. Cooper, MD
Assistant Professor
Department of Medicine
Division of Renal Diseases and Hypertension
University of Colorado Health Sciences Center
University of Colorado Hospital
Aurora, Colorado

Charles L. Edelstein, MD, PhD
Professor
Department of Medicine
Division of Renal Diseases and Hypertension
University of Colorado Health Sciences Center
University of Colorado Hospital
Aurora, Colorado

David H. Ellison, MD
Professor of Medicine
Head, Division of Nephrology and Hypertension
Oregon Health and Science University
Portland, Oregon

Colaboradores

Sarah Faubel, MD
Associate Professor
Department of Medicine
Division of Renal Diseases and Hypertension
University of Colorado Health Sciences Center
University of Colorado Hospital
Aurora, Colorado

Seth Furgeson, MD
Assistant Professor
Department of Medicine
Division of Renal Diseases and Hypertension
University of Colorado Health Sciences Center
University of Colorado Hospital
Aurora, Colorado

Diana I. Jalal, MD
Associate Professor
Department of Medicine
Division of Renal Diseases and Hypertension
University of Colorado Health Sciences Center
University of Colorado Hospital
Aurora, Colorado

William D. Kaehny, MD
Professor
Department of Medicine
Division of Renal Diseases and Hypertension
University of Colorado Health Sciences Center
University of Colorado Hospital
Aurora, Colorado

Jessica B. Kendrick
Assistant Professor
Department of Medicine
Division of Renal Diseases and Hypertension
University of Colorado Health Sciences Center
University of Colorado Hospital
Aurora, Colorado

Marilyn E. Levi, MD
Associate Professor
Department of Medicine
Division of Infectious Diseases
University of Colorado Health Sciences Center
University of Colorado Hospital
Aurora, Colorado

Stuart L. Linas, MD
Professor
Department of Medicine
Division of Renal Diseases and Hypertension
University of Colorado Health Sciences Center
University of Colorado Hospital
Aurora, Colorado

Charles R. Nolan, MD
Professor of Medicine
University of Texas Health Sciences Center at San Antonio
San Antonio, Texas

Ali Olyaei, PharmD
Professor
School of Medicine
Division of Nephrology and Hypertension
Oregon Health and Science University
Portland, Oregon
College of Pharmacy
Department of Pharmacy Practice
Oregon State University
Corvallis, Oregon

Sarah E. Panzer, MD
Assistant Professor
Department of Medicine
Division of Nephrology
University of Wisconsin Madison
Madison, WI

Jeffrey G. Penfield, MD
Associate Professor
Department of Medicine
Division of Nephrology
University of Texas Southwestern Medical Center
VA North Texas Health Care System
Dallas, Texas

Robert F. Reilly, MD
Professor
Department of Medicine
Division of Nephrology
University of Texas Southwestern Medical Center
VA North Texas Health Care System
Dallas, Texas

L. Barth Reller, MD
Professor of Medicine and Pathology
Department of Medicine and Pathology
Duke University Medical Center
Durham, North Carolina

Robert W. Schrier, MD
Professor Emeritus
Department of Medicine
Division of Renal Diseases and Hypertension
University of Colorado Health Sciences Center
University of Colorado Hospital
Aurora, Colorado

Jie Tang, MD, MSc, MPH
Assistant Professor
Department of Medicine
Division of Renal Diseases and Hypertension
University of Colorado Health Sciences Center
University of Colorado Hospital
Aurora, Colorado

Isaac Teitelbaum
Professor
Department of Medicine
Division of Renal Diseases and Hypertension
University of Colorado Health Sciences Center
University of Colorado Hospital
Aurora, Colorado

Joshua M. Thurman, MD
Associate Professor
Department of Medicine
Division of Renal Diseases and Hypertension
University of Colorado Health Sciences Center
University of Colorado Hospital
Aurora, Colorado

Alexander Wiseman, MD
Professor
Department of Medicine
Division of Renal Diseases and Hypertension
University of Colorado Health Sciences Center
University of Colorado Hospital
Aurora, Colorado

Sumário

1 Paciente Edemaciado: Insuficiência Cardíaca, Cirrose e Síndrome Nefrótica.................................... 1
Robert W. Schrier ▪ David H. Ellison

2 Paciente com Hiponatremia ou Hipernatremia 28
Robert W. Schrier ▪ Tomas Berl

3 Paciente com Hipopotassemia ou Hiperpotassemia.................... 48
Jie Tang ▪ Stuart L. Linas

4 Paciente com Distúrbio Acidobásico 62
William D. Kaehny

5 Paciente com Distúrbios do Cálcio e Fósforo Séricos................... 79
Jeffrey G. Penfield ▪ Robert F. Reilly

6 Paciente com Cálculos Renais..................................... 106
Robert F. Reilly

7 Paciente com Infecção do Trato Urinário 125
Jessica B. Kendrick ▪ L. Barth Reller ▪ Marilyn E. Levi

8 Paciente com Hematúria, Proteinúria, ou ambas, e Achados Anormais na Microscopia Urinária 158
Godela M. Brosnahan

9 Paciente com Doença Glomerular ou Vasculite 180
Sarah E. Panzer ▪ Joshua M. Thurman

10 Paciente com Lesão Renal Aguda.................................. 201
Sarah Faubel ▪ Charles L. Edelstein

11 Paciente com Doença Renal Crônica............................... 241
Michel Chonchol ▪ Jessica B. Kendrick

12 Paciente Recebendo Substituição Renal Crônica com Diálise............ 253
Seth Furgeson ▪ Isaac Teitelbaum

13 Paciente com Transplante Renal 263
James E. Cooper ▪ *Laurence Chan* ▪ *Alexander Wiseman*

14 Paciente com Doença Renal e Hipertensão na Gravidez 286
Phyllis August ▪ *Diana I. Jalal* ▪ *Judy Blaine*

15 Paciente com Hipertensão 318
Seth Furgeson ▪ *Charles R. Nolan* ▪ *Robert W. Schrier*

16 Diretrizes Práticas para Posologia de Drogas em
Pacientes com Função Renal Prejudicada 351
Ali Olyaei ▪ *William M. Bennett*

Índice Remissivo 409

Manual de Nefrologia

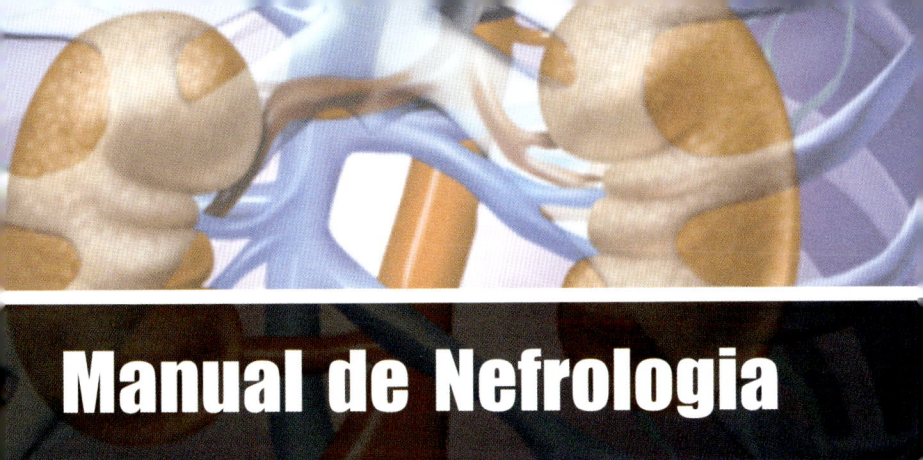

1

Paciente Edemaciado: Insuficiência Cardíaca, Cirrose e Síndrome Nefrótica

Robert W. Schrier ■ David H. Ellison

I. **DISTRIBUIÇÃO DOS LÍQUIDOS CORPORAIS.** Dos líquidos totais no corpo humano, dois terços residem no interior da célula (*i. e.*, líquido intracelular) e um terço reside fora das células [*i. e.*, líquido extracelular (ECF)]. O paciente com edema generalizado tem um excesso de ECF. O ECF reside em duas localizações: no compartimento vascular (líquido plasmático) e entre as células do corpo, mas fora do compartimento vascular (líquido intersticial). No compartimento vascular, aproximadamente 85% do líquido reside no lado venoso da circulação e 15% no lado arterial (Quadro 1-1). Um excesso de líquido intersticial constitui edema. Ao aplicar pressão digital, o líquido intersticial pode geralmente ser movido da área de pressão, deixando uma depressão; isto é descrito como edema *de cacifo*. Isto demonstra que o líquido intersticial em excesso pode-se mover livremente dentro do seu espaço entre as células do corpo. Se a pressão digital não causar cacifo no paciente edematoso, então o líquido intersticial não pode-se mover livremente. Esse edema que não forma cacifo pode ocorrer com obstrução linfática (*i. e.*, linfedema) ou fibrose regional do tecido subcutâneo, que pode ocorrer com estase venosa crônica.

Embora edema generalizado sempre signifique um excesso de ECF, especificamente no compartimento intersticial, o volume intravascular pode estar diminuído, normal ou aumentado. Por exemplo, uma vez que dois terços do ECF residem no espaço intersticial e apenas um terço no compartimento intravascular, uma elevação no volume total do ECF pode ocorrer como consequência de excesso de líquido intersticial (*i. e.*, edema generalizado) embora o volume intravascular esteja diminuído.

A. **A lei de Starling** afirma que a taxa de movimento de líquido através de uma parede capilar é proporcional à permeabilidade hidráulica do capilar, à diferença de pressão hidrostática transcapilar, e à diferença de pressão oncótica transcapilar. Como mostrado na Figura 1-1, em condições normais, o líquido sai do capilar na extremidade arterial porque a diferença de pressão hidrostática transcapilar favorecendo transudação excede a diferença de pressão oncótica transcapilar, que favorece reabsorção de líquido. Em contrapartida, o líquido retorna ao capilar na extremidade venosa porque a diferença de pressão oncótica transcapilar excede a diferença de pressão hidrostática. Uma vez que a albumina sérica é o principal determinante da pressão oncótica capilar, que atua para manter o líquido no capilar, a hipoalbuminemia pode levar ao excesso de transudação de líquido do compartimento vascular para o intersticial. Embora pudesse se esperar que a hipoalbuminemia levasse comumente a edema, diversos fatores atuam para reduzir os efeitos da hipoalbuminemia sobre a transudação de líquido. Primeiro, um aumento na transudação tende a diluir o líquido intersticial, desse modo reduzindo a concentração de proteína intersticial. Segundo, aumentos no volume líquido intersticial aumentam a

Quadro 1-1	Distribuição dos Líquidos Corporais	
Compartimento	Quantidade	Volume (L) no Homem de 70 kg
Líquido corporal total	60% do peso corporal	42,0
Líquido intracelular	40% do peso corporal	28,0
Líquido extracelular (ECF)	20% do peso corporal	14,0
Líquido intersticial	Dois terços do ECF	9,4
Líquido plasmático	Um terço do ECF	4,6
Líquido venoso	85% do líquido plasmático	3,9
Líquido arterial	15% do líquido plasmático	0,7

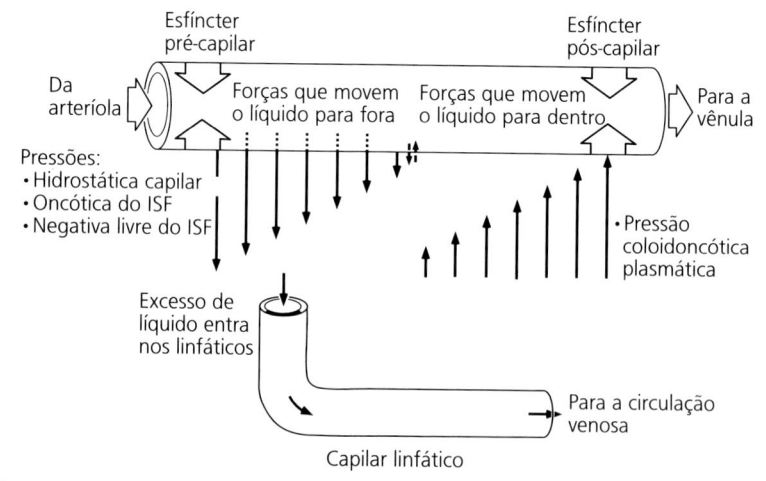

Figura 1-1. Efeito das forças de Starling sobre o movimento de líquido através da parede capilar. ISF, líquido intersticial.

pressão hidrostática intersticial. Terceiro, o fluxo linfático para dentro das veias jugulares, que traz de volta o líquido transudado para a circulação, aumenta. De fato, na cirrose, na qual a fibrose hepática causa altas pressões hidrostáticas capilares em associação à hipoalbuminemia, o fluxo linfático pode aumentar 20 vezes, para 20 L/dia, reduzindo a tendência a acumular líquido intersticial. Quando estes fatores redutores são superados, a acumulação de líquido intersticial pode levar ao edema. Isto geralmente ocorre quando a concentração de albumina sérica é < 2,0 g/L, e, assim, a pressão oncótica é muito baixa. Outro fator que deve ser mantido em mente como causa de edema é um aumento na permeabilidade da parede capilar (um aumento na condutividade hidráulica). Este aumento é a causa do edema associado a reações de hipersensibilidade e ao edema angioneurótico, e pode ser um fator no edema associado a diabetes melito e edema cíclico idiopático.

B. Estes comentários se referem a **edema generalizado** (*i. e.*, um aumento no líquido intersticial corporal total), mas deve ser assinalado que esse edema pode ainda ter uma **predileção por áreas específicas** do corpo por várias razões. No caso de cirrose, a formação de edema tem uma predileção pela cavidade abdominal por causa da hipertensão portal como já foi mencionado. Com as horas normais de postura ereta, uma acumulação do líquido de edema nas extremidades inferiores deve ser esperada, enquanto horas excessivas de repouso no leito na posição supina predispõem à acumulação de edema nas áreas sacrais e periorbitárias do corpo. O médico deve estar atento para a presença potencial de edema localizado, o qual deve ser diferenciado de edema generalizado.

C. Embora o edema generalizado possa ter uma predileção por certos locais do corpo, ele é, contudo, um **fenômeno corporal total** de líquido intersticial excessivo. Edema localizado, por outro lado, é causado por fatores locais e por essa razão não é um fenômeno corporal total. Obstrução venosa, como pode ocorrer com tromboflebite, pode causar edema localizado de uma extremidade inferior. Obstrução linfática (p. ex., por neoplasia) também pode causar uma acumulação excessiva de líquido intersticial e, por essa razão, edema localizado. O exame físico de um paciente com edema de tornozelos deve, portanto, incluir uma procura de incompetência venosa (p. ex., veias varicosas) e de evidência de doença linfática. Deve-se reconhecer, no entanto, que doença venosa profunda pode não ser detectável ao exame físico e por essa razão pode necessitar outras abordagens diagnósticas (p. ex., ultrassonografia não invasiva). Por essa razão, se a doença venosa for bilateral, o médico pode erroneamente procurar causas de edema generalizado (p. ex., insuficiência cardíaca e cirrose), quando de fato o edema de tornozelos bilateral é decorrente de fatores locais. Obstrução linfática pélvica (p. ex., neoplasia) também pode causar edema de extremidades inferiores bilateral e, desse modo, imitar edema generalizado. Trauma, queimadura, inflamação e celulite são outras causas de edema localizado.

II. **REGULAÇÃO DO VOLUME LÍQUIDO DO CORPO.** O paciente edemaciado há muito tempo tem representado um desafio na compreensão da regulação do volume líquido corporal. No indivíduo hígido, se o ECF for aumentado pela administração de soro fisiológico (solução de cloreto de sódio isotônica), o rim excretará a quantidade excessiva de sódio e água, desse modo retornando o volume do ECF ao normal. Esse papel importante do rim na regulação do volume tem sido reconhecido há muitos anos. O que não foi compreendido, no entanto, é por que os rins continuam a reter sódio e água no paciente edemaciado. É compreensível que quando está presente doença renal, e a função renal está marcadamente prejudicada (*i. e.*, insuficiência renal aguda ou crônica), o rim continua a reter sódio e água até mesmo a um grau que causa hipertensão e edema pulmonar. Causam muito mais perplexidade as circunstâncias nas quais se sabe que os rins são normais e, todavia, continuam a reter sódio e água apesar do aumento do ECF e da formação de edema (p. ex., cirrose e insuficiência cardíaca congestiva). Por exemplo, se os rins de um paciente cirrótico forem transplantados para um paciente com doença renal terminal, mas sem doença hepática, retenção excessiva de sódio e água não ocorre mais. Conclui-se, portanto, que nem o ECF total nem o seu componente intersticial, ambos os quais estão aumentados no paciente com edema generalizado, é o modulador da excreção renal de sódio e água. Em vez disso, como Peters sugeriu em 1950, algum outro compartimento líquido do corpo, não o ECF total ou o volume líquido intersticial, deve ser o regulador da excreção renal de sódio e água.

A. O termo *volume sanguíneo efetivo* foi cunhado para descrever este compartimento não definido, enigmático, de líquido do corpo que sinaliza para o rim, através de vias desconhecidas, para reter sódio e água apesar de uma expansão do ECF total. Que o rim deve estar respondendo ao débito cardíaco foi sugerido, fornecendo uma explicação para a retenção de sódio e água na insuficiência cardíaca de baixo débito. Esta ideia, no entanto, não forneceu uma explicação universal para edema generalizado, pois muitos pacientes com cirrose descompensada, que estavam retendo avidamente sódio e água, demonstraram ter débito cardíaco normal ou elevado.

B. **Volume plasmático ou sanguíneo total** foi a seguir considerado como um possível candidato ao volume sanguíneo efetivo modulando a excreção renal de sódio e água. Entretanto, logo ficou aparente que volumes plasmático e sanguíneo aumentados estavam frequentemente presentes nos estados de retenção renal de sódio e água, como insuficiência cardíaca congestiva e cirrose. O componente venoso do plasma na circulação também foi proposto como o modulador da excreção renal de sódio e água, e desse modo da regulação de volume, porque é sabido que uma elevação na pressão atrial esquerda causa uma diurese de água e natriurese, mediadas, em parte, por uma supressão da vasopressina e uma diminuição na resistência vascular renal neuralmente mediada. Uma elevação na pressão atrial direita e esquerda também mostrou causar uma elevação no peptídeo natriurético atrial. Entretanto, apesar destes efeitos no lado venoso de baixa pressão da circulação, retenção renal de sódio e água são marcas características de insuficiência cardíaca congestiva, uma situação na qual as pressões nos átrios e no componente venoso da circulação estão rotineiramente aumentadas.

C. A **parte arterial dos líquidos corporais** (Quadro 1-1) é o componente restante que pode ser central na regulação da excreção renal de sódio e água. Mais recentemente, a relação entre o débito cardíaco e a resistência arterial sistêmica [o volume sanguíneo arterial efetivo (EABV)] foi proposta como um regulador predominante da reabsorção renal de sódio e água. Esta relação estabelece o "enchimento" da árvore vascular arterial. Neste contexto, uma diminuição primária no débito cardíaco ou vasodilatação arterial sistêmica, ou uma combinação dessas, pode causar subenchimento arterial e, desse modo, dar início e sustentar um estado de retenção renal de sódio e água, o qual leva ao edema generalizado. Os estados de retenção de sódio e água que são iniciados por um declínio no débito cardíaco estão mostrados na Figura 1-2 e incluem (a) depleção do volume do ECF (p. ex., diarreia, vômito e hemorragia); (b) insuficiência cardíaca de baixo débito, tamponamento pericárdico e pericardite constritiva; (c) depleção de volume intravascular secundária a perda de proteína e hipoalbuminemia (p. ex., síndrome nefrótica, queimaduras ou outras dermatopatias perdedoras de proteína, e enteropatia perdedora de proteína); e (d) permeabilidade capilar aumentada (síndrome de escape capilar). As causas de retenção aumentada de sódio e água levando a edema generalizado que são iniciadas por vasodilatação arterial sistêmica primária

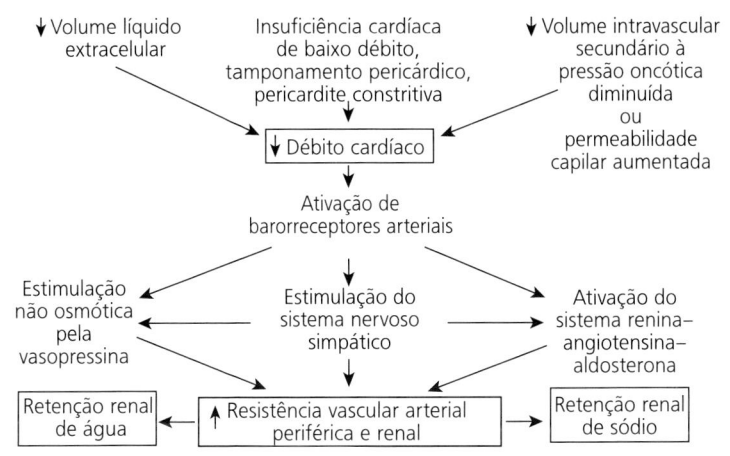

Figura 1-2. Débito cardíaco diminuído como o precipitante do subenchimento arterial. (Adaptada de Schrier RW. A unifying hypothesis of body fluid volume regulation. *J R Coll Physicians Lond* 1992;26:296. Reimpressa com permissão.)

são igualmente numerosas e estão mostradas na Figura 1-3. Anemia grave, beribéri, doença de Paget e tireotoxicose são causas de insuficiência cardíaca de alto débito que podem levar à retenção de sódio e água pelo rim normal. Uma fístula arteriovenosa grande e larga, cirrose hepática, sepse, gravidez e drogas vasodilatadoras (p. ex., minoxidil ou hidralazina) são outras causas de vasodilatação arterial sistêmica que causam subenchimento arterial e diminuem a excreção renal de sódio e água.

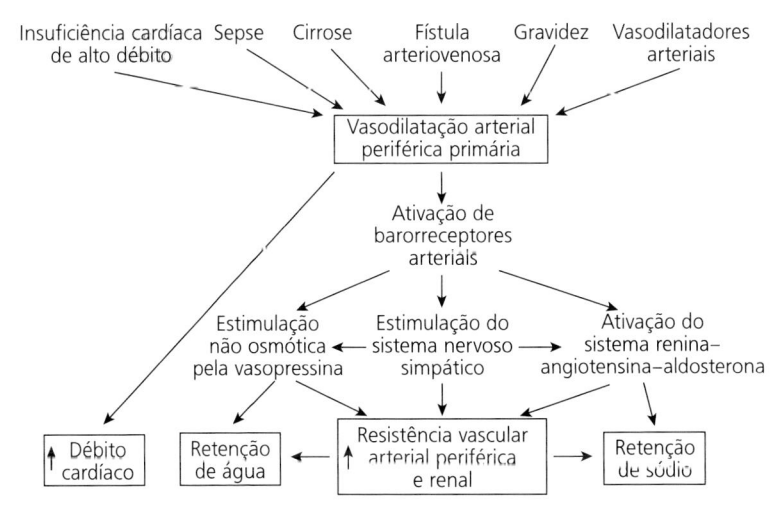

Figura 1-3. Vasodilatação arterial sistêmica como o precipitante do subenchimento arterial. (Adaptada de Schrier RW. A unifying hypothesis of body fluid volume regulation. *J R Coll Physicians Lond* 1992;26:296. Reimpressa com permissão.)

D. Dois importantes **processos compensatórios** protegem contra o subenchimento arterial, conforme definido pela inter-relação do débito cardíaco e a resistência vascular arterial sistêmica. Um processo compensatório é muito rápido e consiste em uma resposta neuro-humoral e hemodinâmica sistêmica. O outro é mais lento e envolve retenção renal de sódio e água. No paciente edematoso, estas respostas compensadoras ocorreram em graus variados dependendo do ponto no tempo em que o paciente é visto durante o seu curso clínico. Em virtude da ocorrência das respostas compensadoras hemodinâmicas rápidas, a pressão arterial média é um mau índice da integridade da circulação arterial. Quer uma queda primária no débito cardíaco, quer vasodilatação arterial sistêmica seja o fator inicial do subenchimento arterial, as respostas compensatórias são bastante similares. Conforme representado nas Figuras 1-2 e 1-3, a resposta neuro-humoral comum a um EABV diminuído envolve a estimulação das três vias vasoconstritoras, a saber, o sistema nervoso simpático, angiotensina e vasopressina. Em adição aos efeitos diretos, o sistema nervoso simpático também aumenta a angiotensina e a vasopressina porque aumentos no estímulo hipotalâmico simpático e estimulação β-adrenérgica através dos nervos renais são componentes importantes da liberação não osmótica aumentada de vasopressina e estimulação da secreção de renina, respectivamente. Com uma queda primária no débito cardíaco ou vasodilatação arterial sistêmica primária, aumentos secundários na resistência vascular arterial sistêmica ou no débito cardíaco ocorrem, respectivamente, para sustentar agudamente a pressão arterial. Esta compensação rápida concede tempo para que ocorra a mais lenta retenção renal de sódio e água, e atenue ainda mais o subenchimento circulatório arterial. Com uma diminuição no volume do ECF, tal como ocorre com perdas gastrointestinais agudas, retenção suficiente de sódio e água pode ocorrer para restaurar o débito cardíaco ao normal e, portanto, terminar a retenção renal de sódio e água antes que se forme edema. Esse pode não ser o caso com insuficiência cardíaca de baixo débito porque mesmo estas respostas compensatórias podem não restaurar o débito cardíaco totalmente ao normal.

1. Por essas razões, os **mecanismos neuro-humoral** e de **retenção renal de sódio e água** persistem como processos compensatórios importantes para manter EABV. Entretanto, nem os mecanismos compensatórios agudos nem os crônicos têm sucesso em restaurar a contratilidade cardíaca ou reverter o tamponamento cardíaco ou o tamponamento pericárdico constritivo. Retenção compensatória renal de sódio e água ocorre com um aumento do lado venoso da circulação à medida que melhora o enchimento vascular arterial, mas não retorna ao normal. A elevação resultante na pressão venosa aumenta a pressão hidrostática capilar e, desse modo, a transudação de fluido para dentro do líquido intersticial, com resultante formação de edema. Na hipoalbuminemia e na síndrome de escape capilar, transudação excessiva de líquido ocorre através do leito capilar e também impede a restauração do débito cardíaco; por essas razões, ocorre retenção contínua de sódio e água, e causa formação de edema.

2. **Vasodilatação arterial sistêmica,** outro grande fator de início do subenchimento arterial, geralmente, também não pode ser totalmente revertida pelos mecanismos de compensação e, portanto, pode levar à formação de edema. Vasodilatação arterial sistêmica resulta em dilatação dos esfíncteres

arteriolares pré-capilares, desse modo aumentando a pressão hidrostática capilar e provavelmente a área de superfície capilar. Uma proporção maior de sódio e água retidos é por essa razão transudada através do leito capilar para dentro do interstício nestes distúrbios edematosos (Fig. 1-3).

E. Outra razão pela qual baixo débito cardíaco ou vasodilatação arterial sistêmica pode levar à formação de edema é a incapacidade dos pacientes com estes distúrbios, em comparação com indivíduos hígidos, para escaparem do **efeito retentor de sódio da aldosterona** (Fig. 1-4). No indivíduo hígido recebendo grandes doses exógenas de aldosterona ou outro hormônio mineralocorticoide, o aumento do ECF é associado a uma elevação na taxa de filtração glomerular e uma diminuição na reabsorção de sódio e água tubular proximal, o que conduz a um aumento no fornecimento de sódio e água ao local de ação da aldosterona no néfron distal. Este aumento no aporte de sódio distal constitui o principal mediador do escape do efeito de retenção de sódio dos mineralocorticoides em indivíduos hígidos, desse modo evitando formação de edema. Em contraste, em pacientes com cirrose ou insuficiência cardíaca, a vasoconstrição renal que acompanha a resposta neuro-humoral compensatória ao subenchimento arterial é associada a uma diminuição no aporte distal de sódio e água ao local de ação da aldosterona no néfron distal. Esta diminuição no fornecimento distal,

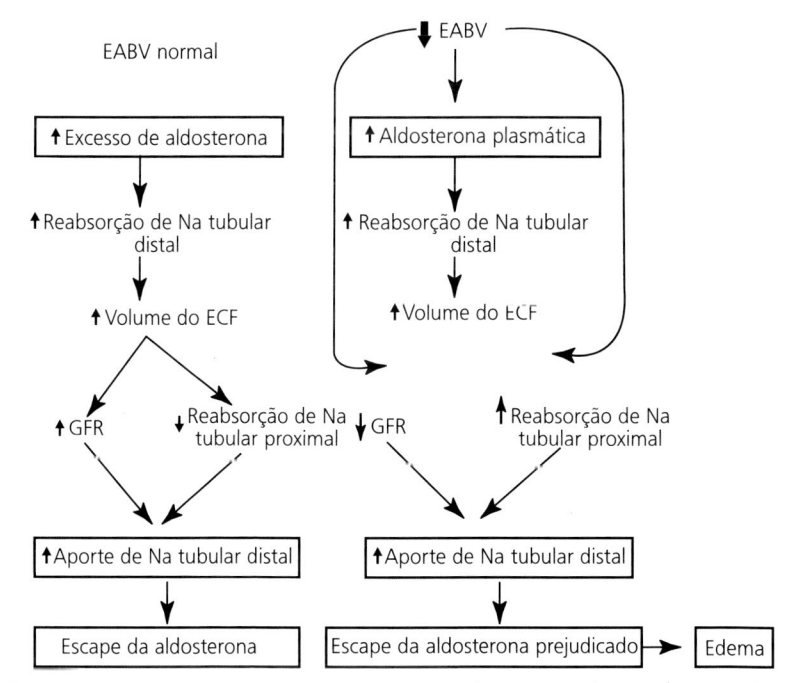

Figura 1-4. Escape da aldosterona em um indivíduo hígido (lado esquerdo) e falha do escape da aldosterona em pacientes com subenchimento arterial (lado direito). (EABV, volume sanguíneo arterial efetivo; ECF, líquido extracelular; GFR, taxa de filtração glomerular.) (Adaptada de Schrier RW. Body fluid regulation in health and disease: a unifying hypothesis. *Ann Intern Med* 1990;113:155-159. Adaptada com permissão.)

que ocorre, principalmente, por causa de uma queda na taxa de filtração glomerular e um aumento na reabsorção de sódio tubular proximal, resulta em uma falha em escapar da ação da aldosterona e, por essa razão, causa formação de edema. A importância da hemodinâmica renal, particularmente a taxa de filtração glomerular no fenômeno de escape da aldosterona, é enfatizada pela observação de que na gravidez, um estado de vasodilatação arterial primária, o escape da aldosterona ocorre apesar de subenchimento arterial por causa de um aumento associado de 30% a 50% na taxa de filtração glomerular. Ainda permanece por ser determinado por que razão a gravidez é associada a este grande aumento na taxa de filtração glomerular, que ocorre dentro de 2 a 4 semanas da concepção. Entretanto, há evidência de que um aumento na relaxina pode estar envolvido. O aumento na taxa de filtração não pode ser decorrente do aumento do volume plasmático, porque isto não ocorre até várias semanas após a concepção. A maior carga de sódio filtrada, ou seja, a carga aumentada distal de sódio na gravidez, sem dúvida permite o escape do efeito retentor de sódio da aldosterona, que é elevada na gravidez normal. A ocorrência do escape da aldosterona na gravidez atenua a formação de edema quando comparada com outros distúrbios edematosos.

III. TRATAMENTO DIETÉTICO E DIURÉTICO DO EDEMA: PRINCÍPIOS GERAIS.

A ingesta de sódio diária nos Estados Unidos é tipicamente de 4 a 6 g [1 g de sódio contém 43 mEq; 1 g de cloreto de sódio (NaCl) contém 17 mEq de sódio]. Ao não usar sal adicionado às refeições, a ingesta de sódio diária pode ser reduzida a 4 g (172 mEq), enquanto uma dieta "com pouco sal" típica contém 2 g (86 mEq). Dietas que são ainda mais baixas em conteúdo de NaCl podem ser prescritas, mas muitos indivíduos as acham impalatáveis. Se forem usados substitutos do sal, é importante lembrar que estes contêm cloreto de potássio; por essa razão, diuréticos poupadores de potássio (i. e., espironolactona, eplerenona, triantereno e amilorida) não devem ser usados com substitutos de sal. Outras drogas que aumentam a concentração de potássio sérico devem também ser usadas com cautela na presença de ingestão de substituto de sal [i. e., inibidores da enzima conversora de angiotensina, bloqueadores dos receptores à angiotensina, β-bloqueadores e drogas anti-inflamatórias não esteroides (NSAIDs)]. Ao prescrever terapia dietética para um paciente edemaciado, é importante enfatizar que é necessária restrição de NaCl, mesmo se drogas diuréticas forem empregadas. A potência terapêutica das drogas diuréticas varia inversamente com a ingestão de sal na dieta.

Todas as **drogas diuréticas** normalmente usadas atuam aumentando a excreção de sódio urinário. Elas podem ser divididas em cinco classes baseadas no seu local predominante de ação ao longo do néfron (Quadro 1-2). Diuréticos osmóticos (p. ex., manitol) e diuréticos proximais (p. ex., acetazolamida) não são empregados como agentes primários para tratar doenças edematosas. Diuréticos de alça (p. ex., furosemida), diuréticos de túbulo contornado distal (DCT; p. ex., hidroclorotiazida) e diuréticos de ducto coletor (p. ex., espironolactona), no entanto, todos desempenham papéis importantes, porém distintos no tratamento de pacientes edemaciados. O objetivo do tratamento diurético do edema é reduzir o volume do ECF e manter o volume do ECF no nível reduzido. Isto exige uma natriurese inicial, mas, em estado constante, a excreção de NaCl urinário retorna para perto do basal apesar da administração constante de diurético. É importante que um aumento na excreção de sódio e água **não** prova eficácia

Quadro 1-2	Classificação Fisiológica das Drogas Diuréticas
Diuréticos Osmóticos	
Diuréticos Proximais	
Inibidores da anidrase carbônica	
Acetazolamida	
Diuréticos de Alça (FENa máxima = 30%)	
Inibidores de Na-K-2Cl	
Furosemida	
Bumetanida	
Torsemida	
Ácido etacrínico	
Diuréticos de DCT (FENa máxima = 9%)	
Inibidores de NaCl	
Clorotiazida	
Hidroclorotiazida	
Metolazona	
Clortalidona	
Indapamida[a]	
Muitos outros	
Diuréticos de Ducto Coletor (FENa máxima = 3%)	
Bloqueadores de canal de sódio	
Amilorida	
Triantereno	
Antagonistas da aldosterona	
Espironolactona Eplerenona	

DCT, túbulo contornado distal; FENa, fração de excreção de sódio.
[a]Indapamida pode ter também outras ações.

terapêutica, se o volume do ECF não declinar. Em contraposição, um retorno a níveis "basais" de excreção urinária de NaCl não indica resistência a diurético. A eficácia continuada de um diurético é documentada pelo retorno rápido ao aumento do volume do ECF que ocorre se o diurético for descontinuado.

A. Ao começar um diurético de alça como tratamento para edema, é importante estabelecer um objetivo terapêutico, geralmente um peso corporal–alvo. Se uma baixa dose não levar à natriurese, ela pode ser duplicada repetidamente até ser atingida a dose máxima recomendada (Quadro 1-3). Quando uma **droga diurética é administrada por via oral**, a magnitude da resposta diurética é determinada pela potência intrínseca da droga, a dose, a biodisponibilidade, a quantidade fornecida ao rim, a quantidade que entra no líquido tubular (a maioria dos diuréticos atua pelo lado luminal) e o estado fisiológico do indivíduo. Exceto diuréticos proximais, a potência natriurética máxima de um diurético pode ser predita a partir do seu local de ação. No Quadro 1-2, é mostrado que diuréticos de alça são capazes de aumentar maximamente a fração de excreção de sódio (Na) para 30%, diuréticos de DCT podem aumentá-la para 9%, e bloqueadores dos canais de sódio podem aumentá-la para 3% da carga filtrada. A potência diurética intrínseca de um diurético é definida pela sua curva de dose–resposta, a qual geralmente é uma curva sigmoide (em S). A relação sigmoide bem inclinada é a razão pela qual as drogas diuréticas de alça são frequentemente descritas como **drogas limiares**. Ao começar tratamento com diurético de alça, é importante assegurar que cada dose atinja a parte íngreme da curva de dose–resposta antes que a frequência das doses seja ajustada. Uma vez que os diuréticos de alça são de ação rápida, muitos pacientes observam um aumento no débito urinário dentro de várias horas após tomarem a droga; isto

Quadro 1-3 Doses-Teto de Diuréticos de Alça						
	Furosemida (mg)		Bumetanida (mg)		Torsemida (mg)	
	IV	VO	IV	VO	IV	VO
Insuficiência Renal						
GFR 20–50 mL/min	80	80–160	2–3	2–3	50	50
GFR < 20 mL/min	200	240	8–10	8–10	100	100
Insuficiência renal aguda grave	500	NA	12	NA	–	–
Síndrome nefrótica	120	240	3	3	50	50
Cirrose	40–80	80–160	1	1–2	10–20	10–20
Insuficiência cardíaca congestiva	40–80	160–240	2–3	2–3	20–50	50

GFR, taxa de filtração glomerular; IV, intravenosa; NA, não disponível.
Dose-teto indica a dose que produz o aumento máximo na fração de excreção de sódio. Doses maiores podem aumentar a natriurese líquida diária ao aumentarem a *duração* da natriurese sem aumentarem a taxa máxima.

pode ser útil para estabelecer que uma dose adequada foi alcançada. Uma vez que os diuréticos de alça são de ação curta, qualquer aumento no débito urinário mais de 6 horas após uma dose não é relacionado com os efeitos da droga. Por essa razão, a maioria dos diuréticos de alça deve ser administrada pelo menos duas vezes ao dia, quando administrados por via oral.
- B. A **biodisponibilidade das drogas diuréticas** varia amplamente entre as classes de drogas, entre diferentes drogas da mesma classe, e mesmo dentro da mesma droga. A biodisponibilidade dos diuréticos de alça varia com a furosemida alcançando de 10% a 100% (média, 50% para furosemida; 80% a 100% para bumetanida e torsemida). Biodisponibilidade limitada pode geralmente ser superada por posologia apropriada, mas algumas drogas, como furosemida, são variavelmente absorvidas pelo mesmo paciente em diferentes dias, tornando difícil a titulação precisa. Duplicar a dose de furosemida ao mudar de terapia intravenosa para oral é costumeiro, mas a relação entre a dose intravenosa e a oral pode variar. Por exemplo, a quantidade de sódio excretada durante 24 horas é semelhante quer a furosemida seja administrada a um indivíduo hígido por via oral ou pela veia, apesar da sua biodisponibilidade de 50%. Este paradoxo resulta do fato de que a absorção da furosemida oral é mais lenta que a sua **depuração**, levando à cinética "limitada pela absorção". Por essa razão, concentrações efetivas de furosemida sérica persistem mais tempo quando a droga é dada por via oral, porque um reservatório no trato gastrointestinal continua a fornecer furosemida ao corpo. Esta relação se verifica em um indivíduo hígido. Predizer a relação precisa entre doses orais e intravenosas, portanto, é difícil.

IV. **RESISTÊNCIA A DIURÉTICO.** Pacientes são considerados **resistentes a diurético** quando uma redução inadequada no volume do ECF é observada apesar de doses quase máximas de diuréticos de alça. Diversas causas de resistência podem ser determinadas considerando-se os fatores que afetam a eficácia diurética, conforme discutido anteriormente.
- A. Causas de Resistência a Diurético
  1. **Ingestão excessiva de NaCl na dieta é uma causa de resistência diurética.** Quando a ingesta de NaCl é alta, retenção renal de NaCl pode ocorrer entre períodos natriuréticos induzidos pelo diurético, desse modo mantendo o aumento do volume do ECF. Medida do sódio excretado durante 24 horas pode ser útil para diagnosticar ingestão excessiva. Se o paciente estiver em estado constante (o peso está estável), então o sódio urinário excretado durante 24 horas é igual à ingesta de NaCl na dieta. Se a excreção de sódio exceder 100 a 120 mM (aproximadamente 2 a 3 g de sódio por dia), então o consumo dietético de NaCl está demasiado alto e deve ser realizado aconselhamento dietético.
  2. **Entrega prejudicada de diurético ao seu local ativo** no túbulo renal é outra causa de resistência diurética. A maioria dos diuréticos, incluindo os diuréticos de alça, diuréticos de DCT e amilorida, atua na superfície luminal. Embora os diuréticos sejam pequenas moléculas, a maioria circula enquanto firmemente ligados à proteína e atingem o líquido tubular principalmente por secreção tubular. Diuréticos de alça e DCT são ânions orgânicos que circulam ligados à albumina e atingem o líquido tubular principalmente através da via secretória de ânions orgânicos no túbulo proximal. Embora dados experimentais sugiram que a resistência diurética resulta

quando as concentrações de albumina sérica são muito baixas, porque o volume de distribuição de diurético aumenta, a maioria dos estudos sugere que este efeito é apenas marginalmente significante clinicamente, e é observado apenas quando a concentração de albumina sérica declina abaixo de 2 g/L. Uma variedade de substâncias endógenas e exógenas que competem com os diuréticos pela secreção para dentro do túbulo constitui causas mais prováveis de resistência a diurético. Ânions urêmicos, NSAIDs, probenecida e penicilina inibem secreção de diurético de alça e DCT para dentro do líquido tubular. Em algumas condições, isto pode predispor à resistência diurética, porque a concentração de droga alcançada no líquido do túbulo não excede o limiar diurético. Por exemplo, insuficiência renal crônica muda a curva de dose–resposta diurética para a direita, exigindo dessa forma uma dose mais alta para atingir efeito máximo.

3. **Ligação de diurético à proteína no líquido tubular** é outro fator que pode influenciar a efetividade diurética. Drogas diuréticas estão normalmente ligadas a proteínas no plasma, mas não depois que elas são secretadas para dentro do líquido do túbulo. Isto reflete as concentrações normalmente baixas de proteína no líquido tubular. Em contrapartida, quando proteínas séricas, como albumina, são filtradas em quantidades apreciáveis, como na síndrome nefrótica, as drogas diuréticas podem interagir com elas e perder efetividade. Apesar do suporte experimental, estudos clínicos recentes indicaram que este fenômeno não contribui significativamente para resistência diurética na síndrome nefrótica.

4. A Figura 1-5 mostra como o aporte de sódio distal diminuído e hiperaldosteronismo secundário contribuem para resistência a diurético.

B. **Tratamento da Resistência Diurética.** Várias estratégias são disponíveis para alcançar o controle efetivo do volume do ECF em pacientes que não respondem a doses plenas de diuréticos de alça efetivos.

1. Um diurético de outra classe pode ser acrescentado a um esquema que inclui um diurético de alça (Quadro 1-4). Esta estratégia produz sinergia verdadeira; a combinação de agentes é mais efetiva que a **soma** das respostas a cada agente isolado. Diuréticos de DCT são mais comumente combinados com diuréticos de alça. Diuréticos de DCT inibem as alterações adaptativas no néfron distal que aumentam a capacidade reabsortiva do túbulo e limitam a potência dos diuréticos de alça. Uma vez que os diuréticos de DCT têm meia-vida mais longa que os diuréticos de alça, eles evitam ou atenuam retenção de NaCl durante os períodos entre as doses de diuréticos de alça, desse modo aumentando a sua rede de efeitos. Quando dois diuréticos são combinados, o diurético de DCT é geralmente administrado algum tempo antes do diurético de alça (1 hora é razoável) para assegurar que o transporte de NaCl no néfron distal esteja bloqueado quando ele for inundado com soluto. Quando é indicada terapia intravenosa, clorotiazida (500 a 1.000 mg) pode ser empregada. Metolazona é o diurético de DCT mais frequentemente combinado com diuréticos de alça, porque sua meia-vida é relativamente longa (quando formulado em zaroxilina) e porque ele foi descrito efetivo mesmo quando está presente insuficiência renal. Outros diuréticos tiazidas e semelhantes a tiazidas, no entanto, parecem ser igualmente efetivos, mesmo em insuficiência renal grave. A efetividade drástica da terapia diurética de combinação é acompanhada por complicações em

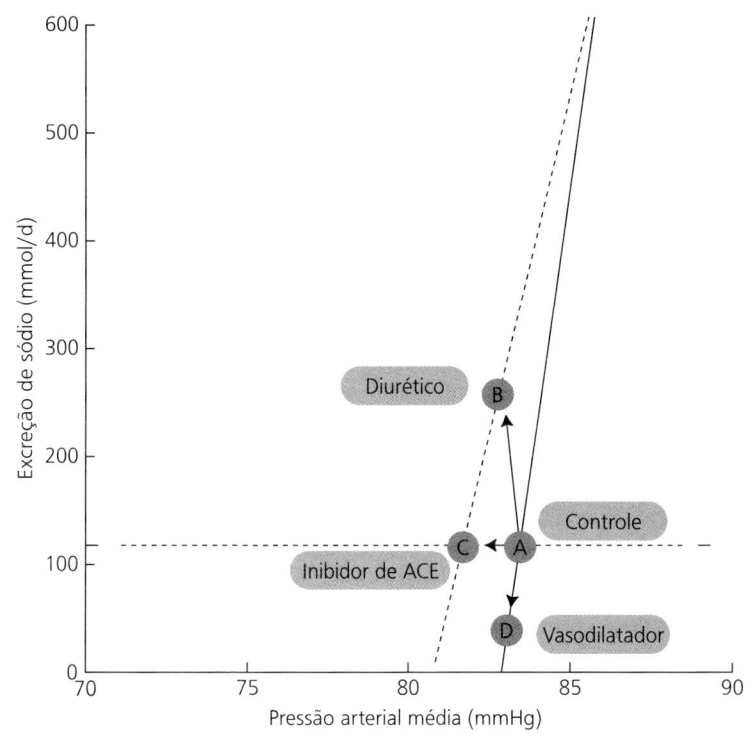

Figura 1-5. Comparação dos efeitos de diurético, inibidor da enzima conversora de angiotensina (ACE) e vasodilatador sobre a pressão arterial média e natriurese. A curva da função renal normal está mostrada (*linha contínua*). Acrescentar um vasodilatador reduz a pressão arterial média, mas também reduz a natriurese porque a pressão arterial declina. Um diurético move o indivíduo para uma nova curva de função renal (*linha tracejada*), desse modo aumentando a natriurese, mas tem pouco efeito sobre a pressão arterial. Um inibidor de ACE move o indivíduo para uma nova curva de função renal, mantendo a natriurese a uma pressão arterial mais baixa.

um número importante de pacientes. Grande perda de líquido e eletrólitos (*i. e.*, sódio, potássio e magnésio) pode levar ao colapso circulatório e arritmia durante terapia de combinação, e os pacientes precisam ser acompanhados cuidadosamente. A mais baixa dose efetiva de diurético de DCT deve ser acrescentada ao esquema diurético de alça; pacientes podem frequentemente ser tratados com terapia de combinação durante apenas alguns dias e a seguir podem ser postos de volta em um esquema de única droga. Quando for necessária terapia de combinação contínua, baixas doses de diurético de DCT (2,5 mg metolazona ou 25 mg hidroclorotiazida) administradas apenas duas ou três vezes por semana podem ser suficientes.

2. Em pacientes hospitalizados que são resistentes à terapia diurética, a infusão contínua de diuréticos de alça é uma conduta alternativa. **Infusões contínuas de diuréticos** (Quadro 1-5) têm diversas vantagens sobre administração de diuréticos em *bolus*. Primeira, como evitam picos e vales de con-

Quadro 1-4	Terapia Diurética de Combinação (para Acrescentar a uma Dose-Teto de um Diurético de Alça)
Diuréticos de Túbulo Contornado Distal	
Metolazona 2,5–10 mg VO diariamente[a]	
Hidroclorotiazida (ou equivalente) 25–100 mg VO diariamente	
Clorotiazida 500–1.000 mg IV	
Diuréticos de Túbulo Proximal	
Acetazolamida 250–375 mg por dia ou até 500 mg IV	
Diuréticos de Ducto Coletor	
Espironolactona 100–200 mg diariamente	
Amilorida 5–10 mg diariamente	

[a]Metolazona é geralmente mais bem administrada por um período limitado (3 a 5 d) ou deve ser reduzida em frequência a 3 vezes por semana, uma vez que o volume líquido extracelular tenha declinado ao nível-alvo. Só em pacientes que permanecem com volume expandido devem ser continuadas indefinidamente doses plenas, com base no peso-alvo.

Quadro 1-5	Infusão Contínua de Diuréticos de Alça			
		Velocidade de Infusão (mg/h)		
Diurético	Bolus Inicial (mg)	GFR < 25 mL/min	GFR 25–75 mL/min	GFR > 75 mL/min
Furosemida	40	20, a seguir 40	10, a seguir 20	10
Bumetanida	1	1, a seguir 2	0,5, a seguir 1	05
Torsemida	20	10, a seguir 20	5, a seguir 10	–

GFR, taxa de filtração glomerular (TFG).

centração de diurético, as infusões contínuas evitam a ocorrência de períodos de balanço positivo de NaCl (retenção de NaCl pós-diurética). Segunda, infusões contínuas podem ser mais eficientes do que terapia em *bolus* (a quantidade de NaCl excretada por miligrama de droga administrada é maior). Terceira, alguns pacientes que são resistentes a grandes doses de diurético administradas por *bolus* respondem à infusão contínua. Quarta, a resposta diurética pode ser titulada; na unidade de terapia intensiva, onde administração de líquido obrigatória deve ser equilibrada por excreção de líquido, pode ser obtido excelente controle da excreção de NaCl e água. Finalmente, complicações associadas a altas doses de diuréticos de alça, como ototoxicidade, parecem ser menos comuns quando grandes doses são administradas como uma infusão contínua. Doses de furosemida diárias totais excedendo 1 g foram bem toleradas quando administradas ao longo de 24 horas. Uma conduta é administrar uma dose inicial de 20 mg de furosemida seguida por uma infusão contínua de 4 a 60 mg/hora. Em pacientes com função renal preservada, deve ser suficiente terapia na faixa de posologia mais baixa. Quando estiver presente insuficiência renal, doses mais altas podem ser usadas, mas os pacientes devem ser monitorados cuidadosamente quanto a efeitos colaterais, como depleção do volume do ECF e ototoxicidade.

3. O estudo controlado duplo-cego randomizado Diuretic Optimization Strategies Evaluation (DOSE) examinou o modo e a dose dos diuréticos de alça em pacientes com insuficiência cardíaca descompensada. Não houve diferença no alívio global de sintomas ou alteração na função renal após 72 horas entre *bolus* intermitentes *versus* infusão contínua de furosemida ou entre baixa dose (dose ambulatorial) e alta dose (2,5 vezes a dose ambulatorial). Mais tarde, no entanto, a perda de peso corporal foi melhor com a infusão contínua. Não houve diferença nos resultados entre os grupos no acompanhamento de 60 dias. Não obstante, as diretrizes da *Heart Failure Society of America* recomendam mudar para infusão contínua de diuréticos nos pacientes com insuficiência cardíaca descompensada que eram inicialmente não responsivos a diuréticos em *bolus*.

Ultrafiltração por um acesso periférico e central é outra conduta para tratar pacientes resistentes a diuréticos com sobrecarga de líquido com insuficiência cardíaca descompensada. O estudo randomizado de 3 anos *Ultrafiltration versus Intravenous Diuretics for Patients Hospitalized for Acute Decompensated Heart Failure* (UNLOAD) de 200 pacientes demonstrou perda de peso significativamente maior em 48 horas com ultrafiltração e menos readmissões hospitalares aos 90 dias de acompanhamento. Entretanto, não houve protocolo formal para uso de diurético, e as doses máximas usadas foram menores que as recomendadas pelas diretrizes internacionais.

Um estudo multicêntrico subsequente de *Ultrafiltration in Decompensated Heart Failure with Cardiorenal Syndrome* (CARRESS-HF) comparou tratamento farmacológico gradativo *versus* ultrafiltração em 188 pacientes com congestão persistente e creatinina sérica em elevação. Ambos os grupos tiveram a mesma perda de peso e escore de dispneia, mas só o grupo de ultrafiltração teve um aumento na creatinina sérica. Não houve diferença aos 60 dias de acompanhamento em mortalidade ou re-hospitalização.

V. INSUFICIÊNCIA CARDÍACA CONGESTIVA

A. **Sintomas clínicos** iniciais de insuficiência cardíaca ocorrem antes de achados físicos manifestos de edema podálico e congestão pulmonar. Estes sintomas se relacionam com a retenção renal de sódio e água compensatória que acompanha o subenchimento arterial. O paciente pode-se apresentar com uma história de ganho de peso, fraqueza, dispneia de esforço, tolerância diminuída a exercício, dispneia noturna paroxística e ortopneia. Noctúria pode ocorrer porque o débito cardíaco e, portanto, a perfusão renal podem ser aumentados pela posição supina. Pacientes com insuficiência cardíaca congestiva podem perder peso considerável durante os primeiros dias de hospitalização por causa da posição supina de repouso no leito, mesmo sem a administração de diuréticos. Embora edema franco não seja detectável cedo na evolução da insuficiência cardíaca congestiva, o paciente pode-se queixar de olhos inchados ao acordar e anéis e calçados apertados, particularmente no fim do dia. Com edema incipiente, até 3 a 4 L de líquido podem ser retidos antes da ocorrência de edema manifesto.

O período de edema incipiente é, então, seguido por sintomas mais manifestos e achados físicos: estertores nas bases pulmonares, edema de tornozelos, veias do pescoço distendidas a 30°, taquicardia e um ritmo de galope com uma terceira bulha cardíaca. Embora a radiografia de tórax possa mostrar apenas cefalização das marcas pulmonares no início da insuficiência cardíaca, marcas hílares aumentadas, linhas de Kerley B e derrames pleurais ocorrem mais tarde, geralmente acompanhados por um tamanho aumentado do coração.

B. Etiologia. Dois mecanismos que reduzem o débito cardíaco são reconhecidos como causadores de insuficiência cardíaca congestiva: disfunção sistólica e disfunção diastólica. Uma vez que terapia específica que salva a vida é disponível para disfunção sistólica, é essencial determinar se disfunção sistólica está presente quando um paciente se apresenta com os sintomas e sinais de insuficiência cardíaca. Embora o exame físico, a radiografia de tórax e o eletrocardiograma sejam úteis a este respeito, geralmente estão indicados testes diagnósticos adicionais. Um ecocardiograma fornece informação sobre função sistólica (a fração de ejeção) e a diastólica, e sobre doença valvular, a qual pode requerer cirurgia. Hipotireoidismo ou hipertireoidismo oculto e cardiomiopatia alcoólica podem se apresentar como insuficiência cardíaca congestiva; estas entidades são tratáveis. Hipertensão não controlada pode contribuir para insuficiência cardíaca congestiva, mas as doenças das artérias coronárias são a causa mais comum. Em um estudo, doença grave de artéria coronária foi encontrada em 9 de 38 pacientes submetidos a transplante para presumida cardiomiopatia dilatada idiopática, e em 3 de 4 pacientes com presumida cardiomiopatia alcoólica. Estes dados sugerem que cateterismo cardíaco pode estar indicado em quase todos os pacientes que se apresentam com insuficiência cardíaca congestiva de início recente. Em pacientes com cardiopatia preexistente, arritmia cardíaca, êmbolo pulmonar, cessação de medicação, anemia grave ou febre, abuso de sódio na dieta e piora de doença pulmonar obstrutiva crônica com infecção e resultante hipóxia são exemplos de precipitantes potencialmente tratáveis de piora de insuficiência cardíaca congestiva. Drogas com efeito inotrópico negativo, como verapamil, podem piorar a insuficiência cardíaca pelo débito cardíaco diminuído. Uma tentativa de cessar essas drogas é a melhor maneira de determinar seu possível papel na piora da insuficiência cardíaca congestiva.

C. Tratamento. Quando nenhuma destas causas primárias ou precipitantes específicas de insuficiência cardíaca congestiva é detectável, então é preciso considerar princípios gerais de tratamento.

Todo paciente com disfunção sistólica sintomática ou, se assintomático, uma fração de ejeção de menos de 40% deve ser iniciado com um **inibidor de enzima conversora de angiotensina (ACE),** a menos que exista uma contraindicação específica. Inibidores de ACE (e inibidores do receptor a angiotensina) são agentes únicos que reduzem a pressão arterial (reduzem a pós-carga), mudam a curva da função renal para a esquerda (promovem perdas continuadas de sódio) e bloqueiam hormônios neurorreguladores mal-adaptativos (Fig. 1-5). Inibidores da ACE de ação curta devem ser começados com baixas doses (enalapril 2,5 mg 2 ×/d ou captopril 6,25 mg 3 ×/d), mas aumentados, se tolerados, para 10 mg 2 ×/d de enalapril ou 50 mg 3 ×/d de captopril, a não ser que ocorram efeitos colaterais. Inibidor de ACE uma vez por dia pode ser usado quando o paciente for estável. Se tosse ou angioedema limitar o uso de inibidor da ACE, então um bloqueador do receptor AT_1 à angiotensina deve ser usado (embora angioedema possa-se desenvolver com bloqueadores do receptor AT_1, a incidência é mais baixa com esta classe de drogas). Se nenhuma classe de droga puder ser empregada com segurança, então deve ser usada terapia com hidralazina e di-hidrato ou mono-hidrato de isossorbida.

β-**Bloqueadores** têm demonstrado melhorar sintomas e mortalidade em pacientes com disfunção sistólica. Tanto β-bloqueadores seletivos (metoprolol) quanto β-bloqueadores não seletivos com propriedades α-bloqueadoras (carvedilol) estão aprovados pela *U.S. Food and Drug Administration* (FDA) para o tratamento de insuficiência cardíaca congestiva. Uma vez que β-bloqueadores podem levar a exacerbações sintomáticas de insuficiência cardíaca, estas drogas são iniciadas em baixas doses apenas quando os pacientes estão clinicamente estáveis e sem expansão do volume do ECF.

O papel dos **glicosídeos digitálicos** foi esclarecido por estudos controlados recentes. Digoxina melhora significativamente os sintomas e reduz a incidência de hospitalização em pacientes com função ventricular esquerda prejudicada, mas não parece prolongar a vida. Por essa razão, a droga é indicada para tratamento sintomático quando combinada com inibidores de ACE e diuréticos. Em certos estados clínicos de insuficiência cardíaca, no entanto, glicosídeos cardíacos demonstraram ser de pouco valor terapêutico, por exemplo, em associação a tireotoxicose, doença pulmonar obstrutiva crônica e *cor pulmonale*. Glicosídeos cardíacos podem, na realidade, piorar sintomas em pacientes com cardiomiopatia obstrutiva hipertrófica e estenose subaórtica, tamponamento pericárdico e pericardite constritiva. Também deve ser lembrado que digoxina é excretada pelos rins; por essa razão, o intervalo da posologia deve ser aumentado no paciente com doença renal crônica (ver Capítulo 16). Por outro lado, o paciente idoso deve receber uma dose diminuída (p. ex., 0,125 mg em dias alternados), mesmo se o nível de creatinina sérica não estiver aumentado. Embora a função renal deteriore com a idade, os níveis de creatinina sérica podem não se elevar no idoso por causa de uma perda concomitante de massa muscular. Embora constituam terapia aguda potencialmente útil, os inibidores de fosfodiesterase, como a milrinona, que também aumentam o débito cardíaco, demonstraram aumentar a mortalidade, quando usados cronicamente. Portanto, o uso crônico destas drogas deve ser evitado.

Se estiver presente congestão pulmonar sintomática ou edema periférico, **terapia diurética** está indicada (Fig. 1-5). Um diurético de alça é geralmente empregado como terapia de primeira linha, embora alguns pacientes possam ser tratados usando-se uma tiazida. Em pacientes com insuficiência cardíaca congestiva, a terapia diurética deve ser instituída com pleno conhecimento da curva de Starling-Frank da contratilidade miocárdica (Fig. 1.6). O paciente com insuficiência cardíaca congestiva que responde a um diurético exibirá sintomatologia melhorada sob a forma de diminuição do volume diastólico final e da congestão pulmonar. Entretanto, uma vez que a curva de Starling-Frank é geralmente plana ou ascendente, mesmo em corações insuficientes, uma melhora no débito cardíaco pode não ocorrer. Se, durante o tratamento diurético de um paciente com insuficiência cardíaca congestiva, a creatinina sérica e a ureia começarem a elevar, é provável que o débito cardíaco

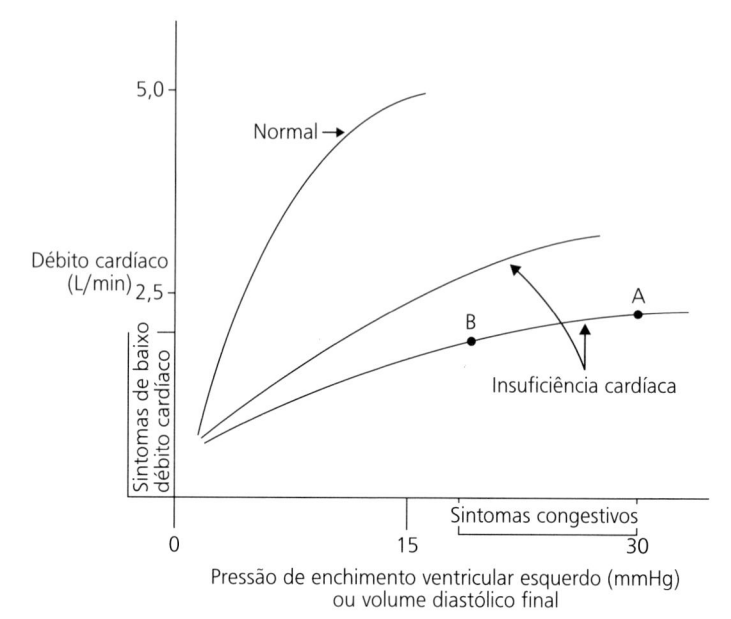

Figura 1-6. Relação entre débito cardíaco e pressão de enchimento ventricular esquerdo em circunstâncias normais (*curva superior*) e em insuficiência cardíaca congestiva de baixo débito (*curva inferior*). Redução da pós-carga [p.ex., inibidor de enzima conversora de angiotensina (ACE) ou um vasodilatador] ou contratilidade melhorada (agentes inotrópicos) podem mudar a curva inferior para a *curva do meio*. Redução da pré-carga induzida por diurético ou outras causas de depleção de volume podem diminuir o débito cardíaco (p. ex., mudar do ponto A para o ponto B na *curva inferior*). (De: Schrier RW, ed. *Renal and electrolyte disorders,* 7th ed. Philadelphia, PA: Lippincott Williams and Wilkins, 2010. Reimpressa com permissão.)

tenha caído. Esta situação é especialmente pronunciada em pacientes que estão recebendo terapia com inibidor de ACE. Os inibidores da ACE prejudicam a autorregulação renal e tornam os pacientes propensos à azotemia pré-renal. Quando azotemia leve se desenvolve em um paciente tratado com diuréticos e um inibidor de ACE, geralmente é aconselhável reduzir a dose de diurético ou liberar a ingestão de sal na dieta, contanto que congestão pulmonar não esteja presente simultaneamente. Esta conduta demonstrou permitir a administração continuada de inibidores de ACE em muitos pacientes. Algum edema podálico pode ser preferível a um declínio no débito cardíaco induzido por diurético conforme estimado pela ocorrência ou piora da azotemia pré-renal. Pacientes com insuficiência cardíaca congestiva são especialmente sensíveis à deterioração da função renal se NSAIDs forem usadas com diuréticos e inibidores de ACE. Portanto, NSAIDs devem ser obrigatoriamente evitadas nesta população de pacientes.

Ambos, insuficiência cardíaca congestiva e tratamento com diuréticos de alça, estimulam o eixo renina–angiotensina–aldosterona. Dois estudos grandes forneceram evidência de que **bloquear os receptores a mineralocorticoide (aldosterona)** pode melhorar a mortalidade desses pacientes. Em um estudo, adicionando espironolactona (25 mg/dia) a um regime que inclui um inibidor de ACE e um diurético (com ou sem digoxina) reduziu a mortalidade por todas as causas em 30% e reduziu as hospitalizações por insuficiência cardíaca em 35%. Este efeito foi considerado independente de um balanço negativo de sódio, mas antes em decorrência da inibição de fibrose, inflamação e apoptose cardíaca. Ginecomastia, que é um efeito colateral relativamente comum da espironolactona devido aos seus efeitos colaterais estrogênicos, não parece ocorrer com um novo inibidor mais seletivo do receptor de mineralocorticoide, a eplerenona.

Hiperpotassemia é uma preocupação quando bloqueio da aldosterona é instituído. Atualmente, é recomendado que o potássio sérico seja monitorado 1 semana após iniciar terapia com um bloqueador de aldosterona, após 1 mês, e cada 3 meses depois. Um aumento no potássio sérico acima de 5,5 mEq/L deve provocar uma avaliação da ingestão de potássio na dieta e de medicações como suplementos de potássio ou NSAIDs que possam estar contribuindo para a hiperpotassemia. Se esses fatores não forem detectados, a dose de bloqueador de aldosterona deve ser reduzida para 25 mg em dias alternados. É prudente evitar o uso de bloqueadores da aldosterona em pacientes com uma depuração de creatinina menor de 30 mL/minuto e ser cauteloso naqueles com uma depuração de creatinina entre 30 e 50 mL/min. Estes pacientes devem ser acompanhados muito de perto.

As complicações da terapia diurética estão mostradas no Quadro 1-6. Embora hiponatremia possa ser uma complicação de tratamento diurético, furosemida, quando combinada com inibidores de ACE, pode melhorar a

Quadro 1-6	Complicações dos Diuréticos
Contração do volume vascular	
Hipotensão ortostática (por depleção de volume)	
Hipopotassemia (diuréticos de alça e diuréticos de DCT)	
Hiperpotassemia (espironolactona, eplerenona, triantereno e amilorida)	
Ginecomastia (espironolactona)	
Hiperuricemia	
Hipercalcemia (tiazidas)	
Hipercolesterolemia	
Hiponatremia (especialmente com diuréticos de DCT)	
Alcalose metabólica	
Distúrbios gastrointestinais	
Hiperglicemia	
Pancreatite (diuréticos de DCT)	
Nefrite intersticial alérgica	
DCT, túbulo contornado distal (TCD)	

hiponatremia em alguns pacientes com insuficiência cardíaca congestiva, possivelmente por melhorar o débito cardíaco e diminuir a concentração urinária. Em pacientes com insuficiência cardíaca, hipopotassemia e hipomagnesemia são complicações frequentes do tratamento diurético por causa do hiperaldosteronismo secundário, que aumenta o fornecimento de sódio aos locais distais nos quais a aldosterona estimula secreção de potássio e íon hidrogênio. Perda renal grave de magnésio também pode ocorrer no contexto de hiperaldosteronismo secundário e administração de diurético de alça. Uma vez que a depleção de ambos, magnésio e potássio, causa efeitos deletérios similares no coração, e a reposição de potássio é muito difícil na presença de depleção de magnésio, reposição suplementar de ambos estes cátions é frequentemente necessária em pacientes com insuficiência cardíaca.

O tratamento de pacientes com insuficiência cardíaca congestiva e função sistólica preservada está claramente menos definido. Controle de hipertensão é claramente fundamental nestes pacientes, porque a hipertensão é uma causa frequente de hipertrofia cardíaca e disfunção diastólica. Diuréticos são geralmente necessários para melhorar sintomas de dispneia e ortopneia. β-Bloqueadores, inibidores de ACE, bloqueadores dos receptores à angiotensina, ou antagonistas do cálcio não diidropiridinas podem ser benéficos em alguns pacientes com disfunção diastólica. Disfunção diastólica é uma causa muito comum de insuficiência cardíaca em pacientes idosos.

VI. CIRROSE HEPÁTICA. A patogênese da retenção renal de sódio e água é semelhante em todas as variedades de cirrose, incluindo cirrose alcoólica, viral e biliar. Estudos em humanos e animais indicam que retenção renal de sódio e água precede a formação de ascite na cirrose. Portanto, a *underfill theory* (teoria do subenchimento) clássica, que atribuía a retenção renal de sódio e água da cirrose à formação de ascite com resultante hipovolemia, parece insustentável como mecanismo primário. Uma vez que expansão do volume plasmático secundária a excreção renal de sódio e água ocorre antes da formação de ascite, foi proposta a *overflow theory* (teoria do transbordamento) da formação de ascite. Esta postulava que um processo não definido desencadeado pelo fígado doente (p. ex., pressão intra-hepática aumentada), causa retenção renal de sódio e água que a seguir transborda para dentro do abdome por causa da hipertensão portal. Esta *overflow theory* (teoria do transbordamento), no entanto, prediz que a retenção renal de sal e formação de ascite seria associada a níveis plasmáticos diminuídos de vasopressina, renina, aldosterona e norepinefrina. Como estes hormônios sobem progressivamente à medida que a cirrose avança a partir dos estados de compensação (sem ascite) para descompensação (ascite) para síndrome hepatorrenal, a hipótese do transbordamento também não parece explicar o espectro da retenção renal de sódio e água associada à cirrose avançada. Mais recentemente, foi proposta a teoria da vasodilatação arterial sistêmica. Esta teoria, sumarizada na Figura 1-7, é compatível com quase todas as observações conhecidas em pacientes durante as várias fases da cirrose. De acordo com esta teoria, a cirrose causa vasodilatação arterial sistêmica com ativação do eixo neuro-humoral. A causa da vasodilatação arterial primária na cirrose não está clara, mas sabe-se que se apresenta precocemente e ocorre principalmente na circulação esplâncnica. Vários mediadores, incluindo substância P, peptídeo intestinal vasoativo, endotoxina e glucagon, foram propostos como desempenhando um papel na vasodilatação arterial esplâncnica. Informação recente indica que óxido nítrico pode ser um mediador crucial. A abertura de *shunts* arteriovenosos esplânc-

Paciente Edemaciado: Insuficiência Cardíaca, Cirrose e Síndrome Nefrótica | 21

	Cirrose compensada (sem ascite)	Cirrose descompensada (ascite)	Síndrome hepatorrenal
Vasodilatação arterial periférica	↑	↑↑	↑↑↑
Hormônios plasmáticos (AVP, renina, aldosterona, NE)	Normal*	↑	↑↑
Volume plasmático**	↑	↑↑	↑↑↑

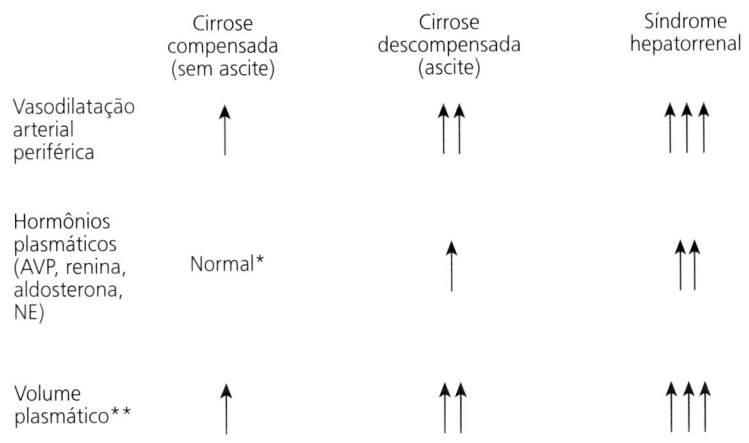

Figura 1-7. Hipótese da vasodilatação arterial sistêmica. Estádios da progressão da cirrose. (AVP, arginina vasopressina; NE, norepinefrina.) *Dado o balanço positivo de sódio e água que ocorreu, estes hormônios plasmáticos seriam suprimidos em indivíduos hígidos sem doença hepática. **A retenção renal progressiva de sódio e água aumenta o líquido extracelular, líquido intersticial e volume plasmático, mas é inadequada para corrigir o subenchimento arterial. A ocorrência concomitante de hipoalbuminemia na cirrose descompensada e síndrome hepatorrenal pode atenuar o grau de expansão de volume.

nicos existentes pode-se responsabilizar por alguma vasodilatação arterial inicial. Mais tarde, pode ocorrer também formação de *shunts* portossistêmico e arteriovenoso anatomicamente novos, secundários à hipertensão portal.

A. Opções para tratar ascite e edema cirróticos incluem restrição de NaCl na dieta, drogas diuréticas, paracentese de grandes volumes, formação de *shunts* peritoniovenosos, formação de *shunts* portossistêmicos [geralmente, *shunt* portossistêmico intra-hepático transjugular (TIPS)] e transplante hepático. Cada uma destas condutas tem um papel no tratamento de ascite cirrótica, mas a maioria dos pacientes pode ser tratada com sucesso, com restrição de NaCl na dieta, diuréticos e paracentese de grandes volumes intermitente.

A **terapia inicial da ascite cirrótica** é suportiva, incluindo restrição de sódio na dieta e suspensão de ingesta alcoólica. Quando estas medidas se comprovam inadequadas, deve ser começado tratamento diurético com espironolactona. Espironolactona tem diversas vantagens. Primeira, um estudo controlado mostrou que espironolactona é mais efetiva que furosemida isolada para reduzir ascite em pacientes cirróticos. Segunda, espironolactona é um diurético de ação longa que pode ser administrado uma vez por dia em doses variando de 25 a 400 mg. Terceira, diferentemente da maioria dos outros diuréticos, hipopotassemia não ocorre quando é administrada espironolactona. Isto é importante porque hipopotassemia aumenta a produção renal de amônia e pode precipitar encefalopatia. O efeito colateral mais comum da espironolactona é ginecomastia dolorosa (ginecomastia parece ser muito menos comum com eplerenona, um antagonista mais seletivo, que pode ser usado em substituição). Embora amilorida, outro diurético poupador de K, possa ser usada como alternativa, espironolactona é mais efetiva que amilorida para

reduzir ascite. Em pacientes que não respondem a uma baixa dose de espironolactona, ela pode ser combinada com furosemida, começando com 100 mg de espironolactona e 40 mg de furosemida (para uma máxima diária de 400 mg, espironolactona de 160 mg de furosemida). Este esquema tem as vantagens de administração uma vez por dia e mínima hipopotassemia. Resistência a diurético na cirrose foi definida como ausência de uma resposta natriurética a 400 mg de espironolactona e 160 mg de furosemida.
B. A **taxa de diurese** apropriada depende da presença ou ausência de edema periférico. Uma vez que a mobilização do líquido ascítico para dentro do compartimento vascular é lenta (aproximadamente 500 mL/dia), a taxa de diurese diária deve ser limitada a 0,5 kg/dia, se edema periférico estiver ausente. Na presença de edema periférico, a maioria dos pacientes é capaz de tolerar até 1,0 kg/dia de remoção de líquido. Uma vez que a ascite no paciente cirrótico descompensado é associada a complicações substanciais, incluindo (a) peritonite bacteriana espontânea (mortalidade 50% a 80%), que não ocorre na ausência de ascite; (b) deambulação prejudicada, apetite diminuído e dor nas costas e abdominal; (c) um diafragma elevado com ventilação diminuída predispondo a hipoventilação, atelectasia e infecções pulmonares; e (d) efeitos cosméticos e psicológicos negativos, o tratamento da ascite com diuréticos e restrição de sódio é apropriado. Esta conduta tem sucesso em aproximadamente 90% dos pacientes, e complicações são raras. Estudos anteriores que demonstraram complicações com terapia diurética frequentemente utilizaram esquemas diuréticos mais agressivos.

Uma abordagem alternativa a diuréticos é **paracentese de grandes volumes** em pacientes com cirrose avançada e ascite. Paracentese total, ocorrendo (em incrementos) ao longo de 3 dias, ou mais comumente, em uma sessão, demonstrou ter poucas complicações; em alguns estudos, paracentese parece ter uma incidência mais baixa de complicações do que o tratamento diurético. Albumina 8 g para cada litro de líquido de ascite removido deve ser infundida para reduzir comprometimento hemodinâmico e a elaboração de hormônios vasorreguladores. Os pacientes frequentemente preferem paracentese por causa da melhora rápida dos sintomas e diminuição das hospitalizações; diuréticos e restrição de sal ainda são necessários entre as paracenteses. *Shunt* portossistêmico é geralmente realizado como TIPS. Em dois estudos não controlados, TIPS levou a um aumento no débito de urina, uma redução acentuada na ascite e uma redução no uso de diurético. A função renal também melhorou. Todavia, em um estudo controlado, a mortalidade aumentou em pacientes que receberam TIPS, em comparação com controles, e TIPS pode precipitar encefalopatia hepática, especialmente em pacientes Child-Pugh classe C. As contraindicações estão apresentadas na Figura 1-8. Uma revisão recente da literatura confirmou que TIPS pode reduzir efetivamente ou eliminar ascite, mas acarreta uma taxa substancial de complicação. Por essas razões, ele permanece mais apropriado para pacientes verdadeiramente refratários que não receberão um transplante de fígado. Considerações semelhantes se aplicam a um *shunt* peritoniovenoso (LeVeen). Em estudos controlados, o *shunt* peritoniovenoso mostrou reduzir ascite mais efetivamente que paracentese ou diuréticos, mas isto foi associado a uma alta taxa de complicações (p. ex., coagulação do *shunt*); e não houve vantagem de sobrevida do *shunt* peritoniovenoso. Apesar de relatos de que a alta taxa de complicação pode ser reduzida, a maioria dos centros reserva esta terapia para pacientes que são verdadeiramente refratários a condutas mais convencionais e que não são candidatos a transplante de fígado.

Escore de Child-Pugh > 11
Bilirrubina sérica > 5 mg/dL
Encefalopatia hepática franca ou crônica
Idade acima de 70 anos
Creatinina sérica > 3 mg/dL
Disfunção cardíaca
Trombose da veia porta

Figura 1-8. Contraindicações ao *shunt* portossistêmico intra-hepático transjugular (TIPS).

O desenvolvimento de ascite em um paciente com cirrose previamente compensada pode ser uma indicação para transplante hepático, se forem excluídos insultos hepáticos reversíveis ou drogas retentoras de sódio, por exemplo, NSAIDs. Em vista da morbidade e mortalidade associadas à cirrose descompensada resistente a diurético, o paciente deve ser considerado para inclusão na lista de transplante de fígado. Piora da ascite em um indivíduo previamente estável induz à pesquisa de carcinoma hepatocelular e trombose de veia porta.

C. **Tratamento orientado para a vasodilatação arterial sistêmica** da cirrose foi previamente só usado no contexto agudo do paciente com hipertensão portal e varizes esofágicas sangrantes. Hipertensão venosa portal é causada não apenas pela fibrose capilar intra-hepática que aumenta a resistência ao fluxo, mas também por fluxo esplâncnico aumentado. Por essa razão, a administração de vasopressina, que constringe seletivamente a vasculatura esplâncnica, demonstrou diminuir a pressão venosa portal e, desse modo, diminuir sangramento varicoso esofágico.

Uso mais crônico de vasoconstritores em associação com administração de albumina surgiu como um tratamento para síndrome hepatorrenal. Esta terapia foi demonstrada efetiva em alguns pacientes com síndrome hepatorrenal tipo 1. As diferenças entre síndromes hepatorrenais tipos 1 e 2 estão mostradas na Figura 1-9. O agonista do receptor V_1 (vascular) à vasopressina, terlipressina, foi aprovado para uso com albumina na síndrome hepatorrenal tipo 1 na Europa. Entretanto, uma vez que o receptor a antidiurético V_2 já está ocupado em pacientes com cirrose avançada, vasopressina, um agonista V_1 e V_2, pode ser usado sem piorar a retenção de água. Para uso ambulatorial crônico, o α-agonista midodrina tem sido usado com albumina para tratar síndrome hepatorrenal tipo 1. A abordagem ao tratamento com um vasoconstritor e albumina demonstrou baixar a creatinina sérica abaixo de 1,5 mg/dL em um período de 7 a 10 dias em 60% a 70% dos pacientes com síndrome hepatorrenal tipo 1. Nenhum efeito foi, no entanto, demonstrado sobre a mortalidade. Portanto, a vantagem terapêutica desta conduta é conceder tempo para reversibilidade de qualquer insulto hepático agudo ou para transplante hepático.

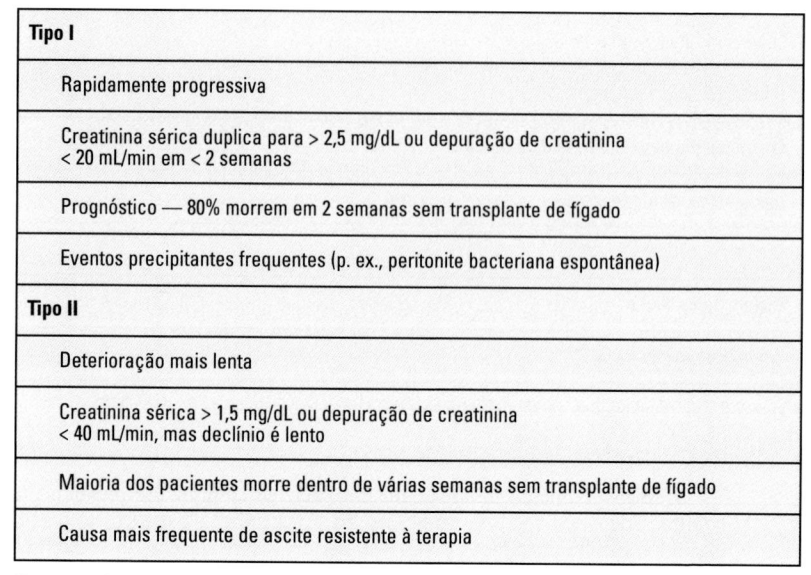

Tipo I
Rapidamente progressiva
Creatinina sérica duplica para > 2,5 mg/dL ou depuração de creatinina < 20 mL/min em < 2 semanas
Prognóstico — 80% morrem em 2 semanas sem transplante de fígado
Eventos precipitantes frequentes (p. ex., peritonite bacteriana espontânea)
Tipo II
Deterioração mais lenta
Creatinina sérica > 1,5 mg/dL ou depuração de creatinina < 40 mL/min, mas declínio é lento
Maioria dos pacientes morre dentro de várias semanas sem transplante de fígado
Causa mais frequente de ascite resistente à terapia

Figura 1-9. Dois tipos de síndrome hepatorrenal.

Peritonite bacteriana espontânea é provavelmente a causa mais frequente de síndrome hepatorrenal tipo 1, a qual frequentemente ocorre sobre o fundo de síndrome hepatorrenal tipo 2. Em um estudo prospectivo randomizado, a combinação de albumina e cefotaxima mostrou diminuir a ocorrência de insuficiência renal (33% *vs.* 11%, p < 0,002) e a mortalidade hospitalar (18% *vs.* 10%, p < 0,01) em comparação com cefotaxima apenas, em pacientes cirróticos com peritonite bacteriana espontânea. Uma punção peritoneal diagnóstica, portanto, deve ser feita em todos os pacientes cirróticos com ascite nos quais a função renal esteja deteriorando, independentemente da ausência de febre, leucocitose ou dor abdominal.

VII. SÍNDROME NEFRÓTICA. Outra causa importante de edema é a síndrome nefrótica, cujas características típicas clínicas incluem proteinúria (acima de 3,5 g/dia), hipoalbuminemia, hipercolesterolemia e edema. O grau do edema pode variar de edema podálico a anasarca (corporal total), incluindo ascite e derrames pleurais. Quanto mais baixa a concentração de albumina, mais provável a ocorrência de anasarca; o grau de ingestão de sódio constitui, no entanto, também um determinante do grau de edema. Síndrome nefrótica tem muitas causas (ver Capítulo 8). As causas sistêmicas de síndrome nefrótica incluem diabetes melito, lúpus eritematoso, drogas (p. ex., fenitoína, metais pesados, NSAIDs), carcinomas e doença de Hodgkin; e doenças renais primárias, como nefropatia por lesão mínima, nefropatia membranosa, glomerulosclerose segmentar focal e glomerulonefritemembranoproliferativa.

A. A **patogênese** do aumento do volume do ECF na síndrome nefrótica parece ser mais variável que a patogênese do edema em pacientes com insuficiência cardíaca congestiva ou ascite cirrótica. Tradicionalmente, o aumento do volume do ECF na síndrome nefrótica foi considerada como dependendo da hipoalbuminemia e subenchimento da circulação arterial. Várias observações, no entanto, levantaram dúvidas sobre esta hipótese como sempre levando em consideração a retenção de sódio nos pacientes nefróticos. Primeira, a pressão oncótica intersticial em indivíduos hígidos é mais alta do que previamente estimada. A transudação de líquido durante o aumento do volume do ECF reduz a pressão oncótica intersticial, desse modo minimizando a alteração na pressão oncótica transcapilar. Segunda, os pacientes se recuperando de nefropatia por lesão mínima frequentemente começam a excretar sódio antes que a sua concentração de albumina sérica se eleve. Terceira, as concentrações circulantes de hormônios reguladores de volume não são tão altas em muitos pacientes nefróticos quanto em pacientes com cirrose grave ou insuficiência cardíaca congestiva. Estas e outras observações **sugeriram um papel de retenção renal primária de NaCl** *overflow theory* (teoria do transbordamento) na patogênese do edema nefrótico.

B. Embora retenção de NaCl renal "primária" possa contribuir para edema nefrótico em muitos pacientes, isto não é frequentemente o único mecanismo; algum componente de *subenchimento* (*underfill*) muitas vezes desempenha um papel, particularmente em pacientes com concentrações de albumina sérica abaixo de 2,0 g/dL. A evidência do seu papel inclui a observação de que retenção renal "primária" de NaCl, sozinha, pode não levar a edema na ausência de uma diminuição no débito cardíaco ou vasodilatação arterial sistêmica. Infusão crônica de aldosterona, por exemplo, leva à hipertensão e escape da retenção renal de sódio na ausência de formação de edema. Além disso, níveis de hormônios vasoativos, embora abaixo dos níveis comumente vistos na cirrose e insuficiência cardíaca congestiva, são frequentemente mais altos do que seria esperado com base no nível de expansão do ECF. Parece, portanto, que a síndrome nefrótica pode refletir uma combinação de retenção renal primária de NaCl e/ou subenchimento arterial relativo. Uma preponderância de um ou outro mecanismo pode ser observada na síndrome nefrótica de diferentes causas. Em geral, uma taxa de filtração glomerular normal ou quase normal é associada à síndrome nefrótica hipovolêmica, vasoconstritora, enquanto uma diminuição na taxa de filtração glomerular, retenção renal primária de sódio e evidência de aumento de volume (p. ex., atividade de renina plasmática diminuída) são características de síndrome nefrótica hipervolêmica (Fig. 1-10).

C. **Tratamento.** O foco inicial da terapia deve visar às causas sistêmicas tratáveis de síndrome nefrótica, como lúpus eritematoso sistêmico ou drogas (p. ex., fenitoína, NSAID). O tratamento das causas renais primárias de síndrome nefrótica encontra-se descrito no Capítulo 8.

O tratamento do edema nos pacientes nefróticos envolve **restrição de sódio na dieta e diuréticos.** Uma vez que estes pacientes podem não ter tanto subenchimento arterial quanto os pacientes com cirrose ou insuficiência cardíaca congestiva, os tratamentos diuréticos são frequentemente bem tolerados. Em geral, diuréticos de alça e antagonistas dos mineralocorticoides são usados como terapia inicial. Alguns pacientes nefróticos podem ser relativamente resistentes a estas drogas. Embora baixas concentrações de albumina sérica possam aumentar o volume de distribuição de diurético, e albumina fil-

	Overfill	Underfill
GFR < 50% do normal		
GFR > 75% do normal		
Albumina sérica > 2 g/dL		
Albumina sérica < 2 g/dL		
Mínima alteração histológica		
Hipertensão		
Hipotensão postural		

Figura 1-10. Fatores que ajudam a diferenciar edema de *overfill* e *underfill* na síndrome nefrótica. GFR, taxa de filtração glomerular. (De: Schrier RW, Fassett RG. A critique of the overfill hypothesis of sodium and water retention in the nephrotic syndrome. *Kidney Int* 1998;53:1111–1117, com permissão.)

trada possa se ligar aos diuréticos na luz dos túbulos, estes fatores não parecem ser as causas predominantes de resistência diurética. Em vez disso, a resistência a diurético pode refletir uma combinação de taxa de filtração glomerular reduzida e retenção renal intensa de NaCl. Quando a taxa de filtração glomerular é reduzida, os ânions orgânicos endógenos prejudicam a secreção de diurético para dentro da luz tubular, o local onde estas drogas atuam para inibir o transporte de NaCl. Por essa razão, doses mais altas de diuréticos de alça são frequentemente necessárias para obter natriurese.

A administração de albumina aos pacientes com síndrome nefrótica pode ser cara e pode causar edema pulmonar. Um trabalho, no entanto, sugeriu que misturar albumina com um diurético de alça (6,25 g albumina por 40 mg furosemida) pode induzir diurese em pacientes gravemente hipoalbuminêmicos. Recentemente, um estudo controlado duplo-cego de nove pacientes nefróticos comparou os efeitos de (a) 60 mg de furosemida intravenosa, (b) 60 mg de furosemida intravenosa mais 200 mL de uma solução de albumina a 20%, ou (c) infusão de 200 mL de albumina. A coadministração de furosemida e albumina foi significativamente mais efetiva que albumina ou furosemida sozinha. Os autores observaram que embora acrescentar albumina aumentasse a natriurese, o benefício foi relativamente pequeno. Assim, acrescentar albumina provavelmente só está indicado em pacientes com síndrome nefrótica com resistência a diuréticos.

Leituras Sugeridas

Bansal S, Lindenfeld JA, Schrier RW. Sodium retention in heart failure and cirrhosis: potential role of natriuretic doses of mineralocorticoid antagonist? *Circ Heart Fail* 2009;2:370-376.

Bart BA, Goldsmith SR, Lee KL, et al. Ultrafiltration in decompensated HF with CRS. *N Engl J Med* 2012;367:2296-2304.

Brater DC. Update in diuretic therapy: clinical pharmacology. *Semin Nephrol* 2011;31:483-494.

Cadnapaphornchai M, Shchekochikhin D, Schrier RW. The nephrotic syndrome: pathogenesis and treatment of edema formation and other complications. *Pediatr Nephrol J* [Epub ahead of print] 2013; In press.

Constanzo MR, Guglin ME, Saltzberg MT, *et al.* Ultrafiltration versus intravenous diuretics for patients hospitalized for acute decompensated HF. *J Am Coll Cardiol* 2007;49:675-683.

Deegen JKJ, Schrier RW, Wetzel JF. The nephrotic syndrome, Chapter 69. In: Schrier RW, ed. *Schrier's Diseases of the Kidney*, 9th ed. Philadelphia, PA: Lippincott Williams & Wilkins, 2013:1997-2011.

Ellison DH. Diuretic therapy and resistance in congestive heart failure. *Cardiology* 2001;96:132-143.

Ellison DH, Hoorn EJ, Schrier RW. Mechanisms of diuretic action, Chapter 66. In: Schrier RW, ed. *Schrier's diseases of the kidney*, 9th ed. Philadelphia, PA: Lippincott Williams & Wilkins, 2013:1906-1937.

Felker GM, Lee KL, Bull DA, *et al.* Diuretic strategies in patients with acute decompensated HF. *N Engl J Med* 2011;364:797-805.

Fliser D, Zurbruggen I, Mutschler E, *et al.* Coadministration of albumin and furosemide in patients with the nephrotic syndrome. *Kidney Int* 1999;55:629-634.

Okusa MD, Ellison DH. Physiology and pathophysiology of diuretic action, Chapter 37. In: Alpern RJ, Hebert SC, eds. *The kidney: physiology and pathophysiology*, 4th ed. Amsterdam: Elsevier Science, 2008:1051-1094.

Schrier RW. A unifying hypothesis of body fluid volume regulation. *J R Coll Physicians Lond* 1992;26:295-306.

Schrier RW. Role of diminished renal function in cardiovascular mortality: marker or pathogenetic factor? *J Am Coll Cardiol* 2006;47:1-8.

Schrier RW. Use of diuretics in heart failure and cirrhosis. *Semin Nephrol* 2011;31:503-512.

Schrier RW, Abraham WT. Hormones and hemodynamics in heart failure. *N Engl J Med* 1999;341(8):577-585.

Schrier RW, Arroyo V, Bernardi M, *et al.* Systemic arterial vasodilation hypothesis: a proposal for the initiation of renal sodium and water retention in cirrhosis. *Hepatology* 1998;8:1151.

Schrier RW, Fassett RG. A critique of the overfill hypothesis of sodium and water retention in the nephrotic syndrome. *Kidney Int* 1998;53:1111-1117.

2
Paciente com Hiponatremia ou Hipernatremia

Robert W. Schrier ▪ Tomas Berl

Controle do sódio e da osmolalidade séricos. Em condições fisiológicas, a concentração de sódio no plasma é mantida em uma faixa muito estreita, entre 138 e 142 mEq/L, apesar de grandes variações na ingestão de água. Uma vez que o sódio é o cátion predominante no líquido extracelular (ECF), isto reflete a faixa igualmente estreita na qual a tonicidade (osmolalidade) dos líquidos do corpo é regulada, entre 280 e 290 mOsm/kg. Portanto, a osmolalidade plasmática calculada pode ser expressa como se segue:

$$P_{OSM} = 2[Na^+] + \frac{\text{nitrogênio ureico sanguíneo (mg/dL)}}{2,8} + \frac{\text{glicose (mg/dL)}}{18}$$

A concentração de sódio sérico e a osmolalidade plasmática são mantidas nestas faixas normais pela função da arginina vasopressina (AVP) e um osmorreceptor muito sensível que controla a secreção deste hormônio antidiurético. Este hormônio, por sua vez, é crítico na determinação da excreção de água ao permitir diluição urinária na sua ausência e concentração urinária na sua presença. Distúrbios hiponatrêmicos sobrevêm quando a ingestão de água excede a capacidade de diluição renal do paciente. Em contraposição, hipernatremia sobrevém em contextos associados a defeitos da concentração renal acompanhados por ingestão inadequada de água.

Hiponatremia. *Hiponatremia* é definida como uma concentração de sódio plasmático de menos de 135 mEq/L, é uma ocorrência frequente no paciente hospitalizado. Foi sugerido que aproximadamente 10% a 15% dos pacientes em hospitais têm uma baixa concentração de sódio plasmático em algum momento durante sua internação. Hiponatremia no paciente ambulatorial é uma ocorrência muito menos frequente e geralmente é associada a um estado de doença crônica.

I. INTERPRETAÇÃO DO SÓDIO SÉRICO. Na maioria das circunstâncias clínicas, um decréscimo no sódio sérico reflete um estado hiposmolar. Entretanto, em alguns contextos, um baixo nível de sódio poderia ser associado à osmolalidade normal ou mesmo alta. A adição ao ECF de solutos osmoticamente ativos que não penetram com facilidade nas células, como glicose, manitol e glicina, faz a água se mover das células para o ECF, desse modo levando à perda de água celular, resultando em um decréscimo na concentração de sódio sérico. Esta *hiponatremia de translocação* não reflete alterações na água corporal total (TBW), mas em vez disso o movimento de água do compartimento intracelular para o extracelular.

Na hiperglicemia, para cada 100 mg/dL de elevação na glicose sanguínea, ocorre uma queda de 1,6 mEq/L na concentração de sódio plasmático à medida que a água se move para fora das células para dentro do ECF. Por exemplo, em um paciente diabético não tratado, à medida que a glicemia se eleva de 200 para 1.200 mg/dL, é previsto que a concentração de sódio plasmático caia de 140 para

124 mEq/L (1,6 mEq/L × 10 = 16 mEq) sem uma alteração na TBW e nos eletrólitos. Em contraposição, tratamento com insulina e redução dos níveis glicêmicos de 1.200 para 200 mg/dL neste paciente diabético resulta em um movimento de água osmótico comparável do ECF de volta para dentro das células e um retorno da concentração de sódio plasmático para 140 mEq/L sem qualquer alteração na TBW.

Outro contexto no qual hiponatremia pode ocorrer sem uma alteração na osmolalidade plasmática é chamado *pseudo-hiponatremia*. Pseudo-hiponatremia ocorre quando a fase sólida do plasma, principalmente lipídios e proteínas (geralmente 6% a 8%), é grandemente aumentada, como na hipertrigliceridemia grave e doenças paraproteinêmicas. Esta leitura falsamente baixa é uma consequência dos métodos de fotometria de chama que medem a concentração de Na^+ no plasma total e não apenas na fase líquida. Uma medida do sódio sérico verdadeiro pode ser obtida em soro não diluído analisado com um eletrodo íon-específico que mede a concentração de sódio na água do soro.

II. ABORDAGEM AO PACIENTE HIPONATRÊMICO HIPOSMOLAR. Na ausência de hiponatremia translocacional ou pseudo-hiponatremia, o passo inicial mais importante no diagnóstico da hiponatremia é uma avaliação da situação de volume do ECF.

Sódio é o cátion principal no compartimento do ECF. Por essa razão, o sódio, com seus ânions acompanhantes, dita a osmolalidade e o volume líquido do ECF. Portanto, o volume do ECF fornece o melhor índice do sódio trocável corporal total. Um exame físico cuidadoso focalizado na avaliação do volume do ECF, portanto, possibilita a classificação do paciente hiponatrêmico em uma de três categorias: (a) hiponatremia na presença de um excesso de sódio corporal total (hiponatremia hipervolêmica); (b) hiponatremia na presença de um déficit de sódio corporal total (hiponatremia hipovolêmica); e (c) hiponatremia com um sódio corporal total quase normal (hiponatremia euvolêmica). Por exemplo, o paciente edematoso é classificado como tendo hiponatremia com um excesso de sódio corporal total. O paciente com depleção de volume com veias do pescoço planas, turgor cutâneo diminuído, membranas mucosas secas, hipotensão e taquicardia ortostáticas é classificado como tendo hiponatremia com um déficit de sódio corporal total. O paciente sem nenhum edema ou evidência de depleção do volume do ECF é classificado como tendo hiponatremia com sódio corporal total aproximadamente normal (Fig. 2-1).

A. No **paciente hiponatrêmico hipervolêmico (edemaciado),** ambos, o sódio corporal total e a TBW, estão aumentados, a água mais que o sódio. Estes pacientes têm insuficiência cardíaca, cirrose, síndrome nefrótica ou insuficiência renal. Quando a hiponatremia é secundária à doença cardíaca e hepática, a doença está avançada e é facilmente evidente ao exame clínico. Na ausência de uso de diuréticos, a concentração de sódio urinário no paciente edemaciado hiponatrêmico deve ser muito baixa (< 10 a 20 mEq/L) por causa da reabsorção tubular ávida de sódio. A exceção ocorre na presença de insuficiência renal aguda ou crônica, na qual, por causa da disfunção tubular, a concentração de sódio urinário é mais alta (> 20 mEq/L).

B. As possibilidades diagnósticas no **paciente hiponatrêmico hipovolêmico** são inteiramente diferentes. Novamente, a concentração de sódio em amostra urinária é de valor. Se o paciente hiponatrêmico com depleção de volume tiver uma baixa concentração de sódio na urina (< 10 a 20 mEq/L), o rim está

Hipovolemia	Euvolemia (não edemaciado)	Hipovolemia (edemaciado)
• Água corporal total ↓ • Sódio corporal total ↓↓	• Água corporal total ↑ • Sódio corporal total ↔	• Água corporal total ↑↑ • Sódio corporal total ↑

$U_{[Na]} > 20$	$U_{[Na]} < 10$	$U_{[Na]} > 20$	$U_{[Na]} > 20$	$U_{[Na]} < 10$
Perdas renais • Excesso de diurético • Deficiência de mineralocorticoide • Nefrite perdedora de sal • Bicarbonatúria (acidose tubular renal, alcalose metabólica) • Cetonúria • Diurese osmótica	Perdas extrarrenais • Vômito • Diarreia • Terceiro espaço • Queimaduras • Pancreatite • Trauma • Músculo	• Deficiência de glicocorticoide • Hipotireoidismo • Estresse físico ou emocional • Drogas • Síndrome de secreção inapropriada de hormônio antidiurético	• Insuficiência renal aguda ou crônica	• Síndrome nefrótica • Cirrose • Insuficiência cardíaca

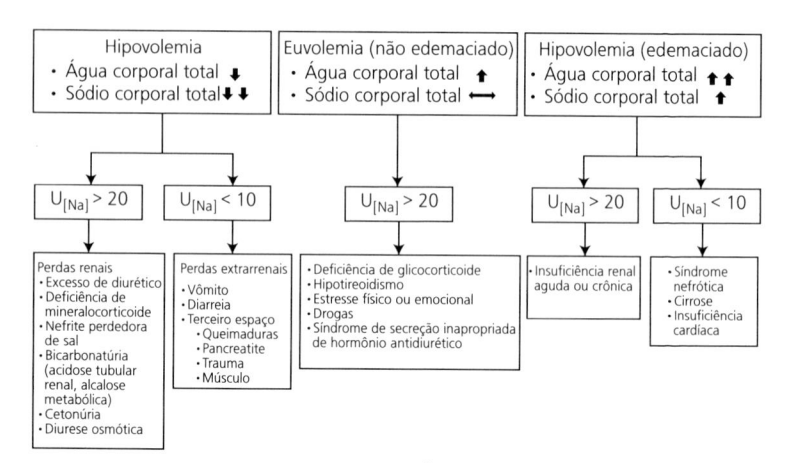

Figura 2-1. Abordagem diagnóstica à hiponatremia. (↑, aumentado; ↑↑, grandemente aumentado; ↓, diminuído; ↓↓, grandemente diminuído; ↔, não aumentado ou diminuído; $U_{[Na]}$, concentração urinária de sódio, em mEq/L.)

funcionando normalmente conservando sódio em resposta à depleção de volume do ECF. Isto ocorre com perdas líquidas extrarrenais. Em contraposição, se a concentração de sódio urinário for acima de 20 mEq/L em um paciente hiponatrêmico hipovolêmico, o rim não está respondendo apropriadamente à depleção de volume, e perdas renais de sódio e água devem ser consideradas como a causa provável da hiponatremia.

1. Em um paciente hiponatrêmico hipovolêmico com **uma concentração de sódio urinário de menos de 10 a 20 mEq/L,** deve ser procurada uma causa gastrointestinal (ou "em terceiro espaço") de perdas de sódio e água. A causa pode ser facilmente aparente, se o paciente se apresentar com uma história de vômito, diarreia ou ambas. Na ausência de uma história óbvia de perdas líquidas gastrointestinais, várias outras possibilidades diagnósticas devem ser consideradas. Perdas substanciais de ECF podem ocorrer dentro da cavidade abdominal com peritonite ou pancreatite e para dentro da luz intestinal com íleo ou colite pseudomembranosa. O usuário abusivo de catártico clandestino pode-se apresentar com evidência de depleção do volume do ECF e nenhuma história de perdas gastrointestinais. A presença de acidose metabólica hipopotassêmica e fenolftaleína na urina pode ser um indício deste diagnóstico. Perda de haustrações no clister opaco e melanose do cólon na endoscopia são outros indícios de abuso de catártico. Queimaduras ou lesão muscular também podem levar a um estado de hipovolemia e hiponatremia secundário a perdas substanciais de líquidos e eletrólitos pela pele ou para dentro do músculo.
2. Em um paciente hiponatrêmico hipovolêmico com **um nível de sódio urinário de mais de 20 mEq/L,** perdas renais ocorrem, e diversas possibilidades diagnósticas diferentes devem ser consideradas.
   a. **Uso excessivo de diuréticos** é predominante entre estes diagnósticos. Ele ocorre quase exclusivamente com diuréticos tiazidas, porque estes agentes, diferentemente dos diuréticos de alça, alteram apenas a capacidade de

diluição urinária, e uma concentração urinária permanece não prejudicada. Uma queda na concentração de sódio plasmático em um paciente recebendo diuréticos pode ser o primeiro indício de que é necessário um ajuste da posologia de diurético. Em alguns pacientes com abuso de diurético, depleção do volume do ECF não é facilmente aparente ao exame clínico. Um indício importante, no entanto, para o diagnóstico de hiponatremia induzida por diurético é que quase todos estes pacientes têm uma alcalose metabólica hipopotassêmica associada, se eles estiverem recebendo diuréticos perdedores de potássio. Se, no entanto, um diurético poupador de potássio estiver envolvido (p. ex., trianteremo, amilorida e espironolactona), pode não estar presente nem hipopotassemia nem alcalose metabólica. Suspender o uso do diurético é o melhor meio de confirmar o diagnóstico de hiponatremia induzida por diurético. Entretanto, é preciso lembrar que a restauração do volume do ECF também é necessária para corrigir a hiponatremia. Isto melhorará a função renal e suprimirá a liberação não osmótica de vasopressina mediada pela hipovolemia. No paciente hipopotassêmico, reposição de potássio também pode ser necessária para correção completa do desequilíbrio da concentração de sódio plasmático.

Abuso clandestino de diurético ocorre em mulheres pré-menopáusicas que usam diuréticos para perder peso ou outras razões estéticas (p. ex., tornozelos ou panturrilhas grossas, face "inchada"). Estas pacientes podem ser difíceis de distinguir de pacientes que vomitam clandestinamente, porque ambas podem-se apresentar com evidência de depleção do volume do ECF e alcalose metabólica hipopotassêmica. A presença ou ausência de hiponatremia depende da ingestão de água da paciente. O teste diagnóstico central para distinguir entre a paciente hiponatrêmica hipovolêmica com alcalose metabólica que faz uso abusivo de diurético e a paciente que vomita clandestinamente é a concentração de cloreto urinário. Pacientes que vomitam clandestinamente têm baixas (< 10 mEq/L) concentrações de cloreto, e as que fazem uso abusivo clandestino de diurético têm alta concentração (> 20 mEq/L).

b. **Nefrite Perdedora de Sal.** Paciente com doença cística medular, nefrite intersticial crônica, doença de rins policísticos, nefropatia de analgésico, obstrução parcial do trato urinário, e, raramente, glomerulonefrite crônica podem-se apresentar com hiponatremia hipovolêmica secundária à nefrite perdedora de sal. Estes pacientes geralmente têm comprometimento renal moderadamente avançado com níveis de creatinina sérica acima de 3 a 4 mg/dL. Este diagnóstico deve ser quase nunca considerado em pacientes com doença renal que não seja associada a creatinina sérica elevada. Pacientes com nefrite perdedora de sal podem necessitar de ingestão suplementar de cloreto de sódio (NaCl) para evitar depleção do volume do ECF, ou eles podem-se tornar muito suscetíveis à depleção do volume do ECF em associação a ingestão diminuída ou perdas extrarrenais (p. ex., gastrointestinal) de sódio e água. Como estes pacientes podem adquirir uma pigmentação secundária à dermatite urêmica e exibir hiponatremia e depleção de volume, sua doença foi inicialmente descrita como imitando doença de Addison.

c. **Deficiência de Mineralocorticoide.** O paciente com doença de Addison (*i. e.*, insuficiência suprarrenal primária) geralmente tem hiperpotassemia associada; azotemia pré-renal mais frequentemente não aumenta a creatinina sérica a concentrações maiores que 3 mg/dL. Em pacientes com deficiência de mineralocorticoide, reposição do volume do ECF pode corrigir ambas a hiponatremia e a hiperpotassemia. Durante períodos de estresse, o nível de cortisol plasmático pode estar dentro da faixa normal. Portanto, se houver suspeita de insuficiência suprarrenal, um teste de estimulação de 2 horas com cossintropina (Cortrosyn) deve ser efetuado. Em adição a uma concentração de sódio urinário de mais de 20 mEq/L, uma concentração de potássio urinária de menos de 20 mEq/L pode ser outro indício de deficiência de mineralocorticoide. Se a ingestão líquida tiver sido restringida, o paciente com doença de Addison pode não se apresentar com hiponatremia, e hiperpotassemia pode não estar presente, se a depleção do volume ECF não for grave. Por essas razões, um alto índice de suspeita é necessário para fazer o diagnóstico de insuficiência suprarrenal primária. Estes pacientes podem-se apresentar com sintomas inespecíficos, como perda de peso, anorexia, dor abdominal, náusea, vômito, diarreia e febre.

d. **Diurese osmótica obrigando à excreção de ânions e cátions** é outra consideração diagnóstica importante no paciente hiponatrêmico hipovolêmico com uma concentração de sódio urinário acima de 20 mEq/L.

   i. **Diurese de Glicose, Ureia ou Manitol.** O paciente diabético não controlado pode ter glicosúria importante, causando perdas de água e eletrólitos e, desse modo, depleção do volume do ECF. A diurese de ureia após o alívio de uma obstrução do trato urinário é outro exemplo de uma diurese osmótica que pode causar depleção do volume do ECF. Uma infusão crônica de manitol sem reposição de eletrólitos pode produzir uma situação semelhante.

   ii. **Bicarbonatúria.** Excreção aumentada de ânions também pode obrigar a perdas renais de água e eletrólitos. O exemplo mais frequentemente encontrado disto é alcalose metabólica com bicarbonatúria. O ânion bicarbonato na urina é acompanhado por cátions, incluindo sódio e potássio, que mantêm a neutralidade elétrica. Bicarbonatúria pode acompanhar o desenvolvimento inicial de alcalose metabólica, acompanhando aspiração nasogástrica ou vômito pós-operatório. Acidose tubular renal proximal (p. ex., na síndrome de Fanconi) é outra condição na qual bicarbonatúria causa perda renal de eletrólitos. Na ausência de uma infecção do trato urinário com organismos produtores de urease, um pH urinário (medido com medidor de pH) acima de 6,1 indica a presença de bicarbonato na urina.

   iii. **Cetonúria.** Ânions de cetoácidos também podem obrigar a perdas renais de eletrólitos apesar da depleção de volume do ECF; isto pode contribuir para perdas eletrolíticas urinárias na cetoacidose diabética ou alcoólica ou na inanição.

e. **Síndrome cerebral perdedora de sal** é uma síndrome, descrita principalmente em pacientes com sangramentos subaracnóideos, caracterizada por perda renal de sal, levando à contração de volume e liberação não osmótica de vasopressina. Está postulado que um hormônio cerebral leva à natriurese. O diagnóstico exige a presença de sódio na urina em face da forte evidência de contração de volume. Este critério raramente é preenchido, sugerindo que a patologia é muito rara e frequentemente diagnosticada excessivamente.

C. **Hiponatremia euvolêmica** é a forma mais comumente encontrada de hiponatremia em pacientes hospitalizados. A concentração de sódio na urina na hiponatremia euvolêmica é geralmente acima de 20 mEq/L. Entretanto, se o paciente estiver sob uma dieta com restrição de sódio ou estiver com depleção de volume, a concentração de sódio urinário pode ser menor que 10 mEq/L. Realimentar com uma ingestão normal de sal ou expansão do volume do ECF com soro fisiológico aumenta a concentração urinária de sódio para mais de 20 mEq/L, mas hiponatremia persistirá no paciente com hiponatremia euvolêmica. Estes pacientes não mostram sinais de um aumento ou diminuição no sódio corporal total. Embora a retenção de água leve a um excesso na TBW, nenhum edema é detectado porque dois terços da água estão dentro da célula. Um número limitado de possibilidades diagnósticas é disponível para pacientes hiponatrêmicos que não exibem edema nem depleção de volume do ECF (*i. e.*, pacientes hiponatrêmicos euvolêmicos) (Fig. 2-1). Duas doenças endócrinas devem ser consideradas: hipotireoidismo grave e insuficiência suprarrenal secundária associada à doença hipofisária ou hipotalâmica.
1. A ocorrência de hiponatremia com **hipotireoidismo** geralmente sugere doença grave, incluindo coma mixedematoso. Em alguns pacientes, particularmente o idoso, o diagnóstico pode não ser prontamente aparente. Por essa razão, a função tireóidea precisa ser avaliada no paciente hiponatrêmico euvolêmico.
2. **Deficiência de Glicocorticoide.** Um sistema renina–angiotensina–aldosterona intacto evita depleção do volume do ECF em pacientes com insuficiência suprarrenal secundária, mas está claro que deficiência de glicocorticoide sozinha é capaz de prejudicar a excreção de água e causar hiponatremia. Radiografias de crânio e tomografia computadorizada (TC) devem sempre ser feitas no paciente hiponatrêmico euvolêmico quando a causa da hiponatremia não for óbvia. Entretanto, radiografias de crânio e imagens de TC normais não excluem insuficiência suprarrenal secundária. Um nível baixo de cortisol plasmático associado a um nível baixo de hormônio adrenocorticotrópico suporta o diagnóstico de insuficiência suprarrenal secundária. Neste contexto, ambos insuficiência suprarrenal secundária quanto hipotireoidismo secundário podem contribuir para a hiponatremia que acompanha insuficiência hipofisária.
3. **Estresse emocional ou físico** deve ser considerado no paciente hiponatrêmico euvolêmico antes de propor o diagnóstico da síndrome de hormônio antidiurético inapropriado (SIADH). Dor aguda ou estresse emocional grave (p. ex., psicose descompensada associada à ingestão continuada de água) pode levar à hiponatremia aguda e grave. É provável que uma combinação de estresse emocional e dor física seja responsável pela frequentemente encontrada secreção de vasopressina no estado pós-operatório, a qual, por sua vez, leva à hiponatremia frente à administração de líquido hipotônico.
4. Vários **agentes farmacológicos** estimulam a liberação de vasopressina ou aumentam sua ação. Estes incluem:
   a. Nicotina
   b. Clorpropamida
   c. Tolbutamida
   d. Clofibrato
   e. Ciclofosfamida

f. Morfina
   g. Barbitúricos
   h. Vincristina
   i. Carbamazepina
   j. Acetaminofeno
   k. Drogas anti-inflamatórias não esteroides
   l. Antipsicóticos
   m. Antidepressivos
   Portanto, determinar se o paciente hiponatrêmico euvolêmico está recebendo essas drogas constitui um passo diagnóstico importante.
5. **SIADH** deve ser considerada após exclusão de outros diagnósticos no paciente hiponatrêmico euvolêmico. Em geral, as causas de SIADH incluem:
   a. **Carcinomas,** mais frequentemente, mas não exclusivamente, do
      i. Pulmão
      ii. Duodeno
      iii. Pâncreas
      iv. Cabeça e pescoço
   b. **Doenças pulmonares,** incluindo, mas não se limitando a,
      i. Pneumonia viral
      ii. Pneumonia bacteriana
      iii. Abscesso pulmonar
      iv. Tuberculose
      v. Aspergilose
   c. **Doenças do Sistema Nervoso Central (SNC)**
      i. Encefalite (viral ou bacteriana)
      ii. Meningite (viral, bacteriana ou tuberculosa)
      iii. Psicose aguda
      iv. Acidente vascular cerebral (trombose ou hemorragia cerebral)
      v. Porfiria intermitente aguda
      vi. Tumor cerebral
      vii. Abscesso cerebral
      viii. Hematoma ou hemorragia subdural ou subaracnóidea
      ix. Síndrome de Guillain–Barré
      x. Traumatismo cranioencefálico
   d. **Síndrome de Imunodeficiência Adquirida.**
      Portanto, SIADH ocorre principalmente em associação a infecções e com processos vasculares e neoplásicos no SNC ou no pulmão.
   e. **Hiponatremia Induzida por Exercício.** Hiponatremia foi bem descrita em associação a exercício vigoroso, como maratona. Parece que um BMI de < 20 kg/m^2 e tempos prolongados de corrida são ambos fatores de risco. Mais importante, foi observado que o ganho de peso durante a corrida constitui um forte fator de risco. Este ganho é mais provavelmente uma função de consumo de água excedendo as perdas insensíveis na presença de liberação não osmótica de vasopressina.

III. SINAIS E SINTOMAS. O nível de hiponatremia que pode causar sinais e sintomas varia com a velocidade de declínio na concentração de sódio plasmático e a idade do paciente. Em geral, o paciente adulto jovem parece tolerar um nível específico de hiponatremia melhor que o paciente mais velho. Entretanto, o desenvolvimento agudo (*i. e.*, dentro de algumas horas) de hiponatremia em um paciente jovem previamente assintomático pode causar sinais e sintomas graves do SNC, como sensório deprimido, convulsões, e mesmo morte, quando a concentração de sódio plasmático atingiu apenas um nível entre 125 e 130 mEq/L. Isto acontece em razão da capacidade das células cerebrais de expelirem partículas osmoticamente ativas, e, desse modo, aliviar o edema cerebral que acompanha hiponatremia, necessitando um tempo mais longo para retornar a condição inicial. Em contraposição, este mecanismo protetor contra edema cerebral se torna muito efetivo com o desenvolvimento crônico de hiponatremia ao longo de dias ou semanas, de tal modo que uma pessoa idosa pode-se apresentar sem sinais ou sintomas manifestos mesmo com uma concentração plasmática abaixo de 110 mEq/L.

Sintomas gastrointestinais, incluindo anorexia e náusea, podem ocorrer precocemente com hiponatremia. Os sinais e sintomas mais graves mais tarde se relacionam com o SNC porque o edema celular que ocorre com a hiponatremia não é bem tolerado dentro do espaço fechado rígido do crânio. Hiponatremia grave de início rápido pode levar a edema e hérnia cerebral e, portanto, exige tratamento rápido. Respiração de Cheyne-Stokes pode ser um aspecto típico da hiponatremia aguda grave. Além de exposição física, uremia e hipotireoidismo, hiponatremia também deve ser considerada no diagnóstico diferencial do paciente hipotérmico.

Em suma, os **sintomas** que podem ser associados à hiponatremia incluem:
A. Letargia, apatia
B. Desorientação
C. Cãibras musculares
D. Anorexia, náusea
E. Agitação

Sinais que podem ser associados à hiponatremia incluem:
F. Sensório anormal
G. Reflexos tendinosos profundos deprimidos
H. Respiração de Cheyne-Stokes
I. Hipotermia
J. Reflexos patológicos
K. Paralisia pseudobulbar
L. Convulsões

IV. TRATAMENTO
A. **Fatores que Afetam a Conduta de Tratamento.** A presença ou ausência de sintomas e a duração da hiponatremia são os guias principais para a estratégia de tratamento. Diferentes processos dependentes do tempo estão envolvidos na adaptação a alterações na tonicidade, e a presença de sintomas cerebrais reflete uma falha da resposta adaptativa. A este respeito, hiponatremia desenvolvendo-se dentro de 48 horas acarreta um risco maior de sequelas neurológicas permanentes decorrentes do edema cerebral, se a concentração de sódio plasmático não for corrigida prontamente. Em contraposição, os pacientes com hiponatremia crônica correm risco de desmielinização osmótica, se a correção for excessiva ou demasiado rápida.

B. **Adaptação Cerebral à Hipotonicidade.** Diminuições na osmolalidade extracelular causam movimento de água para dentro das células, aumentando o volume intracelular e causando edema tecidual. Edema dentro do crânio aumenta a pressão intracraniana, levando a síndromes neurológicas. Para prevenir esta complicação, ocorre uma adaptação reguladora de volume. Precocemente no curso da hiponatremia, dentro de 1 a 3 horas, o volume do ECF cerebral diminui pelo movimento de líquido para dentro do líquido cerebrospinal, o qual é a seguir desviado para a circulação sistêmica. Daí em diante, o cérebro se adapta perdendo potássio e solutos orgânicos celulares, o que tende a baixar a osmolalidade intracelular sem ganho substancial de água. Se a hiponatremia persistir, outros osmólitos orgânicos, como fosfocreatina, mioinositol e aminoácidos (p. ex., glutamina e taurina) são perdidos. A perda destes solutos reduz de forma significativa o edema cerebral. Pacientes nos quais esta resposta adaptativa falha são propensos a edema cerebral grave quando eles desenvolvem hiponatremia. Mulheres férteis pós-operatórias, mulheres idosas em uso de diurético tiazida, pacientes polidípsicos psiquiátricos e pacientes hipoxêmicos são particularmente propensos à encefalopatia relacionada com hiponatremia. Em contraposição, como assinalado anteriormente, os pacientes que tiveram a resposta adaptativa estão em risco de síndrome de desmielinização osmótica, se a hiponatremia for corrigida excessivamente ou muito rapidamente. Por exemplo, um aumento rápido na osmolalidade plasmática pode causar perda excessiva de água cerebral em cérebros previamente adaptados. Indivíduos alcoólicos e desnutridos, vítimas de queimaduras e pacientes com hipopotassemia grave estão em risco desta complicação.

C. **Hiponatremia sintomática aguda,** desenvolvendo-se em menos de 48 horas, é quase inevitável em pacientes hospitalizados recebendo líquidos hipotônicos. O tratamento deve ser imediato porque o risco de edema cerebral agudo excede o risco de desmielinização osmótica. O objetivo deve ser elevar o Na^+ sérico em 2 mmol/L/hora até os sintomas se resolverem. Correção completa é desnecessária, embora não seja insegura. Solução de cloreto de sódio hipertônico (NaCl 3%) é infundida à velocidade de 1 a 2 mL/kg/hora, e um diurético de alça, como furosemida, aumenta a excreção de água livre de soluto e acelera o retorno a um Na^+ sérico normal. Se estiverem presentes sintomas neurológicos (convulsões, obnubilação ou coma), NaCl 3% pode ser infundido a 4 a 6 mL/kg/hora. Mesmo NaCl 24,2% (50 mL) foi usado com segurança. Eletrólitos séricos devem ser monitorados cuidadosamente.

D. **Hiponatremia Sintomática Crônica.** Se hiponatremia esteve presente por mais de 48 horas ou a duração for desconhecida, a correção deve ser manejada cuidadosamente. Desconhecemos se é a velocidade de correção ou a magnitude da hiponatremia que predispõe à desmielinização osmótica, mas, na prática, é difícil dissociar as duas, porque uma velocidade de correção rápida geralmente significa uma correção maior ao longo de um dado período de tempo.

As seguintes diretrizes são fundamentais para o tratamento bem-sucedido:

1. Uma vez que a água cerebral está aumentada apenas aproximadamente 10% na hiponatremia crônica grave, aumentar prontamente o nível de Na^+ sérico em 10%, ou aproximadamente 10 mEq/L.
2. Depois da correção inicial, não exceder uma velocidade de correção de 1,0 a 1,5 mEq/L/hora.
3. O objetivo da correção deve ser aproximadamente 8 mEq/L durante as primeiras 24 horas.
4. Não aumentar o Na^+ sérico mais que 12 mEq/L por 24 horas ou 18 mEq/L por 48 horas. Estes são os mais altos limites aceitáveis de correção.

5. Se os limites acima forem excedidos, pode ser necessário baixar de novo o sódio sérico pela administração de G5A (glicose 5% em água) com 1-desamino-8-D-arginina vasopressina (DDAVP).

   É importante levar em consideração a velocidade de infusão e o conteúdo de eletrólitos dos líquidos infundidos e a velocidade de produção e conteúdo de eletrólitos da urina.

   Uma vez que o incremento desejado na concentração de Na^+ sérico seja obtido, o tratamento deve consistir em restrição de água.

E. A conduta para o **paciente com hiponatremia assintomático crônico** é diferente. A avaliação inicial à beira do leito inclui procurar uma doença subjacente. Hipotireoidismo e insuficiência suprarrenal devem ser procurados como possíveis etiologias, e hormônios devem ser repostos se estas deficiências forem encontradas. Uma análise cuidadosa das medicações do paciente deve ser feita e efetuados ajustes necessários.

   Em pacientes com SIADH, se a etiologia não for identificável ou não puder ser tratada, a conduta deve ser conservadora, porque alterações rápidas na tonicidade sérica levam a um grau maior de perda de água cerebral e possível desmielinização osmótica. Várias condutas podem ser consideradas.

   1. **Restrição de líquido** é uma opção fácil e geralmente bem-sucedida, se o paciente obedecer. Deve ser feito um cálculo da restrição de líquido que manterá um Na^+ sérico específico. A carga osmolar diária ingerida dividida pela osmolalidade urinária mínima (em virtude da gravidade do distúrbio de diluição) determina o volume urinário máximo do paciente. Sob uma dieta norte-americana normal, a carga osmolar diária é aproximadamente 10 mOsm/kg de peso corporal; em uma pessoa sadia, a osmolalidade urinária mínima (admitindo-se ausência de vasopressina circulante) pode ser tão baixa quanto 50 mOsm/kg. Portanto, o volume urinário diário em um homem de 70 kg pode ser tão alto quanto 14 L (700 mOsm por 50 mOsm/L). Se o paciente tiver SIADH e a osmolalidade urinária não puder ser reduzida abaixo de 500 mOsm/kg, a mesma carga osmolar de 700 mOsm/dia permite apenas 1,4 L de urina. Por essa razao, se o paciente beber mais de 1,4 L/dia, o Na^+ sérico cairá. Uma análise da concentração urinária de sódio (U_{Na}) e potássio (U_K) pode guiar o grau de restrição de água que é necessário. Se $U_{Na} + U_K$ for maior que a concentração de sódio sérico, restrição de água, unicamente, pode não ser suficiente para aumentar a concentração de sódio sérico.

   2. **Agentes Farmacológicos. Lítio** foi a primeira droga usada para antagonizar a ação da vasopressina em distúrbios hiponatrêmicos. Lítio pode ser neurotóxico, e seus efeitos são imprevisíveis. Por essa razão, a **demeclociclina** se tornou o agente de escolha. Esta droga inibe a produção e ação de adenosina monofosfato (AMP) cíclico no ducto coletor renal. O início de ação é 3 a 6 dias após o tratamento ser começado. A dose deve ser diminuída para o nível mais baixo que mantenha a concentração de sódio sérico dentro da faixa desejada com ingestão irrestrita de água; esta dose é geralmente 300 a 900 mg diariamente. A droga deve ser dada 1 a 2 horas após as refeições, e devem ser evitados antiácidos contendo cálcio, alumínio ou magnésio. Entretanto, poliúria pode ajudar a não adesão dos pacientes ao tratamento. Fotossensibilidade da pele pode ocorrer; em crianças, podem resultar anormalidades dentárias ou ósseas. Nefrotoxicidade também limita o uso da droga, especialmente em pacientes com doença hepática subjacente

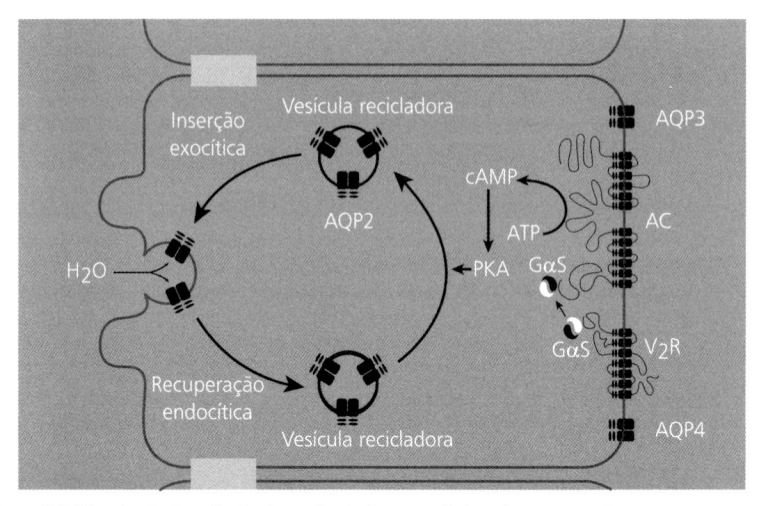

Figura 2-2. Vias de sinalização da absorção de água regulada pela vasopressina. (AQP2, aquaporina-2; ATP, adenosina trifosfato; AC, adenilil ciclase; PKA, proteína cinase A; V_2R, receptor à vasopressina.) (Usada com permissão de Bichet DG. Lithium, cyclic AMP signaling, A-kinase anchoring proteins, and aquaporina-2. *J Am Soc Nephrol* 2006;17:920-922.)

ou insuficiência cardíaca congestiva, nos quais o metabolismo hepático da demeclociclina pode ser prejudicado.

3. **Antagonistas da Vasopressina.** O principal avanço terapêutico que ocorreu nos pacientes hiponatrêmicos relaciona-se com o desenvolvimento de antagonistas oralmente ativos, não peptídicos, ao receptor V_2 à AVP. AVP se liga à membrana basolateral das células principais do ducto coletor. Ativação deste receptor V_2 ligado a G-proteína estimula uma via de sinalização de adenililciclase–AMP cíclico que regula para cima a expressão dos canais de água de aquaporina-2 (AQP2) e o tráfego para a membrana apical (Fig. 2-2). Os antagonistas V_2 à vasopressina se ligam mais profundamente na região transmembrânica das células principais do que AVP. Entretanto, estes antagonistas V_2 não ativam o receptor V_2, por causa da ausência de interação com resíduos críticos na hélice H_1 do receptor.

A U.S. Food and Drug Administration (FDA) até agora aprovou dois destes antagonistas para uso clínico, conivaptana e tolvaptana. O Quadro 2-1 compara as duas drogas. A conivaptana difere da tolvaptana porque ela antagoniza ambos os receptores V_{1a} (vascular) e V_2, enquanto a tolvaptana é antagonista V_2 mais seletivo. Além disso, a conivaptana só foi aprovada para tratar hiponatremia intra-hospitalar por uso intravenoso por 4 dias, enquanto a tolvaptana é uma droga oral que pode ser administrada a longo prazo. Ambas as drogas foram aprovadas pela FDA para tratar hiponatremia euvolêmica e hipervolêmica. Uma vez que um antagonista V_{1a} poderia teoricamente aumentar o fluxo esplâncnico, desse modo elevando a pressão portal em pacientes cirróticos, conivaptana pode não ser aconselhável para tratar hiponatremia associada à cirrose. Tolvaptana é efetiva para aumentar o sódio sérico em pacientes com cirrose. Houve casos de lesão hepática

Quadro 2-1	Antagonistas não Peptídicos do Receptor da Arginina Vasopressina	
	Tolvaptana	**Conivaptana**
Receptor	V_2	V_{1a}/V_2
Via de administração	Oral	IV
Volume urinário	↑	↑
Osmolalidade urinária	↓	↓
Excreção de $Na^+/24$ h	↔	↔
Companhia	Otsuka	Astellas

Usado com permissão de Lee CR, Watkins ML, Patterson JH et al. Vasopressin: a new target for the treatment of heart failure. *Am Heart J* 2003;146:9-18.

induzida por droga com doses mais altas de tolvaptana provocando uma precaução frente a possível toxicidade hepática. Poliúria e sede foram os principais efeitos colaterais observados destes agentes. Os principais benefícios de tratar hiponatremia parecem se relacionar com a função do SNC. A correção da hiponatremia com os antagonistas do receptor V_2 demonstrou melhorar a função mental. Outros estudos mostraram marcha melhorada ao elevar as concentrações graves de sódio em pacientes hiponatrêmicos "assintomáticos". Uma vez que quedas e fraturas, particularmente nos idosos, são mais comuns em pacientes hiponatrêmicos que outras implicações clínicas para usar estes antagonistas do receptor V_2 para tratar hiponatremia. Estes antagonistas relativamente seguros, portanto, têm potencial de corrigir mais efetivamente hiponatremia aguda e crônica quando comparados com restrição severa de líquido, demeclociclina ou ureia. Eles, no entanto, não devem ser usados em hiponatremia hipovolêmica, cujo tratamento é expansão do volume do ECF.

4. **Aumento na Excreção de Soluto.** Dado que o fluxo de urina pode ser significativamente aumentado obrigando-se a excreção de solutos e, desse modo, permitindo uma ingestão maior de água, foram usadas medidas para aumentar a excreção de solutos. Um diurético de alça, quando combinado com alta ingestão de sódio (2 a 3 g de NaCl adicional), é efetivo. Uma única dose de diurético (40 mg furosemida) é geralmente suficiente. A dose deve ser duplicada, se a diurese induzida nas primeiras 8 horas for menor que 60% do débito de urina diário total. Administração de ureia para aumentar a carga de soluto aumenta o fluxo urinário ao causar uma diurese osmótica. Isto permite uma ingestão mais liberal de água sem piorar a hiponatremia e sem alterar a concentração urinária. A dose é geralmente 30 a 60 g de ureia por dia para corrigir hiponatremia. As principais limitações são desconforto gastrointestinal e gosto desagradável.

F. **Hiponatremia Hipovolêmica e Hipervolêmica.** Sintomas diretamente relacionados com hiponatremia não são usuais na hiponatremia hipovolêmica porque a perda de ambos sódio e água limita os desvios osmóticos no cérebro. Restauração do volume do ECF com cristaloides ou coloides interrompe a liberação não osmótica de vasopressina. Em pacientes com hiponatremia hipovolêmica por diuréticos, a droga deve ser descontinuada e assegurada a reposição de potássio. A reposição de potássio aumenta o sódio sérico. O tratamento da hiponatremia em estados hipervolêmicos é mais difícil porque exige atenção ao distúrbio subjacente de insuficiência cardíaca ou hepatopatia crônica. Na insuficiência cardíaca congestiva, restrição de ambos, sódio e água, é crítica. Pacientes refratários podem ser tratados com uma combinação de inibidor da enzima conversora de angiotensina (ACE) e um diurético. O aumento resultante no débito cardíaco com inibidores de ACE pode aumentar a excreção de água livre de soluto e melhorar a hiponatremia. Diuréticos de alça diminuem a ação da vasopressina sobre os túbulos coletores, desse modo aumentando a excreção de água livre de soluto. Diuréticos tiazídicos prejudicam a diluição urinária e podem piorar a hiponatremia. Restrição de água e sal também é o fundamento do tratamento em pacientes cirróticos. Antagonistas da vasopressina aumentam o sódio sérico em pacientes hipervolêmicos também.

Hipernatremia. *Hipernatremia*, definida como uma concentração de sódio plasmático acima de 150 mEq/L, é menos comum que hiponatremia, provavelmente não em virtude de uma ocorrência mais frequente de distúrbios de diluição urinária que de concentração urinária, mas em vez disso por causa do comportamento de beber. Especificamente, se uma incapacidade de diluir a urina estiver presente, ingestão de água de 1 a 2 L/dia pode causar hiponatremia. Esta quantidade de líquido pode ser ingerida como um comportamento de rotina apesar de um estímulo hiposmolar para suprimir a sede, o que pode explicar a frequência da hiponatremia. Em contraposição, defeitos da concentração urinária que causam perdas renais de água geralmente não causam hipernatremia a não ser que um distúrbio na sede também esteja presente ou o paciente não possa beber ou obter líquido adequado para beber. O muito jovem, o muito velho e o muito doente são, por essas razões, as populações que desenvolvem hipernatremia mais frequentemente. Na ausência de uma incapacidade de beber (p. ex., coma, náusea e vômito) ou de obter água (p. ex., em bebês e adultos gravemente enfermos), o mecanismo da sede é muito efetivo em prevenir hipernatremia. Embora hiponatremia nem sempre reflita um estado hipotônico (*i. e.*, pseudo-hiponatremia ou hiponatremia de translocação), hipernatremia sempre denota um estado hipertônico.

I. ABORDAGEM AO PACIENTE HIPERNATRÊMICO. Tal como no caso da hiponatremia, os pacientes hipernatrêmicos podem ter sódio corporal total baixo, alto ou normal (Fig. 2-3). Essa classificação permite ao clínico focalizar-se no diagnóstico mais provável em cada categoria.
   A. **Paciente Hipernatrêmico Hipovolêmico.** Os pacientes hipernatrêmicos podem ter evidência de depleção do volume do ECF que ocorreu secundariamente a perdas renais ou extrarrenais. Estes pacientes sofreram perdas de água que são maiores que as perdas de sódio.
      1. **Perdas Extrarrenais.** Se as perdas foram de um local extrarrenal (p. ex., diarreia), então conservação de sódio e água pelo rim devem ser facilmente aparentes. Nesses pacientes, a concentração de sódio na urina é menos de 10 mEq/L, e a urina é hipertônica. De fato, perdas por diarreia hipotônica estão entre as causas mais comuns de hipernatremia em crianças e adultos, especialmente naqueles que estão recebendo lactulose recorrente para doença hepática grave subjacente com encefalopatia.

Paciente com Hiponatremia ou Hipernatremia | 41

```
┌─────────────────────────┐  ┌─────────────────────────┐  ┌─────────────────────────┐
│ Hipovolemia            │  │ Euvolemia (não edemaciado)│ │ Hipervolemia (edemaciado)│
│ • Água corporal total ↓↓│  │ • Água corporal total ↓ │  │ • Água corporal total ↑ │
│ • Sódio corporal total ↓│  │ • Sódio corporal total ↔│  │ • Sódio corporal total ↑↑│
└─────────────────────────┘  └─────────────────────────┘  └─────────────────────────┘
```

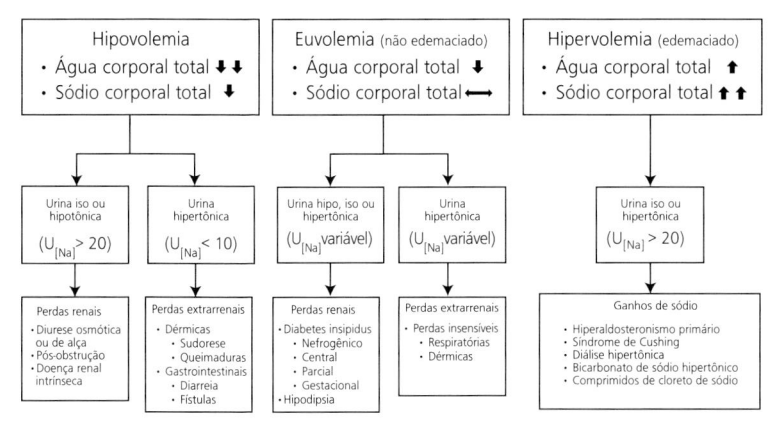

Urina iso ou hipotônica ($U_{[Na]} > 20$)	Urina hipertônica ($U_{[Na]} < 10$)	Urina hipo, iso ou hipertônica ($U_{[Na]}$ variável)	Urina hipertônica ($U_{[Na]}$ variável)	Urina iso ou hipertônica ($U_{[Na]} > 20$)
Perdas renais • Diurese osmótica ou de alça • Pós-obstrução • Doença renal intrínseca	**Perdas extrarrenais** • Dérmicas • Sudorese • Queimaduras • Gastrointestinais • Diarreia • Fístulas	**Perdas renais** • Diabetes insipidus • Nefrogênico • Central • Parcial • Gestacional • Hipodipsia	**Perdas extrarrenais** • Perdas insensíveis • Respiratórias • Dérmicas	**Ganhos de sódio** • Hiperaldosteronismo primário • Síndrome de Cushing • Diálise hipertônica • Bicarbonato de sódio hipertônico • Comprimidos de cloreto de sódio

Figura 2-3. Abordagem diagnóstica à hipernatremia. (↑, aumentado; ↑↑, grandemente aumentado; ↓, diminuído; ↓↓, grandemente diminuído; ↔, não aumentado ou diminuído; $U_{[Na]}$, concentração urinária de sódio, em mEq/L.)

2. **Perdas Renais.** Em contrapartida, perdas eletrolíticas hipotônicas podem ocorrer na urina durante diurese osmótica ou uso de diuréticos de alça. Nestes pacientes, evidência de conservação renal de sódio e água é claro que não está presente, porque a urina é a causa das perdas. Por essa razão, a urina não é hipertônica, e a concentração de sódio na urina geralmente é acima de 20 mEq/L. No paciente diabético hiperglicêmico com boa função renal e glicosúria profunda, hipernatremia pode ser um aspecto de apresentação porque perdas renais hipotônicas podem obscurecer qualquer efeito da hiperglicemia para desviar água osmoticamente das células para o ECF. Isto é particularmente verdadeiro, se o paciente não tiver acesso à água ou for incapaz de ingerir líquidos (p. ex., um paciente diabético cetoacidótico comatoso). No contexto de alimentações por sonda com alta proteína, a alta taxa de excreção de ureia leva a significantes perdas renais de água.

B. **Paciente Hipernatrêmico Hipervolêmico.** Pacientes com hipernatremia também podem ter evidência de expansão de volume do ECF. Em geral, estes pacientes receberam quantidades excessivas de NaCl hipertônico ou bicarbonato durante ressuscitação cardíaca. Nesse contexto agudo, a incidência de expansão do volume do ECF é mais comumente associada à congestão pulmonar, veias turgidas no pescoço, ou ambas, em vez de a edema periférico. Esta variedade de hipernatremia hipervolêmica não é tão infrequente quanto se pensava originalmente, uma vez que um número importante de pacientes agudamente doentes recebe soluções contendo sódio sem ingestão adequada de água. Hipernatremia hipervolêmica também pode surgir quando comprimidos de NaCl são tomados durante exercício em um ambiente de alta temperatura e umidade.

C. **Hipernatremia Euvolêmica.** A maioria dos pacientes com hipernatremia secundária à perda de água parecem euvolêmicos com sódio corporal total normal, porque a perda de água sem sódio não leva à contração franca de volume. Perda de água por si própria não deve culminar em hipernatremia a não ser que seja desacompanhada de ingestão de água. Uma vez que essa hipodipsia é incomum, hipernatremia geralmente sobrevém apenas naqueles que não têm acesso à água ou que têm um déficit neurológico que não lhes permite procurá-la. Perda extrarrenal de água ocorre pela pele e pelo trato respiratório em estados febris ou outros estados hipermetabólicos. A osmolalidade da urina é muito alta, refletindo uma resposta osmorreceptor–vasopressina–renal intacta. Por essas razões, a defesa contra hiperosmolalidade requer ao mesmo tempo estimulação da sede e a capacidade de responder bebendo água. A contração de sódio na urina varia com a ingestão de sódio. As perdas renais de água que levam à hipernatremia euvolêmica são uma consequência de um defeito na produção ou liberação de vasopressina (diabetes insípido central), uma falha do ducto coletor em responder ao hormônio (diabetes insípido nefrogênico), ou degradação excessiva rápida da vasopressina (diabetes insípido gestacional).

1. Aproximadamente 50% dos casos de **diabetes insípido central** não têm causa subjacente detectável e por isso são classificados como idiopáticos. Trauma, procedimentos cirúrgicos na região da hipófise ou hipotálamo, e neoplasias cerebrais, primários ou secundários (p. ex., por câncer mamário metastático), constituem a maioria das causas restantes de diabetes insípido central. Além disso, encefalite, sarcoidose ou granuloma eosinofílico podem causar diabetes insípido central. Diabetes insípido central pode ser parcial, com alguma preservação da liberação de vasopressina. Quando o diabetes insípido central parcial é associado a lesões hipotalâmicas e hipodipsia, estes pacientes se apresentam com hipernatremia e uma osmolalidade urinária acima do plasma. Também foram descritas formas de diabetes insípido central congênito dominante autossômico e mais raramente recessivo autossômico (síndrome de Wolfram).

2. **Diabetes Insípido Nefrogênico.** Esta doença pode ser **congênita ou adquirida.** Em 85% do diabetes insípido congênito, o distúrbio é herdado como uma mutação ligada ao X. O defeito subjacente reside no receptor à vasopressina, que é localizado no cromossomo X. Os 15% restantes dos casos de uma forma recessiva autossômica mais rara são relacionados com uma mutação no canal de água AQP2 dependente da vasopressina. Várias causas adquiridas foram descritas, muitas delas também associadas à produção diminuída de AQP2:

   a. **Secundário a Doenças Renais.** Doenças renais medulares ou intersticiais tendem a ser acompanhadas por defeitos da concentração renal resistentes à vasopressina; as mais frequentes destas doenças são doença cística medular, nefrite intersticial crônica (p. ex., nefropatia de analgésico), doença renal policística e obstrução do trato urinário bilateral parcial. Doença renal muito avançada de qualquer causa é uniformemente associada a um defeito da concentração renal. Entretanto, em virtude da taxa muito baixa de filtração glomerular, a perda renal de água (*i. e.*, poliúria) é modesta (2 a 4 L/dia).

   b. **Secundário à Hipercalcemia e Hipopotassemia.** Hipercalcemia secundária a qualquer causa, incluindo hiperparatireoidismo primário, intoxicação pela vitamina D, síndrome leite-álcali, hipertireoidismo e tumor também pode causar diabetes insípido nefrogênico adquirido. Similarmente, hipopotassemia secundária a qualquer causa, incluindo hiperaldosteronismo primário, diarreia e uso crônico de diurético pode causar diabetes insípido nefrogênico. Entretanto, parte da poliúria que

acompanha a hipercalcemia ou hipopotassemia pode ser decorrente da estimulação da sede e do aumento resultante na ingestão de água.
   c. **Drogas, Anormalidades Alimentares e outras Causas.** Diversas drogas prejudicam a resposta do órgão final à vasopressina e, por isso, causam um defeito de concentração renal (ver Seção II.B.2.d.iii). Ingestão excessiva de água bem como restrição de sódio e proteína na dieta também mostraram ser prejudicial a concentração urinária. Outras causas únicas de diabetes insípido nefrogênico incluem mieloma múltiplo, amiloidose, síndrome de Sjögren e sarcoidose.
   d. Um **sumário** das causas adquiridas de diabetes insípido nefrogênico inclui:
      i. **Doença Renal Crônica**
         - Doença renal policística
         - Doença cística medular
         - Pielonefrite
         - Obstrução do trato urinário
         - Insuficiência renal muito avançada
         - Nefropatia de analgésico
      ii. **Distúrbios Eletrolíticos**
         - Hipopotassemia
         - Hipercalcemia
      iii. **Drogas**
         - Antagonistas da vasopressina
         - Lítio
         - Demeclociclina
         - Acetoexamida
         - Tolazamida
         - Gliburida
         - Propoxifeno
         - Anfotericina
         - Metoxiflurano
         - Vimblastina
         - Colchicina
      iv. **Anormalidades da Dieta**
         - Ingestão excessiva de água
         - Ingestão diminuída de cloreto de sódio
         - Ingestão diminuída de proteína
      v. **Diversas**
         - Mieloma múltiplo
         - Amiloidose
         - Síndrome de Sjögren
         - Sarcoidose
         - Anemia falciforme
3. **Diabetes Insípido Secundário a Vasopressinase.** Diabetes insípido central e diabetes nefrogênico não são as únicas causas de poliúria durante a gravidez. A vasopressinase é uma enzima, produzida na placenta, que causa degradação *in vivo* da AVP durante a gravidez. Normalmente, um aumento na síntese e liberação de vasopressina durante a gravidez compensa a degradação aumentada do hormônio. Em casos raros, no entanto, vasopressinase

Quadro 2-2	Procedimento e Interpretação do Teste de Privação de Água	
Causa de Poliúria	Osmolalidade Urinária com Privação de Água (mOsm/kg de água)	Aumento na Osmolalidade Urinária após Privação de Líquido com Arginina Vasopressina Exógena
Normal	> 800	Pouco ou nenhum aumento
Diabetes insípido central completo	< 300	Substancialmente aumentada acima do plasma
Diabetes insípido central parcial	300–800	Aumento de > 10%
Diabetes insípido nefrogênico	< 300–500	Qualquer aumento < 10%
Polidipsia primária	> 500	Qualquer aumento < 10%

excessiva foi culpada como causa da poliúria durante a gravidez. Uma vez que a vasopressinase não é capaz de degradar DDAVP, este é o tratamento de escolha para esta poliúria relacionada com a gravidez.

4. **Resposta à Privação de Líquido e AVP no Diagnóstico de Doença Poliúrica.** As várias formas de diabetes insípido devem ser diferenciadas da polidipsia primária em pacientes que se apresentam com poliúria. O procedimento e a interpretação do teste de privação de água estão sumarizados no Quadro 2-2. Pacientes bebedores compulsivos de água podem-se apresentar com poliúria e uma resposta amortecida ao teste de privação de água; com suspensão da ingestão de líquido, hipernatremia não se desenvolve nestes pacientes, e o seu defeito de concentração renal é principalmente decorrente de uma resistência do rim à vasopressina. Entretanto, como pacientes com diabetes insípido central ou nefrogênico podem-se apresentar com poliúria e polidipsia na ausência de hipernatremia, o conhecimento do diagnóstico de ingestão de água compulsiva (psicogênica) é muito importante. Mulheres menopáusicas com problemas psiquiátricos prévios são particularmente propensas à ingestão compulsiva de água. Psiconeuroses e psicoses também são frequentemente associadas a ingestão aumentada de água.

O diagnóstico diferencial no paciente poliúrico entre ingestão compulsiva de água e diabetes insípido central parcial é o mais difícil. Restrição de líquido com perda de 3% a 5% do peso corporal levará a uma osmolalidade da urina acima do plasma, ainda que a um nível submáximo em ambas as circunstâncias. Administração de vasopressina não aumentará ainda mais a osmolalidade da urina (< 10%) no paciente com ingestão compulsiva de água, porque o defeito é ao nível do rim, não vasopressina endógena inadequada. Em contraste, o paciente com diabetes insípido central parcial terá um aumento substancial na osmolalidade urinária (> 10%) com vasopressina exógena, porque o defeito é decorrente da liberação inadequada de vasopressina.

Finalmente, o paciente com diabetes insípido nefrogênico pode ocasionalmente ter urina hipotônica resistente à vasopressina (p. ex., nefropatia hipopotassêmica ou hipercalcêmica); por essa razão, a ausência temporária de ingestão de líquido por causa de uma doença intercorrente pode ser associada à hipernatremia. Em todos os pacientes hipernatrêmicos que primariamente têm perdas de água sem perdas de eletrólitos, a concentração de excreção de sódio na urina reflete meramente a ingestão de sódio. Durante qualquer diurese de água livre de soluto, a concentração de sódio urinário declina de tal modo que o equilíbrio de sódio é mantido.

II. **SINAIS E SINTOMAS.** Poliúria e polidipsia podem ser sintomas proeminentes no paciente que, subsequentemente, desenvolve hipernatremia em associação à ingestão inadequada de água.
  A. **Disfunção do SNC.** Anormalidades neurológicas constituem as manifestações mais proeminentes dos estados hipernatrêmicos. Estas manifestações neurológicas parecem ser decorrentes principalmente de desidratação celular e retração das células cerebrais que são associadas à laceração de vasos cerebrais. Congestão capilar e venosa, sangramento subcortical e subaracnóideo e trombose de seio venoso foram todos descritos com hipernatremia.
  B. **Prognóstico da Hipernatremia Aguda *versus* Crônica.** Os sinais e sintomas da hipernatremia são mais graves na hipernatremia aguda que na crônica. De fato, mortalidade de 75% foi descrita em associação à hipernatremia aguda em adultos com elevações agudas da concentração de sódio plasmático acima de 160 mEq/L. Estes adultos, no entanto, frequentemente têm doenças primárias graves associadas a sua hipernatremia, e estas doenças primárias podem-se responsabilizar em grande parte pela alta mortalidade. Uma mortalidade de 45% foi descrita em crianças com hipernatremia aguda, e até dois terços das crianças sobreviventes podem ter sequelas neurológicas.
  C. **Geração de Osmólitos na Hipernatremia Crônica.** A evolução mais benigna da hipernatremia crônica parece ser relacionada com mecanismos celulares que protegem contra desidratação cerebral grave. O cérebro, no entanto, exige algum período de tempo, talvez dias, para se adaptar. Na hipernatremia crônica, as células cerebrais geram compostos orgânicos denominados osmólitos, alguns dos quais parecem ser aminoácidos; estes osmólitos são osmoticamente ativos e restauram a água cerebral a níveis próximos dos controles apesar da hipernatremia persistente. A presença destes osmólitos com hipernatremia crônica, embora protetora contra desidratação e retração cerebral, pode predispor a edema cerebral, se a hipernatremia for corrigida demasiado rapidamente.
  D. **Correlação da Disfunção do SNC com o Grau de Hiperosmolalidade.** As manifestações mais iniciais da hipernatremia são agitação, irritabilidade aumentada e letargia. Estes sintomas podem ser seguidos por contrações musculares, hiper-reflexia, tremor e ataxia. O nível de hiperosmolalidade com o qual estes sinais e sintomas ocorrem depende não apenas da rapidez da alteração na concentração de sódio plasmático, mas também da idade do paciente; o muito jovem e o muito idoso exibem as manifestações mais graves. Em geral, no entanto, estes sinais e sintomas podem ocorrer progressivamente com osmolalidade plasmática na faixa de 325 a 375 mOsm/kg de água. Em uma osmolalidade plasmática acima deste nível, pode ocorrer espasticidade muscular tônica, convulsões focais e de grande mal, e morte. O paciente idoso com demência ou doença cerebrovascular grave pode demonstrar estes sinais e sintomas ameaçadores da vida em um nível mais baixo de hiperosmolalidade plasmática

III. TRATAMENTO. Hipernatremia é frequentemente um distúrbio eletrolítico evitável, se as perdas hídricas forem reconhecidas e apropriadamente repostas. Na maioria dos casos, hipernatremia pode ser tratada pela administração cautelosa de água aos pacientes com distúrbios perdedores de água que não são capazes de obter água. O tratamento da hipernatremia depende de dois fatores importantes: situação de volume do ECF e a velocidade de desenvolvimento da hipernatremia.
  A. **Correção da Depleção de Volume do ECF.** Quando hipernatremia é associada à depleção de volume do ECF, o objetivo terapêutico principal é administrar solução de cloreto de sódio isotônico (soro fisiológico) até que a restauração do volume do ECF seja obtida, conforme avaliado por veias do pescoço normais e ausência de hipotensão e taquicardia ortostática. Soluções de NaCl hipotônica (0,45%) ou glicose 5% podem, então, ser usadas para corrigir a osmolalidade plasmática.
  B. **Correção da Expansão de Volume do ECF.** Em contrapartida, se hipernatremia for associada à expansão do volume do ECF, diuréticos (p. ex., furosemida) com ingestão liberal de líquido podem ser usados para tratar a hipernatremia. Na presença de insuficiência renal avançada, o paciente com hipernatremia e sobrecarga hídrica pode necessitar ser dialisado para tratar a hipernatremia.
  C. **Método de Cálculo da Reposição de Água.** Finalmente, o paciente com hipernatremia euvolêmica pode ser tratado principalmente com reposição de água oralmente ou parenteralmente com soro glicosado 5%. O método de cálculo da reposição de água necessária para um homem de 75 kg com um sódio plasmático de 154 mEq/L é o seguinte:

$$TBW = peso\ corporal \times 60\%\ ou$$
$$TBW = 75 \times 0,6 = 45\ L$$

Então,

$$\frac{\text{Sódio plasmático atual}}{\text{Sódio plasmático desejado}} \times TBW = \frac{154\ mEq/L}{145\ mEq/L} \times 45\ L = 49,5\ L$$

Portanto, a reposição de 4,5 L (49,5 − 45 L) de balanço positivo de água corrigirá a concentração de sódio plasmático. Perdas continuadas de água não devem passar despercebidas.
  D. **Velocidade de Correção.** A velocidade recomendada de correção da hipernatremia depende da velocidade de desenvolvimento da hipernatremia e dos sintomas. Mais sinais e sintomas neurológicos são associados à hipernatremia aguda; portanto, esta anormalidade bioquímica deve ser corrigida rapidamente, ao longo de algumas horas.
  Em contraposição, osmólitos parecem se acumular nas células cerebrais durante períodos de hipernatremia crônica, um mecanismo que protege contra a retração cerebral. Portanto, a correção rápida de hipernatremia crônica pode criar um gradiente osmótico entre os compartimentos do ECF e o intracelular, com movimento osmótico de água para dentro das células e edema cerebral subsequente. Em geral, portanto, hipernatremia crônica é mais bem corrigida gradualmente, a uma velocidade não excedendo 2 mOsm/hora. Metade da correção pode ser realizada em 24 horas, e a outra metade nas 24 horas seguintes ou por um tempo mais longo.

Leituras Sugeridas

Berl T, Schrier RW. Disorders of water metabolism. In: Schrier RW, ed. *Renal and electrolyte disorders*, 6th ed. Philadelphia, PA: Lippincott Williams & Wilkins, 2003:1-63.
Bichet D. Nephrogenic and central diabetes insipidus. In: Schrier RW, Coffmann TM, Falk RJ, Molitoris BA, eds. *Schrier's diseases of the kidney*, 9th ed. Philadelphia, PA: Lippincott Williams & Wilkins, 2013:2055-2081.
Ellison DH, Berl T. Clinical practice. The syndrome of inappropriate antidiuresis. *N Engl J Med* 2007;356:2064-2072.
Greenberg A, Verbalis JG. Vasopressin receptor antagonists. *Kidney Int* 2006;69(12):2124-2130.
Guevara M, Baccaro ME, Rios J, et al. Risk factors for hepatic encephalopathy in patients with cirrhosis and refractor ascites: relevance of serum sodium concentration. *Liver Int* 2010;30:1137-1142.
Schrier RW. Body water homeostasis: clinical disorders of urinary dilution and concentration. *J Am Soc Nephrol* 2006;17(7):1820-1832.
Schrier RW. Aquaporin-related disorders of water homeostasis. *Drug News Perspect* 2007;20(7):447-453.
Schrier RW, Gross P, Gheorghiade M, et al. Tolvaptan, a selective oral vasopressin V2-receptor antagonist, for hyponatremia. *N Engl J Med* 2006;355(20):2099-2112.
Schrier RW, Sharma S, Shchekochikhin D. Hyponatremia: more than just a marker of disease severity? *Nat Rev Nephrol* 2013;9:37-50.
Soupart A, Coffernills M, Couturier B, et al. Efficacy and tolerance of urea compared with vaptans for long-term treatment of patients with SIADH. *Clin J Am Soc Nephrol* 2012;7:742-747.
Verbalis J. The syndrome of inappropriate anti-diuretic hormone secretion and other hypo-osmolar disorders. In: Schrier RW, Coffman TM, Falk RJ, Molitoris BA, eds. *Schrier's diseases of the kidney*, 9th ed. Philadelphia, PA: Lippincott Williams & Wilkins, 2013:2012-2054.
Verbalis J, Goldsmith S, Greenberg A, et al. Hyponatremia treatment guidance consensus statement. *Am J Med* 2007;120(11 Suppl 1):S1-S12.
Walkar SS, Mount DB, Curhan GC. Mortality after hospitalization with mild, moderate, and severe hyponatremia. *Am J Med* 2009;122:857-865.

3 Paciente com Hipopotassemia ou Hiperpotassemia

Jie Tang ▪ Stuart L. Linas

Potássio é o cátion mais abundante no corpo humano. Ele regula a função enzimática intracelular e ajuda a determinar a excitabilidade do tecido neuromuscular e cardiovascular. Mais de 98% do potássio corporal total está localizado no líquido intracelular (ICF; principalmente nos músculos), menos de 2% no líquido extracelular (ECF). A proporção do potássio extracelular para o potássio intracelular determina o potencial de membrana. As alterações agudas na concentração de potássio sérico e no potencial de membrana determina a gravidade dos sintomas clínicos, e é subjacente aos achados clínicos causados pelos distúrbios do metabolismo do potássio.

I. **VISÃO GERAL DA FISIOLOGIA DO POTÁSSIO.** A dieta ocidental típica contém 40 a 120 mEq de potássio por dia. Controle estreito do potássio sérico entre 3,5 e 5,5 mEq/L é realizado principalmente pelo rim, órgão no qual a secreção varia entre 40 e 120 mEq/dia. As perdas de potássio nas fezes e no suor são pequenas (5 a 10 mEq). Além disso, a interação de diversos sistemas hormonais e o ambiente acidobásico interno contribuem para a troca de potássio entre o ECF e o ICF, o que ajuda a manter a concentração sérica de potássio estreitamente controlada. Embora o potássio corporal total decline com o envelhecimento, e a velocidade de declínio pareça ser influenciada pelo sexo e pela raça, o significado clínico destas observações não está claro.

   A. **Equilíbrio Interno.** Sob certas condições fisiológicas, potássio é rapidamente redistribuído entre os compartimentos intracelular e extracelular. Vários hormônios e fatores fisiológicos interagem para regular o movimento transcelular de potássio.

   1. **Insulina.** Potássio sérico elevado aumenta os níveis de insulina. A ligação do hormônio insulina aos receptores à insulina causa uma hiperpolarização das membranas celulares que facilita a captação de potássio no fígado, gordura, músculo cardíaco e esquelético. Insulina também ativa as bombas de Na–K–adenosina trifosfatase (ATPase) e causa a captação celular de potássio.

   2. **Catecolaminas.** Ativação do β_2-adrenorreceptor resulta em captação de potássio no fígado e músculo. Além da ativação de cotransportadores de Na^+–K^+–Cl_2^- (NKCC), o efeito é também transduzido pela ativação por adenosina monofosfato cíclico (cAMP) das bombas de Na–K–ATPase, causando um influxo de potássio em troca por sódio. Agentes terapêuticos como teofilina potencializam a captação de potássio mediada por β_2-adrenorreceptor inibindo a degradação de cAMP.

   3. **Acidobásico.** Acidose inorgânica (p. ex., ácido clorídrico) facilita movimento de potássio do ICF para o ECF. Prótons entram nas células, onde os íons inorgânicos impermeáveis não o fazem. Os aumentos resultantes na carga positiva do ICF favorecem o movimento de potássio para fora. Como os íons orgâ-

nicos (lactato, cetoácidos) têm menos restrição para entrar nas células, aumentos no potássio sérico podem não ocorrer na acidose orgânica.
4. **Tonicidade.** Hiperglicemia faz líquido rico em potássio sair da célula, desse modo aumentando o potássio no ECF. Na maioria das condições, aumentos na insulina modulam e revertem o efeito da tonicidade extracelular aumentada. Entretanto, quando a insulina não pode ser aumentada (p. ex., diabetes melito tipo 1) ou hiperglicemia ocorre rapidamente (como com a administração de glicose 50%), ocorre hiperpotassemia. Infusões rápidas de manitol também podem causar hiperpotassemia.

B. **Equilíbrio Externo**
1. **Rim**
A excreção urinária de potássio é o resultado de uma diferença entre o potássio secretado e o potássio reabsorvido no néfron distal. Potássio é livremente filtrado no glomérulo. Mais de 50% do potássio filtrado é reabsorvido no túbulo contornado proximal através de vias paracelulares. No ramo descendente da alça de Henle, especialmente nos néfrons profundos, a concentração de potássio aumenta. No ramo ascendente grosso medular da alça de Henle, o cotransportador de Na-K-2Cl leva à reabsorção de potássio. Quando o líquido tubular atinge o início do túbulo contornado distal, só restam 10% a 15% do potássio filtrado. Potássio é secretado pelas células principais do túbulo conector e ducto coletor cortical. Potássio é reabsorvido no ducto coletor medular externo, um efeito mediado pelas células intercalares. Uma queda na taxa de filtração glomerular (GFR) não é geralmente associada à excreção diminuída de potássio e hiperpotassemia, até que a GFR seja menor que 20 mL/min. Isto é devido a um aumento adaptativo na excreção de potássio nos néfrons funcionantes remanescentes. Os principais fatores que regulam a excreção de potássio são os seguintes.
   a. **Taxa de Fluxo e Fornecimento de Sódio no Néfron Distal.** Em condições normais, sódio fornecido ao túbulo coletor cortical é reabsorvido através de canais de sódio epiteliais amilorida-sensíveis (ENaCs) nas células principais. O potencial negativo resultante na luz tubular resulta em excreção aumentada de potássio através de canais de potássio apicais [canal de potássio medular externo renal (ROMK)]. Este sistema exige fornecimento de sódio ao túbulo distal. Além disso, aumentos na taxa de fluxo tubular ajudam a manter uma baixa concentração de potássio urinário, o que favorece o movimento de potássio das células para o líquido tubular.
   b. **Mineralocorticoides.** Aldosterona é o principal mineralocorticoide; ela aumenta a secreção de potássio para dentro do líquido tubular pelo seguinte:
      i. Aumentando o número e a atividade dos ENaCs no túbulo conector e ducto coletor cortical no túbulo distal. Isto aumenta a reabsorção de sódio, desse modo criando uma luz negativa e força impulsora para excreção de potássio dentro da luz tubular.
      ii. Aumentando a atividade de Na–K ATPase basolateral.
   c. Aumentos ou diminuições no **potássio da dieta** aumentam ou diminuem o potássio urinário, respectivamente. Adaptação renal a alta ingestão de potássio é mediada por um aumento induzido pelo potássio na secreção de aldosterona e por um aumento na atividade de Na–K–ATPase no

néfron distal. Em resposta à restrição de potássio, a atividade mineralocorticoide diminui, desse modo causando um declínio na secreção de potássio.
   d. Aumentos em **ânions** relativamente não reabsorvíveis (p. ex., bicarbonato, penicilina) capturam potássio secretado na luz tubular e limitam a reabsorção de potássio no ducto coletor medular. As perdas de potássio renais resultantes podem conduzir à depleção grave de potássio.
   e. WNK cinases são uma série recentemente identificada de enzimas que se constatou regularem excreção de potássio. WNK4 diminui a atividade do transportador de NaCl nos túbulos distais e diminui o número de canais de potássio no túbulo coletor cortical. A rede de efeitos de WNK4 é para causar retenção de potássio.
2. **Extrarrenal**
   a. **Trato Gastrointestinal**
   A uma ingestão mais baixa de potássio (< 55 mmol/dia), parece haver uma relação inversa entre as excreções de potássio renal e gastrointestinal (GI). Entretanto, a uma ingestão mais alta, ambas as excreções de potássio renal e GI aumentam. Isso indica que o trato GI pode desempenhar um papel importante no manejo da carga extra de potássio, especialmente quando a função renal está comprometida. A contribuição relativa da excreção GI de potássio pode ser diferente em pessoas com formação racial diferente.
   b. **Outros**
   Tanto as glândulas salivares quanto as sudoríferas estão envolvidas na excreção de potássio regulada pela aldosterona. Entretanto, seu significado clínico na homeostasia do potássio não está claro.

II. HIPOPOTASSEMIA

A. **Diagnóstico.** A **abordagem inicial** à hipopotassemia é determinar se ela é falsa, secundária a um desvio de potássio dos compartimentos extracelulares para os intracelulares, ou resultado de uma diminuição verdadeira no potássio corporal total (Fig. 3-1).

Pseudo-hipopotassemia ocorre no contexto de leucocitose extrema (leucócitos *in vitro* captam potássio no tubo de ensaio) e não é associada a mudanças do equilíbrio externo e interno de potássio.

Desvio de **potássio** dentro da célula pode ocorrer agudamente em condições associadas a aumentos na insulina ou catecolaminas endógenas. Por exemplo, liberação de catecolamina associada à falta de ar (asma, exacerbações de doença pulmonar obstrutiva crônica, insuficiência cardíaca e síndrome de dor torácica incluindo infarto do miocárdio ou angina) ou liberação de catecolaminas por certas abstinências de drogas (álcool, narcóticos ou barbitúricos) muda potássio para dentro das células, desse modo diminuindo a concentração sérica de potássio. Hipopotassemia também pode ser causada pela administração de insulina (correção de cetoacidose diabética, pós-ressuscitação para hiperpotassemia) ou agonista dos β_2-adrenorreceptores (agonistas β_2, teofilina). Outras causas comuns de diminuições no potássio sérico sem diminuições no potássio corporal total incluem paralisia periódica hipocalêmica (tipos familiar e hipertireóideo), tratamento de anemias megaloblásticas e síndromes de realimentação (provavelmente mediadas por insulina). A síndrome de realimentação, na qual pacientes gravemente desnutridos

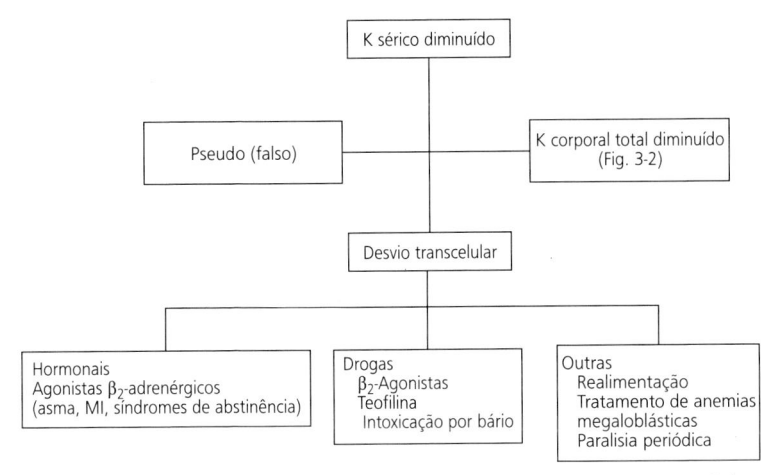

```
                    ┌─────────────────────┐
                    │  K sérico diminuído │
                    └──────────┬──────────┘
             ┌─────────────────┴─────────────────┐
    ┌────────────────┐                  ┌──────────────────────────┐
    │  Pseudo (falso)│                  │ K corporal total diminuído│
    │                │                  │       (Fig. 3-2)         │
    └────────┬───────┘                  └──────────────────────────┘
             │
   ┌─────────────────────┐
   │  Desvio transcelular│
   └──────────┬──────────┘
   ┌──────────┼──────────────────────┐
┌──────────────────────┐ ┌────────────────┐ ┌────────────────────────┐
│ Hormonais            │ │ Drogas         │ │ Outras                 │
│ Agonistas β₂-adrenérgicos│ β₂-Agonistas │ │ Realimentação          │
│ (asma, MI, síndromes │ │ Teofilina      │ │ Tratamento de anemias  │
│  de abstinência)     │ │ Intoxicação    │ │ megaloblásticas        │
│                      │ │ por bário      │ │ Paralisia periódica    │
└──────────────────────┘ └────────────────┘ └────────────────────────┘
```

Figura 3-1. Abordagem diagnóstica à hipopotassemia. (K, potássio; MI, infarto do miocárdio.)

são iniciados com alimentação nasogástrica, também é vista em adultos mais velhos nos quais as manifestações de desnutrição são menos aparentes clinicamente.

Diminuições no potássio corporal total (Fig. 3-2) são causadas por ingestão inadequada de potássio ou perdas excessivas renais ou extrarrenais de potássio. A análise da excreção de potássio urinário (por medições de 24 horas ou amostras urinárias de potássio) é usada para distinguir perda de potássio renal *versus* extrarrenal. Concentrações de potássio urinário menores que 20 mEq/L sugerem pouca ingestão de potássio e/ou perda extrarrenal de potássio. O estado acidobásico sérico é útil para avaliar hipopotassemia com baixa excreção urinária de potássio. Acidose metabólica pode sugerir perdas no trato gastrointestinal inferior (diarreia de qualquer causa, p. ex., infecciosa, tóxica e abuso de laxativo). Um pH sérico normal é menos útil, porque hipopotassemia pode ser secundária tanto a diminuições na ingestão quando perdas GI. Alcalose metabólica com potássio urinário de menos de 20 mEq/L, embora rara, é associada a abuso de laxativo, adenoma viloso, ou diarreia congênita perdedora de cloreto.

Hipopotassemia com uma excreção de potássio urinário de mais de 20 mEq/L sugere perda renal de potássio. O pH sérico novamente é útil para avaliar mais etiologias. Acidose metabólica sugere acidose tubular renal (tipo 1 ou tipo 2), cetoacidose diabética (diurese osmótica), ureterossigmoidostomia, ou uso de inibidor de anidrase carbônica. Mais comumente, perdas renais de potássio são associadas à **alcalose metabólica.** Neste contexto clínico, a concentração de cloreto urinário é útil. Uma baixa concentração de cloreto urinário (menos de 20 mEq/L) sugere perdas de potássio no trato gastrointestinal superior, uso recente (mas não atual) de diurético, ou uma síndrome pós-hipercápnica. Hipopotassemia com uma concentração alta de cloreto urinário é distinguida mais a fundo com base na presença ou ausência de hipertensão. Em indivíduos normotensos, hipopotassemia com alcalose metabólica e um cloreto urinário alto ocorre com uso de diurético (diuréticos

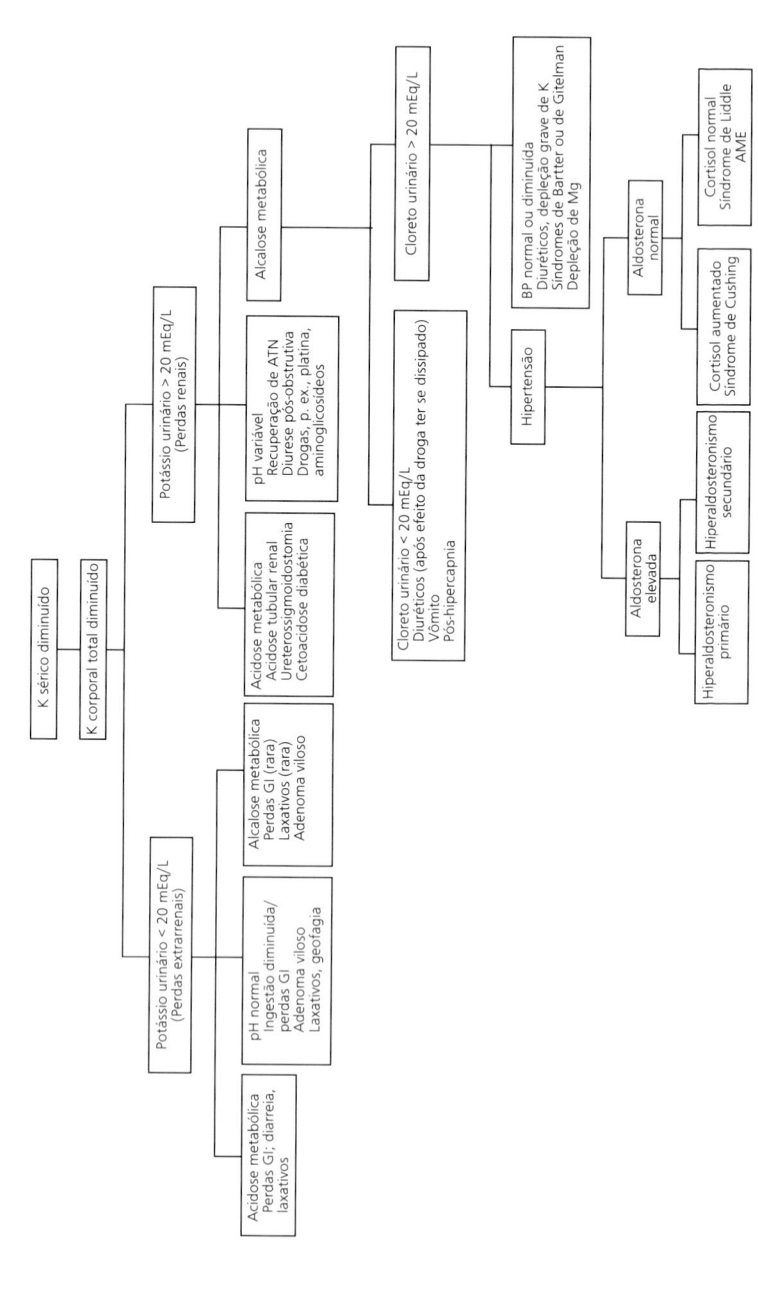

Figura 3-2. Abordagem diagnóstica à hipopotassemia. (AME, meningoencefalite asséptica; ATN, necrose tubular aguda; BP, pressão arterial; GI, gastrointestinal; K, potássio; Mg, magnésio.)

de alça ou com ação no túbulo contornado distal), na síndrome de Bartter e na de Gitelman, e com diminuições graves no magnésio ou potássio corporal total. Hipopotassemia com perda renal de potássio, perda renal de cloreto e hipertensão é adicionalmente avaliada pelas concentrações de aldosterona urinárias. Um nível elevado de aldosterona sugere hiperaldosteronismo primário (adenoma, hiperplasia, medicação glicocorticoide) ou hiperaldosteronismo secundário (hipertensão renovascular ou acelerada, uso de diurético, tumor secretor de renina). Em contraposição, níveis normais de aldosterona com aumentos no cortisol sérico sugerem síndrome de Cushing ou uso de esteroide exógeno. Níveis normais de cortisol e aldosterona indicam síndrome de Liddle (causada por aumentos na atividade do canal de sódio no túbulo coletor cortical) ou síndrome de excesso aparente de mineralocorticoide [diminuições na atividade de 11-β-hidroxiesteroide desidrogenase em tecido renal (congênita, ingestão de alcaçuz) fazendo o receptor a mineralocorticoide responder a glicocorticoide]. Aumentos na excreção de potássio urinário sem um distúrbio acidobásico significativo são vistos durante a fase de recuperação da necrose tubular aguda, diurese pós-obstrutiva e depleção de magnésio associada a drogas, como aminoglicosídeos e cisplatina, ou em leucemia mielomonocítica (secundária à lisozimúria).

Finalmente, hipopotassemia é frequentemente associada a alcoolismo crônico. O mecanismo atrás desta anormalidade eletrolítica não está bem definido, mas, provavelmente, é multifatorial secundário à má ingestão, diarreia, abstinência de álcool com alcalose respiratória e caliurese associada à hipomagnesemia.

1. Doenças Genéticas Associadas à Hipopotassemia

Estas doenças, mencionadas anteriormente, são caracterizadas por produção ou atividade excessiva de mineralocorticoide ou excreção anormal renal de potássio, independente de atividade mineralocorticoide. Distúrbios associados à produção aumentada de aldosterona incluem hiperaldosteronismo corrigível com glicocorticoide e hiperplasia suprarrenal congênita.

As síndromes de Bartter e de Gitelman são caracterizadas por anormalidades no metabolismo do potássio epitelial renal. Existem cinco variantes da síndrome de Bartter. Os fenótipos variam, mas todos são associados à hipopotassemia e normotensão. Mutações foram identificadas no gene do cotransportador de Na^+-K^+-2Cl sensível à bumetanida (*NKCC2*), canal ROMK na alça de Henle ascendente, gene de Barttin (subunidade β dos canais de cloreto ClC-Ka e ClC-Kb), ClC-KB, e receptor *calcium-ensing*. A síndrome de Gitelman é uma tubulopatia de hipopotassemia associada a uma mutação no cotransportador de NaCl sensível a tiazida (TSC).

A síndrome de Liddle é uma doença recessiva autossômica causada por uma mutação de ganho de função no ENaC. Como resultado, o volume extracelular é expandido com hipertensão. Entretanto, como o canal ROMK é ativado secundariamente, a excreção de potássio é aumentada e resulta em hipopotassemia.

Embora **hipopotassemia de mudança cclular e diminuições no potássio corporal total** ocorram como problemas isolados, elas frequentemente ocorrem **simultaneamente**. Diminuições no potássio corporal total potencializam os efeitos de drogas e hormônios para transferir potássio para dentro das células. Por exemplo, pequenas alterações no potássio durante insulinoterapia podem não causar hipopotassemia, se o potássio corporal total for normal, mas, no contexto de depleção do potássio corporal total (p. ex., durante o tratamento de cetoacidose diabética ou com uso de diurético), desvios celulares de potássio durante insulinoterapia podem resultar em hipopotassemia profunda.

B. As **manifestações** da hipopotassemia são principalmente cardíacas e neuromusculares (Quadro 3-1). Os sintomas neuromusculares mais drásticos são paresia, paralisia e insuficiência respiratória. Depleção de potássio causa arritmias supraventriculares e ventriculares, especialmente em pacientes sob tratamento digitálico. Embora hipopotassemia grave seja mais propensa a causar complicações, mesmo diminuições mínimas no potássio sérico ou corporal total podem ser arritmogênicas em pacientes com cardiopatia subjacente ou que estão recebendo tratamento digitálico.

C. O **tratamento** da hipopotassemia depende da causa subjacente, do grau de depleção de potássio e do risco da depleção de potássio para o paciente. Em geral, hipopotassemia secundária a desvio celular é manejada tratando-se as condições subjacentes. Por exemplo, hipopotassemia no contexto de aumentos de catecolaminas, como em síndromes de dor torácica, é tratada com tratamentos apropriados para a dor. Entretanto, quando hipopotassemia de desvio celular é associada a condições que ameaçam a vida, como paresia, paralisia, ou hipopotassemia no contexto de infarto do miocárdio, a administração de potássio está indicada. Na depleção de potássio, o tratamento de reposição depende do grau estimado das diminuições no potássio corporal total. Por exemplo, diminuições no potássio corporal total acompanhadas por uma queda no potássio sérico de 3,5 para 3,0 mEq/L são associadas a um déficit de potássio de 150 a 200 mEq. Diminuições no potássio sérico de 3 para 2 mEq/L são associadas a diminuições adicionais de 200 a 400 mEq no potássio corporal total. Potássio pode ser administrado intravenosamente, mas em quantidades limitadas (10 mEq/horas em uma veia periférica; 15 a 20 mEq/hora em uma veia central). Necessidades maiores de potássio só podem ser realizadas por tratamento oral ou com diálise.

III. HIPERPOTASSEMIA

A. A **conduta** para a hiperpotassemia (Fig. 3-3) consiste em determinar se os aumentos no potássio sérico são falsos, causados por desvios de potássio de espaços celulares para extracelulares, ou representam um aumento verdadeiro no potássio corporal total.

Pseudo-hiperpotassemia é causada por hemólise de eritrócitos *in vitro*, coleta de sangue isquêmico, trombocitose extrema (acima de 1 milhão/mL), ou leucocitose (acima de 50.000/mL). Pseudo-hiperpotassemia é distinguida de hiperpotassemia verdadeira pela ausência de anormalidades eletrocardiográficas (ECG). Hiperpotassemia causada por **desvios celulares** de potássio ocorre agudamente e resulta da transferência diminuída de potássio para dentro das células (com diminuições na insulina ou tratamento com bloqueador β-adrenérgico), movimento aumentado de potássio das células para o espaço extracelular (com acidose metabólica), hipertonicidade (com hiperglicemia ou a administração de manitol), exercício, destruição muscular (com rabdomiólise), ou intoxicação medicamentosa por digital ou succinilcolina.

Hiperpotassemia sustentada é causada por diminuições na excreção renal de potássio. Isto geralmente não é visto até que a GFR seja menor que 20

Quadro 3-1	Manifestações Clínicas da Hipopotassemia

Cardiovasculares

Anormalidades eletrocardiográficas: ondas U, prolongamento de QT, depressão de ST

   Predisposição a toxicidade digitálica

   Arritmias atriais/ventriculares

Neuromusculares

  Músculo esquelético

    Fraqueza

    Cãibras

    Tetania

    Paralisia flácida

    Rabdomiólise

  Músculo liso

    Constipação

    Íleo

    Retenção urinária

Endócrinas

   Intolerância a carboidrato

   Diabetes melito

   Aldosterona diminuída

   Retardo do crescimento

Renais/Eletrolíticas

  Fluxo sanguíneo renal, taxa de filtração glomerular diminuídos

  Diabetes insípido nefrogênico

  Amoniogênese aumentada (encefalopatia hepática)

  Perda de cloreto/alcalose metabólica

  Formação de cistos

  Nefrite intersticial

  Vacuolização tubular

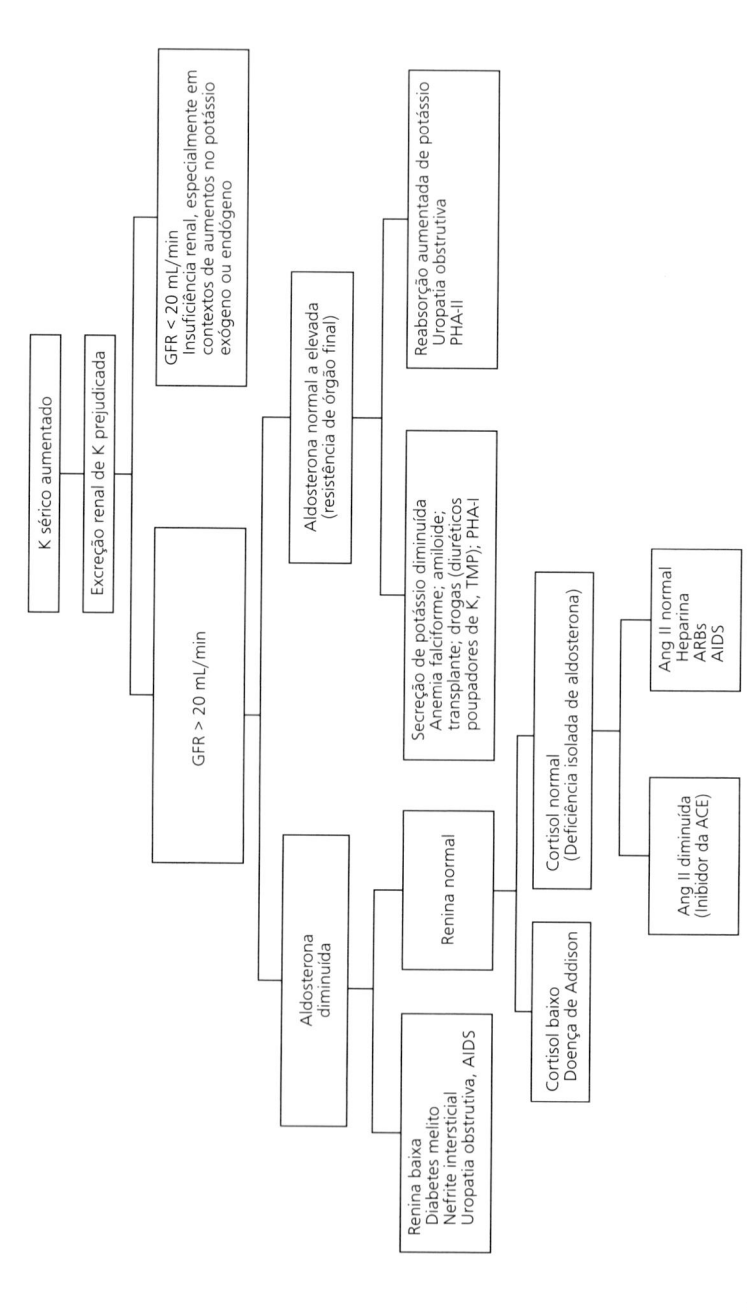

Figura 3-3. Abordagem diagnóstica à hipopotassemia. (ACE, enzima conversora de angiotensina; AIDS, síndrome de imunodeficiência adquirida; Ang, angiotensina; ARBs, ligantes a receptores adrenérgicos; GFR, taxa de filtração glomerular; K, potássio; PHA, pseudo-hipoaldosteronismo; TMP, trimetoprim-sulfametoxazol.)

mL/min. Entretanto, pode ser visto com diminuições menos graves na GFR quando o rim é submetido a uma carga de potássio a partir de ingestão de potássio (p. ex., dieta, substitutos do sal, ou drogas, incluindo cloreto de potássio e citrato de potássio) e a partir de aumentos da produção endógena de potássio (p. ex., sangramento GI, hematoma em resolução, rabdomiólise, estados catabólicos e lise tumoral). Hiperpotassemia com diminuições menos graves na função renal é também associada a reduções na taxa de fluxo no néfron distal ou baixos níveis de aldosterona sérica, como com hipoaldosteronismo hiporreninêmico. Finalmente, hiperpotassemia também é associada a diminuições menos graves na GFR quando são administradas drogas que alteram a fisiologia do potássio. Hiperpotassemia ocorre no contexto de drogas que inibem a secreção de renina (bloqueadores β-adrenérgicos), atividade de renina (inibição direta da renina), geração de angiotensina II (inibidores da enzima conversora de angiotensina) e o receptor à angiotensina (AT_1). Hiperpotassemia também ocorre quando são administradas drogas que bloqueiam a ativação do receptor a mineralocorticoide (espironolactona, eplerenona) ou inibem o passo limitador da velocidade na síntese de aldosterona (heparina). Drogas que inibem diretamente ENaC como amilorida, trimetoprim e pentamidina causam hiperpotassemia. O inibidor de protease nafamostat inibe indiretamente ENaC por meio da inibição de proteases associadas à membrana. Drogas anti-inflamatórias não esteroides (NSAIDs) podem causar hiperpotassemia. NSAIDs bloqueiam produção de prostaglandina. Uma vez que 70% da produção de renina é dependente de prostaglandina, bloqueio desta última resulta indiretamente em hiporreninemia. Ciclosporina, tacrolimo e digoxina inibem a Na^+–K^+–ATPase, a enzima responsável pela excreção de potássio no ducto coletor, e isto pode causar hiperpotassemia. Succinilcolina causa hiperpotassemia ao despolarizar o músculo esquelético.

Estudos clínicos também sugerem que os adultos mais velhos estão em risco aumentado de hiperpotassemia. Embora não exista explicação clara para esta observação, ela pode ser relacionada com um declínio associado à idade na síntese de aldosterona ou possivelmente um declínio na sensibilidade de tubular à sua ação. Medicações comumente usadas que causam hiperpotassemia estão apresentadas no Quadro 3-2.

Hiperpotassemia também ocorre no **contexto de uma GFR relativamente bem preservada.** As causas de hiperpotassemia neste contexto são distinguidas com base em níveis de aldosterona plasmática ou urinária. Diminuições na aldosterona ocorrem no contexto de atividade de renina plasmática normal, aumentada ou diminuída. Atividade diminuída de renina plasmática (hipoaldosteronismo hiporreninêmico) tende a ocorrer em adultos mais velhos e é associada a várias doenças renais, incluindo diabetes, nefrite intersticial (p. ex., anemia falciforme, uso de analgésico e toxicidade de metal pesado), uropatia obstrutiva, lúpus eritematoso sistêmico e amiloidose. Diminuições na atividade de renina plasmática são também associadas à nefropatia associada à síndrome de imunodeficiência adquirida, transplante e medicações incluindo ciclosporina e NSAIDs. Hipoaldosteronismo hiper-reninêmico também ocorre tanto com diminuições na produção de cortisol (doença de Addison) quanto com produção normal de cortisol, quando são usadas medicações como inibidores da enzima conversora de angiotensina, bloqueadores dos receptores à angiotensina e heparina. Finalmente, aumentos no potássio sérico podem ser associados a níveis normais a altos de aldosterona e resistência de órgãos finais à

Quadro 3-2	Medicações Comumente Usadas que Causam Hiperpotassemia
Medicação	**Mecanismo**
Overdose de digitálicos	Inibição da bomba de Na–K–ATPase
Inibidores da angiotensina II	Excreção diminuída de aldosterona
NSAIDs	Bloqueio da estimulação de prostaglandina da renina
Trimetoprim	Um agente catiônico que diminui o número de canais de sódio abertos na membrana luminal dos ductos coletores corticais
Pentamidina	Mesmo mecanismo do trimetoprim – bloqueia excreção de potássio distal
Espironolactona	Compete pelo receptor a aldosterona no túbulo coletor
Amilorida	Bloqueia canal de sódio
Heparina	Diminui aldosterona
Substitutos do sal	Contêm potássio
Succinilcolina	Move potássio do líquido intracelular para o extracelular
Ciclosporina	Multifatorial, incluindo hipoaldosteronismo hiporreninêmico e interferência com a ação da aldosterona nas células secretoras de potássio do ducto coletor cortical
Pentamidina	Bloqueia secreção de potássio distal

ATPase, adenosina trifosfatase; NSAIDs, drogas anti-inflamatórias não esteroides.

aldosterona. Resistência à aldosterona é causada por drogas (como diuréticos poupadores de potássio, trimetoprim e pentamidina), doenças renais intersticiais (lúpus eritematoso sistêmico, anemia falciforme), uropatia obstrutiva ou transplante. Ela também ocorre em uma doença hereditária incomum chamada *pseudo-hipoaldosteronismo tipo I*, na qual a etiologia é ou uma diminuição no número de receptores à aldosterona ou atividade diminuída do ENaC no túbulo contornado distal. Síndrome de Gordon é associada à hiperpotassemia no contexto de uma GFR normal, excreção diminuída de potássio pelo rim e acidose metabólica. Seu modo de herança é dominante autossômico. Ela é causada por uma mutação do gene *WNK4* que causa uma mutação de ganho de função no TSC com um aumento no ECF e, como resultado, supressão da renina plasmática, aldosterona diminuída e hiperpotassemia. Hiperpotassemia em associação à secreção normal de potássio e reabsorção aumentada de potássio ocorre com uropatia obstrutiva.

  B. **Diagnóstico.** A **taxa de excreção de potássio urinário** ou **gradiente transtubular de potássio (TTKG)** [(potássio urinário/potássio sérico)/(osmolaridade urinária/osmolaridade sérica)] é usada para distinguir deficiência/resistência à aldosterona de causas extrarrenais de hiperpotassemia (Quadro 3-2). Este teste mede a quantidade de potássio secretada pelo túbulo distal corrigida pela absorção de água nos túbulos coletores medulares. Um valor normal do TTKG é 6 a 12. No contexto de hiperpotassemia, um valor acima de 10 sugere níveis e atividade normais de aldosterona, e aponta para uma causa extrarrenal de hiperpotassemia. Em contraposição, causas renais de hiperpotassemia (hipoaldosteronismo) são associadas a diminuições na excreção de potássio urinário (menos de 20 mEq/dia) e TTKG menos de 5 a 7. Neste contexto, a administração de um mineralocorticoide (0,05 mg fludrocortisona) resulta em aumentos na excreção urinária de potássio (acima de 40 mEq/dia) e TTKG acima de 10 em pacientes com deficiência de aldosterona. Entretanto, ausência de aumento na excreção urinária de potássio ou no TTKG sugere resistência à aldosterona (p. ex., anemia falciforme).

C. As **manifestações clínicas** da hiperpotassemia são predominantemente cardíacas e neuromusculares. É importante ressaltar que pacientes com hiperpotassemia muitas vezes se apresentam com queixas GI vagas e sensações inespecíficas de mal estar. Anormalidades ECG associadas à hiperpotassemia leve incluem ondas T em ponta. Com hiperpotassemia moderada há prolongamento do intervalo PR, diminuição na amplitude das ondas P e alargamento do complexo QRS. Em caso de hiperpotassemia grave, a onda P está ausente, há alargamento progressivo do complexo QRS, e, se não tratada, ondas senoidais se desenvolvem com assistolia. Anormalidades neuromusculares incluem fraqueza, constipação e paralisia.

D. O **tratamento** da hiperpotassemia (Fig. 3-4) depende da presença ou ausência de anormalidades ECG e neuromusculares. Na ausência de sintomas ou anormalidades ECG, hiperpotassemia é tratada conservadoramente — por

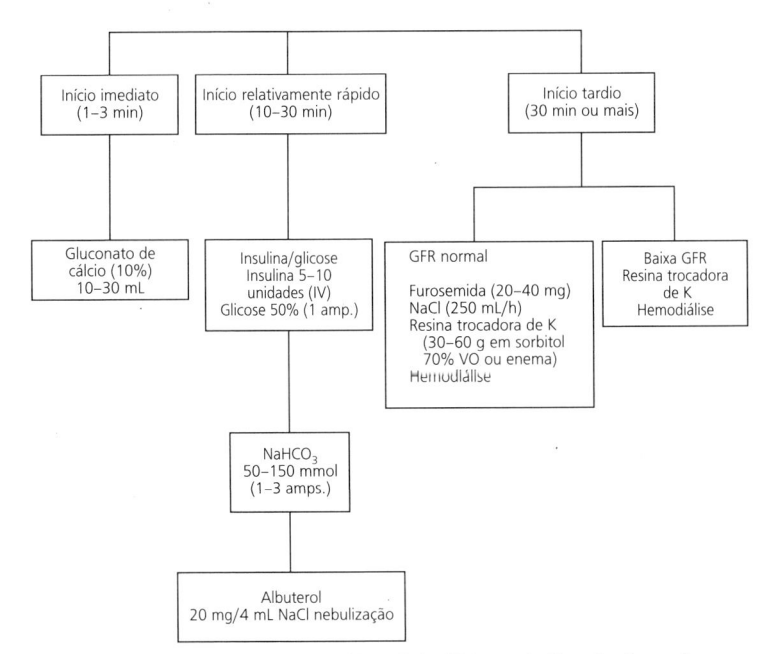

Figura 3-4. Tratamento da hiperpotassemia. (Ca, cálcio; GFR, taxa de filtração glomerular; K, potássio.)

exemplo, diminuindo-se potássio na dieta ou retirando drogas prejudiciais. Na presença de anormalidades do ECG ou sintomas, o objetivo do tratamento é estabilizar as membranas celulares. Tratamento de primeira linha inclui gluconato de cálcio, 10 a 30 mL, como solução a 10% (início de ação em 1 ou 2 minutos). Embora o mecanismo permaneça não definido, cálcio "estabiliza" as membranas cardíacas. Outros tratamentos incluem bicarbonato de sódio, 50 a 150 mEq (início em 15 a 30 minutos) e insulina 5 a 10 unidades IV (início em 5 a 10 minutos). Insulina aumenta a atividade da bomba de Na–K–ATPase no músculo esquelético e movimenta o potássio para dentro das células. Glicose, 25 g IV, é dada simultaneamente para evitar hipoglicemia. Glicemia deve ser monitorada durante aproximadamente 6 horas para identificar e tratar hipoglicemia a partir da insulina. Nebulizador de albuterol, 20 mg em 4 mL de soro fisiológico (início em 15 a 30 minutos), também ativa a Na–K–ATPase e movimenta o potássio para dentro das células. Potássio movimentado intracelularmente geralmente começa a se mover extracelularmente outra vez após aproximadamente 6 horas, aumentando a concentração de potássio sérico. Portanto, o tratamento para remover potássio do corpo deve ser iniciado simultaneamente. Reduções no potássio corporal total podem ser realizadas por meio de uma resina trocadora de potássio. A principal resina trocadora de potássio usada é poliestireno sulfonato de sódio. Um grama desta medicação liga aproximadamente 1 mEq de potássio e libera 1 a 2 mEq de sódio de volta para dentro da circulação. Esta medicação pode ser dada oralmente (início em 2 horas) ou por clister com sorbitol para induzir diarreia (início em 30 a 60 minutos). Finalmente, hemodiálise é muito efetiva para remover excesso de potássio.

Leituras Sugeridas

Allon M. Hyperkalemia in end stage renal disease: mechanisms and management. *J Am Soc Nephrol* 1995;6:1134-1142.

Ethier JH, Kanel KS, Magner PO, et al. The transtubular potassium concentration in patients with hypokalemia and hyperkalemia. *Am J Kidney Dis* 1990;15:309-315.

Flynn MA, Nolph GB, Baker AS, et al. Total body potassium in aging humans: a longitudinal study. *Am J Clin Nutr* 1989;50(4):713-717.

Gennari FJ. Hypokalemia. *N Engl J Med* 1998;339:451-458.

Halperin ML, Kamel SK. Electrolyte quintet: potassium. *Lancet* 1998;352:135-140.

Kahle KT, Ring AM, Lifton RP. Molecular physiology of the WNK kinases. *Annu Rev Physiol* 2008;70:329-355.

Kahle KT, Wilson FH, Lalioti M, et al. WNK kinases: molecular regulators of integrated epithelial cell transport. *Curr Opin Nephrol Hypertens* 2004;13:557-562.

Kamel KS, Halperin ML. Treatment of hypokalemia and hyperkalemia. In: Brad HR, Wilcox CS, eds. *Therapy in nephrology and hypertension*. Philadelphia, PA: WB Saunders, 1999:270-278.

Kellerman PS, Linas SL. Disorders of potassium metabolism. In: Feehally J, Johnson R, eds. *Comprehensive clinical nephrology*. London: Mosby, 1999:10.0-10.10.

Landua D. Potassium-related inherited tubulopathies. *Cell Mol Life Sci* 2006;63:1962-1968.

Moonseong QH, Heshka S, Wang J, et al. Total body potassium differs by sex and age across the adult life span. *Am J Clin Nutr* 2003;78:72-77.

Musso C, Liakopoulos V, Miguel RD, Imperiali N, Algranati N. Transtubular potassium concentration gradient: comparison between healthy old people and chronic renal failure patients. *Int Urol Nephrol* 2006;38:387-390.

Osorio FV, Linas SL. Disorders of potassium metabolism. In: Schrier RW, ed. *Atlas of diseases of the kidney*, Vol. 1, Sec. 1. Philadelphia, PA: Blackwell Science, 1998:2-17.

Oster JR, Singer I, Fishman LM. Heparin-induced aldosterone suppression and hyperkalemia. *Am J Med* 1995;98:575-586.

Perazella M, Asghar R. Disorders of potassium and acid-base metabolism in association with renal disease. In: Schrier RW, ed. *Diseases of the kidney and urinary tract*, 7th ed. Philadelphia, PA: Lippincott Williams & Wilkins, 2001:2577-2606.

Perazella MA, Mahnensmith RL. Hyperkalemia in the elderly. *J Gen Intern Med* 1997;10:646-656.

Peterson L, Levi M. Disorders of potassium metabolism. In: Schrier RW, ed. *Renal and electrolyte disorders*, 6th ed. Philadelphia, PA: Lippincott Williams & Wilkins, 2003:171-215.

Proctor G, Linas S. Type 2 pseudohypoaldosteronism: new insights into renal potassium, sodium, and chloride handling. *Am J Kidney Dis* 2006;48(4):674-693.

Weiner ID, Linas SL, Wingo CS. Disorders of potassium metabolism. In: Johnson RJ, Feehally JF, eds. *Comprehensive clinical nephrology*, 2nd ed. St. Louis, MO: Mosby, 2003;109-121.

Weiner ID, Wingo CS. Hypokalemia: consequences, causes, and correction. *J Am Soc Nephrol* 1997;8:1179-1188.

Weiner ID, Wingo CS. Hyperkalemia: a potential silent killer. *J Am Soc Nephrol* 1998;9:1535-1543.

4 Paciente com Distúrbio Acidobásico

William D. Kaehny

I. **Distúrbios acidobásicos** são as dores torácicas dos líquidos do corpo. Eles são sinais importantes de doenças que apresentam distúrbio fisiológico. Ocasionalmente, os distúrbios acidobásicos alteram a homeostasia o suficiente para mover o pH arterial para uma faixa perigosa (menos de 7,10 ou mais de 7,60). Dependendo do estado global do paciente e da resposta do sistema cardiovascular, o nível do pH pode exigir atenção direta. Depois que o clínico detecta a presença de um distúrbio acidobásico a partir de indícios clínicos e laboratoriais, ele prossegue logicamente por uma progressão de passos até o tratamento ideal do paciente.
   A. **Passo 1.** Medir o pH. Isto identifica **acidemia ou alcalemia**. A alteração no bicarbonato e pressão parcial de CO_2 (PCO_2) indica se o processo primário é metabólico ou respiratório.
   B. **Passo 2.** Checar a resposta compensadora ou secundária da PCO_2 ou HCO_3^- para ver se o distúrbio é **simples** ou **misto**.
   C. **Passo 3.** Calcular o *anion gap* (AG) sérico para triar um aumento em ânions orgânicos, como lactato. Somar qualquer aumento no AG (ΔAG) que seja HCO_3^- **potencial** ao conteúdo de dióxido de carbono total sérico (CO_2 total) para triar uma alcalose metabólica oculta.
   D. **Passo 4.** Determinar a **causa** do distúrbio acidobásico a partir do contexto clínico e testes laboratoriais.
   E. **Passo 5. Tratar** o distúrbio subjacente, a não ser que o pH seja perigoso tanto aguda como cronicamente (como acidose afetando osso).

II. QUANDO SUSPEITAR DISTÚRBIOS ACIDOBÁSICOS

   A. **Clínica.** A causa subjacente do distúrbio acidobásico é mais frequentemente responsável pelos sinais e sintomas do paciente. Certos contextos clínicos e achados devem alertar o clínico para a probabilidade de um distúrbio acidobásico. Coma, convulsões, insuficiência cardíaca congestiva, choque, vômito, diarreia e insuficiência renal geram alterações nos níveis de PCO_2 ou HCO_3^-. Alterações acentuadas no pH ocasionalmente podem causar manifestações clínicas diretas. Alcalemia grave causa uma irritabilidade do coração e músculo esquelético. Acidemia grave causa uma depressão da função de bombeamento do coração e do tônus vascular. Embora disfunção do sistema nervoso central apareça frequentemente com distúrbios acidobásicos, alterações no pH não parecem responsáveis. Em vez disso, osmolalidade plasmática e PCO_2 alteradas parecem ser os agentes causadores.
   B. **Laboratório.** Uma análise criteriosa dos eletrólitos séricos em pacientes com perdas ou ganhos anormais de líquidos do corpo constitui boa prática. Um CO_2 total sérico anormal constitui evidência definida de um distúrbio acido-

básico; um AG sérico anormal é muito sugestivo; um potássio sérico anormal é suspeito.

1. **CO_2 Total Sérico.** O HCO_3^- no sangue pode ser estimado razoavelmente medindo-se o CO_2 total no soro venoso. O CO_2 total sérico é 1 a 3 mmol/L maior que o HCO_3^- arterial porque ele é do sangue venoso, que tem mais HCO_3^-, e inclui CO_2 dissolvido e quantidades banais de outras substâncias. Os níveis de CO_2 total sérico ao nível do mar normais são em média 26 a 27 mmol/L. Um valor abaixo de 24 ou acima de 30 provavelmente marca um distúrbio acidobásico. Um distúrbio acidobásico do tipo misto pode existir com um CO_2 total sérico normal.

2. O **AG sérico** é calculado a partir do sódio, cloreto e CO_2 total séricos venosos:

$$AG = Na^+ - (Cl^- + CO_2\ total)$$

As unidades são em mEq/L, porque este cálculo estima a diferença de carga entre os chamados ânions não medidos (ânions totais séricos representados por Cl^- e HCO_3^-) e os cátions não medidos (cátions totais representados por Na^+). O valor normal médio é 9 ± 3 mEq/L, mas varia em diferentes laboratórios. Albumina dá a maior contribuição para o AG. Uma queda na albumina sérica de 1 g/dL a partir de um normal de 4,4 diminui o AG em 2,5 mEq/L, É importante lembrar que o AG sérico corrigido inclui este cálculo.

   a. **Acidose Metabólica** decorrente de um ácido orgânico, tal como ácido láctico ou acetoacético, é marcada por um aumento no AG. Um aumento no AG de 8 mEq/L para 17 ou mais geralmente indica a presença de acidose orgânica, embora, às vezes, o ânion exato possa não ser identificado. O ânion do ácido orgânico substitui o HCO_3^- perdido no tamponamento da parte hidrogênio iônico (H^+) do ácido e, por essa razão, aumenta os ânions não medidos. Importante: um AG normal ou ligeiramente elevado não exclui a presença de acidose metabólica orgânica, tal como cetoacidose diabética, porque um paciente com boa perfusão renal e amplo fluxo urinário pode excretar os cetoânions a uma taxa suficiente para impedir o AG sérico de subir acentuadamente.

   b. **Alcalose Metabólica.** Às vezes, uma acidose metabólica que aumenta o AG e baixa o HCO_3^- pode coincidir com um processo que gera uma alcalose metabólica. Por exemplo, vômito que gera um alto HCO_3^- pode ser causado por cetoacidose diabética, que baixa o HCO_3^-. Neste caso, o CO_2 total sérico (e o HCO_3^- arterial) pode ser baixo ou normal apesar da ação de elevação da alcalose metabólica. O indício da presença dessa alcalose metabólica oculta é derivado de uma maneira à Sherlock Holmes, somando o CO_2 total sérico medido e o ΔAG (AG medido − 9). Se esta soma for maior que 30 mEq/L, uma alcalose metabólica oculta provavelmente está presente. O ΔAG é um marcador de HCO_3^- "perdido" ou potencial, aquele que foi titulado pelo H^+ de um ácido orgânico. Alcalose metabólica pura pode aumentar diretamente o AG em até 5 mEq/L, em virtude dos efeitos sobre a concentração e carga da albumina.

3. **Potássio Sérico.** O metabolismo do potássio é ligado ao metabolismo acidobásico nos níveis dos desvios celulares, funções tubulares renais e transporte gastrointestinal. Portanto, uma concentração anormal de potássio

sérico alerta o clínico para a probabilidade de que um distúrbio acidobásico também esteja presente.

III. IDENTIFICAÇÃO DOS PRINCIPAIS DISTÚRBIOS ACIDOBÁSICOS.
Quando o clínico suspeita que um distúrbio acidobásico possa estar presente e que o tratamento do paciente poderia ser ajustado, um conjunto de variáveis acidobásicas deve ser obtido: pH, PCO_2 e HCO_3^-.

A. Química e Fisiologia Acidobásica. Sistemas celulares, tecidos e órgãos aparentemente funcionam melhor a um pH do líquido extracelular (ECF) de aproximadamente 7,40. O pH do líquido intracelular (ICF) é heterogêneo dentro da célula, dependendo das organelas e atividade metabólica, mas em média é aproximadamente 7,00. Moléculas tampão no ECF se ligam ou liberam H^+ para manter o pH próximo de 7,40, em face do ganho ou da perda de ácidos ou bases.

A química acidobásica clínica atual é baseada na teoria de Brønsted–Lowry que designa os ácidos como doadores de prótons e as bases como aceptores de prótons. Os três elementos-chave são a atividade de hidrogênio iônico (pH), acido carbônico (o ácido) e bicarbonato (a base). A PCO_2 representa o ácido na equação de Henderson–Hasselbalch modificada. Excesso de base, usado por alguns, é outro conceito derivado destes elementos em uma tentativa de explicar se alterações nestes elementos são decorrentes de distúrbios metabólicos ou respiratórios.

Outra abordagem que parece útil em contextos analíticos investigativos usa as equações de Stewart. Estas calculam o pH a partir de três variáveis ditas independentes: PCO_2, a diferença de íons fortes e o ácido fraco total (principalmente proteína).

1. **pH sanguíneo** é a expressão matemática da intensidade da acidez ou atividade de H^+. Concentração de H^+ geralmente é expressada em nmol por L. A concentração de H^+ é 100 nmol/L em pH 7,00 e 40 nmol/L em pH 7,40. O pH é medido à temperatura corporal com um fluxometro de eletrodo de vidro.

2. A **pressão parcial de dióxido de carbono no sangue, PCO_2,** representa o componente ácido no sangue. O sistema respiratório determina o nível ao qual a PCO_2 é ajustada. PCO_2 é medida no sangue total com um eletrodo de pH que detecta a alteração causada pela difusão de CO_2 a partir da amostra para dentro de uma solução tampão.

3. HCO_3^- é o componente metabólico da equação acidobásica, servindo como a base no par tampão. A concentração de HCO_3^- é controlada por estado de tamponamento, processos metabólicos e os rins. A concentração de HCO_3^- é calculada a partir do pH e da PCO_2 usando-se a equação de Henderson–Hasselbalch. O fato de ser calculada não a torna um valor menos confiável do que CO_2 total sérico.

4. A **equação acidobásica** permite a determinação do estado de equilíbrio acidobásico do ECF, a presença de um distúrbio acidobásico, a natureza do distúrbio, e a presença de um distúrbio simples ou misto:

$$pH = \text{constante} \times [HCO_3^-]/PCO_2$$

Portanto, o nível do pH depende da proporção ou relação matemática entre o HCO_3^- e a PCO_2. Um distúrbio acidobásico é gerado por uma alteração do normal de qualquer um destes dois fatores. A alteração resultante no pH resulta em desvios químicos nos tampões, os quais atenuam um pouco a alteração no pH. Uma resposta compensadora fisiológica ocorre no sistema respiratório para um distúrbio metabólico e nos rins para um distúrbio respiratório. Segue-se um novo estado constante, com o novo pH ajustado pelos novos valores da concentração de HCO_3^- e da PCO_2.

B. **Análise das Variáveis Acidobásicas.** A determinação do estado acidobásico é geralmente baseada em uma análise do sangue arterial, embora análise de sangue venoso arterializado seja igualmente válida. Depois de aquecer a extremidade, sangue é coletado sem misturar com ar, de uma artéria ou de uma veia do antebraço sem torniquete. Embora estudos experimentais mostrem que o pH do ICF e medições acidobásicas venosas misturadas se correlacionam melhor com a função de órgãos, medições do sangue arterial são mais facilmente disponíveis e fornecem uma visão facilmente interpretável do estado metabólico dos órgãos e sua função. Mantenha-se em mente que hipoperfusão tecidual, como em parada cardiopulmonar ou choque profundo, torna a acidose tecidual pior do que é refletido pelos valores acidobásicos do sangue arterial.

C. **Identificação de um Distúrbio Acidobásico Principal.** A base desta abordagem é determinar a direção (para cima ou para baixo) na qual os valores medidos diferem dos valores normais arbitrários de pH (7,40), PCO_2 (40 mmHg) e HCO_3^- (24 mmol/L). Primeiro, determinar se está presente acidemia (pH para baixo) ou alcalemia (pH para cima). A seguir, determinar se a alteração geradora primária foi no HCO_3^- ou na PCO_2 (Quadro 4-1). O fator compensador deve se alterar na mesma direção que o fator gerador para produzir um distúrbio acidobásico simples.

1. **Exemplo de um Distúrbio Simples.** A análise do sangue arterial revelou os seguintes valores: pH 7,55, HCO_3^- 18 mmol/L, e PCO_2 21 mmHg.
   a. **Passo 1.** O pH está para cima. Portanto, alcalemia está presente e deve ser decorrente de uma HCO_3^- aumentada (como em alcalose metabólica) ou a uma PCO_2 diminuída (como em alcalose respiratória).
   b. **Passo 2.** O HCO_3^- está baixo e não pode ser responsável por um pH aumentado.
   c. **Passo 3.** Como a PCO_2 está baixa, ela pode se responsabilizar pelo pH aumentado; isto é alcalose respiratória.
   d. **Passo 4.** A alteração no HCO_3^- é na mesma direção que a da PCO_2; isto é compatível com compensação e uma alcalose respiratória simples.
2. **Exemplo de um Distúrbio Acidobásico Misto.** Amostragem de sangue arterial produziu o seguinte: pH 7,55, HCO_3^- 30 mmol/L, e PCO_2 35 mmHg.

Quadro 4-1 Distúrbios Acidobásicos Simples

	Acidose Metabólica	Alcalose Metabólica	Acidose Respiratória	Alcalose Respiratória
Alteração primária	↓ HCO_3^-	↑ HCO_3^-	↑ PCO_2	↓ PCO_2
Compensação	↓ PCO_2	↑ PCO_2	↑ HCO_3	↓ HCO_3^-
Efeito sobre o pH	↓ pH	↑ pH	↓ pH	↑ pH

↓ Diminuído; ↑ Aumentado.

a. **Passo 1.** O pH está para cima. Portanto, alcalemia está presente.
b. **Passo 2.** O HCO_3^- está aumentado e pode ser responsável pelo pH aumentado.
c. **Passo 3.** A PCO_2 está baixa e ela, também, pode se responsabilizar por um pH aumentado.
d. **Passo 4.** Os dois determinantes do pH, isto é, HCO_3^- e PCO_2, estão alterados do normal em direções opostas. Portanto, isto é alcalose mista metabólica e respiratória. A alcalose metabólica é dominante porque a alteração percentual no HCO_3^- é 6/24 ou 25%, enquanto a alteração percentual na PCO_2 é 5/40 ou 12,5%.

IV. JULGANDO SE UM DISTÚRBIO ACIDOBÁSICO É SIMPLES OU MISTO. Quando um processo subjacente gera um distúrbio acidobásico ao perturbar um membro do par tampão HCO_3^- PCO_2 (lembrar que PCO_2 representa H_2CO_3), o outro parceiro é ajustado para compensar a resposta fisiológica do corpo e altera-se na mesma direção que o parceiro primário, a fim de reduzir a magnitude da alteração no pH. O termo consagrado pelo tempo para esta resposta fisiológica é *compensação*. Entretanto, os mecanismos de resposta fisiológica podem ser ativados por estímulos outros que não o pH e, na realidade, podem contribuir para a manutenção do pH anormal. Por essa razão, alguns autores chamaram estas respostas *mal-adaptativas* porque elas nem sempre são verdadeiramente compensadoras. Por exemplo, uma baixa PCO_2 em resposta à acidose metabólica na realidade faz os rins reduzirem a reabsorção de HCO_3^-. É importante que a compensação não restaure o pH exatamente ao normal, porque isso desligaria o estímulo para o mecanismo compensador.

A. **Passos para Julgar se um Distúrbio Acidobásico É Simples.** Depois que o distúrbio principal for identificado, determinar se a compensação para o evento primário é apropriada.

1. **Verificar as Direções das Alterações do HCO_3^- e da PCO_2 em Relação ao Normal.** O par tampão acidobásico se altera do normal na mesma direção em todos os distúrbios acidobásicos simples. Se eles se alterarem em direções opostas, o distúrbio deve ser misto.

2. **Comparar a Magnitude da Compensação da PCO_2 ou do HCO_3^- com a Alteração Primária no HCO_3^- ou na PCO_2.** Em distúrbios metabólicos, a alteração primária ocorre no HCO_3^-, com a compensação ocorrendo na PCO_2. O oposto é verdadeiro nos distúrbios respiratórios. O Quadro 4-2 contém diretrizes ou regras que podem ser usadas para julgar se a compensação é apropriada. Os distúrbios respiratórios têm dois estágios de compensação: aguda, quando somente tamponamento tecidual altera ligeiramente o HCO_3^-; e crônica (depois de 24 horas), quando os rins causam alterações importantes na concentração de HCO_3^-. Se a alteração medida no fator compensador não se aproximar da alteração prevista, um distúrbio misto é provável. Dois métodos de previsão de compensação aparecem na Tabela 4-2. Um descreve as alterações esperadas no parceiro tampão para uma dada alteração no parceiro gerador. Por exemplo, prevê-se que uma queda no HCO_3^- de 10 mmol/L na acidose metabólica resulte em hiperventilação que diminui a PCO_2 em 10 a 15 mmHg, para 25 a 30 mmHg.

3. **Verificar o AG quanto a Evidência de um Distúrbio Metabólico Oculto.** Um aumento no AG de mais de 8 mEq/L para acima de 17 sugere a presença de acidose metabólica decorrente de um ácido orgânico. Também se o

Quadro 4-2	Compensações Esperadas nos Distúrbios Acidobásicos	
	Alteração na PCO_2 para Alteração no HCO_3^-	Alteração no pH para Alteração no HCO_3^-
Acidose metabólica	1,0–1,5 para 1	0,010 para 1
Alcalose metabólica	0,25–1,00 para 1	0,015 para 1
	Alteração no HCO_3^- para Alteração na PCO_2	Alteração no pH para Alteração na PCO_2
Acidose respiratória		
Aguda	1 para 10	0,08 para 10
Crônica	4 para 10	0,03 para 10
Alcalose respiratória		
Aguda	1 para 10	0,08 para 10
Crônica	4 para 10	0,03 para 10

ΔAG for somado ao CO_2 total sérico medido, pode ser estimado o CO_2 total sérico máximo teórico. Um valor acima de 30 mmol/L sugere alcalose metabólica.

B. Aplicação das Regras

1. O **evento primário na acidose metabólica** é uma queda no HCO_3^-; a **compensação** é uma queda na PCO_2, em decorrência da estimulação dos receptores do sistema nervoso central pelo baixo pH. Hiperventilação aumenta a excreção de CO_2, e a PCO_2 cai. Por exemplo, se o HCO_3^- cair de 24 mmol/L por 10 a 14 mmol/L, a PCO_2 deve cair 1,0 a 1,5 vezes essa quantidade, ou para 10 a 15 mmHg, para um nível de 25 a 30 mmHg (40 − 10 = 30; 40 − 15 = 25).

2. O **evento primário na alcalose metabólica** é uma elevação no HCO_3^-. O sistema respiratório responde a uma elevação no pH com hipoventilação, a qual reduz a excreção de dióxido de carbono e resulta em uma elevação na PCO_2. Por exemplo, se o HCO_3^- subir 16 mmol/L de 24 para 40 mmol/L, a PCO_2 deve-se elevar por 0,25 a 1,00 multiplicado pela elevação no HCO_3^- de 16, ou por 4 a 16 mmHg, para um nível de 44 a 56 mmHg (40 + 4 = 44; 40 + 16 = 56). Esta resposta é atenuada pela resposta do corpo à hipoxemia concomitante resultante de hipoventilação.

3. O **evento primário na acidose respiratória** é uma elevação na PCO_2. Durante a fase aguda (até 24 horas), apenas tamponamento contribui mensuravelmente para a resposta. O HCO_3^- deve aumentar, mas não para tão alto quanto 30 mmol/L. Em contrapartida, os rins respondem a elevações crônicas da PCO_2, gerando suficiente HCO_3^- para evitar que o pH caia a menos de 7,20, mesmo nos casos mais graves de acidose respiratória crônica.

4. O **evento primário na alcalose respiratória** é uma queda na PCO_2. Inicialmente, tamponamento ocorre como resultado da liberação de H^+ das células; mais tarde (horas), os rins eliminam HCO_3^- na urina, com uma resultante queda no HCO_3^- sanguíneo, conforme definido no Quadro 4-2.

C. **Efeitos das Respostas Respiratórias aos Distúrbios Metabólicos.** Os rins respondem a alterações na PCO_2, independentemente do pH. Uma queda na PCO_2 causa perda renal de HCO_3^-; uma elevação na PCO_2 causa geração renal de HCO_3^-. Por essa razão, na acidose metabólica crônica (durando dias), alguma redução no bicarbonato é, na realidade, causada pela queda compensadora na PCO_2 e não diretamente ao processo que está causando a acidose metabólica. Similarmente, o aumento na PCO_2 na alcalose metabólica crônica gera uma parte da hiperbicarbonatemia.

D. **Exemplos de Distúrbios Acidobásicos Mistos.** Quatro combinações dos distúrbios acidobásicos mistos "duplos" são possíveis. Dois são importantes porque eles causam alterações drásticas no pH – acidose metabólica e respiratória e alcalose metabólica e respiratória. Os outros dois distúrbios (acidose metabólica com alcalose respiratória e alcalose metabólica com acidose respiratória) tendem a ser associados a valores de pH próximos do normal e não perigosos por si próprios; entretanto, eles são marcadores importantes de doença subjacente. Dois outros distúrbios mistos, chamados distúrbio tríplice, também foram descritos. O AG aponta acidose e alcalose metabólica desenvolvendo-se simultânea ou sequencialmente nestes distúrbios. A imposição de um distúrbio respiratório produz o fatídico distúrbio acidobásico tríplice.

1. **Acidose Metabólica e Acidose Respiratória.** Um paciente com enfisema e retenção de dióxido de carbono (acidose respiratória crônica) desenvolve diarreia (acidose metabólica). Notar como a redução no HCO_3^- ao normal resulta em acidemia grave (Quadro 4-3).

2. **Alcalose Metabólica e Acidose Respiratória.** O mesmo paciente enfisematoso recebe um diurético para *cor pulmonale*. O nível de bicarbonato sobe de 40 para 48 mmol/L, o que, com a PCO_2 a 80 mmHg, ajusta o pH em 7,40. Embora este seja um pH normal, alguns acreditam que é melhor para os pacientes que retêm dióxido de carbono ficar levemente acidêmicos para manter estimulada a ventilação.

3. **Distúrbio Acidobásico Tríplice.** Uma mistura mais comum de distúrbios envolve acidose metabólica desenvolvendo-se em um paciente com alcalose metabólica e alcalose respiratória superposta. Por exemplo, um paciente com alcalose metabólica (HCO_3^- 32) por aspiração nasogástrica se torna séptico, o que gera acidose láctica e pronunciada hiperventilação, desse modo causando alcalose respiratória independente em virtude da endotoxina (Quadro 4-4). Notar que ambas as alcaloses metabólica e respiratória devem causar apenas pequenos aumentos no AG. A acidose láctica do choque séptico resulta em uma queda de 32 para 24 mmol/L no HCO_3^- com um

Quadro 4-3 Exemplo de um Distúrbio Acidobásico Misto

	Hígido	Enfisema	Enfisema e Diarreia
pH	7,40	7,32	7,10
PCO_2	40	80	80
HCO_3^-	24	40	24

Quadro 4-4	Exemplo de um Distúrbio Acidobásico Misto Tríplice			
	Hígido	Aspiração Nasogástrica	Choque Séptico	Endotoxemia
pH	7,40	7,49	7,14	7,44
PCO_2	40	44	24	12
HCO_3^-	24	32	8	8
Anion gap	9	11	33	35
Dióxido de carbono total venoso	26	35	9	9
Distúrbio		Alcalose metabólica	Alcalose metabólica	Alcalose metabólica
			Acidose metabólica	Acidose metabólica
				Alcalose respiratória

aumento recíproco no AG. O AG de 33 é diagnóstico de acidose orgânica. O ΔAG de 26 (35 – 9) somado ao CO_2 total sérico de 9 fornece 35 mmol/L, uma estimativa do valor antes da acidose, indicadora de alcalose metabólica. A evidência da presença de alcalose respiratória é o alto pH e baixa PCO_2 decorrentes da hiperventilação causada pela endotoxemia.

V. IDENTIFICAR A CAUSA SUBJACENTE DE UM DISTÚRBIO ACIDOBÁSICO. Geralmente, a causa de um distúrbio acidobásico é óbvia a partir da história, do exame e da evolução clínica. Entretanto, ocasionalmente, é necessária revisão cuidadosa de um diagnóstico diferencial criterioso para identificar um distúrbio causador remoto.

A. Causas de Acidose Metabólica. O AG é usado para dividir as causas de acidose metabólica naquelas com influxo de ácido orgânico para dentro do plasma (AG aumentado) e aquelas com perdas externas de bicarbonato (AG normal, hiperclorêmica). Alguns distúrbios pertencem a ambos os grupos em diferentes fases (cetoacidose diabética) ou são gerados por mecanismos outros que não os descritos (insuficiência renal). Uma lista de causas está apresentada no Quadro 4-5.

1. Acidose Metabólica com AG Aumentada. Acidose metabólica grave é causada por apenas três grandes grupos de distúrbios: cetoacidose, acidose láctica e toxicidades. Além disso, insuficiência renal pode causar acidose leve a moderada.

a. Cetoacidose origina-se quando glicose não está disponível às células por causa da falta de insulina, disfunção celular ou depleção de glicose, e ácidos graxos são oxidados para fornecer energia, acetona (não um ácido) e os dois cetoácidos (acetoacético e β-hidroxibutírico). O H^+ produzido é consumido (tamponado) por HCO_3^-, produzindo ácido carbôni-

Quadro 4-5	Causas de Acidose Metabólica
Tipo com Alto *Anion Gap*	
Cetoacidose	
Diabética	
Alcoólica	
Inanição	
Acidose láctica	
Tipo A	
Tipo B	
Acidose D-láctica	
Intoxicações	
Etileno glicol	
Metanol	
Salicilato	
Acidose piroglutâmica por acetaminofeno	
Insuficiência renal avançada	
Tipo com *Anion Gap* Normal	
Perda gastrointestinal de HCO_3^-	
Diarreia	
Fístulas externas	
Perda renal de HCO_3^-	
Acetazolamida	
Acidose tubular renal proximal (RTA)	
RTA distal	
RTA hiperpotassêmica	
Diversas	
Ingestão de NH_4Cl	
Ingestão de enxofre	
Inalação de tolueno	
Diluição pronunciada	

co, o qual se desidrata para água e dióxido de carbono. Os cetoânions se acumulam no soro em lugar do HCO_3^-, aumentando ainda mais o AG. O teste de triagem para cetoacidose consiste em testar o soro com um agente de nitroprussiato, o qual só reage com o acetoacetato. Na cetoacidose diabética, a proporção β-hidrobutirato–acetoacetato é em média 5:2, enquanto na cetoacidose alcoólica ela pode atingir até 20:1. Nestes casos, medir o β-hidroxibutirato, um teste facilmente disponível, é diagnóstico.

Cetoacidose diabética ocorre por causa da deficiência de insulina. Hiperglicemia pode ser corrigida pela reexpansão de volume, mas insulina é necessária para cessar a cetogênese. Expansão de volume aumenta a excreção renal de cetoânions, desse modo corrigindo o AG aumentado. Entretanto, os rins levam tempo para gerar novo HCO_3^- para substituir aquele perdido anteriormente no tamponamento do H^+. Portanto, precocemente na cetoacidose diabética, o AG geralmente está aumentado; durante a correção, o AG pode retornar ao normal apesar de um baixo HCO_3^-. Cloreto substitui os cetoânions, e este estágio é por essa razão chamado *acidose metabólica hiperclorêmica* ou *com AG normal*. **Cetoacidose alcoólica** ocorre por causa da depleção de volume, que causa a supressão α-adrenérgica da liberação de insulina. O paciente conta uma história de vômito grave após ingestão de álcool recentemente aumentada. Cetonas urinárias são geralmente positivas. A glicemia varia entre 50 e 250 mg/dL. Cetoacidose de **inanição** ocorre em virtude do uso de ácidos graxos para manutenção da energia. O grau de acidose é leve, com HCO_3^- arterial não menor que 18 mmol/L.

b. **Acidose láctica** origina-se quando o fornecimento de oxigênio às células é inadequado para a demanda (tipo A) ou os processos celulares não podem usar oxigênio (tipo B). Nesta situação, glicose é metabolizada através de glicólise anaeróbica para piruvato e, a seguir, para o metabólito final lactato. O H^+ produzido a partir de nicotinamida adenina dinucleotídeo (um por lactato) é tamponado por HCO_3^-, que é substituído no sangue por lactato. Por essa razão, o AG é aumentado. **Acidose láctica tipo A** é causada pelo fornecimento inadequado primário de oxigênio aos tecidos. Choque é o mecanismo mais comum. Hipovolemia, insuficiência cardíaca e sepse causam choque. Como o monóxido de carbono se liga mais avidamente à hemoglobina do que o oxigênio, envenenamento por monóxido de carbono pode causar graus variados de acidose láctica. **Acidose láctica tipo B** ocorre quando a oxigenação tecidual é normal, mas os tecidos não são capazes de usar o oxigênio normalmente ou necessitam de quantidades excessivas de oxigênio. As causas de acidose láctica tipo B incluem insuficiência hepática, neoplasias, drogas e convulsões. Metformina é um agente hipoglicemiante biguanida, que quando administrado em excesso, causa acidose láctica. Insuficiência renal, hepática e cardíaca são fatores de risco. Inibidores de transcritase reversa para AIDS também causam acidose láctica em decorrência da lesão das mitocôndrias das células. Acidose láctica foi vista em pacientes recebendo grandes doses intravenosas de lorazepam e diazepam devido ao solvente propileno glicol. **Acidose D-láctica** é gerada quando bactérias do cólon metabolizam e não absorvem adequadamente os açúcares para L e D-lactato, os quais se acumulam no sangue. A manifestação clínica é encefalopatia metabólica. Pelo menos duas dúzias de erros inatos do metabolismo resultam em acidose láctica pediátrica. O diagnóstico é geralmente estabelecido pela exclusão de cetoacidose, toxicidades e insuficiência renal avançada como causas de uma acidose metabólica com alto AG. L-Lactato pode ser medido por um ensaio automático.

c. Quatro **toxicidades** atuais causam acidose metabólica com alto AG: **ingestão de etileno glicol, ingestão de metanol, intoxicação por salicilato e acidose piroglutâmica por acetaminofeno.** Metanol e etileno glicol são álcoois de baixo peso molecular que entram com facilidade nas células. O metabolismo gera H^+ que causa acidose e formiato (com metanol) ou glicolato (com etileno glicol) que causa um alto AG. Um indício da presença de fases iniciais de acidose com níveis elevados de álcool é um *gap* osmolal aumentado. Este *gap* osmolal é a diferença entre a osmolalidade sérica medida e a osmolalidade calculada (calc Sosm).

$$\text{Calc Sosm} = 2 \times [Na^+] + \text{glicose}/18 + [\text{nitrogênio ureico}]/2,8 + [\text{etanol}]/4,6$$

Se esta diferença entre Sosm medida e calculada for maior que 25 mOsm/kg de soro, a presença de um álcool tóxico é provável. Cristais de oxalato de cálcio em forma de agulha ou de envelope na urina sugerem ingestão de etileno glicol. A combinação de acidose metabólica com alto AG e alto *gap* osmolal constitui uma indicação para análise específica quanto a metanol e etileno glicol. A decisão de medir os níveis destes álcoois, evidentemente, deve ser avaliada pelo contexto clínico. Intoxicação por **salicilato** é uma superdose crônica não intencional ou aguda intencional que causa acidose metabólica, alcalose respiratória ou um distúrbio misto. Ela deve ser suspeitada nos extremos de idade. Digno de nota é que salicilato pode causar um AG negativo quando o eletrodo de cloreto tem meses de idade (designado para uso em 6 meses). Outro analgésico, **acetaminofeno,** foi ligado à acidose piroglutâmica (5-oxoprolina) em indivíduos desnutridos, muitos com doença renal. Doses terapêuticas tomadas cronicamente estão envolvidas. A maioria dos pacientes são mulheres.

d. **Insuficiência Renal.** Falha em excretar a carga ácida diária de 1 mmol/kg de peso corporal que é gerada pelo metabolismo resulta em acidose metabólica. Tampões ósseos captam alguns íons hidrogênio durante insuficiência renal crônica, e, por essa razão, o grau de acidose é moderado até as fases finais da doença renal. O bicarbonato arterial geralmente permanece acima de 15 mmol/L. Em insuficiência renal aguda, o CO_2 total venoso ou HCO_3^- arterial cai aproximadamente 0,5 mmol/L/dia a não ser que hipercatabolismo aumente a produção ácida diária. O AG aumenta menos do que o HCO_3^- cai, resultando em acidose metabólica hiperclorêmica nos estágios inicial e médio da insuficiência renal crônica. Na insuficiência renal crônica avançada, o AG sérico se eleva aproximadamente 0,5 mEq/L para cada 1,0 mg/dL de elevação na creatinina sérica. Retenção de sulfato, fosfato e ânions orgânicos causa o aumento no AG.

2. **Acidose metabólica com AG normal (hiperclorêmica)** pode ser causada por três grupos de distúrbios: perda de HCO_3^- gastrointestinal, retenção ácida ou perda de HCO_3^- renal e ingesta de ácido inorgânico.

a. **Perda de Bicarbonato Gastrointestinal.** O trato gastrointestinal distal ao estômago tem a capacidade de absorver cloreto e secretar bicarbonato. Por essa razão, diarreia e drenagem externa de sucos pancreático, biliar ou do intestino delgado podem causar perdas externas de líquido rico em bicarbonato. Líquidos relativamente ricos em cloreto permanecem. Isto gera acidose metabólica hiperclorêmica (AG normal). Uma variedade interessante deste distúrbio ocorre quando urina normal, rica em cloreto de sódio (NaCl) de fontes da dieta, é drenada para o tubo digestivo através de ureterossigmoidostomia ou conduto de alça ileal (ambas construções de substituição da bexiga). Se o tempo de contato com a mucosa for excessivo, o tubo digestivo reabsorve o cloreto em troca por bicarbonato, resultando em acidose metabólica hiperclorêmica.
b. **Perda Renal de Bicarbonato.** O túbulo renal proximal reabsorve a maior parte (85%) do HCO_3^- filtrado. O inibidor de anidrase carbônica **acetazolamida** bloqueia grande parte desta reabsorção, resultando em perdas de bicarbonato urinárias até que o HCO_3^- arterial caia para 16 a 18 mmol/L. A carga filtrada de HCO_3^- a esta concentração pode ser completamente reabsorvida pelo néfron distal. Por essa razão, a urina se torna livre de bicarbonato, com um pH ácido, neste novo estado constante. **Acidose tubular renal proximal** (antiga RTA tipo II), um defeito na reabsorção de HCO_3^- tubular proximal tem características idênticas. RTA proximal é incomum, mas pode ocorrer com doença de Wilson, mieloma múltiplo, rejeição de transplante e em outros estados de doença. **RTA distal** (antigo tipo I) difere porque é um defeito do ducto coletor, no qual a carga ácida metabólica diária não é totalmente excretada e uma pequena perda de HCO_3^- ocorre a cada dia. Isto leva a uma acidose metabólica leve a moderada com AG normal, e hipercalciúria com cálculos de cálcio ou nefrocalcinose. Duas variedades ocorrem: **RTA distal hipopotassêmica** e **RTA distal hiperpotassêmica.** RTA distal hipopotassêmica ocorre quando a secreção de potássio no ducto coletor está intacta e de fato aumentada pela pequena quantidade de bicarbonatúria. RTA distal hiperpotassêmica ocorre em virtude de dois mecanismos distintos, quando secreção de hidrogênio iônico e potássio no ducto coletor estão prejudicadas: hipoaldosteronismo (antiga RTA tipo IV) ou defeito tubular. RTA distal hipopotassêmica ocorre com síndrome de Sjögren, toxicidade de anfotericina B, cirrose do fígado, rim em esponja medular e muitas outras doenças. Obstrução crônica do rim, lúpus eritematoso e doença falciforme podem causar o tipo de defeito tubular da RTA distal hiperpotassêmica. Diabetes melito, insuficiência renal crônica leve e idade avançada são associados ao tipo de aldosteronismo hiporreninêmico da RTA distal hiperpotassêmica.

O diagnóstico da RTA é feito eliminando-se as causas não renais de uma acidose metabólica com AG normal (p. ex., diarreia). RTA proximal é caracterizada por perda urinária de mais de 5% a 15% da carga filtrada de HCO_3^-, quando os níveis séricos são mantidos próximos do normal. RTA distal hipopotassêmica é caracterizada pela incapacidade de diminuir o pH da urina a menos de 5,3 com furosemida oral e fludrocortisona. Acidose metabólica com *íon gap* normal hiperpotassêmica quase sempre é decorrente de RTA distal. O tipo de defeito tubular é marcado por uma incapacidade de acidificar maximamente (pH uriná-

rio geralmente acima de 6,0), em contraste com o tipo com hipoaldosteronismo, no qual a intensidade da acidificação está intacta. Em ambos os tipos, a excreção renal de amônio é reduzida, e o AG urinário é, muitas vezes positivo (ver Seção **V.A.2.d**).
   c. **Ingestão de Ácido Inorgânico.** A ingestão de cloreto de amônio para reduzir o apetite ou acidificar a urina produz acidose metabólica hiperclorêmica. Enxofre inorgânico, tal como catártico de flores de enxofre, é oxidado para formar H_2SO_4. Os íons hidrogênio titulam o HCO_3^- para baixo, e o sulfato é excretado rapidamente com sódio. Isto deixa um HCO_3^- baixo com um AG normal. Um processo semelhante acontece com inalação de tolueno de tinta ou ao cheirar cola. Tolueno é metabolizado para ácido hipúrico, e o hipurato é excretado rapidamente.
   d. Diagnóstico de RTA distal é feito quando a excreção de amônio urinário é reduzida durante acidose metabólica hiperclorêmica com AG normal. Um teste de triagem útil para amônio urinário é o **AG urinário** (UAG):

$$UAG = (Na^+ + K^+) - Cl^-$$

O UAG é uma estimativa do amônio urinário que está elevado na perda gastrointestinal de HCO_3^-, mas baixo na RTA distal. UAG é um valor negativo, se o amônio urinário for alto (como na diarreia; média de –20 mEq/L); enquanto é positivo, se o amônio na urina for baixo (como na RTA distal; média de +23 mEq/L). A concentração de sódio urinário deve ser ampla.
B. **Causas de Alcalose Metabólica.** Alcalose metabólica é gerada por três mecanismos fisiopatológicos: perda de volume, ganho de volume devido a mineralocorticoides e fatores diversos. Alcalose metabólica do tipo com depleção de volume é mantida pela depleção de Cl^-. O rim é ávido por Cl^-. Durante as fases de geração da alcalose metabólica, bicarbonatúria pode ocorrer e necessitar excreção de Na^+ e K^+. Por essas razões, Cl^- urinário é um melhor marcador do que Na^+ urinário do mecanismo responsável. Durante a fase de manutenção da alcalose metabólica, bicarbonatúria é mínima, pH urinário é ácido, e Na^+ urinário é baixo. Alcalose metabólica com depleção de cloreto é decorrente de perdas externas de hidrogênio iônico ou cloreto. Alcalose metabólica repleta de cloreto é caracterizada por concentração de Cl^- em amostra de urina de geralmente bem mais que 20 mmol/L. O rim não é ávido por sal por causa da expansão de volume (leve) e, por essa razão, excreta a carga diária de Na^+ e Cl^- sem dificuldade. Este grupo de distúrbios é causado por excesso de mineralocorticoide ou ocasionalmente a depleção profunda de potássio.
   1. **Alcaloses metabólicas da variedade com depleção de cloreto** têm em comum a perda externa de líquidos ricos em H^+ e/ou Cl^-. Estômago, rim ou pele pode ser o culpado (Quadro 4-6).
   2. **Alcaloses metabólicas da variedade repleta de cloreto** são caracterizadas por secreção de H^+ renal aumentada apesar de volume do ECF normal ou aumentado. O estímulo para esta secreção sustentada de H^+ é aldosterona (ou um correlato) ou grande depleção celular de potássio (Quadro 4-6). Síndrome de Gitelman é um distúrbio recessivo autossômico que geralmente aparece em adultos como alcalose metabólica hipopotassêmica hipomagnesêmica. O cotransportador de Na^+Cl^- no túbulo contornado distal é defeituoso. Em contraste, a síndrome de Bartter aparece na infância como alcalose

Quadro 4-6	Causas de Alcalose Metabólica
Tipo com Depleção de Cloreto	
Perda de ácido gástrico	
Vômito	
Aspiração gástrica	
Perda renal de cloreto	
Diuréticos	
Pós-hipercapnia	
Fibrose cística	
Tipo Repleto de Cloreto	
Excesso de mineralocorticoide	
Hiperaldosteronismo	
Síndrome de Gitelman	
Síndrome de Bartter	
Síndrome de Cushing	
Excesso de alcaçuz	
Depleção profunda de potássio	

metabólica hipopotassêmica. Nesta síndrome, defeitos na reabsorção de Na^+Cl^- na alça de Henle levam ao hiperaldosteronismo secundário normotenso; abuso de diurético de alça assemelha-se a estes distúrbios.

C. **Causas de Acidose Respiratória.** Duas anormalidades ventilatórias permitem retenção de CO_2 e PCO_2 aumentada: hipoventilação alveolar e desequilíbrio grave de ventilação–perfusão. Hipoxemia ocorre em ambos os contextos. Distúrbios do estímulo respiratório, condução nervosa, caixa torácica, pleura e parênquima pulmonar podem causar hipercapnia (PCO_2 aumentada). Compensação renal de acidose respiratória crônica pode produzir níveis muito altos de HCO_3^-. Se a PCO_2 for reduzida por ventilação artificial, o alto HCO_3^- pode persistir se não for fornecido cloreto suficiente substituí-lo. Isto resulta em alcalose metabólica pós-hipercápnica. Acetazolamida pode ser útil neste contexto.

D. **Causas de Alcalose Respiratória.** Distúrbios que estimulam a ventilação independentemente da PCO_2 podem causar hiperventilação e hipocapnia. Lesões inflamatórias e de massa do cérebro, doenças psiquiátricas e certas drogas e substâncias que agem centralmente aumentam o impulso respiratório central e produzem hipocapnia. É importante que salicilatos, endotoxina e progesterona estão dentro deste grupo de drogas e substâncias. Distúrbios que causam hipoxemia são causas comuns da hiperventilação que causa hipocapnia. Distúrbios que reduzem a complacência pulmonar ou torácica, como pneumonia leve ou edema pulmonar; distúrbios vasculares, como êmbolos; e distúrbios mistos, como cirrose hepática e insuficiência cardíaca podem causar hipocapnia. Depleção de volume é um estímulo primário para hiperventilação e hipocapnia.

VI. TRATAMENTO DOS DISTÚRBIOS ACIDOBÁSICOS. Conforme foi discutido, distúrbios acidobásicos são marcadores de doenças subjacentes, e estas doenças devem ser os alvos de tratamento.

A. **Passo 1.** Corrigir deficiências de volume e eletrólitos.

B. **Passo 2.** Dirigir tratamento específico para a causa subjacente.

C. **Passo 3.** Manipular o bicarbonato ou a PCO_2 no contexto agudo somente se o pH estiver afetando adversamente função de órgão ou se o pH for menor que 7,10 ou maior que 7,60. Oxigenação apropriada é crucial.

D. **Tratamento de acidose metabólica** com álcali não foi demonstrado eficaz em situações agudas, incluindo ressuscitação cardiopulmonar, possivelmente porque a reação do HCO_3^- com H^+ gera CO_2 ao nível tecidual e menores pH celular. Terapia com álcali não é recomendada nem mesmo para acidose metabólica aguda grave (pH abaixo de 7,1). Em RTA distal crônica, terapia com álcali reduz a perda óssea, hipercalciúria e nefrocalcinose. Em doença renal crônica, tratamento com álcali para manter HCO_3^- acima de 22 mmol/L preserva a função renal. Álcali oral pode ser dado como comprimidos de bicarbonato de sódio, 500 mg ou 6 mmol, ou como solução de citrato de sódio ou potássio, 1 mmol/mL. Geralmente, 3 mmol/kg de peso corporal é a dose inicial. HCO_3^- oral é acompanhado por uma carga de sódio ou potássio que precisa ser observada quanto a efeitos adversos.

1. Insulina é o **tratamento** específico **para cetoacidose diabética.** Administração de HCO_3^- e fosfato é desnecessária, mas reposição de potássio é importante. Reposição de volume e eletrólito, mais glicose e tiamina, é suficiente para corrigir cetoacidose alcoólica. Inanição requer apenas calorias. Note-se que o metabolismo de cetoânions, como de todos os ânions orgânicos, produz HCO_3^-; metabolismo corrige aproximadamente metade do déficit de HCO_3^-. Se álcali for dado imprudentemente, pode resultar uma alcalose metabólica em excesso.

2. No **tratamento de acidose láctica,** a restauração da perfusão e oxigenação tecidual é desejável, mas, muitas vezes, difícil de atingir. Atenção aos níveis de potássio e cálcio é importante.

3. **Tratamento de Intoxicações.** Envenenamento por etileno glicol e por metanol exige infusão imediata de fomepizol para retardar metabolismo do álcool para produtos tóxicos. Hemodiálise é iniciada, se estiver presente insuficiência renal. Uma conduta alternativa é infundir etanol para manter um nível sanguíneo de 100 mg/dL para competir pela atividade de álcool desidrogenase. A dose de carga de etanol é 0,6 a 1,0 g/kg de peso corporal seguida por uma infusão de manutenção de 10 a 20 g/hora. Níveis de álcool no sangue devem ser monitorados frequentemente.

Intoxicação por salicilato deve ser tratada com alcalinização urinária infundindo-se uma solução de glicose 5% contendo $NaHCO_3$, 150 mmol adicionado por L, a 375 mL/hora, durante 4 horas ou mais. Hemodiálise deve ser usada para remover salicilato em pacientes com níveis acima de 100 mg/dL ou menores com as seguintes: insuficiência renal proeminente, estado mental piorando, acidose recalcitrante, ou deterioração geral. Descontinuação de acetaminofeno corrige acidose piroglutâmica.

E. **Correção de alcalose metabólica** muito raramente, se alguma vez, requer a administração de ácido. Se insuficiência renal proibir excreção renal de HCO_3^-, o paciente necessita de diálise por outras razões. Um dialisado com baixo bicarbonato pode ser usado. Se insuficiência cardíaca impedir o uso de NaCl, então acetazolamida, 500 mg por via oral ou intravenosa, consistentemente reduz o CO_2 total sérico aproximadamente 6 mmol/L. Infusão de ácido é afetada com as complicações potenciais de hemólise e necrose vascular, e é melhor que seja evitada. Cloreto de amônio pode ser dado como uma fonte de ácido, mas ele causa desconforto gástrico mesmo quando administrado por via intravenosa e pode causar intoxicação por amônia.
  1. **Alcalose metabólica com depleção de cloreto** é corrigida fornecendo-se amplo cloreto com sódio ou potássio. Entretanto, prevenção é preferível. Inibidores de bomba de prótons minimizam perda de ácido gástrico em pacientes com aspiração nasogástrica. Uso dos diuréticos poupadores de potássio espironolactona, trianteno e amilorida reduz a frequência e gravidade da alcalose induzida por diurético.
  2. **Tratamento da Alcalose Metabólica Repleta de Cloreto.** Se possível, a causa da produção aumentada de mineralocorticoide deve ser removida. Por exemplo, um adenoma suprarrenal funcionante deve ser excisado cirurgicamente. No intervalo, o uso de espironolactona em doses de até 400 mg/dia com cloreto de potássio pode ser efetivo. Indometacina pode ser benéfica em síndrome de Barrter.
F. **Acidose Respiratória por Si Própria Não Requer Tratamento Direto.** Mesmo a níveis de PCO_2 crônicos acima de 100 mmHg, os rins geram e mantêm níveis de HCO_3^- suficientes para manter o pH acima de 7,20. Entretanto, oxigenação adequada é a questão crítica em ambas a acidose respiratória aguda e a crônica.
G. **Tratamento definitivo da alcalose respiratória** novamente requer a correção da condição subjacente que está causando hiperventilação. Fornecimento de oxigênio é essencial para o paciente hipoxêmico.
H. **Tratamento de Distúrbios Acidobásicos Mistos**
  1. **Acidose Metabólica e Acidose Respiratória.** O tratamento mais rápido é fornecimento de ventilação assistida ou controlada. A administração de base não é justificada. A correção da causa da acidose metabólica é uma prioridade.
  2. Na **alcalose metabólica e acidose respiratória,** o pH muitas vezes é alcalêmico. Acetazolamida dada diariamente ou em dias alternados pode ser usada para manter o pH perto de 7,35 a 7,40, que é um bom nível para evitar supressão ou estimulação excessiva da respiração.
  3. **Alcalose metabólica e alcalose respiratória** em combinação podem produzir alcalemia grave com arritmias perigosas. O tratamento mais apropriado consiste em morfina e uma benzodiazepina intravenosas, com acesso imediato à intubação da via aérea e ventilação mecânica.

Leituras Sugeridas

Batlle DC, Hizon M, Cohen E, et al. The use of the urinary anion gap in the diagnosis of hyperchloremic metabolic acidosis. *N Engl J Med* 1988;318:594-599.

Fenves AZ, Kirkpatrick HM III, Patel VV, et al. Increased anion gap metabolic acidosis as a result of 5-oxoproline (pyroglutamic acidosis): a role for acetaminophen. *Clin J Am Soc Nephrol* 2006;1:441-447.

Gabow PA, Kaehny WD, Fennessey PV, et al. Diagnostic importance of an increased serum anion gap. *N Engl J Med* 1980;303:854-858.

Kim HJ, Son YK, An WS. Effect of sodium bicarbonate administration on mortality in patients with lactic acidosis: a retrospective analysis. *PLoS One* 2013;8:265-283.

Kraut JA, Kurtz I. Use of base in the treatment of severe acidemic states. *Am J Kidney Dis* 2001;38:703-727.

Kraut JA, Kurtz I. Toxic alcohol ingestions: clinical features, diagnosis, and management. *Clin J Am Soc Nephrol* 2008;3:208-225.

Kraut JA, Nagami GT. The serum anion gap in the evaluation of acid-base disorders: what are its limitations and can its effectiveness be improved? *Clin J Am Soc Nephrol* 2013;8:2018-2024. doi:10.2215/CJN.04040413.

Luke RG, Galla JH. It is chloride depletion alkalosis, not contraction alkalosis. *J Am Soc Nephrol* 2012;23:204-207.

Rastegar A. Use of the delta AG/delta HCO3 - in the diagnosis of mixed acid-base disorders. *J Am Soc Nephrol* 2007;18:2429-2431.

Rastegar A. What do nephrologists need to know about Stewart's method of acid-base analysis? *NephSAP* 2013;12:153-157.

Rodriguez-Soriano J. Renal tubular acidosis. The clinical entity. *J Am Soc Nephrol* 2002;13:2160-2170.

5

Paciente com Distúrbios do Cálcio e Fósforo Séricos

Jeffrey G. Penfield ■ Robert F. Reilly

DISTÚRBIOS DO CÁLCIO SÉRICO

A maior parte do cálcio no corpo está na forma de hidroxiapatita no osso (99%). Embora uma pequena fração do cálcio corporal total esteja contida no líquido extracelular (ECF), só a concentração de cálcio ionizado no ECF é fisiologicamente ativa e regulada. Aproximadamente 60% do cálcio no ECF é ultrafiltrável e existe livre em solução sob forma de cálcio ionizado (50%) ou complexado à ânions, como citrato, fosfato, sulfato e bicarbonato (10%). Os restantes 40% estão ligados à proteína (principalmente albumina). A concentração de cálcio sérico ou plasmático é medida como cálcio total ou ionizado. A concentração de cálcio total é medida com um ensaio colorimétrico e inclui cálcio ionizado, complexado e ligado. A concentração de cálcio ionizado é medida com eletrodo específico para cálcio e representa o cálcio fisiologicamente regulado. Ambos o cálcio total e o ionizado podem ser expressos em unidades convencionais de mg por dL ou mEq por L ou em unidades mmol por L do Sistema Internacional (SI). Unidades SI (mmol por L) podem ser convertidas em mg por dL multiplicando-se por 4. A análise dos níveis de cálcio total é barata e conveniente. Uma determinação das concentrações de cálcio ionizado requer que a amostra seja posta sobre gelo e medida dentro de 2 horas, tornando-a difícil para uso de rotina, especialmente no contexto de pacientes ambulatoriais.

A Figura 5-1 ilustra os fluxos de cálcio entre ECF, intestino, rim e osso. O resultado final é absorção de cálcio intestinal de aproximadamente 200 mg em uma ingesta dietética normal de 800 a 1.000 mg. Em estado constante, este resultado da absorção intestinal é equilibrado por excreção urinária. Como resultado, 10.600 mg dos aproximadamente 10.800 mg (98%) do cálcio que é filtrado pelo glomérulo diariamente é reabsorvido pelos túbulos renais.

I. REGULAÇÃO DO CÁLCIO. Cálcio ionizado plasmático é regulado por meio de uma interação complexa e coordenada do hormônio paratireóideo (PTH) e a 1,25(OH)$_2$ vitamina D$_3$ (calcitriol) no intestino, osso e rim. A glândula paratireoide detecta a concentração de cálcio ionizado no ECF por meio de um receptor sensor de cálcio. Altas concentrações de cálcio no ECF estimulam o receptor e ativam vias de um segundo mensageiro as quais, por sua vez, inibem a liberação de PTH. Baixa concentração de cálcio no ECF estimula secreção e produção de PTH e aumenta a glândula paratireoide. A glândula paratireoide responde rapidamente (dentro de minutos) a alterações na concentração de cálcio ionizado. Existe uma relação sigmoidal inversa entre concentração de cálcio no ECF e secreção de PTH, com um componente não suprimível presente mesmo a uma alta concentração de cálcio plasmático. A quantidade de hormônio armazenada é suficiente para suportar a secreção basal por 6 horas e secreção estimulada por 2 horas.

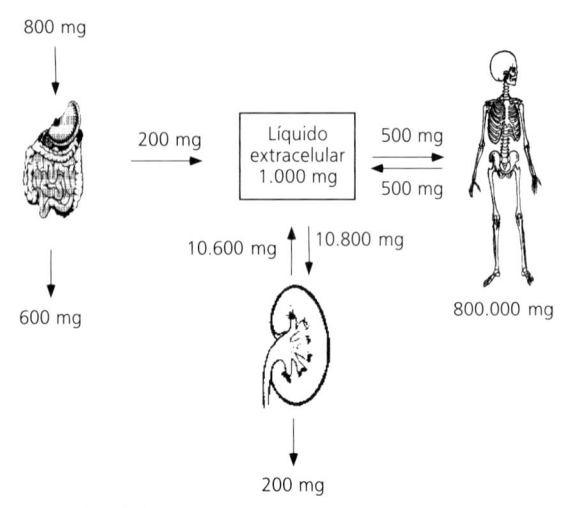

Figura 5-1. Homeostasia do cálcio.

No osso, PTH na presença de quantidades suficientes de calcitriol estimula reabsorção aumentando o número e a atividade de osteoclastos. No intestino, PTH aumenta absorção de cálcio e fosfato indiretamente promovendo a produção de calcitriol. No rim, PTH aumenta a reabsorção de cálcio tubular distal, estimula produção de calcitriol no túbulo proximal e diminui a reabsorção de fosfato e bicarbonato tubular proximal.

Calcitriol é produzido no túbulo proximal através da 1α-hidroxilação de 25 (OH) vitamina D_3 (calcidiol). A via de biossíntese do calcitriol está ilustrada na Figura 5-2. Os principais estimuladores da 1α-hidroxilase são PTH e hipofosfatemia. A principal função do calcitriol é aumentar a disponibilidade de cálcio e fosfato para formação de novo osso e prevenção de hipocalcemia e hipofosfatemia sintomáticas. No intestino e rim, calcitriol aumenta a produção de proteínas ligadoras de cálcio (calbindinas) que ajudam no movimento transcelular de cálcio. No osso, o calcitriol potencializa as ações do PTH, estimula reabsorção osteoclástica e induz diferenciação de monócitos para osteoclastos.

Na glândula paratireoide, calcitriol se liga ao seu receptor, levando a uma diminuição na produção de PTH. O gene promotor *PTH* contém regiões que ligam o receptor a calcitriol. A ligação resulta em uma diminuição drástica na expressão de PTH. Calcitriol é o mais potente supressor da transcrição do gene *PTH*.

II. HIPERCALCEMIA

A. **Etiologia.** Três mecanismos fisiopatológicos básicos contribuem para hipercalcemia: absorção aumentada de cálcio do trato gastrointestinal, excreção de cálcio renal diminuída e reabsorção de cálcio ósseo aumentada. As etiologias mais comuns de hipercalcemia estão listadas no Quadro 5-1.

1. **Absorção aumentada de cálcio do trato gastrointestinal** desempenha um papel primário na hipercalcemia da síndrome leite-álcali, intoxicação pela vitamina D e doenças granulomatosas.

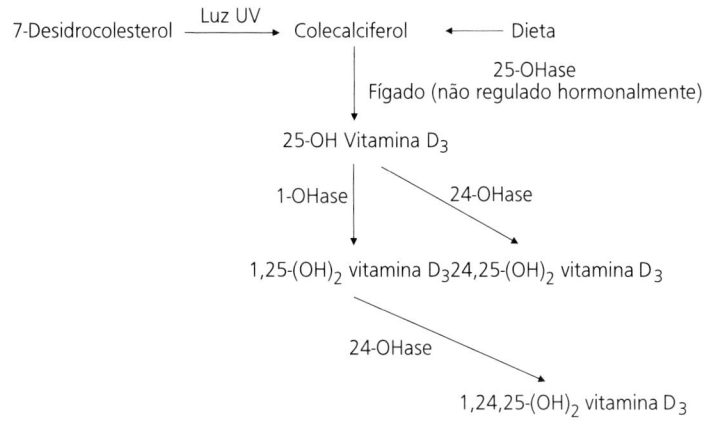

Paciente com Distúrbios do Cálcio e Fósforo Séricos | 81

```
7-Desidrocolesterol  ──Luz UV──▶  Colecalciferol  ◀── Dieta
                                        │
                                        │   25-OHase
                                        │   Fígado (não regulado hormonalmente)
                                        ▼
                               25-OH Vitamina $D_3$
                              ╱                    ╲
                        1-OHase                    24-OHase
                            ▼                          ▼
                  1,25-$(OH)_2$ vitamina $D_3$   24,25-$(OH)_2$ vitamina $D_3$
                                                      │
                                                   24-OHase
                                                      ▼
                                              1,24,25-$(OH)_2$ vitamina $D_3$
```

PTH – estimula 1-OHase, inibe 24-OHase
1,25-$(OH)_2$ vitamina D_3 – inibe 1-OHase, estimula 24-OHase

Figura 5-2. Metabolismo da vitamina D. (PTH, hormônio paratireóideo; UV, ultravioleta.)

Quadro 5-1	Etiologias de Hipercalcemia
Hiperparatireoidismo	
Neoplasia	
Intoxicação pela vitamina A e D	
Síndrome de leite-álcali	
Tireotoxicose	
Doença granulomatosa	
Imobilização	
Doença de Paget	
Ingestão de diurético tiazídico	
Doença de Addison	
Feocromocitoma	
Ingestão de lítio	
Doença renal crônica	
Pós-transplante renal	
Hipercalcemia hipocalciúrica familiar	

a. **Síndrome de leite-álcali** é o resultado da ingestão de excesso de cálcio e álcali. No passado, doença de úlcera péptica foi tratada com leite e bicarbonato de sódio. Esta fonte de cálcio e álcali costumava ser a causa mais comum da síndrome leite-álcali. Este esquema foi substituído por antagonistas da histamina e inibidores da bomba de prótons, de modo que leite e bicarbonato agora são causas raras desta síndrome. Atualmente, esta síndrome ocorre mais frequentemente em mulheres idosas que consomem excesso de carbonato de cálcio ou citrato de cálcio para o tratamento de osteoporose. Como resultado, muitos agora chamam isto síndrome de cálcio-álcali em vez de síndrome de leite-álcali. Alcalose diminui a excreção de cálcio renal e a resultante hipercalcemia, nefrocalcinose e disfunção renal subsequente impedem a correção da alcalose. Muitos destes pacientes estão também recebendo suplementos de vitamina D que aumentam a absorção intestinal de cálcio. Os pacientes se apresentam com a tríade clássica de hipercalcemia, alcalose metabólica e concentração elevada de creatinina sérica. O tratamento é reposição de volume com soro fisiológico evitando o uso de suplementos de cálcio e álcali. A lesão renal pode persistir e resultar em doença renal crônica (CKD). Bifosfonatos devem ser evitados, porque estes agentes impedem liberação de cálcio ósseo, o que não é um fator contributivo nesta síndrome e também pode resultar em hipocalcemia. O tratamento da hipercalcemia nestes pacientes muitas vezes é complicado por hipocalcemia, resultando da supressão sustentada do PTH.
b. **Hipercalcemia na CKD** é incomum, exceto em pacientes tratados com suplementos de cálcio e vitamina D. Esta doença e a síndrome leite-álcali ilustram o importante conceito de que a hipercalcemia por ingestão de cálcio excessivo na dieta isolada não ocorre na ausência de comprometimento renal.
c. **Intoxicação pela vitamina D** também resulta em hipercalcemia. Cálcio é absorvido principalmente no intestino delgado, e este processo é estimulado pelo calcitriol.
d. Hipercalcemia também pode ser secundária a **doenças granulomatosas,** como sarcoidose. Macrófagos ativados produzem calcitriol, o qual leva à absorção intestinal aumentada do cálcio da dieta. Hipercalciúria é vista mais comumente que hipercalcemia. Linfomas ocasionalmente causam hipercalcemia pelo mesmo mecanismo.

2. **Reabsorção aumentada de cálcio do osso** desempenha um papel principal na hipercalcemia resultante de hiperparatireoidismo primário, secundário e terciário, neoplasia, hipertireoidismo, imobilização, doença de Paget e intoxicação pela vitamina A.
   a. **Hiperparatireoidismo**
      i. **Primário —**
         Hiperparatireoidismo primário é uma causa comum de hipercalcemia. A incidência estimada varia de 0,4 a 26 por 100.000 pacientes-anos. A incidência declinou dos anos 1970 a 1995, mas pode agora estar aumentando novamente. Em um grande estudo multirracial nos E.U.A., a incidência mais alta foi em afro-americanos, seguidos pelos brancos. Mulheres têm mais que o dobro da probabilidade dos homens a desenvolver hiperparatireoidismo primário, e a

incidência aumenta com o avanço da idade. A patologia subjacente é mais frequentemente um adenoma solitário (80%). Entre os restantes, 15% a 20% têm hiperplasia difusa, e aproximadamente metade destes tem uma síndrome familiar [neoplasia endócrina múltipla (MEN) tipo 1, associada a adenoma hipofisário e neoplasia de células das ilhotas, ou MEN tipo II, associada a carcinoma medular da tireoide ou feocromocitoma]. Adenomas múltiplos são incomuns, e carcinoma paratireóideo é raro (ocorrendo em menos de 1%). Hipercalcemia resulta da reabsorção aumentada de cálcio do osso, absorção aumentada intestinal de cálcio mediada por calcitriol, e reabsorção aumentada de cálcio renal tubular distal. No hiperparatireoidismo primário, hipercalcemia é frequentemente leve, assintomática, e identificada em bioquímica sanguínea de rotina no contexto de pacientes ambulatoriais.

ii. **Secundário** —
Hiperparatireoidismo secundário é visto em pacientes com CKD ou pacientes com doença renal terminal em diálise. Uremia causa resistência ao PTH e exige uma concentração de PTH mais alta que o normal. Produção diminuída de 1,25(OH)$_2$ vitamina D$_3$ pelo rim resulta em menos supressão do PTH, bem como hipocalcemia que aumenta a meia-vida do mRNA do PTH. Excreção de fósforo reduzida pelos rins resulta em hiperfosfatemia que também aumenta a meia-vida do mRNA do PTH.

iii. **Terciário** —
Hiperparatireoidismo terciário é um resultado da estimulação prolongada da glândula paratireoide por hiperparatireoidismo secundário na doença renal terminal. O paciente terá hipercalcemia em vez de hipocalcemia como resultado de hiperplasia das glândulas paratireoides. Ele também pode ser visto após transplante renal quando a concentração de fósforo plasmático, metabolismo da vitamina D e a função renal melhoram, mas a secreção de PTH permanece alta secundariamente às paratireoides aumentadas. Na maioria dos pacientes, os níveis de PTH caem, e a hipercalcemia regride durante o primeiro ano após o transplante.

b. **Neoplasia** é também uma causa comum de hipercalcemia. Hipercalcemia de neoplasia resulta de vários mecanismos fisiopatológicos: produção excessiva de peptídeo relacionado com o PTH (PTHrP), reabsorção óssea local em torno de locais de infiltração tumoral (mediada por uma variedade de citocinas e prostaglandinas osteolíticas) e produção de calcitriol (p. ex., com linfomas). Pacientes com câncer pulmonar de células escamosas, câncer de mama, mieloma múltiplo e carcinoma de células renais estão em mais alto risco. Hipercalcemia decorrente da produção tumoral de PTHrP é frequentemente chamada *hipercalcemia humoral de neoplasia (HHM)*. PTHrP tem 70% de identidade de aminoácidos aos primeiros 13 aminoácidos do PTH e se liga ao receptor a PTH. Ele, normalmente, funciona como um regulador do crescimento e diferenciação dos condrócitos nos ossos longos em desenvolvimento; da mobilização de cálcio dos ossos e para o leite materno durante a lactação; do transporte de cálcio através da placenta para o feto em desenvolvimento; e do fluxo sanguíneo uterino. Ele é geralmente produzido na placenta durante a gravidez e pelas glândulas mamárias durante a lactação. Em certos cânceres, o gene do PTHrP é ativado inapropriadamente. HHM frequentemente se apresenta com hipercalcemia grave (concentração de cálcio acima de 14 mg/dL) em um paciente com história conhecida de neoplasia ou evidência de neoplasia à apresentação inicial. PTHrP é imunologicamente distinto do PTH e não é detectado pelos ensaios padrão para PTH, mas ensaios específicos para PTHrP existem comercialmente disponíveis. A faixa normal do PTHrP é menos de 2,0 pmol/L, pois, em indivíduos saudáveis, essas funções são autócrinas ou parácrinas, e níveis circulantes mais altos não são necessários. A sobrevida média desde o início da hipercalcemia com HHM é apenas 3 meses. Tumores de células escamosas, carcinomas de células renais e a maioria das neoplasias de mama produzem PTHrP. Os diagnósticos de hiperparatireoidismo primário e neoplasia não são mutuamente excludentes. Uma incidência aumentada de hiperparatireoidismo primário foi descrita nos pacientes com neoplasia.

Mieloma múltiplo é associado à hipercalcemia e a lesões esqueléticas osteolíticas localizadas. Aproximadamente 30% dos pacientes com mieloma experimentam hipercalcemia em alguma época durante a evolução da sua doença. Destruição óssea ocorre como consequência da liberação de interleucina-6, interleucina-1 e fator de necrose tumoral-beta pelas células plasmáticas malignas. As lesões ósseas demonstram um aumento acentuado na reabsorção osteoclástica sem manifestações de formação óssea aumentada, em contraste com as lesões metastáticas do câncer de mama e próstata, as quais geralmente mostram algum aumento na formação de osso e captação de radionuclídeo em locais de atividade osteoblástica aumentada. Em virtude da reabsorção excessiva de osso, mieloma múltiplo pode causar osteoporose grave além de hipercalcemia. Bifosfonatos são frequentemente usados para tratar estas complicações. Os bifosfonatos podem causar lesão renal aguda, se administrados em altas doses durante um período prolongado de tempo. Este risco é mais alto se o paciente tiver CKD. Infelizmente, os pacientes com mieloma múltiplo frequentemente desenvolvem CKD, e bifosfonatos padrão ou em baixa dose poderiam não ser tão efetivos para tratar a hipercalcemia e osteoporose.

c. **Hipertireoidismo** resulta em hipercalcemia leve em 10% a 20% dos pacientes como resultado do *turnover* ósseo aumentado. Há também uma prevalência aumentada de hiperparatireoidismo em pacientes com hipertireoidismo.

d. **Doença de Paget** é uma doença óssea com áreas focais de *turnover* ósseo perturbado, osso desorganizado e estruturalmente fraco, e vascularidade aumentada. Há fatores tanto hereditários quanto ambientais que causam doença de Paget. O modo mais comum de herança é dominante autossômico. Imobilização com doença de Paget pode causar hipercalcemia, embora isto seja mais comum em crianças. Em adultos, hipercalciúria é mais comum que hipercalcemia.

e. **Causas diversas de hipercalcemia** incluem uso de lítio (leve; interfere com o receptor sensível ao cálcio); uso de diurético tiazídico (hiperparatireoidismo primário oculto deve ser suspeitado); feocromocitoma; insuficiência suprarrenal primária; e uma doença genética rara, hipercalcemia hipocalciúrica familiar (FHH).

FHH é um distúrbio dominante autossômico causado mais comumente por uma mutação heterozigota no receptor sensível ao cálcio. É raro, com uma prevalência de 1 em 78.000 em um estudo. Recentemente, mutações em dois genes adicionais foram descritas causando FHH, a subunidade α_{11} da proteína G e a subunidade S1 da proteína adaptadora 2. A síndrome apresenta-se com hipercalcemia leve cedo na vida, hipocalciúria e uma concentração de PTH normal ou levemente aumentada na ausência de sinais ou sintomas de hipercalcemia. Como resultado das mutações, o receptor sensível ao cálcio é menos sensível à concentração plasmática de cálcio, e é necessária uma concentração de cálcio mais alta que o normal para suprimir o PTH. Devemos estar atentos da FHH, porque esta condição é muitas vezes erroneamente diagnosticada como hiperparatireoidismo primário, e os pacientes podem ser inapropriadamente submetidos à exploração do pescoço. FHH pode-se responsabilizar por uma pequena porcentagem de pacientes que se submetem a cirurgia para hiperparatireoidismo primário nos quais nenhum adenoma é encontrado.

B. Sinais e sintomas de hipercalcemia são relacionados com a gravidade e a velocidade de elevação na concentração de cálcio ionizado plasmático. Hipercalcemia leve é geralmente assintomática e, muitas vezes, descoberta incidentalmente em bioquímica sanguínea de rotina, como é o caso em muitos pacientes com hiperparatireoidismo primário. Em contraposição, hipercalcemia grave é, muitas vezes, associada a sintomas neurológicos e gastrointestinais. O paciente pode-se apresentar com uma ampla gama de sintomas do sistema nervoso central, desde alterações leves do estado mental até estupor e coma. Os sintomas gastrointestinais incluem constipação, anorexia, náusea e vômito. Dor abdominal pode resultar de doença ulcerosa péptica induzida pela hipercalcemia ou pancreatite. Hipercalcemia resulta em poliúria e polidipsia secundária, podendo levar à hipernatremia, contração do volume do ECF, uma redução na taxa de filtração glomerular (GFR) e uma elevação nas concentrações de nitrogênio ureico sanguíneo (BUN) e creatinina. Hipercalcemia também potencializa os efeitos cardíacos da toxicidade digitálica.

C. Diagnóstico. As causas mais comuns de hipercalcemia são hiperparatireoidismo primário e neoplasias. Estas duas doenças constituem mais de 90% de todos os casos. A avaliação inicial inclui uma história e exame físico. Uso de suplementos de cálcio, antiácidos, preparações de vitaminas e medicações livremente comercializadas sem prescrição médica deve ser avaliado. Uma radiografia de tórax deve ser feita para excluir neoplasia pulmonar e doença granulomatosa.

1. **Exame laboratorial inicial** inclui análise dos eletrólitos, BUN, creatinina, fósforo, eletroforese das proteínas séricas, uma urina de 24 horas para cálcio e creatinina para calcular a relação de depuração de cálcio para creatinina. A presença de uma alta concentração de cloreto sérico e uma baixa concentração de fósforo sérico em uma proporção maior que 33:1 é sugestiva de hiperparatireoidismo primário, resultando do efeito de o PTH diminuir a reabsorção de fosfato tubular proximal. Uma baixa concentração de cloreto sérico, uma alta concentração de bicarbonato sérico, e um BUN e concen-

tração de creatinina elevados são característicos de síndrome de leite-álcali. Um pico monoclonal na eletroforese das proteínas séricas ou eletroforese da proteína da urina é sugestivo de mieloma múltiplo. Uma baixa concentração de fósforo sérico é encontrada no hiperparatireoidismo primário e HHM. A FE de cálcio é baixa na hipercalcemia causada pela síndrome de leite-álcali, pelo uso de diurético tiazídico ou FHH. A razão ideal de depuração de cálcio para creatinina para a diferenciação da FHH do hiperparatireoidismo primário parece ser um valor de 0,0115. Isto fornece uma sensibilidade de 80% e uma especificidade de 88%. Pode ser visto que mesmo com este corte ainda há superposição entre FHH e hiperparatireoidismo primário, especialmente naqueles com hiperparatireoidismo primário que também são deficientes em vitamina D. A fórmula para a relação de depuração de cálcio para creatinina medida em uma urina de 24 horas é

Cálcio (urina) × Cr (soro)/Cálcio (soro) × Cr (urina)

Todas as unidades são em mg por dL. Creatinina é abreviada Cr.

Como regra geral, hiperparatireoidismo primário é a etiologia em pacientes ambulatoriais assintomáticos com uma concentração de cálcio sérico ≤ 11 mg/dL, enquanto neoplasia é frequentemente a causa em pacientes sintomáticos com um início abrupto da doença e concentração de cálcio sérico ≥ 14 mg/dL.

2. **Concentração de PTH intacta** é obtida depois que a avaliação inicial é completada. A causa mais comum de uma concentração de PTH elevada é hiperparatireoidismo primário, embora uma concentração elevada de PTH também possa ser vista com uso de lítio e em 15% a 20% dos pacientes com FHH. Ocasionalmente, no hiperparatireoidismo primário, a concentração de PTH estará inapropriadamente dentro da faixa normal em comparação com a concentração de cálcio sérico. Em todas as outras condições, PTH estará suprimido pela hipercalcemia.
3. Se nenhuma neoplasia óbvia estiver presente e a concentração de PTH não estiver aumentada, a possibilidade de intoxicação pela vitamina D ou doença granulomatosa deve ser adicionalmente avaliada com uma análise das concentrações de **calcidiol e calcitriol**. Uma concentração aumentada de calcidiol é vista com a ingestão de vitamina D ou calcidiol. Uma concentração elevada de calcitriol é observada com ingestão de calcitriol, doença granulomatosa, linfoma e hiperparatireoidismo primário.
4. Como passo final, se a concentração de calcitriol estiver aumentada sem uma causa aparente, doença granulomatosa oculta pode ser avaliada com um **teste de supressão com hidrocortisona.** Após administração de 40 mg de hidrocortisona a cada 8 horas, durante 10 dias, a hipercalcemia se resolverá, se ela for o resultado de doença granulomatosa.

D. **Tratamento** de hipercalcemia varia, dependendo da gravidade da elevação do cálcio sérico. Ele é focado para aumentar a excreção de cálcio na urina, inibir reabsorção de osso e diminuir a absorção intestinal de cálcio.
1. **Excreção de cálcio urinária é aumentada** primeiro expandindo-se o volume do ECF e, subsequentemente, administrando-se diuréticos de alça. A reabsorção do cálcio no túbulo proximal é passiva e corre paralela à reabsorção de sódio. Contração do volume do ECF, portanto, aumenta a reabsorção de sódio proximal e ajuda a manter hipercalcemia. Pacientes com hipercalce-

mia frequentemente têm volume contraído. Hipercalcemia diminui a reabsorção de sódio no ramo ascendente grosso da alça de Henle pela ativação do receptor sensor de cálcio, e ela também antagoniza os efeitos do hormônio antidiurético. No contexto de uma GFR reduzida, podem ser necessárias doses mais altas de diuréticos de alça. Na presença de pouca ou nenhuma função renal e hipercalcemia grave, está indicada hemodiálise.

2. **Um agente que iniba reabsorção óssea** é frequentemente necessário quando a hipercalcemia é moderada ou grave. No contexto agudo, calcitonina é frequentemente útil por causa do seu início rápido de ação (2 a 4 horas). Calcitonina inibe reabsorção osteoclástica do osso e aumenta a excreção renal de cálcio. Ela reduz a concentração de cálcio sérico, no entanto, por apenas 1 a 2 mg/dL, e taquifilaxia muitas vezes se desenvolve com uso repetido. Por estas razões, calcitonina não deve ser usada como único agente para inibir reabsorção óssea.

   a. **Bifosfonatos** são os agentes de escolha para o tratamento de hipercalcemia em decorrência de reabsorção óssea. Estes análogos de pirofosfato inorgânico são concentrados seletivamente no osso, onde eles interferem com a fixação e função dos osteoclastos. Bifosfonatos têm um início lento (2 a 3 dias) e longa duração de ação (várias semanas). Cuidado deve ser exercido em pacientes com síndrome de leite-álcali. Estes pacientes não têm um defeito no *turnover* ósseo e são suscetíveis a hipocalcemia com tratamento, e hipocalcemia pós-tratamento pode ser exacerbada por bifosfonatos.

   Pamidronato é dado em uma dose de 60 ou 90 mg IV em 4 horas. Se a concentração de cálcio sérico for ≤ 13,5 mg/dL, 60 mg são administrados. Se a concentração de cálcio sérico for maior que 13,5 mg/dL, 90 mg são administrados. A concentração de cálcio sérico cai gradualmente durante os 2 a 4 dias sucessivos. Uma única dose é geralmente efetiva por 1 a 2 semanas. Na maioria dos pacientes, a concentração de cálcio sérico se normaliza após 7 dias.

   Ácido zolendrônico é agora o bifosfonato mais comumente usado porque pode ser administrado intravenosamente, o que evita dano esofágico por doses orais, e pode ser administrado ao longo de um intervalo curto (4 mg em 15 minutos). Ele é administrado a cada 3 a 4 semanas, se necessário, e pode ter duração mais longa que pamidronato. A dose deve ser ajustada em pacientes com disfunção renal como se segue conforme a *depuração* de creatinina: mais de 60 mL/minuto — 4 mg; 50 a 60 mL/minuto — 3,5 mg; 40 a 49 mL/minuto — 3,3 mg; 30 a 39 mL/minuto — 3,0 mg; menos de 30 mL/minuto — sem dados disponíveis. O fabricante recomenda que a droga seja descontinuada, se a concentração de creatinina sérica aumentar ≥ 0,5 mg/dL acima de um valor básico normal ou mais que 1,0 mg/dL naqueles com uma concentração de creatinina sérica ≥ 1,4 mg/dL.

   Bifosfonatos são associados a importante toxicidade, incluindo esclerose glomerular focal e lesão renal aguda. A maioria destes casos ocorreu em pacientes com CKD preexistente ou quando as doses recomendadas foram excedidas. Pacientes com mieloma múltiplo estão em risco particular porque doença renal é uma complicação comum, e o tratamento da osteoporose e/ou hipercalcemia pode exigir doses mais altas que as recomendadas. Além disso, quando bifosfonatos são usados em longo prazo em pacientes com neoplasia, especialmente mieloma múltiplo e câncer de mama, eles são associados a osteonecrose da mandíbula. A maioria destes pacientes se submeteu a extração dentária recente ou remoção dentária cirúrgica. Radiação na mandíbula também aumenta o risco de osteonecrose.

b. **Nitrato de gálio** inibe reabsorção óssea diminuindo a secreção ácida dos osteoclastos e também aumentando a cristalização de hidroxiapatita do osso. Ele é um agente adicional que pode ser empregado para tratar hipercalcemia de neoplasia. Ele é administrado como uma infusão contínua a uma dose de 100 a 200 mg/m^2 durante 5 dias consecutivos. Nitrato de gálio tem um risco importante de nefrotoxicidade e não deve ser administrado a pacientes com concentrações de creatinina sérica acima de 2,5 mg/dL ou quando outras drogas nefrotóxicas forem também usadas, como contraste iodado, aminoglicosídeos ou cisplatina. Provavelmente, é melhor reservá-lo para pacientes que não responderam a agentes mais convencionais. Um sumário das opções de tratamento está apresentado no Quadro 5-2.

c. **Cinacalcet** é um agente calcimimético com um mecanismo exclusivo de ação. Embora ele não tenha similaridade estrutural com cálcio elementar, é capaz de se ligar ao receptor e causar ativação aloestérica. Receptores sensores a cálcio estão localizados no trato gastrointestinal, rim, osso e nas glândulas paratireoides. Ativação aloestérica resulta em uma redução da liberação de PTH, menor liberação de cálcio do osso, menor absorção intestinal de cálcio e aumento na excreção renal de cálcio. Isto resulta em uma redução dos níveis de cálcio e PTH. O efeito do nível mais baixo de PTH sobre a concentração de fósforo no soro é dependente da função renal. Em pacientes em diálise sem nenhuma função renal, níveis diminuídos de PTH podem reduzir a concentração de fósforo ao limitarem a reabsorção óssea. Em pacientes com função renal significante, como transplantados renais com hiperparatireoidismo terciário persistente, a concentração inicial de fósforo pode ser baixa em virtude de níveis de PTH persistentemente elevados. Tratamento

Quadro 5-2	Tratamento da Hipercalcemia
Droga	**Posologia**
Soro fisiológico	2–4 L/d inicialmente
Furosemida	20–160 mg IV cada 8 h, após expansão de volume
Calcitonina de salmão	4 UI/kg SC cada 12 h
Pamidronato dissódico	60–90 mg IV ao longo de 4 h
Ácido zolendrônico	4 mg em 15 min. Dose ajustada para a função renal
Plicamicina	25 µg/kg IV ao longo de 4 h, cada dia, durante 3–4 d
Corticosteroides	200–300 mg hidrocortisona IV, por dia, durante 3–5 d
Nitrato de gálio	100–200 mg/m^2 durante 5 d

com cinacalcet reduzirá os níveis de PTH, reduzirá a perda renal de fosfato e aumentará em vez de diminuir os níveis de fósforo sérico nestes pacientes. O cérebro também tem receptores sensores de cálcio, e um efeito colateral importante limitador da dose é a náusea. Cinacalcet está aprovado para uso nos Estados Unidos para tratamento de hiperparatireoidismo secundário e terciário e carcinoma paratireóideo. Na Europa, está aprovado também para o tratamento clínico do hiperparatireoidismo primário.

3. **Medidas para diminuir a absorção intestinal de cálcio** são frequentemente empregadas em pacientes ambulatoriais com doença leve. Corticosteroides podem ser úteis na intoxicação pela vitamina D, doença granulomatosa e certas neoplasias (linfoma e mieloma múltiplo). Alternativas aos corticosteroides incluem cetoconazol e hidroxicloroquina. Fosfato oral pode ser administrado, desde que o paciente não tenha uma concentração de fósforo sérico elevada ou CKD avançada. Fosfato oral, no entanto, muitas vezes causa diarreia e só baixa a concentração de cálcio sérico aproximadamente 1 mg/dL.

4. **Tratamento do hiperparatireoidismo assintomático** é controverso. É geralmente aceito que hiperparatireoidismo sintomático deve ser tratado com paratireoidectomia. Sintomas podem incluir dor óssea por desmineralização óssea excessiva, cálculos renais por hipercalciúria, ou sintomas de hipercalcemia, como fadiga, confusão, depressão, náusea, poliúria e polidipsia. Em 1991, uma conferência de consenso fez recomendações para tratamento do hiperparatireoidismo assintomático. Recomendações atualizadas foram feitas em 2002 e novamente em 2009. É recomendado que os pacientes assintomáticos com um nível elevado de paratireoide façam paratireoidectomia, se o cálcio for > 1,0 mg/dL acima do limite superior do normal e se eles tiverem um escore T de densitometria óssea de menos de −2,5 ou uma GFR estimada de < 60 mL/min. A cirurgia se tornou menos extensa por causa da capacidade de escanear pré-operatoriamente quanto a adenomas paratireóideos com uma cintilografia de tecnécio 99 sestamibi e ultrassonografia paratireóidea, bem como ser capaz de medir concentração de PTH na sala de operações. Isto permite uma conduta minimamente invasiva que não exige anestesia geral. O cirurgião pode localizar o adenoma pré-operatoriamente em vez de ter que explorar ambos os lados do pescoço e possivelmente o mediastino. Níveis intraoperatórios de PTH podem confirmar que o adenoma foi ressecado com sucesso, porque a meia-vida do PTH é apenas 4 minutos e deve cair muito rapidamente após ressecção cirúrgica adequada. Se o nível de PTH não cair mais de 50% em 10 minutos, isto sugere que um segundo adenoma pode estar presente, e o paciente pode, então, ser posto sob anestesia geral e o pescoço explorado.

Pacientes assintomáticos que não realizam cirurgia por causa de preferências do médico/paciente devem ser monitorados anualmente com níveis séricos de cálcio e creatinina, e cada 1 a 2 anos com uma densitometria óssea e encorajados a prosseguir para paratireoidectomia, se estes valores piorarem. Tratamento clínico com cinacalcet está aprovado na Europa para hiperparatireoidismo primário, mas não foi recomendado pela conferência de consenso. Cinacalcet aumenta a densidade óssea, baixa os níveis de cálcio, aumenta os níveis de fósforo e reduz os níveis de PTH. Bifosfonatos também foram usados para tratamento clínico. Bifosfonatos melhoram a densidade óssea e reduzem a hipercalcemia, mas não baixam os níveis de PTH. Carcinoma de glândula paratireoide é uma causa rara de hiperparatireoidismo primário. Ressecção cirúrgica é o tratamento preferido, mas recorrência é comum e pode exigir numerosas ressecções. Cinacalcet é usado como tratamento clínico para hipercalcemia em doença recorrente.

5. **Tratamento de Hiperparatireoidismo Secundário e Terciário em Pacientes com CKD.** Tratamento clínico envolve regular os níveis de PTH na faixa desejada dependendo do estágio da CKD. Em CKD estágio 3, a faixa desejada de PTH é 35 a 70 pg/mL. No estágio 4 da CKD, a faixa desejada é 70 a 120 pg/mL. Na CKD estágio 5, a faixa desejada é 150 a 300 pg/mL, e a faixa para pacientes em diálise é 150 a 600 pg/mL. Em pacientes ainda não sob diálise, se o nível de 25(OH) vitamina D_3 for baixo ela é substituída por ergocalciferol ou colecalciferol. Isto fornecerá precursor suficiente para permitir ao rim convertê-lo em 1,25(OH)$_2$ vitamina D_3, que suprimirá o PTH. Se a correção 25(OH) vitamina D3 não for adequada para suprimir PHT então é usado calcitriol ou paracalcitol oral. Cinacalcet não é usado porque estes pacientes são, muitas vezes, hipocalcêmicos e um efeito colateral importante do cinacalcet é hipocalcemia.

Pacientes em hemodiálise são tratados com uma variedade de diferentes análogos da 1,25(OH)$_2$ vitamina D_3 que podem ser dados intravenosamente durante o tratamento de hemodiálise. Um nível alto de PTH pode causar doença de alto *turnover* ósseo com calcificação de vasos sanguíneos, válvulas cardíacas e da lente do olho, bem como fraturas ósseas, e pode progredir para hiperparatireoidismo terciário. Um nível baixo de PTH pode resultar em doença de baixo *turnover* ósseo com taxas aumentadas de fraturas, bem como calcificação de tecidos. Uma vez se desenvolva hiperparatireoidismo terciário, o uso de análogos da vitamina D é limitado pela hipercalcemia. Os níveis elevados de cálcio e PTH podem ser tratados clinicamente com cinacalcet. Cinacalcet permite o uso de doses mais altas de análogos da vitamina D por reduzir os níveis de cálcio. Paratireoidectomia cirúrgica é efetuada quando tratamento clínico com cinacalcet e análogos da vitamina D não é mais efetivo.

III. HIPOCALCEMIA

A. **Etiologia.** Hipocalcemia verdadeira é o resultado da absorção diminuída de cálcio do trato gastrointestinal ou reabsorção diminuída de cálcio do osso. Dado que 98% do cálcio corporal total está contido dentro do esqueleto, hipocalcemia sustentada não pode ocorrer sem uma anormalidade da ação do PTH ou do calcitriol no osso.

Conforme assinalado anteriormente, o cálcio plasmático total é composto de três componentes: cálcio ionizado (50%); cálcio complexado (10%); e cálcio ligado à proteína (40%). Hipocalcemia verdadeira está presente só quando a concentração de cálcio ionizado está reduzida. A faixa de referência da concentração de cálcio ionizado é 4,2 a 5,0 mg/dL (1,05 a 1,25 mmol/L). Portanto, sempre que uma baixa concentração de cálcio sérico total é observada, este valor deve ser comparado com a concentração de albumina sérica. Para cada diminuição de 1 g/dL na concentração de albumina sérica a partir da sua concentração normal de 4 g/dL, pode ser esperada uma diminuição de 0,8 mg/dL na concentração de cálcio sérico total. Portanto, para cada queda de 1 g/dL na concentração de albumina sérica, 0,8 mg/dL precisa ser adicionado à concentração de cálcio sérico total. Este fator de correção foi demonstrado não confiável em pacientes com doença crítica. Ele também é não confiável em pacientes com CKD em decorrência de erros na análise da albumina usando os métodos do verde de bromocresol ou do púrpura de bromocresol. Em pacientes com CKD com baixa albumina sérica ou diminuições na concentração de bicarbonato sérico, se a suspeita clínica justificar, a concentração de cálcio ionizado deve ser medida. A ligação do cálcio à albumina é afetada pelo pH do ECF. Acidemia aumenta e alcalemia diminui a concentração de cálcio ionizado. A concentração de cálcio ionizado aumenta aproximadamente 0,2 mg/dL para cada diminuição de 0,1 no pH. Estes fatores de correção são apenas orientações gerais e não devem ser usados como substituto da análise direta da concentração de cálcio ionizado sérico, se a suspeita clínica justificar.

Hipocalcemia verdadeira é causada por secreção diminuída de PTH, resistência de órgão final ao PTH, ou distúrbios do metabolismo da vitamina D. Ocasionalmente, hipocalcemia ocorre agudamente como resultado da deposição extravascular de cálcio ou da ligação intravascular do cálcio. As etiologias mais comuns da hipocalcemia verdadeira estão ilustradas no Quadro 5-3.

3. **Hipoparatireoidismo** é causado por uma ampla variedade de doenças adquiridas e herdadas que resultam da síntese e liberação prejudicadas de PTH ou da resistência tecidual periférica ao PTH.
   a. A causa mais comum de hipoparatireoidismo idiopático é a **síndrome autoimune poliglandular tipo I,** caracterizada por candidíase mucocutânea crônica e insuficiência suprarrenal primária. Ocasionalmente, anemia perniciosa, diabetes melito, vitiligo e tireopatia autoimune também são associadas. Candidíase mucocutânea frequentemente se apresenta precocemente na infância, e é seguida vários anos mais tarde por hipoparatireoidismo. Insuficiência suprarrenal aparece na adolescência. A combinação de hipoparatireoidismo, insuficiência suprarrenal e candidíase mucocutânea é denominada *síndrome de hipoparatireoidismo, insuficiência suprarrenal e candidíase mucocutânea (HAM).* Mutações no gene regulador autoimune (*AIRE*), um fator de transcrição, foram demonstradas causadoras da doença.
   b. **Hipocalcemia familiar** resulta de mutações ativadoras no receptor sensor de cálcio que aumentam sua sensibilidade ao cálcio.
   c. **Cirurgia das paratireoides e radical do pescoço** pode resultar em uma perda de tecido glandular. Remoção cirúrgica de tecido paratireóideo em hiperparatireoidismo secundário ou terciário em pacientes em diálise é muitas vezes complicada por hipocalcemia grave decorrente da remineralização do osso, a chamada síndrome do osso faminto. Os pacientes geralmente necessitam hospitalização para infusão intravenosa de cálcio após a paratireoidectomia. Depois da alta eles podem necessitar de altas doses de calcitriol e suplementos de cálcio orais. Tecido paratireóideo remanescente é geralmente deixado no pescoço ou autotransplantado no músculo esternoclidomastóideo ou em um antebraço. Se não for deixado tecido suficiente ou se o transplante de tecido paratireóideo não sobreviver, o paciente pode ser deixado com hipoparatireoidismo e hipocalcemia permanentes.
   d. Hipocalcemia também ocorre após **cirurgia da tireoide** (5% dos casos); em uma pequena porcentagem de pacientes, a hipocalcemia é perma-

Quadro 5-3	Etiologias de Hipocalcemia
Hipoparatireoidismo	
Idiopático — síndrome HAM	
Familiar	
Pós-cirúrgico — síndrome dos ossos famintos	
Distúrbios infiltrativos	
Pseudo-hipoparatireoidismo I e II	
Hipomagnesemia	
Defeitos no Metabolismo da Vitamina D	
Nutricional	
Má-absorção	
Drogas	
Doença hepática	
Doença renal crônica	
Raquitismo dependente de vitamina D	
Diversas	
Síndrome de lise tumoral	
Metástases osteoblásticas	
Pancreatite aguda	
Síndrome de choque tóxico	
Sepse	
HAM, hipoparatireoidismo, insuficiência suprarrenal e candidíase mucocutânea.	

nente. Fatores de risco para o desenvolvimento de hipocalcemia permanente incluem remoção de três ou mais glândulas paratireoides; concentração de PTH pós-operatória ≤ 12 pg/mL; concentração de cálcio sérico total ≤ 8 mg/dL depois de 1 semana de suplementação de cálcio oral; e concentração de fósforo sérico ≤ 4 mg/dL após 1 semana de suplementação de cálcio.

e. Hipoparatireoidismo transitório pode ocorrer após a **remoção de um adenoma paratireóideo** devido à supressão do tecido paratireóideo restante.

f. **Distúrbios infiltrativos** como hemocromatose, doença de Wilson e infecção com vírus de imunodeficiência humana também podem diminuir a secreção de PTH.

g. **Hipomagnesemia grave** é a causa mais comum de hipoparatireoidismo. Deficiência de magnésio resulta em resistência de órgão-final ao

PTH e uma diminuição na secreção de PTH. Pacientes com hipocalcemia como resultado de hipomagnesemia não respondem à reposição de cálcio ou vitamina D até que o déficit de magnésio seja reposto.

2. Uma variedade de distúrbios genéticos raros causam **resistência de órgão-final ao PTH,** incluindo pseudo-hipoparatireoidismo tipos I e II. Os pacientes com pseudo-hipoparatireoidismo são classificados com base na resposta de adenosina monofosfato cíclico nefrógeno à administração de PTH. Uma resposta diminuída é indicadora de tipo I e uma resposta normal indicadora de tipo II.

3. **Defeitos no metabolismo da vitamina D** também causam hipocalcemia. As etiologias incluem ingestão diminuída de vitamina D, má-absorção, drogas, doença hepática, doença renal e raquitismo dependente de vitamina D. Deficiência nutricional de vitamina D é incomum nos Estados Unidos como resultado da suplementação no leite e outros alimentos. Ela pode ocorrer, no entanto, em pacientes desnutridos com pouca exposição ao sol. Grupos que foram demonstrados em alto risco incluem idosos institucionalizados, mulheres pós-menopáusicas e adolescentes. Sendo a vitamina D lipossolúvel, deficiência de vitamina D pode ser vista em má-absorção gastrointestinal de qualquer causa. Pacientes com drenagem biliar crônica de uma colecistostomia estão em risco de desenvolvimento de deficiências de vitamina D, A, E e K. Anticonvulsivos induzem hipocalcemia por uma variedade de mecanismos, incluindo indução do sistema P-450 com metabolismo aumentado da vitamina D, inibição da reabsorção óssea, absorção prejudicada de cálcio do trato gastrointestinal e resistência periférica à ação do PTH. Isto geralmente ocorre em pacientes com fatores predisponentes adicionais, como má nutrição e exposição solar diminuída. Fenobarbital aumenta o metabolismo hepático da vitamina D e calcidiol. Deficiência de vitamina D pode resultar de doença hepatocelular, se a doença for suficientemente grave para prejudicar a 25-hidroxilação da vitamina D para calcidiol. CKD prejudica a 1α-hidroxilação de calcidiol para calcitriol. Raquitismo dependente de vitamina D é um resultado ou de hidroxilação prejudicada do calcidiol para calcitriol (tipo I) ou resistência de órgãos-finais ao calcitriol (tipo II). Pacientes tipo I respondem a doses fisiológicas de calcitriol. Pacientes com doença tipo II têm concentrações de calcitriol drasticamente aumentadas, respondem pouco à terapia com calcitriol, e têm mutações no receptor à vitamina D.

4. **Causas menos comuns** de hipocalcemia incluem síndrome de lise tumoral, metástases osteoblásticas, pancreatite aguda, síndrome de choque tóxico e sepse. A adição ou liberação agudas de fosfato dentro do espaço extracelular pode causar hipocalcemia por meio de uma variedade de mecanismos. Cálcio e fosfato podem precipitar nos tecidos, embora o tecido exato **no** qual ocorre a deposição nunca tenha sido identificado. Além disso, **infusão** de fosfato aumenta a taxa de formação de osso e inibe reabsorção óssea induzida por PTH; ambos estes processos atuam para diminuir a concentração de cálcio sérico.

B. Como no caso da hipercalcemia, os **sinais e sintomas** da hipocalcemia dependem não apenas do grau de hipocalcemia, mas também da velocidade de declínio da concentração de cálcio sérico. O limiar no qual sintomas se desenvolvem também depende do pH sérico e de se está presente concomitante

hipomagnesemia, hipopotassemia ou hiponatremia. Predominam sintomas de excitabilidade neuromuscular. O paciente pode-se queixar de parestesias circum-orais e nas extremidades distais ou de espasmo carpopedal. Manifestações do sistema nervoso central incluem alterações do estado mental, irritabilidade e convulsões. Ao exame físico, hipotensão, bradicardia, espasmo laríngeo e broncospasmo podem estar presentes. Sinais de Chvostek e de Trousseau devem ser checados. Sinal de Chvostek é uma contração facial provocada pela percussão sobre o nervo facial imediatamente abaixo do arco zigomático com a boca ligeiramente aberta. Um sinal positivo é ocasionalmente observado em pacientes normais. Sinal de Trousseau é o aparecimento de flexão do punho, flexão da articulação metacarpofalângica, dedos hiperestendidos e flexão do polegar depois que um manguito de esfigmomanômetro é inflado em torno do braço a 20 mmHg acima da pressão sistólica durante 3 minutos. Hipocalcemia também pode prolongar o intervalo QT e causar arritmias ventriculares e atriais, e prejudicar a contratilidade miocárdica.
C. **Diagnóstico.** O diagnóstico diferencial de hipocalcemia verdadeira é frequentemente simples e direto, e um algoritmo diagnóstico está apresentado na Figura 5-3. As causas mais comuns são deficiência de magnésio, CKD e complicações de cirurgia paratireóidea.
  1. O primeiro passo na avaliação do paciente com concentração de cálcio sérico total diminuída é **examinar a concentração de albumina sérica** e, se ne-

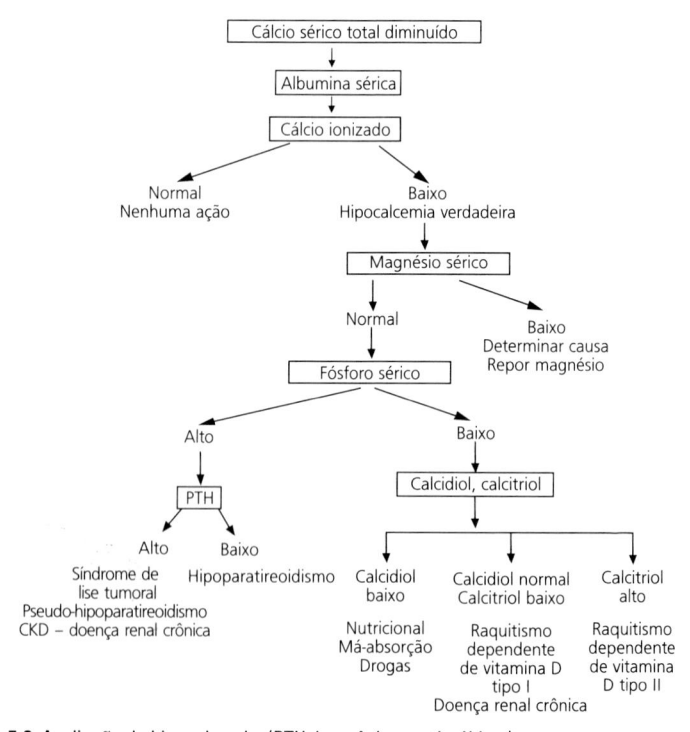

Figura 5-3. Avaliação da hipocalcemia. (PTH, hormônio paratireóideo.)

cessário, medir a concentração de cálcio sérico ionizado. Se hipocalcemia verdadeira for documentada, então deve ser obtida análise sanguínea da concentração de BUN, creatinina, magnésio e fósforo, e uma amostra de urina de 24 horas deve ser coletada para examinar excreção de fósforo e creatinina.

Quelatos contendo gadolínio (gadopentato dimeglumina e gadodiamida) usados como agentes de contraste para imagem de ressonância magnética podem baixar falsamente a concentração de cálcio sérico. O efeito persiste por apenas 3 a 6 horas naqueles com função renal normal, mas pode resultar na falsa redução da concentração de cálcio sérico por até 3 mg/dL ou mais. Entretanto, em pacientes com disfunção renal grave, a concentração de cálcio sérico pode permanecer baixa até 4 dias. Este é um fato importante a manter em mente porque, em muitos casos descritos, os pacientes foram tratados com cálcio intravenoso para a concentração de cálcio sérico falsamente baixo.

2. O segundo passo é **avaliar a concentração de magnésio sérico.** Hipomagnesemia é a causa mais comum de hipocalcemia em pacientes hospitalizados. Um alto índice de suspeição deve estar presente em pacientes com uma história de esteatorreia, diarreia ou alcoolismo crônico. Estes pacientes geralmente têm hipomagnesemia grave, e a hipocalcemia não se corrigirá até que as perdas de magnésio sejam repostas. Frequentemente são necessários vários dias para a concentração de cálcio sérico se corrigir depois que a deficiência de magnésio é revertida.
3. **Concentrações de fósforo sérico e urinário** são avaliadas a seguir. Hiperfosfatemia na ausência de CKD sugere um diagnóstico de hipoparatireoidismo ou pseudo-hipoparatireoidismo. Análise da concentração de PTH pode diferenciar estes distúrbios. No hipoparatireoidismo primário, o PTH é baixo; no pseudo-hipoparatireoidismo, o PTH está aumentado. Uma diminuição na concentração de fósforo sérico indica um defeito no metabolismo da vitamina D. Hipocalcemia resulta em hiperparatireoidismo secundário que, por sua vez, reduz a reabsorção de fosfato tubular proximal e resulta em perda de fosfato. Por essa razão, espera-se que a fração de excreção (FE) de fosfato seja alta (mais de 5%). Na hipofosfatemia, o rim tem uma capacidade extraordinária de conservar fosfato, e, em distúrbios extrarrenais, a FE de fosfato é abaixo de 1%. Se fosfatúria for observada, então a concentração de calcidiol e calcitriol deve ser medida. A concentração de calcidiol é reduzida com má-absorção, doença hepática e fenobarbital. A concentração de calcitriol é reduzida em CKD e aumentada no raquitismo dependente de vitamina D tipo II.

D. Tratamento da hipocalcemia é dependente da sua gravidade e causa. Em uma situação de emergência na qual se suspeita de hipocalcemia e em que convulsões, tetania, hipotensão ou arritmias cardíacas estiverem presentes, cálcio intravenoso deve ser administrado (100 a 300 mg ao longo de 10 a 15 minutos) antes que os resultados da concentração de cálcio sérico retornem do laboratório clínico. Pacientes com hipocalcemia sintomática ou uma concentração de cálcio sérico total corrigido para albumina de ≤ 7,5 mg/dL devem ser tratados inicialmente com cálcio parenteral. Hipocalcemia leve crônica, como vista no contexto ambulatorial, pode ser tratada com suplementos de cálcio oral, aos quais uma preparação de vitamina D pode ser acrescentada, se necessário.

1. **Hipocalcemia sintomática aguda** é tratada com cálcio intravenoso. Na ausência de convulsões, tetania ou arritmias cardíacas, uma infusão de 1,5 mg/kg de cálcio elementar dada ao longo de 4 a 6 horas eleva o cálcio sérico total por 2 a 3 mg/dL. Gluconato de cálcio (10%) é fornecido em ampolas de 10 mL e contém 94 mg de cálcio elementar. A primeira ampola pode ser administrada ao longo de vários minutos, seguida por uma infusão constante iniciada a uma velocidade de 0,5 a 1,0 mg/kg/hora, com ajustes da velocidade fundamentados em determinações seriadas da concentração de cálcio sérico. Gluceptato de cálcio (10%) fornece 90 mg de cálcio elementar em uma ampola de 5 mL. Cloreto de cálcio tem mais alta biodisponibilidade, e 272 mg de cálcio elementar estão contidos em cada ampola de 10 mL. Tratamento de hipocalcemia não é efetivo na presença de hipomagnesemia. No contexto de acidose metabólica, hipocalcemia deve ser corrigida antes que a acidose seja revertida, porque os prótons em excesso na acidemia se ligam à albumina em lugar de cálcio, resultando em um aumento na concentração de cálcio ionizado.

    Pacientes com **hipoparatireoidismo** são tratados com suplementos de cálcio e vitamina D. A concentração de cálcio sérico deve ser mantida no limite inferior do normal. Cálcio elementar oral, 1 a 3 g/dia, é geralmente suficiente. Uma variedade de preparações de cálcio oral está disponível, algumas das quais estão mostradas no Quadro 5-4. Cálcio é mais bem absorvido quando administrado entre as refeições, porque um ambiente ácido melhora a absorção de cálcio. Inibidores de bomba de prótons são associados à absorção diminuída de cálcio e osteoporose. Citrato de cálcio é mais solúvel que carbonato de cálcio, especialmente em pacientes que necessitam de bloqueadores H_2 ou inibidores de bomba de prótons. Na presença de hiperfosfatemia grave, a suplementação de cálcio deve ser retardada, se possível, até que a concentração de fósforo sérico seja reduzida abaixo de 6 mg/dL usando quelantes de fosfato não contendo cálcio. Hipocalcemia grave, no entanto, pode necessitar ser tratada apesar da hiperfosfatemia, e avaliação clínica precisa ser aplicada.

2. Calcitriol é a mais potente das **preparações de vitamina D** e tem o mais rápido início e mais curta duração de ação, mas também é a mais cara. Uma dose de 0,5 a 1,0 µg/dia é geralmente requerida. À medida que se move para

Quadro 5-4	Preparações de Cálcio Oral	
Preparação	**Formulação (mg)**	**Cálcio Elementar por Comprimido (mg)**
Carbonato de cálcio	Tums 500	200
Rolaids 550 mg	220	—
Os-cal 1.250 mg	500	—
Citrato de cálcio	Citracal 950	200
Lactato de cálcio	650	85
Gluconato de cálcio	1.000	90

trás pela via metabólica acima para calcidiol, colecalciferol e ergocalciferol, o custo diminui, e a duração de ação aumenta. Estes agentes, no entanto, podem ser menos eficazes na presença de doença renal ou hepática.

Pacientes com hipoparatireoidismo têm reabsorção de cálcio tubular distal diminuída como resultado de uma falta de PTH. Por essa razão, o aumento na carga de cálcio filtrada que resulta da reposição de cálcio e vitamina D pode levar à hipercalciúria, nefrolitíase e nefrocalcinose. Se a excreção de cálcio urinário exceder 350 mg/dia, apesar de uma baixa concentração de cálcio sérico, a ingestão de sódio deve ser restringida; se isto não for efetivo, deve ser acrescentado um diurético tiazídico. O objetivo principal do tratamento deve ser a eliminação dos sintomas e não necessariamente a normalização da concentração sérica de cálcio.

DISTÚRBIOS DO FÓSFORO SÉRICO

I. VISÃO GERAL. Aproximadamente, dois terços do fósforo plasmático total são fósforo orgânico (fosfolipídios) e um terço é inorgânico. Os laboratórios de química clínica dosam apenas a fração inorgânica. A faixa de referência é 2,8 a 4,5 mg/dL (0,89 a 1,44 mmol/L) em adultos. Unidades SI (mmol/L) podem ser convertidas em unidades convencionais (mg/dL) multiplicando-se por 3,1. Aproximadamente 75% do fósforo inorgânico é livre e circula sob forma de $HPO_4(-2)$ ou $H_2PO_4(-1)$. A proporção destes dois íons depende do pH do ECF. Em pH 7,4, 80% é $HPO_4(-2)$ e 20% $H_2PO_4(-1)$. Do resto, 15% são ligados à proteína, e 10% estão complexados com cálcio ou magnésio.

Como no caso do cálcio, a maior parte do fósforo corporal total está contida dentro do esqueleto (80–85%). Aproximadamente 14% estão dentro do músculo esquelético e das vísceras. Apenas uma pequena fração do fundo de fósforo é inorgânica e disponível para síntese de adenosina trifosfato. A dieta ocidental média contém 800 a 1.400 mg de fósforo por dia, do qual aproximadamente 65% é absorvido no intestino delgado. A maior parte dele é absorvida passivamente, mas existe um componente ativo regulado pelo calcitriol. PTH e calcitriol, através dos seus efeitos no osso, intestino e rim regulam a concentração de fósforo. O principal regulador da concentração de fósforo sérico é a excreção renal de fosfato. No rim, fosfato é reabsorvido principalmente no túbulo proximal (80%), onde ele é cotransportado com sódio através da membrana luminal. O cotransportador de sódio–fosfato é regulado para cima em resposta à depleção de fosfato, e, nestas circunstâncias, o rim é capaz de reduzir a FE de fosfato a níveis muito baixos.

II. REGULAÇÃO DO FOSFATO. PTH atua diretamente no osso para aumentar a entrada de fosfato no ECF e indiretamente no intestino, estimulando a produção de calcitriol. A maior parte do fosfato da dieta é reabsorvida no intestino delgado, mas um componente de secreção não regulada está presente no cólon (100 a 200 mg/dia). PTH reduz a reabsorção de fosfato tubular proximal no rim. O resultado final é o aumento na concentração de cálcio plasmático, enquanto concentração de fósforo sérico se mantém constante. Os principais papéis do calcitriol são aumentar a disponibilidade de cálcio e fosfato para formação de novo osso e defender o ECF de hipocalcemia e hipofosfatemia. PTH e hipofosfatemia estimulam produção de calcitriol no túbulo proximal, embora o rim seja o principal regulador da concentração de fósforo sérico. Hipofosfatemia causa inserção de cotransportadores de sódio–fosfato dentro da membrana luminal do túbulo proximal, onde PTH resulta na sua remoção. A capacidade do PTH de remover cotransportadores de sódio–fosfato da membrana apical está amortecida na depleção crônica de fosfato.

III. HIPERFOSFATEMIA

A. Etiologia. Hiperfosfatemia pode resultar de lesão renal aguda, CKD, uma carga aguda de fosfato de fontes exógenas ou endógenas, ou reabsorção de fosfato tubular proximal aumentada. Etiologias estão mostradas no Quadro 5-5.

1. **CKD e lesão renal aguda** são as causas subjacentes em 90% ou mais dos casos. À medida que a GFR começa a declinar, a FE de fosfato aumenta. Uma vez que a GFR caia abaixo de 30 mL/minuto, no entanto, a reabsorção de fósforo é maximamente suprimida, e a FE não pode aumentar mais. Como resultado, a excreção renal não consegue mais se manter a par com a ingestão na dieta, e a concentração de fósforo sérico se eleva. Um novo estado constante é estabelecido eventualmente, ainda que a uma concentração mais alta de fósforo sérico. Em pacientes com CKD estágio 4 cerca de 15% serão hiperfosfatêmicos, enquanto 50% daqueles com CKD estágio 5 terão concentrações de fósforo sérico elevadas. Os níveis de fator de crescimento para fibroblastos (FGF)23 sobem antes da concentração de PTH e fósforo sérico. Altos níveis de FGF23 e baixa concentração de calcitriol suprimem a expressão de klotho. A diminuição no klotho (um correceptor para FGF23)

Quadro 5-5	Etiologias de Hiperfosfatemia
Excreção Renal Diminuída	
Lesão renal aguda	
Doença renal crônica	
Carga Aguda de Fosfato	
Síndrome de lise tumoral	
Rabdomiólise	
Infarto intestinal	
Hemólise grave	
Intoxicação pela vitamina D	
Reabsorção de Fosfato Renal Aumentada	
Hipoparatireoidismo	
Acromegalia	
Tireotoxicose	
Drogas — bifosfonatos	
Calcinose tumoral	
Pseudo-Hiperfosfatemia	

resulta em resistência ao FGF23 e dá início a um ciclo vicioso de retenção de fosfato nos pacientes com CKD.
 2. **Uma carga de fosfato súbita, maciça,** pode resultar em um aumento na concentração de fósforo sérico. Fosfato pode ser liberado do espaço intracelular, como é o caso na síndrome de lise tumoral ou na rabdomiólise, ou pode ser ingerido e absorvido, como na intoxicação pela vitamina D. Fontes exógenas de fósforo incluem laxativos orais contendo fósforo, clisteres contendo fosfato, anfotericina lipossômica em alta dose, e plasma fresco congelado tratado com detergente solvente. Síndrome de lise tumoral é vista mais comumente com tratamento de neoplasia de crescimento rápido, como leucemias e linfomas. Ela pode ocorrer após tratamento de tumores sólidos, como carcinoma pulmonar de pequenas células, câncer de mama e neuroblastoma. Os fatores de risco para síndrome de lise tumoral em pacientes com tumores sólidos incluem comprometimento renal pré-tratamento, um nível aumentado de desidrogenase láctica e hiperuricemia. Níveis aumentados de desidrogenase láctica e hiperuricemia são indicadores de uma grande carga tumoral.
 3. **Aumentos primários na reabsorção tubular de fosfato** são menos comuns. Eles podem ocorrer no hipoparatireoidismo; na acromegalia, como resultado da estimulação direta por fator de crescimento semelhante a insulina sobre o transporte de fosfato; com bifosfonatos, por um efeito direto sobre a reabsorção renal de fosfato; e na calcinose tumoral. Calcinose tumoral é uma doença recessiva autossômica associada à hiperfosfatemia e deposição de cálcio nos tecidos moles causada por mutações em três genes. A primeira é uma mutação inativadora em GALNT3 que codifica uma glicosiltransferase envolvida em glicosilação ligada ao O. Admite-se que GALNT3 regula glicosilação de FGF23 e que a glicosilação é necessária para função normal do FGF23. A segunda mutação foi identificada no próprio gene *FGF23*. Esta mutação envolve um resíduo serina que é considerado envolvido na glicosilação de FGF23 pela GALNT3. A terceira mutação foi descrita no gene *Klotho*. Klotho se liga a vários receptores a FGF23 e atua como um cofator que é necessário para sinalização de FGF23. FGF23 e klotho são discutidos adicionalmente na seção sobre hipofosfatemia.
B. Muitos **sinais e sintomas** de uma elevação aguda na concentração de fósforo sérico são secundários à hipocalcemia concomitante (mecanismo discutido anteriormente na página 93). Hiperfosfatemia também pode causar hipocalcemia, diminuindo a atividade de 1α-hidroxilase e produção de calcitriol.
C. **Diagnóstico.** Hiperfosfatemia persistente clinicamente inexplicada deve suscitar a suspeita de pseudo-hiperfosfatemia, cuja causa mais comum é paraproteinemia. Nenhuma relação constante de tipo ou subclasse de imunoglobulina foi identificada. Este é um artefato dependente do método, e interferência de paraproteína pode ser um problema geral em ensaios espectrofotométricos. Se paraproteinemia for ausente, a causa é geralmente lesão renal aguda ou CKD.
D. **Tratamento** de hiperfosfatemia visa reduzir a absorção de fosfato intestinal. Isto é realizado por intermédio do uso de drogas quelantes de fosfato orais, como carbonato de cálcio, acetato de cálcio, carbonato de sevelamer, carbonato de lantânio e hidróxido de alumínio. Estes agentes devem ser

administrados com refeições. Hidróxido de alumínio pode ser usado a curto prazo, mas o uso crônico em pacientes com doença renal deve ser evitado por causa do potencial de toxicidade pelo alumínio. Cada um dos quelantes de fosfato acima tem prós e contras. Quelantes contendo cálcio são baratos, mas podem contribuir para calcificação vascular, hipersupressão do PTH e doença óssea adinâmica. Os quelantes que não contêm cálcio carbonato de sevelamer e de lantânio são mais caros. Carbonato de lantânio é frequentemente associado à náusea e a desarranjo gastrointestinal. Estes agentes mais recentes não demonstraram reduzir a mortalidade. Em pacientes com hipocalcemia coexistente, é preferível baixar o fósforo sérico abaixo de 6 mg/dL, se possível, antes de tratar a hipocalcemia, a fim de evitar a complicação potencial de calcificação metastática pela coprecipitação de fosfato de cálcio.

IV. HIPOFOSFATEMIA

A. Etiologia. Hipofosfatemia pode resultar da redistribuição de fósforo do espaço extracelular para o intracelular, uma diminuição na absorção de fosfato intestinal, uma diminuição na reabsorção de fosfato renal, ou perdas extrarrenais pelo trato gastrointestinal ou por diálise. O diagnóstico diferencial está apresentado no Quadro 5-6.

1. Alcalose respiratória e a síndrome de realimentação são as causas mais comuns de **desvio de fosfato do ECF para o líquido intracelular (ICF)** em pacientes hospitalizados. Alcalose respiratória causa uma elevação no pH intracelular que estimula fosfofrutocinase, o passo limitador da velocidade na glicólise. Isto resulta em hipofosfatemia grave com concentrações de fósforo sérico de menos de 0,5 a 1,0 mg/dL. Desvios intracelulares são também vistos com o tratamento de cetoacidose diabética e na "síndrome de ossos famintos", a qual ocorre após paratireoidectomia no hiperparatireoidismo secundário e terciário. Na "síndrome de ossos famintos", a concentração sérica de cálcio e fósforo cai consideravelmente no período pós-operatório, embora, clinicamente, a hipocalcemia seja mais problema de tratamento do que a hipofosfatemia.

2. **Ingestão dietética diminuída** é uma causa não usual de hipofosfatemia, porque a ingestão oral quase sempre excede as perdas gastrointestinais, e o rim é capaz de recaptar quase toda a carga filtrada de fosfato. Em geral, ingestão diminuída deve ser combinada com perdas gastrointestinais aumentadas (p. ex., diarreia) ou o uso de quelantes de fosfato para que resulte hipofosfatemia.

3. **Excreção de fosfato urinária aumentada** ocorre no hiperparatireoidismo primário, hiperparatireoidismo secundário em virtude de defeitos no metabolismo da vitamina D, síndrome de Fanconi, diurese osmótica, uso de acetazolamida, osteomalacia oncogênica e outras doenças da homeostasia de FGF23, uso de imatinib, e após transplante renal e com mutações no cotransportador de sódio–fosfato expressado no túbulo proximal. Osteomalacia oncogênica é uma doença rara associada a tumores mesenquimais. Ela é caracterizada por hipofosfatemia, fosfatúria, concentração de calcitriol diminuída, concentração de calcidiol normal, e evidência clínica e histológica de osteomalacia. Um retardo considerável pode ocorrer entre a apresentação da síndrome e a descoberta do tumor. O tumor produz FGF23 que diminui a reabsorção de fosfato tubular proximal e a produção de calcitriol.

Quadro 5-6	**Etiologias de Hipofosfatemia**
Ingestão Dietética Diminuída	
Alcoolismo	
Agentes quelantes de fosfato	
Desvio de Fosfato para o Líquido Intracelular	
Alcalose respiratória	
Realimentação	
Cetoacidose diabética	
Síndrome de ossos famintos	
Excreção Renal Aumentada	
Hiperparatireoidismo	
Deficiência de vitamina D	
Raquitismo hipofosfatêmico ligado ao X	
Raquitismo hipofosfatêmico dominante autossômico	
Síndrome de Fanconi	
Drogas — acetazolamida, sirolimo e ferro carboximaltose	
Diurese osmótica	
Osteomalacia oncogênica	
Pós-transplante renal	
Perdas Extrarrenais	
Perdas intestinais	
Diálise	
Lesão térmica	

Remoção do tumor resulta na resolução da perda de fosfato, da osteomalacia e normalização das concentrações de FGF23.

FGF23 é produzido por osteócitos e osteoblastos, e está presente na circulação dos indivíduos hígidos, compatível com um papel fisiológico de regular fósforo sérico. Estudos em animais mostraram que FGF23 é fosfatúrico. Alterações do fósforo da dieta dentro da faixa fisiológica regulam as concentrações séricas de FGF23. Quando administrado *in vivo*, ele induz hipofosfatemia, suprime a concentração de $1,25(OH)_2$ vitamina D_3 ao inibir atividade de 1α-hidroxilase, diminuir cotransportadores de sódio–fosfato tipo II nos túbulos proximais, diminui a expressão de PTH e leva à osteomalacia. $1,25(OH)_2$ vitamina D_3 estimula produção de FGF23, sugerindo que ele pode desempenhar um papel contrarregulador na manutenção da concentração de fósforo sérico. 1,25(OH)$_2$ vitamina D$_3$ induz mobilização de fosfato do osso e um aumento na concentração de fósforo sérico. Duas doenças hereditárias de perda renal de fosfato, raquitismo hipofosfatêmico dominante autossômico (ADHR) e hipofosfatemia ligada ao X (XLH), são o resultado de defeitos no metabolismo do FGF23. Mutações de sentido errado no FGF23 causam ADHR.

ADHR é caracterizado por hipofosfatemia, perda de fosfato renal, estatura baixa e deformidades ósseas. No ADHR, mutações em um local de clivagem proteolítica impedem clivagem e inativação de FGF23. Estudos *in vivo* mostraram que a atividade biológica é limitada ao FGF23 de comprimento completo (251 aminoácidos). A enzima responsável pela clivagem do FGF23 não foi identificada. Um relato sugeriu que PHEX, uma metaloprotease da superfície celular, pode clivar FGF23, mas isto não foi confirmado.

XLH é caracterizada por perda renal de fosfato, hipofosfatemia, retardo do crescimento, calcificação defeituosa de cartilagem e osso, e resistência à reposição de fosfato e vitamina D. Mutações inativadoras de PHEX (gene regulador de fosfato com homologia a endopeptidase) causam XLH. PHEX é um membro de uma família de proteases da superfície celular dependentes de zinco que clivam pequenos peptídeos como endotelina. Ele é expressado predominantemente em cartilagem, osso e dentes. Seu substrato fisiologicamente relevante ainda está por ser identificado. Embora tenha sido postulado que PHEX cliva e inativa FGF23, o grande tamanho do FGF23 — 251 aminoácidos — torna isto menos provável. Outros substratos de pequeno peso molecular intermediários provavelmente ligam a função do PHEX ao FGF23.

Displasia fibrosa do osso é o resultado de uma mutação ativadora de GNAS1 que codifica a subunidade α da proteína G estimuladora (G$_1$). FGF23 é expressado no tecido ósseo anormal, e estes pacientes podem ter perda de fosfato renal e hipofosfatemia. Quando displasia fibrosa do osso é associada à puberdade precoce e manchas café com leite, esta tríade é conhecida como a *síndrome de McCune–Albright*.

Raquitismo hipofosfatêmico hereditário com hipercalciúria é herdado como uma doença recessiva autossômica manifestada por excreção de fosfato renal aumentada, hipofosfatemia e raquitismo. Ele é associado a concentração aumentada de 1,25(OH)$_2$ vitamina D$_3$ e hipercalciúria. Mutações foram identificadas em SLC34A3, um cotransportador de sódio–fosfato tubular proximal.

Hipofosfatemia pós-transplante ocorre em receptores de transplantados renais, e é relacionada com o uso de drogas imunossupressoras, hiperparatireoidismo terciário ou níveis aumentados de FGF23. O efeito de hiperparatireoidismo terciário, em geral, é resolvido depois do primeiro ano de transplante, mas pode persistir em alguns casos. Aumentar a sensibilidade do receptor sensor de cálcio com cinacalcet resulta em níveis diminuídos de cálcio, concentração aumentada de fósforo e níveis de PTH diminuídos transplantados renais.

Algumas drogas também podem induzir perda de fosfato. Ferro carboximaltose estimula liberação de FGF23. Expressão de klotho pode ser induzida por sirolimo.

Síndrome de Fanconi é associada à glicosúria, aminoacidúria, bicarbonatúria e fosfatúria. Ela pode ser causada por doenças adquiridas ou herdadas. Doenças herdadas incluem síndrome de Lowe, doença de Wilson, cistinose e intolerância hereditária à frutose. Doenças adquiridas incluem drogas, pós-transplante e mieloma múltiplo. Tenofovir, cidofovir, adefovir, ácido valproico, ranitidina, ifosfamida e tetraciclinas foram implicadas. A erva chinesa *boui-ougi-tou* também foi citada causando síndrome de Fanconi.

4. **Perdas extrarrenais** podem ocorrer através dos intestinos ou de diálise. Fósforo é absorvido no intestino delgado, de modo que ileostomias de alto débito ou fístulas cutâneas de intestino delgado tendem a resultar em hipofosfatemia mais frequentemente que colostomias ou diarreia. Tratamento com fosfato oral é difícil porque ele pode exacerbar a diarreia, exigindo internação para reposição intravenosa de fosfato.

   Tipicamente, o fósforo está elevado nos pacientes em diálise porque a remoção de dialisado é limitada e a ingesta de fósforo oral frequentemente é alta. Quando a ingesta oral é pouca, a remoção de fósforo através de diálise pode resultar em hipofosfatemia. Isto é particularmente verdadeiro quando modalidades de diálise contínua são usadas no tratamento de lesão renal aguda na qual a remoção está aumentada, e a ingestão oral é reduzida.

   Diminuições na concentração sérica de fósforo podem-se desenvolver vários dias após uma lesão térmica importante relacionada com perdas de fósforo no exsudato.

B. **Sinais e Sintomas.** Hipofosfatemia resulta em uma variedade de sequelas clínicas. A correção da hipofosfatemia moderada (nível de fósforo sérico 1,0 a 2,5 mg/dL) melhora a função diafragmática em pacientes com insuficiência respiratória aguda. Em pacientes com hipofosfatemia grave (nível de fósforo sérico menor que 1,0 mg/dL), foi descrita a impossibilidade de desmamar da ventilação mecânica até que o fosfato fosse reposto. Hipofosfatemia *in vitro* causa uma mudança para a esquerda na curva de dissociação de oxigênio. Os sintomas neuromusculares incluem parestesias, tremor, fraqueza muscular e estado mental alterado; hipofosfatemia grave aumenta a fragilidade dos eritrócitos, o que pode levar à hemólise, e diminui a quimiotaxia, fagocitose e morte bacteriana pelos leucócitos, com uma suscetibilidade aumentada a infecção como possível resultado. Foi descrito que a correção da hipofosfatemia grave aumentou a contratilidade miocárdica até 20%. Este efeito é altamente variável entre os pacientes. Raramente, hipofosfatemia resulta em insuficiência cardíaca congestiva clínica.

C. **Diagnósticos** FE de fosfato ou excreção de fosfato urinário de 24 horas pode ser usada para distinguir entre os mecanismos fisiopatológicos de hipofosfatemia. Se o rim estiver respondendo apropriadamente a absorção intestinal diminuída ou a redistribuição de fosfato para dentro das células, a FE de fosfato é abaixo de 5%, e a excreção de fosfato urinário de 24 horas é menor que 100 mg/dia. Quando o rim é a causa da hipofosfatemia, a FE de fosfato é acima de 5%, e a urina de 24 horas contém mais de 100 mg/dia de fosfato. Neste caso, estão indicados um exame de urina quanto a glicosúria, concentração de PTH para excluir hiperparatireoidismo, e análise de concentrações de calcidiol e calcitriol.

D. **Tratamento** é indicado para hipofosfatemia grave (≤ 1 mg/dL) ou sintomas. Ele é complicado pelo fato de que o fosfato é em grande parte um íon intrace-

Quadro 5-7	Preparações Orais de Fosfato	
Preparação	Posologia	Conteúdo
K-phos-neutral	2 comprimidos, 2 v/d ou 3 v/d	250 mg fosfato, 12 mEq sódio, 2 mEq potássio por comprimido
Fleets Phospho Soda	5 mL 2 v/d	149 mg fosfato, 6 mEq sódio por mL
Neutra-Phos-K	1–2 cápsulas, 2 v/d ou 3 v/d	250 mg fosfato, 14 mEq potássio por cápsula
K-Phos	2 comprimidos 3 v/d ou 4 v/d	114 mg fosfato, 3,68 mEq potássio por comprimido

lular, e de que a concentração de fósforo sérico não é um indicador confiável das reservas de fosfato corporais totais. Hipofosfatemia é, muitas vezes, associada à depleção de potássio e magnésio. Reposição de fosfato deve ser efetuada com extrema cautela no raro paciente com disfunção renal; o modo mais seguro de terapia é oral, e a hipofosfatemia geralmente pode ser corrigida com 1.000 mg/dia de fosfato. Formas alternativas de reposição de fosfato oral estão listadas no Quadro 5-7. Diarreia é a complicação mais comum.

Reposição intravenosa acarreta o risco de hipocalcemia e hiperfosfatemia e só está justificada em pacientes com hipofosfatemia sintomática grave. Deve ser usado fosfato de sódio a menos que o potássio sérico seja menos de 4 mEq/L. As concentrações séricas de fósforo, cálcio, magnésio, potássio e o débito urinário devem ser cuidadosamente monitorados durante reposição intravenosa. Uma vez que a concentração de fósforo sérico tenha aumentado para mais de 1 mg/dL, o paciente deve ser mudado para uma preparação oral. A administração de doses maiores que 0,32 mmol/kg ao longo de um período de 12 horas raramente é justificada.

Leituras Sugeridas

Amanzadeh J, Reilly RF. Hypophosphatemia: an evidence-based approach to its clinical consequences and management. *Nat Clin Pract Nephrol* 2006;2:136-148.

Blaine J, Weinman EJ, Cunningham R. The regulation of renal phosphate transport. *Adv Chronic Kidney Dis* 2011;18:77-84.

Clines GA. Mechanisms and treatment of hypercalcemia of malignancy. *Curr Opin Endocrinol Diabetes* 2011;18:339-346.

Grieff M, Bushinski DA. Diuretics and disorders of calcium homeostasis. *Semin Nephrol* 2011;31:535-541.

Huang CL, Moe OW. Klotho: a novel regulator of calcium and phosphorus homeostasis. *Pflugers Arch* 2011;462:185-193.

Marcocci C, Cetani F. Clinical practice. Primary hyperparathyroidism. *N Engl J Med* 2011;365:2389-2397.

Moe SM. Disorders involving calcium, phosphorus and magnesium. *Prim Care* 2008;35:215-237.

Naderi AS, Reilly RF. Hereditary disorders of renal phosphate wasting. *Nat Rev Nephrol* 2010;6:657-665.

Patel A, Goldfarb S. Got calcium? Welcome to the calcium-alkali syndrome. *J Am Soc Nephrol* 2010;21:1440-1443.

Penfield JG, Reilly RF. What nephrologists need to know about gadolinium. *Nat Clin Pract Nephrol* 2007;3:654-668.

Quarles LD. FGF23, PHEX, and MEPE regulation of phosphate homeostasis and skeletal mineralization. *Am J Physiol Endocrinol Metab* 2003;285:E1-E9.

Renkema KY, Alexander RT, Bindels RJ, *et al.* Calcium and phosphate homeostasis: concerted interplay of new regulators. *Ann Med* 2008;40:82-91.

Stalberg P, Delbridge L, van Heerden J, *et al.* Minimally invasive parathyroidectomy and thyroidectomy—current concepts. *Surgeon* 2007;5:301-308.

6 Paciente com Cálculos Renais

Robert F. Reilly

Dados recentes que compararam a prevalência de doença calculosa renal nos Estados Unidos entre o *National Health and Nutrition Examination Survey* (NHANES) III (1988-1994) e o NHANES II (1976-1980) mostram um aumento de 37% de casos novos com cálculos renais sintomáticos. Estudos semelhantes no Reino Unido mostram um aumento de 63%. Além disso, doença calculosa é cada vez mais comum em mulheres. No passado, a proporção homens:mulheres era 3:1; atualmente, é 1,3:1. Estima-se que, pela idade de 70 anos, até 20% de todos os homens brancos e 7% de todas as mulheres brancas sofrerão de doença calculosa renal. Afro-americanos e asiáticos são afetados menos frequentemente. A incidência máxima ocorre entre as idades de 20 e 30 anos. Nos Estados Unidos, cálculos contendo cálcio constituem aproximadamente 90% de todos os cálculos; eles contêm oxalato de cálcio puro, fosfato de cálcio puro, ou uma mistura de ambos. Os restantes 10% são compostos de ácido úrico, estruvita-carbonato e cistina.

Cálculos renais são uma causa importante de morbidade devido à cólica renal associada, obstrução do trato urinário, infecção do trato urinário (UTI) e dano ao parênquima renal. Foi reconhecido que nefrolitíase pode ser associada à doença renal terminal (ESRD) e/ou uma taxa de filtração glomerular (GFR) declinante. De acordo com os relatórios do US Renal Data System entre 1993 e 1997, doença calculosa foi atribuída como a causa de ESRD em 1,2% dos pacientes. No Hospital Necker, na França, entre 1989 e 2000, nefrolitíase foi considerada a causa principal de ESRD em 3,2% dos pacientes. Cálculos de estruvita se responsabilizaram por 42,2% destes casos. Em um estudo de caso-controle de nefrolitíase, houve uma incidência mais alta de doença renal crônica (CKD) observada em pacientes com cálculos renais. Isto só foi observado nos pacientes que não relataram uma história de hipertensão. Finalmente, embora o efeito fosse pequeno, uma análise dos dados do NHANES III revelou uma associação entre história de cálculos renais e a GFR estimada que foi dependente do índice de massa corporal (BMI). Os formadores de cálculos com um BMI acima de 27 kg/m^2 tiveram uma GFR estimada média que foi 3,4 mL/minuto/1,73 m^2 mais baixa que não formadores de cálculos semelhantes.

Um cálculo renal só pode se formar quando a urina é supersaturada de um sal formador de cálculo. Curiosamente, a urina em muitos indivíduos hígidos é frequentemente supersaturada em relação a oxalato de cálcio, fosfato de cálcio, ou ácido úrico e cristalúria foi descrita em até 15% a 20% nestes indivíduos. Entretanto, a urina de formadores de cálculos recorrentes demonstrou conter cristais em primeira urina da manhã muito mais frequentemente do que a dos formadores de cálculos sem recorrência subsequente, sugerindo que a recorrência pode depender do grau e da gravidade da cristalúria.

Diversos estudos recentes avaliaram o entendimento do processo de cristalização. Oxalato de cálcio pode cristalizar como oxalato de cálcio mono-hidratado (COM) ou oxalato de cálcio di-hidratado (COD). COM é a espécie predominante encontrada nos cálculos de oxalato de cálcio, e é a mais estável, termodinamicamente, das duas espécies. Inibidores macromoleculares bloqueiam crescimento de COM e favorecem formação de COD. Usando microscopia de força atômica configurada com indicações de nanoescala, que foram modificadas por grupos funcionais relevantes, foi mostrado que os cristais de COD não aderem tão bem aos compostos orgânicos e à superfície dos epitélios renais *in vitro*. Isto sugere que cristais de COD na urina poderiam proteger contra formação de cálculo renal dada a sua capacidade reduzida de formar agregados estáveis e aderir às células epiteliais.

A urina é também frequentemente supersaturada em relação a brushita ($CaHPO_4 \cdot 2H_2O$), um sal de fosfato de cálcio, especialmente após refeições. A brushita pode atuar como uma base sobre o qual cristais de oxalato de cálcio podem-se formar. Estudos *in vitro* mostram que cristais COM uma vez formados crescem à custa da brushita.

Outro fator importante na patogênese da formação de cálculo que está incompletamente compreendido é a presença de inibidores da cristalização na urina. Urina normal contém uma variedade de substâncias inorgânicas e orgânicas que atuam como inibidores de cristalização. Destas, as clinicamente mais importantes são citrato, magnésio e pirofosfato.

Energia suficiente precisa ser gerada para que um cristal se forme em solução. Uma vez um cristal se forme, pensava-se antes que ele deveria crescer a um tamanho suficiente para ocluir a luz tubular ou ancorar-se ao epitélio urinário, o qual, por sua vez, fornece uma superfície sobre a qual ele possa crescer. O tempo de trânsito típico de um cristal através do néfron é da ordem de 3 minutos, e este é um período demasiado curto para ele se nuclear, crescer e ocluir a luz tubular. Entretanto, estudos por Evan e Coe lançaram uma luz adicional sobre como os cálculos se formam no rim. Em pacientes com hipercalciúria idiopática, local inicial de formação de cristal foi na membrana basal do ramo delgado da alça de Henle. O centro do cálculo foi constituído de fosfato de cálcio alternando-se com camadas de matriz. O depósito de cristal então migra na direção da pelve renal onde ele atua como uma base sobre a qual uma placa se forma, a qual banhada por urina supersaturada com constituintes formadores de cálculo sobre os quais oxalato de cálcio é depositado. Não está claro por que fosfato de cálcio se precipita na superfície basolateral do ramo delgado da alça de Henle. Estudos adicionais por Worcester e Coe encontraram uma diminuição pós-prandial na reabsorção de cálcio tubular proximal nestes pacientes. Em pacientes com um tipo de cálculo de fosfato de cálcio (brushita), mineral é depositado sobre a membrana luminal das células do ducto coletor medular interno dilatado e cresce para fora dentro da pelve renal. Os ductos coletores medulares internos dilatados são rodeados por áreas de fibrose intersticial.

I. **APRESENTAÇÃO INICIAL.** Um cálculo renal mais comumente se apresenta com dor severa no flanco, de início súbito, e é, muitas vezes, associada à náusea e ao vômito. A radiação da dor pode fornecer alguma indicação sobre onde no trato urinário o cálculo está alojado. Cálculos na junção ureteropélvica causam dor no flanco que pode irradiar para a virilha, enquanto aqueles alojados na parte mais estreita do ureter, onde ele entra na bexiga, são associados a sinais de irritação vesical (disúria, frequência e urgência). Cálculos de estruvita-carbonato são ocasionalmente, descobertos incidentalmente em radiografia abdominal. Um exame abdominal cuidadoso e, em mulheres, um exame pélvico são importantes para excluir outras causas potenciais de dor abdominal.

   A. **Avaliação laboratorial** deve incluir um hemograma completo, bioquímica sérica e exame de urina. O leucocitograma pode ser levemente elevado, mas geralmente é menos de $15.000/mm^3$. Uma contagem de leucócitos maior que $15.000/mm^3$ é sugestiva de outra causa intra-abdominal ou uma infecção associada por trás de um cálculo obstrutivo. Uma elevação nas concentrações de nitrogênio ureico sanguíneo (BUN) e creatinina indica azotemia pré-renal, doença renal parenquimatosa, ou obstrução de um rim solitário funcionante. Um exame de urina deve ser feito de rotina em qualquer paciente com dor abdominal. Hematúria microscópica é observada em aproximadamente 90% dos pacientes com cólica renal.

B. Uma vez o diagnóstico seja suspeitado com base na história no exame físico e nos estudos laboratoriais preliminares, **estabelecer um diagnóstico definitivo** é o foco da fase seguinte da avaliação.

1. Uma **radiografia simples horizontal do abdome** é muitas vezes feita, e é capaz de identificar cálculos radiopacos (oxalato de cálcio, fosfato de cálcio, estruvita-carbonato e cistina) que tenham ≥ 2 mm de tamanho. Ela perderá cálculos radiotransparentes, os mais comuns dos quais são compostos de ácido úrico, e cálculos sobrejacentes à pelve óssea. Por estas razões, a radiografia plana abdominal é mais valiosa para excluir outros processos intra-abdominais.

2. Um **exame ultrassonográfico do trato geniturinário** frequentemente identifica cálculos na pelve renal; entretanto, a maioria dos cálculos que estão alojados no ureter, o exame ultrassonográfico muitas vezes não os percebem.

3. O **pielograma intravenoso** (IVP) foi antes considerado o padrão ouro para o diagnóstico de nefrolitíase e ainda é de considerável valor no contexto agudo. Embora o próprio cálculo possa não ser visualizado na IVP, o local da obstrução é regularmente identificado. Anormalidades estruturais ou anatômicas que possam estar presentes no trato urinário e complicações renais ou ureterais podem ser reconhecidos. As desvantagens da IVP incluem a necessidade de contraste intravenoso e o tempo de aguardo prolongado muitas vezes necessário para visualizar o sistema coletor no lado da obstrução.

4. **Tomografia computadorizada helicoidal** (TC) é o exame de escolha no paciente com suspeita de cólica renal. As vantagens da TC helicoidal incluem sensibilidade mais alta, tempo mais rápido para se obter as imagens e ausência de necessidade de contraste.

C. Tratamento. Depois que o diagnóstico está estabelecido, o tratamento subsequente é determinado pela (a) presença ou ausência de pielonefrite associada; (b) se narcóticos parenterais são necessários para controle da dor; e (c) a probabilidade de passagem espontânea do cálculo. Cálculos obstrutivos podem ser tratados com observação unicamente, se a dor puder ser controlada com analgésicos orais e se a passagem espontânea for provável. Litotripsia por onda de choque extracorpórea ou litotripsia ureteroscópica pode necessitar ser empregada para cálculos alojados no ureter superior. Cálculos no ureter inferior podem ser removidos por cistoscopia e ureteroscopia. Admissão no hospital é necessária, se houver evidência de infecção parenquimatosa renal; quando náusea, vômito ou dor severa impedem uso de analgésico oral; ou se o cálculo não tiver probabilidade de passar espontaneamente. A probabilidade de passagem espontânea é determinada pelo tamanho do cálculo e pela localização no ureter (Quadro 6-1). Cálculos pequenos no ureter distal provavelmente passarão, enquanto cálculos grandes no ureter superior provavelmente necessitarão de consulta urológica e intervenção. Antagonistas dos receptores α1, como tansulosina, e bloqueadores dos canais de cálcio podem ser usados para ajudar na passagem de cálculo (terapia expulsiva clínica).

Quadro 6-1	Probabilidade de Passagem Espontânea
	Probabilidade de Passagem Espontânea (%)
Tamanho	
> 6 mm	25
4–6 mm	60
< 4 mm	90
Localização	
Ureter superior, > 6 mm	1
Ureter superior, < 4 mm	81
Ureter inferior, < 4 mm	93

II. TIPOS DE CÁLCULOS

A. **Cálculos contendo cálcio** constituem até 90% de todos os cálculos e são geralmente compostos de uma mistura de oxalato de cálcio e fosfato de cálcio. Nos cálculos mistos, oxalato de cálcio geralmente predomina, e cálculos de oxalato de cálcio puro são mais comuns que cálculos de fosfato de cálcio puro. Fosfato de cálcio tende a precipitar em urina alcalina, como ocorre com acidose tubular renal (RTA), enquanto precipitação de oxalato de cálcio não varia com o pH. Uma vez que a urina é ácida na maioria dos pacientes, cálculos de oxalato de cálcio são mais comuns. Os principais fatores de risco para a formação de cálculos contendo cálcio incluem hipercalciúria, hipocitratúria, hiperuricosúria, hiperoxalúria, baixo volume urinário e rim em esponja medular. Estes fatores de risco podem ocorrer isoladamente ou em combinação. Sua frequência relativa está mostrada no Quadro 6-2.

1. **Hipercalciúria** é frequentemente definida como excreção de cálcio urinário maior que 250 mg/24 horas em mulheres e mais de 300 mg/24 horas em homens. Hipercalciúria está presente em aproximadamente dois terços dos pacientes com cálculos contendo cálcio e pode resultar de carga filtrada aumentada, reabsorção proximal diminuída, ou reabsorção distal diminuída. A reabsorção de cálcio proximal corre paralela à de sódio. Qualquer situação que diminua a reabsorção de sódio proximal, como expansão do volume do líquido extracelular (ECF), também diminui a reabsorção de cálcio proximal. A reabsorção de cálcio tubular distal é estimulada por hormônio paratireóideo (PTH), tiazidas e amilorida, e inibida por acidose e depleção de fosfato.

Hipercalciúria pode ser idiopática ou secundária a hiperparatireoidismo primário, RTA, sarcoidose, imobilização, doença de Paget, hipertireoidismo, síndrome de leite-álcali e intoxicação pela vitamina D. O grupo idiopático constitui até 90% de toda a hipercalciúria. Esta categoria de pacientes é caracterizada por concentração aumentada de $1,25(OH)_2$ vitamina D_3, PTH suprimido e densidade mineral óssea reduzida. Três mecanismos fisiopatológicos potenciais são postulados: absorção de cálcio intestinal aumentada; reabsorção de cálcio ou fósforo renal diminuída; e desmineralização óssea aumentada. Com base em um estudo de jejum e carga de cálcio,

Quadro 6-2	Fatores de Risco para Cálculos Renais Contendo Cálcio	
Fator de Risco	**Isolado (%)**	**Combinado (%)**
Hipercalciúria	60	80
Baixo volume urinário	10	50
Hipocitratúria	10	50
Hiperuricosúria	10	40
Hiperoxalúria	2	15

alguns autores advogam subdividir a hipercalciúria idiopática em hipercalciúria absortiva tipo I (decorrência da hiperabsorção de cálcio intestinal primária com PTH normal baixo), tipo II (hipercalciúria dependente do cálcio na dieta), tipo III (hiperabsorção de cálcio intestinal induzida por níveis elevados de calcitriol secundários à perda de fosfato renal) e hipercalciúria de perda renal. Os pacientes com hipercalciúria absortiva têm reabsorção de cálcio intestinal exagerada, a qual pode ser reduzida em alguns por restrição de cálcio na dieta. Alguns autores expressaram preocupação com os potenciais efeitos em longo prazo da restrição de cálcio na dieta. Pacientes com hipercalciúria idiopática muitas vezes têm massa óssea reduzida e estão em balanço de cálcio negativo, o que pode ser ainda mais exacerbado por uma dieta com baixo cálcio. Além disso, existe uma relação recíproca entre cálcio livre e oxalato livre na luz intestinal. O cálcio atua para ligar oxalato no intestino e reduzir a absorção. Se a ingestão de cálcio oral for reduzida, oxalato permanece livre na luz intestinal e sua absorção aumenta. Entretanto, isto pode ser reduzido por restrição concomitante de oxalato. Finalmente, conforme mostrado no Quadro 6-3, a maioria dos estudos randomizados controlados demonstrou que uma dada intervenção farmacológica reduz o risco de cálculos contendo cálcio não subdividiu pacientes baseando-se em resultados de um estudo de carga de cálcio. Se os pacientes com formação recorrente de cálculos de oxalato de cálcio devem ingerir uma dieta que seja liberal ou restrita em cálcio, permanece controverso e será discutido adicionalmente na seção sobre tratamento.

No hiperparatireoidismo primário, a carga de cálcio filtrada é aumentada como resultado da liberação de cálcio ósseo e absorção de cálcio intestinal aumentada mediada por $1,25(OH)_2$ vitamina D_3. Nos pacientes com hipercalciúria, o aumento na carga de cálcio filtrada supera a ação do PTH distal para aumentar a reabsorção de cálcio tubular. Na RTA, o pH sistêmico diminuído resulta em liberação aumentada de cálcio do osso. Além disso, acidose inibe diretamente a reabsorção de cálcio no néfron distal.

Os macrófagos na sarcoidose produzem $1,25(OH)_2$ vitamina D_3, o que leva à absorção de cálcio intestinal aumentada. Imobilização, doença de Paget e hipertireoidismo causam hipercalciúria ao liberarem cálcio do osso e aumentarem a carga de cálcio filtrada.

2. **Hipocitratúria.** Ela é definida como excreção de menos de 320 mg de citrato/dia. Citrato combina-se com cálcio na luz tubular para formar um complexo indissociável, porém solúvel. Como resultado, menos cálcio livre está

Quadro 6-3	Estudos Randomizados em Nefrolitíase Contendo Cálcio				
Autor	Tratamento	Dose	Condição	Nº de Pacientes; Duração do Acompanhamento	Redução do Risco
Borghi	Água	> 2 L DU diário	Primeiro cálculo	199; 5 anos	55%
Laerum	Hidroclorotiazida	25 mg 2 ×/dia	Não classificado, recorrente	50; 3 anos	54%
Ettinger	Clortalidona	25–50 mg	Não classificado, recorrente	54; 3 anos	48%
Borghi	Indapamida	2,5 mg	Hipercalciúria, recorrente	75; 3 anos	79%
Ettinger	Alopurinol	100 mg 3 ×/dia	Hiperuricosúria, recorrente	60; 3 anos	45%
Barcelo	Citrato de potássio	30–60 mEq	Hipocitratúria, recorrente	57; 3 anos	65%
Ettinger	Citrato de potássio-magnésio	42/21/63 mEq	Não classificado, recorrente	64; 3 anos	81%
Ettinger	Fosfato de potássio	1,4 g	Não classificado, recorrente	71; 3 anos	Nenhum
Ettinger	Hidróxido de magnésio	650–1.300 mg	Não classificado, recorrente	52; 3 anos	Nenhum

L, litro; DU, débito urinário.

disponível para combinar com oxalato. Citrato também previne nucleação e agregação de oxalato de cálcio. Acidose metabólica crônica de qualquer causa aumenta a reabsorção de citrato tubular proximal e diminui a concentração de citrato urinário; este é o mecanismo pelo qual diarreia crônica, RTA e carga de proteína dietética aumentada resultam em hipocitratúria. Outra causa importante de hipocitratúria é hipopotassemia, a qual aumenta a expressão do cotransportador de sódio-citrato presente na membrana luminal tubular proximal.

3. **Hiperuricosúria.** Ela é definida como excreção de ácido úrico maior que 800 mg/dia em homens e maior que 750 mg/dia em mulheres. Ácido úrico e urato monossódico diminuem a solubilidade de oxalato de cálcio na urina. Adição de concentrações crescentes de ácido úrico e urato de sódio à urina humana normal pode induzir precipitação de oxalato de cálcio por meio de um fenômeno fisiológico pouco compreendido conhecido como *salting out*.

4. **Hiperoxalúria.** É definida como excreção de oxalato urinário maior que 45 mg/dia. As etiologias de hiperoxalúria incluem hiperoxalúria entérica por doença intestinal inflamatória, ressecção de intestino delgado, *bypass* jejunoileal, *bypass* gástrico em Y de Roux, excesso alimentar (p. ex., espinafre, folhas de beterraba [*Swiss chard*], ruibarbo) e a rara doença genética hiperoxalúria primária. O oxalato urinário é derivado de duas fontes principais: 80% a 90% vêm de produção endógena no fígado, e o resto é obtido de oxalato da dieta ou ácido ascórbico. Na hiperoxalúria entérica, ocorre hiperabsorção de oxalato intestinal por meio de dois mecanismos. Primeiro, ácidos graxos livres complexam com cálcio e limitam a quantidade de cálcio livre disponível para complexar com oxalato, desse modo aumentando o fundo de oxalato disponível para absorção. Segundo, sais biliares e ácidos graxos aumentam a permeabilidade do cólon a oxalato. Fatores de risco adicionais para formação de cálculos nestes pacientes incluem perdas líquidas intestinais que diminuem o volume de urina; e perdas de bicarbonato e potássio intestinais que resultam em hipocitratúria.

Diversos estudos sugerem uma correlação entre atividade diminuída da bactéria degradadora de oxalato *Oxalobacter formigenes* e o desenvolvimento de cálculos renais recorrentes contendo oxalato de cálcio. *O. formigenes* utiliza oxalato como sua única fonte de energia e tem a capacidade de degradar 0,5 a 1,0 g de oxalato/dia. Neste processo, ela converte oxalato em CO_2 e formiato. Não está claro por que a colonização intestinal com *Oxalobacter* diminui com o aumento da idade e em pacientes que formam cálculos de oxalato. Uma possibilidade é que a antibioticoterapia, especialmente cursos recorrentes de fluoroquinolonas, atuem para erradicar o organismo. A colonização entérica é muito mais baixa nos não formadores de cálculos expostos a um curso recente de antibióticos, quando comparados com indivíduos não expostos, 60% *versus* 17,1%, respectivamente, e 31% *versus* 10% nos formadores de cálculos de oxalato de cálcio. Isto pode explicar, em parte, a frequência aumentada de formação de cálculos de oxalato de cálcio em estados de doença, como doença intestinal inflamatória e fibrose cística, embora os pacientes com estas doenças claramente tenham múltiplos outros fatores de risco para formação de cálculos.

Estudos em cólon de rato colonizado mostraram que a colonização com *Oxalobacter* mostra como resultado final secreção de oxalato pela mucosa do cólon e uma diminuição na excreção de oxalato urinário. Os ratos controles mostraram como resultado final reabsorção de oxalato. Foi postulado que adicionalmente a degradar oxalato na luz *Oxalobacter* pode também estimular secreção de oxalato pelo cólon. Dados de fluxo unidirecional, no entanto, parecem indicar que o resultado final de secreção de oxalato ocorre como resultado de fluxo diminuído de mucosa a serosa (absorção) em vez de fluxo de serosa a mucosa (secreção).

Estes achados animadores recentes aumentam o potencial de futuros tratamentos nos formadores de cálculos de oxalato de cálcio hiperoxalúricos. Os pacientes poderiam ser testados quanto à ausência de *Oxalobacter* fecal, e aqueles que não possuem o organismo poderiam obter reposição ou com a própria bactéria ou as enzimas purificadas (formil coenzima A transferase e oxalil-coenzima A descarboxilase) que metabolizam oxalato. Até agora, no entanto, os estudos em humanos produziram resultados conflitantes.

5. **Baixo Volume Urinário.** Este é talvez o intuitivamente mais óbvio dos fatores de risco para cálculos renais contendo cálcio. Quanto mais baixo o volume de solvente, mais provável que uma dada quantidade de sal estará supersaturando. Este fator de risco é particularmente proeminente em climas quentes com baixa umidade.

6. **Rim em esponja medular** deve ser suspeitado em mulheres ou em homens sem nenhum outro fator de risco de cálculos contendo cálcio. Estudos mostraram que até 3% a 12% dos pacientes com cálculos contendo cálcio têm esta doença. Ela tem uma prevalência de aproximadamente 1 em 5.000 e afeta homens e mulheres igualmente. A anormalidade anatômica é um aumento irregular dos ductos coletores medulares e papilares internos. O diagnóstico é geralmente estabelecido na quarta ou quinta década por uma IVP que revela estriações lineares radiais nas papilas ou coleções císticas de meios de contraste em ductos coletores ectásicos. Os pacientes apresentam-se com cálculos ou UTI recorrente, muitas vezes associados à RTA distal. Malformações do ducto coletor terminal resultam em estase urinária que promove precipitação de cristais e sua fixação ao epitélio tubular.

Cada vez mais, obesidade está sendo reconhecida como um fator de risco para formação de cálculos de oxalato e ácido úrico. À medida que o tamanho corporal aumenta, a excreção urinária de oxalato e ácido úrico também aumentam. Em um estudo prospectivo de três grandes coortes com 4.827 cálculos incidentes detectados, peso corporal, BMI, circunferência da cintura e ganho de peso após 21 anos foram todos associados a um risco aumentado de formação de cálculo renal. Este efeito foi ainda mais pronunciado em mulheres que em homens. Em outro estudo de 4.883 pacientes com nefrolitíase que se submeteram à avaliação de cálculo em duas diferentes clínicas de cálculo, o pH urinário foi inversamente relacionado com o BMI. Um pH urinário persistentemente baixo é o fator de risco mais importante para nefrolitíase de ácido úrico. Isto pode, em parte, explicar a crescente incidência de formação de cálculos observada nas últimas várias décadas nos Estados Unidos. À medida que o BMI da população aumentar, pode-se esperar que a incidência de formação de cálculo continuará a se elevar no futuro adentro.

B. **Cálculos de ácido úrico** representam aproximadamente 5% de todos os casos de nefrolitíase nos países ocidentais. A mais alta incidência foi descrita em Israel e no Oriente Médio, onde até 30% de todos os cálculos renais consistem unicamente em ácido úrico. Isto pode ser o resultado do clima árido e volume urinário reduzido. Ácido úrico é o principal produto final metabólico do metabolismo das purinas em humanos. Diferentemente da maioria dos outros animais, os humanos não expressam uricase, a qual degrada o ácido úrico para alantoína muito mais solúvel. Cálculos de ácido úrico são o cálculo radiotransparente mais comum.

1. **Fisiopatologia.** O principal determinante da cristalização do ácido úrico é sua relativa insolubilidade em pH ácido. Ácido úrico é um ácido orgânico fraco com dois prótons dissociáveis. O primeiro tem um pK_a de 5,5, e o segundo um pK_a de 10. Como resultado, só o primeiro próton é dissociado na urina. A um pH menor que 5,5, predomina o ácido não dissociado, e ele é mais propenso a cristalizar (solubilidade 80 mg/L). À medida que o pH aumenta, ácido úrico se dissocia para urato de sódio mais solúvel (solubilidade 1 g/L). Em virtude do grande aumento em solubilidade com pH aumentando, cálculos de ácido úrico são os únicos cálculos renais que podem ser completamente dissolvidos com tratamento clínico. Os principais determinantes da solubilidade do ácido úrico são pH, concentração e outros cátions presentes na urina. Uma concentração mais alta de sódio diminui, enquanto uma concentração aumentada de potássio aumenta a solubilidade do ácido úrico. Isto pode explicar a complicação da formação de cálculo contendo cálcio que pode-se desenvolver durante tratamento com álcali de sódio, mas não durante tratamento com álcali de potássio. Álcalis contendo sódio também aumentam a excreção urinária de cálcio secundariamente à expansão do volume do ECF.

2. **Sinais e Sintomas.** Pacientes com cálculos de ácido úrico exibem mais baixos pH urinário médio e taxa de excreção de íon amônio. Até 75% demonstram um leve defeito na amoniogênese renal em resposta a uma carga ácida. Os tampões urinários outros que não amônia são titulados mais completamente que em indivíduos não afetados, com um pH resultante da urina aproximando-se de 4,5.

Aqueles com defeitos na amoniogênese, como os idosos e pacientes com doença renal policística, estão em risco aumentado de litíase de ácido úrico. Pacientes com diabetes melito tipo 2 também estão em risco aumentado de formação de cálculo de ácido úrico, uma vez que eles têm um pH urinário mais baixo em comparação com indivíduos hígidos. Em um estudo, 33% dos formadores não selecionados de cálculo de ácido úrico tinham diabetes melito tipo 2, e 23% tinham tolerância prejudicada à glicose. O pH urinário baixo em pacientes com resistência à insulina é decorrente do prejuízo na excreção de amônio. Insulina estimula síntese de amônia, bem como a atividade do trocador de Na^+/H^+ no túbulo proximal. Baixa bioatividade da insulina leva à síntese ou transporte defeituosos de amônia para dentro da luz. Além disso, deficiência de insulina causa um aumento na concentração de ácidos graxos livres no plasma. Amoniogênese usa glutamina como substrato; a presença de um substrato metabólico não nitrogenado alternativo tal como ácidos graxos livres ou cetoânions inibe amoniogênese. Os formadores de cálculos de ácido úrico também têm uma resposta de NH_4^+ urinário amortecido à carga ácida aguda em virtude da baixa disponibilidade de NH_3.

Os pacientes com diabetes melito tipo 2 também tendem a ter BMI mais alto, e aumento de peso é associado a pH urinário mais baixo. Além disso, os pacientes diabéticos tipo 2 também consomem mais ácido na dieta e isto pode contribuir para o seu pH urinário mais baixo. Entretanto, nem o consumo aumentado de ácido nem o peso corporal isoladamente explicam por completo o baixo pH urinário.

O segundo fator de risco mais importante é o volume urinário diminuído. Hiperuricosúria é o fator de risco menos importante, e é visto em menos de 25% dos pacientes com cálculos recorrentes de ácido úrico.

3. Um **diagnóstico definitivo** é estabelecido pela análise do cálculo. O diagnóstico é sugerido pela presença de um cálculo radiotransparente, embora cálculo de xantina e 2,8-diidroxiadenina também possam ser radiotransparentes, ou pela presença de cristais de ácido úrico na não usual urina acidificada.

C. **Cálculos de estruvita-carbonato** são também conhecidos como *cálculos de infecção* e são compostos de uma mistura de fosfato de magnésio e amônio (estruvita: $MgNH_4PO_4 \cdot 6H_2O$) e apatita carbonato $[Ca_{10}(PO_4)_6CO_3]$. De todos os cálculos, estima-se que 10% a 15% sejam cálculos de estruvita-carbonato. Isto provavelmente é, entretanto, uma superestimativa, dado que estes números são fundamentados em relatórios de análise química dos cálculos, e uma proporção maior dos cálculos analisados quimicamente é obtida de espécimes cirúrgicos. É provável que cálculos de estruvita-carbonato constituam não mais que 5% dos cálculos renais. Sua presença também é conhecida como *câncer de cálculo* porque, antes dos avanços terapêuticos mais recentes, eles eram a causa de numerosas cirurgias, insuficiência renal e morte. Cálculos de estruvita-carbonato são a causa mais comum de cálculos coraliformes, embora cálculos de cistina, oxalato de cálcio, fosfato de cálcio e ácido úrico possam, ocasionalmente, formar "corais". Estruvita-carbonato se torna supersaturado na urina apenas em uma circunstância: infecção por organismos degradadores de ureia que expressam urease. As bactérias produtoras de urease mais comuns incluem *Proteus, Morganella, Providencia, Pseudomonas* e *Klebsiella. Escherichia coli* e *Citrobacter* não produzem urease.

1. **Fatores de Risco.** Mulheres com UTI recorrente e pacientes com lesão da medula espinal, outras formas de bexiga neurogênica, ou derivações ileais de ureter são mais propensos a formar cálculos de estruvita-carbonato. Homens com cateteres vesicais de demora e transecção completa da medula espinal estão em mais alto risco.

2. **Sinais e Sintomas.** Cálculos de estruvita podem-se apresentar de diferentes maneiras, incluindo febre, hematúria, dor no flanco, UTI recorrente e septicemia. Eles podem crescer a um tamanho muito grande e encher a pelve renal como um cálculo coraliforme. O componente carbonato de apatita os torna radiopacos. Raramente, eles passam espontaneamente, e 25% são descobertos incidentalmente. Se não tratados, eles resultam na perda do rim afetado em 50% dos casos.

3. **Fisiopatologia.** Para que se formem cálculos de estruvita-carbonato, a urina deve ser alcalina, com um pH maior que 7,0 e supersaturada com hidróxido de amônio. A urease bacteriana hidrolisa ureia para amônia e dióxido de carbono. A amônia então se hidrolisa espontaneamente para formar hidróxido de amônio; o dióxido de carbono se hidrata para formar ácido carbônico e, subsequentemente, bicarbonato. A um alto pH, bicarbonato perde seu próton para se tornar carbonato. UTI com um organismo produtor de urease é a única situação na qual o pH urinário, amônio e carbonato são elevados simultaneamente. As bactérias produzem supersaturação no seu ambiente imediato. Cristais se formam em torno de aglomerados bacterianos, e as bac-

térias permeiam cada espaço de um cálculo de estruvita-carbonato. O próprio cálculo é um corpo estranho infectado.

D. Cálculos de Cistina. Cistinúria é o resultado de um defeito recessivo autossômico na reabsorção tubular proximal e jejunal dos aminoácidos dibásicos cisteína, ornitina, lisina e arginina. Quantidades excessivas destes aminoácidos são excretadas na urina, mas doença clínica é decorrente unicamente de pouca solubilidade urinária da cistina. A cistina é um dímero de cisteína. Cálculos de cistina constituem menos de 1% de todos os cálculos em adultos, mas podem constituir até 5% a 8% dos cálculos renais em crianças. A prevalência da cistinúria é aproximadamente 1 por 15.000 indivíduos nos Estados Unidos. Cálculos de cistina pura se formam apenas em homozigotos. Um adulto hígido excreta menos de 19 mg de cistina por g de creatinina em 24 horas. Excreção de mais de 250 mg/g de creatinina é quase sempre indicadora de cistinúria homozigota. Cálculos de cistina são radiopacos devido ao componente sulfidrila da cisteína.

1. **Fisiopatologia.** A solubilidade da cistina é aproximadamente 250 mg/L, e isto se eleva com aumento do pH urinário. O pK_a da cisteína é 6,5; por essa razão, uma elevação gradual na solubilidade ocorre à medida que o pH urinário se eleva de 6,5 a 7,5. Supersaturação ocorre a concentrações de cistina acima de 250 mg/L. Se a concentração de cistina puder ser mantida abaixo de 200 mg/L, cálculos de cistina não devem-se formar. Em pacientes com cistinúria severa (mais de 500 mg/dia), até 4 L de urina são necessários em pH urinário normal para manter a concentração de cistina dentro da faixa solúvel.

2. **Sinais e Sintomas.** Cálculos de cistina começam a se formar da primeira à quarta décadas. Os pacientes tendem a ter cálculos coraliformes obstrutivos bilaterais com insuficiência renal associada. Cristais hexagonais característicos podem ser identificados, particularmente na primeira urina da manhã, a qual geralmente é ácida. Heterozigotos podem formar cálculos sem cistina ou com cistina apenas como um componente secundário, dado que a cistina pode atuar como uma base para cristalização de oxalato de cálcio e fosfato de cálcio.

E. Cálculos Relacionados com Drogas. Uma variedade de drogas pode precipitar na urina, incluindo sulfunamidas, triantereno, aciclovir e o agente antirretroviral indinavir. Hematúria microscópica ocorre em até 20% dos pacientes em uso de indinavir. Nefrolitíase desenvolve-se em 3%, e 5% experimentam disúria ou dor no flanco que se resolve quando a droga é descontinuada. Relatórios mostram que os pacientes com dor no flanco podem ter imagens de TC anormais com uma diminuição na excreção de contraste nos raios medulares.

Topiramato é usado frequentemente no tratamento de enxaquecas e doenças convulsivas, e é associado a um risco aumentado de formação de cálculo renal. Ele é um inibidor das anidrases carbônica II e IV, as quais são expressadas nos túbulos proximal e distal. Como resultado, topiramato é associado a acidose metabólica, hipercalciúria e pH urinário aumentado, fatores que resultam em supersaturação de brushita urinária, que pode subsequentemente levar à formação de cálculo de fosfato de cálcio.

III. AVALIAÇÃO DO PACIENTE

A. Cálculos Contendo Cálcio. A primeira questão a ser vista no paciente com cálculos contendo cálcio é se a doença calculosa é simples ou complicada. Doença simples é definida como um único cálculo na ausência de uma doença sistêmica associada. Doença calculosa contendo cálcio complicada está presente, se o paciente tiver múltiplos cálculos, evidência de formação de novo cálculo, aumento de cálculos antigos, ou passagem de areia. Esta distinção é feita com base na avaliação inicial. Uma história deve ser obtida, procurando uma história familiar de doença calculosa, doença esquelética, doença intestinal inflamatória e UTI. Fatores de risco ambientais são avaliados, como ingestão hídrica, volume urinário, imobilização, dieta, medicações e ingestão de vitaminas. Um exame físico é efetuado. A avaliação laboratorial inicial inclui bioquímica sanguínea, exame de urina e uma ultrassonografia renal e radiografia simples do abdome para avaliar carga litiásica. Análise de cálculo deve sempre ser efetuada, se o paciente tiver guardado a pedra. Análise de cálculo é barata. Também é a única maneira de estabelecer o diagnóstico de uma doença específica, e, muitas vezes, ajuda a dirigir o tratamento. Além disso, foi demonstrado que em 15% dos casos, análises de urina de 24 horas não teriam predito a composição química do cálculo.

No paciente com doença complicada, duas a três medições de concentrações de cálcio sérico devem ser efetuadas. Se algum nível de cálcio sérico for acima de 10 mg/dL, a concentração do PTH deve ser avaliada. Bioquímica sanguínea é examinada. Uma IVP pode ser indicada para excluir anormalidades estruturais que predispõem à formação de cálculo. Primeira urina da micção matinal deve ser examinada quanto a cristais de cistina. Uma ou duas coletas de urina de 24 horas devem ser obtidas sob a dieta usual do paciente para cálcio, citrato, ácido úrico, oxalato, sódio, fosfato, volume, pH e creatinina. Intervenção terapêutica adicional depende dos resultados destas coletas. Valores normais de coleta de urina de 24 horas estão mostrados no Quadro 6-4. Se uma intervenção terapêutica for realizada, uma coleta de urina de 24 horas deve ser repetida em 6 a 8 semanas para verificar seu efeito esperado e a seguir repetida anualmente.

B. Cálculos de Ácido Úrico. As etiologias dos **cálculos de ácido úrico** podem ser subdivididas em três grupos fisiopatológicos com base nos fatores de risco. Baixo volume de urina contribui para cálculos de ácido úrico em doenças gastrointestinais, como doença de Crohn, colite ulcerativa, diarreia, ileostomias e desidratação. pH urinário ácido desempenha um papel importante na gota primária e doenças gastrointestinais. Hiperuricosúria é dividida naquelas com hiperuricemia (gota primária, doenças enzimáticas, doenças mieloproliferativas, anemia hemolítica e drogas) e aquelas sem hiperuricemia (excesso alimentar).

Gota primária é uma doença hereditária mais provavelmente transmitida de maneira dominante autossômica com penetrância variável. Ela é associada à hiperuricemia, hiperuricosúria e urina persistentemente ácida. Nos pacientes afetados, 10% a 20% têm cálculos de ácido úrico, e em 40% cálculos renais

Quadro 6-4	Valores Normais da Coleta de Urina de 24 Horas	
Substância	Homem (mg/24 h)	Mulher (mg/24 h)
Cálcio	< 300	< 250
Ácido úrico	< 000	< 750
Citrato	> 320	> 320
Oxalato	< 45	< 45

precedem o primeiro ataque de gota articular. Como a urina é sempre ácida, o risco de litíase de ácido úrico varia diretamente com a concentração sérica e de ácido úrico.

Os cálculos de ácido úrico são tipicamente redondos e lisos e são mais propensos a passar espontaneamente do que cálculos contendo cálcio, os quais frequentemente são irregulares. Eles também são radiotransparentes, como os cálculos de xantina, hipoxantina e 2,8-diidroxiadenina. Cálculos de xantina, hipoxantina e 2,8-diidroxiadenina devem ser suspeitados, se um cálculo radiotransparente não se dissolver com terapia alcalina.

C. **Cálculos de Estruvita-Carbonato.** Setenta e cinco por cento de todos os cálculos coraliformes são compostos de estruvita-carbonato. Os cálculos de estruvita-carbonato são grandes e menos radiopacos que cálculos contendo cálcio. Como qualquer cálculo renal, o diagnóstico definitivo só é estabelecido com análise química, mas um diagnóstico de cálculos de estruvita-carbonato deve ser fortemente suspeitado em qualquer paciente com uma urina alcalina infectada. Na presença de uma urina ácida infectada e um cálculo coraliforme, deve-se considerar a possibilidade de que os dois não sejam relacionados e que o cálculo possa ser de conteúdo de cálcio ou ácido úrico. Análise do cálculo e cultura devem ser efetuadas em todos os pacientes após nefrolitotomia percutânea ou litotripsia de onda de choque extracorpórea. Alguns pacientes, especialmente pacientes ambulatoriais masculinos, têm cálculos que contêm uma mistura de estruvita-carbonato e oxalato de cálcio. Estes pacientes devem sempre fazer avaliação metabólica completa, porque geralmente todos têm um defeito metabólico subjacente, e eles estão provavelmente em mais alto risco de recorrência de cálculo, mesmo com remoção completa do cálculo.

Proteus mirabilis se responsabiliza por mais da metade de todas as infecções produtoras de urease. Cultura do cálculo, quando possível, é importante, porque a cultura da urina nem sempre é completamente representativa dos organismos presentes no cálculo. Se nenhum organismo for cultivado, então deve ser considerada a possibilidade de infecção com *Ureaplasma urealyticum*, que frequentemente é difícil de cultivar.

D. **Cálculos de Cistina.** A presença de cristais hexagonais característicos na urina da primeira micção matinal é diagnóstica de cistinúria, embora este seja um achado muito infrequente. O teste de triagem mais simples e mais rápido para cistinúria é o teste do nitroprussiato de sódio, que tem um limite inferior de detecção de 75 mg/g de creatinina. O complexo nitroprussiato se liga a grupamentos sulfeto e pode dar um resultado falso-positivo em pacientes tomando drogas que contenham enxofre. Ácido fosfotúngstico também foi usado como teste de triagem alternativo. Pacientes com um teste de triagem positivo devem fazer quantificação de cistina urinária de 24 horas. Cálculos de cistina são geralmente menos radiodensos em radiografia do que cálculos contendo cálcio ou estruvita-carbonato. Eles tipicamente têm uma estrutura homogênea sem estriação.

IV. **TRATAMENTO**
A. **Cálculos Contendo Cálcio.** O tratamento de cálculos contendo cálcio é determinado conforme o paciente tenha doença simples ou complicada. O American College of Physicians aconselha que o paciente com um cálculo isolado único e sem doença sistêmica associada seja tratado com formas inespecíficas de tratamento apenas, incluindo ingestão elevada de líquido. Esta conduta é

apropriada em pacientes com um baixo risco de recorrência. Pode-se considerar, no entanto, efetuar estudos mais extensos em pacientes em alto risco de recorrência (homens brancos; 63% formarão um segundo cálculo dentro de 8 anos) ou naqueles que podem sofrer morbidade substancial com uma recorrência (pacientes que fizeram transplante ou pacientes com rim solitário).

O paciente com doença complicada é cuidado com tratamento inespecífico e específico. Tratamento específico varia dependendo da avaliação de fatores de risco derivados da análise de urinas de 24 horas.

Embora os limites superiores convencionais de calciúria diária (95º percentil) sejam definidos como 250 mg/dia para mulheres e 300 mg/dia para homens, formadores de cálculo no 70º percentil (170 mg/dia para mulheres e 210 mg/dia para homens) ou mais baixo podem-se beneficiar com taxas ainda mais baixas de excreção de cálcio. Dados que ligam a excreção de cálcio ao risco de cálculo suportam a ideia de que a quantidade de calciúria é um fator de risco gradativo para desenvolvimento de cálculos renais contendo cálcio.

1. **Opções terapêuticas inespecíficas** incluem manipulação da ingestão líquida e da dieta. Aumentar a ingestão líquida é o modo mais barato para reduzir a supersaturação urinária com oxalato e fosfato de cálcio. Em uma experiência randomizada de 199 formadores de cálculo de primeira vez acompanhados durante um período de 5 anos, o risco de formação de cálculo recorrente foi reduzido de 27% para 12% pela elevação do volume urinário para mais de 2 L/dia de ingestão de água. O aumento médio no volume nos pacientes aconselhados a aumentar a ingesta hídrica é aproximadamente 300 mL/dia.

   Antes de 1993, a maioria dos pacientes com cálculos contendo cálcio era aconselhada a restringir o cálcio na dieta. Três grandes estudos de coortes prospectivas, no entanto, em homens e mulheres sugerem que uma dieta com baixo cálcio pode aumentar o risco de formar cálculos contendo cálcio. O mecanismo postulado é que o cálcio ingerido ajuda a complexar oxalato da dieta, e uma redução no cálcio da dieta resulta em um aumento recíproco na absorção intestinal de oxalato. Como um resultado, supersaturação da urina, oxalato de cálcio aumenta. Por essas razões, estes autores recomendam uma ingestão liberal de cálcio em pacientes com cálculos contendo cálcio. Nestes estudos, no entanto, a ingestão de uma dieta com cálcio elevado também foi associada à ingestão elevada de magnésio, potássio e fosfato, os quais podem ter atuado como variáveis confundidoras na redução do risco de cálculo. Um recente estudo randomizado controlado prospectivo comparou pacientes sob uma dieta de baixo cálcio com aqueles sob uma dieta com cálcio normal, baixo sódio, baixa proteína. O risco relativo para formação de cálculo renal foi reduzido em 51% naqueles sob a dieta com cálcio normal. Conforme predito, o oxalato urinário aumentou no grupo de baixo cálcio, compatível com a hipótese da relação recíproca. Entretanto, não houve grupo-controle com baixo cálcio, baixo sódio, baixa proteína, para se avaliar diretamente os efeitos de diminuir a ingestão de cálcio na dieta isoladamente. Estudos observacionais mostraram uma associação entre ingestão elevada de sódio e risco elevado de formação de cálculo em mulheres, enquanto ingestão elevada de proteína animal aumenta o risco de formação de cálculo em homens.

   Pak *et al.* realizaram uma análise retrospectiva de seus registros de litíase para examinar os efeitos potenciais da restrição de cálcio na dieta sobre o risco de cálculo urinário, conforme avaliado por análise de urina de 24 horas. Deve ser salientado que esta foi uma análise de substituição mais que um desfecho sólido (taxa de formação de novo cálculo). Os pacientes foram subdivididos em três grupos: grupo 1 (excreção de cálcio urinário acima de 275 mg/dia); grupo 2 (excreção de cálcio urinário 200 a 275 mg/dia); e grupo 3 (excreção de cálcio urinário menor que 200 mg/dia). Os pacientes foram, então, postos sob uma dieta restrita em cálcio, oxalato e sódio. A excreção de cálcio urinário declinou 29% no grupo 1, 19% no grupo 2, e 10% no grupo 3. A supersaturação relativa de oxalato de cálcio caiu 12% no grupo 1 e 6% no grupo 2, um efeito que foi estatisticamente significativo, mas menos que a queda no cálcio urinário. A supersaturação relativa de fosfato de cálcio caiu em todos os três grupos: 31% no grupo 1; 22% no grupo 2; e 17% no grupo 3. A excreção de oxalato urinário não aumentou.

Estes autores recomendam que a ingesta de oxalato, sódio e produtos de carne seja limitada em todos os pacientes com cálculos renais contendo cálcio. Eles também recomendam que os pacientes com excreção de cálcio urinário maior que 275 mg/dia sejam tratados com restrição de cálcio na dieta (400 mg/dia), diuréticos tiazídicos e citrato de potássio. Pacientes com excreção de cálcio urinário entre 200 e 275 mg/dia são tratados com leve restrição de cálcio (800 mg/dia) e citrato de potássio. Aqueles com excreção de cálcio menor que 200 mg/dia são tratados com uma ingestão liberal de cálcio e citrato de potássio. Com base em estudos discutidos anteriormente, o papel do cálcio da dieta na prevenção de cálculos contendo cálcio permanece controverso.

Outro estudo examinou os efeitos da dieta Atkins sobre fatores de risco para doença cálculosa contendo cálcio. A excreção ácida final aumentou 56 mEq/dia, o citrato urinário diminuiu de uma média de 763 para 449 mg/dia, o pH urinário caiu de 6,09 para 5,67 e o cálcio urinário aumentou de 160 para 248 mg/dia. Pacientes com uma história de cálculos renais devem evitar esta dieta altamente litogênica.

A questão de se cálcio suplementar aumenta o risco de nefrolitíase em mulheres é controversa. Um relato sugeriu que qualquer uso de cálcio suplementar eleva o risco relativo de doença calculosa aproximadamente 20%. O risco neste estudo, entretanto, não aumentou com aumento da dose. Embora o risco relativo de formação de cálculo renal seja aumentado pelo cálcio suplementar, deve-se manter em mente que as mulheres, em geral, estão em mais baixo risco de formação de cálculo. Em pacientes com uma história de cálculos contendo cálcio, a excreção de cálcio urinário, bem como saturação de fosfato e oxalato de cálcio, devem ser monitoradas de perto. Se a saturação aumentar, consideração deve ser dada à descontinuação dos suplementos.

2. **Formas específicas de tratamento** são dirigidas pelos resultados dos estudos de urina de 24 horas. O tratamento é focalizado em agentes que demonstraram reduzir o risco relativo de formação de cálculo em estudos clínicos controlados randomizados com placebo com mais de 1 ano de acompanhamento (resultados mostrados no Quadro 6-3). Isto é importante por causa do "efeito de clínica de cálculo". Depois que os pacientes se apresentam para avaliação de nefrolitíase, o período subsequente é, muitas vezes, associado a um risco reduzido de formação de novo cálculo (o "efeito de clínica de cálculo"). Isto é o resultado de pelo menos dois fatores: (a) regressão à média e (b) aderência aumentada a formas inespecíficas de tratamento. Estudos com menos de 12 a 24 meses de acompanhamento devem ser vistos com ceticismo, se nenhum efeito for detectado. Ao início do tratamento,

pacientes em alto risco de recorrência podem ter cálculos pequenos demais para serem detectados radiograficamente que crescem e subsequentemente são identificados como cálculos novos. Uma vez que os cálculos contendo cálcio são frequentemente difíceis de evitar que aumentem em tamanho, uma vez uma base seja estabelecida, isto poderia minimizar o efeito do tratamento em pacientes de alto risco. Agentes que foram demonstrados ser efetivos em estudos randomizados controlados com placebo com uma longa duração de acompanhamento incluem diuréticos tiazídicos, alopurinol, citrato de potássio e citrato de potássio-magnésio.

a. **Hipercalciúria** é tratada inicialmente com diuréticos tiazidas. Tiazidas atuam diretamente para aumentar a reabsorção de cálcio distal e indiretamente para aumentar a reabsorção de cálcio no túbulo proximal ao induzir um estado de contração leve de volume. Contração de volume precisa ser mantida e hipopotassemia evitada para que os diuréticos tiazídicos permaneçam maximamente efetivos. Tiazidas geralmente reduzem o cálcio urinário aproximadamente 50%. As doses usadas nos estudos que mostram um efeito são altas (25 mg de hidroclorotiazida duas vezes por dia, 25 a 50 mg de clortalidona uma vez por dia, ou 2,5 mg de indapamida por dia). Se elas não forem efetivas, geralmente a razão é a não aderência à dieta de baixo sódio. Isto pode ser monitorado com uma urina de 24 horas para sódio. Amilorida atua independentemente das tiazidas em um local mais distal e pode ser acrescentada, se necessário. Quatro estudos controlados randomizados em formadores de cálculos recorrentes de oxalato de cálcio demonstraram uma redução no risco de formação de novos cálculos com os diuréticos tiazídicos. Embora todos os pacientes nestes estudos fossem formadores de cálculos de oxalato de cálcio, a minoria era, na realidade, hipercalciúrica. Isto sugere que as tiazidas podem ter efeitos adicionais, além de reduzir o cálcio urinário, ou que a redução do cálcio urinário, mesmo na ausência de hipercalciúria, pode reduzir o risco de formação de cálculo renal recorrente. Alguns argumentaram que o efeito dos diuréticos tiazidas pode diminuir com o tempo, mas este não parece ser o caso.

Em pacientes que não conseguem tolerar diuréticos tiazidas, outros tratamentos potenciais incluem celulose fosfato de sódico e ortofosfato. Estes, muitas vezes, são mal tolerados. Fosfato neutro de liberação lenta parece ser mais bem tolerado e pode-se tornar o agente de escolha de segunda linha. Estudos controlados randomizados de fosfato ácido de potássio e hidróxido de magnésio não mostraram benefício quando comparados com placebo.

b. **Hipocitratúria** é tratada com citrato de potássio ou citrato de potássio-magnésio. Cada um destes agentes reduziu o risco relativo de formação de cálculo em estudos controlados randomizados. Citrato de potássio-magnésio pode ser especialmente benéfico em pacientes recebendo diuréticos tiazídicos, porque as perdas de potássio e magnésio induzidas pelo diurético são reestabelecidas. Pacientes com cálculos de estruvita-carbonato não devem receber citrato, porque ele pode aumentar a deposição de fosfato de amônio e magnésio e apatita carbonato. Citrato também pode aumentar a absorção intestinal de alumínio em pacientes com CKD. Atualmente, citrato de potássio-magnésio não é disponível clinicamente. Preparações de citrato são, muitas vezes, difí-

ceis de os pacientes tolerarem por causa de diarreia. Preparações de liberação lenta, como Urocit-K, são bem toleradas, mas são relativamente caras. Em pacientes com níveis de citrato urinário de menos de 150 mg/24 horas, 60 mEq de citrato devem ser administrados diariamente em doses divididas com refeições. Se o citrato urinário for acima de 150 mg/24 horas, a dose é 30 mEq/dia.
- c. **Hiperuricosúria** é provavelmente mais bem tratada com alopurinol. Se alcalinização é benéfica, não está claro, porque *salting out* também pode ser iniciada por urato de sódio. Citrato pode reduzir precipitação de oxalato de cálcio neste contexto, mas isto permanece por ser provado.
- d. **Hiperoxalúria** é tratada com uma dieta de baixo oxalato. Hiperoxalúria entérica deve inicialmente ser tratada com uma dieta com baixa gordura, baixo oxalato. Se isto não tiver sucesso, carbonato de cálcio, colestiramina ou ambos podem ser acrescentados. Permanece por ser determinado se administração enteral da bactéria degradadora de oxalato *O. formigenes* é segura e efetiva para reduzir a excreção de oxalato urinário.
- e. **Volume urinário** deve ser aumentado a pelo menos 2 L/dia. Isto é mais bem realizado com água potável, que é o único líquido que demonstrou reduzir a taxa de formação de cálculo em estudos clínicos controlados randomizados. Um estudo recente sugere que mesmo em pacientes com uma suscetibilidade genética substancial para desenvolvimento de nefrolitíase, café, leite e talvez chá poderiam também atuar como protetores contra formação de cálculo.

  Esta conduta, dirigida para redução de fatores de risco específicos e inespecíficos, demonstrou diminuir a frequência de formação de cálculos recorrentes e reduzir o número de cistoscopias, cirurgias e hospitalizações.
- f. **Cálculos de fosfato de cálcio** permanecem uma área controversa no que se refere ao tratamento. Todos os estudos controlados randomizados até agora selecionaram pacientes ou com cálculos de oxalato de cálcio puro ou aqueles contendo oxalato de cálcio e uma pequena porcentagem de fosfato de cálcio (< 20%). Assim, há pouca evidência para guiar o tratamento. Cálculos que são predominantemente de fosfato de cálcio (≥ 60% sal fosfato de cálcio — geralmente brushita ou apatita) podem estar aumentando em frequência durante as últimas décadas. Baixar o cálcio urinário e aumentar a ingestão de líquido parece prudente e, provavelmente, serão benéficos. Entretanto, uso de citrato de potássio, que pode elevar o pH urinário, pode ser nocivo, dado que elevações no pH urinário são associadas a aumentos na supersaturação de fosfato de cálcio. Se os efeitos deletérios da elevação do pH urinário sobre a supersaturação serão vencedores sobre os benefícios da concentração de citrato urinário aumentada sobre a redução da supersaturação de fosfato de cálcio, bem como a agregação e aglomeração de cristais, é difícil predizer. Nesta situação, pode ser prudente empregar ácido cítrico, o qual pode elevar a concentração de citrato urinário sem aumentar o pH urinário (o ácido cítrico é acidobásico neutro, enquanto o metabolismo do citrato de potássio gera três bicarbonatos).
- B. **Cálculos de Ácido Úrico.** Tratamento para cálculos de ácido úrico é dirigido para os três fatores de risco principais (pH diminuído da urina, volume diminuído da urina e hiperuricosúria). Primeiro, o volume de urina deve ser

aumentado para 2 a 3 L/dia. Segundo, a urina deve ser alcalinizada a um pH de 6,5 usando citrato de potássio. A dose inicial é 20 a 30 mEq duas vezes por dia a ser titulada para cima de acordo com o pH urinário. Mais de 80 a 100 mEq raramente é necessário. Tratamento com álcali de sódio deve ser evitado, porque pode resultar em hipercalciúria. Em um estudo de 12 pacientes, a terapia alcalina resultou em uma dissolução dos cálculos dentro de um período de 3 semanas a 5 meses. Aumentos no pH urinário acima de 6,5 devem ser evitados por causa do risco aumentado de formação de cálculo de fosfato de cálcio em pH urinário alto. Se a urina da primeira micção da manhã permanecer ácida, acetazolamida (250 mg) pode ser adicionada ao deitar.

Se hiperuricosúria estiver presente, o consumo de purina na dieta deve ser reduzido. Alopurinol apenas deve ser usado quando cálculos recidivarem apesar da administração de líquido e álcali, ou se a excreção de ácido úrico for acima de 1.000 mg/dia. Quando alopurinol é administrado para hiperprodução massiva de ácido úrico, hidratação adequada tem que ser mantida para evitar a precipitação de cristais de xantina.

C. **Cálculos de Estruvita-Carbonato.** Remoção cirúrgica aberta era antes o tratamento de escolha para cálculos coraliformes de estruvita-carbonato. A taxa de recorrência, no entanto, 6 anos após a cirurgia é 27%, e UTI persiste em 41%. Uma segunda pielolitotomia acarreta substancial morbidade. Mais recentemente, a combinação de nefrolitotomia percutânea e litotripsia de onda de choque extracorpórea diminuiu substancialmente a morbidade, e é agora a modalidade de tratamento de escolha. Eliminação total dos cálculos permanece um desafio, por causa da incapacidade de remover pequenas partículas contendo bactérias que atuam como base para o crescimento adicional de cristais. Após remoção completa, agentes antimicrobianos específicos conforme as culturas estão indicados como profilaxia contra infecção recorrente. Se um cálculo de estruvita-carbonato não for removido em sua totalidade, o paciente continuará a ter UTI recorrente, e o cálculo crescerá de novo. Crescimento calculoso na maioria dos pacientes com fragmentos residuais progride apesar do tratamento antibiótico. Ele pode ser retardado reduzindo-se a população bacteriana, mas a cura com apenas com antibióticos é remota. Inibidores de urease, como ácido acetoidroxâmico, reduzem a saturação urinária de estruvita-carbonato e previnem crescimento de cálculo e podem, ocasionalmente, causar dissolução de cálculos existentes. Estes agentes, no entanto, são associados a uma variedade de complicações, incluindo anemia hemolítica, tromboflebite e sintomas neurológicos inespecíficos (p. ex., desorientação, tremor e cefaleia), e é melhor evitá-los, se possível. Ácido aceto hidroxâmico é também excretado pelo rim e não deve ser usado naqueles com uma *depuração* de creatinina de menos de 40 mL/min.

D. **Cálculos de Cistina.** Água é a principal característica do tratamento da cistinúria. A dose requerida é baseada na excreção de cistina urinária do paciente. Um débito de urina de pelo menos 4 L/dia é frequentemente necessário para reduzir formação de cálculo recorrente em pacientes com cistinúria severa. Dois copos de 250 mL de água devem ser ingeridos a cada 4 horas. Quando os pacientes urinam durante a noite, devem beber dois copos d'água. A urina pode ser examinada periodicamente quanto a cristais de cistina para avaliar a adequação da ingestão de líquido. Cautela deve ser exercida ao interpretar concentrações de cistina urinária em pacientes tratados. A excreção de cistina pode ser subestimada em virtude da precipitação na amostra. Além disso, muitos ensaios de cistina empregam passos que rompem ligações cisteína–tiol liberando cisteína ligada a agentes terapêuticos, discutido posteriormente no texto seguinte, como D-penicilamina ou α-mercaptopropionilglicina (tiopronina). A cisteína liberada pode-se dimerizar e formar cistina, superestimando a quantidade de cistina livre na urina. Estes agentes terapêuticos também podem interferir com ensaios de cistina, pois eles contêm um grupo tiol ativo. A excreção de cistina é relacionada com a ingestão de sódio, e alguns advogam restrição de sal para reduzir a excreção de cistina urinária. Além disso, metionina é um substrato para produção de cistina e peixe, carne vermelha, ave e laticínios são ricas fontes de metionina.

Alcalinização urinária pode ser de algum benefício. A constante de dissociação da cistina é 6,5. Como resultado, um pH de 7,5 é necessário para 90% da cistina existir em forma ionizada. A este pH, o risco de formação de cálculo de fosfato de cálcio é aumentado. Como resultado, alcalinização deve ser vista como uma medida complementar. O objetivo deve ser manter pH urinário monitorado na faixa de 6,5 a 7,0. Citrato de potássio é o agente de escolha e é preferível á álcali contendo sódio porque a expansão do volume do ECF aumenta a excreção de cistina.

Se estas medidas não forem efetivas, então ou D-penicilamina ou tiopronina pode ser experimentada. Estes compostos são tióis que se ligam preferencialmente à cisteína, formando compostos que são mais solúveis que dímeros cisteína–cisteína (cistina). Tiopronina causa menos complicações que D-penicilamina e é preferida. D-Penicilamina também se liga à piridoxina, e por essa razão piridoxina (50 mg/dia) deve ser administrada para prevenir deficiência. Suplementos de zinco podem geralmente evitar a anosmia e perda de paladar que, muitas vezes, ocorre com D-penicilamina. Captopril, embora inicialmente descrito como sendo benéfico, mas recentemente caindo em desuso.

Leituras Sugeridas

Coe FL, Evan A, Worcester E. Pathophysiology-based treatment of idiopathic calcium kidney stones. *Clin J Am Soc Nephrol* 2011;6:2083-2092.
Cutrell B, Reilly RF. Miscellaneous stone types. *Clin Rev Bone Miner Metab* 2011;9:229-240.
Evan A, Lingeman J, Coe FL, Worcester E. Randall's plaque: pathogenesis and role in calcium oxalate nephrolithiasis. *Kidney Int* 2006;69:1313-1318.
Goldfarb DS. Potential pharmacologic treatments for cystinuria and for calcium stones associated with hyperuricosuria. *Clin J Am Soc Nephrol* 2011;6:2093-2097.
Krambeck AE, Lieske JC. Infection-related kidney stones. *Clin Rev Bone Miner Metab* 2011;9:218-228.
Maalouf NM. Approach to the adult kidney stone former. *Clin Rev Bone Miner Metab* 2012;10:38-49.
Moe OW, Pearle MS, Sakhaee K. Pharmacotherapy of urolithiasis: evidence of clinical trials. *Kidney Int* 2011;79:385-392.
Pak CYC, Odvina CV, Pearle MS, et al. Effect of dietary modification on urinary stone risk factors. *Kidney Int* 2005;68:2264-2273.
Pearle MS. Shock-wave lithotripsy for renal calculi. *N Engl J Med* 2012;367:50-57.
Reilly RF, Huang C-L. The mechanism of hypocalciuria with NaCl cotransporter inhibition. *Nat Rev Nephrol* 2011;7:669-674.
Reilly RF, Peixoto AJ, Desir GV. The evidence-based use of thiazide diuretics in hypertension and nephrolithiasis. *Clin J Am Soc Nephrol* 2010;5:1893-1903.
Taylor EN, Curhan GC. Diet and fluid prescription in stone disease. *Kidney Int* 2006;70:835-839.
Vigen R, Weideman RA, Reilly RF. Thiazides diuretics in the treatment of nephrolithiasis: are we using them in an evidence-based fashion? *Int Urol Nephrol* 2011;43:813-819.
Worcester EM, Coe FL. Clinical practice calcium kidney stones. *N Engl J Med* 2010;363:954-963.

7
Paciente com Infecção do Trato Urinário

Jessica B. Kendrick ▪ L. Barth Reller ▪ Marilyn E. Levi

Infecções do trato urinário (UTIs) são algumas das infecções mais comuns que afetam os humanos, superadas em frequência nos pacientes ambulatoriais apenas por infecções respiratórias e gastrointestinais. Mais de 8 milhões de episódios de cistite aguda ocorrem anualmente nos Estados Unidos. Infecções bacterianas do trato urinário são a causa mais comum de infecções adquiridas na comunidade e nosocomiais em pacientes admitidos em hospitais nos Estados Unidos.

O prognóstico e tratamento das UTIs dependem do local da infecção e dos fatores predisponentes.

I. **DEFINIÇÕES.** Algumas definições são necessárias porque infecção do trato urinário pode resultar da invasão microbiana de qualquer um dos tecidos que se estendem do orifício uretral ao córtex renal. Embora a infecção e os sintomas resultantes possam ser situados em um local, a presença de bactérias na urina (bacteriúria) coloca o sistema urinário inteiro em risco de invasão por bactérias.

   A. **Bacteriúria significante** é definida como a presença de 100.000 ou mais unidades formadoras de colônias (CFUs) de bactérias por mililitro de urina, embora contagens menores de colônias possam ser de importância diagnóstica, particularmente em mulheres jovens, nas quais 1.000 bactérias por CFU podem ser associadas a cistite ou síndrome uretral aguda.

   B. **Localização Anatômica.** A primeira distinção útil é entre UTIs superiores (rim) e inferiores (bexiga, próstata e uretra). As infecções limitadas à bexiga (cistite), uretra (uretrite) e próstata (prostatite) comumente causam disúria, frequência e urgência. Pielonefrite é a inflamação inespecífica do parênquima renal; pielonefrite bacteriana aguda é uma síndrome clínica caracterizada por calafrios e febre, dor no flanco e sintomas constitucionais causados pela invasão bacteriana do rim. Pielonefrite crônica tem uma histopatologia que é semelhante à nefrite tubulointersticial, uma doença renal causada por uma variedade de distúrbios, como uropatia obstrutiva crônica, refluxo vesicoureteral (nefropatia de refluxo), doença medular renal, drogas e toxinas, e, possivelmente, bacteriúria renal crônica ou recorrente.

   C. **Recorrência de UTI** é o resultado de recidiva ou reinfecção; fazer esta distinção é clinicamente importante. UTI recorrente é definida como duas infecções não complicadas dentro de 6 meses ou três infecções dentro de um ano, e são frequentemente consideradas reinfecções. A maioria dos episódios recorrentes de cistouretrite é decorrente de reinfecção. Embora a patogênese das UTIs recorrentes seja classicamente atribuída a patógenos diferentes, estudos recentes indicam que mais de 50% das infecções recorrentes ocorrem com patógenos geneticamente idênticos e geralmente suscetíveis a droga. Recidiva é um retorno de infecção devido ao mesmo microrganismo, frequentemente é resistente à droga, e pode necessitar de avaliação urológica adicional, séries mais longas de tratamento e potencial intervenção cirúrgica. A maioria das recidivas ocorre após tratamento de pielonefrite aguda ou prostatite. Finalmente, bacteriúria assintomática é um indício importante quanto à presença de infecção parenquimatosa em algum local no trato urinário; entretanto, a importância da infecção e a necessidade de tratamento dependem da idade, do sexo e da condição subjacente do paciente.

D. **UTIs Complicadas e Não Complicadas.** Para o clínico, outra distinção importante é feita entre infecções não complicadas e complicadas. Uma infecção não complicada é um episódio de cistouretrite após colonização bacteriana das mucosas uretral e vesical na ausência de doença do trato superior. Este tipo de infecção é considerado *não complicado* porque sequelas são raras e exclusivamente decorrentes de morbidade associada a reinfecções em um subgrupo de mulheres. UTIs complicadas aumentam o risco de sequelas infecciosas potencialmente ameaçadoras à vida, como bacteremia e sepse ou falha do tratamento. UTIs complicadas podem ocorrer com gravidez, diabetes, imunossupressão, anormalidades estruturais do trato urinário, sintomas durante mais de 2 semanas e pielonefrite prévia. Mulheres jovens constituem um subgrupo de pacientes com pielonefrite (pielonefrite não complicada aguda), que frequentemente respondem bem ao tratamento e podem também ter uma baixa incidência de sequelas. Em contraste, as infecções complicadas incluem aquelas que comprometem parênquima (pielonefrite ou prostatite) e frequentemente ocorrem no contexto de uropatia obstrutiva ou após instrumentação. Os episódios podem ser refratários ao tratamento, muitas vezes resultando em recidivas, e, ocasionalmente, levando a sequelas importantes, como sepse, abscessos metastáticos, e, raramente, insuficiência renal aguda.

E. Diversos autores propuseram uma **classificação clínica** para a prática clínica.
  1. **Bacteriúria Assintomática**
  2. **Cistite Aguda Não Complicada em Mulheres**
  3. **Infecções Recorrentes em Mulheres**
  4. **Pielonefrite Aguda Não Complicada em Mulheres**
  5. **UTIs Complicadas em Ambos os Sexos**
  6. **UTIs Associadas a Cateter**

II. **FATORES DE RISCO E PATOGÊNESE.** Reconhecimento precoce e possível prevenção dependem de uma compreensão da patogênese e epidemiologia das UTIs. A Figura 7-1 mostra os principais períodos de risco da vida para UTIs sintomáticas; a prevalência crescente de bacteriúria assintomática que acompanha o envelhecimento é evidente. Muito aprendemos sobre os fatores de risco para UTIs. Associações foram estabelecidas entre UTI e idade; gravidez; relações sexuais; uso de diafragmas, camisinhas e espermicidas, particularmente Nonoxynol-9; micção pós-coital retardada; menopausa; e uma história de UTI recente. Fatores que não parecem aumentar o risco incluem dieta, uso de tampões, roupa e higiene pessoal, incluindo instruções de limpeza após defecação e práticas de banho. Estudos sobre patogênese elucidaram interações específicas entre o hospedeiro e os micróbios que são causalmente relacionados com bacteriúria. Bactérias na flora entérica periodicamente ganham acesso ao trato geniturinário. Como essas bactérias na realidade migram do trato gastrointestinal para a região periuretral não é conhecido; a proximidade do ânus em mulheres é um fator provável. A colonização bacteriana subsequente das células uroepiteliais é o fenômeno biológico que monta o cenário para bacteriúria persistente. A coloni-

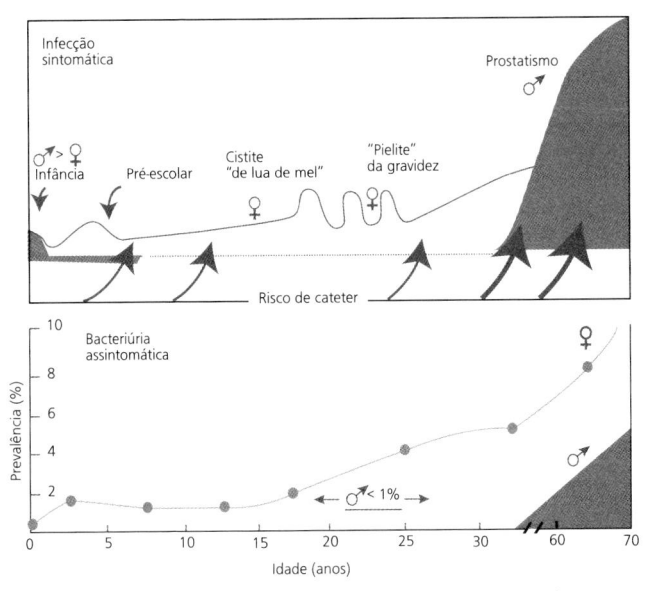

Figura 7-1. Distribuição de frequência das infecções do trato urinário sintomáticas e prevalência de bacteriúria assintomática por idade e sexo (homem, *área sombreada;* mulher, *linha*). (Modificada do conceito original de Jawetz. De: Kunin CM. *Detection, prevention and management of urinary tract infections,* 4th ed. Philadelphia, PA: Lea & Febiger, 1987. Reimpressa com permissão.)

zação da região periuretral frequentemente precede o início de bacteriúria vesical. Espécies P-fimbriadas de *Escherichia coli* aderem às células uroepiteliais, nas quais glicolipídios funcionam como receptores em mulheres que secretam antígenos de grupo sanguíneo. *E. coli* que codifica o *pilus* tipo 1, que contém a adesina FimH, reconhece múltiplos tipos de células associados à cistite, sepse e meningite. Pacientes imunocomprometidas podem-se tornar infectadas com espécies de *E. coli* menos virulentas. Opondo-se à colonização há vários fatores da hospedeira, mais notavelmente pH ácido, flora vaginal normal e anticorpos cervicovaginais tipo específicos.

Depois da colonização periuretral, os uropatógenos ganham acesso à bexiga através da uretra, aos rins através dos ureteres, e à próstata através dos ductos ejaculatórios. A uretra e junção ureterovesical são barreiras mecânicas que evitam ascensão. Além de instrumentação e obstrução mecânica, no entanto, os fatores que promovem a migração de bactérias não estão bem compreendidos. Na bexiga, os organismos multiplicam-se, colonizam a mucosa vesical e invadem a superfície mucosa. Embora a urina suporte adequadamente o crescimento da maioria dos uropatógenos, a bexiga tem vários mecanismos que previnem bacteriúria: (a) uma camada de mucopolissacarídeo (limo da urina) cobre o epitélio vesical e previne colonização; (b) proteína de Tamm-Horsfall, que é um componente do uromucoide, adere às fímbrias P e evita colonização; e (c) fluxo urinário e contração da bexiga servem para evitar estase e colonização. Bacteriúria vesical monta o cenário para migração subsequente para os rins, onde organismos como *E. coli* P-fimbriado adere às células tubulares renais. De fato, fora do contexto de nefropatia obstrutiva, esta espécie de *E. coli* é a causa mais comum de pielonefrite. Em caso de obstrução, no entanto, a aderência bacteriana não é muito importante. Outros fatores de hospedeiro que previnem uma infecção renal são uma alta osmolalidade urinária, alta concentração de amônio, fagócitos e taxa de fluxo urinário elevado.

Na presença de um cateter uretral, os mecanismos de defesa contra interações célula bacteriana–epitelial estão prejudicados tanto pela interrupção da camada de glicosaminoglicano protetor da bexiga e pela formação de biofilme sobre o cateter. Microrganismos no biofilme estão protegidos dos antibióticos, defesas do hospedeiro e lavagem mecânica. Tratamento efetivo requer em última análise remoção do cateter.

Patógenos que colonizam cateteres de demora têm, muitas vezes, virulência diminuída, por exemplo, espécies de *E. coli* desprovidas de fimbriação P, o que explica a baixa incidência de UTIs febris e bacteremia.

Cateteres urinários crônicos são associados à obstrução do trato inferior devido ao bloqueio do cateter com incrustação e cálculos do trato urinário e podem ser complicados por abscesso escrotal, epididimite e prostatite. A incidência de câncer da bexiga pode ser aumentada com uso prolongado de cateter que exceda 10 anos como em pacientes com lesões da medula espinal.

III. CONTEXTO CLÍNICO

A. Bacteriúria assintomática é especialmente comum em mulheres, conforme evidenciado por uma prevalência mínima de 2% a 4% em mulheres jovens e 10% em idosas, e uma prevalência três a quatro vezes mais alta de bacteriúria assintomática em mulheres diabéticas em comparação com não diabéticas. A incidência mais alta de bacteriúria assintomática em mulheres diabéticas é atribuída a concentrações de citocinas e leucócitos mais baixas e aderência aumentada às células uroepiteliais da *E. coli* que expressa fímbrias tipo 1.

A prevalência cumulativa de bacteriúria assintomática em mulheres aumenta aproximadamente 1% por década durante toda a vida. Digno de nota, este fenômeno foi observado em diferentes grupos étnicos e localizações geográficas. Em contraste com as mulheres, a ocorrência de bacteriúria assintomática em homens é rara até depois da idade de 60 anos, época na qual a prevalência aumenta por década e, muitas vezes, aproxima-se da taxa em mulheres idosas. Por exemplo, em homens idosos institucionalizados não cateterizados, a prevalência de bacteriúria excede 20%. Hipertrofia prostática e probabilidade elevada de instrumentação são consideradas responsáveis pela bacteriúria dos homens mais velhos. Além disso, diferenças entre homens e mulheres nas taxas de bacteriúria foram atribuídas à uretra feminina mais curta e sua proximidade às mucosas vaginal e retal e a flora microbiana abundante nestas áreas. Triagem e tratamento de bacteriúria assintomática não é justificado, a não ser que a paciente esteja em alto risco de complicações sérias (p. ex., mulheres grávidas e pacientes submetidos à cirurgia urológica).

Pacientes em instituições de tratamento a longo prazo têm um risco elevado de bacteriúria assintomática, tal como pacientes com lesão de medula espinal devido a cateteres intermitentes, esfincterotomias, ou condom cateter. Bacteriúria relacionada com cateteres de demora aumenta a uma taxa de 3% a 10% por dia, e é predominantemente assintomática. Na ausência de sintomas de UTI, uma urocultura positiva para 10^5 CFU/mL de bactérias é compatível

com bacteriúria associada a cateter assintomática. Candidúria associada a cateter assintomática é definida como 10^3 por mL de levedura. A incidência de morbidade significativa com bacteriúria ou candidúria assintomática é baixa, e terapia antimicrobiana não é recomendada enquanto o cateter estiver presente.
B. **UTIs sintomáticas** ocorrem em todos os grupos etários. Em recém-nascidos e crianças, os meninos são afetados mais frequentemente que meninas. Quando o trato urinário é a causa de sepse neonatal, anomalias congênitas subjacentes sérias estão frequentemente presentes. Durante a infância, bacteriúria persistente, com ou sem episódios sintomáticos repetidos, ocorre em um pequeno grupo (menos de 2%) de meninas em idade escolar. Essas meninas, e também meninos escolares com bacteriúria, devem passar por uma avaliação urológica para detectar anormalidades estruturais corrigíveis quando forem documentadas UTIs. As mulheres sexualmente ativas têm um risco acentuadamente elevado de episódios de cistite. *E. coli* é o organismo predominante em 75% a 90% dos casos, enquanto *Staphylococcus saprophyticus* é encontrado em 5% a 15%, principalmente em mulheres jovens. Os casos restantes são decorrentes de *enterococos* e bacilos Gram-negativos aeróbicos, como espécies de *Klebsiella* e *Proteus mirabilis*.

Na ausência de prostatite, bacteriúria e UTIs sintomáticas são incomuns em homens. De fato, prostatite assintomática é muito comum em homens se apresentando com UTIs febris. Mais recentemente, espécies uropatogênicas de *E. coli* foram reconhecidas como causas de cistite em homens jovens em risco por causa de homossexualidade e coito anal, falta de circuncisão ou por terem uma parceira com colonização vaginal com essa *E. coli* P-fimbriada. Em qualquer idade, ambos os sexos podem desenvolver infecções sintomáticas na presença de fatores de risco que alteram o fluxo urinário. *Mycoplasma hominis* foi bem reconhecido como uma infecção sexualmente transmitida e causa de vaginose bacteriana em mulheres e uretrite não gonocócica em homens. *Ureaplasma urealyticum* é uma causa de uretrite não gonocócica e prostatite crônica e pode ser isolado de expressões de secreções prostáticas e urina emitida após massagem prostática.
1. **Obstrução ao Fluxo Urinário**
   a. **Anomalias Congênitas**
   b. **Cálculos Renais**
   c. **Oclusão Ureteral (Parcial ou Total)**
2. **Refluxo Vesicoureteral**
3. **Urina Residual na Bexiga**
   a. **Bexiga Neurogênica**
   b. **Estenose Uretral**
   c. **Hipertrofia Prostática**
4. **Instrumentação do Trato Urinário**
   a. **Cateter Urinário de Demora**
   b. **Cateterismo**
   c. **Dilatação Uretral**
   d. **Cistoscopia**

IV. CARACTERÍSTICAS CLÍNICAS
A. **Síndrome Uretral Aguda.** Os sintomas cardeais de frequência e disúria ocorrem em mais de 90% dos pacientes ambulatoriais com infecções do trato geniturinário. Um terço à metade de todos os pacientes com frequência e

disúria, no entanto, não têm bacteriúria significativa, embora a maioria tenha piúria. Estes pacientes têm síndrome uretral aguda, a qual pode imitar infecções vesicais e renais. Vaginite, uretrite e prostatite são causas comuns de síndrome uretral aguda. Embora certos sinais e sintomas ajudem a diferenciar estas entidades clínicas, uma UTI clássica pode ser diagnosticada definitivamente só por culturas quantitativas de urina.

1. **Vaginite.** Aproximadamente 20% das mulheres nos Estados Unidos têm um episódio de disúria cada ano, e metade destas procuram assistência médica. A presença de um corrimento vaginal anormal (leucorreia) e irritação tornam a vaginite a causa provável da disúria, a menos que uma UTI concomitante possa ser confirmada por cultura. *Candida albicans,* a causa específica mais comum de vaginite, pode ser demonstrada prontamente por cultura ou encontrando células de levedura em um esfregaço com Gram das secreções vaginais ou em uma preparação em soro fisiológico com hidróxido de potássio acrescentado. Tricomoníase pode ser documentada com uma preparação em soro fisiológico que mostra os protozoários móveis de *Trichomonas vaginalis.* Vaginite inespecífica mais frequentemente é associada a *Gardnerella vaginalis.* Um indício deste diagnóstico é a presença de muitos bacilos Gram-negativos pequenos que aderem às células epiteliais vaginais.

2. **Uretrite.** Frequência urinária aguda, disúria e piúria na ausência de sintomas vaginais favorecem um diagnóstico de uretrite ou UTI em vez de vaginite. *Chlamydia trachomatis* é uma causa comum de síndrome uretral aguda em mulheres, bem como uretrite inespecífica em homens. *Neisseria gonorrhoeae* é também uma causa disseminada de uretrite e disúria. O diagnóstico e tratamento da gonorreia estão agora bem padronizados. Infecções com baixa contagem de colônias (100 a 1.000 CFU) por coliformes são agora uma causa reconhecida de uretrite em mulheres jovens sintomáticas com piúria. Vírus herpes simples, geralmente tipo 2, é outro agente sexualmente transmitido que pode causar disúria grave por meio de ulcerações em estreita proximidade ao orifício uretral. O diagnóstico de *herpes progenitalis* pode ser confirmado encontrando-se células transformadas gigantes multinucleadas em raspados de epiderme corados com coloração de Wright (esfregaço de Tzanck), por isolamento do vírus em cultura de tecido, ou pelo teste de anticorpo fluorescente direto.

3. **Prostatite.** Prostatite é uma afecção comum em homens que causa disúria e frequência urinária em homens de meia-idade e mais jovens mais frequentemente do que o fazem as UTIs. Além disso, mais de 90% dos homens com UTIs febris têm prostatite assintomática manifestada por antígenos prostáticos específicos elevados (PSAs) e volume prostático. O PSA pode permanecer elevado durante até 12 meses. As síndromes prostáticas foram divididas classicamente em quatro entidades clínicas: (a) prostatite bacteriana aguda, (b) prostatite bacteriana crônica, (c) prostatite não bacteriana e (d) prostatodinia.

    a. **Prostatite bacteriana aguda** é facilmente distinguida das outras síndromes e prostatite pelas suas características agudas. O paciente muitas vezes parece agudamente enfermo, com o início súbito de calafrios e febre, frequência e urgências urinárias, disúria, dor perineal e lombar inferior e sintomas constitucionais. Exame retal não deve ser feito por causa do risco de precipitar sepse, mas ele pode revelar uma glândula prostática extraordinariamente dolorosa à palpação, quente e inchada. Exame microscópico da urina geralmente revela numerosos leucócitos. Urocultura é geralmente positiva para bactérias Gram-negativas entéricas (especialmente *E. coli*); bactérias Gram-positivas (*estafilococos* e *enterococos*) são menos frequentemente isoladas.

    b. Prostatite Bacteriana Crônica. Uma característica marcante da prostatite crônica é UTIs recidivantes. Frequência urinária, disúria, noctúria, lombalgia e dor perineal são os sintomas usuais, embora os pacientes possam ter um mínimo de sintomas entre as UTIs. O paciente frequentemente é afebril, não parece agudamente enfermo e pode ter um exame de próstata não digno de nota. Um mecanismo proposto para explicar a migração de bactérias para dentro da próstata é pelo refluxo de urina e bactérias para dentro dos ductos prostáticos a partir da uretra. Esta síndrome é distinguida de outras formas de prostatite crônica por demonstrar um exame de urina e cultura do meio da micção negativos inicialmente; após massagem prostática, no entanto, a urina exibe um exame microscópico positivo para leucócitos, e um uropatógeno pode ser cultivado (ver Seção V). Prostatite não bacteriana é a forma mais comum de prostatite crônica. Ela imita prostatite bacteriana crônica clinicamente e exibe células inflamatórias em espécimes pós-massagem prostática. Entretanto, culturas bacteriológicas de urina e secreções prostáticas são estéreis. A etiologia é desconhecida, mas alguma evidência existe de uma etiologia infecciosa envolvendo organismos que são difíceis de cultivar.

    c. Prostatodinia também foi chamada *prostatite não inflamatória crônica*. Clinicamente, ela se apresenta com sintomas semelhantes a outras formas de prostatite crônica. É distinguida pela ausência de células inflamatórias ou uropatógenos em todas as amostras.

B. UTIs. Apesar das síndromes similares, um diagnóstico presuntivo de infecções do trato urinário pode ser estabelecido economicamente analisando-se a urina em pacientes com sinais e sintomas característicos, ainda que inespecíficos. UTIs não complicadas agudas ocorrem, principalmente, em mulheres em idade reprodutiva. Os aspectos de apresentação são apenas sugestivos do local de infecção. Pacientes com cistouretrite bacteriana, em distinção de uretrite causada por um patógeno de doença sexualmente transmitida (STD), terão tido episódios precedentes, terão experimentado sintomas por menos de 1 semana e sentirão dor suprapúbica.

V. DIAGNÓSTICO LABORATORIAL
A. Amostras de Urina para Cultura
    1. Indicações. O diagnóstico de UTI, desde cistite simples a pielonefrite complicada com sepse, só pode ser estabelecido com certeza absoluta por culturas quantitativas de urina. As principais indicações de uroculturas são as seguintes:
        a. Pacientes com Sintomas ou Sinais de UTIs
        b. Acompanhamento de UTI Tratada Recentemente
        c. Remoção de Cateter Urinário de Demora
        d. Triagem para Bacteriúria Assintomática durante Gravidez
        e. Pacientes com Uropatia Obstrutiva e Estase antes de Instrumentação

2. Quando aplicadas universalmente, as duas primeiras indicações podem não ser a abordagem mais custo efetiva para diagnosticar UTIs em mulheres adultas jovens não grávidas. Estes indivíduos se apresentam com disúria, urgência e piúria devido a um episódio não complicado de cistouretrite, com organismos geralmente suscetíveis a uma variedade de agentes antimicrobianos, ou devido a um patógeno de STD, como *gonococo* ou *clamídia*. Além disso, como o resultado benéfico do tratamento é minimizar morbidade mais do que evitar complicações ameaçadoras à vida, os custos de laboratório e o uso de recursos pode ser minimizado, se culturas pré-tratamento não forem pedidas neste contexto clínico. Portanto, as mulheres com sintomas compatíveis com uma doença do trato inferior não complicada simples e um teste positivo da urina com bastão de imersão podem ser tratadas sem fazer uma cultura de urina. Adicionalmente, se os sintomas se resolverem completamente, culturas pós-tratamento também são desnecessárias em pacientes com infecções não complicadas.
3. **Métodos.** Os espécimes de urina devem ser cultivados prontamente dentro de 2 horas ou ser preservados por refrigeração ou um aditivo químico apropriado (p. ex., preservativo de ácido bórico formiato de sódio). Métodos aceitáveis de coleta são os seguintes:
    a. **Urina do meio da micção em um recipiente estéril após lavagem cuidadosa (água ou soro fisiológico) da genitália (qualquer sabão deve ser enxaguado)**
    b. **Urina obtida por cateterização única ou aspiração com agulha suprapúbica da bexiga**
    c. **Aspiração com agulha estéril de urina do tubo de um sistema de drenagem de cateter fechado (não desconectar tubulação para obter espécime)**
4. Não aceitáveis, por causa da constante contaminação e a impossibilidade de contagens quantitativas, são extremidades de cateteres urinários de demora e urina obtida ao acaso, sem preparação adequada do paciente. A técnica da coleta do meio do fluxo de micção limpa é preferida, sempre que possível, para evitar o risco de introduzir infecção no momento da cateterização, um risco em pacientes idosos restritos ao leito, em homens com condom cateter e em pacientes diabéticos com bexiga disfuncional. Uma vez que a contaminação é extremamente rara em homens circuncidados, um espécime de coleta limpa do meio da micção é desnecessário nesses pacientes. Ocasionalmente, aspiração suprapúbica da bexiga é necessária para verificar infecção. Esta técnica tem sido mais útil para obter espécimes de crianças possivelmente sépticos e de adultos nos quais repetidos espécimes de micção limpa forneceram contagens de colônias duvidosas em cultura.
5. **Os patógenos microbianos usuais** isolados de pacientes com UTIs estão listados no Quadro 7-1. Os resultados das culturas dependem altamente, no entanto, do contexto clínico no qual a bacteriúria ocorre. Por exemplo, *E. coli* é encontrada na urina de 80% a 90% dos pacientes com cistite aguda não complicada e pielonefrite aguda não complicada. *S. saprophyticus* é outra causa comum de UTI, mas raramente causa pielonefrite aguda. Muitos pacientes com cálculos coraliformes dos rins abrigam organismos *Proteus* degradadores de ureia na sua urina. Infecções por *Klebsiella, Pseudomonas aeruginosa* e *Enterobacter* são comumente adquiridas no hospital. A

Quadro 71 — Patógenos Microbianos do Rim e da Bexiga

Organismo	Cistite Não Complicada: Mulheres Jovens[a] (%)	Pielonefrite: Ambulatoriais, Mulheres[b] (%)	UTI: Homens[c] (%)	UTIs Bacterêmicas[d] (%)	UTIs Nosocomiais[e] (%)
Bactérias Gram-Negativas					
Escherichia coli	79	86	41	54	29
Klebsiella pneumoniae	3	4	3	9	8
Proteus	2	3	6	8	4
Enterobacter	0	0	1	2	4
Pseudomonas aeruginosa	0	0	ND	3	9
Bactérias Gram-Positivas					
Staphylococcus saprophyticus	11	3	ND	0	0
Staphylococcus aureus	0	1	1	13	—
Staphylococcus não aureus	0	0	5	1	5
Enterococos	2	0	5	6	13
Outras Bactérias	0	4	19	4	15
Infecções Mistas	3	3	18	2	ND
Levedura	0	0	0	3	13

ND, não declarado; UTI, infecção do trato urinário.
[a]Dados de 607 episódios de cistite; de Stamm WE. Urinary tract infections. In: Root RK, ed. *Clinical infectious diseases: a practical approach*, 1st ed. New York: Oxford University Press, 1999.
[b]Oitenta e quatro episódios de Stamm 1992 e 54 mulheres não hospitalizadas; de: Pinson AG, Philbrock JT, Lindbeck GH, Schorling JB, eds. Management of acute pyelonephritis in women: a co-hort study. *Am J Emerg Med* 1994;12:271-278.
[c]Dados de 223 homens ambulatoriais com sintomas; de Pead L, Maskell R. Urinary tract infections in adult men. *J Infect* 1981;3:71-78.
[d]185 casos (excluídos cinco casos de *Candida albicans*); de Ackermann RJ, Monroe PW. Bacteremic urinary tract infections in older people. *J Am Geriatr Soc* 1996;44:927-933.
[e]Noventa por cento de infecções associadas a cateter, experiência de 1991 na University of Iowa (hospital de 900 leitos); de Bronsema DA, Adams JR, Pallares R, Wenzel RP. Secular trends in rates and etiology of nosocomial urinary tract infections at a university hospital. *J Urol* 1993;150:414-416.

presença de *Staphylococcus aureus* na urina mais frequentemente é um indício de bacteremia estafilocócica concomitante, a não ser que exista um fator de risco subjacente. Os microrganismos em homens jovens são semelhantes aos organismos que causam infecções não complicadas em mulheres. *Enterococos* e *estafilococos* coagulase negativos são mais comuns em homens idosos, mais provavelmente representando instrumentação ou cateterismo recente. *C. albicans* raramente é encontrada, exceto em pacientes com cateteres de demora, UTIs nosocomiais, ou infecções recidivando após múltiplas séries de antibioticoterapia. A maioria das infecções relacionadas com cateter urinário se origina da flora colônica do paciente com cateterismo de longa duração excedendo 28 dias. Organismos resistentes a múltiplas drogas, como *Providencia stuartii, Pseudomonas* sp., *Proteus* sp., *Morganella* sp. e *Acinetobacter* sp. são encontrados mais frequentemente em decorrência da exposição a antibiótico. Além disso, bacteriúria polimicrobiana é encontrada em até 95% das culturas de urina de pacientes com uso de cateter em longo prazo. Embora o microrganismo provável e os padrões usuais de suscetibilidade sejam suficientes para guiar o tratamento empírico inicial da cistite não complicada, o tratamento adequado da pielonefrite bacteriana aguda e UTIs complicadas exige tratamento preciso com base no isolamento da bactéria causadora e testes padronizados de suscetibilidade microbiana usando os métodos de difusão em disco ou métodos de diluição em caldo ou diluição em ágar.
B. **Interpretação das Culturas de Urina.** Organismos que residem na uretra distal e nos pelos púbicos contaminam espécimes urinados de coleta limpa. Esta contaminação bacteriana deve ser distinguida de "infecção verdadeira" ou "bacteriúria significativa" em uroculturas. Bacteriologia quantitativa faz esta distinção. Uma vez que a quantificação da bacteriúria é tão importante clinicamente, os métodos de cultura de urina devem possibilitar que o número de CFU de um patógeno potencial por mililitro de urina seja avaliado. O procedimento padrão envolve o uso de alças bacteriológicas calibradas para fornecer um volume conhecido de urina à superfície das placas de ágar. Técnicas corretas de plaqueamento atingem colônias isoladas que podem ser contadas acuradamente. Uma alternativa satisfatória para o diagnóstico de UTIs não complicadas é o método de imersão de lâmina, que é particularmente bem adaptado a uroculturas quantitativas em clínicas menores. Métodos rápidos com base em filtração e colorimetria, bioluminescência, cinética do crescimento e reações bioquímicas são usados cada vez mais para triar espécimes de urina quanto à presença de bactérias. As sensibilidades destes ensaios rápidos são na faixa de 10^4 a 10^5 CFU/mL. A triagem mais simples é o teste de tira de papel para detecção de esterase e nitrito leucocitário nos espécimes de primeira urina da manhã. Entretanto, estes métodos não são um substituto para culturas padrão em pacientes sintomáticos com UTIs complicadas.
1. **Contagens de Colônias.** A Figura 7-2 mostra um guia básico para a interpretação de culturas quantitativas de urina. Contagens de colônias maiores que 10^5 CFU/mL em espécimes adequadamente coletados e transportados geralmente indicam infecção. Contagens de colônias de 10^3 ou menos CFU/mL de pacientes não tratados são incomuns com UTIs verdadeiras, exceto em mulheres jovens sintomáticas com piúria e uretrite, nas quais contagens de colônias de *E. coli* tão baixas quanto 10^3 podem ser interpretáveis, se a urina tiver sido obtida por cateterismo simples. Contagens inter-

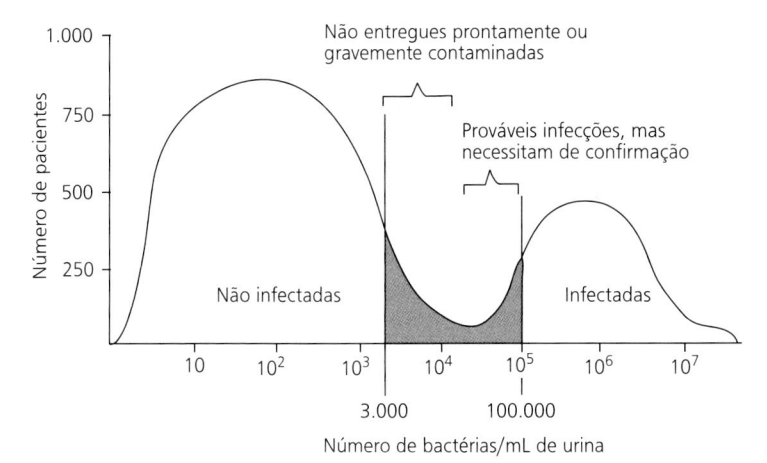

Figura 7-2. Resultados de contagens bacterianas quantitativas de culturas de amostras de urina. (De: Brumfitt W, Percival A. Pathogenesis and laboratory diagnosis of nontuberculous urinary tract infection: a review. *J. Clin Pathol* 1964;17:482. Reimpressa com permissão.)

mediárias, especialmente com flora mista, geralmente significam má coleta ou transporte e cultura retardados. Diurese intensa pode transitoriamente reduzir uma contagem de colônias de outro modo alta.

2. **Aspiração com Agulha Suprapúbica.** Qualquer crescimento a partir de urina obtida por aspiração com agulha suprapúbica pode ser importante. Uso de uma alça quantitativa de 0,01 mL para cultivar urina aspirada permite a detecção de tão pouco quanto 100 CFU/mL. Duas ou mais colônias ($\leq$ 200 CFU/mL) do mesmo microrganismo asseguram a pureza de crescimento desses espécimes e permitem testes de suscetibilidade antimicrobiana padronizada. Critérios semelhantes devem ser usados em pacientes que estão recebendo antimicrobianos ao tempo da cultura. Exceto em circunstâncias não usuais, o isolamento de difteroides, *estreptococos* α-hemolíticos e *lactobacilos* indica contaminação do espécime de urina com flora vaginal ou periuretral.

3. **Secreções Prostáticas.** Em homens, deve ser feita a distinção entre um foco urinário e um foco prostático de infecção. O procedimento para obtenção de urina de micção e expressão de secreções prostáticas em segmentos repartidos que possibilitam interpretação adequada está diagramado na Figura 7-3. Leucócitos (mais de 10 a 15 leucócitos por campo de alto aumento) e macrófagos carregados de lipídio raramente são observados na expressão de secreção prostática de homens hígidos. Estes agentes significam inflamação prostática. Por essa razão, um foco prostático de infecção deve ser considerado quando um nível significativo de piúria ou contagens de colônias ocorre nos espécimes da próstata. Uma UTI de origem prostática é indicada por contagens de colônias de 10^5 ou mais CFU/mL do mesmo microrganismo em todos os quatro espécimes. Tanto os urologistas quanto os médicos de atenção primária subutilizam este procedimento. Em um estudo, um procedimento em dois passos envolvendo exame microscópico e cultura de espécimes de urina pré- e pós-massagem prostática compa-

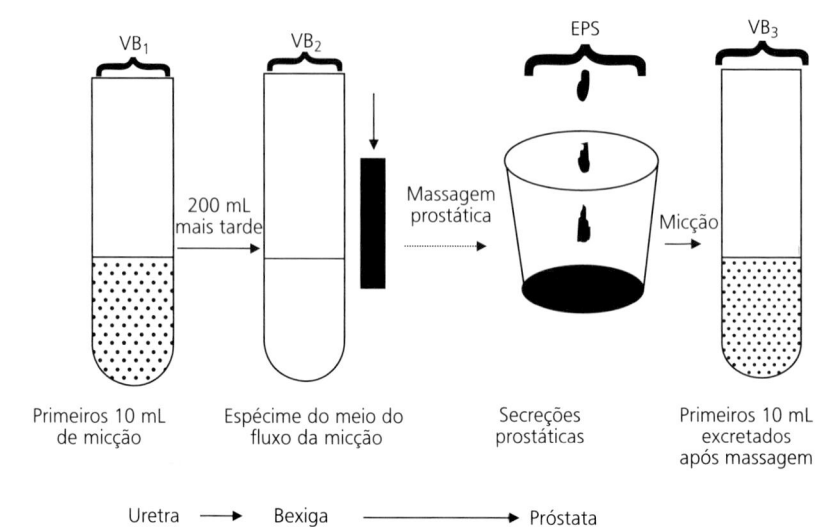

Figura 7-3. Localização da infecção com culturas segmentadas do trato urinário inferior em homens. VB_1 são os primeiros 10 mL de urina excretada, e VB_2 é o espécime do meio do jato de urina obtido antes de massagem prostática. Subsequentemente, as expressões de secreções prostáticas (EPS) são coletadas antes do espécime de urina excretada final (VB_3). Quando as contagens de colônias bacterianas na cultura uretral excedem por 10 vezes ou mais aquelas das culturas do meio do jato e prostática, a uretra é o foco da infecção. O diagnóstico é prostatite bacteriana, se as contagens quantitativas dos espécimes prostáticos excederem aquelas das amostras uretral e do meio da micção. (De: Meares EM, Stamey TA. Bacteriologic localization patterns in bacterial prostatitis and urethritis. *Invest Urol* 1968;5:492. Reimpressa com permissão.)

rou-se favoravelmente com este procedimento de quatro passos. Esta conduta simplificada conseguiu chegar a um diagnóstico semelhante em 91% dos pacientes. Estudos adicionais são necessários para avaliar esta abordagem, a qual pode melhorar o uso pelos médicos.

C. **Exame Microscópico da Urina.** Procedimentos para o exame microscópico da urina são precariamente padronizados; não obstante, a visualização de bactérias, leucócitos e células epiteliais na urina pode fornecer alguma informação útil e capacitar o clínico a fazer um diagnóstico presuntivo de UTI. As vantagens da análise microscópica são disponibilidade imediata e baixo custo. As desvantagens, dependendo do método, são falta de sensibilidade, especificidade ou ambas. Apenas espécimes adequadamente coletados e processados para culturas de urina quantitativas podem fornecer diagnóstico definitivo. O exame microscópico pode ser feito em urina não centrifugada ou no sedimento centrifugado. Uma comparação crítica destas duas técnicas não está disponível. A presença de células epiteliais escamosas e flora bacteriana mista indica contaminação e a necessidade de um espécime repetido.

1. **Urina Não Centrifugada.** Quando urina fresca não centrifugada de pacientes com bacteriúria significativa (mais de 10^5 CFU/mL) é examinada microscopicamente (×1.000), 90% dos espécimes mostram uma ou mais bactérias, e 75% dos espécimes mostram um ou mais leucócitos por campo de imersão em óleo. A melhor avaliação de piúria é o achado de aproxima-

damente 10 leucócitos por mm³ de urina não centrifugada examinada em uma câmara de contagem.
2. **Sedimento Centrifugado.** Depois que 10 mL de urina são centrifugados em um tubo cônico de 15 mL padrão por 5 minutos a 2.500 revoluções/minuto em uma centrífuga clínica, três ou quatro gotas do sedimento são examinadas sob uma lamínula com alto aumento (×400) em luz diminuída. Pacientes com bacteriúria significativa geralmente mostram bacilos no segmento urinário, enquanto apenas aproximadamente 10% dos pacientes com menos de 10^5 CFU/mL mostram bactérias. Aproximadamente 60% a 85% dos pacientes com bacteriúria significativa têm 10 ou mais leucócitos por campo de alto aumento no sedimento da urina coletada no meio do fluxo de micção; entretanto, aproximadamente 25% dos pacientes com culturas de urina negativas também têm piúria (10 ou mais leucócitos por campo de alto aumento), e apenas aproximadamente 40% dos pacientes com piúria têm 10^5 ou mais bactérias por mL de urina por cultura quantitativa. A principal armadilha é piúria falso-positiva em virtude de leucócitos de um corrimento vaginal contaminando.
3. **Coloração com Gram.** Um esfregaço corado com Gram simples de urina não centrifugada ou segmento centrifugado pode aumentar a especificidade do teste, porque a morfologia e características de coloração ajudam a identificar o provável patógeno e a direcionar o tratamento empírico.
4. **Piúria.** Embora a presença de piúria em uma amostra do meio da micção tenha baixo valor preditivo para bacteriúria significativa, piúria é um indicador sensível de inflamação. Portanto, piúria pode ser mais precisa que bacteriúria para distinguir uma "infecção verdadeira" de contaminação: 95% dos pacientes com piúria têm uma infecção do trato geniturinário; entretanto, piúria não é capaz de distinguir uma UTI bacteriana de síndrome uretral aguda. Além de uma UTI, qualquer uma das causas de síndrome uretral aguda (ver Seção IV.A) pode resultar em piúria. Por exemplo, tuberculose é uma causa de piúria com uroculturas de rotina negativas, embora culturas para micobactérias sejam positivas em 90% dos casos. Nefropatia de analgésico, nefrite intersticial, abscesso perinéfrico, abscesso cortical renal, infecção fúngica disseminada e apendicite podem também resultar em piúria.

D. **Testes Bioquímicos para Bacteriúria.** Duas capacidades metabólicas compartilhadas pela maioria dos patógenos do trato urinário são uso de glicose e redução de nitrato a nitrito; estas são propriedades de todas as Enterobacteriaceae. Uma vez que pequenas quantidades de glicose e nitrato estão normalmente presentes na urina, a presença de números significativos de bactérias na urina resulta na ausência de glicose e presença de nitrito. Bastões de imersão são disponíveis comercialmente para ambos os tipos de testes. Estudos com fitas de indicador de nitrito mostram que 85% das mulheres e crianças com bacteriúria significativa confirmada por cultura mostram resultados positivos, se forem testados três espécimes de urina da manhã consecutivos. Um espécime de urina da manhã é preferido para o teste de nitrito, porque a maioria das bactérias leva 4 a 6 horas para converter nitrato em nitrito. Um teste de nitrito negativo pode ser observado em pacientes tomando diuréticos ou com organismos que não produzem nitrato redutase (*Staphylococcus* sp., *Enterococcus* sp. e *P. aeruginosa*). A sensibilidade do teste de uso de glicose é aproximadamente 90% a 95% em pacientes sem diabetes melito. Ambos os testes bioquímicos têm menos de 5% de resultados falso-positivos. Portanto, estes testes bioquímicos podem ser usados pelos pacientes ou os pais, após instrução adequada, para determinar quando culturas quantitativas são necessárias no tratamento de episódios recorrentes de UTI. Viés de espectro no uso de bastões de imersão deve ser evitado. Bastões de imersão devem apenas ser usados em pacientes com sintomas sugestivos de UTI (*i. e.*, alta probabilidade pré-teste de UTI) e não para triagem assintomática, como em gravidez.

E. **Localização do Local de Infecção.** O local de infecção dentro do trato urinário tem grande importância terapêutica e prognóstica. UTI superior (pielonefrite) indica uma probabilidade muito maior de uropatia subjacente (p. ex., anomalias congênitas, cálculos renais, oclusão ureteral, refluxo vesicoureteral, bexiga neurogênica ou hipertrofia prostática) ou instrumentação prévia (ver Seção III.B). Recidivas com as mesmas bactérias frequentemente multirresistentes a antibióticos são comuns com pielonefrite ou prostatite bacteriana crônica. O tratamento é longo (mínimo de 10 a 14 dias) e pode ser árduo. Por outro lado, cistite raramente é complicada, e o tratamento pode ser curto (dose única ou 3 dias) e usualmente é fácil. Não existe caminho fácil para distinguir entre UTIs superiores e inferiores por testes laboratoriais simples. A dificuldade para fazer esta distinção confiavelmente em bases clínicas unicamente foi discutida (ver Seção IV.B). Métodos indiretos mais antigos (p. ex., anticorpos séricos, teste de concentração da urina e atividade de β-glicuronidase urinária) não são sensíveis nem específicos. Métodos diretos de localização (p. ex., cateterismo ureteral, biópsia renal e técnica de lavagem da bexiga) são arriscados, caros ou ambos. Erradicação de bacteriúria com antibioticoterapia de dose única ou curta série (3 dias) em pacientes sintomáticos com doença não complicada é um método prático para localização presuntiva da infecção na bexiga ou na uretra.

F. **Radiografia e Outros Procedimentos Diagnósticos: Indicações.** O principal papel de estudos radiográficos e urológicos em pacientes com UTIs é detectar refluxo vesicoureteral, cálculos renais e lesões potencialmente corrigíveis que obstruem o fluxo de urina e causam estase. Reinfecções não complicadas (cistite e uretrite) em mulheres que respondem a tratamento antimicrobiano de curta duração não são uma indicação para investigação radiográfica e cistoscópica do trato urinário. Avaliação radiológica e urológica deve ser considerada em todas as crianças com um primeiro episódio de UTIs (exceto meninas escolares). Ênfase especial deve ser dada na detecção precoce de anormalidades urológicas em todas as crianças jovens e meninos com uma primeira infecção, bem como qualquer criança com pielonefrite ou uma evolução complicada. Uma revisão de estudos avaliando exames diagnóstico de imagens em crianças com UTIs mostraram a necessidade de mais pesquisa baseada em evidência nesta área. Avaliação radiológica e urológica deve ser considerada em adultos com UTIs. No passado, todas as UTIs em homens eram consideradas complicadas. A recomendação convencional de que todos os homens se apresentando com UTIs iniciais passem por avaliação urológica para identificar anormalidades anatômicas ou funcionais predisponentes ainda é seguida. Entretanto, vários estudos indicaram que apenas aproximadamente 20% dos homens têm anormalidades previamente não identificadas. Alguns homens sexualmente ativos estão em um risco mais alto de cistite (homens homossexuais, homens com uma parceira que abriga um uropatógeno, e homens não circuncidados). O valor da avaliação urológica neste grupo de alto risco, com um único episódio de cistite e um curso não complicado, não é conhecido. Em geral, avaliações urológicas são recomendadas nas seguintes situações: (a) homens com primeiro episódio, (b) todos os pacientes com uma infecção complicada ou bacteremia, (c) suspeita de obstrução ou cálculos renais, (d) hematúria seguindo-se a infecção, (e) falta de resposta à antibioticoterapia apropriada, e (f) pacientes com infecções recorrentes.

Alguns especialistas recomendam a avaliação de todos os pacientes com pielonefrite. A avaliação radiológica de um subgrupo de pacientes com pielonefrite (mulheres jovens e de outro modo sadias que respondem bem ao tratamento) pode ter um baixo rendimento diagnóstico. Em um estudo, apenas 1 de 25 mulheres jovens com pielonefrite não complicada tinha uma etiologia cirurgicamente corrigível, e 2 de 25 tinham anormalidades focais que se resolveram em uma ultrassonografia de acompanhamento. Isto levou outros a recomendar uma avaliação diagnóstica em mulheres jovens com pielonefrite não complicada após a segunda recorrência, ou a qualquer tempo, se uma evolução complicada estiver presente. A facilidade de obter um teste não invasivo (ultrassonografia) aumentou as avaliações radiológicas para a maioria dos pacientes admitidos com pielonefrite.

Ultrassonografia com uma radiografia simples do abdome substituiu o pielograma intravenoso (IVP) como o estudo radiológico inicial na maioria dos adultos. Para uma avaliação detalhada da junção ureterovesical, bexiga e uretra, uma cistouretrografia miccional e análise da urina residual após micção podem ser necessárias. Se refluxo vesicoureteral estiver presente após infecção aguda ter sido tratada, um urologista deve ser consultado. Cistoscopia pode estar justificada. Tomografia computadorizada (TC) com contraste dos rins é a modalidade de imagem mais efetiva em pacientes adultos com pielonefrite. TC tem alta sensibilidade para detectar anormalidades renais e coleções líquidas perirrenais. TC espiral sem contraste é o exame mais sensível para detectar cálculos renais, uma vez que muitos não são vistos em radiografia simples ou ultrassom do abdome. Procedimentos de imagem radionuclídeo não são usados na avaliação de pacientes adultos com UTI, mas são úteis em crianças com pielonefrite. Comumente, estudos radiográficos não devem ser realizados dentro de 6 semanas de infecções agudas.

Bacilos Gram-negativos têm a capacidade de impedir peristalse ureteral, e anormalidades transitórias da IVP são comuns com pielonefrite aguda. Estas incluem hidroureter, refluxo vesicoureteral, pielograma diminuído, perda do contorno renal e aumento renal. Pielonefrite aguda com um ureter obstruído é uma emergência cirúrgica, e um abscesso perinéfrico também exige drenagem cirúrgica. Estas complicações, no entanto, são mais bem detectadas inicialmente por ultrassonografia e por TC, respectivamente. Para evitar insuficiência renal aguda induzida por radiocontraste, urografia excretora e outros estudos radiocontrastados devem ser evitados sempre que possível em pacientes com uma creatinina sérica acima de 1,5 mg/dL, diabetes melito, desidratação ou idade avançada.

VI. TRATAMENTO DA UTI

A. Princípios de Tratamento Subjacente e Acompanhamento. Para tratar com sucesso uma UTI, o clínico deve ter conhecimento de suscetibilidade e mecanismos de resistência microbianas, farmacocinética e farmacodinâmica, e situação das defesas do hospedeiro. Primeiro, a maioria dos uropatógenos são suscetíveis a uma ampla variedade de antibióticos; entretanto, bactérias Gram-negativas resistentes frequentemente são vistas com cateteres de demora, em pacientes imunocomprometidos, e em pacientes com bacteriúria recidivante. Segundo, a maioria dos antibióticos é filtrada pelo rim e atinge uma concentração urinária que é, muitas vezes, mais alta que a concentração inibitória mínima. Terceiro, embora a maioria dos antibióticos atinja concentração adequada no tecido renal, apenas tetraciclinas, trimetoprim-sulfametoxazol e fluoroquinolonas alcançam concentrações razoáveis na próstata. Finalmente, pacientes com anormalidades sistêmicas ou locais nas defesas de hospedeiro geralmente desenvolvem uma infecção renal que é refratária ao tratamento. Neste caso, antibióticos que atingem concentrações séricas adequadas e são bactericidas são preferíveis a agentes bacteriostáticos. Ressalvas básicas para o tratamento efetivo de UTIs são descritas aqui.

1. **Pacientes assintomáticos** devem ter contagens de colônias $\geq$ 100.000/mL em pelo menos duas ocasiões antes de ser considerado tratamento.
2. A não ser que sintomas estejam presentes, **nenhuma tentativa deve ser feita para erradicar bacteriúria** até que cateteres, cálculos ou obstruções sejam removidos.
3. Pacientes selecionados com bacteriúria crônica podem-se beneficiar com tratamento supressivo.
4. Um paciente que desenvolva **bacteriúria como resultado de cateterismo** deve receber tratamento para restabelecer uma urina estéril após a remoção do cateter.
5. **Agentes antimicrobianos usados para tratamento** devem ser os agentes mais seguros e menos caros aos quais os microrganismos causadores sejam suscetíveis.
6. **Eficácia do tratamento** deve ser avaliada por urocultura 1 semana após o encerramento do tratamento, exceto em mulheres adultas não grávidas que respondam ao tratamento para cistite não complicada e pielonefrite não complicada.

B. **Agentes Antimicrobianos**
1. **β-Lactâmicos.** A crescente resistência a antimicrobiano observada em *E. coli* torna a amoxicilina e ampicilina escolhas menos atraentes para tratamento empírico no paciente com uma UTI complicada, a menos que *enterococo* seja fortemente considerado o agente etiológico. Amoxicilina substituiu ampicilina oral em decorrência da biodisponibilidade melhorada e administração menos frequente. Amoxicilina é efetiva para cistite não complicada, mas tratamento de curto curso (dose única e esquemas de 3 dias) geralmente têm sido menos efetivos que trimetoprim-sulfametoxazol ou fluoroquinolonas administrados para uma duração similar. Cefixima e cefpodoxima são as cefalosporinas de terceira geração orais com atividade aumentada contra bactérias Gram-negativas entéricas, meia-vida sérica mais longa, e administração menos frequente que cefalosporinas de primeira geração. β-Lactâmicos parenterais são geralmente reservados para infecções mais complicadas. Ceftriaxona é uma cefalosporina de terceira geração com boa atividade contra a maioria das bactérias entéricas adquiridas na comunidade (exceto *P. aeruginosa*). Ceftazidima e cefepima são exemplos de cefalosporinas com boa atividade contra muitas bactérias Gram-negativas, incluindo *P. aeruginosa*.
2. **Nitrofurantoína** é ativa contra muitos uropatógenos, incluindo *Escherichia coli, S. saprophyticus* e *Enterococcus faecalis*. Algumas bactérias Gram-negativas são resistentes à nitrofurantoína (*Klebsiella, Enterobacter* e *Pseudomo-*

nas species), tornando-a um agente menos que ideal para o tratamento empírico de UTIs complicadas. Nenhum aumento clinicamente significativo em resistência foi observado. Entretanto, esta droga é significativamente menos ativa que fluoroquinolonas e trimetoprim-sulfametoxazol contra bacilos Gram-negativos aeróbicos não *Escherichia coli* e é inativa contra espécies de *Proteus* e *Pseudomonas*. O principal papel do tratamento com nitrofurantoína inclui o tratamento de cistite não complicada e como agente alternativo para cistite causada por *Enterococcus faecalis*. A dose adulta oral de preparações cristalinas e macrocristalinas é 50 a 100 mg a cada 6 horas por 7 dias. Embora um esquema de 3 dias tenha sucesso em muitos pacientes com cistite não complicada, uma experiência clínica achou nitrofurantoína menos efetiva que um esquema de 3 dias de trimetoprim-sulfametoxazol. Pacientes com insuficiência renal (depuração de creatinina menos de 60 mL/minuto) não devem receber este agente. Nitrofurantoína foi usada na gravidez [U.S. Food and Drug Administration (FDA) categoria B], embora seja contraindicada em mães amamentando, mulheres grávidas perto do termo e recém-nascidos (nos quais ela é associada à anemia hemolítica). Tratamento supressivo teve sucesso em alguns pacientes, embora preocupação com reações menos comuns (p. ex., neuropatia periférica, pneumonite e hepatite) possa limitar seu uso a longo prazo.

3. **Trimetoprim-Sulfametoxazol e Trimetoprim.** Trimetoprim-sulfametoxazol tem um amplo espectro de atividade contra muitos uropatógenos. Entretanto, falta de atividade clínica contra *enterococos* e *P. aeruginosa*, bem como resistência aumentada de algumas bactérias Gram-negativas entéricas (*Klebsiella* species, *Enterobacter* species), tornam trimetoprim-sulfametoxazol um agente menos que ideal para o tratamento de UTIs complicadas. Além disso, padrões de resistência tabulados por laboratórios de microbiologia mostram variabilidade da resistência ao trimetoprim-sulfametoxazol dependendo da área geográfica; uma incidência de 18% está presente no sudeste e oeste dos Estados Unidos em mulheres com cistite aguda que tiveram uma UTI nos últimos 6 meses. Por essa razão, algumas autoridades recomendam o uso de trimetoprim-sulfametoxazol apenas se (a) o padrão de resistência local for menor que 20%, (b) não existir alergia a sulfa, e (c) nenhum uso recente de antibiótico estiver presente. De interesse, apesar de uma prevalência de 30% em algumas regiões, pelo menos metade das mulheres tratadas com trimetoprim-sulfametoxazol tem 80% a 85% de curas clínicas e microbiológicas.

Trimetoprim-sulfametoxazol é bem tolerado pela maioria dos pacientes. Efeitos adversos causados por sulfonamidas estão bem descritos e incluem sintomas gastrointestinais, elevação transitória na creatinina sérica, e reações hematológicas e dermatológicas. Sulfonamidas deslocam varfarina e agentes hipoglicêmicos da albumina, desse modo potencializando os efeitos destas drogas. Trimetoprim-sulfametoxazol é altamente efetivo para profilaxia e tratamento de cistite não complicada e para tratamento de pielonefrite não complicada. Um estudo randomizado com quatro diferentes esquemas medicamentosos de 3 dias em mulheres com cistite aguda não complicada observou que um esquema de 3 dias de trimetoprim-sulfametoxazol foi o mais custoefetivo. Trimetoprim-sulfametoxazol deve ser usado com cautela em pacientes com doença renal (depuração de creatinina < 30 mL/min) em virtude do risco de piora da insuficiência renal e hiperpotassemia. UTIs complicadas, especialmente infecções associadas a cateter e UTIs nosocomiais, devem passar pela realização de testes de suscetibilidade *in vitro*. Trimetoprim-sulfametoxazol foi usado na gravidez, mas não está aprovado pela FDA para mulheres grávidas. Outros agentes, como amoxicilina, nitrofurantoína e cefalosporinas, são preferíveis.

Trimetoprim isolado é preferido em relação a trimetoprim-sulfametoxazol por alguns especialistas para profilaxia e tratamento de cistite não complicada, porque sua eficácia é semelhante, e os efeitos colaterais são menos (em virtude da ausência de sulfametoxazol). Este agente não deve ser usado isoladamente para o tratamento de UTIs complicadas.

Monoterapia com trimetoprim também alcança boas concentrações na próstata, e é uma alternativa a fluoroquinolonas dependendo do padrão de suscetibilidade das bactérias.

4. Múltiplas **fluoroquinolonas** são agora disponíveis para uso clínico (Quadros 7-2 e 7-3). Estes agentes atingem concentrações muito altas na urina e tecido renal, excedendo facilmente a concentração inibitória mínima da maioria dos uropatógenos. Fluoroquinolonas não devem ser usadas como agentes de primeira linha para tratamento de cistite não complicada por causa da preocupação com o desenvolvimento de resistência e por causa do custo. Entretanto, o seu espectro antimicrobiano e perfil geralmente baixo de efeitos colaterais os tornam excelentes escolhas para tratamento empírico de UTIs complicadas. Entre os agentes atuais dentro desta classe de antimicrobiano, nenhuma droga particular demonstrou eficácia clínica superior para o tratamento de pacientes com UTIs. Uma exceção é moxifloxacina, que não atinge concentrações urinárias adequadas e não deve ser usada no tratamento de UTIs. Fluoroquinolonas não devem ser usadas para UTIs enterocócicas (apenas 60% a 70% suscetíveis) durante gravidez ou em crianças (até ser disponível informação adicional). Antiácidos contendo alumínio e magnésio, e preparações contendo ferro, cálcio e zinco não devem ser administrados com fluoroquinolonas orais em virtude de uma diminuição significativa na absorção. Em geral, estes agentes são bem tolerados pela maioria dos pacientes. Os efeitos adversos mais comuns são gastrointestinais e sobre o sistema nervoso central, mas é infrequente que estes levem à descontinuação da droga. Fotossensibilidade pode limitar o uso de alguns destes agentes (p. ex., lomefloxacina, esparfloxacina). Muitos destes agentes são disponíveis para administração parenteral e oral. Conversão do tratamento parenteral para oral (terapia de escalonamento [*step-down therapy*]) deve ser considerada em pacientes que estão clinicamente estáveis e tolerando medicações orais. A excelente biodisponibilidade destas drogas, o bom sucesso clínico com tratamento oral e o alto custo do tratamento parenteral devido a complicações relacionadas com cateter intravenoso e custo das preparações intravenosas são todas boas razões para considerar tratamento oral.

5. Macrolídeos — Eritromicina, claritromicina e azitromicina podem ser considerados para o tratamento de *Mycoplasma* sp. e *U. urealyticum*.
6. Tetraciclinas — Podem ser usadas para *Chlamydia* sp. e *Mycoplasma* sp.

C. **Tratamento de Bacteriúria Assintomática**
1. **Gravidez** aumenta o risco de complicações de UTI. A taxa de prematuros nascidos de mulheres que têm bacteriúria durante gravidez é aumentada, e 20% a 40% destas pacientes desenvolvem pielonefrite. Tratamento bem-sucedido nestas pacientes com bacteriúria diminui o risco de infecção

Paciente com Infecção do Trato Urinário | 143

Quadro 7-2	Agentes Antimicrobianos Orais Comumente Usados para o Tratamento de Infecções do Trato Urinário	
	Dose Adulta	Comentário
Agentes Diversos		
Trimetoprim	100 mg cada 12 h	Profilaxia, cistite não complicada
Trimetoprim-sulfametoxazol	160 mg/800 mg cada 12 h	Cistite não complicada; custo efetivo
Nitrofurantoína	50–100 mg cada 6 h	Profilaxia, cistite não complicada
Tetraciclina	250–500 mg cada 6 h	Profilaxia
β-Lactâmicos[a]		
Amoxicilina	250–500 mg cada 8 h	Durante gravidez, infecções enterocócicas
Cefalexina ou cefradina	250 mg cada 6 h	Durante gravidez, cistite não complicada
Cefixima	200 mg cada 12 h/ 400 mg cada 24 h	Terapia de escalonamento (step-down therapy)[a]
Cefpodoxima	100–200 mg cada 12 h	Terapia de escalonamento (step-down therapy)[a]
Fluoroquinolonas		
Norfloxacina	400 mg cada 12 h	Baixos níveis séricos de droga
Ciprofloxacina	250–500 mg cada 12 h	Primeira fluoroquinolona "sistêmica"
Lomefloxacina	400 mg cada 24 h	Reações de fotossensibilidade cutânea
Enoxacina	400 mg cada 12 h	Interações de drogas P-450[b]
Ofloxacina	200–400 mg cada 12 h	Geralmente, substituída pela levofloxacina
Levofloxacina	250–500 mg cada 24 h	L-isômero da ofloxacina.

Comentários para agentes diversos e β-lactâmicos relacionam-se com o papel no tratamento.
O papel das fluoroquinolonas tem sido para tratamento de infecções do trato urinário complicadas e como agente alternativo para cistite não complicada. Como estes agentes não foram comparados rigorosamente, os comentários são relacionados com o espectro geral de atividade, perfil de efeitos colaterais e interações de drogas
[a]Terapia de curta duração para cistite não complicada geralmente tem sido menos efetiva que o uso de trimetoprim-sulfametoxazol ou fluoroquinolonas por uma duração semelhante. O papel principal das cefalosporinas orais de amplo espectro (cefixima, cefpodoxima) tem sido para o tratamento de infecções complicadas do trato urinário (agente alternativo) e para terapia de escalonamento (step-down therapy)[a] de intravenosa para oral.
[b]Enoxacina é um inibidor potente de isoenzimas hepáticas P-450. (Inibição de isoenzimas hepáticas causa uma elevação dos níveis séricos de teofilina e cafeína.)

Quadro 7-3	Agentes Antimicrobianos Intravenosos Comumente Usados para o Tratamento de Infecções do Trato Urinário (UTIs)	
	Dose Adulta	**Comentário**
β-Lactâmicos		
Ampicilina	1–2 g cada 4 h	*Enterococcus faecalis*; geralmente, combinada com gentamicina
Ceftriaxona	1 g cada 12–24 h	Pielonefrite
Ceftazidima	1–2 g cada 8-12 h	UTI complicada, incluindo *Pseudomonas aeruginosa*
Cefepima	1–2 g cada 12 h	UTI complicada, incluindo *Pseudomonas aeruginosa*
Aztreonam	1 g cada 8–12 h	Paciente alérgico à penicilina
Fluoroquinolonas[a]		
Ciprofloxacina	200–400 mg cada 12 h	—
Ofloxacina	200–400 mg cada 12 h	Geralmente, alterada para levofloxacina
Levofloxacina	500 mg cada 24 h	—
Agentes Diversos		
Trimetoprim-sulfametoxazol	160 mg/800 mg cada 12 h	Profilaxia, cistite não complicada
Vancomicina	1 g cada 12 h	*Staphylococcus aureus* resistente à meticilina; infecção enterocócica grave no paciente alérgico à penicilina
Gentamicina	4–7 mg/kg cada 24 h	Infecção Gram-negativa grave
	1,5–2,0 mg/kg cada 8 h	Esquema posológico mais antigo; para enterococo, combinada com ampicilina

[a]Uma vez que fluoroquinolonas orais têm excelente biodisponibilidade e custo aproximadamente 20% das fluoroquinolonas parenterais, conversão de terapia intravenosa para oral deve ser feita quanto o paciente está clinicamente estável.

sintomática por 80% a 90%. Portanto, todas as mulheres devem ser triadas duas vezes durante a gestação quanto à bacteriúria assintomática. Mulheres grávidas com uma história de UTI recorrente devem fazer culturas mensais e devem fazer exames de imagem do trato urinário antes da concepção ou precoce na gravidez para avaliar quanto a doença estrutural. Todas as pacientes com bacteriúria devem ser tratadas, com culturas de acompanhamento para identificar recidivas. Profilaxia em longo prazo não oferece vantagem sobre vigilância estreita. Ao selecionar tratamento, o risco para o feto deve ser considerado. Amoxicilina, amoxicilina-clavulanato, nitrofurantoína ou cefalexina por 3 a 7 dias geralmente é suficiente, porque quase todas estas infecções são causadas por *Escherichia coli* suscetível. Tetraciclinas (FDA categoria D), trimetoprim-sulfametoxazol (FDA categoria C) e fluoroquinolonas (FDA categoria C) devem ser evitadas.

2. **Crianças.** Bacteriúria assintomática em meninas pré-escolares e escolares pode significar refluxo vesicoureteral subjacente. Além disso, refluxo vesicoureteral, quando combinado com bacteriúria recorrente, pode resultar em formação de cicatriz renal progressiva. Por essa razão, nesta população em risco, bacteriúria assintomática deve ser rotineiramente detectada e tratada, com avaliações urológicas de acompanhamento após 6 semanas.

3. **População Geral.** Bacteriúria assintomática em homens e mulheres não grávidas, uma condição comum em idosos, não parece causar dano renal na ausência de uropatia obstrutiva ou refluxo vesicoureteral. Estudos randomizados prospectivos de tratamento para bacteriúria assintomática no idoso foram revistos recentemente. De cinco estudos revisados, três tinham tamanhos de amostra muito pequenos, e um estudo não cego mostrou uma diminuição sem significância estatística nas infecções sintomáticas. O maior estudo randomizado não demonstrou qualquer diferença significativa em mortalidade entre pacientes tratados e não tratados. Portanto, tentativas repetidas para tratar a bacteriúria com agentes antimicrobianos parecem não justificadas; elas podem apenas selecionar microrganismos mais resistentes e criar uma necessidade de antibióticos mais tóxicos e mais caros, caso o paciente subsequentemente desenvolva sintomas. Tratamento de UTIs associadas a cateter assintomáticas deve ser evitado em virtude do risco de desenvolver um reservatório de organismos resistentes. Pacientes com diabetes também têm uma alta incidência de bacteriúria assintomática. A bacteriúria não necessita ser tratada uma vez que não é associada a resultados renais adversos, e estudos observaram que tratamento não reduz infecção sintomática.

4. **Diversos.** Instrumentação do trato geniturinário deve ser evitada em pacientes com bacteriúria assintomática ou, se necessário, feita sob cobertura de tratamento antimicrobiano profilático. Tratamento de bacteriúria associada a cateter assintomática é recomendado apenas para (a) pacientes submetendo-se a cirurgia urológica ou implantação de uma prótese, (b) parte de um plano de tratamento para controlar um organismo virulento predominante em uma unidade de tratamento, (c) pacientes em risco de complicações infecciosas sérias, como indivíduos imunossuprimidos, e (d) tratamento de patógenos associados a alto risco de bacteremia, como *Serratia marcescens*.

D. **Tratamento de Cistite Não Complicada.** Cistite aguda e uretrite por coliformes com baixa contagem de colônias são doenças quase exclusivamente de mulheres, principalmente mulheres sexualmente ativas entre as idades de 15 a 45 anos. Embora reinfecção seja comum, complicações são raras.

1. **Tratamento de Curta Duração.** Existe apreciável evidência de que as infecções verdadeiramente limitadas à bexiga ou uretra respondem tão bem ao tratamento com dose única ou de curto curso (3 dias) quanto ao tratamento convencional por 10 a 14 dias. De fato, resposta ao tratamento de dose úni-

ca ou curto curso significa uma UTI inferior. Revisões de tratamento de curta duração concluíram que esquemas de 3 dias são mais efetivos que tratamento com dose única. Um estudo randomizado avaliou quatro diferentes esquemas de 3 dias de drogas em mulheres com cistite aguda não complicada. Um esquema de 3 dias de trimetoprim-sulfametoxazol foi mais efetivo que um esquema de 3 dias de nitrofurantoína. As taxas de cura com cefadroxil (66%) e amoxicilina (67%) não foram diferentes estatisticamente da taxa de cura com trimetoprim-sulfametoxazol (82%). O esquema de 3 dias de trimetoprim-sulfametoxazol foi o melhor esquema custoefetivo. As diretrizes da *Infectious Diseases Society of America* (IDSA) recomendam o uso de esquemas de 3 dias orais, incluindo trimetoprim-sulfametoxazol ou uma fluoroquinolona. Esta variedade de tratamentos é um avanço importante no tratamento de cistite não complicada e uretrite de coliforme, porque todos os pacientes eram tratados anteriormente com os 10 a 14 dias de tratamento padrão. Mulheres diabéticas com infecções não complicadas (*i. e.*, com trato urinário normal) também podem ser tratadas com uma série de 3 dias de antibioticoterapia. Culturas de urina pós-tratamento não são necessárias a menos que persistam sintomas. Exames de imagem do trato urinário, tal como ultrassonografia, IVP e TC não são necessários na maioria dos casos, porque anormalidades corrigíveis raramente são encontradas.

2. **Esquema de Sete Dias.** Uma série mais longa de tratamento para cistite deve ser considerada em pacientes com fatores complicadores que levam a uma taxa mais baixa de sucesso e risco mais alto de recidiva. Estes fatores complicadores incluem uma história de sintomas prolongados (mais de 7 dias), UTI recente, pacientes diabéticos com trato urinário anormal, idade maior do que 65 anos e uso de diafragma. É importante que idosos frequentemente têm bacteriúria renal concomitante; por essa razão, não deve ser usado tratamento de curta duração.

3. **Piúria sintomática sem bacteriúria** em uma pessoa jovem hígida sugere uretrite clamidial ou gonocócica. A importância de documentar estas infecções, bem como triar quanto a outras STDs (p. ex., infecção pelo vírus de imunodeficiência humana, sífilis) e a necessidade de aconselhar sobre redução do risco de STD, nunca será exagerada. Diretrizes recentes sugerem que uma dose única de azitromicina ou uma série de 7 dias de doxiciclina é efetiva para uretrite clamidial. Tratamento de uretrite gonocócica inclui uma dose única de ceftriaxona ou cefixima, ou uma fluoroquinolona combinada com tratamento para infecção clamidial.

E. **Tratamento de Cistite Recorrente (Reinfecções).** Dez por cento a 20% das mulheres desenvolvem UTIs recorrentes dentro de vários meses. Algumas infecções são relacionadas com tratamento antimicrobiano inadequado. É comum, no entanto, mulheres cujas células epiteliais periuretrais e vaginais sustentam avidamente a fixação de bactérias coliformes terem episódios recorrentes de cistite na ausência de anormalidades estruturais reconhecidas do trato urinário. Um estudo prospectivo recente de UTIs em mulheres jovens identificou uso recente de um diafragma e espermicida, como Nonoxynol-9; intercurso sexual recente; e uma história de infecção recorrente como fatores de risco para infecção.

1. **Estratégias Antimicrobianas.** As estratégias para tratar a doença de mulheres com episódios frequentes de cistite incluem (a) profilaxia pós-coital,

(b) profilaxia com baixa dose contínua, (c) tratamento autoadministrado pelo paciente, e (d) consideração de contracepção ou métodos de barreira contra STDs sem o uso de espermicidas vaginais. Profilaxia pós-coital é extremamente útil para pacientes que associam UTIs recorrentes com intercurso sexual. Nestas mulheres, uma única dose de um antimicrobiano após intercurso sexual ou três vezes por semana ao deitar demonstrou reduzir significativamente a frequência de episódios de cistite, de uma média de 3 por paciente-ano para 0,1 por paciente-ano. Mulheres com infecções recorrentes frequentes (mais de três UTIs por ano) recebem orientações destes esquemas profiláticos. Mulheres com menos de três UTIs por ano podem ter orientações de tratamento autoadministrado. Múltiplos agentes antimicrobianos demonstraram eficácia na profilaxia e tratamento autoadministrado. Alguns destes esquemas incluem nitrofurantoína, 100 mg; trimetoprim, 100 mg; trimetoprim-sulfametoxazol, 40 mg/200 mg; e cefalexina, 250 mg. Fluoroquinolonas e cefalosporinas também são efetivas, mas são mais caras. Embora profilaxia antimicrobiana seja efetiva e geralmente tolerada com segurança durante meses a anos, tratamento com dose única para cistite aguda torna a profilaxia mais cara e possivelmente mais arriscada para a maioria das pacientes por causa de alterações na flora bacteriana fecal e vaginal. De fato, autoadministração de um esquema de dose única ao início de sintomas comprovou ser tão custoefetiva quanto profilaxia.

2. **Profilaxia Não Antimicrobiana.** Incentivar as mulheres a praticar esvaziamento regular e completo da bexiga pode ajudar a prevenir cistite recorrente. Esvaziamento pós-coital da bexiga também foi amplamente recomendado, embora um estudo prospectivo não demonstrasse qualquer relação com infecções recorrentes. Além disso, várias medidas preventivas teóricas se relacionam com o uso de um método alternativo de contracepção: usar um diafragma adequadamente adaptado, urinar frequentemente quando usando um diafragma e limitar o uso de diafragma às 6 a 8 horas recomendadas após intercurso. As mulheres devem também aumentar a ingestão de líquido para aumentar a frequência de micção. Em mulheres pós-menopáusicas, administração intravaginal de estriol pode reduzir UTIs recorrentes ao modificar o meio ambiente para a flora vaginal. Suco de cranberry (300 mL/dia) foi efetivo em diminuir bacteriúria assintomática com piúria em mulheres pós-menopáusicas. A pequena diferença nas UTIs sintomáticas não foi estatisticamente significativa.

3. **Tratamentos Emergentes.** Muitas UTIs recorrentes se originam da capacidade das bactérias de se fixarem e invadirem a mucosa vesical. Pilicidas são pequenas moléculas sintéticas que interferem com a adesão do pilus, desse modo bloqueando adesão bacteriana e formação subsequente de reservatório. Os pilicidas têm potencial como tratamento para UTIs recorrentes, mas sua eficácia em modelos animais ainda não foi descrita. Manosídeo, um análogo de receptor solúvel, é também um antiadesivo que se liga a FimH. FimH possibilita às bactérias ligar-se e invadir células vesicais do hospedeiro, e manosídeo impede FimH de interagir com receptores do hospedeiro. Manosídeos mostraram ser promissores como tratamento, tanto profilaticamente quanto para infecções estabelecidas. Em um modelo de UTI em camundongos, manosídeo impediu invasão bacteriana para dentro do tecido da bexiga. Estes agentes também atuam sinergicamente com antibióticos para reduzir títulos de bactérias dentro do trato urinário de camundongos

infectados. Abordagens de vacinação também foram exploradas, mas até agora nenhuma mostrou proteger contra cistite.

F. Tratamento da Pielonefrite Bacteriana Aguda. A ocorrência de dor no flanco, dor à palpação no ângulo costovertebral, calafrios, febre, náusea e vômito com ou sem disúria sugere pielonefrite bacteriana aguda. Neste contexto clínico, hemoculturas e culturas quantitativas de urina devem ser obtidas. Se os pacientes ambulatoriais devem ser admitidos no hospital para tratamento, depende em parte de uma avaliação subjetiva da toxicidade, provável adesão ao tratamento e da situação em casa. Quando a avaliação é duvidosa, o paciente deve ser tratado no hospital, pelo menos até que uma resposta clara ao tratamento tenha ocorrido. Esta orientação também se aplica a pacientes com uropatias subjacentes conhecidas, porque complicações são mais comuns nestes pacientes.

1. **Tratamento Ambulatorial.** Recomendações para tratamento de pielonefrite não complicada estão delineadas no Quadro 7-4. Fluoroquinolona ou trimetoprim-sulfametoxazol é a droga de escolha para tratamento inicial de pielonefrite em pacientes ambulatoriais. Os padrões locais de suscetibilidade influenciarão a escolha do tratamento inicial. Depois de disponíveis os resultados de cultura e testes de suscetibilidade, uma série completa de 10 a 14 dias de tratamento antimicrobiano pode ser completada com a droga menos cara à qual o microrganismo do paciente for suscetível.

2. **Tratamento em Internação.** Pacientes que necessitem admissão no hospital devem ser tratados inicialmente com uma cefalosporina de terceira geração ou uma fluoroquinolona (intramuscular ou intravenosa), ou gentamicina ou tobramicina (1,5 a 2,0 mg/kg cada 8 horas ou 4,0 a 7,0 mg/kg cada 24 horas, com alteração apropriada do intervalo entre doses, se a creatinina sérica exceder 1 mg/dL), se a urina mostrar bacilos Gram-negativos no exame microscópico. Se cocos Gram-positivos forem vistos na urina, deve ser administrada ampicilina intravenosa (1 g a cada 4 horas) em adição ao aminoglicosídeo, para cobrir a possibilidade de infecção enterocócica, enquanto os resultados de culturas de urina e sangue, e os testes de suscetibilidade a antimicrobiano são aguardados. Se nenhuma complicação suceder e o paciente se tornar afebril, os dias restantes de um tratamento de 10 a 14 dias podem ser completados com tratamento oral. Entretanto, febre persistente, bacteriúria persistente em 48 a 72 horas, ou sinais contínuos de toxicidade além de 3 dias de tratamento sugerem a necessidade de uma avaliação para excluir obstrução, foco metastático ou a formação de um abscesso perinéfrico. O trato urinário é uma causa comum de sepse e choque bacterêmico em pacientes com uropatias subjacentes. Como em outros pacientes em choque séptico, líquidos intravenosos têm que ser administrados para manter perfusão arterial adequada, a qual geralmente resulta em um débito urinário excedendo 50 mL/hora. Falta de resposta ao tratamento aparentemente apropriada sugere a possibilidade de pus não drenado. Exame por ultrassonografia ou TC pode revelar um ureter obstruído ou abscesso perinéfrico, ambos os quais requerem drenagem cirúrgica.

G. Tratamento de Infecções Renais Recorrentes (Recidivas). Pielonefrite bacteriana crônica é um dos problemas mais refratários na medicina clínica; as taxas de recidiva são tão altas quanto 90%. A entidade é heterogênea com múltiplos fatores subjacentes.

Quadro 7-4	Recomendações para Tratamento de UTIs		
Infecção	Grupo	Medicação	Duração
Cistite não complicada	Mulheres jovens	Trimetoprim-sulfametoxazol, trimetoprim, fluoroquinolona[a]	3 d
Cistite	Mulheres com fatores de risco incluindo UTI recente, sintomas > 7 d, uso de diafragma, idade superior a 65 anos, pacientes diabéticas com estruturas GU anormais	Trimetoprim-sulfametoxazol, trimetoprim, fluoroquinolona, nitrofurantoína, cefalosporinas	7 d
	Mulheres grávidas	Amoxicilina, cefalosporinas[b], nitrofurantoína, sulfonamidas, trimetoprim-sulfametoxazol[c]	7 d
Pielonefrite não complicada aguda	Mulheres (pacientes ambulatoriais)	Fluoroquinolona, trimetoprim-sulfametoxazol, cefalosporina oral[d]	10–14 d
	Mulheres (pacientes internadas)	Fluoroquinolona[e], ceftriaxona, ampicilina mais gentamicina[f], trimetoprim-sulfametoxazol	14 d
Infecção complicada	Paciente ambulatorial	Fluoroquinolona	10–14 d
	Paciente hospitalizado	Fluoroquinolona[e], cefalosporinas[g], ampicilina mais gentamicina	14 d

(Continua)

Quadro 7-4	Recomendações para Tratamento de UTIs *(Cont.)*

GU, geniturinária; UTI, infecção do trato urinário.

[a] Fluoroquinolonas orais estão listadas no Quadro 7-2; elas não oferecem vantagem importante sobre trimetoprim-sulfametoxazol em mulheres com cistite não complicada.

[b] Cefalosporinas orais: cefradina, cefalexina.

[c] Trimetoprim-sulfametoxazol foi usado em gravidez, mas não foi aprovado pela U.S. Food and Drug Administration para pacientes grávidas.

[d] Cefalosporinas orais com um amplo espectro: cefpodoxima, loracarbef.

[e] Fluoroquinolonas disponíveis para administração intravenosa estão listadas no Quadro 7-3.

[f] Resistência à ampicilina aumentando entre muitas bactérias entéricas, incluindo *Escherichia coli*, limita a ampicilina como agente único para UTIs complicadas. Se enterococo não for provável, então é recomendada uma fluoroquinolona ou uma cefalosporina de terceira ou quarta geração parenteral.

[g] Alguns exemplos de cefalosporina parenterais estão listados no Quadro 7-3.

(Adaptado de Falagas ME. Practice guidelines: urinary tract infections. *Infect Dis Clin Pract* 1995;4:241-257; Kunin CM. *Detection, prevention, and management of urinary tract infections*, 5th ed. Philadelphia, PA: Lea & Febiger, 1997; Stamm WE. Urinary tract infections. In: Root RK, ed. *Clinical infectious diseases: a practical approach*, 1st ed. New York: Oxford University Press, 1999.)

1. **Fatores de Risco.** Para melhorar a taxa de sucesso, é da máxima importância que qualquer lesão corrigível seja reparada, que a obstrução ao fluxo de urina seja aliviada, e que corpos estranhos (p. ex., cateter urinário de demora ou cálculos coraliformes) sejam removidos, se possível. Se os fatores de risco não puderem ser corrigidos, a erradicação da bacteriúria a longo prazo é quase impossível. Tentar erradicação nesses casos leva apenas à emergência de espécies mais resistentes de bactérias ou fungos; consequentemente, o médico deve resignar-se a tratar episódios sintomáticos de infecção e suprimir bacteriúria em pacientes selecionados.
2. **Infecção Sintomática Aguda.** O tratamento de sintomas e sinais agudos de UTI em um paciente com bacteriúria renal crônica é o mesmo que em pacientes com pielonefrite bacteriana aguda. Uroculturas para detectar uma possível alteração na suscetibilidade antimicrobiana do microrganismo infectante são importantes. Os pacientes tóxicos também devem fazer hemoculturas.
3. **Tratamento Prolongado.** Alguns pacientes com bacteriúria recidivando após 2 semanas de tratamento respondem a 6 semanas de terapia antimicrobiana. Isto é especialmente verdadeiro em pacientes sem anormalidades estruturais subjacentes. Homens podem necessitar de 6 a 12 semanas de antibioticoterapia para UTIs febris, porque mais de 90% têm prostatite assintomática associada. Pacientes que falham com o tratamento mais longo, que têm repetidos episódios de infecção sintomática, ou que têm doença renal progressiva apesar das medidas corretivas são candidatos à quimioterapia supressiva.
4. **Quimioterapia Supressiva.** Para reduzir as contagens de colônias na sua urina, os pacientes selecionados para terapia supressiva devem fazer 2 a 3 dias de terapia antimicrobiana específica com alta dose à qual suas bactérias infectantes são suscetíveis. O agente preferido para supressão a longo prazo é mandelato de metenamina, 1 g quatro vezes por dia em adultos. Para ser mais efetivo, o pH da urina deve ser mantido abaixo de 5,5; isto pode ser realizado com ácido ascórbico, 500 mg duas a quatro vezes por dia. Alternativamente, a posologia de mandelato de metenamina isoladamente pode ser aumentada para 8 g ou mesmo 12 g/dia. A posologia deve ser ajustada à quantidade mínima requerida para manter a urina livre de bactérias. A fim de evitar acidose metabólica, a posologia de mandelato de metenamina deve ser reduzida em pacientes com insuficiência renal, nos quais 2 g/dia podem ser o suficiente. Nestes pacientes, mandelato de metenamina não deve ser usado absolutamente, a não ser que a depuração de creatinina exceda 10 mL/minuto. Tratamento alternativo é trimetoprim-sulfametoxazol (160 mg/800 mg comprimidos duas vezes por dia) ou nitrofurantoína (50 a 100 mg uma ou duas vezes por dia).
5. **Prognóstico.** Embora uma causa comum de morbidade apreciável, UTIs não desempenham um papel importante na patogênese de doença renal terminal. Pacientes que vêm para diálise ou transplante renal por causa de pielonefrite bacteriana crônica quase sempre têm um defeito estrutural subjacente. Mais frequentemente, a lesão é pielonefrite atrófica crônica associada a refluxo vesicoureteral iniciado na infância. O papel da correção cirúrgica de refluxo vesicoureteral não está claro, apesar de anos de debate; o que é certo, no entanto, é a importância do controle meticuloso de infecção em crianças para prevenir fibrose cicatricial renal progressiva e insuficiência renal no começo da idade adulta.

H. Tratamento da Prostatite

1. **Prostatite bacteriana aguda** é comumente acompanhada por cistite aguda, o que possibilita a recuperação do seu patógeno causador pela cultura da urina de micção. Massagem de uma glândula prostática agudamente inflamada frequentemente resulta em bacteremia; por essa razão, este procedimento deve ser evitado, a não ser que o paciente já esteja recebendo antibioticoterapia efetiva. A seleção de antimicrobiano depende do padrão de suscetibilidade das bactérias causadoras e da capacidade da droga de alcançar concentrações na próstata que excedam as concentrações inibitórias mínimas para as bactérias. A droga de escolha mais comumente ou é a combinação de trimetoprim-sulfametoxazol (cotrimoxazol) ou uma fluoroquinolona; o tratamento, entretanto, deve ser fundamentado, em última análise, em um diagnóstico microbiológico acurado. Antibióticos β-lactâmicos devem ser evitados por causa das baixas concentrações atingidas no tecido prostático e taxas de cura mais baixas. Tratamento deve ser administrado por 30 dias para prevenir prostatite bacteriana crônica. Depois da regressão dos sintomas agudos, um antibiótico oral adequado pode ser administrado em dose plena durante pelo menos 30 dias. Cateterismo uretral deve ser evitado. Se houver desenvolvimento de retenção urinária aguda, a drenagem deve ser por aspiração suprapúbica com agulha ou, se for necessária drenagem vesical prolongada, por um cateter de cistostomia suprapúbica, colocado no paciente sob anestesia local.

2. **Prostatite Bacteriana Crônica.** A marca característica da prostatite bacteriana crônica é UTI recidivante. Ela é extremamente refratária a tratamento. Embora eritromicina com alcalinização da urina tenha sido efetiva contra patógenos Gram-positivos suscetíveis, a maioria dos casos de prostatite bacteriana crônica é causada por bacilos entéricos Gram-negativos. Cotrimoxazol ou uma fluoroquinolona é a droga de escolha. Aproximadamente 75% dos pacientes melhoram, e 33% são curados com 12 semanas de tratamento com cotrimoxazol (160 mg/800 mg duas vezes por dia). Em pacientes que não podem tolerar cotrimoxazol ou uma fluoroquinolona, nitrofurantoína, 50 ou 100 mg uma ou duas vezes ao dia, pode ser usada para terapia supressiva a longo prazo (6 a 12 meses).

3. O tratamento para **prostatite crônica não bacteriana** é difícil porque uma etiologia exata não foi identificada. Em decorrência de uma preocupação com *C. trachomatis, U. urealyticum* e outros organismos fastidiosos e difíceis de cultivar, muitos especialistas recomendam uma experiência de 6 semanas com uma tetraciclina ou eritromicina. Tratamento sintomático com drogas anti-inflamatórias não esteroides e bloqueadores dos α-receptores também têm sido usado.

I. Recomendações para o Cuidado de Cateteres Urinários.
Cateteres urinários são instrumentos valiosos para possibilitar drenagem da bexiga, e embora eles possam ser associados à bacteriúria assintomática, seu uso é também associado a um risco apreciável de infecção no trato urinário, especificamente pielonefrite. Além disso, bacteremia e sepse são complicações reconhecidas.

Em 1º de agosto de 2007, os Centers for Medicare e Medicaid Services lançaram uma decisão de implementar uma modificação no Sistema de Pagamento Prospectivo do Paciente Internado pelo qual pagamento adicional pela complicação ou comorbidade de uma UTI relacionada com cateter não será reembolsado.

Por essa razão, é imperativo que diretrizes para a prevenção e o tratamento apropriado de UTIs relacionadas com cateter sejam impostas. Além disso, documentação de uma UTI existente no momento da admissão é recomendada.

Para uma única cateterização (entrada e saída), o risco é pequeno (12%), embora esta prevalência seja muito mais alta em mulheres diabéticas e idosas. Cateterização intermitente é uma alternativa segura para pacientes em quatro situações: (a) crianças com bexiga neurogênica (como espinha bífida), (b) contração detrusora reflexa não controlada resultando em incontinência em mulheres, (c) retenção urinária crônica decorrente da contração inefetiva ou ausente do detrusor, e (d) obstrução da saída da bexiga em homens que não são candidatos cirúrgicos.

Na ausência de obstrução da saída, condom cateter é um método alternativo de drenagem urinária que tem uma incidência mais baixa de bacteriúria.

Bacteriúria ocorre em geralmente todos os pacientes com cateter urinário de demora dentro de 3 a 4 dias, a não ser que a colocação seja feita sob condições estéreis, e um sistema de drenagem fechada estéril seja mantido (Fig. 7-4). O uso de uma irrigação de neomicina–polimixina não evita infecções associadas a cateter. Para diminuir a incidência de UTIs associadas a cateter, o uso de cateter suprapúbico, sistema de drenagem com condom ou cateteres intermitentes pode ser preferível em pacientes apropriados. Recomendações explícitas para a prevenção de UTIs associadas a cateter, formuladas pelos Centers for Disease Control and Prevention, são as seguintes:

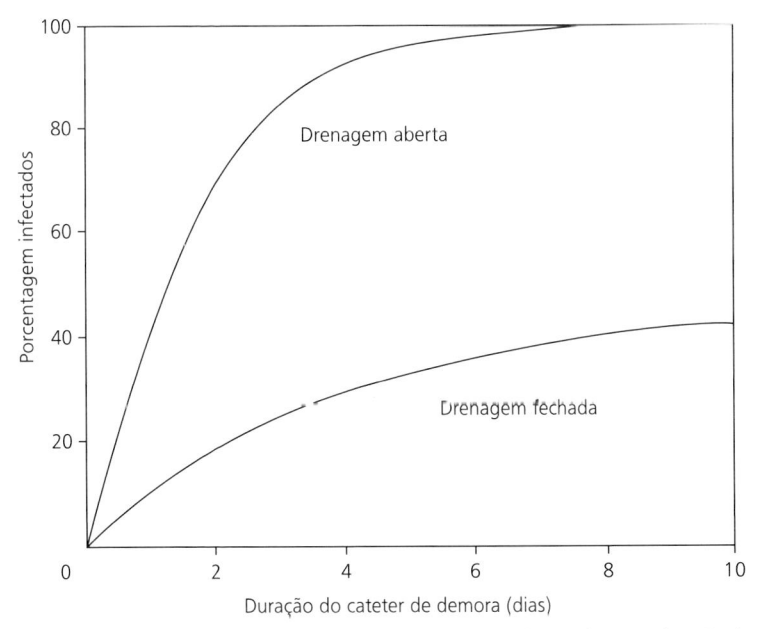

Figura 7-4. Prevalência de bacteriúria em pacientes cateterizados de acordo com a duração da cateterização e o tipo de sistema de drenagem. (De: Fass RJ, Klainer AS, Perkins RL. Urinary tract infection: practical aspects of diagnosis and treatment. *JAMA* 1973;225:1509. Reimpressa com permissão.)

1. **Cateteres Urinários de Demora Devem Ser Usados Apenas Quando Absolutamente Necessário.** Eles nunca devem ser usados apenas por conveniência da enfermeira ou do médico, e devem ser removidos tão logo seja possível. Duração do uso de cateter é o fator de risco mais importante para o desenvolvimento de bacteriúria.
2. **Cateteres Só Devem Ser Inseridos por Pessoal Adequadamente Treinado.** Se exequível, uma equipe de indivíduos deve receber a responsabilidade de inserção e manutenção de cateteres.
3. **Cateteres Urinários Devem Ser Inseridos Assepticamente, Usando-se Técnica Estéril Adequada e o Seguinte Equipamento Estéril:** luvas, campo fenestrado, compressas estéreis e uma solução iodófora para limpeza periuretral, uma geleia lubrificante e um cateter urinário de tamanho apropriado. Depois da inserção, os cateteres devem ser adequadamente fixados para evitar movimento e tração da uretra.
4. **Cuidado perineal uma ou duas vezes por dia para pacientes cateterizados** deve incluir limpeza da junção meato-cateter com um sabão antisséptico; subsequentemente, uma pomada antimicrobiana pode ser aplicada.
5. **Um Sistema de Drenagem Fechada Estéril Deve Sempre Ser Usado.** O cateter urinário e a parte proximal do cateter de drenagem não devem ser desconectados (desse modo abrindo o sistema fechado), a não ser que seja necessário para irrigação de um cateter obstruído. Técnica estéril precisa ser obedecida sempre que o sistema coletor for aberto e for feita irrigação do cateter. Uma seringa estéril de grande volume e líquido irrigante estéril devem ser usados e a seguir descartados. Se irrigações frequentes forem necessárias para assegurar patência do cateter, é preferível um cateter de luz tripla que permita irrigação contínua dentro de um sistema fechado.
6. **Pequenos volumes de urina para cultura podem** ser aspirados do extremo distal do cateter com uma seringa estéril e agulha calibre 21. O cateter deve primeiro ser preparado com tintura de iodo ou álcool. Urina para análises químicas pode ser obtida da bolsa de drenagem de uma maneira estéril.
7. **Fluxo Gravitacional Não Obstruído Deve Ser Mantido o Tempo Todo.** Isto exige esvaziar a bolsa coletora regularmente, substituir cateteres funcionando mal ou obstruídos, e assegurar que a bolsa coletora sempre permaneça abaixo do nível da bexiga.
8. **Todos os sistemas de coleta fechados contaminados por técnica inapropriada, desconexão acidental, vazamento ou outros meios devem ser substituídos imediatamente.**
9. **Mudança de cateter de rotina não é necessária** em pacientes com cateterização urinária de menos de 2 semanas de duração, exceto quando obstrução, contaminação ou outra má-função ocorrer. Em pacientes com cateter de demora crônico, substituição é necessária quando concreções podem ser palpadas no cateter ou quando ocorrer má-função ou obstrução.
10. **Pacientes cateterizados devem ser separados uns dos outros sempre que possível** e não devem dividir o mesmo quarto ou leitos adjacentes, se outras maneiras de disposição forem disponíveis. Separação dos pacientes com bacteriúria daqueles sem bacteriúria é particularmente importante.

Estas diretrizes devem ser obedecidas meticulosamente, e o uso de cateteres urinários de demora deve ser mantido por um mínimo responsável.

J. Infecções Associadas a Cateter. Bacteriúria associada a cateter só deve ser tratada no paciente sintomático. Quando for tomada a decisão de tratar um paciente com uma infecção associada a cateter, a remoção do cateter é um aspecto importante do tratamento. Se um cateter infectado permanecer no lugar, infecção recorrente é muito comum. A interação entre os organismos e o cateter (corpo estranho) faz o organismo formar um biofilme ou área na qual os antibióticos são incapazes de erradicar completamente estes organismos. As recomendações para tratamento empírico são similares às recomendações para UTIs complicadas (Quadro 7-4). A escolha do tratamento empírico é baseada em uma lâmina inicial com Gram da urina, padrões de suscetibilidade locais, fatores do hospedeiro e o uso recente de antibiótico pelo paciente. A escolha final de um antibiótico e a duração do tratamento devem ser fundamentadas na identificação e suscetibilidade do agente etiológico e a resposta do hospedeiro ao tratamento. Pacientes que respondem rapidamente ao tratamento podem ser tratados durante 7 dias, embora seja muito difícil tirar conclusões firmes sobre a duração do tratamento.

Pacientes com candidúria podem cair em várias categorias clínicas diferentes. Pacientes hígidas com candidúria assintomática muitas vezes necessitam apenas de uma troca de cateter e podem não necessitar de terapia antifúngica. No outro extremo do espectro está o hospedeiro imunocomprometido, no qual a candidúria pode representar infecção disseminada. O paciente com candidíase disseminada necessita de tratamento sistêmico com fluconazol ou anfotericina B, ou uma preparação lipossomal de anfotericina. Recomendações gerais para tratar pacientes com candidúria e sem evidência de infecção disseminada incluem a remoção do cateter urinário e descontinuação de antibióticos. Opções antifúngicas incluem fluconazol (200 mg no primeiro dia, a seguir 100 mg por 4 dias), irrigação vesical contínua com anfotericina B (50 mg/1.000 mL de água estéril através de um cateter de três vias durante 5 dias), ou tratamento intravenoso com baixa dose de anfotericina (0,3 mg/kg em uma dose única). Ocasionalmente, tratamento sistêmico mais longo com 5-fluorocitosina oral, anfotericina B intravenosa ou ambas é necessário.

Leituras Sugeridas

Ang BSP, Telenti A, King B, et al. Candidemia from a urinary source: microbiological aspects and clinical significance. *Clin Infect Dis* 1993;17:662-666.
Barber A, Norton J, Spivak A, Mulvey MA. Urinary tract infections: current and emerging management strategies. *Clin Infect Dis* 2013;57(5):719-724.
Domingue GJ, Hellstrom WJG. Prostatitis. *Clin Microbiol Rev* 1998;11:604-613.
Edelstein H, McCabe RE. Perinephric abscess: modern diagnosis and treatment in 47 cases. *Medicine (Baltimore)* 1988;67:118-131.
Fihn SD. Acute uncomplicated urinary tract infection in women. *N Engl J Med* 2003;349:259-266.
Fisher JF, Newman CL, Sobel JD. Yeast in the urine: solutions for a budding problem. *Clin Infect Dis* 1995;20:183-189.
Fowler JE Jr, Pulaski ET. Excretory urography, cystography, and cystoscopy in the evaluation of women with urinary-tract infection. *N Engl J Med* 1981;304:462-465.
Godfrey KM, Harding MD, Zhanel GG, et al. Antimicrobial treatment in diabetic women with asymptomatic bacteriuria. *N Engl J Med* 2002;347:1576-1583.
Gupta K, Hooton TM, Roberts PL, et al. Patient-initiated treatment of uncomplicated recurrent urinary tract infections in young women. *Ann Intern Med* 2001;135:9-16.

Hooton TM, Fihn SD, Johnson C, et al. Association between bacterial vaginosis and acute cystitis in women using diaphragms. *Arch Intern Med* 1989;149:1932-1936.

Hooton TM, Scholes D, Hughes JP, et al. A prospective study of risk factors for symptomatic urinary tract infection in young women. *N Engl J Med* 1996;335:468-474.

Hooton TM, Winter C, Tiu F, et al. Randomized comparative trial and cost analysis of 3-day antimicrobial regimens for treatment of acute cystitis in women. *JAMA* 1995;273:41-45.

Kincaid-Smith P, Becker G. Reflux nephropathy and chronic atrophic pyelonephritis: a review. *J Infect Dis* 1978;138:774-780.

Krieger JN. Complications and treatment of urinary tract infections during pregnancy. *Urol Clin North Am* 1986;13:685-693.

Kunin CM. *Detection, prevention, and management of urinary tract infections*, 5th ed. Philadelphia, PA: Lea & Febiger, 1997.

Kunin CM, Chin QF, Chambers S. Indwelling urinary catheters in the elderly: relation of "catheter life" to formation of encrustations in patients with and without blocked catheters. *Am J Med* 1987;82:405-411.

Lachs MS, Nachamkin I, Edelstein PH, et al. Spectrum bias in the evaluation of diagnostic tests: lessons from the rapid dipstick test for urinary tract infection. *Ann Intern Med* 1992;117:135-140.

Lipsky BA, Baker CA. Fluoroquinolone toxicity profiles: a review focusing on new agents. *Clin Infect Dis* 1999;28:352-364.

Neuhauser MM, Weinstein RA, Rydman R, et al. Antibiotic resistance among gram-negative bacilli in US intensive care units: implications for fluoroquinolone use. *JAMA* 2003;289:885-888.

Nickel JC. The Pre and Post Massage Test (PPMT): a simple screen for prostatitis. *Tech Urol* 1997;3:38-43.

Nicolle LE. Asymptomatic bacteriuria in the elderly. *Infect Dis Clin North Am* 1997;11:647-662.

Nicolle LE, Bjornson J, Harding GK, et al. Bacteriuria in elderly institutionalized men. *N Engl J Med* 1983;309:1420-1425.

Nicolle LE, Bradley S, Colgan R, et al. Infectious Diseases Society of America guidelines for the diagnosis and treatment of asymptomatic bacteriuria in adults. *Clin Infect Dis* 2005;40:643-654.

Nicolle LE, Harding GK, Preiksaitis J, et al. The association of urinary tract infection with sexual intercourse. *J Infect Dis* 1982;146:579-583.

Silverman DE, Stamey TA. Management of infection stones: the Stanford experience. *Medicine (Baltimore)* 1983;62:44-51.

Stamm WE. Guidelines for prevention of catheter-associated urinary tract infections. *Ann Intern Med* 1975;82:386-390.

Stamm WE, Counts GW, Wagner KF, et al. Antimicrobial prophylaxis of recurrent urinary tract infections: a double-blind, placebo-controlled trial. *Ann Intern Med* 1980;92:770-775.

Stapleton A, Latham R, Johnson C, et al. Postcoital antimicrobial prophylaxis for recurrent urinary tract infection: a randomized, double-blind, placebocontrolled trial. *JAMA* 1990;264:703-706.

Stapleton A, Stamm WE. Prevention of urinary tract infection. *Infect Dis Clin North Am* 1997;11:719-733.

Strom BL, Collins M, West SL, et al. Sexual activity, contraceptive use and other risk factors for symptomatic and asymptomatic bacteriuria: a case-control study. *Ann Intern Med* 1987;107:816-823.

Talan DA, Klimberg IW, Nicolle LE, et al. Once daily, extended release ciprofloxacin for complicated urinary tract infections and acute uncomplicated pyelonephritis. *J Urol* 2004;171(2):734-739.

Tenke P, Kovacs B, Bjerklund Johansen TE, et al. European and Asian guidelines on management and prevention of catheter-associated urinary tract infections. *Int J Antimicrob Agents* 2008;31(Suppl 1):68-78.

Ulleryd P. Febrile urinary tract infection in men. *Int J Antimicrob Agents* 2003;22:S89-S93.

Velasco M, Horcajada JP, Mensa J, *et al.* Decreased invasive capacity of quinoloneresistant *Escherichia coli* in patients with urinary tract infections. *Clin Infect Dis* 2001;33:1682-1686.

Velasco M, Martinez JA, Moreno-Martinez A, *et al.* Blood cultures for women with uncomplicated acute pyelonephritis: are they necessary? *Clin Infect Dis* 2003;37:1127-1130.

Wald HL, Kramer AM. Nonpayment for harms resulting from medical care: catheterassociated urinary tract infections. *J Am Med Assoc* 2007;298(23):2782-2784.

Warren JW. Catheter-associated urinary tract infections. *Infect Dis Clin North Am* 1997;11(3):609-622.

Warren JW, Abrutyn E, Hebel JR, *et al.* Infectious Diseases Society of America (IDSA). Guidelines for antimicrobial treatment of uncomplicated acute bacterial cystitis and acute pyelonephritis in women. *Clin Infect Dis* 1999;29:745-758.

8 Paciente com Hematúria, Proteinúria, ou ambas, e Achados Anormais na Microscopia Urinária

Godela M. Brosnahan

I. EXAME DE URINA

Uma amostra de urina é geralmente fácil de obter, e pode fornecer informação importante na avaliação de pacientes com hipertensão (doença renal subjacente), edema (síndrome nefrótica) e creatinina sérica elevada (lesão renal aguda e/ou doença renal crônica). Ela também é útil em pacientes com sintomas, como disúria, dor no flanco, ou hematúria macroscópica, porque pode apontar um diagnóstico específico. Entretanto, o exame de urina deve sempre ser interpretado em conjunção com a história do paciente, exame físico e outros achados laboratoriais. Interpretação correta exige prática e experiência do clínico. Exame de urina deve ser feito em pacientes com doenças sistêmicas, como lúpus eritematoso sistêmico (SLE) ou vasculite, para detectar comprometimento renal assintomático precocemente, de modo a que terapia apropriada possa ser instituída.

Um exame de urina completo consiste em inspeção macroscópica, avaliação com bastão de imersão e exame microscópio por um clínico treinado. Coleta correta e imediata da amostra de urina são essenciais para obtenção de resultados confiáveis.

A. Método de Coleta de Amostras de Urina. Pacientes ambulatoriais geralmente são solicitados a fornecer uma **amostra de urina do meio da micção** após limpeza adequada da genitália externa com gazes úmidas (Quadro 8-1). Se estes procedimentos não forem obedecidos, contaminação da urina com bactérias, células escamosas e leucócitos da vagina, da vulva ou do prepúcio é comum e leva a erros de interpretação.

Em pacientes hospitalizados que são incapazes de urinar, um cateter pode ser inserido para obter uma amostra de urina. Se possível, pelo menos 200 mL de urina devem passar através do cateter para lavar conteúdo uretral contaminante antes que o espécime seja coletado.

Em pacientes com cateter urinário de demora, a amostra deve ser obtida diretamente da tubulação do cateter, para coletar urina produzida recentemente, em oposição a urina da bolsa de drenagem, a qual frequentemente está contaminada com detritos.

Aspiração suprapúbica é efetuada raramente, se for necessária avaliação acurada quanto a infecção. Uma agulha de punção lombar fina com estilete no lugar é passada através da pele suprapúbica esterilizada diretamente para dentro de uma bexiga cheia. Urina não contaminada pode, então, ser aspirada.

B. Inspeção Macroscópica. Urina normal é transparente e amarelo-claro. Urina que contém uma abundância de células ou cristais pode aparecer turva. A cor anormal mais comum é **urina vermelha a castanha** que é, muitas vezes, decorrente de sangue (hematúria), mas pode ter outras causas. O primeiro passo na avaliação é **centrifugação da urina** para determinar se a cor vermelha está no sedimento ou no sobrenadante. Se o sedimento for vermelho, mas

Quadro 8-1	Diretrizes para Coletar uma Amostra de Urina do Meio da Micção
Mulheres	
	Quando possível usar um tampão vaginal
	Manter os lábios bem separados durante coleta da amostra
	Limpar delicadamente a área periuretral da anterior a posterior com vários quadrados de gaze umedecida
Homens	
	Segurar o prepúcio retraído para trás durante toda a coleta
	Limpar o meato uretral com gaze umedecida
	Em ambos os sexos, pelo menos 200 mL devem ser eliminados antes que seja coletado um espécime do meio da micção, sem interrupção do fluxo de urina.

não o sobrenadante, o paciente tem hematúria. Se o sobrenadante for vermelho, ele deve ser testado quanto à heme com um bastão de imersão. Se o sobrenadante for hemepositivo, o paciente tem ou hemoglobinúria causada por hemólise massiva ou mioglobinúria causada por rabdomiólise.

Um sobrenadante vermelho que é negativo para heme pode ser devido a medicações (rifampicina, fenitoína, fenazopiridina) ou corantes de alimentos. Ingestão de beterraba ou ruibarbo e porfiria intermitente aguda também estão no diagnóstico diferencial.

Urina branca pode ser decorrente de piúria, quilúria ou propofol (muitas vezes usado como sedativo na unidade de terapia intensiva), enquanto **urina verde** pode ser vista após administração de azul de metileno, propofol ou amitriptilina. **Urina negra** pode ocorrer com hemoglobinúria ou mioglobinúria. Urina que fica preta depois de repousar algum tempo é um sinal de alcaptonúria ("doença de urina preta"), uma doença inata do metabolismo da tirosina; a cor preta é decorrente da oxidação do ácido homogentísico urinário. **Urina púrpura** pode ser decorrente da bacteriúria em pacientes com cateter urinário (síndrome do coletor de urina púrpura).

C. **Análise com Bastão de Imersão.** Teste da urina com bastão de imersão fornece uma determinação rápida do pH da urina, densidade, e da presença de proteína, sangue (hemoglobina), leucócitos, nitritos, glicose e bile. É importante que a amostra seja testada prontamente, porque o pH da urina pode-se alterar com o tempo após a coleta, e as bactérias contaminantes se multiplicam, convertendo nitrato em nitrito e causando um resultado de teste falso-positivo para bacteriúria. Para confirmação de infecção, é necessária uma cultura de urina (ver Capítulo 7).

Concentrações cada vez maiores de **proteína** na urina causam uma mudança de cor do indicador do bastão de imersão de amarelo para tonalidades mais escuras de verde. Uma vez que isto é dependente da concentração da urina, a urina muito diluída resulta em subestimação da quantidade de proteinúria (excretada em 24 horas), e urina muito concentrada leva à superestimação. Por essas razões, um teste com bastão de imersão positivo para proteína necessita ser seguido por uma determinação quantitativa da excreção de proteína (ver abaixo). Resultados falso-positivos de proteinúria com bastão de imersão são vistos quando o pH urinário é 8 ou mais e quando o paciente está excretando metabólitos de penicilinas, aspirina ou agentes hipoglicêmicos orais. É importante manter em mente que **bastões de imersão padrão detectam principalmente albumina,** mas não cadeias leves ou imunoglobulinas. Por essa razão, pacientes com mieloma múltiplo podem ter um resultado negativo para proteína no teste de bastão de imersão, mas grandes quantidades de proteína em uma coleta de urina de 24 horas. O bastão de imersão também **não é capaz de detectar** quantidades muito pequenas de albumina (p. ex., **microalbuminúria,** ver abaixo).

Análise com bastão de imersão é muito sensível a **heme** na urina, mas não é capaz de diferenciar entre hemoglobina nos eritrócitos (RBCs; hematúria) e hemoglobina ou mioglobina livres, que estão presentes na urina de pacientes com hemólise intravascular ou rabdomiólise. Ácido ascórbico, um agente redutor forte, impede a reação química nos bastões de imersão que detecta hemoglobina e pode ser uma causa de resultado de teste falso-negativo em indivíduos que ingerem grandes quantidades de vitamina C. Resultados falso-positivos são ainda mais comuns e podem ser causados pela presença de sêmen na urina, a um pH urinário muito alcalino ou contaminação com agentes oxidantes usados para limpar o períneo. Portanto, **um resultado positivo para heme com bastão de imersão não equivale a um diagnóstico de hematúria;** isto tem que ser estabelecido por exame microscópico.

Bastões de imersão também são capazes de detectar **esterase leucocitária** que é liberada na urina por neutrófilos e macrófagos lisados. Um teste positivo é um representante de piúria (leucócitos na urina); entretanto, há várias causas de resultados de teste falso-positivos (p. ex., urina muito diluída) e falso-negativos (p. ex., urina concentrada ou a presença de proteinúria e glicosúria). Além disso, **muitas condições podem causar piúria,** e, por essa razão, exame microscópico da urina e urocultura ainda são necessários para confirmar ou excluir infecção do trato urinário.

D. **Análise Microscópica.** Conforme dito acima, análise microscópica da urina é essencial porque a análise com bastão de imersão isolada pode ser enganosa e não é capaz de identificar a presença de células epiteliais renais (um marcador de lesão renal aguda, ver Capítulo 10), cilindros ou cristais. Nos Estados Unidos, urina é geralmente examinada usando-se um microscópio óptico padrão, após 10 mL de urina ser centrifugada a 400–450 g por 5 minutos. O sobrenadante é descartado, o *pellet* é ressuspenso, e uma gota pequena é colocada sobre uma lâmina de vidro e coberta com uma lamínula. O espécime é então examinado com baixo aumento (10 ×) para procurar cilindros e com alto aumento (40 ×) para contar o número de RBCs, leucócitos e células epiteliais por campo de alto aumento. Isto fornece uma estimativa semiquantitativa da frequência destas células na urina.

Medidas mais quantitativas podem ser obtidas examinando-se a urina em uma câmara de contagem, em vez de em uma lâmina de vidro simples, mas isto geralmente não é disponível para uso de rotina nos Estados Unidos. Microscopia de contraste de fase é mais sensível para a observação de detalhe morfológico tal como RBCs dismórficos e deve ser usada quando disponível.

A maioria dos grandes laboratórios clínicos agora efetua o exame microscópico da urina com analisadores automáticos utilizando citometria de fluxo. Estes quantificam precisamente elementos da urina como células epiteliais,

RBCs e leucócitos, mas uma avaliação morfológica qualitativa não é realizada. Portanto, uma distinção entre hematúria glomerular dismórfica e hematúria eumórfica com origem no trato inferior (ver abaixo) ainda exige exame manual. Ademais, cilindros celulares e não celulares, cristalúria e levedura em brotamento ainda são mais bem avaliados manualmente do que por analisadores automáticos.

1. **Hematúria.** Hematúria anormal é comumente definida como três ou mais RBCs por campo de alto aumento. Hematúria microscópica só é detectada examinando-se a urina sob o microscópio, enquanto hematúria macroscópica significa urina visivelmente vermelha a castanha. Ambas podem ser decorrentes de glomerulonefrite ou originar-se de uma fonte extraglomerular, incluindo o sistema coletor, ureter e bexiga. Exame de urina microscópico pode ser útil para distinguir entre as duas. **Hematúria glomerular** é provável, se a hematúria for acompanhada por proteinúria importante, se os eritrócitos tiverem uma aparência dismórfica (*i. e.*, eritrócitos com bolhas, brotos, protrusões em forma de vesícula, e marcada variabilidade em forma e tamanho, ver Fig. 8-1), e se houver cilindros eritrocitários (ver abaixo). Em pacientes com hematúria macroscópica, uma origem glomerular é sugerida por uma cor escura, semelhante à bebida de cola, da urina.

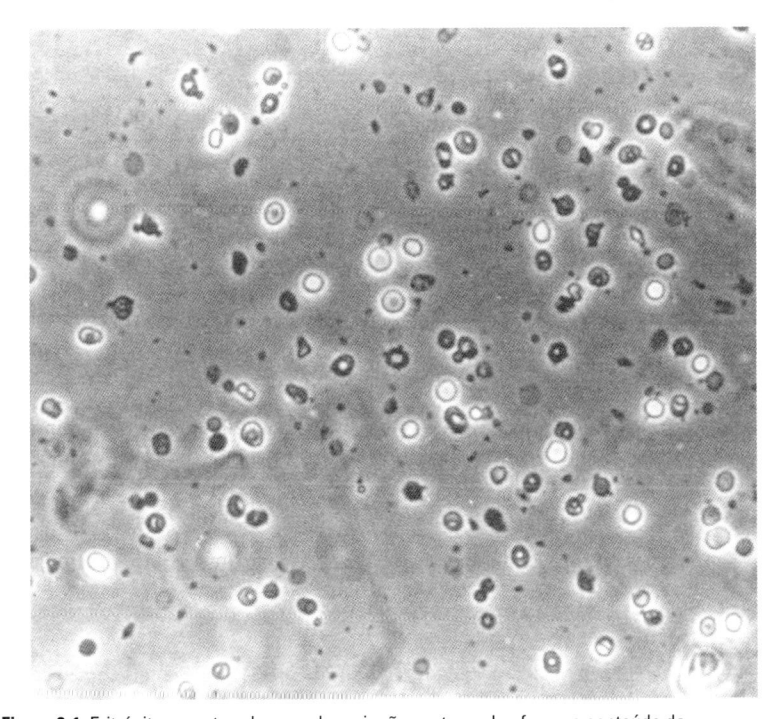

Figura 8-1. Eritrócitos, mostrando a ampla variação em tamanho, forma e conteúdo de hemoglobina, na urina de um paciente com glomerulonefrite (microscopia de contraste de fase). (De: Fairley KF. Urinalysis. In: Schrier RW, Gottschalk CW, eds. *Diseases of the kidney,* 4th ed. Boston, MA: Little, Brown and Company, 1988. Reimpressa com permissão.)

Esta cor surge da formação de metemoglobina durante passagem prolongada dos eritrócitos através do néfron em um ambiente ácido. Se a urina for alcalina, sangramento glomerular pode resultar em urina vermelha. **Sangramento não glomerular** é caracterizado por urina vermelha a rósea e microscopicamente por eritrócitos que são redondos e uniformes em tamanho e forma, mas pode haver algumas "células fantasmas", isto é, células que estão perdendo sua hemoglobina (Fig. 8-2), o que pode ocorrer em urina ácida. Hematúria com eliminação de coágulos quase sempre se origina de uma fonte no trato urinário inferior (sistema coletor e/ou bexiga).

2. **Leucócitos Urinários (Piúria).** Urina normal do meio da micção contém até 2.000 células nucleadas/mL, na maioria leucócitos, enquanto urina vesical normal obtida por aspiração com agulha contém números muito baixos de leucócitos (média, 283/mL). As contagens mais altas na urina do meio do jato são provavelmente decorrentes da contaminação pela uretra ou em mulheres provêm da vagina.

Um aumento na contagem de leucócitos urinária (> 20.000 leucócitos/mL ou > 5 leucócitos por campo de alto aumento) pode ser decorrente de **infecção** (ver Capítulo 7), mas também ocorre em **outras condições.** Quando piúria está presente sem bacteriúria, três quartos dos pacientes mostram uma anormalidade subjacente do trato urinário tal como nefrite

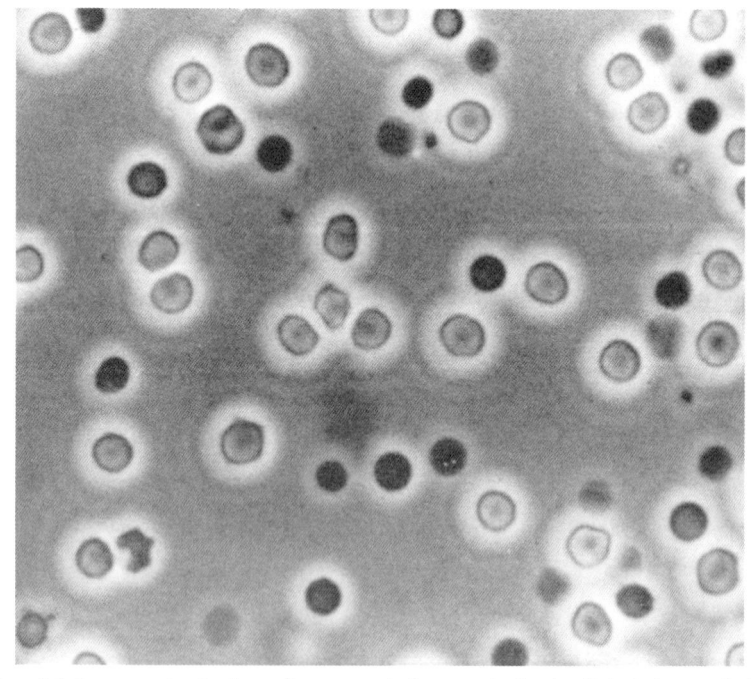

Figura 8-2. Sangramento não glomerular, mostrando duas populações de células (microscopia de contraste de fase). (De: Fairley KF. Urinalysis. In: Schrier RW, Gottschalk CW, eds. *Diseases of the kidney,* 4th ed. Boston, MA: Little, Brown and Company, 1988. Reimpressa com permissão.)

intersticial aguda ou crônica, necrose papilar renal e nefropatia de analgésico, nefrolitíase, glomerulonefrite e doença de rins policísticos. Nestas condições, a urina frequentemente contém eritrócitos também. Se for difícil distinguir leucócitos de células epiteliais tubulares renais, uma gota de ácido acético torna mais fácil reconhecer os núcleos lobados dos leucócitos polimorfonucleares.

3. **Células Tubulares Renais.** Grandes números de células tubulares renais na urina podem ser encontrados na **necrose tubular aguda** e **nefrite intersticial aguda.** Nefrite intersticial aguda pode ser distinguida de necrose tubular aguda, se estiverem presentes piúria, micro-hematúria e eosinofilúria concomitantes. Eosinófilos na urina são mais bem vistos com coloração de Hansel, a qual diferentemente da coloração de Wright, não é dependente do pH. Entretanto, nefrite intersticial aguda pode estar presente mesmo em pacientes com poucas ou nenhuma anormalidade urinária. Portanto, se a suspeita clínica for alta, biópsia renal deve ser efetuada.

   Células nucleadas na urina podem também ser encontradas em pacientes com glomerulonefrite, particularmente glomerulonefrite crescêntica, na qual eritrócitos, leucócitos e células tubulares renais estão presentes em números mais altos que na glomerulonefrite não crescêntica. Células epiteliais glomerulares (podócitos) também podem aparecer na urina de pacientes com glomerulonefrite crescêntica. Estas células podem ser identificadas por coloração de anticorpo monoclonal para proteínas podócito-específicas, como nefrina, mas isto é disponível apenas em contextos de pesquisa.

4. **Cilindros Urinários.** Cilindros são estruturas cilíndricas que são formadas na luz tubular a partir de uma matriz orgânica e podem conter eritrócitos ou leucócitos, células tubulares renais, cristais, lipídio ou bile. O principal componente da matriz é glicoproteína de Tamm–Horsfall, que é sintetizada e secretada no ramo ascendente da alça de Henle e nos túbulos contornados distais. Alguns cilindros são fisiológicos, isto é, vistos na urina de indivíduos hígidos. Estes são cilindros **hialinos,** os quais são transparentes e consistem na matriz proteica somente, e ocasionais cilindros **granulares,** os quais contêm grânulos (provavelmente detritos celulares) inclusos na matriz. O número de cilindros hialinos e granulares na urina pode ser aumentado por febre, exercício e depleção de volume. Um grande número de cilindros granulares castanho-lama é característico de necrose tubular aguda (ver Capítulo 10).

   Cilindros patológicos são aqueles que possuem RBCs concentrados ou leucócitos ou células epiteliais tubulares renais inclusos na sua matriz. O achado de cilindros celulares indica uma origem intrarrenal destas células. **Cilindros de eritrócitos** (Fig. 8-3) são vistos mais comumente em pacientes com glomerulonefrite, mas podem ocorrer também com nefrite intersticial. **Cilindros de leucócitos** podem ser vistos em pacientes com pielonefrite ou com nefrite intersticial não infecciosa, mas, às vezes, também com glomerulonefrite proliferativa. **Cilindros de células epiteliais tubulares renais** são indicadores de necrose tubular aguda ou nefrite intersticial aguda.

   Na síndrome nefrótica, os cilindros geralmente contêm partículas de gordura de variados tamanhos e alguns contêm corpos gordurosos ovais **(cilindros gordurosos).** Corpos gordurosos ovais são células tubulares carregadas com gotículas de gordura. Uma vez que os corpos de gordura con-

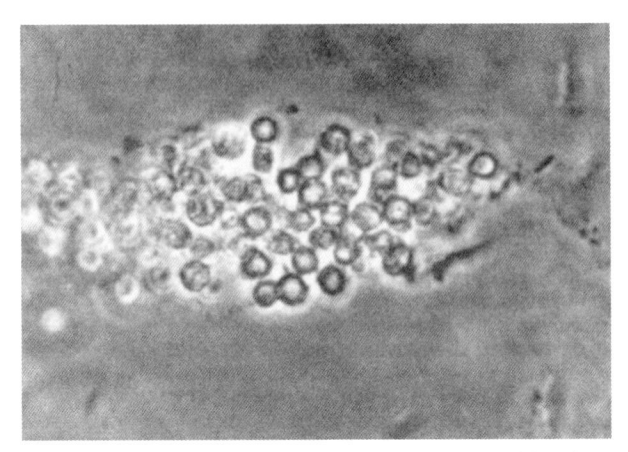

Figura 8-3. Um cilindro eritrocitário em uma urina ácida, composto de eritrócitos dos quais grande parte da hemoglobina desapareceu. (De: Fairley KF. Urinalysis. In: Schrier RW, Gottschalk CW, eds. *Diseases of the kidney,* 4th ed. Boston, MA: Little, Brown and Company, 1988. Reimpressa com permissão.)

sistem em ésteres de colesterol, eles podem ser facilmente identificados sob luz polarizada por sua birrefringência "em cruz de Malta" (Figs. 8-4 e 8-5). Se as partículas de gordura forem pequenas demais para mostrar cruzes, elas aparecem como luminosidade em luz polarizada.

Cilindros largos se formam em túbulos dilatados com pouco fluxo e geralmente significam doença renal crônica avançada.

5. **Cristais.** Embora cristais de oxalato de cálcio e ácido úrico possam ser vistos em amostras de urina normal, grandes cristais bizarros de qualquer tipo, inclusive oxalato de cálcio e ácido úrico, geralmente significam excreção urinária aumentada destas substâncias e podem indicar doença calculosa. Cristais de cistina são sempre anormais e indicam cistinúria (ver Capí-

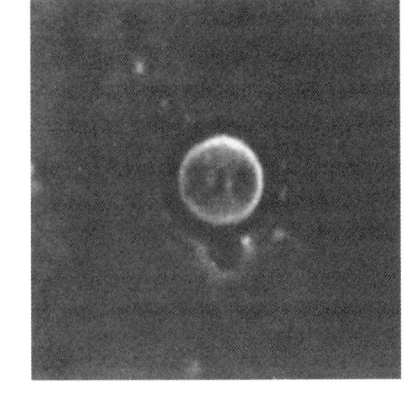

Figura 8-4. Uma esférula de colesterol éster aproximadamente do mesmo tamanho que um eritrócito. (De: Fairley KF. Urinalysis. In: Schrier RW, Gottschalk CW, eds. *Diseases of the kidney,* 4th ed. Boston, MA: Little, Brown and Company, 1988. Reimpressa com permissão.)

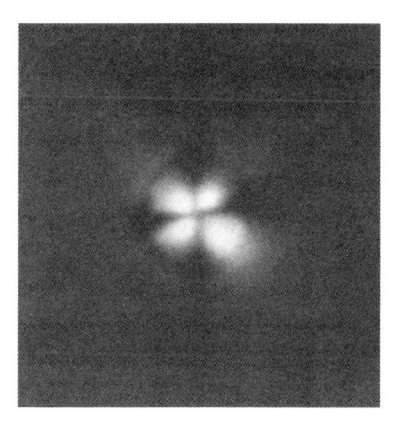

Figura 8-5. A partícula na Figura 8-4, quando vista com luz polarizada, mostra a "cruz de Malta" clássica. (De: Fairley KF. Urinalysis. In: Schrier RW, Gottschalk CW, eds. *Diseases of the kidney*, 4th ed. Boston, MA: Little, Brown and Company, 1988. Reimpressa com permissão.)

tulo 6). Cristalúria massiva de oxalato de cálcio sugere superdose de etileno glicol.

II. CAUSAS DE HEMATÚRIA

Hematúria pode-se originar de qualquer parte dos rins ou trato urogenital e pode ser decorrente de um problema transitório ou de uma patologia grave e progressiva. Pode ser útil distinguir entre as causas parenquimatosas renais de hematúria, que são mais bem avaliadas por um nefrologista, e as causas urológicas, as quais podem necessitar de intervenção cirúrgica. Em doenças renais císticas, hematúria é considerada decorrente de rupturas de cistos. A Figura 8-6 pode ser útil para o diagnóstico diferencial de hematúria.

III. ABORDAGEM AO PACIENTE COM HEMATÚRIA

A. Princípios Gerais. A abordagem para avaliação de hematúria macroscópica e microscópica depende da idade do paciente e da probabilidade de uma patologia grave subjacente. Por exemplo, **neoplasia** é uma possibilidade muito maior em indivíduos que têm mais de 40 anos que em pessoas mais jovens, particularmente, se elas tiverem outros fatores de risco, como fumo ou uma história de quimioterapia, particularmente ciclofosfamida, que pode causar câncer da bexiga. Outros fatores de risco de neoplasia são exposição ocupacional a substâncias químicas ou corantes, história de irradiação pélvica e nefropatia de analgésico ou erva chinesa. A última é decorrente do contaminante ácido aristolóquico, que também parece ser a causa da nefropatia balcânica, uma nefrite intersticial crônica que leva à doença renal terminal (ESRD) e um risco aumentado de câncer urotelial.

Avaliação de hematúria depende também dos sinais e sintomas associados. Por exemplo, um paciente com início agudo de disúria e hematúria macroscópica mais provavelmente tem uma infecção, isto é, **cistite aguda,** enquanto o paciente com dor no flanco unilateral em cólica, e hematúria microscópica ou macroscópica, mais provavelmente tem um **cálculo ureteral.** Entretanto, se estes sintomas ocorrerem em um paciente mais velho, eles podem ser uma manifestação de câncer vesical ou renal, e, por essa razão, a

a. Causas parenquimatosas renais de hematúria:

Glomerulares

- Genéticas
  - Síndrome de Alport
  - TBMN
  - Doença de Fabry
- Glomerulonefrite adquirida
  - Infecciosas
    - Nefrite pós-estreptocócica
    - Endocardite
    - Abscesso visceral
    - Hepatites B e C, HIV
    - Outros vírus
  - Imunológicas
    - Nefrite de IgA
    - GN de lúpus sistêmico
    - GN membranoproliferativa
    - GN membranosa
    - Vasculite
    - GN rapidamente progressiva

Não glomerulares

- Genéticas
  - Anemia falciforme ou traços
- Nefrite intersticial
  - Pielonefrite
  - Nefrite intersticial aguda induzida por droga
  - Nefrite intersticial autoimune aguda ou crônica
  - Nefrite intersticial viral

b. Causas urológicas de hematúria

- Cistite/uretrite infecciosa
- Cistite não infecciosa

- Urolitíase
- Hipercalciúria
- Hiperuricosúria
- Necrose papilar
- Hiperplasia prostática benigna

- Neoplasias:
  - Carcinoma de células renais,
  - Câncer da bexiga,
  - outros cânceres uroteliais,
  - Câncer da próstata

c. Doenças renais císticas:

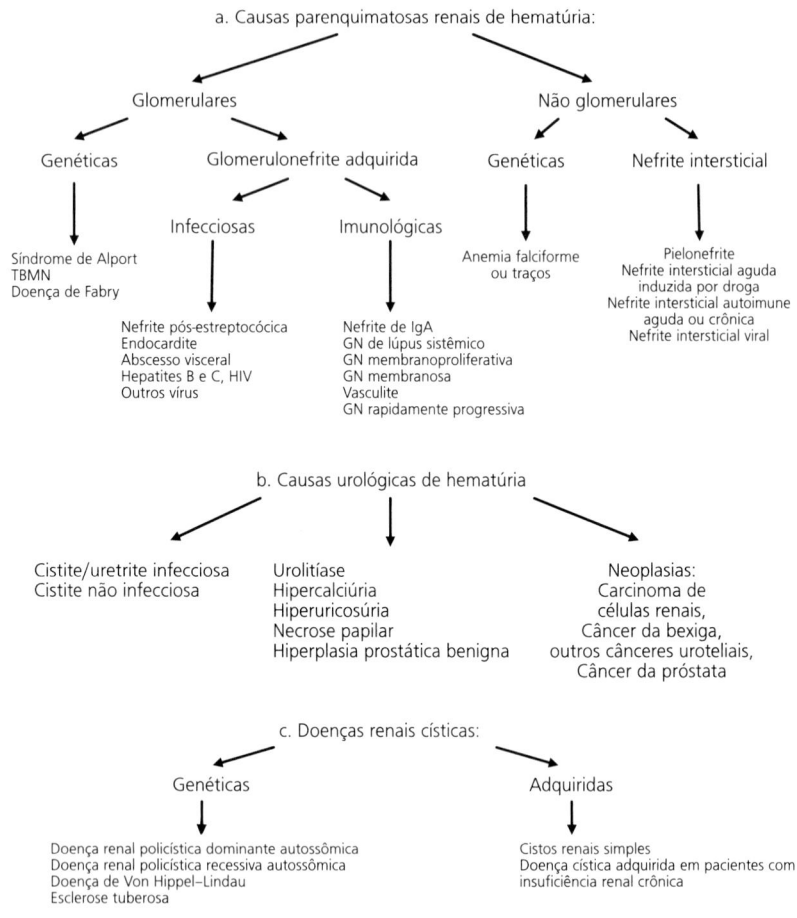

- Genéticas
  - Doença renal policística dominante autossômica
  - Doença renal policística recessiva autossômica
  - Doença de Von Hippel–Lindau
  - Esclerose tuberosa
- Adquiridas
  - Cistos renais simples
  - Doença cística adquirida em pacientes com insuficiência renal crônica

Figura 8-6. Diagnóstico diferencial de hematúria. GN, glomerulonefrite; HIV, vírus de imunodeficiência humana; IgA, imunoglobulina A; TBMN, nefropatia de membrana basal fina.

avaliação necessita excluir neoplasias. Em pacientes com transplante renal, hematúria macroscópica pode ser causada por infecção por **adenovírus ou citomegalovírus.**

Se a hematúria for claramente de origem glomerular, isto é, se a urina contiver predominantemente RBCs dismórficos e/ou cilindros de eritrócitos, uma **glomerulonefrite** aguda ou crônica é provável, e isto dirige os testes diagnósticos, inclusive biópsia renal. Se a história da família for positiva para **síndrome de Alport, nefropatia policística dominante autossômica, ou anemia falciforme,** o achado de hematúria microscópica ou macroscópica indica que, provavelmente, o probando também tem a doença. Nestes casos (hematúria glomerular e genética), um estudo para neoplasia não é necessário, particularmente se o paciente for jovem e não tiver outros fatores de risco.

Outros indícios históricos apontando para o diagnóstico são uma infecção respiratória superior ou gastrointestinal recente. Início de hematúria macroscópica 2 a 3 dias mais tarde sugere um diagnóstico de **nefropatia de imunoglobulina A (IgA)**, particularmente em adultos jovens. Em crianças, síndrome de Alporte e anemia falciforme ou traços são também considerações diagnósticas. Se a hematúria aparecer 2 a 3 semanas após uma faringite (ou impetigo em crianças), **glomerulonefrite pós-estreptocócica aguda** é uma possibilidade. Indivíduos mais jovens com uma erupção purpúrica, artralgias e hematúria macro ou microscópica podem ter púrpura de Henoch–Schönlein, enquanto pacientes mais velhos com hematúria, proteinúria, sintomas constitucionais profundos, artralgias ou sintomas respiratórios podem ter vasculite tal como **granulomatose de Wegener** (granulomatose com poliangiite) ou **poliangiite microscópica** (ver Capítulo 9). Pacientes com **SLE** conhecido devem ser triados regularmente quanto ao desenvolvimento de hematúria e/ou proteinúria, porque estes achados indicam comprometimento renal e a necessidade de uma biópsia de rim e tratamento adicional.

Hematúria macro ou microscópica pode ocorrer após **exercício vigoroso.** Isto inclui esportes de contato com trauma direto aos rins e esportes individuais, como corrida de maratona, ciclismo, remo e mesmo natação. A hematúria foi atribuída a trauma da bexiga em virtude do movimento para cima e para baixo com a corrida e com o ciclismo; entretanto, outros estudos usando microscopia de contraste de fase observaram números importantes de RBCs dismórficos e mesmo cilindros de hemácias na urina após corrida, indicando que a hematúria induzida por exercício pode ser de origem glomerular. Hematúria induzida puramente por exercício desaparece dentro de 2 a 7 dias após exercício vigoroso e é benigna; entretanto, este é um **diagnóstico de exclusão.** Hematúria que ocorre após exercício pode também revelar uma condição subjacente, tal como nefropatia policística dominante autossômica. Outra causa de hematúria induzida por exercício é a **síndrome de quebra-nozes,** que descreve a compressão da veia renal esquerda entre a aorta e a artéria mesentérica superior; isto pode ser acompanhado por dor no flanco esquerdo.

Hematúria (microscópica ou macroscópica) que ocorre em um paciente anticoagulado não deve ser atribuída à anticoagulação por si mesma, a não ser que sangramento seja observado de múltiplos locais e haja clara evidência de excesso de anticoagulação. Estudos prospectivos em pacientes anticoagulados mostraram que hematúria não é significativamente mais comum que na população geral, e quando ela ocorre, uma condição urológica subjacente, inclusive neoplasia, é encontrada em uma alta porcentagem de indivíduos. Por essas razões, **hematúria em pacientes anticoagulados deve ser avaliada como em outros indivíduos.**

B. Considerações diagnósticas específicas:
1. Todos os pacientes com hematúria devem fazer uma **urocultura, exame de urina microscópico** por um clínico treinado e **quantificação de proteinúria.** A cultura de urina detectará infecção como causa da hematúria, particularmente, se associada à disúria e piúria. Também excluirá infecção antes que quaisquer procedimentos invasivos sejam empreendidos (contraindicados durante infecção ativa). Infecção, se presente, deve ser tratada apropriadamente, e exame de urina deve ser repetido em 4 a 6 semanas. Se a hematúria tiver se resolvido completamente e não houver outros fatores de risco, testes adicionais não são necessários.

Exame microscópico da urina e quantificação da proteinúria ajudam a determinar se a hematúria é de origem glomerular (ver anteriormente). Eritrócitos dismórficos, cilindros de hemácias e proteinúria de mais de 1 a 2 g/dia apontam glomerulonefrite, e está indicado encaminhamento a um nefrologista para biópsia renal. Bioquímica sérica para avaliar a função renal e testes sorológicos específicos para procurar doença imunológica ou infecciosa devem também ser pedidos (para detalhes, ver Capítulo 9). Se houver clara evidência de uma causa glomerular de hematúria e o paciente não tiver fatores de risco para neoplasia, exames de imagem do trato urinário e cistoscopia não são necessários.

Hematúria dismórfica isolada sem proteinúria pode ser causada por síndrome de Alport, nefropatia de membrana basal fina, ou nefropatia de IgA leve. **Síndrome de Alport** é uma doença genética das cadeias colágenas da membrana basal glomerular (GBM) e leva à doença renal terminal, muitas vezes em adultos jovens. Em 50% a 80% dos pacientes, ela é associada a perda auditiva neurossensorial e anormalidades oftalmológicas. A herança é ligada ao X em 80% a 85% das famílias e recessiva autossômica em cerca de 15%. O diagnóstico pode ser feito por biópsia renal e/ou análise genética. **Nefropatia de membrana basal fina** também foi chamada hematúria familiar benigna. Ela afeta cerca de 1% da população, é um caráter dominante autossômico, é caracterizada por GBMs muito finas, e geralmente tem um curso benigno. Indivíduos com hematúria glomerular isolada, muitas vezes, não são biopsiados porque o prognóstico é bom, a menos que síndrome de Alport seja uma possibilidade e não possa ser diagnosticada de outra maneira. Entretanto, os pacientes com hematúria glomerular isolada devem ser acompanhados quanto ao desenvolvimento de proteinúria, pressão arterial elevada, ou função renal diminuída.

2. **Exames de imagem** são geralmente efetuados na avaliação de hematúria. A escolha do teste depende da idade e história do paciente. Em crianças, adolescentes e mulheres grávidas, um ultrassom renal deve ser pedido primeiro para evitar a significativa radiação associada à tomografia computadorizada (TC). **Ultrassom renal** detectará doença renal policística, outras anormalidades congênitas dos rins e do trato urinário, cálculos renais, particularmente se associados a obstrução, e tumor de Wilms em crianças. Ultrassom renal também é útil em pacientes com suspeita de hematúria glomerular, para determinar tamanho renal. Se ambos os rins forem pequenos, biópsia renal pode não estar indicada por causa da utilidade diagnóstica limitada (rins com cicatrização) e risco aumentado de sangramento. Se a história ou sintomas do paciente sugerirem nefrolitíase, uma tomografia computadorizada dos rins, ureteres e bexiga (TC-KUB) deve ser pedida, a qual não exige administração de contraste intravenoso.

A maioria dos pacientes com hematúria inexplicada, particularmente se acima da idade de 40 anos, ou com fatores de risco para neoplasia, deve passar por TC urografia de multidetectores com e sem contraste. Esta é atualmente a modalidade mais sensível de imagem para a detecção de cânceres do trato urogenital, bem como cálculos. Entretanto, a dose de radiação é significativa, e contraste intravenoso pode precipitar lesão renal aguda, particularmente em pacientes com doença renal subjacente. Nesses casos, imagem de ressonância magnética sem contraste de gadolínio pode ser feita.

3. **Cistoscopia.** Cistoscopia deve ser feita em pacientes com hematúria e disúria ou outros sintomas vesicais/uretrais, **depois de infecção ter sido excluída.** Ela deve ser realizada na maioria dos pacientes com hematúria macroscópica inexplicada, a não ser que o paciente seja jovem (menos de 35 a 40 anos para homens e menos de 45 anos para mulheres) e não tenham fatores de risco para câncer de bexiga. Cistoscopia não é necessária em pacientes jovens com um diagnóstico conhecido de nefropatia policística dominante autossômica, síndrome de Alport, doença falciforme, ou nefropatia de IgA; estas doenças são tipicamente associadas a episódios de hematúria macroscópica. Contudo, cistoscopia é obrigatória em pacientes mais velhos, fumantes, pacientes que foram tratados com ciclofosfamida, ou com outros fatores de risco para câncer de bexiga (ver acima). Cistoscopia também permite visualização da próstata e uretra. Câncer de próstata e hiperplasia prostática benigna podem dar origem a hematúria, em virtude da vascularidade aumentada e vasos sanguíneos frágeis. Entretanto, outras causas devem ser excluídas antes de atribuir a hematúria à hiperplasia prostática benigna.
4. **Citologia da urina** foi descrita como 90% sensível para câncer vesical, mas muito menos sensível para neoplasias do trato superior. Ela geralmente é efetuada como um teste complementar antes da cistoscopia, mas pode ser pedida em lugar da cistoscopia em pacientes em baixo risco de câncer vesical, como indivíduos com menos de 40 anos, particularmente, se mulher e não fumante.

    Uma coleta de **urina de 24 horas** deve ser pedida em crianças e adultos jovens com hematúria não glomerular inexplicada para procurar **hipercalciúria e hiperuricosúria.** Estas condições foram descritas como causa de hematúria em até 35% das crianças com uma avaliação negativa sob todos os demais aspectos, bem como em adultos jovens. Diminuir excreção urinária de cálcio com um diurético tiazídico, ou excreção urinária de urato com alopurinol, leva à resolução da hematúria. Estes tratamentos também reduzem o risco de formação de cálculo nestes pacientes (ver Capítulo 6).
5. Raramente, **arteriografia** pode ser necessária para diagnosticar fístula ou malformação arteriovenosa, que podem ser congênitas ou adquiridas, ou aneurisma dos ramos da artéria renal na **poliarterite nodosa** ou **poliangiite microscópica.** Venografia renal ou ultrassom Doppler pode estabelecer um diagnóstico de síndrome do quebra-nozes. Outras condições raras são telangiectasia hemorrágica hereditária, cistite de radiação e esquistossomose em áreas endêmicas.

    Apesar de exames extensos, hematúria pode permanecer **inexplicada.** Estes pacientes devem ser acompanhados com repetição de exame de urina, citologia, monitorização da pressão arterial e função renal, e, em alguns casos, repetição de exames de imagem, dependendo da situação clínica e risco de neoplasia.

IV. AVALIAÇÃO DA PROTEINÚRIA

A. **Considerações Fisiológicas.** Adultos hígidos excretam menos de 150 mg de proteína/dia. Menos de 20 mg disso é albumina, a qual é normalmente filtrada pelo glomérulo em mais altas quantidades (a quantidade exata ainda é controversa) e a seguir reabsorvida e decomposta pelas células epiteliais tubulares proximais. Cerca da metade da proteína normalmente excretada consiste em **proteína de Tamm–Horsfall,** também chamada **uromodulina,** a qual é secretada pelas células tubulares que revestem a alça de Henle e os túbulos distais. A outra metade da excreção normal de proteína consiste em proteínas e polipeptídeos plasmáticos filtrados, incluindo albumina (cerca de 15% da proteína urinária total), imunoglobulinas (cerca de 5%), cadeias leves (também cerca de 5%), beta-2 microglobulina e outras. A taxa de excreção de proteína normal em crianças é menos de 100 mg/m^2/dia.

Excreção aumentada de proteína urinária é frequentemente um sinal de doença renal. **Proteinúria anormal** pode ser causada pela filtração glomerular aumentada de proteínas, reabsorção tubular diminuída ou ambas. Filtração glomerular aumentada ocorre com superprodução de proteínas filtráveis, geralmente cadeias leves de imunoglobulina decorrentes de mieloma múltiplo, ou de permeabilidade aumentada da barreira de filtração glomerular, indicando doença glomerular. Portanto, com base na fisiologia, proteinúria anormal pode ser classificada do seguinte modo:

1. **Proteinúria de Transbordamento.** Proteinúria de transbordamento é causada pela filtração de uma quantidade anormalmente grande de proteínas de pequeno peso molecular que excede a capacidade de reabsorção dos túbulos. As causas de proteinúria de transbordamento incluem hemólise intravascular (hemoglobinúria), rabdomiólise (mioglobinúria) e mieloma múltiplo (cadeias leves). Estas proteínas e cadeias leves não são detectadas pelo teste de bastão de imersão na urina (ver acima), mas são detectadas em uma coleta de urina de 24 horas, ou pela determinação de uma relação de proteína–creatinina urinária (UPCR). A avaliação da proteinúria de transbordamento é guiada pelo contexto clínico. Hemoglobinúria e mioglobinúria são geralmente reconhecidas pela presença de urina vermelha, com sobrenadante hemepositivo vermelho após centrifugação (ver acima). Cadeias leves urinárias são detectadas por imunofixação (IFE) urinária.

2. **Proteinúria Tubular.** Em contraposição com a proteinúria de transbordamento, na qual a reabsorção tubular normal é sobrepujada pela grande quantidade de proteínas filtradas, a proteinúria tubular é causada pelo dano ao tubulointerstício renal, levando a uma falha em reabsorver normalmente as proteínas de pequeno peso molecular filtradas, principalmente beta-2 microglobulina, cadeias leves, proteína ligadora de retinol e produtos de degradação de albumina. Além disso, enzimas da borda em escova e células (como *N*-acetilglicosamina e lisozima) podem aparecer na urina quando os epitélios tubulares proximais são lesados, e uromodulina pode ser secretada em quantidades aumentadas com a lesão às células epiteliais da alça de Henle e néfron distal. Como na proteinúria de transbordamento, estas proteínas tubulares não são detectadas pelo teste de bastão de imersão urinário e podem, portanto, permanecer não diagnosticadas. Entretanto, ela será medida uma coleta de urina de 24 horas for solicitada para avaliação de uma creatinina sérica elevada ou hematúria. Proteinúria decorrente da doença tubulointersticial é não mais que 1 a 2 g/dia. Quantidades maiores de proteinúria (> 3 g/dia) são decorrentes de doença glomerular ou transbordamento de cadeias leves filtradas. Se a causa da proteinúria não for clara, eletroforese das proteínas urinárias (UPEP) e IFE devem ser usadas para ajudar no diagnóstico. Na proteinúria glomerular, UPEP demonstra predominantemente albumina, enquanto proteinúria tubular demonstra uma predominância de proteínas de

pequeno peso molecular. UPEP e IFE detectarão cadeias leves anormais. Proteinúria tubular e glomerular não são mutuamente excludentes, uma vez que a maioria das doenças glomerulares é acompanhada por lesão e inflamação tubulointersticial, e as doenças tubulointersticiais eventualmente levam à glomerulosclerose segmentar focal ou global.

3. **Proteinúria Glomerular.** Proteinúria glomerular resulta de lesão da barreira de filtração glomerular, a qual consiste nas células endoteliais fenestradas, a GBM, e as células epiteliais glomerulares viscerais ou podócitos. Lesão de qualquer uma destas barreiras pode ser responsável por permeabilidade glomerular aumentada a macromoléculas. Por exemplo, a **camada celular endotelial** é rompida na **pré-eclâmpsia**, a **GBM** é defeituosa na síndrome de **Alport**, e os **podócitos** são lesados na **glomerulosclerose segmentar focal**, todas estas doenças caracterizadas por proteinúria. Na última década, a importância do diafragma-fenda entre os processos podais (pedicelos) dos podócitos foi reconhecida pela descoberta de **mutações genéticas em proteínas do diafragma-fenda** em bebês e crianças com proteinúria glomerular intensa. Outras mutações genéticas das enzimas dos podócitos ou de constituintes proteicos da GBM também conduzem à proteinúria glomerular. Lesão da barreira de filtração pode alterar suas propriedades seletivas de *tamanho*, permitindo a passagem de proteínas de mais alto peso molecular ou mesmo de células (como na glomerulonefrite crescêntica), ou pode alterar suas propriedades seletivas de *carga*, permitindo a ultrafiltração de albumina carregada negativamente (como na nefropatia de lesão mínima), ou ambas. Finalmente, lesão mesangial pode também contribuir para proteinúria por interferir com as funções de depuração mesangial normal. Proteinúria glomerular pode ser leve, com taxas de excreção de albumina de 30 a 300 mg/dia (albuminúria alta), moderada, na faixa de 1 a 3 g/dia, ou intensa (nefrótica), mais de 3 g/dia e até maior que 20 g/dia (ver abaixo). Em geral, quanto mais intensa a proteinúria, pior é o prognóstico da doença renal subjacente.

4. **Proteinúria "Pós-Renal"** ocorre com inflamação no trato urinário, isto é, com infecção, nefrolitíase, hematúria macroscópica e tumores. As quantidades são pequenas a moderadas.

B. **Definições Usadas Clinicamente para Classificar Proteinúria:**
1. **Albuminúria Alta** (antigamente chamada microalbuminúria porque testes com bastão de imersão são geralmente negativos, em virtude das baixas concentrações de albumina na urina: excreção de albumina de 30 a 300 mg/dia, ou relação albumina para creatinina urinária em amostra > 30 mg/g.
2. **Proteinúria Franca** (também chamada macroalbuminúria, bastão de imersão positivo): excreção de albumina > 300 mg/dia, ou relação albumina para creatinina urinária em amostra > 300 mg/g.
3. **Proteinúria na Faixa Nefrótica.** Excreção de proteína > 3 a 3,5 g/dia, ou UPCR instantânea > 3 g/g.
4. **Síndrome Nefrótica.** Proteinúria na faixa nefrótica, hipoalbuminemia (< 3,0 g/dL), edema e hiperlipidemia (níveis elevados de colesterol e/ou triglicerídeos séricos) (ver abaixo).
5. **Síndrome Nefrítica.** Proteinúria glomerular (qualquer grau) e micro ou macro-hematúria de origem glomerular, indicando inflamação glomerular

(glomerulonefrite). Cilindros de eritrócitos podem estar presentes, bem como creatinina sérica elevada e hipertensão.
6. **Proteinúria Isolada.** Proteinúria não nefrótica (geralmente < 2 g/dia) sem hematúria ou GFR diminuída, sedimento urinário leve, e ausência de subjacente diabetes, hipertensão ou doença sistêmica. Esta apresentação é frequentemente benigna, mas os pacientes necessitam de acompanhamento para detectar quaisquer alterações.
7. **Proteinúria Transitória.** Proteinúria transitória é comum em crianças, adolescentes e adultos jovens. Ela pode ocorrer com febre, exercício, posição ereta (proteinúria ortostática), ou infecção sintomática do trato urinário. Ela é geralmente de baixo grau (< 1 a 2 g/dia) e benigna, se análise repetida for negativa para proteína. **Proteinúria ortostática** é diagnosticada, se a primeira urina da manhã (ou uma coleta durante a noite) for negativa para proteína, e proteinúria só estiver presente durante uma coleta durante o dia. Estes indivíduos não necessitam de qualquer análise adicional e não têm doença renal. **Exercício intenso** pode ocasionalmente causar proteinúria de mais de 2 g/dia, bem como hematúria. Se estes achados regredirem completamente dentro de alguns dias de repouso, o paciente pode ser tranquilizado, depois que doença renal policística tiver sido excluída. Outras causas de proteinúria transitória são diabetes descontrolado com hiperglicemia, hipertensão grave e insuficiência cardíaca.

C. **Detecção e Quantificação da Proteinúria.** Embora o teste de bastão de imersão urinário seja usado frequentemente como teste de triagem para proteinúria, é importante reconhecer suas limitações. Ele não é muito sensível nem quantitativo. **Um resultado negativo de bastão de imersão não exclui proteinúria clinicamente importante** (porque ele detecta principalmente albumina e é dependente da concentração). Esta limitação pode ser superada pelo **teste do ácido sulfossalicílico (SSA):** Uma parte de sobrenadante da urina é misturada com 3 partes de SSA 3%, o que resulta em turbidez cada vez maior com concentrações urinárias cada vez maiores de proteína. Um teste do SSA positivo com um resultado negativo do bastão de imersão indica a presença de proteínas não albumina na urina, mais frequentemente cadeias leves decorrentes de mieloma múltiplo.

Um resultado **positivo do bastão de imersão** necessita ser seguido por uma **avaliação quantitativa da proteinúria,** porque o prognóstico e o tratamento frequentemente dependem do grau de proteinúria. A quantificação da proteinúria pode ser obtida com dois métodos, uma coleta de urina de 24 horas e uma relação de proteína (ou albumina) para creatinina em amostra urinária. Ambos os métodos têm limitações.
1. **Coleta de Urina de 24 Horas.** Quando feita adequadamente, a coleta de urina de 24 horas fornece a medida mais acurada de excreção de proteína urinária. Este método envolve esvaziar a bexiga e descartar a primeira urina da manhã, a seguir coletando toda a urina durante as 24 horas subsequentes, incluindo a primeira micção matinal no dia seguinte. A urina deve ser refrigerada durante o período de coleta. Isto é desconfortável para o paciente, e as coletas, muitas vezes, são feitas incorretamente, de modo que coletas excessivas e insuficientes são comuns. Para avaliar a adequação de uma coleta, a **excreção de creatinina total deve sempre ser medida simultaneamente com a excreção de proteína na urina de 24 horas.** Se a quantidade medida de creatinina for significativamente fora da faixa prevista, a coleta

está imprecisa. Em adultos hígidos abaixo da idade de 50 anos, a excreção urinária de 24 horas de creatinina deve ser 15 a 20 mg/kg de peso corporal ideal em mulheres e 18 a 25 mg/kg em homens. Em adultos mais velhos, há uma diminuição progressiva na excreção de creatinina diária em virtude do declínio progressivo na massa muscular.

2. **Relação Proteína–Creatinina Urinária.** Uma relação de concentração de proteína–creatinina urinária na primeira urina da manhã pode ser usada como uma avaliação rápida de proteinúria. Na prática clínica, no entanto, é muitas vezes uma amostra diurna ao acaso que é obtida durante uma visita ao consultório. Supondo-se que o indivíduo médio excrete aproximadamente 1 g de creatinina por dia, **a UPCR em amostra de urina coletadas ao acaso** geralmente cai **abaixo de 0,2** (grama de proteína por grama de creatinina), enquanto valores **maiores que 3** sugerem a presença de **proteinúria na faixa nefrótica.** Medir a relação proteína–creatinina em uma amostra de urina é útil para uma determinação rápida e fácil de se a proteinúria é leve ou na faixa nefrótica. Esta distinção é importante por duas razões: Primeira, proteinúria nefrótica é sempre decorrente de doença glomerular (a não ser que haja transbordamento de cadeias leves), enquanto graus menores podem ser de origem tubular ou glomerular. Segunda, doenças glomerulares primárias com proteinúria na faixa nefrótica têm um pior prognóstico e são tratadas diferentemente das mesmas doenças com graus mais leves de proteinúria. A UPCR de amostra também é útil como substituto para coletas repetidas de urina de 24 horas durante tratamento e acompanhamento, mas ela não deve ser usada isoladamente, se estiver em uma faixa duvidosa (2 a 3) ou em pacientes cuja geração e excreção de creatinina for significativamente maior ou menos que 1 g/dia (p. ex., em indivíduos com massa muscular muito grande ou muito baixa).

3. **Relação Albumina–Creatinina Urinária (UACR).** Esta relação é geralmente obtida em pacientes diabéticos para triar quanto a nefropatia diabética, ou em estudos de pesquisa. Adultos **hígidos** têm uma relação de **5 para 15** (mg de albumina para grama de creatinina). Uma relação albumina–creatinina **maior do que 30** em amostras repetidas de urina é considerada anormal e pode ser um sinal de **nefropatia diabética incipiente,** mas também é vista com hiperglicemia em diabetes não controlados, em pacientes com hipertensão, e em pacientes com doença cardiovascular. Uma UACR elevada serve como biomarcador de **risco aumentado de doença cardiovascular.**

Outra limitação ao uso de UPCR e UACR em amostras urinárias é a variabilidade da excreção de proteína durante todo o dia, bem como de dia para dia. Por essa razão, apenas alterações grandes (como reduzir a metade) e sustentadas na UPCR durante acompanhamento são indicadoras de uma resposta ao tratamento.

V. ABORDAGEM AO PACIENTE COM PROTEINÚRIA

Ao avaliar um paciente com proteinúria persistente, as principais questões a serem consideradas são as seguintes:

1. Qual é a etiologia da proteinúria, e são necessários testes adicionais, incluindo uma biópsia renal?
2. Qual é o risco de progressão para ESRD, e há terapias específicas disponíveis para prevenir ESRD?

A. **Causas de Proteinúria.** A causa mais comum de proteinúria e síndrome nefrótica na população adulta dos Estados Unidos é **diabetes,** geralmente tipo 2. Isto realça o fato de que proteinúria é, muitas vezes, causada por doenças sistêmicas subjacentes que também comprometem os rins. Portanto, uma história médica e exame físico completos, com análise laboratorial direcionada, muitas vezes revelarão o diagnóstico, e uma biópsia renal pode não ser necessária, particularmente, se a proteinúria for leve (não nefrótica).

Outras doenças sistêmicas que podem causar proteinúria, leve a moderada ou nefrótica, com ou sem hematúria glomerular, são **doenças reumáticas** como SLE, sarcoidose e vasculite sistêmica; **infecções**, como doença do vírus de imunodeficiência humana (HIV), hepatites B e C, endocardite e abscesso visceral; **doenças genéticas**, como síndrome de Alport e outras; e **neoplasias**, incluindo mieloma múltiplo e tumores sólidos. O Capítulo 9 discute glomerulonefrite decorrente destas doenças em mais detalhes. Além disso, uma variedade de **medicações** pode induzir proteinúria por mecanismos imunológicos ou tóxicos, necessitando de uma história de medicação completa quando se está avaliando proteinúria. As causas mais comuns de proteinúria "secundária", isto é, proteinúria decorrente de comprometimento renal (glomerular) por uma doença sistêmica subjacente ou medicações, estão listadas no Quadro 8-2. Algumas destas doenças podem também ser associadas à hematúria glomerular importante, isto é, um sedimento nefrítico, e estas estão listadas no Quadro 8-3.

Quadro 8-2	Causas de Proteinúria Secundária (Decorrente de uma Doença Sistêmica ou Medicação)
Metabólicas	
Diabetes melito, obesidade mórbida	
Hereditárias/Genéticas	
Síndrome de Alport, doença de Fabry, síndrome unha-patela, doença renal policística, síndrome nefrótica congênita	
Infecciosas	
Hepatites B e C, nefropatia associada a vírus de imunodeficiência humana, malária, sífilis secundária, amiloidose decorrente de infecção crônica	
Imunológicas	
Lúpus eritematoso sistêmico, síndrome de Sjögren, sarcoidose, pós-transplante renal, pós-transplante de medula óssea, artrite reumatoide	
Medicações	
Penicilamina, lítio, drogas anti-inflamatórias não esteroides, bifosfonatos, inibidores de tirosina cinase, antagonistas do VEGF (fator de crescimento endotelial vascular), sirolimo	
Neoplasias	
Mieloma múltiplo; carcinoma do cólon, pulmão ou mama; linfoma; leucemia; amiloidose de cadeia leve de imunoglobulina (AL)	
Diversas	
Nefropatia de refluxo, anemia falciforme, e outras doenças associadas à perda de néfrons e glomerulosclerose secundária	

Quadro 8-3	Causas de Proteinúria e Hematúria Nefrítica (Glomerular)
Hereditárias	
Síndrome de Alport; nefropatia de IgA hereditária e glomerulosclerose segmentar focal	
Infecciosas	
Hepatites B e C, glomerulonefrite mediada por complexos imunes induzida pelo vírus de imunodeficiência humana, endocardite, infecção de *shunt* ventriculoperitoneal, abscesso visceral, pós-glomerulonefrite estreptocócica	
Imunológicas	
Lúpus eritematoso sistêmico, púrpura de Henoch–Schönlein e nefropatia de IgA, granulomatose de Wegener, poliarterite microscópica, síndrome de Goodpasture, crioglobulinemia; glomerulonefrite membranoproliferativa	
Neoplasias	
Leucemia linfocítica crônica (glomerulonefrite membranoproliferativa), mieloma múltiplo (glomerulonefrite membranoproliferativa), glomerulonefrite rapidamente progressiva associada a câncer (rara)	
Diversas	
Cirrose hepática (nefropatia de IgA)	

IgA, imunoglobulina A.

Se nenhuma condição sistêmica estiver presente, o paciente provavelmente tem uma **glomerulopatia primária ou idiopática,** a qual só pode ser diagnosticada por biópsia renal. As doenças glomerulares primárias são nefropatia de lesão mínima, nefropatia de IgA, glomerulonefrite proliferativa mesangial, nefropatia membranosa, glomerulonefrite membranoproliferativa, glomerulonefrite necrosante e crescêntica e glomerulosclerose focal e segmentar (ver Capítulo 9).

B. **Avaliação do Risco.** O risco de progressão para ESRD é não apenas determinado pela doença subjacente, mas, principalmente, pelo grau de proteinúria, pela presença de função renal basal diminuída, e pelo grau de controle da hipertensão. Em geral, **quanto mais alta a quantidade de proteinúria, mais alto o risco de progressão para ESRD,** particularmente, se a pressão arterial não estiver controlada. Proteinúria na faixa nefrótica acarreta um risco muito mais alto que proteinúria não nefrótica mesmo se a doença renal subjacente for a mesma, por exemplo, nefropatia membranosa ou glomerulosclerose segmentar focal. Pacientes com **insuficiência renal** ou **hematúria** concomitante também têm um **risco mais alto** de progressão. Esta avaliação do risco implica na necessidade de avaliação e tratamento adicionais. Especificamente, se a função renal for normal, não houver eritrócitos presentes, e a proteinúria for menos de 500 mg/dia, o risco de lesão renal futura é baixo na ausência de diabetes e/ou hipertensão, e o paciente pode ser observado. Proteinúria na faixa de 1 a 2 g/dia sem hematúria e com função renal normal pode ser causada por lesões glomerulares ou anormalidades tubulares; o prognóstico ainda é bom, se a pressão arterial for adequadamente controlada, mas o paciente necessita de acompanhamento mais estreito para detectar quaisquer alterações na sua condição que necessitem avaliação ou tratamento adicionais. Proteinúria acima de 3 g/dia é devida a doença glomerular (se predominantemente albumina e não transbordamento de cadeias leves) e necessita de avaliação adicional, geralmente por biópsia renal, a não ser que seja claramente causada por nefropatia diabética. Qualquer grau de proteinúria acompanhada por cilindros de RBCs urinários ou RBCs dismórficos (quadro **nefrítico**) deve ser avaliada mais a fundo quanto à presença de **glomerulonefrite ou vasculite**.

C. **Recomendações Específicas de Terapia.** Uma vez que o risco de progressão rápida nas doenças renais proteinúricas é potencializado pela hipertensão descontrolada, **controle adequado da pressão arterial** é um fundamento do tratamento. Múltiplas experiências de intervenção demonstraram os benefícios do controle da pressão arterial a menos de 130/80 mmHg, se a proteinúria for 1 g/dia ou mais; e menos de 125/75 mmHg, se a proteinúria for mais de 3 g/dia (em pacientes com menos de 65 anos; pacientes mais velhos podem ser tratados a objetivos de pressão ligeiramente mais altos). Além disso, **bloqueadores do sistema renina–angiotensina (RAS),** como inibidores da enzima conversora de angiotensina e bloqueadores dos receptores à angiotensina, podem preservar função renal melhor que outros agentes anti-hipertensivos em pacientes com proteinúria, contanto que o objetivo de pressão arterial seja atingido. Pacientes com proteinúria intensa se beneficiam mais com drogas bloqueadoras do RAS. Função renal e níveis de potássio necessitam ser monitorados durante esta terapia, particularmente em pacientes com diabetes que são propensos a desenvolver hiperpotassemia. Combinação com um diurético pode ajudar a prevenir hiperpotassemia. A maioria dos pacientes com doença renal subjacente necessitam de duas ou mais drogas para controlar adequadamente sua pressão arterial, e o **efeito antiproteinúrico das drogas bloqueadoras do RAS** pode ser **aumentado** pela combinação com **diuréticos,** bem como uma **dieta com baixo sal.** Bloqueadores dos canais de cálcio, como nifedipina, não devem ser usados isoladamente em pacientes com proteinúria, porque eles dilatam a arteríola aferente e, desse modo, aumentam a pressão glomerular e a proteinúria, mas elas podem ser usadas em combinação com drogas bloqueadoras do RAS, se o objetivo de pressão arterial não puder ser atingido com bloqueadores do RAS (com ou sem diurético) sozinhos.

Em pacientes com proteinúria decorrente de diabetes, **controle adequado da glicemia** é também importante; entretanto, controle excessivamente agressivo para alcançar um nível de hemoglobina A1c de 6% acarreta mais risco (episódios frequentes de hipoglicemia) do que benefício para a maioria dos pacientes com diabetes tipo 2 que já têm lesão de órgãos-alvo. Três grandes estudos de intervenção mostraram que a relação risco–benefício é melhor quando se visa a um nível de hemoglobina A1c entre 7% e 8%. Controle estrito da pressão arterial usando drogas bloqueadoras do RAS é o sustentáculo do tratamento da proteinúria em pacientes diabéticos.

Restrição da proteína na dieta na faixa de 0,6 a 0,8 g/kg/dia foi sugerida, ao mesmo tempo para reduzir proteinúria e para retardar a velocidade de perda de função renal nas doenças renais proteinúricas. A eficácia do bloqueio do RAS para reduzir proteinúria, os dados conflitantes suportando a eficácia das dietas de baixa proteína e as preocupações com a segurança nutricional em pacientes com proteinúria intensa (*i. e.*, mais que 10 g/dia) levaram a um abandono da restrição rigorosa de proteína na dieta. Não obstante, pacientes com proteinúria, mesmo se intensa, devem, provavelmente, ser aconselhados a **evitar dietas com alta proteína** e ingerir uma dieta próxima da quota diária recomendada de proteína, que é 0,8 g proteína/kg peso corporal. **Restrição de sal** moderada a 2 a 3 g/dia foi recomendada para facilitar controle da pressão arterial e reduzir proteinúria e edema, se presentes.

Terapia **imunossupressiva** com corticosteroides isoladamente ou em combinação com drogas citotóxicas (p. ex., ciclofosfamida) ou inibidores de calcineurina (ciclosporina A ou tacrolimo) é usada para tratamento de proteinúria e/ou hematúria, se uma glomerulonefrite ou vasculite for documentada por biópsia renal. Estas terapias específicas são discutidas no Capítulo 9.

A **síndrome nefrótica,** definida por proteinúria de mais de 3,5 g/1,73 m^2 (área de superfície corporal)/dia, hipoalbuminemia, hiperlipidemia e edema é sempre causada pela doença glomerular com destruição da barreira de filtração. Nem todos os pacientes com uma dada quantidade de proteinúria na faixa nefrótica desenvolvem a síndrome nefrótica completa; as razões para isto não estão completamente compreendidas. **Hipoalbuminemia** se desenvolve quando a síntese hepática de albumina é insuficiente para compensar perdas intensas de albumina pela urina. **Retenção de sódio e água** com resultante edema ocorre em muitos pacientes como um resultado direto da lesão glomerular e tubular; o mecanismo exato não está inteiramente claro. A sobrecarga hídrica pode ser volumosa, com anasarca, derrames pleurais e ascite, exigindo terapia diurética com alta dose (ver Capítulo 1). **Hiperlipidemia** pode ser causada por síntese aumentada de apolipoproteína no fígado, a qual é estimulada pela hipoproteinemia e uma diminuição associada na pressão oncótica plasmática. Depuração diminuída de colesterol e triglicerídeos plasmáticos também desempenha um papel. Lipídios são filtrados na síndrome nefrótica, levando à **lipidúria,** seja como lipídios livres ou inclusos em cilindros (cilindro gorduroso) ou em células tubulares degeneradas (corpos gordurosos ovais). Se hiperlipidemia decorrente de distúrbios nefróticos persistir durante anos, ela, provavelmente, contribui para aterosclerose acelerada, e, por essa razão, estes pacientes são geralmente tratados com inibidores de 3-hidróxi-3-metilglutaril-coenzima A (HMG-CoA) redutase (estatinas) ou fibratos para reduzir o seu risco cardiovascular. Entretanto, estatinas e fibratos não devem ser usados juntos por causa do risco aumentado de rabdomiólise em pacientes com doença renal. Proteinúria intensa também predispõe à **hipercoagulabilidade.** Perdas variáveis de antitrombina III, proteína S e proteína C foram descritas em alguns, mas não todos os pacientes nefróticos. Trombose venosa profunda, trombose de veia renal e êmbolos pulmonares são complicações bem conhecidas da síndrome nefrótica e exigem anticoagulação enquanto persistir a síndrome nefrótica. Perdas urinárias de imunoglobulinas e fatores do complemento contribuem para uma suscetibilidade aumentada a infecções, particularmente em crianças com a síndrome nefrótica. Outras perdas urinárias incluem globulina ligadora de tireoide (baixa tireoxina total, hormônio tireoestimulador normal e tireoxina livre normal), transferrina e vitamina

Quadro 8-4	Tratamento de Sinais e Complicações da Síndrome Nefrótica
Sinal ou Complicação	**Tratamento**
Proteinúria > 3,5 g/d	1. Redução da pressão arterial a menos de 125/75–130/80 mmHg, usando drogas que bloqueiam o sistema renina–angiotensina–aldosterona 2. Dieta com baixo sal 3. Evitar grandes cargas de proteína na dieta; recomendada ingestão de proteína diária de 0,8 g/kg
Edema e sobrecarga de líquido	Diuréticos, geralmente diuréticos de alça, e restrição de sal; pode ser combinado com antagonista da aldosterona (p. ex., espironolactona)
Hipercolesterolemia	Estatina
Hipertrigliceridemia > 1.000 mg/dL	Fibrato
Tromboembolismo	Anticoagulação
Hiperparatireoidismo secundário, deficiência de vitamina D	Reposição de vitamina D

D, resultando em deficiência de vitamina D, hipocalcemia e hiperparatireoidismo secundário.

Conforme descrito anteriormente (causas de proteinúria), a síndrome nefrótica é frequentemente uma manifestação de uma doença sistêmica subjacente ou pode ser induzida por medicações. Por essas razões, uma avaliação completa quanto a doenças subjacentes e uso de medicação é obrigatória. Geralmente, uma biópsia renal é efetuada para definir a histopatologia exata e os aspectos prognósticos, exceto em pacientes com diabetes que têm outras complicações microvasculares, como retinopatia e/ou neuropatia e ausência de aspectos atípicos. Esses pacientes mais provavelmente têm nefropatia diabética e são tratados com drogas bloqueadoras do RAS, não imunossupressores. **Tratamento da síndrome nefrótica** é dirigido para a doença subjacente, se presente (p. ex., hepatite, HIV, neoplasia) e para complicações da síndrome nefrótica, tais como edema ou trombose venosa, e também inclui as recomendações gerais para redução de proteinúria descritas acima (Quadro 8-4).

Leituras Sugeridas

Ariceta G. Clinical practice: proteinuria. *Eur J Pediatr* 2011;170:15-20.
Cohen RA, Brown RS. Microscopic hematuria. *N Engl J Med* 2003;348:2330-2338.
Glassock RJ. Attending rounds: an older patient with nephrotic syndrome. *Clin J Am Soc Nephrol* 2012;7:665-670.
Johnson DW, Jones GR, Mathew TH, et al. Chronic kidney disease and measurement of albuminuria or proteinuria: a position statement. *Med J Aust* 2012;197:224-225.
Kerlin BA, Ayoob R, Smoyer WE. Epidemiology and pathophysiology of nephritic syndrome-associated thromboembolic disease. *Clin J Am Soc Nephrol* 2012;7:513-520.
Moreno JA, Martin-Cleary C, Gutierrez E, et al. Haematuria: the forgotten CKD factor? *Nephrol Dial Transplant* 2012;27:28-34.

Patel JV, Chambers CV, Gomella LG. Hematuria: etiology and evaluation for the primary care physician. *Can J Urol* 2008;15(Suppl 1):54-61.

Siddall EJ, Radhakrishnan J. The pathophysiology of edema formation in the nephrotic syndrome. *Kidney Int* 2012;82:635-642.

Tu WH, Shortliffe LD. Evaluation of asymptomatic, atraumatic hematuria in children and adults. *Nat Rev Urol* 2010;7:189-194.

9 Paciente com Doença Glomerular ou Vasculite

Sarah E. Panzer ■ Joshua M. Thurman

I. VISÃO GERAL. As doenças glomerulares são definidas pelas suas apresentações clínicas e os achados histológicos associados às doenças. As doenças glomerulares também podem ser categorizadas como processos primários nos quais a doença é limitada ao rim ou como processos secundários nos quais uma doença sistêmica impacta o rim. Muitas doenças glomerulares são de natureza autoimune. Lesão do rim pode ser causada pela deposição de complexos imunes dentro dos glomérulos ou por autoanticorpos dirigidos contra antígenos presentes dentro do rim. Os pequenos vasos do rim e os capilares glomerulares também são frequentemente o alvo de vasculites de pequenos vasos.

Clinicamente, a presença de uma doença glomerular deve ser considerada quando está presente proteinúria. Glomerulonefrite (GN) e vasculite devem ser consideradas quando está presente hematúria e/ou proteinúria. Por essa razão, a abordagem ao paciente com possível doença glomerular deve começar com uma avaliação da excreção de proteína na urina e uma análise microscópica da urina quanto a eritrócitos dismórficos e/ou cilindros de eritrócitos.

Quando hematúria e/ou proteinúria foi identificada e está determinado que doença glomerular é a etiologia mais provável, informação clínica adicional e análise sorológica pode ajudar na classificação da doença renal antes de exame invasivo. Embora frequentemente seja difícil predizer o padrão histológico de lesão em um paciente com doença glomerular, os pacientes frequentemente se enquadram em duas apresentações clínicas gerais — a síndrome nefrítica e a síndrome nefrótica. O reconhecimento destas síndromes pode orientar análise sorológica posterior.

II. PADRÕES CLÍNICOS DE DOENÇA GLOMERULAR

A. Síndrome Nefrítica. Os pacientes com a síndrome nefrítica tipicamente se apresentam com hematúria, eritrócitos dismórficos e/ou cilindros de eritrócitos, e proteinúria. A proteinúria pode variar de 200 mg/dia a proteinúria intensa (mais de 10 g/dia). Clinicamente, ela é acompanhada por hipertensão e edema. Insuficiência renal é comum e tipicamente progressiva. O termo *glomerulonefrite rapidamente progressiva* (RPGN) refere-se a doenças com uma síndrome nefrítica que leva a uma deterioração rápida na função renal, definida como uma duplicação da creatinina sérica ou uma diminuição de 50% na taxa de filtração glomerular (GFR) em 3 meses ou menos.

B. Síndrome Nefrótica. Os pacientes com a síndrome nefrótica se apresentam com proteinúria, hipoalbuminemia (albumina sérica abaixo de 3,0 mg/dL) e edema. Proteinúria na faixa nefrótica (muitas vezes definida como mais de 3,5 g de proteinúria por dia) é geralmente a mais proeminente anormalidade renal. Eritrócitos dismórficos e cilindros estão tipicamente ausentes, mas há exceções. Glomerulosclerose segmentar focal (FSGS), por exemplo, geralmente se apresenta com proteinúria na faixa nefrótica, mas pode ser associada à hematúria de baixo grau. Complicações adicionais da síndrome nefrótica incluem hiperlipidemia, trombose e infecção. As doenças que causam a síndrome nefrótica podem levar à lesão renal crônica progressiva, mas tipicamente são mais lentamente progressivas do que as doenças que se apresentam como a síndrome nefrítica.

C. **Correlação Clinicopatológica.** O diagnóstico patológico das doenças glomerulares incorpora o padrão histológico definido por microscopia óptica, coloração de imunofluorescência para imunoglobulinas (Igs) e proteínas do complemento, e exame da ultraestrutura glomerular por microscopia eletrônica. As doenças glomerulares primárias estão listadas no Quadro 9-1, com os achados histológicos proeminentes em biópsia que definem a doença. Há uma correlação geral entre o padrão de lesão histológica e a apresentação clínica. Assim, os achados clínicos podem sugerir o processo patológico subjacente, embora o diagnóstico definitivo exija uma biópsia. O clínico deve também considerar se existe um processo sistêmico que possa estar causando a proteinúria. Doenças glomerulares primárias frequentemente não podem ser distinguidas histologicamente do padrão de lesão visto em doenças sistêmicas, de modo que esta distinção em, geral, é feita clinicamente.

A síndrome nefrítica é geralmente causada por inflamação glomerular e se manifesta com um sedimento urinário "ativo" (p. ex., células e/ou cilindros). Complexos imunes que se depositam no mesângio ou no espaço subendotelial [glomerulonefrite membranoproliferativa (MPGN), nefropatia de IgA e muitas formas de nefrite lúpica] geram mediadores inflamatórios que ganham acesso à circulação e podem causar um influxo de células inflamatórias. Lesão endotelial glomerular é também causada por autoanticorpos à membrana basal glomerular (anti-GBM), e com lesão necrosante dos capilares como ocorre nas vasculites mediadas por anticorpo citoplasmático antineutrófilo (ANCA). Estas duas doenças frequentemente se apresentam com crescentes glomerulares e RPGN (Quadro 9-2).

Doenças que se apresentam com síndrome nefrótica rompem as barreiras seletivas de tamanho e carga que comumente impedem a ultrafiltração de macromoléculas através da parede capilar glomerular. Em geral, estas doenças rompem a parede capilar sem causar inflamação franca (FSGS, nefropatia diabética e amiloidose), ou elas afetam as células epiteliais sem causar inflamação endovascular [nefropatia membranosa (MN) e doença de lesão mínima (MCD)].

III. AVALIAÇÃO CLÍNICA DA DOENÇA GLOMERULAR

A. **Síndrome Nefrítica.** Em casos nos quais a síndrome nefrítica é a apresentação clínica predominante, uma procura de doenças sistêmicas está justificada (Quadro 9-3). A história e o exame físico devem-se focalizar particularmente na avaliação de erupções cutâneas, doença pulmonar, anormalidades neurológicas, evidência de infecções virais ou bacterianas e anormalidades musculoesqueléticas e hematológicas. Avaliação laboratorial deve ser adaptada aos achados clínicos na história e no exame físico. Um hemograma completo (CBC), painel dos eletrólitos, coleta de urina de 24 horas para quantificação da proteinúria e depuração da creatinina, e testes de função hepática devem ser obtidos inicialmente. Níveis de complemento sérico (C3) são, muitas vezes, clinicamente úteis para auxiliar no diagnóstico de uma doença renal

Quadro 9-1 Doenças Glomerulares Primárias, Definidas pela Histologia

Nefríticas	Achados Histológicos	Nefróticas	Achados Histológicos
Vasculite/poliangiíte microscópica limitadas ao rim	Lesões capilares necrosantes, crescentes; IF, EM negativas	Doença de lesão mínima	Microscopia óptica normal, pedicelos apagados em EM
Doença antimembrana basal glomerular	Coloração de IgG linear ao longo da membrana basal glomerular	Nefropatia membranosa	GBM espessada em óptica, "espículas" (*spikes*) subepiteliais em óptica, IF, EM, IgG e C3 granulares
Glomerulonefrite membranoproliferativa	Matriz mesangial espessada, desdobramento ("duplo contorno") da membrana basal glomerular, colocação granular de C3 em IF	Glomeruloesclerose segmentar focal	Esclerose em partes dos glomérulos, C3 em áreas de esclerose em IF
Nefropatia de IgA	IgA no mesângio em IF	Glomerulonefrite fibrilar	Depósitos fibrilares no mesângio, coloração negativa com vermelho Congo em IF

EM, microscopia eletrônica; GBM, membrana basal glomerular; IF, imunofluorescência; Ig, Imunoglobulina.

Quadro 9-2	Classificação Histológica da Glomerulonefrite Crescêntica (ou Rapidamente Progressiva)	
Imunofluorescência Linear	**Imunofluorescência Granular**	**Imunofluorescência Ausente (Pauci-imune)**
Doença de Goodpasture Doença anti-GBM	Nefrite lúpica Nefropatia de IgA Crioglobulinemia Púrpura de Henoch–Schönlein	Vasculite associada a ANCA (GPA, síndrome de Churg–Strauss, poliangiite microscópica)
ANCA, anticorpo citoplasmático antineutrófilo; GBM, membrana basal glomerular; GPA, granulomatose com poliangiite; Ig, imunoglobulina.		

específica (Quadro 9-4). Avaliação laboratorial adicional pode ser efetuada com base nestes achados, e pode incluir um título de antiestreptolisina, anticorpo antinuclear (ANA), ANCA, crioglobulinas, e/ou um anticorpo anti-GBM (Quadro 9-3). Estas avaliações iniciais podem fornecer um diagnóstico presuntivo e devem conduzir o clínico a uma intervenção terapêutica apropriada enquanto aguarda os resultados da biópsia renal, mas elas não são um substituto para biópsia renal. O manejo correto das doenças glomerulares requer um diagnóstico tecidual para confirmar os achados clínicos e fornecer informação sobre a agudeza e cronicidade do processo de doença.

B. **Síndrome Nefrótica.** Com a identificação de proteinúria significativa, com ou sem outros aspectos da síndrome nefrótica, causas secundárias de proteinúria devem ser consideradas (Quadro 9-5). A história e o exame físico devem avaliar quanto à presença de infecções virais e bacterianas, neoplasias (particularmente de pulmão, mama e linfomas) e doenças crônicas (como diabetes), e as medicações devem ser revistas quanto ao seu potencial de causar proteinúria glomerular. A avaliação laboratorial inicialmente inclui CBC, painel dos eletrólitos, coleta de urina de 24 horas para quantificação da proteinúria e depuração da creatinina, testes de função hepática, e um painel do colesterol. Avaliação adicional pode incluir sorologias de hepatite e vírus de imunodeficiência humana (HIV), ANA, reagina plasmática rápida e eletroforese do soro e da urina (Quadro 9-5). Biópsia renal deve ser realizada em todos os casos nos quais nenhuma causa é evidente, ou para determinar a extensão da doença renal para guiar tratamento ou prognóstico.

IV. **TRATAMENTO DA DOENÇA GLOMERULAR.** Tratamento de doenças glomerulares pode ser abordado pelo tratamento da síndrome nefrótica e terapias imunomoduladoras para doenças glomerulares e vasculites específicas. O tratamento de doenças sistêmicas que causam lesão glomerular secundária está evoluindo rapidamente (p. ex., novas terapias antivirais para HIV e hepatites B e C e estudos clínicos usando esquemas quimioterápicos para neoplasias e vasculites). Por estas razões, incentivamos o leitor a consultar revisões recentes de doenças específicas na literatura, para estratégias atuais de tratamento para estas doenças sistêmicas.

A. **Tratamento Geral da Doença Glomerular Proteinúrica.** Síndrome nefrótica não tratada é associada a importante morbidade em decorrência da aterosclerose acelerada, dislipidemia, eventos tromboembólicos e infecções. Muitas

Quadro 9-3 — Doenças Sistêmicas que Causam Lesão Glomerular e uma Apresentação Clínica Nefrítica

Doença	Exemplos Específicos	Achados Laboratoriais
Infecções	Hepatite C (hepatite B menos comumente)	Baixo C3, hepatite C Ab, PCR viral hepatite C, crioglobulinas
	GN pós-estreptocócica	Baixo C3, Ab antiestreptolisina
	Endocardite bacteriana	Baixo C3, hemoculturas positivas
	Infecção por *Staphylococcus aureus* resistente à meticilina	Baixo C3, hemoculturas positivas
Doenças autoimunes	Nefrite lúpica	Baixo C3, ANA, Ab anti-dsDNA
	Síndrome de Goodpasture	Ab anti-GBM
Vasculites	Granulomatose com poliangiite	c-ANCA
	Poliangiite microscópica	p-ANCA
	Síndrome de Churg–Strauss	p-ANCA
	Púrpura de Henoch–Schönlein	IgA na biópsia de pele
	Poliarterite nodosa	ANCA em 20% (c- ou p-ANCA)
	Crioglobulinemia mista	Fator reumatoide, baixo C4
Microangiopatia trombótica	Crise renal de esclerodermia	Anti-Scl-70
	Púrpura trombocitopênica trombótica	Plaquetopenia, hemólise, baixa atividade de ADAMS13
	Síndrome hemolítico-urêmica	Plaquetopenia, hemólise, enterite por *Escherichia coli*, baixo C3 ou outra evidência de ativação do complemento
	Hipertensão maligna	

Ab, anticorpo; ANA, anticorpo antinuclear; ANCA, anticorpo citoplasmático antineutrófilo; anti-dsDNA, anti-DNA bifilamentar; GN, glomerulonefrite; Ig, imunoglobulina; PCR, reação de cadeia de polimerase.

vezes, o tratamento requer tratamentos geral e específico da doença para alcançar remissão e diminuir a morbidade. As estratégias gerais de tratamento que devem ser consideradas no paciente com síndrome nefrótica incluem tratamento de proteinúria, hipertensão, edema, hiperlipidemia e hipercoagulabilidade.

1. **Proteinúria.** Na síndrome nefrótica, tratamento para reduzir o grau de proteinúria para a faixa não nefrótica frequentemente resultará em uma elevação ou normalização das proteínas séricas (como albumina). Isto se associa a uma redução nos sintomas da síndrome nefrótica, assim melhorando a qualidade de vida dos pacientes. O fundamento do tratamento da

Quadro 9-4 Abordagem Clínica à Glomerulonefrite Baseada no Complemento Sérico

Baixo Nível de Complemento Sérico		Nível Normal de Complemento Sérico	
Doenças sistêmicas	**Doenças renais primárias**	**Doenças sistêmicas**	**Doenças renais primárias**
SLE Endocardite bacteriana subaguda Nefrite "do *shunt*" Crioglobulinemia Síndrome hemolítico-urêmica atípica	Glomerulonefrite pós-estreptocócica Glomerulonefrite membranoproliferativa Doença de depósitos densos	Poliarterite nodosa Vasculite de hipersensibilidade Granulomatose com poliangiíte Púrpura de Henoch–Schönlein Síndrome de Goodpasture Abscesso visceral	Nefropatia de IgA Glomerulonefrite rapidamente progressiva idiopática (doença antimembrana basal glomerular, glomerulonefrite pauci-imune, doença de complexos imunes)

Ig, imunoglobulina; SLE, lúpus eritematoso sistêmico.
(Adaptado de Madaio MP, Harrington JT. Current concepts. The diagnosis of acute glomerulonephritis. *N Engl J Med* 1983;309:1299, com permissão.)

Quadro 9-5	Doenças Sistêmicas que Causam Lesão Glomerular e uma Apresentação Clínica Nefrótica	
Estado de Doença	**Etiologias Comuns**	**Achados Laboratoriais**
Infecções	Hepatite B (hepatite C menos comumente)	Hepatite B sAg, hepatite B eAg
	HIV	HIV Ab
	Sífilis	RPR
Doenças crônicas	Diabetes	HgbA$_{1c}$ elevada, hiperglicemia
	Amiloidose	UPEP/IEP (quando associada a cadeias leves)
	Anemia falciforme	Eletroforese da hemoglobina
	Obesidade	
Neoplasias	Mieloma múltiplo	SPEP, UPEP
	Adenocarcinoma (pulmão, mama, cólon mais comuns)	Estudos de triagem de câncer anormais (geralmente carga tumoral clinicamente evidente)
	Linfoma	
Reumatológicas	Lúpus eritematoso sistêmico	ANA, Ab anti-dsDNA
	Artrite reumatoide	Fator reumatoide
	Doença mista do tecido conjuntivo	Ab anti-RNP (proteína ribonuclear)
Medicações	NSAIDS	
	Lítio	
	Bucilamina	
	Penicilamina	
	Ampicilina	
	Captopril	

Ab, anticorpo; ANA, anticorpo antinuclear; Ab anti-dsDNA, anticorpo ao DNA bifilamentar; HIV, vírus de imunodeficiência humana; IEP, imunoeletroforese; NSAID, droga anti-inflamatória não esteroide; RPR, reagina plasmática rápida; SPEP, eletroforese das proteínas séricas; UPEP, eletroforese das proteínas urinárias.

proteinúria é a inibição do sistema renina–angiotensina, usando inibidores da enzima conversora de angiotensina (ACE) ou bloqueadores dos receptores à angiotensina (ARBs). As classes de drogas dos inibidores da ACE e ARBs são particularmente efetivos em reduzir proteinúria quando comparados com outros agentes anti-hipertensivos. Tratamento com um inibidor de ACE ou um ARB demonstrou reduzir a proteinúria por até 30% a 50% de uma maneira dependente da dose. A redução na proteinúria é mais pronunciada, se o paciente obedecer à restrição de sal na dieta. Similarmente, estudos demonstraram que a eficácia antiproteinúrica dos inibidores da ACE e os ARBs pode ser revertida no contexto de uma dieta com elevado teor de sal.

Os benefícios dos inibidores da ACE na doença renal diabética estão bem estabelecidos. Terapia com inibidor de ACE e ARB mostrou retardar o desenvolvimento de nefropatia diabética franca e reduzir a incidência de doença renal terminal (ESRD) e a mortalidade global em pacientes com diabetes tipo 1 ou tipo 2. Estudos recentes demonstraram que os benefícios renoprotetores da terapia com inibidor de ACE ou ARB se estendem aos pacientes com doença renal crônica (CKD) com proteinúria não diabética também. Terapia com inibidores da ACE ou com ARBs nesta população de pacientes reduz a progressão para ESRD. Os benefícios dos inibidores de ACE e ARBs provavelmente são mediados por uma redução na pressão glomerular decorrente da vasodilatação arteriolar eferente, desse modo resultando em uma quantidade reduzida de filtração de proteína. Isto é provavelmente acompanhado por uma redução no dano aos podócitos. Proteínas filtradas também podem ser diretamente tóxicas para o tubulointestício. Adicionalmente, inibidores de ACE e ARBs podem ter efeitos antifibróticos diretos.

2. **Hipertensão.** De acordo com as diretrizes do 2012 International Kidney Disease Improving Global Outcomes (KDIGO), a meta recomendada de pressão arterial em pacientes com CKD não diabética proteinúrica é menos de 130/80 mmHg. Por razões descritas anteriormente, a terapia anti-hipertensiva de primeira linha deve ser com um inibidor de ACE ou ARB. Tratamento para alcançar o objetivo de pressão arterial deve incluir modificação do estilo de vida (restrição de sal, normalização do peso, exercício regular e suspensão do fumo). Além disso, em um grande estudo no qual pacientes CKD não diabéticos proteinúricos tiveram sua pressão arterial reduzida abaixo de 130/80 mmHg, houve uma taxa significativamente mais baixa tanto de insuficiência renal (definida como diálise ou transplante renal), e o desfecho combinado de insuficiência renal ou mortalidade de todas as causas no acompanhamento a longo prazo, tanto em pacientes excretando mais de 3 g de proteinúria/dia quanto aqueles excretando 1 a 3 g/dia.

3. **Edema.** Edema associado à síndrome nefrótica deve ser tratado com restrição de sódio na dieta (1,5 a 2 g de sódio/24 horas) e diuréticos. Tiazidas são uma escolha razoável de tratamento para pacientes com edema leve e função renal normal. Entretanto, a maioria dos pacientes, particularmente aqueles com função renal prejudicada, necessitará de um diurético de alça, como furosemida, para equilíbrio de sódio adequado. Pacientes nefróticos são muitas vezes diurético-resistentes, mesmo se a GFR do paciente for normal. Frequentemente, combinar um diurético de alça com um diurético tiazídico ou com metolazona é necessário para superar resistência a diurético. O uso de infusões de albumina intravenosas com diuréticos para tratar resistência a diurético não demonstrou ser efetivo. Ocasionalmente, ultrafiltração mecânica é necessária para edema resistente com função renal gravemente prejudicada.

4. **Hiperlipidemia.** Tratamento de hiperlipidemia em síndrome nefrótica deve obedecer às diretrizes para os pacientes em alto risco de desenvolvimento de doença cardiovascular. Para o tratamento da hiperlipidemia, estatinas [inibidores de 3-hidróxi-3-metilglutaril-coenzima A (HMG-CoA) redutase] ou agentes como genfibrozila são bem tolerados e efetivos para corrigir o perfil lipídico. Entretanto, tratamento com estes agentes não provou reduzir eventos cardiovasculares em pacientes com síndrome nefrótica. Alguns estudos associaram tratamento com estatina na sín-

drome nefrótica para retardar o declínio na GFR, embora haja estudos conflitantes. Em pacientes recebendo tratamento de síndrome nefrótica, permanecer atento de que existe um risco aumentado de miosite e rabdomiólise, quando estatinas são combinadas com inibidores de calcineurina.

5. **Hipercoagulabilidade.** Pacientes com síndrome nefrótica têm uma incidência aumentada de trombose arterial e venosa, particularmente episódios de trombose venosa profunda ou trombose de veia renal. O desenvolvimento de um estado hipercoagulável na síndrome nefrótica não está inteiramente compreendido; contudo, uma parte da predisposição é atribuída à perda de proteínas anticoagulantes. Perdas urinárias de proteína incluem a perda de fatores antitrombóticos, como antitrombina III e plasminogênio. Adicionalmente, alguns estudos demonstraram ativação aumentada das plaquetas e altos níveis de fibrinogênio. O risco de eventos trombóticos aumenta à medida que os valores de albumina sérica caem abaixo de 2,5 g/dL (25 g/L). Anticoagulação com dose plena com heparina de baixo peso molecular ou varfarina é necessária em pacientes com uma trombose arterial ou venosa diagnosticada ou embolia pulmonar. Evidência para o uso de anticoagulação profilática na síndrome nefrótica não está bem estabelecida.

6. **Infecção.** Historicamente, infecção foi uma causa importante de morbidade e mortalidade em crianças com síndrome nefrótica antes da era antibiótica. O risco aumentado de infecção pode ser decorrente de perdas urinárias aumentadas de Ig. Os estudos mostram que os pacientes com GN e síndrome nefrótica estão em risco aumentado de infecção pneumocócica, invasiva. Estes pacientes devem receber vacinação pneumocócica, bem como vacinação anual contra gripe. Vacinação com vacinas vivas é contraindicada nos pacientes recebendo tratamento com agentes imunossupressivos ou citotóxicos para síndrome nefrótica. É recomendado, de modo geral, que os pacientes sob terapia imunossupressiva para síndrome nefrótica recebam antibióticos profiláticos, a fim de minimizar infecção oportunista.

V. TRATAMENTO DE DOENÇAS GLOMERULARES ESPECÍFICAS. O tratamento específico das doenças glomerulares exige a informação obtida por biópsia renal, mas também é influenciado pela apresentação clínica do paciente. Por exemplo, tratamento mais agressivo pode ser empreendido em pacientes com uma velocidade mais rápida de progressão ou um grau maior de proteinúria.

1. **Síndrome Nefrítica**
   A. **Doença Limitada ao Rim**
      1. **Nefropatia de IgA.** Nefropatia de IgA é a forma mais comum de doença glomerular primária no mundo. Ela é particularmente prevalente na Ásia e Austrália (talvez devido ao viés de amostragem resultando da triagem de crianças em idade escolar e uma taxa de biópsia mais frequente nestas regiões), e é rara em afro-americanos. Embora geralmente considerada uma doença renal lentamente progressiva, ESRD ocorre em 20% a 40% dos pacientes pelos 20 anos. Uma minoria de pacientes pode ter RPGN com formação crescente na biópsia, e aproximadamente 10% dos pacientes se apresentam com a síndrome nefrótica.

a. **Diagnóstico.** Pacientes com nefropatia de IgA geralmente se apresentam com hematúria e proteinúria subnefrótica, que, muitas vezes, é um achado incidental no exame de urina. Alguns pacientes desenvolvem hematúria macroscópica, a qual classicamente se desenvolve no contexto de uma infecção respiratória superior ("sinusofaringítica"). O diagnóstico definitivo de nefropatia de IgA exige uma biópsia renal, e a marca típica da nefropatia de IgA é a detecção de IgA dentro do mesângio dos pacientes afetados. Por microscopia óptica, geralmente são observadas expansão mesangial e proliferação mesangial. IgA também está presente nas alças capilares de alguns pacientes, um achado que é associado à proliferação endocapilar. Em série de autópsia, alguns pacientes sem doença clínica também têm depósitos glomerulares de IgA.
b. **Fisiopatologia.** Nefropatia de IgA foi ligada à glicosilação anômala de moléculas de IgA1. Os pacientes afetados desenvolvem autoanticorpos IgG e IgA que reconhecem a IgA1 anormalmente glicosilada e formam complexos imunes que se depositam no mesângio. Estudos de associação na amplitude do genoma ligaram alguns *locus* do complexo principal de histocompatibilidade com a nefropatia de IgA, suportando ainda mais uma base imunológica da doença.
c. **Tratamento.** Inibidores da ACE demonstraram retardar a progressão da nefropatia de IgA, e todos os pacientes devem ser tratados com inibidores de ACE ou ARBs. Diversas experiências clínicas demonstraram que corticosteroides são efetivos para retardar a progressão da nefropatia de IgA. Embora estudos adicionais sejam necessários, os pacientes com proteinúria de mais de 1 g/dia podem-se beneficiar de tratamento com uma série de 6 meses de prednisona (0,5 mg/kg em dias alternados). Alguns estudos suportam o uso de óleo de peixe para retardar a progressão da insuficiência renal, embora nem todos os estudos tenham mostrado um benefício. Para doença crescêntica, prednisona em alta dose a curto prazo pode ser benéfica. O uso de agentes citotóxicos, como ciclofosfamida, permanece investigacional neste momento, mas estes agentes são às vezes empregados em pacientes com doença rapidamente progressiva.

2. **GN Membranoproliferativa.** MPGN é uma forma de glomerulonefrite definida pelo aspecto histológico dos glomérulos por microscopia óptica. O padrão de lesão glomerular da MPGN é associado a uma variedade de condições sistêmicas. O padrão MPGN pode ser visto em pacientes com doenças autoimunes (p. ex., em pacientes com nefrite lúpica), em doença glomerular associada à infecção (p. ex., com hepatite C), e em pacientes com microangiopatia trombótica. Os pacientes com uma causa autoimune ou infecciosa identificada da sua doença são categorizados de acordo com a doença primária, e MPGN idiopática refere-se aos pacientes nos quais uma doença sistêmica associada não é identificada.
   a. **Diagnóstico.** A apresentação clínica da MPGN idiopática é variável. Os pacientes podem-se apresentar com achados nefríticos leves, um declínio rápido na função renal, ou com a síndrome nefrótica. Na biópsia, os glomérulos demonstram expansão mesangial e hipercelularidade; proliferação endocapilar, duplicação ou desdobramento da GBM (chamado "duplo contorno" ou "trilhos de bonde"); e lobulação

do tufo glomerular. Exame ultraestrutural dos glomérulos levou à subclassificação da MPGN em MPGN I (depósitos imunes subendoteliais), MPGN II (depósitos de aparência densa na GBM), e MPGN III (depósitos subendoteliais e subepiteliais). MPGN II é agora compreendida como causada pela ativação incontrolada da via alternativa do complemento. Os depósitos elétron-densos patognomônicos vistos na MPGN II podem também ser vistos em associação com outros padrões histológicos de lesão glomerular, e esta doença é agora chamada "doença de depósitos densos" em vez de MPGN II.
- **b. Fisiopatologia.** Complexos imunes e proteínas do complemento são frequentemente detectados na parede capilar e mesângio de pacientes com MPGN I e III. Nestes casos, a deposição dos complexos imunes provavelmente causa inflamação e lesão glomerular. O antígeno visado é desconhecido na MPGN idiopática. Em alguns casos de MPGN I e III, proteínas do complemento se depositam dentro dos glomérulos com pouca ou nenhuma evidência de Ig. Este achado foi recentemente chamado "glomerulopatia de C3" e é causado por ativação descontrolada da via alternativa do complemento. Esta classificação da doença inclui doença de depósitos densos. Como na doença de depósitos densos, nem todos os pacientes com glomerulopatia de C3 têm um padrão de lesão de MPGN por microscopia óptica.
- **c. Tratamento.** Em qualquer caso de MPGN, causas secundárias têm de ser completamente avaliadas, porque doenças, como infecção bacteriana crônica, infecção por hepatite C e crioglobulinemia, bem como leucemias e linfomas, todas têm tratamentos que podem levar à remissão da doença renal. A pressão arterial deve ser controlada em todos os pacientes, e o tratamento deve incluir um inibidor de ACE. Infelizmente, neste momento, não há tratamento específico estabelecido para qualquer das formas de MPGN. Um estudo randomizado demonstrou um benefício ao tratar crianças e adolescentes com corticosteroides em dias alternados, embora este estudo tenha incluído pacientes com todas as formas de MPGN (tipos I, III e doença de depósitos densos). Nossa compreensão dos processos subjacentes que causam MPGN melhorou nos anos recentes. É lógico que drogas imunossupressivas podem ser benéficas em pacientes com doença associada a complexos imunes e inibição do complemento pode ser benéfica em pacientes com glomerulopatia de C3. Neste momento, no entanto, não há dados para suportar tratamentos específicos.

B. Síndrome Nefrítica com Manifestações Sistêmicas
1. **Doença Anti-GBM e Síndrome de Goodpasture.** Doença anti-GBM é uma forma grave e rapidamente progressiva de GN causada por anticorpos a alvos expressados dentro da GBM. Os mesmos epítopos são expressados dentro das membranas basais de outros tecidos, e os pacientes podem-se apresentar com disfunção renal isolada (doença anti-GBM) ou com doença renal em conjunção com comprometimento pulmonar (síndrome de Goodpasture).
    - **a. Diagnóstico.** Doença anti-GBM causa um padrão nefrítico de lesão, e a perda da função renal pode ser rápida. Os pacientes com síndrome de Goodpasture podem ter hemorragia pulmonar ao tempo da apresentação, e este diagnóstico deve ser considerado em todos os pacientes que

se apresentarem com uma síndrome pulmonar-renal. Os anticorpos anti-GBM podem ser detectados em soro de paciente usando-se um teste de ensaio imunossorvente ligado à enzima (ELISA). Biópsia renal tipicamente revela necrose fibrinoide e crescentes. Microscopia de imunofluorescência é central para o diagnóstico da doença, e é caracterizada por deposição linear de Ig (geralmente IgG) ao longo dos capilares glomerulares.
   b. **Fisiopatologia.** Forte evidência indica que anticorpos anti-GBM causam inflamação glomerular e são patogênicos. Transferência passiva dos anticorpos para roedores causa doença glomerular. Os anticorpos indutores da doença se ligam a epítopos específicos no colágeno tipo IV.
   c. **Tratamento.** O tratamento para doença anti-GBM e síndrome de Goodpasture inclui altas doses de esteroides, ciclofosfamida e plasmaférese para remover o anticorpo anti-GBM. Os pacientes que se apresentam com oligúria têm um mau prognóstico renal, mas, ocasionalmente, podem evitar diálise crônica com tratamento agressivo e precoce.
2. **Vasculite Renal Pauci-Imune.** Vasculite de pequenos vasos frequentemente compromete os rins. Várias doenças podem causar vasculite renal mediada por complexos imunes (p. ex., crioglobulinemia, lúpus e doença anti-GBM). Os pacientes com vasculite de pequenos vasos dos rins que não têm evidência de deposição de complexos imunes nos vasos são considerados como tendo vasculite *pauci-imune*. Aproximadamente 90% dos pacientes com vasculite de pequenos vasos pauci-imune têm ANCA detectável. ANCAs reconhecem vários antígenos diferentes, incluindo mieloperoxidase (MPO) e proteinase-3 (PR-3). Anticorpo a MPO resulta em coloração perinuclear dos neutrófilos (p-ANCA), enquanto anticorpo a PR-3 resulta em coloração citoplasmática dos neutrófilos (c-ANCA). Vasculite de pequenos vasos associada a ANCA do rim tipicamente se apresenta como uma de três síndromes diferentes: granulomatose com poliangiite (GPA; antigamente granulomatose de Wegener, síndrome de Churg-Strauss e poliangiite microscópica.
   a. **Diagnóstico.** Todas as formas de vasculite de pequenos vasos pauci-imune podem afetar múltiplos sistemas de órgãos, incluindo pele, pulmões e sistema gastrointestinal. Síndrome de Churg–Strauss é associada à asma e eosinofilia. A apresentação clínica da vasculite de pequenos vasos pauci-imune é variável, mas os pacientes geralmente se apresentam com um padrão nefrítico de doença renal. A doença renal pode progredir rapidamente, tornando muito importante diagnosticar a doença prontamente. Uma vez que os pulmões são frequentemente comprometidos em todas as formas de vasculite associada a ANCA, os pacientes podem-se apresentar com capilarite alveolar e hemorragia pulmonar ("síndrome pulmonar-renal"). GPA é mais comumente associada a c-ANCA (anti-PR-3). Síndrome Churg-Strauss e poliangiite microscópica são mais comumente associadas a p-ANCA (anti-MPO). Entretanto, há superposição na apresentação clínica e especificidade de ANCA entre todas as três doenças. Histologicamente, os glomérulos em pacientes com comprometimento renal em todas as formas de vasculite de pequenos vasos pauci-imune tipicamente demonstram necrose fibrinoide e crescentes. GPA é associa-

da a granulomas em biópsia de tecido, enquanto granulomas não são vistos em pacientes com poliangiite microscópica e síndrome de Churg–Strauss. Complexos imunes devem ser escassos ou ausentes, a fim de fazer o diagnóstico de vasculite pauci-imune.
   b. **Fisiopatologia.** Há evidência de que ANCAs são patogênicos na vasculite de pequenos vasos. Experimentos em roedores demonstraram que a injeção dos anticorpos é capaz de causar doença glomerular. O título de ANCA nem sempre se correlaciona com a gravidade da doença, no entanto, e ANCAs não são detectados em alguns pacientes.
   c. **Tratamento.** Tanto sistêmica ou limitada ao rim, os pacientes com vasculite de pequenos vasos pauci-imune são tratados com drogas imunossupressoras. Os protocolos mais comumente usados incluem esteroides em altas doses e ciclofosfamida (oral ou intravenosa). Aproximadamente 80% dos pacientes respondem ao tratamento, embora pacientes com uma creatinina sérica acima de 6 mg/dL na apresentação são menos comum responderem que os pacientes com uma creatinina sérica mais baixa. Plasmaférese pode ser benéfica em pacientes com hemorragia pulmonar e em pacientes com insuficiência renal suficientemente grave para necessitar diálise. Estudos recentes demonstraram que rituximab é tão efetivo quanto ciclofosfamida para induzir remissão em pacientes com doença grave.
3. **Nefrite Lúpica.** Mais da metade dos pacientes com lúpus desenvolvem comprometimento renal clinicamente evidente. Doença renal é uma causa importante de morbidade nestes pacientes, e a mortalidade é mais alta em pacientes com lúpus que têm comprometimento renal do que naqueles que não têm.
   a. **Diagnóstico.** As manifestações de nefrite lúpica são variáveis entre os pacientes, e em pacientes individuais a natureza da doença pode mudar com o tempo e em resposta ao tratamento. Comprometimento renal é geralmente descoberto pela detecção de proteinúria e hematúria, mas os pacientes podem-se apresentar com padrões nefrítico ou nefrótico de lesão. Uma vez que o padrão histológico de lesão na nefrite lúpica é variável, diferentes classificações foram desenvolvidas, a fim de melhor predizer o prognóstico. Em pacientes com lúpus, complexos imunes podem ser vistos dentro do mesângio, o espaço subendotelial e o espaço subepitelial. A localização dos depósitos imunes muitas vezes se correlaciona com a apresentação clínica. Depósitos subepiteliais, por exemplo, causam lesão que é clínica e histologicamente semelhante a MN. Pacientes com este padrão de lesão, muitas vezes, apresentam-se com a síndrome nefrótica. Depósitos mesangiais e subendoteliais, por outro lado, podem causar inflamação glomerular e uma síndrome nefrítica. Imunofluorescência pode demonstrar C3, IgG, IgM, IgA e C1q, todos dentro do mesmo rim. Estes depósitos aparecem como "lumps and bumps" (caroços e protuberâncias) e são distinguíveis do padrão linear visto na doença anti-GBM.
   b. **Fisiopatologia.** Lúpus é causado pela perda de tolerância a autoantígenos e à geração de autoanticorpos. A maioria dos autoanticorpos reage com antígenos presentes no núcleo celular, como DNA, RNA e histona. Complexos imunes pré-formados podem-se depositar no

rim, ou os anticorpos e antígeno podem-se depositar separadamente. Há também evidência de que alguns autoanticorpos têm reação cruzada com proteínas expressadas dentro do rim. Anticorpos que se depositam dentro do rim ou que se ligam a estruturas glomerulares podem causar lesão às células vizinhas pela ativação do sistema complemento ou via sinalização por meio de receptores Fc.

   c. **Tratamento.** Em geral, tratamento para nefrite lúpica inclui corticosteroides em altas doses em combinação com micofenolato mofetil ou ciclofosfamida, particularmente para o tratamento de nefrite lúpica proliferativa difusa. Pacientes com doença grave são geralmente tratados com altas doses destas drogas para um período de indução, tipicamente cerca de 6 meses. Em pacientes que respondem bem, a dose de imunossupressão pode ser reduzida, mas os pacientes são geralmente continuados com alguma forma de esquema de manutenção durante outros 18 meses ou mais tempo.

4. **Crioglobulinemia (MPGN e/ou Crioglobulinemia).** Crioglobulinas são anticorpos que se precipitam no frio. *In vivo,* eles podem formar complexos imunes que se precipitam em pequenos vasos, causando vasculite. Crioglobulinas são mais frequentemente associadas à infecção por hepatite C, embora também sejam vistas em outras condições.

   a. **Diagnóstico.** Crioglobulinemia pode afetar numerosos tecidos diferentes em todo o corpo. A maioria dos pacientes com doença sintomática desenvolve púrpura palpável, artralgias e fraqueza generalizada. No rim, crioglobulinemia causa uma GN de complexos imunes. Os pacientes tipicamente têm proteinúria, hematúria e doença lentamente progressiva. Alguns pacientes têm proteinúria na faixa nefrótica, contudo, os pacientes podem ter uma perda rápida da função renal. GN crioglobulinêmica deve ser suspeitada em qualquer paciente com infecção por hepatite C conhecida que desenvolve doença renal. Resultados de laboratório que suportam o diagnóstico de crioglobulinemia incluem um baixo nível de C4, e as crioglobulinas frequentemente têm atividade de fator reumatoide. Em biópsia renal, os pacientes afetados geralmente têm um padrão membranoproliferativo de lesão e depósitos imunes subendoteliais. Estruturas microtubulares são vistas em microscopia eletrônica, e os depósitos podem formar uma aparência característica de "impressão digital".

   b. **Fisiopatologia.** Três categorias de crioglobulinas foram identificadas. Elas podem ser compostas de anticorpos monoclonais (tipo I), uma IgM monoclonal que se liga a IgG policlonal (tipo II, "misto"), e IgM policlonal que se liga a IgG policlonal (tipo III; "misto"). Crioglobulinemia é associada a doenças linfoproliferativas, doença autoimune (particularmente síndrome de Sjögren) e infecções (particularmente hepatite C). Esfriamento do sangue nas extremidades pode favorecer precipitação de crioglobulinas em vasos sanguíneos. Em órgãos como os rins, complexos imunes formados por IgM com atividade reumatoide podem favorecer precipitação.

   c. **Tratamento.** Em pacientes com hepatite C e crioglobulinemia sintomática, terapia antiviral com peginterferon alfa e ribavirina é associada à melhora clínica. Terapias depletoras de células B, como rituximab, são benéficas em pacientes com uma doença linfoproliferativa de células B subjacente e naqueles com doença rapidamente progressiva ou resistente. Plasmaférese remove as crioglobulinas e pode ser benéfica em pacientes com doença rapidamente progressiva.

5. **GN Relacionada com Infecção.** Várias formas de GN relacionada com infecção podem-se desenvolver em pacientes com infecções bacterianas, virais, fúngicas e helmínticas. Alguns patógenos são associados a padrões específicos de doença renal, e há variedade de apresentações entre diferentes organismos. Hepatite B crônica é associada a MN e síndrome nefrótica, por exemplo, e infecção HIV é associada a FSGS. A forma mais comum de GN relacionada com infecção é a GN pós-estreptocócica, embora a incidência desta doença esteja declinando em virtude do reconhecimento e tratamento aperfeiçoados destas infecções. Endocardite bacteriana e *shunts* atrioventriculares infectados são também associados ao desenvolvimento de GN de complexos imunes, e a incidência de GN relacionada com *Staphylococcus aureus* está crescendo em razão do aumento na prevalência de organismos resistentes.

- a. **Diagnóstico.** A maioria dos pacientes com GN relacionada com infecção bacteriana se apresenta com um padrão nefrítico de lesão. Infecções estreptocócicas muitas vezes se resolveram na época em que a GN se desenvolve ("pós-estreptocócica"). Pacientes com endocardite ou *shunts* infectados podem ter febres e artralgias. Níveis de C3 no plasma são frequentemente baixos (Quadro 9-4). Microscopia óptica em pacientes com doença pós-infecciosa tipicamente revela alterações glomerulares proliferativas, e, frequentemente, é descrita como "exsudativa" (neutrófilos abundantes). Por microscopia de imunofluorescência, grandes depósitos granulares de IgG, IgM e C3 são vistos no mesângio e alças capilares dos pacientes com doença pós-estreptocócica, e depósitos elétron-densos são vistos nos espaços subendotelial, mesangial e subepitelial por microscopia eletrônica. Grandes depósitos subepiteliais ("humps" — corcovas) são característicos de GN pós-estreptocócica.
- b. **Fisiopatologia.** Complexos imunes formados por anticorpos ligados a antígenos bacterianos podem-se depositar nos rins, desencadeando inflamação local. Embora C3 seja visto constantemente dentro dos glomérulos de pacientes com GN pós-estreptocócica, C4 frequentemente está ausente. Uma explicação possível é que antígenos bacterianos possam ativar diretamente a via alternativa do complemento.
- c. **Tratamento.** Em geral, erradicação de infecção subjacente é o melhor tratamento para GN relacionada com infecção. Embora esteroides tenham sido usados em pacientes com GN pós-estreptocócica rapidamente progressiva, não há evidência de que eles melhorem os resultados.

2. **Síndrome Nefrótica**
A. **Doença Limitada ao Rim**
 1. **MN Primária.** Aproximadamente 30% a 40% dos casos de síndrome nefrótica idiopática em adultos são em virtude de MN.
   - a. **Diagnóstico.** MN tipicamente se apresenta na 4ª ou 5ª década com uma predominância masculina a 2:1. MN é, frequentemente, lentamente progressiva; entretanto, alguns pacientes têm remissão espon-

tânea da doença. A marca típica da MN é a membrana basal capilar glomerular espessada visível em microscopia óptica. Coloração especializada executada com coloração de prata revelará o aspecto característico de "espícula e cúpula *(spike-and-dome)*" da membrana basal capilar. Microscopia eletrônica demonstra depósitos subepiteliais dentro da membrana basal capilar. Microscopia de imunofluorescência demonstra IgG e C3 ao longo das paredes capilares glomerulares.

  b. **Fisiopatologia.** Pesquisa recente revelou que o receptor fosfolipase A2 (PLA2R) tipo M é o antígeno-alvo em 70% a 80% dos casos de MN primária. Anticorpos circulantes ao PLA2R no soro de pacientes com MN correm paralelos ao curso clínico da doença, mas estes autoanticorpos são muito menos comuns em casos de MN secundária. Estudos estão em andamento para determinar a utilidade de detectar anticorpos anti-PLA2R para diagnosticar MN, diferenciar MN primária e secundária, e monitorar a resposta ao tratamento.

  c. **Tratamento.** Todos os pacientes com MN devem ser tratados com inibidor de ACE ou terapia com ARB. Tratamento com agentes imunossupressores é indicado para aqueles pacientes em alto risco de perda progressiva de função renal. Os fatores de risco incluem proteinúria intensa (mais de 8 g/dia), hipertensão, GFR diminuída (creatinina acima de 1,2 mg/dL em mulheres, acima de 1,4 mg/dL em homens), sexo masculino e mais de 20% de fibrose tubulointersticial na biópsia renal. Terapia imunossupressiva está indicada para pacientes com proteinúria persistente na faixa nefrótica após terapia antiproteinúrica com um inibidor de ACE ou ARB durante um período de observação de 6 meses, desenvolvimento de sintomas graves decorrentes da síndrome nefrótica, ou comprometimento renal progressivo. Contanto que não haja contraindicação absoluta à terapia imunossupressiva (infecção não tratada ativa, neoplasia, leucopenia preexistente ou uma impossibilidade de obedecer ao tratamento), a terapia inicial consiste em esteroides alternando mensalmente com um agente citotóxico (ciclofosfamida intravenosa ou oral ou clorambucil) por uma duração total de 6 meses. Função renal, leucócitos e excreção de proteína urinária devem ser monitorados durante o tratamento. Inibidores de calcineurina (tacrolimo ou ciclosporina) também são capazes de induzir remissão, embora os pacientes frequentemente tenham recidiva após descontinuação do tratamento. Micofenolato mofetil também pode ser efetivo no tratamento de pacientes de risco baixo a moderado conforme mostrado em estudos de curto prazo.

2. **FSGS Primária.** Aproximadamente 20% dos casos de síndrome nefrótica idiopática em adultos são decorrentes de FSGS.

  a. **Diagnóstico.** Os pacientes com FSGS se apresentam com aspectos da síndrome nefrótica e, muitas vezes, têm hipertensão. Microscopia óptica na FSGS demonstra áreas focais de esclerose glomerular segmentar, e microscopia eletrônica demonstra apagamento dos pedicelos.

  b. **Fisiopatologia.** Áreas segmentares de esclerose ocorrem como resultado de podócitos danificados ou como um processo de reparo após inflamação glomerular segmentar. Isso tem sido há muito tempo suspeitado, que a FSGS primária pode ser causada por fatores circulantes. Pesquisa recente identificou um toxina circulante para os podócitos chamada receptor solúvel a urocinase (suPAR) como um fator patogênico em uma parte dos casos de FSGS primária. suPAR está elevada no soro de alguns pacientes com FSGS primária e em pacientes que desenvolvem uma recorrência de FSGS após transplante renal.

- c. **Tratamento.** A história natural da FSGS é variável, mas remissão espontânea na FSGS primária associada à síndrome nefrótica é baixa (< 10%). O preditor mais forte de progressão para ESRD é resistência a corticosteroides. Em pacientes que não alcançam remissão da doença, a sobrevida renal de 5 anos é ruim (em média 65%), e a sobrevida renal de 10 anos é 30%. Mesmo em pacientes que obtêm remissão, as taxas de recidiva podem ser tão altas quanto 40%. O tratamento da apresentação inicial de FSGS primária com síndrome nefrótica consiste em prednisona a uma dose diária máxima de 1 mg/kg (máximo 80 mg) ou dose em dias alternados de 2 mg/kg (máximo 120 mg). Alta dose de corticosteroide deve ser continuada por 12 a 16 semanas antes de diminuir gradativamente. Inibidores de calcineurina (ciclosporina, tacrolimo) podem ser considerados como tratamentos de primeira linha para pacientes com contraindicações ou intolerância a corticosteroides em alta dose (p. ex., diabetes incontrolado, condições psiquiátricas e osteoporose grave). Entretanto, embora inibidores de calcineurina tiveram sucesso em induzir remissão dos sintomas, eles são associados a uma alta taxa de recidiva e dificuldade para descontinuar a medicação.

3. **Doença de Lesão Mínima.** Aproximadamente 10% a 15% dos casos de síndrome nefrótica idiopática em adultos e 85% em crianças são decorrentes de MCD.
    - a. **Diagnóstico.** Os pacientes com MCD podem ter um início súbito de edema e sinais da síndrome nefrótica. Em biópsia renal, os glomérulos parecem normais por microscopia óptica, e a imunofluorescência tipicamente é negativa. Entretanto, variantes histológicas com imunofluorescência demonstrando depósitos de IgM dentro do mesângio podem ser vistas, as quais significam um pior prognóstico. Microscopia eletrônica mostra o apagamento característico dos pedicelos dos podócitos, mas não depósitos elétron-densos.
    - b. **Fisiopatologia.** A etiologia do MCD não é bem entendida. Alguns estudos sugerem que a disfunção da células –T ou fatores podócitos relacionados estão envolvidos.
    - c. **Tratamento.** Para um primeiro episódio, o tratamento consiste em prednisona em alta dose [1 mg/kg por dia (máximo 80 mg) ou dose única em dias alternados de 2 mg/kg (máximo 120 mg)], durante um mínimo de 4 semanas e até 16 semanas. Depois de obter remissão completa, a prednisona pode ser lentamente diminuída durante um período total até 6 meses. Embora mais de 90% das crianças com MCD vão ter uma remissão completa da proteinúria dentro de 2 meses de iniciar corticoterapia, em adultos este número é aproximadamente 50% a 75%. Prolongar a duração da prednisona em alta dose para 5 a 6 meses aumenta a taxa de remissão completa para 80%. A prednisona deve ser, então, lentamente diminuída ao longo de aproximadamente 4 meses. Em adultos, recidivas são comuns, com taxas

altas variando de 60% a 70%. Para doença recidivada, o esquema de corticosteroides deve ser repetido como se fosse o primeiro episódio. Em casos nos quais o esteroide não pode ser diminuído (dependência de esteroide ou recidiva frequente), agentes de segunda linha (ciclofosfamida, ciclosporina, tacrolimo ou micofenolato mofetil) podem ser efetivos.

B. **Síndrome Nefrótica Decorrente de Doença Sistêmica**
   1. **MN Secundária.** Aproximadamente 20% dos casos de MN podem ser secundários em sua etiologia. Fatores na biópsia que favorecem uma forma secundária de MN incluem depósitos subendoteliais e/ou mesangiais, uma "full house" de Igs e complemento (sugestiva de nefropatia lúpica), inclusões tubulorreticulares nas células endoteliais, e proliferação mesangial ou endocapilar. MN pode ser causada por fatores secundários como neoplasia (câncer do cólon, pulmão ou próstata), doença autoimune (lúpus eritematoso sistêmico), doença infecciosa (vírus hepatite B, vírus hepatite C), drogas [drogas anti-inflamatórias não esteroides (NSAIDs), ouro, penicilamina] e outros. MN secundária em virtude de neoplasia é mais proeminente em pacientes com mais de 65 anos de idade. Em casos de MN relacionada com neoplasia, uma remissão clínica do câncer se associa a uma redução na proteinúria.
   2. **FSGS Secundária.** As causas secundárias de FSGS incluem mutações genéticas, em proteína-chaves estruturais dos podócitos, nefropatias virais (nefropatia associada a HIV e parvovírus B19), nefropatia induzida por droga (pamidronato, interferon alfa, heroína) e alterações hemodinâmicas adaptativas (agenesia renal unilateral, nefropatia de refluxo, obesidade). As causas secundárias de FSGS tipicamente têm apagamento em focos dos pedicelos em vez de apagamento global na biópsia. Os pacientes com FSGS secundária não são tratados com terapia imunossupressora. Em vez disto, o tratamento deve ser focalizado na terapia da doença subjacente.
   3. **MCD Secundária.** As condições sistêmicas associadas a MCD secundária incluem doença de Hodgkin e medicações, como lítio e NSAIDs.
   4. **Nefropatia Diabética.** Diabetes é a causa principal de ESRD em pacientes em diálise nos Estados Unidos. A manifestação clínica precoce de nefropatia diabética é microalbuminúria. Os fatores de risco de progressão da nefropatia diabética para ESRD incluem proteinúria na faixa nefrótica e comprometimento renal quando do diagnóstico.
      a. **Diagnóstico.** Nefropatia diabética é caracterizada por proteinúria persistente. É recomendado que os pacientes diabéticos sejam triados regularmente com uma relação de albumina/creatinina urinárias. Diabetes afeta a circulação microvascular, e foi mostrado que a presença de retinopatia diabética se correlaciona bem com nefropatia diabética franca. O diagnóstico pode tipicamente ser feito com história clínica. Se biópsia renal for efetuada, ela classicamente mostra expansão mesangial e da matriz, espessamento da GBM, e glomerulosclerose nodular com as características lesões nodulares de Kimmestiel-Wilson.
      b. **Fisiopatologia.** A doença renal associada a diabetes progride com a passagem dos anos. Hiperfiltração renal se desenvolve na maioria dos

pacientes com um aumento inicial da GFR. Hipertrofia renal se desenvolve, a qual pode ser vista como rins grandes em exame de imagens por ultrassom. Ocorre hipertensão glomerular com desenvolvimento subsequente de anormalidades clínicas, como microalbuminúria, lesões glomerulares, macroalbuminúria e uma perda progressiva de GFR.
   c. **Tratamento.** A hipertensão é um fator de risco modificável do declínio da GFR na nefropatia diabética. O agente anti-hipertensivo de escolha no diabetes é um inibidor de ACE ou um ARB. Tratamento com inibidores de ACE ou com ARB demonstrou reduzir a velocidade de declínio na GFR em pacientes com hipertensão e diabetes.
5. **Doença de Deposição de Amiloide.** Amiloidose é uma desordem definida pela deposição de uma proteína extracelular insolúvel em uma variedade de locais teciduais. Comprometimento renal é comum, e os pacientes se apresentam com proteinúria e comprometimento renal. Amiloidose primária é muitas vezes associada com doenças linfoproliferativas das célula B (como observado no mieloma múltiplo. Menos comumente, amiloidose secundária pode ser secundária a um estado inflamatório crônico, tal como artrite reumatoide ou infecções crônicas.
   a. **Diagnóstico.** Coloração com vermelho Congo do tecido com depósitos amiloides, como uma biópsia de tecido adiposo ou biópsia renal, demonstra birrefringência sob luz polarizada. Microscopia eletrônica dos depósitos amiloides exibe fibrilas não ramificadas. Eletroforese das proteínas séricas e urinárias com eletroforese de imunofixação revela a presença de uma proteína monoclonal no amiloide primário.
   b. **Tratamento.** O tratamento visa reduzir a concentração de cadeias leves Ig séricas. Em pacientes com discrasia de células plasmáticas, o tratamento frequentemente envolve o uso de quimioterapia de alta dose com melfalan/dexametasona, lenalidomida ou bortezomib com ou sem transplante de células-tronco autólogas.

VI. MICROANGIOPATIAS TROMBÓTICAS. As doenças sistêmicas que podem produzir uma apresentação clínica nefrítica incluem várias doenças que não são doenças inflamatórias clássicas ou vasculites. Doenças sistêmicas, como púrpura trombocitopênica trombótica (TTP), síndrome hemolítico-urêmica (HUS), esclerodermia, hipertensão maligna e síndrome de anticorpo antifosfolipídico (APS), podem-se apresentar com hematúria, hipertensão e proteinúria (embora geralmente menos de 1 a 1,5 g/dia). Os achados histológicos comuns na biópsia renal na HUS, TTP e APS incluem trombos nos capilares glomerulares e arteríolas aferentes com necrose fibrinoide por lesão endotelial. Estas doenças podem causar um padrão de lesão de MPGN por microscopia óptica, mas a imunofluorescência é tipicamente negativa, com a exceção da presença de fibrinogênio. A microscopia eletrônica é também geralmente irrelevante, sem depósitos observados. Adicionalmente, hipertensão maligna e esclerodermia podem causar proliferação subintimal dentro dos vasos sanguíneos, levando a uma aparência de "casca de cebola" das arteríolas. Microtrombos podem estar presentes também.

O tratamento específico das microangiopatias trombóticas difere significativamente de outras doenças que levam a uma apresentação clínica nefrítica; por esta razão, um diagnóstico correto em vez de terapia empírica é crítico em circunstâncias de uma apresentação nefrítica. Para tratamento da hipertensão maligna e crise renal de esclerodermia, controle da pressão arterial é fundamental. Terapia com inibidor de ACE é a terapia de primeira linha no contexto de esclerodermia, porque os dados demonstram melhora da sobrevida dos pacientes e dos resultados renais usando-se esta forma de tratamento.

A. **Síndrome Hemolítico-Urêmica.** Na HUS, o quadro clínico é predominantemente de insuficiência renal aguda, trombocitopenia e hemólise resultando de verotoxina (a partir de infecção gastrointestinal por *Escherichia coli* O157:H7). O tratamento é principalmente suportivo, e 90% dos casos de HUS associados a diarreia se recuperarão completamente, embora 5% morram dentro da fase aguda e 5% possam ter complicações renais e extrarrenais persistentes. Os pacientes que desenvolvem HUS na ausência de uma infecção produtora de verotoxina são vistos como tendo HUS atípica, uma doença que é geralmente causada por ativação desregulada da via alternativa do complemento. Estes pacientes têm um prognóstico pior que aqueles com HUS associada à diarreia. Plasmaférese é benéfica em alguns pacientes com HUS atípica, e eculizumab (um terapêutico inibidor do complemento) foi aprovado para tratamento desta doença.

B. **Púrpura Trombocitopênica Trombótica.** A "pêntade clássica" dos sinais da TTP inclui trombocitopenia, anemia hemolítica, anormalidades neurológicas, febre e insuficiência renal. A maioria dos pacientes não tem todos estes cinco sintomas; no entanto, estes achados podem exacerbar-se e regredir. Existem forma secundárias de TTP, e incluem causas associadas a gravidez, neoplasia e HIV. TTP primária é considerada desencadeada por lesão endotelial em pacientes que têm multímeros de fator de von Willebrand anormalmente grandes. Isto leva à agregação de plaquetas e formação de trombos. A incapacidade de clivar grandes multímeros de vWF é geralmente causada por uma deficiência funcional da metaloproteinase ADAMTS13. A atividade de ADAMTS13 pode ser testada clinicamente. Um nível muito baixo de ADAMTS13 suporta o diagnóstico de TTP, mas pode levar vários dias para obter estes resultados, e a decisão de tratar TTP é geralmente tomada em bases clínicas. Plasmaférese ou infusão de plasma é a intervenção terapêutica mais efetiva para TTP. Admite-se que a plasmaférese possa remover autoanticorpo, quando ele está presente, e repor ADAMTS13, quando há uma deficiência desta proteína. A plasmaférese deve ser continuada até que a contagem de plaquetas tenha se normalizado, e o nível da enzima lactato desidrogenase sérica retorne à faixa normal. Tratamentos adicionais que foram descritos incluem tratamento com alta dose de prednisona, rituximab, vincristina e outros agentes quimioterápicos. O benefício destes tratamentos não está claro.

Leituras Sugeridas

Beck LH Jr, Bonegio RG, Lambeau G, et al. M-type phospholipase A2 receptor as target antigen in idiopathic membranous nephropathy. *N Engl J Med* 2009;361:11-21.

Bomback AS, Appel GB. Updates on the treatment of lupus nephritis. *J Am Soc Nephrol* 2010;21:2028-2035.

Chalasani N, Gorski JC, Horlander JC Sr, et al. Effects of albumin/furosemida mixtures on responses to furosemide in hypoalbuminemic patients. *J Am Soc Nephrol* 2001;12(5):1010-1016.

Kent DM, Jafar TH, Hayward RA, et al. Progression risk, urinary protein excretion, and treatment effects of angiotensin-converting enzyme inhibitors in nondiabetic kidney disease. *J Am Soc Nephrol* 2007;18:1959-1965.

Korbet SM. Treatment of primary FSGS in adults. *J Am Soc Nephrol* 2012;23:1769-1776.
Lewis EJ, Hunsicker LG, Clarke WR, et al. Renoprotective effect of the angiotensinreceptor antagonist irbesartan in patients with nephropathy due to type 2 diabetes. *N Engl J Med* 2001;345:851-860.
Noris M, Remuzzi G. Atypical hemolytic-uremic syndrome. *N Engl J Med* 2009;361:1676-1687.
Sarnak MJ, Greene T, Wang X, et al. The effect of a lower target blood pressure on the progression of kidney disease: long-term follow-up of the modification of diet in renal disease study. *Ann Intern Med* 2005;142:342-351.
Sethi S, Fervenza FC. Membranoproliferative glomerulonephritis—a new look at an old entity. *N Engl J Med* 2012;366:1119-1131.
Waldman M, Crew RJ, Valeri A, et al. Adult minimal-change disease: clinical characteristics, treatment, and outcomes. *Clin J Am Soc Nephrol* 2007;2:445-453.
Weening JJ, D'Agati VD, Schwartz MM, et al. The classification of glomerulonephritis in systemic lupus erythematosus revisited. *J Am Soc Nephrol* 2004;15:241-250.
Wei C, El Hindi S, Li J, et al. Circulating urokinase receptor as a cause of focal segmental glomerulosclerosis. *Nat Med* 2011;17(8):952-960.
Wyatt RJ, Julian BA. IgA nephropathy. *N Engl J Med* 2013;368:2402-2414.

10 Paciente com Lesão Renal Aguda

Sarah Faubel ■ Charles L. Edelstein

I. **DEFINIÇÃO E RECONHECIMENTO DE LESÃO RENAL AGUDA (AKI).** AKI, antes conhecida como insuficiência renal aguda, é uma diminuição súbita na função renal caracterizada por uma redução na taxa de filtração glomerular (GFR). AKI pode ocorrer em pacientes com função renal previamente normal ou em pacientes com doença renal crônica (CKD); em qualquer caso, a abordagem clínica para diagnosticar e tratar a causa permanece semelhante. Critérios para diagnosticar AKI foram estabelecidos pela Acute Kidney Injury Network (AKIN) e os critérios RIFLE de doença renal: Risk, Injury, Failure, Loss, End-stage kidney disease (Risco, Lesão, Insuficiência, Perda, Estágio Final de doença renal) (Quadro 10-1). As classificações AKIN e RIFLE transmitem o conceito de que AKI não apenas é importante quando ela necessita terapia de substituição renal (RRT), mas de que ela é um espectro que varia desde doença inicial até insuficiência a longo prazo. Com base nos critérios AKIN e RIFLE, a definição de AKI é como se segue: (1) um aumento na creatinina sérica basal de ≥ 0,3 mg/dL dentro de 48 horas, ou (2) um aumento na creatinina sérica ≥ 1,5 vezes a basal que se conhece ou presume tenha ocorrido dentro dos 7 dias precedentes, ou (3) volume de urina < 0,5 mL/kg/hora durante 6 horas (conforme sumarizado no Quadro 10-2). Por exemplo, um aumento na creatinina sérica de 2,0 para 2,3 mg/dL dentro de 48 horas é diagnóstico de AKI; similarmente, um aumento de 1,0 para 1,3 dentro de 48 horas é diagnóstico de AKI. Os critérios AKIN e RIFLE foram validados em múltiplos estudos. Além disso, um aumento na creatinina sérica de 0,3 mg/dL é associado a um risco independente aumentado de mortalidade. As recentes Diretrizes de Prática Clínica Kidney Disease/Improving Global Outcomes (KDIGO) para definição de AKI estão de acordo com esta definição (Quadro 10-2).

A. **Creatinina Sérica como Marcador de AKI e GFR.** A creatinina sérica normal é 0,6 a 1,2 mg/dL e é o parâmetro mais comumente usado para avaliar função renal. Infelizmente, a correlação entre concentração de creatinina sérica e GFR pode ser confundida por diversos fatores.

1. **Excreção de Creatinina é Dependente de Fatores Renais Independentemente da Função.** Certas medicações, como trimetoprim ou cimetidina, interferem com a secreção de creatinina tubular proximal e podem causar uma elevação na creatinina sérica sem uma queda na GFR (Quadro 10-3). Uma vez filtrada, a creatinina não pode ser reabsorvida.

2. **Creatinina Sérica é Dependente de Fatores Não Renais Independentemente da Função Renal.** Por exemplo, a produção de creatinina é dependente da massa muscular. A massa muscular declina com a idade e a doença. Por essa razão, uma creatinina sérica de 1,2 mg/dL em um paciente idoso de 40 kg com câncer e músculos atrofiados pode representar uma GFR gravemente prejudicada, enquanto uma creatinina sérica de 1,2 mg/dL em

Quadro 10-1	Critérios AKIN e RIFLE para Diagnóstico e Classificação de AKI					
Critérios AKIN			Critérios RIFLE			
Estágio	SCr	Débito Urinário	Classe	SCr	GFR
1	Aumento de ≥ 0, 3 mg/dL ou aumentado ≥ 1,5 a 2 vezes da basal	< 0,5 mL/kg/h durante > 6 h	Risco	Elevada 1,5 ×	Diminuída > 25%
2	Elevada > 2 a 3 vezes a basal	< 0,5 mL/kg/h durante > 12 h	Lesão	Elevada 2 ×	Diminuída > 50%
3	Elevada > 3 vezes a basal, ou basal ≥ 4,0 mg/dL com uma elevação aguda de ≥ 0,5 mg/dL ou sob RRT	< 0,5 mL/kg/h durante > 24 h ou anúria durante 12 h	Insuficiência	Elevada 3 × ou basal > 4 mg/dL com uma elevação aguda > 0,5 mg/dL	Diminuída > 75%
			Perda		AKI persistente = perda completa da função renal > 4 semanas
			ESRD (Terminal)		ESRD > 3 meses
Tempo	< 48 h		1–7 d		
			Sustentada > 24 h		
AKI, lesão renal aguda; AKIN, *Acute Kidney Injury Network*; ESRD, doença renal terminal; GFR, taxa de filtração glomerular; RIFLE, Risco, Lesão, Insuficiência, Perda, Doença renal terminal; RRT, terapia de substituição renal; SCr, creatinina sérica.					

um halterofilista de 100 kg com grande massa muscular pode representar uma GFR normal. A creatinina sérica é também dependente de outros fatores, como situação nutricional, infecção, volume de distribuição, idade, sexo, raça, hábitos corporais, presença de amputação, desnutrição e dieta.

Quadro 10-2	Definição de AKI do KDIGO
Aumento na SCr de ≥ 0,3 mg/dL dentro de 48 h	
Ou	
Aumento na SCr para ≥ 1,5 vezes a basal, a qual	
é conhecida ou presume-se que tenha ocorrido dentro	
dos 7 dias precedentes	
Ou	
Volume de urina < 0,5 mL/kg/h durante 6 horas	
AKI, lesão renal aguda; SCr, creatinina sérica.	

Quadro 10-3	Medicações e Outras Condições que Afetam a Creatinina Sérica sem na Realidade Afetar a Função Renal
Mecanismo e Medicação	
Creatinina sérica elevada pela inibição da secreção de creatinina	
Trimetoprim	
Cimetidina	
Creatinina sérica elevada em razão da interferência com a análise da creatinina	
Ácido ascórbico	
Cefalosporinas	
Flucitosina	
Cetose plasmática	
Creatinina sérica falsamente baixa em virtude da interferência com a análise da creatinina	
Níveis de bilirrubina sérica muito elevados (geralmente 5,85 mg/dL)	
Produção aumentada de creatinina	
Carne cozida (creatina é convertida em creatinina pelo cozimento)	

3. **Produção e Excreção de Creatinina Devem Estar em um Estado Constante antes que os Níveis de Creatinina Reflitam Precisamente o Declínio na Função Renal.** As fórmulas mais comumente usadas para estimar GFR, *em um estado constante,* são as equações de Cockcroft-Gault, a Modificação da Dieta em Doença Renal (MDRD), a MDRD modificada e a Doença Renal Crônica Colaboração de Epidemiologia (CKD-EPI). Em um estado constante, a equação CKD-EPI é a estimativa mais confiável da função renal. Entretanto, toda estas fórmulas necessitam ser usadas com cautela ao estimar função renal em pacientes com AKI. Por exemplo, após um insulto agudo, leva vários dias para a excreção e produção de creatinina atingirem um estado constante, e a função renal será pior do que as fórmulas sugerem. Por exemplo, se uma mulher de 30 anos e 60 kg com uma creatinina sérica de 1,0 mg/dL subitamente perder toda função renal, sua creatinina sérica pode subir apenas para 1,8 mg/dL após 1 dia. Pela CKD-EPI, sua GFR é 37 mL/minuto; pela Cockcroft-Gault é 43 mL/minuto, mas, na realidade, é 0 mL/minuto. Para referência, as fórmulas de Cockcroft-Gault, MDRD, MDRD modificada e CKD-EPI estão listadas abaixo.
   a. **Fórmula de Cockcroft-Gault**

   $$GFR = [([140 - \text{idade (anos)}] \times \text{peso corporal magro em kg})/(\text{Cr sérica} \times 72)] \times (0{,}85 \text{ se mulher})$$

   b. **Fórmula MDRD**

   $$GFR, \text{ em mL/minuto/1,73 m}^2 = 170 \times (\text{Cr sérica}^{-0,999})$$
   $$\times (\text{idade}^{-0,176}) \times (\text{BUN}^{-0,170})$$
   $$\times (\text{albumina sérica}^{+0,318})$$
   $$\times (0{,}762 \text{ se mulher})$$
   $$\times (1{,}180 \text{ se afrodescendente})$$

   onde Cr sérica (creatinina) e nitrogênio ureico sérico (BUN) são em mg/dL; albumina sérica é em g/dL.
   c. **Fórmula MDRD Modificada**

   $$GFR, \text{ em mL/minuto/1,73 m}^2 = 186{,}3 \times (\text{Cr sérica}^{-1,154})$$
   $$\times (\text{idade}^{-0,203}) \times (0{,}742 \text{ se mulher})$$
   $$\times (1{,}21 \text{ se afrodescendente})$$

   d. **CKD-EPI**

   $$GFR, \text{ em mL/minuto} = 141 \times \text{mín (CreatSérica/capa, 1)}^{\text{alfa}}$$
   $$\times \text{máx (CreatSérica/capa, 1)}^{-1,209}$$
   $$\times 0{,}993^{\text{Idade}} \times \text{Sexo} \times \text{Raça}$$

   Para mulheres, os seguintes valores são usados: Sexo = 1,018; alfa = −0,329; capa = 0,7. Para homens, os seguintes valores são usados: Sexo = 1; alfa = −0,411; capa = 0,9.
   e. **Depuração de creatinina** (CrCl) pode ser medida no contexto agudo para dar uma estimativa da função renal; resultados mais confiáveis serão obtidos quando a produção e excreção de creatinina estiverem em um estado constante. Estado constante pode ser sugerido quando a creatinina alcança o seu pico e então se estabiliza (p. ex., se creatinina (mg/dL) for 1,0 basal, 2,0 no dia 2, 4,0 no dia 3 e 4,0 nos dias subsequen-

tes, pode-se razoavelmente concluir que um estado constante foi alcançado a uma creatinina de 4,0). Faixas normais para CrCl são 120 ± 25 mL/minuto em homens e 95 ± 20 mL/minuto em mulheres. A fórmula da CrCl realizada em uma coleta de urina de 24 horas é a seguinte:

CrCl = [creatinina urinária (mg/dL) × volume urinário (mL/24 horas)]/[Cr sérica (mg/dL) × 1.440 minutos]

Quando a redução na função renal é grave, ambas CrCl e depuração de ureia podem ser determinados na mesma coleta de urina de 24 horas; a média da CrCl e de depuração de ureia pode ser uma avaliação mais precisa da função renal do que CrCl isolada (em consequência do aumento na secreção de creatinina, que pode ocorrer com disfunção renal a qual aumentará a quantidade de creatinina na urina não relacionada com GFR).

B. **BUN como Marcador de AKI e GFR.** BUN normal é 8 a 18 mg/dL. Um aumento no BUN tipicamente acompanha uma elevação na creatinina sérica no contexto de AKI. Ureia é filtrada, mas não secretada. Reabsorção aumentada de ureia pelo túbulo proximal e transportadores de ureia sensíveis a arginina vasopressina (AVP) no ducto coletor ocorre em estados de depleção de volume. Neste contexto, BUN pode subir sem uma elevação na creatinina, resultando em uma relação de BUN para creatinina sérica que é maior que 20.

Os níveis de BUN são afetados por múltiplos fatores não relacionados com GFR. Como a produção de BUN é relacionada com o metabolismo proteico, um aumento no BUN sem um declínio na GFR pode ocorrer com estados hipercatabólicos, carga de proteína, sangramento gastrointestinal (GI) superior e administração de altas doses de esteroides. Em contrapartida, um baixo BUN pode estar presente no contexto de GFR reduzida em pacientes que estão sob uma dieta com baixa proteína, estão gravemente desnutridos ou têm doença hepática grave.

C. **Cistatina C como Marcador de AKI e GFR.** Cistatina C é uma proteína produzida por todas as células nucleadas. Ela é livremente filtrada pelo glomérulo, completamente reabsorvida pelos túbulos proximais, e não é secretada pelos túbulos renais. Portanto, algumas das limitações da creatinina sérica, por exemplo, o efeito da massa muscular, não são um problema com cistatina C. Na AKI, alterações na cistatina C ocorrem mais cedo após alterações na função renal do que na creatinina sérica. Em estudos, a cistatina C sérica se correlacionou melhor com a GFR do que a creatinina sérica, e foi diagnosticamente superior à creatinina especialmente em pacientes com cirrose hepática. Cistatina C é mais bem medida por um ensaio imunonefelométrico, mas ainda não é medida rotineiramente, exceto em pacientes nos quais a creatinina sérica é julgada um marcador pobre da função renal, por exemplo, cirrose hepática, e em pacientes com massa muscular reduzida.

D. **Biomarcadores de AKI.** Um biomarcador que é liberado dentro do sangue ou da urina pelo rim lesado (análogo à liberação de troponina pelas células miocárdicas lesadas após isquemia miocárdica) é um marcador mais sensível e específico de AKI do que o BUN e a creatinina sérica. Interleucina-18 (IL-18) urinária, lipocalina associada à gelatinase neutrofílica (NGAL), molécula de lesão renal-1 (KIM-1) e enzimas tubulares foram encontradas aumentando 1 a 2 dias antes da creatinina sérica em pacientes com AKI isquêmica. Níveis mais altos de IL-18, NGAL, KIM-1 e proteína ligadora de ácido graxo hepático (L-FABP) também predizem a piora da AKI e morte. Muitos estudos estão em progresso para desenvolver biomarcadores de AKI que sejam superiores ao BUN e creatinina sérica e que venham a possibilitar detecção precoce de AKI.

E. **Distinguir AKI de CKD.** Distinguir AKI de CKD pode ser difícil. Achados laboratoriais, como hiperfosfatemia, hipoalbuminemia e hiperpotassemia, são fatores não confiáveis para distinguir AKI de CKD e podem estar presentes em qualquer dos casos. Sintomas, como náusea, vômito e mal-estar, também podem ocorrer em AKI ou CKD. Métodos potenciais para distinguir entre as duas incluem os seguintes:

   1. **Registros Antigos.** A maneira mais confiável de distinguir AKI de CKD é uma avaliação de registros antigos. BUN ou creatinina sérica aumentados documentados meses antes e/ou uma história de doença renal sugere que a insuficiência renal é crônica.
   2. **Ultrassonografia Renal.** Conforme resumido no Quadro 10-4, ultrassom pode ser uma técnica útil para distinguir AKI de CKD. Ecogenicidade aumentada (*i. e.*, o rim aparece mais brilhante que o fígado normal) pode ocorrer em AKI ou CKD (ecogenicidade pode também ser normal em AKI ou CKD); entretanto, comprimento renal diminuído ou afinamento cortical não ocorrem em AKI. Portanto, comprimento renal e/ou afinamento cortical diminuídos sugerem que CKD está presente. É importante notar que como AKI é comum em pacientes com CKD, a presença de rins pequenos ou um córtex fino não exclui necessariamente a possibilidade de que AKI também esteja presente. Para referência, tamanho renal "normal" é dependente da idade. Por exemplo, na idade de 55 anos, o comprimento renal normal é aproximadamente 11 cm; na idade de 75, comprimento renal normal é aproximadamente 10 cm (embora atualmente seja desconhecido se a diminuição no comprimento renal que é observada no envelhecimento é "normal" ou representa CKD indetectada). Córtex normal é aproximadamente 1 cm.
   3. **Anemia.** Anemia normocítica normocrômica é comum em pacientes com CKD e uma GFR de menos de 30 mL/minuto; em pacientes com uma GRF de 30 a 44 mL/minuto, só aproximadamente 20% dos pacientes têm anemia. Portanto, com uma GFR de 30 mL/minuto ou menos, a ausência de anemia sugere que o declínio na função renal pode ser agudo. Em algumas etiologias de CKD (p. ex., doença renal policística dominante autossômica), no entanto, anemia pode estar ausente. Em algumas etiologias de AKI, anemia pode estar presente, por exemplo, síndrome hemolítico-urêmica (HUS) ou púrpura trombocitopênica trombótica (TTP). Assim, a presença ou ausência de ane-

Quadro 10-4	Uso de Ultrassonografia para Distinguir Doenças Renais Agudas de Crônicas	
Achado de Ultrassom	**Agudas**	**Crônicas**
Ecogenicidade aumentada	Sim	Sim
Afinamento cortical	Não	Sim
Diminuição do tamanho renal	Não	Sim

mia deve ser interpretada em contexto com outros indicadores clínicos quando se está considerando o diagnóstico de AKI *versus* CKD.

- F. **Débito Urinário na AKI.** AKI é tipicamente descrita como oligúrica ou não oligúrica. **Oligúria** é definida como um débito de urina de menos de 400 mL/dia; 400 mL é a quantidade mínima de urina que uma pessoa em um estado metabólico normal deve excretar para eliminar a produção diária de soluto. Por exemplo, uma pessoa com uma produção de soluto diária de 500 mOsm que concentra urina a um máximo de 1.200 mOsm/L necessitaria eliminar aproximadamente 400 mL de urina por dia para excretar a produção de soluto diária (*i. e.*, 500 mOsm/1.200 mOsm/L = 417 mL de urina por dia).

  Anúria é definida como uma falta de urina obtida de um cateter vesical; ela tem uma curta lista de causas potenciais. É mais frequentemente causada por obstrução completa do trato urinário bilateral, obstrução do trato urinário em um rim solitário e choque. Causas menos comuns são HUS e glomerulonefrite rapidamente progressiva (RPGN), particularmente doença de anticorpo antimembrana basal glomerular (GBM); oclusão arterial ou venosa renal bilateral também pode causar anúria.

II. **CLASSIFICAÇÕES DA AKI: DEFINIÇÕES E CAUSAS.** AKI é classificada como renal intrínseca ou pós-renal. Azotemia pré-renal também pode causar um declínio na GFR, o que é refletido por creatinina sérica e BUN aumentados.
  - A. **Azotemia Pré-Renal** (Fig. 10-1). Azotemia pré-renal é uma queda na GFR decorrente da perfusão renal reduzida na qual ocorreu mínima lesão celular do rim. O sedimento urinário tipicamente é pouco alterado, e cilindros hialinos podem estar presentes. Essencial a este diagnóstico é que a função renal

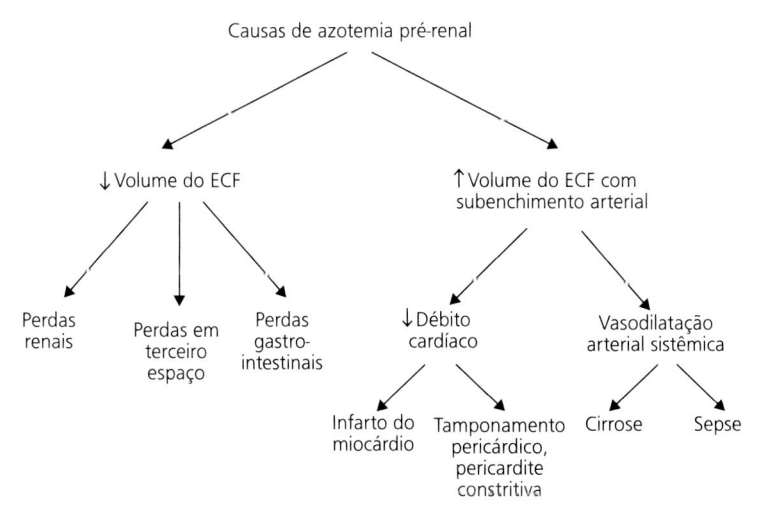

Figura 10-1. Causas de azotemia pré-renal. Azotemia pré-renal pode ser secundária à depleção verdadeira do volume intravascular ou subenchimento arterial a partir de uma diminuição no débito cardíaco ou vasodilatação arterial. O volume líquido extracelular (ECF) compreende os compartimentos intravascular e da água corporal intersticial.

retorna ao normal dentro de 24 a 72 horas de correção do estado hipoperfundido. Azotemia pré-renal ocorre nas seguintes situações:
1. **Depleção do Volume Intravascular Total.** Esta condição pode ocorrer em vários contextos nos quais o volume intravascular é reduzido e pode ser secundária a
   a. Hemorragia
   b. Perda hídrica renal
      - Diurese excessiva (p. ex., diuréticos)
      - Diurese osmótica (p. ex., glicosúria, administração de manitol)
      - Insuficiência suprarrenal primária (*i. e.*, hipoaldosteronismo)
      - Nefrite perdedora de sal
      - Diabetes insípido
   c. Perda líquida GI
      - Vômito
      - Diarreia
      - Drenagem por tubo nasogástrico
   d. Perda líquida pela pele
      - Queimaduras
      - Sudorese excessiva
      - Hipertermia
   e. Perda líquida em terceiro espaço
      - Peritonite
      - Pancreatite
      - Síndrome de resposta inflamatória sistêmica
      - Hipoalbuminemia profunda
2. **Depleção do Volume Efetivo por Subenchimento Arterial.** Subenchimento arterial é um estado no qual o volume intravascular na realidade está normal (ou mesmo aumentado), mas fatores circulatórios são inadequados para manter a pressão de perfusão renal. Subenchimento pode ser decorrente de uma diminuição no débito cardíaco ou vasodilatação arterial e pode ocorrer em diversos contextos clínicos:
   a. Débito cardíaco reduzido
      - Insuficiência cardíaca descompensada aguda (ADHF) (antes chamada insuficiência cardíaca congestiva)
      - Choque cardiogênico (p. ex., infarto agudo do miocárdio)
      - Derrame pericárdico com tamponamento
      - Embolia pulmonar maciça
   b. Vasodilatação periférica
      - Sepse
      - Medicações anti-hipertensivas
      - Anafilaxia
      - Anestesia
      - Cirrose e outras doenças do fígado
3. **Alterações Hemodinâmicas Intrarrenais**
   a. Vasoconstrição da arteríola aferente glomerular (efeito pré-glomerular)
      - Drogas anti-inflamatórias não esteroides (NSAIDs) (inibição de prostaglandinas)
      - Inibidores da ciclo-oxigenase 2 (Cox-2) (inibição de prostaglandinas)
      - Ciclosporina

- Tacrolimo
- Radiocontraste
- Hipercalcemia
  b. Vasodilatação da arteríola eferente glomerular (efeito pós-glomerular)
     - Inibidores da enzima conversora de angiotensina (ACEIs)
     - Bloqueadores dos receptores à angiotensina II (ARBs)
B. **AKI Pós-Renal.** AKI pós-renal é causada pela obstrução aguda do fluxo de urina. Obstrução urinária de ambos os ureteres, da bexiga ou da uretra pode causar AKI pós-renal. Pacientes com maior risco de AKI pós-renal são homens idosos, nos quais hipertrofia prostática ou câncer prostático pode levar à obstrução completa ou parcial do fluxo de urina. Em mulheres, obstrução completa do trato urinário é relativamente incomum na ausência de cirurgia pélvica, neoplasia pélvica, ou irradiação pélvica prévia. As causas de AKI pós-renal incluem as seguintes:
  1. **Obstrução Ureteral Bilateral ou Obstrução Unilateral em um Rim Solitário (Obstrução do Trato Urinário Superior)**
     a. Intraureteral
        - Cálculos
        - Coágulos sanguíneos
        - Detritos piogênicos ou necrose de papilas
        - Edema após pielografia retrógrada
        - Carcinoma de células transicionais
     b. Extraureteral
        - Neoplasia pélvica ou abdominal
        - Fibrose retroperitonial
        - Ligadura ou trauma ureteral acidental durante cirurgia pélvica
     c. Obstrução do colo da bexiga/uretral (obstrução do trato urinário inferior)
        - Hipertrofia prostática
        - Carcinoma prostático e vesical
        - Neuropatia autonômica ou agentes anticolinérgicos causando retenção urinária
        - Estenose uretral
        - Cálculos vesicais
        - Infecção fúngica (p. ex., bola fúngica)
        - Coágulos sanguíneos
C. **AKI Intrarrenal ou Intrínseca.** Em contraste com azotemia pré-renal e AKI pós-renal, as doenças listadas aqui representam problemas que se originam dentro do próprio rim. Estes problemas podem ser vasculares, glomerulares, intersticiais ou tubulares. As doenças podem ser renais primárias ou parte de uma doença sistêmica. O curso da AKI nestas situações não pode ser alterado manipulando-se fatores fora do rim (p. ex., efetuando reposição de volume, melhorando a função cardíaca, corrigindo hipotensão ou removendo obstrução).
  1. **Vasculares.** Doenças vasculares causando AKI são classificadas com base no tamanho dos vasos comprometidos.
     a. Vasos de grande e médio tamanho
        - Trombose ou embolia de artéria renal
        - Clampeamento transversal arterial operatório
        - Trombose de veias renais bilaterais
        - Poliarterite nodosa

b. Pequenos vasos
- Doença ateroembólica
- TTP-HUS
- Crise renal de esclerodermia
- Hipertensão maligna
- Síndrome HELLP (*H*emólise, *E*nzimas *El*evadas hepáticas e baixas [*Low*] *P*laquetas)
- AKI pós-parto

2. **Glomerulares.** Doenças glomerulares são tipicamente categorizadas com base em achados na urina como nefróticas ou nefríticas.
   a. Doenças glomerulares **nefróticas** são caracterizadas por grande proteinúria (mais de 3 g em 24 horas) e mínima hematúria. Doenças glomerulares nefróticas são incomumente associadas a AKI, mas podem ocorrer em doença de lesão mínima ou glomerulosclerose segmentar focal (FSGS), particularmente FSGS colapsante.
   b. Doenças glomerulares **nefríticas** (glomerulonefrite) são caracterizadas por hematúria e proteinúria (tipicamente 1 a 2 g em 24 horas). Pacientes com glomerulonefrite conhecida podem desenvolver AKI; alternativamente, glomerulonefrite pode-se apresentar como AKI. Glomerulonefrite rapidamente progressiva (RPGN), também chamada *nefrite crescêntica,* deve ser suspeitada em um paciente com creatinina aumentando, hematúria e proteinúria. RPGN é causada por lesão da parede capilar glomerular, a qual resulta em subsequente inflamação, fibrose e formação de crescente. Urgência é necessária para fazer o diagnóstico de RPGN, porque a formação de crescente pode destruir rapidamente os glomérulos; a resposta ao tratamento é diretamente correlacionada com a porcentagem de glomérulos que têm crescentes. Se RPGN for suspeitada, uma biópsia deve ser feita tão logo seja possível, uma vez que aguardar mesmo poucos dias pode resultar em perda irreversível de função renal. Uma vez que o diagnóstico é tipicamente feito por biópsia renal, as causas de glomerulonefrite e RPGN são classificadas de acordo com a coloração por imunofluorescência em biópsia renal.
      i. **Doenças com Deposição Linear de Complexos Imunes (anti-GBM)**
         - Síndrome de Goodpasture (estão presentes complicações renais e pulmonares)
         - Síndrome de Goodpasture limitada ao rim
      ii. **Doenças com Deposição Granular de Complexos Imunes**
         - Glomerulonefrite pós-infecciosa aguda
         - Nefrite lúpica
         - Endocardite infecciosa
         - Glomerulonefrite de imunoglobulina (Ig) A
         - Púrpura de Henoch–Schönlein
         - Glomerulonefrite membranoproliferativa
         - Crioglobulinemia
      iii. **Doenças sem Depósitos Imunes (Pauci-imunes)**
         - Granulomatose com poliangiite (GPA), (antes conhecida como granulomatose de Wegener)
         - Poliangiite microscópica (MPA)

- Síndrome de Churg–Strauss (CSS)
- Glomerulonefrite crescêntica idiopática

3. **Interstício.** AKI a partir de uma causa intersticial é conhecida como *nefrite intersticial aguda (AIN)*. A principal lesão histológica de AIN é acentuado edema do espaço intersticial com uma infiltração focal ou difusa do interstício renal com células inflamatórias (linfócitos e/ou eosinófilos). AIN (também chamada *nefrite tubulointersticial aguda*) é mais comumente decorrente de hipersensibilidade a droga, mas pode também ser uma consequência de infecções ou doença sistêmica (p. ex., lúpus eritematoso sistêmico).
   a. **AIN Induzida por Droga.** Mais de 100 drogas têm sido responsáveis em AIN induzida por droga. Algumas das drogas mais comumente associada à AIN são as seguintes:
      - **Antibióticos** (p. ex., meticilina, cefalosporinas, rifampicina, sulfonamidas, eritromicina e ciprofloxacina)
      - **Diuréticos** (p. ex., furosemida, tiazidas, clortalidona)
      - **NSAIDs**
      - **Drogas anticonvulsivantes** (p. ex., fenitoína, carbamazepina)
      - **Alopurinol**
   b. **AIN Associada à Infecção**
      - **Bacteriana** (p. ex., *Staphylococcus, Streptococcus*)
      - **Viral** (p. ex., citomegalovírus, virus de Epstein–Barr)
      - **Tuberculose**

4. **Tubular.** Necrose tubular aguda (ATN) é caracterizada por uma diminuição abrupta na GFR em virtude da disfunção tubular proximal mais comumente causada por AKI isquêmica ou AKI nefrotóxica. Embora este tipo de lesão renal tenha por muito tempo sido designado ATN, o termo é denominação errada porque, em muitos casos, necrose verdadeira de células tubulares não está presente no exame histológico. A maioria das biópsias renais é, no entanto, tardia e, por essa razão, poderia não perceber necrose tubular. Os túbulos podem mostrar alterações morfológicas de lesão subletal (p. ex., edema, vacuolização, perda do bordo em escova, vesiculação apical e perda de pregueamentos basolaterais). Perda de células epiteliais tubulares viáveis e não viáveis na urina também ocorre. A presença continuada de fluxo sanguíneo renal e reversibilidade da disfunção tubular é compatível com a recuperação da função renal, que é vista em alguns pacientes com AKI isquêmica ou nefrotóxica.

   AKI isquêmica é uma consequência de fluxo sanguíneo reduzido para os rins, o qual resulta de um volume sanguíneo total diminuído ou subenchimento arterial com uma redistribuição de sangue para longe do rim. AKI isquêmica é vista mais comumente após choque séptico ou hemorrágico. **AKI nefrotóxica** é mais comumente causada por antibióticos aminoglicosídeos e radiocontraste. Na maioria dos casos, os insultos são multifatoriais.

   As causas de AKI isquêmica ou nefrotóxica incluem as seguintes:
   a. **Isquemia Renal**
      - Choque
      - Hemorragia
      - Trauma
      - Sepse Gram-negativa
      - Pancreatite
      - Hipotensão de qualquer causa

b. **Drogas Nefrotóxicas**
- Antibióticos aminoglicosídeos
- Anfotericina B
- Pentamidina
- Foscarnet
- Aciclovir
- Indinavir
- Agentes antineoplásticos (p. ex., cisplatina)
- Radiocontraste
- Solventes orgânicos (p. ex., tetracloreto de carbono)
- Etileno glicol (anticongelante)
- Anestésicos (enflurano)
- Fosfato de sódio oral usado para preparação intestinal para colonoscopia pode causar nefropatia aguda de fosfato, resultando em nefrocalcinose aguda

c. **Toxinas Endógenas**
- Mioglobina (p. ex., rabdomiólise)
- Hemoglobina (p. ex., transfusão de sangue incompatível, malária falciparum aguda)
- Ácido úrico (p. ex., nefropatia de ácido úrico aguda)

5. **Sepse.** Sepse é a causa mais comum de AKI na unidade de terapia intensiva (ICU). A fisiopatologia da AKI na sepse é complexa, e muitos aspectos da causa do declínio da função renal na sepse permanecem controversos. Embora previamente pensava-se ser similar à AKI isquêmica, agora está compreendido que AKI séptica é uma entidade separada da AKI isquêmica — embora AKI isquêmica possa, em última análise, ocorrer na sepse grave ou no choque por fluxo sanguíneo renal reduzido. O declínio da função renal na sepse é provavelmente decorrente de uma combinação de fatores vasculares (afetando a autorregulação e resultando em GFR diminuída), bem como dano tubular intrínseco.

III. EPIDEMIOLOGIA DA AKI (Quadro 10-5)

A. **AKI Adquirida na Comunidade.** AKI está presente na admissão em aproximadamente 1% de pacientes hospitalizados. Metade dos casos ocorre em pacientes com CKD. As causas mais comuns de AKI adquirida na comunidade incluem pré-renais (70%) e pós-renais (17%). A mortalidade global dos pacientes que se apresentam com AKI adquirida na comunidade é 15%.

B. **AKI Adquirida no Hospital.** O desenvolvimento de AKI em pacientes hospitalizados é comum e trás com ele um risco independente importante de mortalidade. Usando os critérios RIFLE, até 20% dos pacientes hospitalizados podem desenvolver AKI. As causas mais comuns de AKI em pacientes hospitalizados incluem isquemia, sepse, medicações e de radiocontraste. Azotemia pré-renal é uma causa comum de um aumento na creatinina nos pacientes de enfermaria; entretanto, ATN ou sepse se responsabiliza pela maioria das causas de AKI nos pacientes de ICU. AKI na ICU é tipicamente multifatorial e pode fazer parte da síndrome de disfunção de múltiplos órgãos.

C. **Prevenção da AKI.** Numerosos fatores predispõem os pacientes hospitalizados ao desenvolvimento de AKI: sepse, depleção de volume, drogas que afe-

Quadro 10-5 — Características da AKI em Relação à Localização do Seu Desenvolvimento

História/Sintomas	Fator(es) Predisponente(s)	Tipo de AKI
AKI Adquirida na Comunidade		
Doença sistêmica aguda (p. ex., gripe viral, gastroenterite)	Depleção de volume	Azotemia pré-renal ou ATN
Faringite estreptocócica ou piodermatite (lesões vesiculares na pele, tipicamente localizadas nas extremidades, as quais se tornam pustulosas e a seguir formam crosta)	Deposição de complexos imunes nos glomérulos	Glomerulonefrite pós-estreptocócica aguda
Trauma, lesão por esmagamento, imobilização prolongada, "encontrado caído"	Lesão muscular extensa e destruição de tecido	Rabdomiólise
Sintomas do trato urinário, como dificuldade de micção, incontinência, gotejamento	Obstrução ao fluxo, se urina ou bexiga neurogênica	Pós-renal
Febre e/ou erupção cutânea em pacientes recentemente com prescrição de nova medicação	NSAIDs, antibióticos e diuréticos são frequentemente prescritos em pacientes ambulatoriais	Nefrite intersticial alérgica
Superdose acidental ou intencional de uma nefrotoxina (estado mental alterado pode ser um acompanhamento frequente)	Compostos de metal pesado, solventes, etileno glicol, salicilatos e acetaminofeno	AKI nefrotóxica
AKI Ocorrendo dentro do Hospital		
Perda excessiva de líquido por diurese agressiva, aspiração nasogástrica, drenos cirúrgicos, diarreia etc.	Depleção de volume	Azotemia pré-renal ou AKI isquêmica
Cirurgia com ou sem depleção concomitante de volume	Anestesia causa vasoconstrição renal, o que reduz o fluxo sanguíneo renal	Azotemia pré-renal ou AKI isquêmica
Procedimentos radiológicos (CT contrastada) ou outros (p. ex., angiografia coronariana)	Radiocontraste intravenoso	AKI nefrotóxica
Sepse	Infecção, depleção de volume, hipotensão, antibióticos nefrotóxicos (p. ex., aminoglicosídeos)	AKI isquêmica ou nefrotóxica

AKI, lesão renal aguda; AIN, necrose tubular aguda; CT, tomografia computadorizada; NSAID, droga anti-inflamatória não esteroide.

tam o fluxo sanguíneo renal (p. ex., NSAIDs e inibidores da Cox-2), e o uso de medicações nefrotóxicas e de radiocontraste.

Embora os dados sejam limitados sobre tratamentos para prevenir AKI, é prudente acompanhar cuidadosamente a situação de volume e manter hidratação adequada; descontinuar (quando possível) medicações que são potencialmente nefrotóxicas; escolher técnicas alternativas de imagem sem radiocontraste (p. ex., imagem de ressonância magnética sem gadolínio); e uso de antibióticos não nefrotóxicos.

D. Morbidade e Mortalidade Associada à AKI. Foi admitido previamente que AKI é uma afecção completamente reversível. Dados recentes sugerem que dos pacientes que desenvolvem AKI na ICU e requerem diálise, 10% a 30% podem necessitar de diálise de manutenção após alta do hospital.

Outra crença previamente aceita é que os pacientes morrem com AKI, não de AKI. Numerosos estudos bem controlados observaram que após ajustar quanto às comorbidades, o desenvolvimento de AKI em pacientes hospitalizados é um preditor independente e importante da mortalidade intra-hospitalar, independentemente de se a AKI é leve ou exige terapia de substituição renal (RRT). Dados clínicos e em animais sugerem que AKI é uma doença multissistêmica que afeta pulmão, cérebro, fígado, função metabólica e função imune. Estes efeitos multissistêmicos provavelmente contribuem para a mortalidade elevada observada nos pacientes com AKI.

IV. AVALIAÇÃO DO PACIENTE COM AKI. Uma abordagem de avaliação gradativa é recomendada no paciente com AKI. Uma **história** abrangente e **exame físico** completo sugerem o diagnóstico na maioria dos pacientes.

Quer o paciente seja visto pela primeira vez no consultório, na sala de emergência, no hospital ou na ICU, tabulação e registro cuidadosos dos dados são os primeiros passos na determinação do diagnóstico. Sinais vitais, pesos diários, registros de ingestão e eliminação, dados laboratoriais passados e atuais, e a lista de líquidos e medicação devem ser registrados em uma folha de fluxograma e incluídos no prontuário do paciente. Quando o paciente esteve hospitalizado por vários dias ou semanas com uma evolução complicada antes de desenvolver AKI, um fluxograma cuidadosamente preparado pode, muitas vezes, ser a única maneira de compreender o problema e guiar a seleção de tratamento adequado.

Exame de urina por bastão de imersão e a avaliação do **sedimento urinário** por microscopia devem sempre ser efetuados em pacientes com AKI. **Bioquímica urinária** que pode ser útil no diagnóstico de AKI inclui sódio, creatinina, ureia, osmolalidade e conteúdo de proteína.

Aspectos clínicos das causas comuns de AKI são descritos nas seções a seguir.

A. Azotemia Pré-Renal. Esta pode ocorrer em pacientes que estão clinicamente hipovolêmicos (depleção do volume intravascular total) ou hipervolêmicos (subenchimento arterial).

1. **História.** A seguinte história é sugestiva de azotemia pré-renal por depleção verdadeira de volume ou hipovolemia: sede, ingestão hídrica diminuída, febre, náusea, vômito, diarreia, queimaduras, peritonite e pancreatite. Azotemia pré-renal por subenchimento arterial ocorre mais comumente em pacientes com ADHF ou doença hepática. Aspectos da história que são sugestivos de ADHF incluem infarto miocárdico recente, ortopneia, dispneia noturna paroxística ou dispneia de esforço. Aspectos que sugerem doença hepática e cirrose incluem uma história de abuso de álcool ou hepa-

tite. Uma documentação completa das medicações (prescritas e adquiridas sem prescrição) é importante na avaliação de azotemia pré-renal. Medicações que afetam a hemodinâmica intrarrenal incluem ciclosporina, tacrolimo, NSAIDs, inibidores de Cox-2, ACEIs e ARBs.
2. **Exame Físico.** Avaliação da situação de volume e a adequação do volume líquido extracelular (ECF) são críticas para o diagnóstico de azotemia pré-renal.
   a. **Achados físicos que sugerem uma redução no volume intravascular** incluem os seguintes:
      - Ausência de suor axilar
      - Uma redução recente do peso corporal
      - Hipotensão ortostática. Definida como uma queda na pressão arterial sistólica de mais de 20 mmHg ou uma elevação na frequência do pulso de mais de 10 batimentos/minuto após ficar de pé
      - Taquicardia
      - Membranas mucosas secas
      - "Formação de tenda" da pele do tórax superior, quando pinçada entre os dedos
      - Pressão venosa jugular não visível, quando em supino
   b. **Achados de exame físico geralmente encontrados em estados de subenchimento com um excesso de ECF** incluem os seguintes:
      - Pressão venosa jugular elevada
      - Ascite
      - Edema de cacifo de extremidades inferiores
      - Anasarca
         ADHF em particular pode ser identificada por
      - Estertores pulmonares
      - Galope de S3
         Insuficiência hepática pode ser identificada por
      - Icterícia
      - Tamanho do fígado diminuído
      - Eritema palmar
      - Aranhas vasculares
3. **Achados Urinários.** Independentemente da causa de azotemia pré-renal (hipovolêmica, subenchimento arterial ou induzida por medicação) o teste com bastão de imersão, sedimento e química serão os mesmos (ver Quadro 10-6 para uma comparação dos achados urinários em vários tipos de AKI).
   a. O **bastão de imersão** urinário deve ser normal negativo para proteína, heme, esterase leucocitária e nitrato. A densidade está aumentada (acima de 1020).
   b. O **sedimento urinário** pode ser pouco alterado, e cilindros hialinos podem estar presentes.
   c. **Química e Índices da Urina.** Frequentemente, é difícil distinguir entre azotemia pré-renal e ATN. Testes laboratoriais e índices característicos de azotemia pré-renal *versus* outras causas de AKI estão sumarizados no Quadro 10-7. A base fisiopatológica destes testes é discutida abaixo.
4. **Distúrbios Específicos de Azotemia Pré-Renal**
   a. **Síndrome hepatorrenal (HRS)** ocorre em p,acientes com insuficiência hepática grave. Ela é caracterizada por vasodilatação periférica (baixa

Quadro 10-6	Achados Urinários em Várias Causas de AKI						
Bastão de Imersão	Azotemia Pré-Renal[a]	Pós-Renal[b]	Vascular de Pequenos Vasos	Glomerular Nefrótica	Glomerular Nefrítica	AIN	ATN[c]
Leucócito esterase	(−)	(−)	(−)	(−)	(−)	(+)	(−)
Heme	(−)	(−)	(+)	(−) ou traços	(+)	(+)	(−)
Proteína	(−)	(−)	(+)	(+)	(+)	(+)	(−) ou traços
Densidade	> 1.020	1.010	Variável	Variável	Variável	1.010	1.010
Microscopia							
RBCs	(−)	(−)	(+)	(−) ou alguns	(+)	(+)	(−)
WBCs	(−)	(−)	(−)	(−)	(−)	(+)	(−)
Cilindros RBC	(−)	(−)	(+)	(−)	(+)	(−)	(−)
Cilindros WBC	(−)	(−)	(−)	(−)	(−)	(+)	(−)
Cilindros granulares	(−)	(−)	(−)	(−)	(−)	(−)	(+)
Células epiteliais tubulares renais	(−)	(−)	(−)	(−)	(−)	(−)	(+)
Testes							
Osmolalidade (mOsm/L)	> 500	≤ 350	Variável	Variável	Variável	≤ 350	≤ 350
Proteína (g/d)	(−)	(−)	1–2	> 3	1–2	1–2	≤ 1

AKI, lesão renal aguda; AIN, nefrite intersticial aguda; ATN, necrose tubular aguda; RBCs, eritrócitos; WBCs, leucócitos.
[a]Embora classicamente associados a um sedimento urinário pouco alterado, alguns cilindros granulares podem, ocasionalmente, estar presentes.
[b]Se uma infecção superposta estiver presente devido a estase urinária, a leucócito esterase, heme, proteína, RBCs e WBCs podem ser positivos.
[c]Se ATN for secundária a rabdomiólise, heme será positiva com bastão e RBCs estarão ausentes na microscopia.

Quadro 10-7	Índices Diagnósticos Urinários	
Índice	Azotemia Pré-Renal	ATN
Sódio urinário (UNa), mEq/L	< 20	> 40
Osmolalidade urinária, mOsm/kg H_2O	> 500	< 350
UCr para PCr	> 40	< 20
BUN/creatinina sérica	> 20	≤ 10
Fração de excreção de sódio (FENa):		
FENa = [(UNa/PNa)/(UCr/PCr)] × 100	< 1	> 1
Fração de excreção de ureia (FEUN):		
FEUN = [(UUN/BUN)/(UCr/PCr)] × 100	< 35	> 50

ATN, necrose tubular aguda; BUN, nitrogênio ureico sanguíneo (mg/dL); PCr, creatinina plasmática (mg/dL); PNa, sódio plasmático (mEq/L); UCr, creatinina urinária; UUN, nitrogênio ureico urinário (mg/dL).

resistência vascular sistêmica) acompanhada por vasoconstrição renal intensa que causa uma queda na GFR. Duas formas de HRS são reconhecidas. **HRS tipo I** é a forma mais grave, e é caracterizada por um declínio abrupto da função renal, definido como uma duplicação da creatinina sérica para mais de 2,5 mg/dL dentro de 2 semanas. Sem transplante de fígado, a mortalidade desta condição é muito alta. **HRS tipo II** é caracterizada por insuficiência renal lentamente progressiva (creatinina sérica acima de 1,5 mg/dL) em um paciente com ascite refratária; ela tem um prognóstico muito melhor. Os pacientes com HRS tipo II podem-se converter para tipo I no contexto de certos insultos, tais como o desenvolvimento de infecções (p. ex., peritonite bacteriana espontânea) ou o uso de NSAIDs. HRS é típica de outras formas de azotemia pré-renal, e o rim funciona normalmente, se transplantado para uma pessoa com um fígado normal. A única cura permanente para HRS é transplante hepático, a menos que haja recuperação substancial de um insulto agudo ao fígado.

Os **critérios diagnósticos de HRS** foram revisados recentemente. Para diagnosticar HRS, cada um dos critérios precisa estar presente;

Critérios Diagnósticos de HRS
- Cirrose com ascite
- Creatinina sérica acima de 1,5 mg/dL
- Ausência de outra causa para explicar completamente AKI
- Nenhum tratamento atual ou recente com droga nefrotóxica
- Ausência de choque
- Ausência de melhora sustentada na função renal seguindo-se a pelo menos 2 dias de suspensão de diurético e expansão de volume com albumina. A dose recomendada de albumina é 1 g/kg/dia até um máximo de 100 g/dia

b. **Azotemia Pré-Renal Vasomotora Decorrente de NSAIDs.** Uma história de uso de NSAID deve ser agressivamente procurada em todos os pacientes com azotemia pré-renal ou AKI. Sob condição euvolêmica com função normal dos rins, fígado e coração, a administração de NSAIDs não causa um aumento na creatinina sérica. Na presença de condições clínicas com atividade vasoconstritora renal elevada (p. ex., ADHF, cirrose, síndrome nefrótica, hipertensão, sepse, depleção de volume, anestesia), NSAIDs podem causar azotemia pré-renal. Os pacientes com CKD (p. ex., nefropatia diabética) estão também em risco de declínio vasomotor agudo na função renal com NSAIDs. Aspectos clínicos típicos incluem a presença de fatores de risco, débito urinário diminuído, sedimento urinário geralmente pouco alterado, baixa (menos de 1%) fração de excreção de sódio (FENa) e melhora rápida da função renal após descontinuação de NSAIDs. NSAIDs podem causar AIN e contribuir para AKI isquêmica.

c. **Ciclosporina e Tacrolimo** são inibidores de calcineurina que podem causar uma azotemia pré-renal hemodinamicamente mediada dose-dependente em pacientes que foram submetidos a transplante de órgão sólido e medula óssea. Um grande aumento ocorre na resistência vascular renal. A perda de função renal é geralmente reversível, quando a posologia da droga é reduzida. O sedimento urinário é pouco alterado. Dados de animais e humanos sugerem que a administração concomitante de bloqueadores dos canais de cálcio podem proteger contra toxicidade de inibidor de calcineurina.

d. **ACEIs e ARBs** são amplamente usados para o tratamento de hipertensão, insuficiência cardíaca e nefropatia diabética. Azotemia pré-renal pode ocorrer em condições nas quais angiotensina desempenha um papel crucial de manter a GFR por constrição da arteríola eferente glomerular, como depleção de volume, estenose de artérias renais bilateral, doença de rins policísticos dominante autossômica, insuficiência cardíaca, cirrose e nefropatia diabética. Depleção de sódio induzida por diurético e insuficiência renal crônica subjacente são outros fatores predisponentes importantes. O declínio na função renal é geralmente assintomático, não oligúrico e associado à hiperpotassemia; a função renal retorna à basal na maioria dos casos após descontinuação do ACEI ou ARB. Azotemia pré-renal por ACEI ou ARB pode geralmente ser tratada no contexto ambulatorial pela descontinuação do ACEI ou ARB e descontinuação de diuréticos, se presente. Um aumento no BUN e na creatinina sérica em um paciente sob um ACEI ou ARB deve levantar a possibilidade de estenose de artéria renal.

B. **AKI Pós-Renal**
   1. **História.** Sintomas que sugerem obstrução do trato urinário são anúria ou anúria e poliúria intermitentes, sintomas prostáticos (frequência e urgência urinárias, disúria, fazer força para micção), neoplasia pélvica ou radioterapia prévia e cálculos renais recorrentes. Os pacientes podem-se queixar de dor em uma bexiga distendida; dor grave (cólica renal) pode estar presente, se a obstrução for decorrente de cálculos renais. Pacientes com diabetes melito, anemia falciforme, nefropatia de analgésico e hipertrofia prostática benigna são predispostos à necrose de papila que causa obstrução.
   2. **Exame Físico.** O exame físico é importante ao diagnosticar AKI pós-renal, especialmente no paciente inconsciente ou no paciente confuso no

qual agitação de outro modo inexplicada pode ser o único indício de retenção urinária aguda. Exame abdominal cuidadoso pode descobrir uma bexiga distendida dolorosa à palpação ou rins bilateralmente hidronefróticos. Um exame digital da próstata deve ser realizado rotineiramente em qualquer paciente homem com AKI. Embora seja tentador colocar um cateter de Foley imediatamente para avaliar volume urinário e aliviar obstrução, nós recomendamos obter primeiro um ultrassom, se for possível fazê-lo de modo rápido (dentro de uma hora ou duas) e se complicações como infecção e sepse estiverem ausentes. Conforme discutido adiante, ultrassom é a modalidade de escolha para avaliar quanto a obstrução; entretanto, se a obstrução for aliviada por cateterização, então a utilidade diagnóstica do ultrassom é perdida. Além disso, colocação de cateter pode alterar significativamente a utilidade diagnóstica do exame de urina [*i. e.*, eritrócitos podem estar presentes a partir da colocação de cateter em vez de significar doenças glomerulares]. Se não ocorrer débito de urina, colocação de cateter é um procedimento razoável e importante. O paciente deve ser solicitado a tentar urinar, e o débito de urina após cateterização deve ser registrado. O volume residual pós-miccional normal deve ser menos de 50 mL.

3. **Achados Urinários.** O achado típico de exame de urina e sedimento em AKI pós-renal comparado com outras causas de AKI está apresentado no Quadro 10-6.

   a. **Exame de Urina.** O bastão de imersão na urina deve ser normal com proteína, heme, leucócito esterase e nitrito negativos. A densidade é tipicamente isosmótica (1010). Teste de heme para RBCs pode ser positivo, se obstrução for decorrente de cálculos renais. Uma infecção secundária pode estar presente em virtude da estase urinária; neste contexto, o bastão de imersão pode ser positivo para esterase leucocitária, nitrito, heme e traços de proteína.

   b. **Sedimento urinário** é tipicamente pouco alterado sem células ou cilindros. Conforme assinalado, hematúria pode estar presente, se obstrução for decorrente de cálculos renais. Prostatite e alguns casos de hipertrofia prostática benigna também podem ser associados à hematúria. No contexto de uma infecção secundária do trato urinário, o sedimento pode conter leucócitos (WBCs), RBCs e/ou bactérias.

4. **Testes Radiológicos.** Ultrassonografia renal é suficiente para diagnosticar obstrução urinária na maioria dos pacientes.

   a. **Ultrassonografia renal** é o teste radiológico de escolha para avaliar quanto a obstrução, caracterizada por dilatação do trato urinário (hidronefrose). A ausência de hidronefrose geralmente exclui obstrução importante do trato urinário; hidronefrose pode estar ausente, no entanto, nos seguintes contextos: obstrução inicial (antes que o trato urinário tenha sido capaz de se dilatar) e obstrução decorrente do encerramento do sistema urinário por fibrose retroperitonial ou tumor.

   Hidronefrose que não é funcionalmente importante pode ocorrer na gravidez e em pessoas com variantes anatômicas do sistema coletor. Se a importância funcional da hidronefrose estiver em dúvida, um renograma isotópico com furosemida pode avaliar a importância funcional da obstrução.

b. **Renografia isotópica** é efetuada pela injeção intravenosa de um radionuclídeo e furosemida. Furosemida aumenta o fluxo urinário e normalmente causa uma remoção rápida do radionuclídeo. Persistência do isótopo no parênquima renal sugere obstrução. Uma função renal diminuída limita a utilidade deste teste, porque a resposta diurética pode ser reduzida, desse modo tornando difícil a interpretação do teste.
   c. **Tomografia computadorizada (TC)** não contrastada dos rins, ureteres e abdome é frequentemente realizada após ultrassonografia renal para identificar a causa e localização da obstrução urinária.
   d. **Cistoscopia e Pielografia Retrógrada.** Em casos de AKI com uma alta suspeita clínica de obstrução do trato urinário (p. ex., cálculos, detritos piogênicos, coágulos sanguíneos, câncer vesical), cistoscopia e pielografia retrógrada ou anterógrada devem ser efetuadas, mesmo se os achados ultrassonográficos forem negativos para obstrução.
C. **Doença Renal Intrínseca — Doença de Grandes Vasos**
   1. **História.** Trombose ou embolia de artéria renal, ou trombose de veias renais bilateral podem-se apresentar com dor no flanco. Doenças predisponentes, como nefropatia membranosa ou síndrome de anticorpo antifosfolipídico, podem estar presentes.
   2. **Achados Urinários**
      a. **Exame de Urina.** O bastão de imersão é positivo para heme.
      b. **Sedimento Urinário.** RBCs.
   3. **Achados Laboratoriais e Radiologia.** Desidrogenase láctica (LDH) sérica elevada pode estar presente. Ultrassonografia Doppler pode ser usada para avaliar fluxo sanguíneo renal e para avaliar quanto a trombose de veia renal. CT ou MR angiografia é útil para detectar coágulos na veia renal ou veia cava inferior. Angiografia pode ser necessária em casos emergenciais (p. ex., anúria aguda decorrente de embolização renal aguda).
D. **Doença Renal Intrínseca — Doença de Pequenos Vasos.** Doença renal intrínseca decorrente de doença de pequenos vasos é causada por doença ateroembólica ou microangiopatia trombótica. Os aspectos clínicos e laboratoriais destas doenças são os seguintes:
   1. **Doença ateroembólica** é causada pelo desprendimento de placas ateromatosas da superfície intimal de grandes vasos. Estas placas viajam distalmente e ocluem pequenas artérias ou grandes arteríolas do rim. Chuvas de cristais de colesterol ou microêmbolos da superfície das placas ulceradas também podem ocorrer, viajando distalmente para ocluir pequenas arteríolas em todo o corpo (p. ex., rim, tubo digestivo ou pele). A apresentação e achados clínicos da doença ateroembólica podem ser confundidos com aquelas da poliarterite nodosa, vasculite alérgica, endocardite bacteriana subaguda ou mixoma atrial esquerdo.

   A evolução usual é insuficiência renal progressiva. Entretanto, formas mais leves de lesão renal com alguma recuperação de função foram descritas. Nenhum tratamento é conhecido. Prevenção da doença envolve evitar procedimentos invasivos desnecessários (p. ex., arteriograma renal em pacientes com evidência clínica de aterosclerose disseminada).
      a. **História.** Uma história de AKI ocorrendo após cirurgia cardiovascular, angiografia, ou administração de trombolíticos intravenosos deve levantar uma suspeita de doença ateroembólica como a causa de AKI,

particularmente em um paciente com aterosclerose conhecida. Ocasionalmente, a doença ocorre espontaneamente.
   b. **Exame Físico.** Manifestações na pele de êmbolos de colesterol incluem áreas necróticas periféricas discretas, síndrome de dedo azul do pé e livedo reticularis. Pequenos êmbolos de colesterol ao tubo digestivo e pâncreas podem causar dor abdominal.
   c. **Investigação laboratorial** pode revelar uma taxa de sedimentação de eritrócitos aumentada, eosinofilia e hipocomplementemia (C3 é reduzido, enquanto C4 permanece normal). Biópsia da pele, do músculo ou rim revela cristais de colesterol intravasculares.
   d. **Avaliação Urinária**
      i. **Exame de Urina.** Bastão de imersão é frequentemente negativo, embora heme ou proteína ou ambos possam ser positivos. Densidade é variável.
      ii. **Sedimento Urinário.** Sedimento é frequentemente pouco alterado, embora RBCs, cilindros granulares, cilindros de RBCs ou todos possam estar presentes.
      iii. **Testes da Urina.** Proteinúria é tipicamente menos de 1 g em 24 horas.
2. **Microangiopatias trombóticas** são caracterizadas por uma anemia hemolítica microangiopática, trombocitopenia e variáveis manifestações renais e neurológicas. Estas doenças iniciam com lesão endotelial seguida pela formação secundária de trombos de plaquetas nas arteríolas renais; necrose cortical renal pode resultar das lesões arteriais. O local primário de lesão é o glomérulo ou o suprimento vascular do glomérulo; o túbulo proximal e o interstício ficam relativamente não comprometidos.
   a. **História e Exame Físico.** HUS-TTP deve ser suspeitada em pacientes com anemia, AKI e trombocitopenia. Hipertensão maligna causando uma microangiopatia trombótica é caracterizada por alta pressão arterial associada a papiledema e/ou hemorragias retinianas; comprometimento de outros órgãos pode-se manifestar, como dor torácica, falta de ar por edema pulmonar, e confusão por causa de comprometimento cerebral. Crise renal de esclerodermia deve ser considerada em pacientes com esclerodermia e uma elevação abrupta na creatinina sérica associada à hipertensão.
   b. **Achados Laboratoriais.** Esfregaço do sangue periférico demonstra fragmentação aumentada de RBC (esquistócitos) e trombocitopenia. Índices de hemólise (p. ex., LDH) estão elevados.
   c. **Achados Urinários**
      i. **Bastão de Imersão.** Densidade variável; heme positivo, proteína positiva ou ambos.
      ii. **Sedimento urinário** é caracterizado por cilindros granulares, cilindros de RBCs ou ambos.

E. **Doença Renal Intrínseca   Doença Glomerular por uma Causa Nefrótica.** As doenças glomerulares nefróticas são caracterizadas por uma excreção de proteína na urina acima de 3 g em 24 horas. Doenças glomerulares nefróticas não são comumente associadas à AKI, mas ela pode ocorrer em pacientes com doença de lesão mínima (especialmente no idoso) e na FSGS (especialmente por FSGS colapsante). Isto geralmente ocorre quando a concentração de albumina sérica é menor que 2,0 g/dL.

1. **História e Exame Físico.** Sintomas e sinais clínicos característicos de uma doença nefrótica incluem edema de cacifo periférico, hipertensão, edema periorbitário e anasarca.
2. **Achados Laboratoriais.** Tipicamente, estão presentes hipoalbuminemia e hipercolesterolemia.
3. **Achados Urinários.** Em casos de AKI induzida por lesão mínima, bastão de imersão na urina e sedimento podem também incluir aspectos de ATN.
   a. **Bastão de imersão** é fortemente positivo para proteína. Heme é negativo ou traços.
   b. **Sedimento urinário** é tipicamente pouco alterado, possivelmente com poucos RBCs. Corpos ovais refletindo lipidúria podem estar presentes.
   c. **Testes da urina** mostram proteinúria acima de 3 g em 24 horas.

F. **Doença Renal Intrínseca — Doença Glomerular por uma Causa Nefrítica.** Doenças glomerulares nefríticas (glomerulonefrite) frequentemente causam AKI. Doenças glomerulares nefríticas são caracterizadas por hematúria e proteinúria (tipicamente 1 a 2 g em 24 horas). RPGN deve ser suspeitada em um paciente com um aumento na creatinina sérica associado à hematúria e proteinúria.

1. **História e Exame Físico.** Os sintomas e sinais clínicos que sugerem que a glomerulonefrite faz parte de uma doença sistêmica incluem púrpura palpável, erupção cutânea, artralgias, artrite, febre, sopros cardíacos, sinusite, hemoptise, dor abdominal e neuropatia aguda. Hemoptise é um sintoma desfavorável em um paciente com AKI e pode indicar uma vasculite ameaçadora à vida, como síndrome de Goodpasture ou GPA (antigamente conhecida como granulomatose de Wegener).
2. **Achados Urinários.** Glomerulonefrite é caracterizada por hematúria e proteinúria. A identificação de cilindros de RBCs confirma a presença de doença glomerular.
3. **Achados Laboratoriais.** ANCAs são úteis para determinação da causa da glomerulonefrite. Coloração de ANCA por imunofluorescência ou é citoplasmática (c-ANCA) ou perinuclear (p-ANCA). Embora c-ANCA e p-ANCA sejam testes de triagem sensíveis, numerosas condições, além de vasculite e glomerulonefrite, podem resultar em positividade de c-ANCA ou p-ANCA. Por essa razão, todos os resultados positivos precisam ser confirmados com testes de ensaio imunossorvente ligado à enzima (ELISA) quanto aos alvos antígenos mais específicos proteinase 3 (PR3) e mieloperoxidase (MPO). O anticorpo PR3-ANCA é tipicamente responsável pela coloração de c-ANCA, e o anticorpo MPO-ANCA pela coloração de p-ANCA.

Dos pacientes com GPA ativa (antes conhecida como granulomatose de Wegener), até 90% são ANCA positivos (a maioria é PR3-ANCA positiva). Dos pacientes com MPA, 70% são ANCA positivos (a maioria são MPO-ANCA positivos). Dos pacientes com CSS, 50% são ANCA positivos (PR3-ANCA e MPO-ANCA detectados com frequência aproximadamente igual). Mais de 90% dos pacientes com vasculite pauci-imune idiopática limitada renal são ANCA positivos (a maioria é MPO-ANCA positiva).

4. **Anticorpos Anti-GBM** são úteis para o diagnóstico de doença de Goodpasture, embora possam ocorrer resultados falso-negativos.
5. Avaliações do **complemento sérico** (C3 e C4) podem ser úteis na avaliação de pacientes com AKI e glomerulonefrite. Hipocomplementemia é comum na glomerulonefrite pós-infecciosa, nefrite lúpica, glomerulonefrite membranoproliferativa e crioglobulinemia mista. Outra causa de AKI associada à hipocomplementemia inclui doença renal ateroembólica. É importante reconhecer que outras condições não renais podem baixar os níveis de complemento sérico (p.ex., sepse, pancreatite aguda e hepatopatia avançada).

G. **Doença Renal Intrínseca — AIN.** Doença renal intrínseca decorrente de AIN pode ser secundária a medicações, infecções ou uma doença sistêmica como lúpus. AIN induzida por droga pode ser dividida em três categorias: AIN por meticilina, AIN por uma medicação outra que não meticilina, e AIN induzida por NSAID. Nefrite intersticial por meticilina não é mais vista porque esta droga não é mais disponível clinicamente. Entretanto, AIN induzida por meticilina permanece o protótipo para a classificação de AIN. A apresentação clínica e os achados destas três formas principais de AIN induzida por droga estão descritos no Quadro 10-8. Insuficiência renal tipicamente persiste durante uma média de 1,5 mês; entretanto, recuperação completa da função renal ocorre na maioria dos pacientes.

1. **História.** Na AIN induzida por NSAID, sintomas e achados não ocorrem até vários meses após a iniciação da terapia com a droga (média 6 meses). AIN por outras medicações tipicamente ocorre dentro de algumas semanas de terapia com a droga. Os pacientes podem-se queixar de febre, erupção cutânea ou dor no flanco.
2. **Exame Físico.** Achados físicos podem estar faltando com nefrite intersticial induzida por droga, embora febre e uma erupção cutânea maculopapular ou petequial possam ocorrer com qualquer um dos agentes, particularmente os derivados da penicilina e alopurinol.
3. **Achados Laboratoriais.** Eosinofilia era comum na AIN induzida pela meticilina, mas está presente em menos de 50% dos casos de AIN por NSAIDs e outras drogas.
4. **Achados na Urina.** Quando AIN é causada por meticilina e outras drogas, RBCs e WBCs estão presentes na maioria dos casos; também presentes estão cilindros de WBCs. A urina é tipicamente isotônica, e 20% dos casos são oligúricos. Na AIN induzida por NSAID, proteinúria na faixa nefrótica está presente em 80% dos casos (mais de 3 g em 24 horas); WBCs, RBCs e eosinófilos estão presentes em menos de 50% dos casos.

Os eosinófilos urinários desde há muito têm sido considerados úteis na avaliação de pacientes com suspeita de AIN. Entretanto, acumularam-se dados de que a presença de eosinófilos urinários não é nem sensível nem específica para o diagnóstico de AIN. De fato, eosinófilos urinários estão presentes em muitas outras doenças renais, como ATN e glomerulonefrite, e podem comumente estar ausentes em pacientes com AIN. Assim, em razão da falha de eosinófilos urinários para incluir ou excluir AIN, eosinófilos urinários NÃO DEVEM MAIS ser examinados na avaliação de AKI com ou sem suspeita de AIN.

Quadro 10-8   Três Tipos de Nefrite Intersticial Induzida por Droga

Grupo de Droga	Idade	Duração do Tratamento	Febre	Erupção Cutânea	Hematúria e Piúria	Eosinofilia	Síndrome Nefrótica
Meticilina	Qualquer idade	2 semanas	80%	25%	90%	80%	Não
Não meticilina	Qualquer idade	3 semanas	< 50%	< 50%	50%	< 50%	Não
NSAIDs	> 50 anos	Mês	10%	10%	< 50%	20%	70%

NSAIDs, drogas anti-inflamatórias não esteroides.

H. Doença Renal Intrínseca — ATN. ATN tipicamente ocorre em pacientes hospitalizados como uma consequência de isquemia ou nefrotoxinas.
  1. **História.** A avaliação de um paciente com suspeita de ATN isquêmica ou nefrotóxica deve-se focalizar na identificação de uma causa predisponente. O prontuário deve ser revisado quanto a uma história de sepse, episódios hipotensivos, perdas hídricas, uso de aminoglicosídeo, administração de NSAID, ou procedimentos radiológicos associados à administração de contraste.
  2. **Exame Físico.** Sinais de sepse ou infecção continuada devem ser avaliados. Situação de volume deve ser determinada (ver Seção IV.A.2.a).
  3. **Achados Laboratoriais e Exame de Urina.** Distinguir ATN isquêmica ou nefrotóxica de azotemia pré-renal é frequentemente muito difícil; este é um problema clínico importante, porque um declínio na GFR em pacientes hospitalizados é mais comumente decorrente da ATN ou azotemia pré-renal. Além disso, azotemia pré-renal prolongada predispõe, muitas vezes, ao desenvolvimento de ATN. Uma vez que os fatores causais de azotemia pré-renal e ATN se superpõem, distinguir entre as duas pode-se tornar possível apenas pelo resultado do tratamento (p. ex., se reposição de volume melhorar a função renal, então azotemia pré-renal estava presente).

     Em geral, um sedimento urinário com cilindros granulares castanho-lama é característico de ATN isquêmica ou nefrotóxica. Entretanto, este achado pode estar faltando, e outros indícios clínicos serão necessários para fazer o diagnóstico. Para distinguir entre as duas, numerosos índices diagnósticos e fórmulas foram elaborados com base nas suas diferenças fisiopatológicas.

     Azotemia pré-renal é uma condição hemodinâmica na qual a função tubular é normal, enquanto ATN é caracterizada por disfunção tubular. Esta distinção é a base para os seguintes testes (Quadro 10-5):
     - Densidade da urina
     - Osmolalidade urinária
     - Creatinina urinária/creatinina plasmática
     - Concentração de sódio urinária
     - FENa
     - Relação BUN para creatinina plasmática

     Azotemia pré-renal é caracterizada pela reabsorção elevada de água e sódio pelo néfron. A reabsorção elevada de água aumenta a densidade e osmolalidade da urina. A reabsorção tubular de ureia aumenta, desse modo elevando a relação BUN para creatinina plasmática; creatinina, no entanto, não é reabsorvida, e sua concentração aumenta na urina e aumenta a relação de creatinina urinária para plasmática. Reabsorção de sódio aumenta, resultando em uma baixa concentração de sódio na urina e FENa. Na ATN, estes processos tipicamente não podem ocorrer. Por essa razão, a densidade e osmolalidade da urina são isotônicas, a relação creatinina urinária para creatinina plasmática não aumenta acima de uma relação de 20:1, a relação BUN para creatinina sérica não aumenta, e o sódio urinário e a FENa são mais altos que na azotemia pré-renal. FENa nem sempre está aumentada na ATN; as causas de ATN que são associadas a uma baixa concentração de sódio urinário e baixa FENa incluem nefropatia de radiocontraste e rabdomiólise.

O uso de diuréticos de alça na AKI é fator de confusão no uso da FENa para distinguir azotemia pré-renal e ATN. Diuréticos de ação distal (p. ex., furosemida) aumentam a excreção de sódio urinário e elevam a FENa mesmo se o paciente for pré-renal. Um estudo avaliou o uso da fração de excreção de nitrogênio ureico (FEUN) para distinguir azotemia pré-renal no contexto de uso de diurético de ATN (ambos os quais são tipicamente associados a uma FENa de mais de 2%). A base deste teste é que a absorção de ureia aumenta no túbulo proximal na azotemia pré-renal e não seria afetada pelo uso de diuréticos, os quais atuam no túbulo distal. No contexto de uso de diurético de alça, FEUN foi um teste excelente para distinguir entre estas condições. Na azotemia pré-renal, a FEUN é menos de 35% e na ATN ela é acima de 50%. O uso da FEUN em casos de ATN associada a uma baixa FENa não pôde ser avaliado neste estudo por causa da falta de pacientes com esta condição. Mantenha-se em mente que FEUN não pode ser usada no contexto de uso de diurético osmótico (p. ex., manitol), porque estes agentes afetam a reabsorção tubular proximal.

4. **Causas Específicas de AKI Nefrotóxica**
   a. **Nefrotoxicidade de Aminoglicosídeo.** AKI ocorre em até 20% dos pacientes em uso de aminoglicosídeos, mesmo com posologia cuidadosa e níveis plasmáticos terapêuticos. A incidência de nefrotoxicidade se correlaciona melhor com a dose cumulativa total que com as concentrações plasmáticas. Fatores predisponentes são idade avançada, doença renal preexistente, depleção de volume e combinação com outros agentes (p. ex., diuréticos, cefalosporinas, vancomicina). Nefrotoxicidade é geralmente clinicamente aparente após 5 a 10 dias de tratamento; achados iniciais são isostenúria causada por diabetes insípido nefrogênico, e perda de magnésio e potássio. Um aumento na creatinina sérica e no BUN pode não se desenvolver pela primeira vez até depois que a droga foi descontinuada; em contraposição, recuperação de função renal após descontinuação do aminoglicosídeo nefrotóxico é frequentemente retardada e pode exigir semanas ou meses para ser completa. AKI por aminoglicosídeos é tipicamente não oligúrica. Foi sugerido que, em pacientes com função renal normal em estado constante, os aminoglicosídeos sejam administrados em dose única diária em vez de esquemas de tratamento com múltiplas doses ao dia. Também foi sugerido que os níveis de droga aminoglicosídea sejam monitorados quando aplicação única diária for usada por mais de 48 horas.
   b. **AKI Induzida por Contraste** (também conhecida como **Nefropatia de Contraste**). Agentes de radiocontraste causam AKI por meio de um efeito nefrotóxico direto e causando vasoconstrição renal. Os fatores de risco incluem idade avançada, alta dose de contraste, doença renal preexistente (especialmente diabetes melito), depleção de volume e exposição recente a outros agentes, como NSAIDs. AKI tipicamente se desenvolve 1 a 2 dias após exposição, e é tipicamente não oligúrica e associada a uma alta densidade da urina, sedimento urinário pouco alterado, e baixa FENa. A creatinina sérica chega ao seu máximo aos 3 a 4 dias e retorna à basal depois de cerca de uma semana.
      i. **Prevenção.** Meios de contraste isosmolares ou hipo-osmolares, em vez de meios de contraste iodados hiper-osmolares são recomenda-

dos em pacientes em risco aumentado de AKI induzida por contraste. Drogas que afetam a hemodinâmica renal (p. ex., NSAIDs) e diuréticos devem ser descontinuados antes que o procedimento seja possível.

Embora numerosos agentes tenham sido estudados para prevenir nefropatia de contraste, as únicas terapias que se mostraram benéficas são hidratação intravenosa com soro fisiológico (solução de cloreto de sódio isotônica) ou bicarbonato de sódio isotônico antes e depois da carga de contraste.

N-acetilcisteína (NAC) pode ser benéfica na prevenção de nefropatia de contraste, e sua administração antes de contraste é razoável, mas não obrigatória. O benefício da NAC na prevenção de nefropatia de contraste é incerta, uma vez que alguns estudos mostraram um benefício, enquanto outros não. Em geral, os estudos de NAC foram de pouca potência. O estudo PRESERVE (clinicaltrials.gov: NCT01467466), que planeja inscrever 8.680 pacientes, deve determinar definitivamente se NAC é de fato benéfico na prevenção de AKI induzida por contraste. O procedimento recomendado para administração de NAC é que 1.200 mg de NAC seja dada oralmente duas vezes ao dia no dia do procedimento e no dia seguinte. Foi antes admitido que NAC pode baixar artificialmente a medida de creatinina sérica; no entanto, a redução muito pequena da creatinina sérica vista com administração de NAC não explica a magnitude do benefício potencial visto em estudos clínicos.

Hemofiltração ou hemodiálise profilática (HD) é provavelmente nociva e não é uma medida recomendada para prevenir AKI induzida por contraste.

A importância clínica da AKI induzida por contraste não deve ser subestimada. Foi demonstrado que o desenvolvimento de AKI após administração de contraste é associado a um risco relativo de morte ajustado de 5,5 *versus* pacientes que não desenvolvem AKI.

Agentes testados e demonstrados inefetivos na prevenção de AKI induzida por contraste incluem furosemida, manitol, teofilina, dopamina, fenoldopam e peptídeo natriurético atrial.

c. **Rabdomiólise** é causada por lesão muscular (traumática ou atraumática) que leva à liberação sistêmica de conteúdo muscular, incluindo mioglobina. A mioglobina é um pigmento de heme que é diretamente nefrotóxico; a precipitação intratubular de mioglobina causa obstrução e também contribui para o desenvolvimento de AKI. Rabdomiólise deve ser considerada em pacientes com trauma, dor muscular e urina castanho-escura. Entretanto, rabdomiólise é frequentemente atraumática, e até 50% dos pacientes não têm queixa muscular. No Quadro 10-9, estão listados fatores predisponentes a rabdomiólise.

O **achado urinário** característico é urina hemepositiva com ausência de RBCs. Cilindros granulares pigmentados estão tipicamente presentes no sedimento urinário. Indícios laboratoriais do diagnóstico incluem uma elevação rápida da creatinina sérica, creatina fosfocinase extremamente elevada, hiperfosfatemia, hiperuricemia, hipocalcemia, *anion gap* aumentado e hiperpotassemia desproporcional. Cálcio sérico

Quadro 10-9	Causas de Rabdomiólise
Lesão muscular direta (p. ex., lesão por esmagamento, polimiosite, imobilização prolongada associada à inconsciência)	
Isquemia muscular (p. ex., oclusão ou embolia arterial)	
Consumo excessivo de energia (p. ex., convulsões, hipertermia, *delirium tremens*)	
Produção excessiva de energia (p. ex., hipofosfatemia grave, hipopotassemia, mixedema, defeito genético)	
Drogas e toxinas (p. ex., álcool, heroína, cocaína, anfetaminas, insetos venenosos e picada de cobra)	
Infecções graves (p. ex., tétano, doença dos legionários, gripe)	

está reduzido em virtude do sequestro de cálcio dentro do músculo lesado; este cálcio é liberado do tecido durante a fase de recuperação e pode causar hipercalcemia. Por essa razão, reposição de cálcio sérico deve ser evitada, a não ser que haja sintomas de hipocalcemia presentes.

A única **terapia** provada no tratamento da rabdomiólise é infusão precoce e vigorosa de soro fisiológico intravenoso. Em um esmagamento por lesão traumática, recomenda-se que soro fisiológico seja administrado mesmo antes do salvamento. Administração de manitol e alcalinização da urina são frequentemente tentadas no tratamento da rabdomiólise, embora sua eficácia possa não ser superior à hidratação vigorosa com soro fisiológico, unicamente. Teoricamente, diurese forçada com manitol pode ajudar na remoção do pigmento mioglobina obstrutivo. Administração de manitol só pode ser tentada depois da correção de déficits de volume; soro fisiológico e manitol devem ser administrados juntos, com um objetivo de débito urinário de 300 mL/hora. Alcalinização urinária pode inibir precipitação da mioglobina; entretanto, alcalinização urinária é difícil de realizar na prática e exige a administração de grandes quantidades de bicarbonato. Administração de bicarbonato na rabdomiólise acarreta o risco de piorar a hipocalcemia devido à precipitação aumentada de cálcio e fósforo dentro do músculo traumatizado. Assim, manitol e alcalinização urinária devem ser utilizados cautelosamente, se o forem, no tratamento da rabdomiólise.

    d. **Nefropatia de ácido úrico aguda** causa AKI em virtude da deposição intratubular de cristais de ácido úrico. Uma concentração de ácido úrico sérico muito alta está presente (p. ex., ≥15 mg/dL). A condição tipicamente ocorre durante quimioterapia de indução em neoplasia com alto *turnover* celular (p. ex., leucemias e neoplasias linfoproliferativas). Nefropatia de ácido úrico aguda e AKI ocorrem em síndrome de lise tumoral, mas podem ocorrer espontaneamente em pacientes com alta carga tumoral. Aspectos clínicos da nefropatia de ácido úrico aguda são hiperuricemia, hiperpotassemia, hiperfosfatemia e uma relação urato para creatinina urinária mais alta que 1. Medidas preventivas incluem administração de alopurinol (300 a 600 mg/dia), hidratação vigorosa e diurese forçada com manitol. Alcalinização da urina tem sido recomendada, tradicionalmente, mas não foi provada mais benéfica que administração de soro fisiológico, isoladamente; adicionalmente, tratamento com bicarbonato acarreta o risco de precipitação aumentada de cálcio. Rasburicase, uma urato oxidase recombinante, pode baixar os níveis de ácido úrico rapidamente, permitindo instituição mais precoce da quimioterapia, e pode reduzir o risco de nefropatia de ácido úrico aguda. Pacientes em alto risco de síndrome de lise tumoral, por exemplo, linfoma de Burkitt, devem receber rasburicase 0,2 mg/kg diariamente por 5 a 7 dias.

V. AKI EM CIRCUNSTÂNCIAS CLÍNICAS ESPECIAIS

A. **AKI Associada a Cristais.** Várias causas importantes de AKI podem ser decorrentes da formação de cristais urinários. No Quadro 10-10, as causas de AKI associadas à formação de cristais estão listadas.

B. **Nefropatia de Fosfato Aguda.** Diversos relatos de casos e séries de casos descreveram uma associação potencial entre o uso de fosfosoda sódica oral (usado como preparo intestinal para colonoscopia, Fleet Enema), resultando em hiperfosfatemia, hipocalcemia e o desenvolvimento de nefrocalcinose aguda, AKI e CKD. Fosfosoda sódica oral ou enema, portanto, é contraindicado em pacientes com doença renal.

C. **AKI em Pacientes com Infecção HIV (Quadro 10-11).** A abordagem às causas de AKI em pacientes com infecção HIV é a mesma que em outros pacientes (*i. e.*, classificação em causas pré-renais, renais intrínsecas e pós-renais), embora os pacientes com HIV estejam em um risco aumentado de AKI. Hipovolemia é comum em pacientes infectados com HIV, e azotemia pré-renal é a causa mais comum de um aumento na creatinina. Numerosos outros fatores predispõem os pacientes com HIV à AKI, incluindo medicações nefrotóxicas, nefrotoxicidade da terapia antirretroviral altamente ativa

Quadro 10-10	Cristais Urinários Associados à AKI	
Tipo de AKI	**Cristal**	**Forma/Aparência**
AKI por etileno glicol	Oxalato de cálcio mono-hidratado ou	Forma de agulha
	Oxalato de cálcio di-hidratado	Forma de envelope
AKI por nefropatia de ácido úrico	Ácido úrico	Forma de diamante, amarelo ou castanho
AKI por sulfadiazina (obstrução intratubular)	Sulfadiazina	Forma de agulha ou feixes de trigo
AKI por aciclovir (obstrução intratubular)	Aciclovir	Forma de agulha, birrefringente
AKI por indinavir, atazanavir (obstrução intratubular)	Sulfato de indinavir ou atazanavir	Forma de agulha, ocasionalmente formando rosetas

AKI, lesão renal aguda.

Quadro 10-11	AKI em Pacientes com Infecção HIV
Azotemia Pré-Renal	
Hipovolemia (diarreia)	
Hipotensão (sepse, sangramento)	
Volume sanguíneo arterial efetivo diminuído (hipoalbuminemia, caquexia, nefropatia de HIV)	
Vasoconstrição (agentes de radiocontraste)	
AKI Pós-Renal	
Obstrução tubular decorrente de cristalúria (aciclovir intravenoso, sulfadiazina, indinavir, saquinavir, ritonavir)	
Compressão ureteral extrínseca (linfonodos, tumores)	
Obstrução ureteral intrínseca (bola fúngica)	
Obstrução vesical (tumores, bola fúngica)	
AKI Renal	
Síndrome hemolítico-urêmica e púrpura trombocitopênica trombótica	
Glomerulonefrite pós-infecciosa	
Glomerulosclerose segmentar focal colapsante	
Nefrite intersticial alérgica aguda (penicilinas, sulfonamidas)	
Nefrite intersticial plasmocítica	
Necrose tubular aguda (choque, sepse, aminoglicosídeos, anfotericina)	
Rabdomiólise (pentamidina, zidovudina)	
AKI, lesão renal aguda; HIV, vírus de imunodeficiência humana.	

(HAART), FSGS colapsante e outros. Embora AKI seja uma causa importante de morbidade e mortalidade em pacientes com infecção HIV, ela também é potencialmente reversível e tratável. Todas as medidas suportivas, incluindo diálise, devem ser usadas como justificado pela situação clínica. É importante que AKI é evitável em alguns casos, quando medidas preventivas são usadas (p. ex., mantendo-se hidratação adequada antes do uso de agentes de radiocontraste e durante uso de antibióticos e terapia antirretroviral que precipita cristalúria).

D. AKI em Pacientes de Transplante de Células Hematopoéticas (HCT). Aproximadamente 90% dos pacientes têm uma duplicação da creatinina sérica após HCT alogênico. Esta incidência de AKI é mais alta em pacientes que recebem transplante alogênico em oposição a autóloga, e transplante mieloablativo em oposição a não mieloablativo. A incidência de AKI é alta no HCT por causa da natureza ameaçadora à vida das doenças subjacentes e a toxicidade das drogas para câncer, esquemas imunossupressivos e antibióticos. Os pacientes que receberam HCT autólogo não recebem drogas imunossupressoras e têm menos AKI que HCT alogênico. Pacientes com AKI após HCT que necessitam de diálise têm uma incidência de mortalidade de mais de 90%.

Fatores que predispõem à ATN são vômito e diarreia decorrentes de radioquimioterapia ou doença enxerto-*versus*-hospedeiro aguda; drogas nefrotóxicas, como aminoglicosídeos e anfotericina B; e choque hemorrágico e séptico. **Síndrome de obstrução sinusoidal hepática** também conhecida como doença veno-oclusiva hepática, que é mais comum em transplantes de medula óssea alogênica que autóloga, é uma síndrome que pode-se assemelhar a HRS. Um estado de retenção de sódio ocorre e leva ao ganho de peso, a edema e à baixa FENa de menos de 1%, apesar do uso de diuréticos. Hiperbilirrubinemia progressiva e AKI não oligúrica ocorrem.

De longe, o tempo mais comum para desenvolvimento de AKI é 7 a 21 dias após o transplante. As síndromes renais exclusivas dos receptores de HCT são classificadas de acordo com o tempo de apresentação:
- **Imediata (primeiros dias)**
- Síndrome de lise tumoral
- Toxicidade de medula armazenada
- **Precoce (7 a 21 dias)**
- Doença veno-oclusiva hepática
- AKI induzida por sepse, isquêmica ou nefrotóxica
- Toxicidade de ciclosporina ou FK506
- **Tardia (6 semanas a 1 ano)**
- HUS associada a transplante de medula óssea
- Nefrotoxicidade de ciclosporina crônica
- Síndrome nefrótica (glomerulonefrite membranosa relacionada com a doença enxerto-*versus*-hospedeiro)

E. **AKI no Contexto de Doença Hepática.** Em adição a HRS, AKI em pacientes com doença hepática pode também ocorrer em outros contextos clínicos. Icterícia e AKI podem ser causados por HUS, leptospirose, transfusão de sangue incompatível, hemorragia aguda, ou malária falciparum. AKI e insuficiência hepática aguda simultâneas sugerem superdose de acetaminofeno, bacteremia ou exposição a tetracloreto de carbono. Glomerulonefrite e cirrose hepática são associadas à crioglobulinemia, nefropatia de IgA, glomerulonefrite membranosa (associada à hepatite B), e glomerulonefrite membranoproliferativa (associada à hepatite C).

F. **Indicações de Biópsia Renal. Biópsia renal** pode ser considerada nos seguintes contextos.
   1. **AKI de Origem Desconhecida.** Na maioria dos casos, um estudo em etapas revela a causa da AKI. Entretanto, em alguns pacientes com AKI, o diagnóstico não é claro.
   2. **Suspeita de glomerulonefrite** ou doença sistêmica (p. ex., vasculite) como causa de AKI. Uma biópsia renal nessas circunstâncias pode fornecer a base e justificação para terapia agressiva e salvadora (p. ex., esteroides em altas doses, agentes citotóxicos, plasmaférese).
   3. **Suspeita de AIN.** Iniciação precoce de esteroides, em adição à descontinuação de medicações prejudiciais, pode facilitar recuperação renal em pacientes com AIN. Embora nem sempre possível, é geralmente aconselhável

efetuar uma biópsia renal para confirmar o diagnóstico, se esteroides estiverem sendo considerados para suspeita de AIN.

VI. TRATAMENTO
A. Azotemia Pré-Renal
1. **Depleção Verdadeira de Volume ou Hipovolemia.** Tratamento neste contexto é dirigido para corrigir déficits de volume. Se depleção de volume decorrente de hemorragia, então a administração de concentrado de RBCs está indicada; caso contrário, a administração de um líquido cristaloide isotônico, como cloreto de sódio 0,9% (também conhecido como soro fisiológico) ou Ringer-lactato, é apropriada. Quando 1 L de cristaloide isotônico é administrado, aproximadamente 250 mL permanecem no compartimento plasmático, enquanto 750 mL entram no compartimento intersticial. O estudo Saline *vs.* Albumin Fluid Evaluation (SAFE), um estudo controlado randomizado comparando albumina humana 4% em soro fisiológico com soro fisiológico em pacientes de ICU, demonstrou que albumina não é mais efetiva que soro fisiológico para ressuscitação hídrica.

A escolha mais apropriada de cristaloide isotônico (soro fisiológico *versus* Ringer-lactato) para ressuscitação de volume permanece incerta. Soro fisiológico é composto de 154 mEq/L de sódio e 154 mEq/L de cloreto. Uma vez que o sódio plasmático normal é aproximadamente 140 mEq/L e a concentração normal de cloreto é aproximadamente 110 mEq/L, foi argumentado que soro fisiológico ("normal saline") não é normal. Estudos demonstram claramente que administração de soro fisiológico aumenta o risco de acidose metabólica hiperclorêmica; outras complicações — inclusive AKI — podem também ocorrer. Ringer-lactato é composto de 130 mEq/L de sódio, 109 mEq/L de cloreto, 28 mEq/L de lactato, 4 mEq/L de potássio, e 3 mEq de cálcio. Claramente, Ringer-lactato deve ser evitado em pacientes com hiperpotassemia e naqueles que não são capazes de metabolizar lactato.

A quantidade de líquido intravenoso (IVF) e a rapidez de administração dependem da situação clínica. Em um paciente jovem, estável, IVF deve ser administrado em *bolus* de uma vez (p. ex., 500 a 1.000 mL em 1 hora). *Bolus* menores (p. ex., 250 mL em 1 hora) podem ser prudentes em pacientes idosos nos quais a condição cardíaca for desconhecida. Depois de um *bolus*, o paciente deve ser avaliado clinicamente quanto a sinais de hipovolemia ou sobrecarga de volume. Avaliação à beira do leito inclui monitoramento de alterações ortostáticas na pressão arterial e pulso, e na pulsação venosa jugular (JVP). JVP é um indicador aproximado da pressão na área venosa central do coração direito. Em um paciente normovolêmico, JVPs são visíveis quando o paciente está supino, mas desaparecem quando o paciente assume a posição sentada. JVPs não são visíveis no paciente com depleção de volume; por essa razão, seu reaparecimento após administração de líquido sugere que a pressão venosa central retornou ao normal. A presença de estertores nas bases ou uma terceira bulha cardíaca significa reposição hídrica demasiado vigorosa, com resultante congestão cardiopulmonar. *Bolus* intravenosos de líquido devem continuar até euvolemia ser atingida. Déficits de eletrólitos (p. ex., potássio) devem ser monitorados e repostos, se necessário.

2. **Subenchimento Arterial com um Excesso de ECF.** Azotemia pré-renal neste contexto é geralmente um problema secundário mascarado por doença cardíaca ou hepática primária. O objetivo de tratamento, portanto, é tratar a causa subjacente; se a doença principal não puder ser tratada, então tratamento conservador dos sintomas é desejável.
   a. **Insuficiência Cardíaca.** Numerosas medicações podem ser empregadas para melhorar o débito cardíaco em pacientes com doença cardíaca, incluindo diuréticos, betabloqueadores, ACEIs, ARBs, nitratos e hidralazina. Débito cardíaco melhorado pode melhorar o fluxo sanguíneo renal e a função renal. Entretanto, com insuficiência cardíaca avançada, que é refratária ou apenas parcialmente responsiva a estes agentes, o médico pode ser forçado a aceitar azotemia pré-renal leve a moderada como uma opção aceitável. Essa azotemia raramente leva à uremia sintomática.

   Em pacientes hospitalizados com ADHF, que são resistentes a diurético, líquido pode ser removido com hemofiltração venovenosa contínua (CVVH), ultrafiltração contínua lenta (SCUF), ou ultrafiltração intermitente, sem diálise.
   b. **Doença Hepática.** Azotemia pré-renal associada à cirrose hepática avançada e pacientes com HRS tipo II são frequentemente refratários a melhorar volume intravascular. Comumente, no entanto, o objetivo do tratamento é reduzir os sintomas e tratar ascite e edema com uma dieta restrita em sódio (1 a 2 g de sal por dia), um antagonista da aldosterona (p. ex., espironolactona 200 a 400 mg/dia) e um diurético de alça (p. ex., furosemida), enquanto o presente estado pré-renal leve possa persistir. Pacientes resistentes a diurético podem ser tratados com paracentese intermitente de grande volume, *stent shunt* portossistêmico intra-hepático transjugular (TIPS), ou transplante de fígado. Tratamento de pacientes hospitalizados com HRS tipo I pode incluir análogos de vasopressina com albumina, ou TIPS (ver Capítulo 2) em uma tentativa de melhorar o fluxo sanguíneo renal. Em relatos da Europa, os análogos do hormônio antidiurético, especificamente terlipressina, com infusão de albumina, mostraram alguma promessa no tratamento de HRS; entretanto, estes agentes podem ter efeitos colaterais isquêmicos importantes. Permanece por ser determinado, se os benefícios destes agentes superarão o risco de uso (terlipressina é atualmente disponível nos Estados Unidos, mas AVP pode ser usada). Até agora, transplante de fígado é a única cura definitiva para HRS.
B. **Insuficiência Pós-Renal.** Drenagem com cateter de Foley é geralmente bem-sucedida para obstrução aguda secundária a hipertrofia prostática. A decisão sobre tratamento adicional deve ser tomada em consulta com um urologista. Tratamento clínico com finasterida ou um α-bloqueador, ou remoção cirúrgica de tecido prostático pode ser recomendada.

No caso de obstrução ureteral, cistoscopia e a colocação de cateteres de drenagem ureteral ou *stents* pode permitir a passagem de cálculos obstrutivos, coágulos ou pus, mas se isto falhar, é necessária intervenção cirúrgica. No caso de obstrução ureteral decorrente de condições mais crônicas, como infiltração tumoral, *stents* anterógrados e nefrostomias são frequentemente colocados por radiologia intervencionista.

C. **Doença Renal Primária: Vasculite e Glomerulonefrite.** Quando lesão renal se desenvolve no curso de uma doença sistêmica ou vascular, geralmente é um sinal grave. Uma discussão abrangente do tratamento destas afecções sistêmicas e vasculares está além dos objetivos deste capítulo. Obtenção de uma biópsia renal precocemente após a apresentação é essencial para fazer o diagnóstico e guiar tratamento apropriado. As opções terapêuticas incluem terapia imunossupressiva com esteroides e/ou ciclofosfamida. Um subgrupo de pacientes pode-se beneficiar de plasmaférese (p. ex., síndrome de Goodpasture).

D. **AIN.** Quando um agente terapêutico é identificado como a causa de AIN, remoção do agente é o primeiro passo óbvio no tratamento. Se a função renal não melhorar dentro de uma semana, início de esteroides é recomendada, uma vez que tratamento com esteroides foi demonstrado, em análise retrospectiva, benéfico em termos de melhora da função renal e redução na fibrose renal *versus* início tardio (após 2 semanas) de esteroides. Embora um estudo randomizado prospectivo não tenha sido feito, o peso da evidência favorece início precoce de prednisona para AIN induzida por droga. Os esquemas de tratamento são variados; entretanto, início da terapia com 1 mg/kg de prednisona (até 60 mg/dia) por 2 a 4 semanas com uma diminuição gradual por 2 a 3 meses é uma conduta comumente usada. Embora seja preferido efetuar uma biópsia renal para confirmar o diagnóstico, uma biópsia nem sempre é exequível. Em todos os casos, a abordagem ao tratamento necessita ser individualizada, com o risco e os benefícios da terapia esteroide e biópsia renal cuidadosamente considerados.

E. **Doença Renal Intrínseca, ATN.** Nenhuma terapia específica existe para tratamento de ATN, embora esta seja um campo de interesse amplamente investigado.

F. Princípios de Tratamento para AKI, em geral
   1. O Que Evitar na AKI
      a. **Diuréticos em Altas Doses.** Não há dados suportando o uso de terapia diurética com altas doses na ATN estabelecida. Furosemida e outros diuréticos de alça são frequentemente usados em AKI oligúrica, em um esforço para convertê-la em AKI não oligúrica. Embora a conversão de lesão renal oligúrica em não oligúrica possa simplificar o tratamento hídrico, estudos clínicos não conseguiram demonstrar que o uso de diuréticos se associa a melhores resultados em pacientes com AKI.
      b. **Dopamina em Dose Renal.** Dopamina é um vasodilatador renal seletivo. Ela provoca natriurese profunda e aumenta o débito urinário em pacientes com função renal normal. A dose renal seletiva é 1 a 3 µg/kg/minuto. Nenhuma evidência sugere que dose renal de dopamina seja benéfica na AKI. De fato, vários estudos identificaram efeitos deletérios, como isquemia intestinal e arritmias, e, assim, dopamina não deve ser usada como terapia específica para AKI.
      c. **Drogas Nefrotóxicas.** Drogas e agentes potencialmente nefrotóxicos devem ser evitados na AKI, porque eles podem perpetuar a lesão renal. Estes agentes e drogas incluem NSAIDs, ciclosporina, tacrolimo, aminoglicosídeos, agentes de radiocontraste e anfotericina B.
      d. **Agentes de Contraste à Base de Gadolínio (GBCAs).** Fibrose sistêmica nefrogênica (NSF) é uma doença rara, mas devastadora, que pode

ocorrer em pacientes com insuficiência renal que recebem GBCA. NSF é caracterizada por esclerose da pele, do músculo e dos órgãos internos, e pode ser debilitante ou mesmo fatal. A maioria dos casos foi identificada em pacientes com doença renal terminal em diálise; entretanto, casos em pacientes com insuficiência renal crônica (estágio IV), não exigindo diálise, foram descritos. A mais recente advertência salientada pela U.S. Food and Drug Administration (FDA) afirma que exposição a GBCA aumenta o risco de NSF nos pacientes com AKI ou CKD com GFR menor que 30 mL/minuto/1,73 m^2, AKI em geral, ou AKI de qualquer gravidade decorrente de HRS ou em perioperatório de transplante hepático. Em consequência do risco de NSF, GBCA deve ser evitado em AKI. Embora o risco de NSF parecer o maior de todos com uma baixa GFR (menos de 30 mL/min), avaliação precisa da GFR em pacientes com AKI é muito difícil, porque a creatinina sérica tipicamente não está em estado constante.

e. **Sobrecarga de Volume.** A quantidade de IVF necessária aos pacientes criticamente doentes é desconhecida, e IVFs devem ser dados judiciosamente no contexto de AKI, especialmente se o paciente for oligúrico. Em pacientes com lesão pulmonar aguda, tratamento hídrico conservador melhora os resultados sem aumentar o desenvolvimento de insuficiências de órgãos não pulmonares como o rim. Em geral, IVFs não devem conter potássio. Agora está bem documentado que o desenvolvimento de sobrecarga hídrica em pacientes com AKI é associado à mortalidade elevada. Embora atualmente seja desconhecido se administração de líquido em excesso é nociva, ou se sobrecarga hídrica é um marcador da gravidade da doença, uma estratégia conservadora de hidratação é uma conduta razoável em pacientes com AKI.

2. **Tratamento Suportivo na AKI**
   a. **Posologias de Drogas.** Posologias de drogas devem ser ajustadas com base na CrCl medida ou na melhor estimativa, não meramente na creatinina sérica. Doses de certas medicações também precisam ser ajustadas, se o paciente com AKI estiver recebendo diálise [hemodiálise intermitente (IHD) ou RRT contínua (CRRT)].
   b. **Suporte Nutricional.** AKI é um estado hipercatabólico associado à degradação elevada de proteína. O balanço de nitrogênio é extremamente negativo, especialmente em AKI associada à sepse, pós-cirurgia, e síndrome de disfunção de múltiplos órgãos. Fatores renais que contribuem para o balanço nitrogenado negativo incluem uremia, acidose, anormalidades do hormônio paratireóideo, ingestão inadequada de proteína e perdas de proteína. Se a nutrição suplementar é provida, alimentação enteral é o método preferido de suporte nutricional, embora isso não seja sempre possível. O uso de nutrição parenteral permanece controverso, e estudos clínicos controlados randomizados ainda estão por demonstrar um benefício em pacientes doentes agudos com AKI. Uma ingestão de energia total de 20 a 30 kcal/kg/dia é recomendada em qualquer estágio de AKI. A seguinte ingestão de proteína é recomendada: 0,8 a 1,0 g/kg/dia de proteína em pacientes de AKI não catabólicos sem necessidade de diálise, 1,0 a 1,5 g/kg/dia em pacientes com AKI sob

RRT, e até um máximo de 1,7 g/kg/dia em pacientes sob CRRT e em pacientes hipercatabólicos.

c. **Tratamento de Substituição Renal**
   As principais modalidades de RRT são IHD e CRRT.
   i. **IHD** é a mesma forma de diálise usada em pacientes com doença renal terminal. IHD é tipicamente usada em pacientes estáveis sob os demais aspectos que são capazes de tolerar remoção rápida de líquido (p. ex., 1 L/hora). IHD é obrigatória em pacientes ambulatoriais.

   Nesta forma de diálise, o paciente é conectado a uma máquina de diálise durante 4 horas de cada vez, diariamente ou em dias alternados. Remoção de fluido e depuração da ureia de um dia é alcançada durante um período de poucas horas. Remoção rápida de solutos e líquidos pode causar instabilidade hemodinâmica. A técnica requer um cateter de duplo lúmen, linhas de diálise, uma máquina de HD (bomba de sangue, sistema de geração de dialisado, bomba de dialisado, e alarmes e aparelhos de monitorização de segurança), uma membrana de diálise e uma enfermeira de diálise. É fortemente recomendado que a dose de diálise aplicada seja avaliada nos pacientes com AKI, e que o nível-alvo de remoção por sessão varie entre um *Kt/V* de 1,2 a 1,4. Está bem descrito que as doses aplicadas de diálise podem não equivaler à dose prescrita e que subdosagem de diálise é associada a piores resultados.

   ii. **CRRT.** Atualmente, são usados quatro tipos principais de **CRRT**: SCUF, CVVH, CVVHD (hemodiálise venovenosa contínua) e hemodiafiltração venovenosa contínua (CVVHDF). No Quadro 10-12 as

Quadro 10-12 Comparação da IHD e Vários Tipos de CRRT

Tipo de Substituição Renal	Quantidade de Ultrafiltrado Formada/Hora (mL)[a]	Uso de Líquido de Substituição[b]	Uso de Dialisado	Depuração de Ureia (L/d)
IHD	500–1.000	Não	Sim	40–60
SCUF	50–100	Não	Não	2–5
CVVH	1.000–2.000	Sim	Não	20–50
CVVHD	50–100	Não	Sim	20–55
CVVHDF	1.000–2.000	Sim	Sim	25–75

CVVHDF, hemodiafiltração venovenosa contínua; CRRT, terapia de substituição renal contínua; CVVH, hemofiltração venovenosa contínua; CVVHD, hemodiálise venovenosa contínua; GI, gastrointestinal; IHD, hemodiálise intermitente; SCUF, ultrafiltração contínua lenta.

[a] O ultrafiltrado formado tem a mesma composição eletrolítica que o plasma; por essa razão, com alta formação de ultrafiltrado, podem ocorrer perdas elevadas de potássio, fósforo, cálcio e magnésio. Estes eletrólitos podem necessitar ser repostos por via intravenosa.

[b] Líquido de reposição tipicamente contém sódio, cloreto e cálcio, e repõe líquido perdido no ultrafiltrado e outras fontes (GI etc.) para atingir a perda hídrica líquida horária desejada. Na IHD, perda hídrica líquida é tipicamente 500–1.000 mL/h, enquanto na CRRT a perda hídrica líquida é tipicamente 50–100 mL/h.

diferentes características de cada CRRT são sumarizadas. O tipo de CRRT é individualizado.

Na CRRT, o objetivo é o paciente ser submetido a diálise contínua durante 24 horas por dia. Na prática, interrupções na diálise por causa de procedimentos no paciente, exames radiológicos, e trombose na membrana de diálise são frequentes e reduzem a quantidade de tempo em que o paciente está realmente recebendo diálise. CRRT é a forma obrigatória de diálise em pacientes que estão hemodinamicamente instáveis. Uma vez que a remoção de solutos e líquidos é lenta e contínua, instabilidade hemodinâmica e episódios hipotensivos são reduzidos. Minimização de hipotensão teoricamente evita a perpetuação da lesão renal. CRRT exige um cateter duplo lúmen (o mesmo cateter que é usado para IHD), linhas de diálise, uma bomba de sangue simples com aparelhos de segurança, líquido de reposição estéril, bombas volumétricas para controlar velocidade de reposição e ultrafiltração, anticoagulação contínua e uma membrana de diálise de alto fluxo. Enfermeiras de ICU tradicionalmente monitoram a terapia.

iii. **Diálise de baixa eficiência sustentada (SLED).** SLED é uma forma "híbrida" de RRT entre IHD e CRRT contínua. Na SLED, uma máquina de IHD comum é usada, mas a taxa de fluxo sanguíneo e taxas de fluxo de dialisado são divididas pela metade, e o tratamento é geralmente efetuado durante 8 a 12 horas, diariamente ou em dias alternados. SLED é uma modalidade segura, barata e conveniente de RRT, fornecendo excelente controle de eletrólitos e equilíbrio hídrico. Como SLED usa uma máquina comum de IHD, uma enfermeira de diálise é necessária para uma parte do tratamento.

iv. **Diálise peritonial** não é comumente usada como modo de tratamento de diálise aguda para AKI nos Estados Unidos, apesar do fato de que ela não é tecnicamente difícil e pode ser usada com equipe minimamente treinada. Ela pode ser uma opção em lugares onde IHD ou CRRT não são disponíveis. Pode ser usada em pacientes com catabolismo minimamente aumentado sem uma indicação imediata ou ameaçando a vida para diálise. É ideal para pacientes que estão hemodinamicamente instáveis. Para diálise a curto prazo, um cateter de diálise rígido é inserido no peritônio, através da parede de abdominal anterior, 5 a 10 cm abaixo do umbigo. Trocas de 1,5 a 2,0 L de soluções padrão de diálise peritonial são infundidas dentro do peritônio. Os principais riscos são perfuração intestinal durante inserção do cateter e peritonite. Diálise peritonial aguda oferece as mesmas vantagens potenciais para o paciente pediátrico que a CRRT oferece ao adulto com AKI.

d. **Iniciando um Paciente em RRT.** Ao iniciar um paciente em RRT, as seguintes questões necessitam ser consideradas: Quando iniciar RRT? Que modalidade de RRT usar? Que tipo de acesso temporário de diálise usar? Que tipo de membrana de diálise usar? Que dose de RRT administrar?

i. Quando iniciar RRT? Em geral, as indicações para iniciar RRT na AKI não são específicas e devem ser individualizadas pelo nefrologista. As indicações aceitas para iniciar RRT são as seguintes: (1) sobrecarga hídrica refratária que não responde a diuréticos, (2) hiperpotassemia (concentração de potássio plasmático > 6,5 mEq/L) ou níveis de potássio subindo rapidamente, (3) sinais de uremia, como pericardite, neuropatia, ou um declínio inexplicado de outro modo no estado mental, (4) acidose metabólica (pH menos de 7,1), (5) certas intoxicações por álcool e drogas. Entretanto, nós sugerimos iniciar RRT antes do desenvolvimento dos sintomas e sinais de AKI listados acima. A iniciação de RRT depende do quadro clínico inteiro, não apenas a presença ou ausência de certos fatores. Na ausência de outras indicações específicas, RRT é frequentemente iniciada quando o BUN alcança 80 a 100 mg/dL e é previsto que continue a se elevar.

ii. Que modalidade de RRT usar? Muitos estudos não randomizados compararam IHD e CRRT. Estudos prospectivos randomizados comparando IHD com CRRT são difíceis de realizar, porque os pacientes que estão hemodinamicamente instáveis e não são capazes de tolerar IHD são quase sempre iniciados com CRRT. Alternativamente, limitar um paciente móvel ao leito para receber CRRT pode não ser ético. Portanto, qualquer randomização pode encerrar um *viés*. CRRT é considerada a modalidade de escolha em pacientes muito enfermos, e IHD é usada em pacientes menos doentes. Presentemente, IHD e CRRT são vistos como métodos equivalentes para o tratamento de AKI. A escolha de IHD ou CRRT deve ser feita em consulta com um nefrologista e adaptada individualmente para cada paciente. A decisão também pode depender de questões específicas da instituição, como experiência, recursos de enfermagem e proficiência técnica. O custo da CRRT é maior que o da IHD e SLED. No Quadro 10-13, uma comparação de IHD e CRRT está listada. CRRT é similar em remoção de soluto a uma GFR de 15 a 20 mL/minuto. Um dia de CRRT é aproximadamente equivalente a um tratamento HD. Portanto, ajustes de posologia de drogas devem ser feitos na CRRT. Atualmente, as indicações de CRRT em AKI incluem instabilidade hemodinâmica, lesão cerebral, pressão intracraniana elevada, edema cerebral, hipercatabolismo e sobrecarga grave de líquido (Quadro 10-14).

iii. Que tipo de acesso vascular temporário usar? Os locais vasculares principais usados para inserção de cateteres de diálise temporária são a veia jugular interna ou a femoral. O acesso jugular interno é necessário em pacientes que são móveis, e a veia jugular interna direita é preferida em comparação com a esquerda, em virtude de uma taxa mais baixa de estenose central. Acesso femoral é indicado quando a condição cardiopulmonar do paciente limita tentativas de cateterismo torácico; ele é útil em pacientes restritos ao leito. A veia subclávia pode ser usada, se outros locais de acesso não forem disponíveis; entretanto, o uso de cateter subclávio acarreta um risco importante de estenose ou trombose da veia subclávia ou seus ramos.

iv. Que tipo de membrana de diálise usar? Alguns estudos demonstraram que a diálise de pacientes com AKI tendo membranas biocompatíveis é associada à melhora na mortalidade; por essa razão, membranas biocompatíveis são usadas para diálise na AKI. Membranas

Quadro 10-13	Análise da CRRT *versus* Hemodiálise Intermitente
Vantagens	
Estabilidade hemodinâmica (pode-se relacionar em parte à temperatura corporal diminuída)	
Minimiza desvios na pressão intracraniana	
Alimentação ilimitada	
Evitar desvios rápidos hídricos e eletrolíticos	
Correção agressiva da situação acidobásica	
Remoção abundante de líquido	
Estado constante do BUN e creatinina sérica	
Simples de executar, sem maquinaria complexa	
Desvantagens	
Imobilização	
Carga de lactato[a]	
Anticoagulação contínua[b]	

BUN, nitrogênio ureico sanguíneo; CRRT, terapia de substituição renal contínua.
[a]Lactato deve ser evitado em pacientes com hepatopatia grave que não são capazes de metabolizar lactato. A carga de lactato pode ser evitada fabricando-se um dialisado sob medida que contém bicarbonato em vez de lactato ou usando-se soluções de líquido de substituição pré-misturadas que contêm bicarbonato em lugar de lactato.
[b]CRRT pode ser realizada sem anticoagulação; entretanto, pode ocorrer coagulação frequente da membrana.

Quadro 10-14	Indicações da CRRT na AKI
Instabilidade hemodinâmica	
Lesão cerebral	
Pressão intracraniana aumentada	
Edema cerebral	
Hipercatabolismo	
Sobrecarga hídrica grave	

AKI, lesão renal aguda; CRRT, terapia de substituição renal contínua.

biocompatíveis são feitas de polímeros sintéticos e incluem poliamidas, policarbonato e polissulfona. Os efeitos adversos de membranas celulósicas bioincompatíveis (p. ex., celulose, cuprofano, hemofano, acetato de celulose) incluem ativação do complemento, produção elevada de citocinas e hipotensão.

v. Que dose aplicar de RRT? Dois grandes estudos randomizados, o Acute Renal Failure Trial Network (ATN) e o estudo RENAL, demonstraram que diálise intensiva não melhora a mortalidade em comparação com diálise convencional. No estudo ATN, nenhum benefício de mortalidade foi observado com diálise intensiva [hemodiálise IHD ou diálise de baixa eficiência sustentada (diária) (SLEDD) seis dias por semana, ou CVVHDF a 35 mL/kg/horas] *versus* diálise convencional (IHD três vezes por semana ou CVVHDF a 20 mL/kg/hora). No estudo ATN, objetivos de depuração-alvo atingidos para IHD foram 1,2 a 1,4 *Kt/V* de ureia por tratamento, sugerindo que este nível de depuração pode ser mantido em pacientes usando IHD. No estudo RENAL, CVVH a uma dose de 40 mL/kg/hora não teve um benefício na mortalidade em comparação com CVVH a uma dose de 25 mL/kg/hora. Assim, o volume efluente recomendado para CVVH é 20 a 25 mL/kg/hora; contudo, deve ser notado que CVVH é frequentemente interrompida em pacientes de ICU (p. ex., para procedimentos) e que volumes de efluentes mais altos podem necessitar ser prescritos para que seja realizada depuração adequada.

Leituras Sugeridas

Choudhury D, Ahmed Z. Drug-associated renal dysfunction and injury. *Nat Clin Pract Nephrol* 2006;2:80-91.
Dursun B, Edelstein CL. Acute renal failure—core curriculum. *Am J Kidney Dis* 2005;45:614-618.
Edelstein CL, Faubel S. Biomarkers in acute kidney injury. In: Edelstein CL, ed. *Biomarkers of kidney disease*. London: Academic Press, 2011:177-222.
Edelstein CL, Schrier RW. Pathophysiology of ischemic acute renal injury. In: Coffman TM, Falk RJ, Molitoris BA, Neilson EG, Schrier RW, eds. *Schrier's diseases of the kidney*. Philadelphia, PA: Wolters Kluwer/Lippincott Williams & Wilkins, 2013:826-867.
KDIGO Clinical Practice Guidelines for acute kidney injury. *Kidney Int* 2012;2(Suppl 1):1-141.
Kellum JA, Lameire N; for the KDIGO AKI Guideline Work Group. Diagnosis, evaluation, and management of acute kidney injury: a KDIGO summary (part 1). *Crit Care* 2013;17(1):204.
Lameire N, Kellum JA; for the KDIGO AKI Guideline Work Group. Contrastinduced acute kidney injury and renal support for acute kidney injury: a KDIGO summary (part 2). *Crit Care* 2013;17(1):205.
Lameire N, Van Biesen W, Vanholder R. The changing epidemiology of acute renal failure. *Nat Clin Pract Nephrol* 2006;2:364-377.
Pepin M-N, Bouchard J, Legault L, et al. Diagnostic performance of fractional excretion of urea and fractional excretion of sodium in the evaluations of patients with acute kidney injury with or without diuretic treatment. *Am J Kidney Dis* 2007;50(4):566-573.
Renal replacement therapy study investigators. Intensity of renal replacement therapy in critically ill patients. *N Engl J Med* 2009;361(17):1627-1638.
Ricci Z, Cruz DN, Ronco C. Classification and staging of acute kidney injury: beyond the RIFLE and AKIN criteria. *Nat Rev Nephrol* 2011;7(4):201-208.
Schrier RW, Wang W. Acute renal failure and sepsis. *N Engl J Med* 2004;351:159-169.

11
Paciente com Doença Renal Crônica

Michel Chonchol ■ Jessica B. Kendrick

Pacientes com doença renal terminal (ESRD) têm qualidade de vida diminuída e alta morbidade e mortalidade. Em 2007, a mortalidade anual ajustada de pacientes em diálise nos Estados Unidos foi 19%. Embora ainda inaceitavelmente alta, houve um declínio progressivo na taxa de mortalidade dos pacientes em diálise, particularmente desde 1999, quando a taxa de mortalidade anual foi > 22%. A taxa de crescimento da população ESRD diminuiu. A incidência de ESRD tratada diminuiu entre 2006 e 2007; entretanto, o número absoluto de novos pacientes em diálise continua a aumentar a cada ano, ainda que a uma velocidade mais lenta. A prevalência de ESRD continua a aumentar, do mesmo modo que o tamanho da população total em diálise nos Estados Unidos. Estima-se que no ano 2020, 142.858 pacientes receberão um diagnóstico novo de ESRD, e pelo fim daquele ano, mais de 750.000 americanos terão ESRD.

Este capítulo apresenta uma visão geral das recomendações atuais destinadas a retardar a progressão de doença renal crônica (CKD); a otimizar o tratamento clínico de condições médicas comórbidas, como doença cardiovascular (CVD), diabetes e dislipidemias; e a diminuir as complicações secundárias à progressão de doença renal, incluindo hipertensão, anemia, hiperparatireoidismo secundário e desnutrição. Estas recomendações são derivadas das diretrizes de prática clínica publicadas pela Kidney Disease Outcomes Quality Initiative (K/DOQI) da National Kidney Foundation (NKF).

I. DEFINIÇÃO E ESTADIAMENTO DA CKD. A definição de CKD é a seguinte:
  A. Lesão renal durante 3 meses ou mais, conforme definida por anormalidades estruturais ou funcionais do rim, com ou sem taxa de filtração glomerular (GFR) diminuída, manifestando-se tanto por:
    1. Anormalidades patológicas; ou
    2. Marcadores de dano renal, incluindo anormalidades na composição do sangue ou urina, ou anormalidades em exames de imagem.
  B. GFR de menos de 60 mL/minuto/1,73 m², durante 3 meses ou mais, com ou sem lesão renal.
    Em um relatório da NKF, a CKD foi dividida em estágios de gravidade (Quadro 11-1). É relevante que o sistema de estadiamento é fundamentado em GFR estimada (eGFR) e não na análise da creatinina sérica. CKD estágio 1 é reconhecida pela presença de lesão renal em uma época em que a GFR está conservada; isto inclui pacientes com albuminúria ou estudos de imagem anormais. Por exemplo, um paciente com diabetes tipo 2 e GFR normal, mas com microalbuminúria, é classificado como CKD estágio 1. A definição de microalbuminúria é 30 a 300 mg/dia (excreção de 24 horas) e de proteinúria clínica mais de 300 mg/dia (excreção de 24 horas). CKD estágio 2 leva em consideração pacientes com evidência de dano renal com GFR diminuída (60 a 89 mL/minuto/1,73 m²). Finalmente, todos os pacientes com uma GFR de

Quadro 11-1	National Kidney Foundation Kidney Disease Outcomes Quality Initiative: Classificação, Prevalência e Plano de Ação para os Estágios de Doença Renal Crônica			
Estágio	Descrição	GFR, mL/min/1,73 m^3	Prevalência, n (%)	Ação
–	Em risco elevado	≥ 60 (com fatores de risco de doença renal crônica)	–	Triagem: redução do risco de doença renal crônica
1	Dano renal com GFR normal ou aumentada	≥ 90	5.900.000 (3,3)	Diagnóstico e tratamento; tratamento de condições comórbidas; retardo da progressão; redução do risco de CVD
2	Dano renal com GFR ligeiramente diminuída	60–89	5.300.000 (3,0)	Estimativa da progressão
3	GFR moderadamente diminuída	30–59	7.600.000 (4,3)	Avaliar e tratar complicações
4	GFR gravemente diminuída	15–29	400.000 (0,2)	Preparação para terapia de substituição renal
5	Insuficiência renal	< 15 (ou diálise)	300.000 (0,1)	Substituição renal (se presente uremia)

CVD, doença cardiovascular; GFR, taxa de filtração glomerular.
National Kidney Foundation-K/DOQI. Clinical practice guidelines for chronic kidney disease: evaluation, classification, and stratification. Am J Kidney Dis 2002;39(Suppl 1):S1-S266.

menos de 60 mL/minuto/1,73 m^2 são classificados como tendo CKD, independentemente se dano renal está presente.

O estadiamento da CKD é útil porque ele aprova um modelo no qual médicos de atendimento primário e especialistas compartilham responsabilidade pelo cuidado de pacientes com CKD. Esta classificação também oferece uma linguagem comum para os pacientes e os clínicos envolvidos no tratamento de CKD. Para cada estágio de CKD, K/DOQI fornece recomendações para um plano de ação clínico (Quadro 11-1).

Um requisito essencial para a classificação e o monitoramento da CKD é a análise ou estimação da GFR. Creatinina sérica não é um marcador ideal de

GFR, porque ela é tanto filtrada no glomérulo quanto secretada pelo túbulo proximal. A depuração de creatinina (CrCl) é conhecida por superestimar GFR por até 20% em indivíduos hígidos e ainda mais em pacientes com CKD. Estimativas da GFR baseadas em CrCl de 24 horas exigem coletas de urina de tempo marcado, as quais são difíceis de obter e, muitas vezes, envolvem erros de coleta. Métodos clássicos de análises da GFR, incluindo o padrão ouro da depuração de inulina, são complicados, exigem uma infusão intravenosa e coletas de urina de tempo marcado, e não são exequíveis clinicamente. Em adultos, a GFR normal baseada na depuração de inulina e ajustada para uma área de superfície corporal padrão de 1,73 m^2 é 127 mL/minuto/1,73 m^2 em homens e 118 mL/minuto/1,73 m^2 em mulheres, com um desvio padrão de aproximadamente 20 mL/minuto/1,73 m^2. Depois da idade de 30 anos, a diminuição média na GFR é 1 mL/minuto/1,73 m^2/ano.

Equações baseadas na creatinina sérica, mas considerando fatores para sexo, idade e etnicidade, são a melhor alternativa para estimação da GFR. A fórmula mais comumente usada é a equação de Cockcroft-Gault. Esta equação foi desenvolvida para predizer CrCl, mas tem sido usada para estimar a GFR:

$$\text{CrCl} = \frac{(140 - \text{idade})\,(\text{peso em kg})}{(\text{creatinina sérica})\,(72)} \times 0{,}85 \text{ se mulher} \quad (11.1)$$

A equação do estudo Modification of Diet in Renal Disease (MDRD) foi derivada com base nos dados de um grande número de pacientes com uma ampla variedade de doenças renais e GFR3 até 90 mL/minuto/1,73 m^2. Por essa razão, a equação abreviada do MDRD é recomendada para uso de rotina e exige apenas creatinina sérica, idade, sexo e raça:

$$\text{GFR (mL/minuto/1,73 m}^2) = 186 \times \text{creatinina sérica (SCR)}^{-1,154} \times (\text{idade})^{-0,203}$$
$$\times (0{,}742 \text{ se mulher})$$
$$\times (1{,}210 \text{ se afro-americano}) \quad (11.2)$$

Os cálculos podem ser feitos usando-se calculadoras médicas disponíveis na Internet e que podem ser baixadas (www.kidney.org/professionals/KDOQI/gfr_calculator.cfm).

A equação do estudo MDRD tem muitas vantagens. Ela é mais acurada e precisa que a equação de Cockcroft-Gault para pessoas com uma GFR de menos que aproximadamente 90 mL/minuto/1,73 m^2. Esta equação prediz a GFR conforme medida, usando-se um método aceito [depuração urinária de iodo 125 (^{125}I)-iotalamato]. Ela não exige altura ou peso e foi validada em receptores de transplante de rim e afro-americanos com nefrosclerose. Ela não foi validada em doença renal diabética, em pacientes com comorbidades graves, em indivíduos hígidos ou em indivíduos com mais de 70 anos.

Medições baseadas na creatinina são atualmente usadas para calcular eGFR, mas esta medida tem limitações na avaliação de risco em razão de determinantes não GFR da creatinina sérica. Por esta razão, cistatina C têm recebido atenção como um marcador alternativo para estimar GFR. Uma metanálise recente examinou se a adição de medidas de cistatina C a medidas de creatinina para calcular eGFR melhorou a classificação de risco de morte, CVD e ESRD. Dezesseis estudos (11 estudos na população geral e 5 estudos de coortes de CKD) foram incluídos na análise. eGFR baseada em cistatina C detectou riscos aumentados de morte por todas as causas e cardiovascular, que não foram detectados com cálculos da eGFR fundamentados em creatinina. eGFR baseada em cistatina C e eGFR baseada em medidas combinadas de creatinina e cistatina C tiveram uma relação linear constante com resultados adversos de todos os níveis de eGFR abaixo de 85 mL/minuto/1,73 m². Quarenta e dois por cento dos pacientes com uma eGFR baseada em creatinina de 45 a 59 mL/minuto tiveram uma eGFR baseada em cistatina C de 60 mL/minuto ou mais, e a eGFR reclassificada resultou em uma redução de 34% no risco de morte e uma redução de 80% no risco de ESRD. Este estudo fornece evidência de que cistatina C melhora o papel da eGFR na categorização de risco dos pacientes com CKD.

II. PREVALÊNCIA DA CKD. O Third National Health and Nutrition Examination Survey (NHANES III) incluiu 15.625 participantes com idade de 20 anos ou mais velhos e foi realizado, entre 1988 e 1994, pelo National Center for Health Statistics (NCHS) dos Centers for Disease Control and Prevention. O objetivo desta pesquisa foi fornecer dados nacionalmente representativos sobre a situação de saúde e nutricional da população civil não institucionalizada dos Estados Unidos. Os resultados, quando extrapolados para a população dos EUA de adultos com mais de 20 anos (n = 177 milhões), revelou os seguintes achados relevantes para CKD:

A. Um total de 6,2 milhões de indivíduos tiveram uma creatinina sérica ≥ 1,5 mg/dL, o que é uma prevalência 30 vezes mais alta de função renal reduzida, em comparação com a prevalência de ESRD tratada durante o mesmo intervalo de tempo.

B. Um total de 2,5 milhões de indivíduos teve uma creatinina sérica ≥ 1,7 mg/dL.

C. Um total de 800.000 indivíduos teve uma creatinina sérica ≥ 2,0 mg/dL.

D. Dos indivíduos com creatinina sérica elevada, 70% têm hipertensão.

E. Só 75% dos pacientes com hipertensão e creatinina sérica elevada receberam tratamento, com apenas 27% tendo uma leitura de pressão arterial (BP) menor que 140/90 mmHg e 11% tendo sua BP reduzida para menos que 130/85 mmHg.

Em uma análise adicional dos dados do NHANES III, eGFR foi calculada a partir da creatinina sérica usando-se a equação do estudo MDRD. A prevalência dos diferentes estágios de CKD mostra claramente que a população CKD é várias vezes maior que a população ESRD. O desafio para a comunidade médica é identificar estágios mais iniciais de CKD e instituir estratégias de tratamento corretas para diminuir complicações e retardar a progressão para ESRD.

Mais recentemente, foi assinalado que a prevalência de CKD estágios 1 a 4 aumentou de 10,0% em 1988 a 1994 para 13,1% em 1999 a 2004 na população dos EUA. Este aumento foi parcialmente explicado pela prevalência crescente de diabetes e hipertensão. Entretanto, em comparação com 1995, a taxa de morte em pacientes do Medicare com CKD caiu 40,3%, e a taxa de morte ajustada por CKD foi 74,9/1.000 pacientes-anos em 2010.

III. MECANISMO DE PROGRESSÃO DA DOENÇA RENAL. Diabetes e hipertensão são responsáveis pela maior proporção da ESRD. Glomerulonefrite representa a terceira causa mais comum de ESRD. Apesar das muitas doenças que podem iniciar lesão renal, um número limitado de vias comuns é disponível para progressão de doença renal. Um tema geral de muitas destas vias é que as alterações adaptativas no néfron conduzem a consequências mal-adaptativas. Um destes temas mais bem estudados é a hiperfiltração que ocorre nos néfrons remanescentes após perda de massa renal. Pressões glomerulares elevadas impulsionam esta hiperfiltração. Hiperfiltração glomerular tem efeitos adaptativos iniciais mantendo a GFR, porém mais tarde pode levar à lesão glomerular. Permeabilidade glomerular anormal é comum em doenças glomerulares, com proteinúria sendo a consequência clínica. Acumulam-se evidências de que esta proteinúria poderia ser um fator desencadeador de doença tubulointersticial. A extensão do dano tubulointersticial é um fator de risco primordial para progressão subsequente de doença renal em todas as formas de doenças glomerulares estudadas. Em modelos experimentais e em estudos com humanos, constantemente foi demonstrada uma associação entre a redução da proteinúria e a renoproteção.

IV. FATORES DE RISCO DE PROGRESSÃO PARA ESRD. A quantidade de proteína excretada na urina é um dos preditores mais fortes da progressão da doença renal e da resposta à terapia anti-hipertensiva em quase todos os estudos de CKD. Portanto, quanto maior a proteinúria, mais alto o risco de progressão.

Conforme descrito na seção precedente, um fator de risco importante para a maioria das doenças glomerulares é a extensão da doença tubulointersticial na biópsia renal.

  A. **Etnicidade** é um fator de risco para muitas doenças renais. Por exemplo, pacientes afro-americanos com diabetes têm um risco duas a três vezes mais alto de desenvolvimento de ESRD em comparação com pacientes brancos. Parte deste risco aumentado é atribuível a fatores modificáveis, tais como comportamentos de saúde não adequados, controle de glicose e BP não adequados e condição socioeconômica mais baixa. Nefropatia associada ao vírus de imunodeficiência humana é também mais comum em pacientes afro-americanos em comparação com pacientes brancos.
  B. **Gênero** é um fator de risco adicional para o desenvolvimento e a progressão de certos tipos de doença renal. Globalmente, a incidência de ESRD é maior em homens que em mulheres.
  C. **Tabagismo** foi associado a proteinúria e progressão de doença renal em ambos os diabetes tipos 1 e 2, bem como em nefropatia de imunoglobulina (Ig) A, nefrite lúpica e doença de rins policísticos. Cessar o tabagismo foi associado a uma velocidade mais lenta de progressão de doença renal em pacientes diabéticos tipo 1.
  D. **Finalmente**, consumo intensivo de analgésicos não narcóticos, particularmente fenacetina, foi associado a um risco aumentado de CKD.

V. RETARDANDO A PROGRESSÃO PARA ESRD
  A. **Terapia Anti-Hipertensiva.** Hipertensão é um fator de risco para a progressão de doença renal, e é a segunda causa mais comum de ESRD. O sétimo relatório do Joint National Committee (JNC VII) recomendou que a BP seja reduzida para níveis abaixo de 130/80 mmHg em pacientes com diabetes ou CKD.

Uma quantidade cada vez maior de evidência tem demonstrado que a inibição do sistema renina–angiotensina por meio da inibição da geração de angiotensina II com inibidores da enzima conversora de angiotensina (ACE) ou bloqueio do receptor à angiotensina tipo 1A com bloqueadores do receptor à angiotensina (ARBs) tem efeitos renoprotetores acima e além dos efeitos destas terapias sobre a redução da BP.

1. **Estudos em Pacientes com Doença Renal Diabética com Nefropatia Estabelecida**
   a. **Pacientes Diabéticos Tipo 1 com Nefropatia Estabelecida**
      Um benefício pronunciado dos inibidores de ACE em pacientes diabéticos tipo 1 que já tinham nefropatia franca foi demonstrado no maior estudo até esta data. Quatrocentos e nove pacientes com proteinúria franca e uma concentração de creatinina plasmática $\geq 2,5$ mg/dL foram randomizados para terapia com captopril ou placebo. Drogas anti-hipertensivas adicionais foram a seguir adicionadas, conforme necessário, embora bloqueadores dos canais de cálcio e outros inibidores de ACE fossem excluídos. Com aproximadamente 4 anos de controle equivalente da BP, os pacientes tratados com captopril tiveram uma velocidade mais lenta de aumento na concentração de creatinina plasmática e uma probabilidade menor de progredirem para ESRD ou morte.
   b. **Pacientes Diabéticos Tipo 2 com Nefropatia Estabelecida**
      i. O estudo **The Reduction of Endpoints in Type 2 diabetes with the Angiotensin II Antagonist Losartan (RENAAL)** examinou os efeitos da losartana *versus* não inibidores de ACE ou terapia anti-hipertensiva com ARB em 1.513 pacientes com diabetes tipo 2 e nefropatia, acompanhados durante uma média de 3,4 anos. Os resultados deste estudo demonstraram um efeito benéfico da losartana, além dos seus efeitos de redução da BP, sobre o tempo para duplicação da concentração de creatinina sérica e instalação de ESRD.
      ii. No Estudo **Irbesartan Diabetic Nephropathy Trial (IDNT)**, 1.715 pacientes com nefropatia secundária a diabetes tipo 2 foram designados randomicamente para receber irbesartana, anlodipina ou placebo. A duração média do acompanhamento foi 2,6 anos. Este estudo revelou que os pacientes designados para irbesartana tiveram uma redução de 33% do risco de duplicar a creatinina sérica, em comparação com placebo, e uma diminuição de 37% em comparação com pacientes em uso de anlodipina
   c. **Estudos em Pacientes com Doença Renal Diabética com Microalbuminúria**
      i. **Metanálise de Estudos Publicados.** Pesquisadores de nefropatia diabética examinaram 12 estudos selecionados envolvendo 698 pacientes para comparar os efeitos de inibidores de ACE *versus* placebo em pacientes diabéticos tipo 1 com microalbuminúria e BP normal. Os resultados mostraram que inibidores de ACE foram mais provavelmente associados à regressão de microalbuminúria. Este efeito persistiu apesar do ajustamento para quaisquer alterações na BP.
      ii. O **United Kingdom Prospective Diabetes Study (UKPDS)** examinou a eficácia de atenolol e captopril em reduzir o risco de complicações macrovasculares e microvasculares em pacientes diabéticos tipo 2 com hipertensão. Este estudo observou que captopril e atenolol foram equivalentes em reduzir os desfechos renais de progressão de albuminúria, nefropatia franca, duplicação na creatinina sérica, e o desenvolvimento de ESRD.

iii. O estudo Appropriate Blood Pressure Control in Diabetics (**ABCD**) foi um estudo prospectivo randomizado de 950 pacientes diabéticos tipo 2 examinando se controle da BP intensivo *versus* moderado afetava a incidência de progressão de complicações diabéticas tipo 2. Os pacientes hipertensos ($n = 470$) foram randomizados para controle intensivo da BP [objetivo de pressão arterial diastólica (DBP) de 75 mmHg] *versus* controle moderado da BP (objetivo de DBP de 80 a 89 mmHg] e para nisoldipina ou enalapril como a medicação anti-hipertensiva inicial. Controle da BP de 138/86 ou 132/78 mmHg com nisoldipina ou enalapril como a medicação anti-hipertensiva inicial pareceu estabilizar função renal em pacientes diabéticos tipo 2 hipertensos sem albuminúria franca durante um período de 5 anos. Os pacientes tratados com enalapril tiveram significativamente menos ataques cardíacos que os pacientes tratados com nisoldipina. O controle mais intensivo da BP diminuiu a mortalidade por todas as causas. Os efeitos do controle intensivo *versus* moderado da DBP também foram estudados em 480 pacientes diabéticos tipo 2 normotensos. Durante um período de acompanhamento de 5 anos, controle intensivo (aproximadamente 128/75 mmHg) da BP em pacientes diabéticos tipo 2 normotensos (a) retardou a progressão para nefropatia diabética incipiente e franca, (b) diminuiu a progressão de retinopatia diabética, e (c) diminuiu a incidência de acidente vascular cerebral. Eventos cardiovasculares ocorreram mais comumente no grupo de nisoldipina.
iv. O estudo **Heart Outcomes Prevention Evaluation (HOPE)** incluiu 3.577 pessoas com diabetes. Dos pacientes recrutados no estudo, 1.120 tinham microalbuminúria. Os pacientes foram randomizados para o inibidor de ACE ramipril ou placebo. Os pacientes tratados com ramipril tiveram uma redução de 25% em infarto do miocárdio, acidente vascular cerebral ou morte cardiovascular. No grupo de ramipril, o risco de desenvolver nefropatia franca diminuiu 24%.
v. **Estudo Irbesartana Microalbuminúria.** Os efeito do ARB irbesartana foram examinados em 590 pacientes hipertensos com diabetes tipo 2 e microalbuminúria. O desfecho principal foi o tempo desde a visita básica até a primeira detecção de nefropatia franca. Este estudo revelou que irbesartana teve um efeito renoprotetor independente do seu efeito de redução da BP.
d. **Estudos em Pacientes com Doença Renal Não Diabética**
i. **O African-American Study of Kidney Disease and Hypertension (AASK)** foi concebido para estudar o efeito sobre a progressão de doença renal hipertensiva de (a) dois objetivos diferentes de pressão arterial média (MAP) — usual (MAP: 102 a 107 mmHg) e mais baixa (MAP: igual ou abaixo de 92 mmHg) — e (b) tratamento com três classes de drogas anti-hipertensivas diferentes: um inibidor de ACE (ramipril), um bloqueador de canais de cálcio di-idropiridina (anlodipina) e um β-bloqueador (metoprolol). Este estudo concluiu que baixar a BP abaixo do alcançado 141/85 mmHg não foi associado a efeitos benéficos adicionais e que inibidores de ACE são anti-hipertensivos mais efetivos em retardar a progressão da nefrosclerose hipertensiva.

ii. No estudo **Ramipril Efficacy in Nephropathy (REIN)**, os pacientes foram estratificados antes da randomização pelo nível de proteína urinária de 24 horas, com o estrato 1 tendo menos de 3 g/24 h de proteinúria, e o estrato 2 tendo 3 ou mais g/24 h de proteinúria. Os pacientes foram a seguir randomizados para receber ramipril ou placebo, com outras medicações adicionadas para alcançar uma DBP-alvo de menos de 90 mmHg. Uma análise dos resultados deste estudo demonstrou um efeito benéfico do ramipril para retardar declínio da GFR que foi maior que o esperado a partir da redução na BP.

O tratamento da doença renal diabética e não diabética foi significativamente avançado por esta série de estudos controlados. Os resultados destes estudos demonstram claramente os efeitos renoprotetores dos inibidores de ACE e dos ARBs tanto em reduzir proteinúria quanto retardar a progressão de doença renal. Os efeitos destas medicações podem ser relacionados com diminuições na pressão capilar glomerular ou outros efeitos da angiotensina II sobre fibrose e crescimento. Estes agentes devem ser considerados as drogas de primeira escolha em pacientes com CKD, e a meta de BP deve ser mais baixa que 130/80 mmHg.

e. **Tratamento Combinado com Inibidores de ACE e ARBs na Doença Renal Diabética**

i. No estudo **Candesartan and Lisinopril Microalbuminuria (CALM)**, os efeitos da candesartana ou lisinopril ou ambos sobre a BP ou excreção de albumina na urina foram examinados em pacientes com microalbuminúria, hipertensão e diabetes tipo 2.

O tratamento combinado reduziu BP e excreção de albumina mais que qualquer dos agentes sozinho.

Este estudo forneceu alguma evidência de que combinar um inibidor de ACE com um ARB pode ser mais efetivo que qualquer dos dois agentes sozinho para reduzir proteinúria e melhorar o controle da BP.

ii. **Combined Angiotensin Inhibitions for the Treatment of Diabetic Nephropathy (VA NEPHRON D)**. Neste estudo, os investigadores forneceram losartana (100 mg/dia) a pacientes com nefropatia estabelecida, diabetes tipo 2 secundário e eGFR de 30,0 a 89,9 mL/min/1,73 m^2, e a seguir os designaram randomicamente para receber lisinopril (a uma dose de 10 a 40 mg/dia) ou placebo. O estudo foi interrompido precocemente, em virtude das preocupações com a segurança. Entre 1.448 pacientes com um acompanhamento médio de 2,2 anos, houve 152 desfechos principais (*i. e.*, primeira ocorrência de uma alteração na eGFR) no grupo de monoterapia e 132 no tratamento combinado ($p = 0,30$). Não houve benefício referente à mortalidade por todas as causas ou eventos cardiovasculares. Tratamento combinado aumentou o risco de hiperpotassemia e lesão renal aguda.

VI. TRATANDO COMPLICAÇÕES DE CKD

A. **Anemia.** Anemia secundária à doença renal desenvolve-se durante o curso da CKD. O grau de anemia é mais bem avaliado usando-se valores de hemoglobina em vez de hematócrito. Uma correlação direta existe entre o nível de hemoglobina e GFR. Nos dados do NHANES III, esta associação existe a níveis de GFR de menos de 90 mL/minuto/1,73 m², mas foi mais marcada quando a GFR foi menos de 60 mL/minuto/1,73 m². A etiologia da anemia da CKD é multifatorial, com o fator principal sendo um declínio na síntese de eritropoetina pelos rins. Anemia é uma complicação comum da CKD, e recentemente houve considerável interesse na relação entre hemoglobina-alvo e resultados cardiovasculares importantes em pacientes com CKD estágios 3 e 4. A publicação de dois grandes estudos controlados randomizados de eritropoetina humana recombinante em pacientes com CKD — Cardiovascular Risk Reduction by Early Anemia Treatment with Epoetin Beta (CREATE) e Correction of Hemoglobin and Outcomes in Renal Insufficiency (CHOIR) — recebeu intensa atenção e discussão pela comunidade nefrológica. Ambos os estudos testaram a hipótese de que a correção precoce e completa da anemia com o uso de eritropoetina humana recombinante resultaria em melhoras de resultados cardiovasculares importantes; entretanto, ambos os estudos resultaram em achados negativos. Mais recentemente, uma análise *post hoc* do estudo CHOIR relatou níveis de hemoglobina-alvos e atingidos e posologias de epoetina. Uma proporção maior de pacientes no grupo de alta hemoglobina (alvo 13,5 g/dL) comparado com o grupo de baixa hemoglobina (alvo 11,3 g/dL) foi incapaz de atingir seu alvo. Em ambos os grupos, pacientes que não atingiram sua hemoglobina-alvo dentro de 4 e 9 meses experimentaram um desfecho composto de morte, insuficiência cardíaca congestiva, acidente vascular cerebral e infarto do miocárdio, a uma taxa mais alta do que aqueles que atingiram seu nível de hemoglobina-alvo. Aqueles que receberam epoetina em alta posologia (> 20.000 UI) também experimentaram eventos a uma taxa mais alta em ambos os grupos. Estas observações, embora de uma análise secundária, sugerem que os pacientes que têm CKD e atingem seu nível-alvo de hemoglobina têm melhores resultados que aqueles que não o fazem, independentemente do nível-alvo. Tratamento com epoetina em alta posologia pode contribuir para os piores resultados observados em pacientes com CKD e com mais altos alvos de nível de hemoglobina, particularmente entre aqueles que não são capazes de atingir seu nível-alvo de hemoglobina. As diretrizes K/DOQI recomendam que pacientes com CKD sejam avaliados quanto a anemia quando a GFR é menos de 60 mL/minuto/1,73 m². Níveis de eritropoetina não são úteis para avaliar a anemia da doença renal. A situação do ferro dos pacientes deve ser avaliada, incluindo medições da ferritina sérica, ferro e saturação da transferrina. Saturações de transferrina e níveis de ferritina devem exceder 20% e 100 ng/mL, respectivamente, para otimizar a eritropoese. O nível ideal de hemoglobina para pacientes com CKD não foi determinado definitivamente. As diretrizes NKF-DOQI recomendam um nível-alvo de hemoglobina. Na opinião do grupo de trabalho, em pacientes não dialíticos com CKD recebendo terapia com agentes estimuladores da eritropoese (ESA), o alvo selecionado de hemoglobina deve, geralmente, estar na faixa de 11,0 a 12,0 g/dL.

B. **Controle do Fosfato.** Controle de fosfato na CKD é importante para preservar o conteúdo mineral ósseo e evitar hiperparatireoidismo. Quelantes de fosfato podem ser instituídos quando a GFR cai abaixo de 30 a 50 mL/minuto. Análogos da vitamina D podem claramente ajudar a suprimir hiperatividade de glândulas paratireoides, mas, frequentemente, à custa de níveis de fosfato sérico mais altos e risco de hipercalcemia, ambos os quais podem piorar calci-

ficações extraesqueléticas. As recomendações para pacientes com CKD incluem as seguintes:
1. Manter fósforo sérico entre 3,0 e 4,6 mg/dL.
2. Restringir fósforo na dieta a 800 a 1.000 mg/dia quando fósforo sérico for acima de 4,6 mg/Dl.
3. Restringir fósforo na dieta a 800 a 1.000 mg/dia quando níveis séricos de hormônio paratireóideo intacto forem maiores que 65 pg/mL.
4. Monitorar fósforo sérico a cada 3 meses, se os pacientes estiverem com uma dieta restrita em fósforo.
5. A faixa-alvo para cálcio sérico corrigido (para cada 1 g de diminuição na albumina sérica, o cálcio sérico deve ser corrigido em 0,8 mg) é 8,8 a 9,5 mg/dL.
6. Se o cálcio sérico for acima de 10,2 mg/dL, reduzir ou descontinuar análogos de vitamina D, e/ou mudar para um quelante de fosfato com base não cálcio.

C. **Controle Acidobásico.** Acidose é comum em quase todas as formas de CKD. O principal mecanismo responsável pela acidose é uma diminuição na excreção total de amônia, levando a uma diminuição na secreção líquida de hidrogênio e uma queda no bicarbonato sérico. Este balanço ácido positivo líquido resulta em dissolução de osso, em última análise piorando a osteodistrofia urêmica. Outras consequências adversas da acidose metabólica incluem desnutrição de proteína e a supressão da síntese de albumina. Tratamento precoce de acidose com terapia de bicarbonato oral pode ajudar a prevenir uma parte da doença óssea da uremia crônica e pode retardar a progressão da doença renal. K/DOQI recomenda manter um nível de bicarbonato sérico acima de 22 mEq/L.

VII. TRATAMENTO DE COMORBIDADE CARDIOVASCULAR. CVD permanece a causa mais comum de morte em pacientes com ESRD, e os pacientes com CKD são mais propensos a morrer de CVD do que se prevê que progridam para ESRD. A população CKD tem uma incidência mais alta de fatores tradicionais de risco cardiovascular, incluindo diabetes, hipertensão e dislipidemias. Além disso, esmagadora evidência científica mostrou que GFR diminuída e proteinúria são fatores de risco independentes para CVD. Existe consenso na comunidade nefrológica de que a população de CKD deve receber tratamento agressivo de fatores de risco. Isto inclui controle estrito da BP e lipídios, bem como suspensão do fumo. As diretrizes de prática clínica K/DOQI sobre o manejo de dislipidemias em CKD têm recomendado terapia medicamentosa para pacientes com um nível de lipoproteína de baixa densidade (LDL) colesterol $\geq$ 100 mg/dL após 3 meses de mudanças terapêuticas do estilo de vida. Estatinas são recomendadas como terapia medicamentosa inicial para alto LDL, e fibratos (p. ex., genfibrozila) são recomendados para triglicerídeos em jejum elevados.

VIII. QUANDO ENCAMINHAR A UM NEFROLOGISTA. Vários estudos mostraram que o retardo no encaminhamento a um nefrologista é comum, e é associado a consequências adversas, incluindo maior morbidade e mortalidade, uremia mais grave, uso aumentado de acesso vascular percutâneo com morbidade associada, uso reduzido de fístula arteriovenosa para acesso vascular, escolha restrita para o paciente das modalidades de tratamento, hospitalização prolongada e mais cara para o início da diálise, e taxas mais altas de problemas emocionais e socioeconômicos. Um encaminhamento precoce permite ao paciente desenvolver uma relação efetiva com uma equipe multidisciplinar consistindo em um nefrologista, cirurgião vascular, enfermeira, nutricionista, assistente social e profissional de saúde mental. Esta relação possibilita consideração mais informada pelos pacientes das opções de substituição renal incluindo transplante, início da terapia de substituição renal para manter saúde ideal do paciente, colocação oportuna de um acesso para diálise, supervisão da modificação da dieta, e serviços de suporte a respeito de necessidades psicológicas, sociais e financeiras. Um nefrologista deve participar na assistência de pacientes com uma GFR de menos de 30 mL/minuto/1,73 m^2.

Leituras Sugeridas

Brenner BM, Cooper ME, De Zeeuw D, et al. Effects of losartan on renal and cardiovascular outcomes in patients with type 2 diabetes and nephropathy. *N Engl J Med* 2001;345:861-869.

Cockcroft DW, Gault MH. Prediction of creatinine clearance from serum creatinine. *Nephron* 1976;16:31-41.

Coresh J, Selvin E, Stevens LA, et al. Prevalence of chronic kidney disease in the United States. *JAMA* 2007;298:2038-2047.

Estacio R, Jeffers B, Gifford N, et al. Effect of blood pressure control on diabetic microvascular complications in patients with hypertension and type 2 diabetes. *N Engl J Med* 1998;338:645-652.

Estacio R, Jeffers B, Gifford N, et al. Effect of blood pressure control on diabetic microvascular complications in patients with hypertension and type 2 diabetes. *Diabetes Care* 2000;23(Suppl 2):B54-B64.

Fried LF, Emanuele N, Zhang JH, et al. Combined angiotensin inhibition for the treatment of diabetic nephropathy. *N Engl J Med* 2013;369(20):1892-1903.

Keane W. Proteinuria: its clinical importance and role in progressive renal disease. *Am J Kidney Dis* 2000;35:S97-S105.

Krop J, Coresh J, Chambless L, et al. A community-based study of explanatory factors for the excess risk for early renal function decline in blacks versus whites with diabetes. *Arch Intern Med* 1999;159:1777-1783.

Kshirsagar AV, Joy MS, Hogan SL, et al. Effect of ACE inhibitors in diabetic and nondiabetic chronic renal disease: a systematic overview of randomized placebo-controlled trials. *Am J Kidney Dis* 2000;35:695-707.

Levin A. Understanding recent haemoglobin trials in CKD: methods and lesson learned from CREATE and CHOIR. *Nephrol Dial Transplant* 2007;22:309-312.

Lewis EJ, Hunsicker LG, Clarke WR, et al. Effect of ACE inhibition on nephropathy in type 1 diabetes. *N Engl J Med* 1993;329:1456-1462.

Lewis EJ, Hunsicker LG, Clarke WR, et al. Renoprotective effect of the angiotensina receptor antagonist irbesartan in patients with nephropathy due to type 2 diabetes. *N Engl J Med* 2001;345:851-860.

Mann JF, Gestein H, Pogue J, et al. Renal insufficiency as a predictor of cardiovascular outcomes and the impact of ramipril: the HOPE randomized trial. *Ann Droit Int Med* 2001;134:629-636.

Mogensen CE, Neldam S, Tikkanen I, et al. Randomized controlled trial of dual blockade of renin-angiotensin system in patients with hypertension, microalbuminuria, and non-insulin dependent diabetes: the candesatan and lisinopril microalbuminuria (CALM) study. *Br Med J* 2000;321:1440-1444.

Nakao N, Yoshimura A, Morita H, et al. Combination treatment of angiotensin II receptor blocker and angiotensin-converting enzyme inhibitor in nondiabetic renal disease (COOPERATE): a randomized controlled trial. *Lancet* 2003;361:117-124.

Nath K. The tubulointerstitium in progressive renal disease. *Kidney Int* 1998;54:992-994.

National Kidney Foundation-K/DOQI. Clinical practice guidelines for chronic kidney disease: evaluation, classification, and stratification. *Am J Kidney Dis* 2002;39 (Suppl 1):S1-S266.

Orth SR, Ritz E, Schrier RW. The renal risks of smoking. *Kidney Int* 2003;51:1669-1677.

Parving HH, Lehnert H, Brochner-Mortensen J, *et al.* The effect of irbesartan on the development of diabetic nephropathy in patients with type 2 diabetes. *N Engl J Med* 2001;345:870-878.

Remuzzi G, Bertani T. Pathophysiology of progressive nephropathies. *N Engl J Med* 1998;339:1448-1456.

Schrier RW, Estacio R, Esler A, *et al.* Effect of aggressive blood pressure control in normotensive type 2 diabetic patients on albuminuria, retinopathy and strokes. *Kidney Int* 2002;61:1086-1097.

Shemesh O, Golbetz H, Kriss JP, *et al.* Limitations of creatinine as a filtration marker in glomerulopathic patients. *Kidney Int* 1985;28:830-838.

Shlipak MG, Matsushita K, Ärnlöv J, *et al.* Cystatin C versus creatinine in determining risk based on kidney function. *N Engl J Med* 2013;369:932-943.

Szczech LA, Barnhart HX, Inrig JK, *et al.* Secondary analysis of the CHOIR trial epoetin-alpha dose and achieved hemoglobin outcomes. *Kidney Int* 2008;74:791-798.

The GISEN Group. The GISEN Group: randomized placebo-controlled trial of effect of ramipril on decline in glomerular filtration rate and risk of terminal renal failure in proteinuric, non-diabetic nephropathy. *Lancet* 1997;349:1857-1863.

The JNC 7 Report. *JAMA* 2003;289:2560-2572.

UK Prospective Diabetes Study Group. Efficacy of atenolol and captopril in reducing risk of macrovascular and microvascular complications in type 2 diabetes: UKPDS 39. *Br Med J* 1998;317:713-720.

United States Renal Data System. Excerpts from the 2000 U.S. Renal Data System annual data report: atlas of end stage renal disease in the United States. *Am J Kidney Dis* 2000;36:S1-S279.

Wright JT, Bakris G, Greene T, *et al.* Effect of blood pressure lowering and antihypertensive drug class on progression of hypertensive kidney disease. Results from the AASK trial. *JAMA* 2002;288:2421-2431.

12 Paciente Recebendo Substituição Renal Crônica com Diálise

Seth Furgeson ■ Isaac Teitelbaum

Diálise de manutenção é um tratamento para pacientes com doença renal crônica avançada (CKD). Embora a diálise não seja capaz de reproduzir muitas funções de um rim normal, os objetivos da diálise são remover toxinas que normalmente são depuradas pelo rim e manter euvolemia no paciente. Idealmente, diálise crônica melhorará sinais e sintomas de uremia e permitirá aos pacientes retornarem ao estado funcional pré-diálise. Existem dois tipos principais de diálise: hemodiálise (HD; realizada em uma unidade de diálise ou em casa) e diálise peritoneal (PD; quase sempre feita em casa). Não há estudos clínicos prospectivos bem realizados comparando as duas modalidades, de modo que a escolha de modalidade depende das preferências do paciente, da disponibilidade do tratamento, ou de possíveis contraindicações a qualquer das modalidades.

Nos Estados Unidos, tem havido um aumento constante na incidência e prevalência de doença renal terminal (ESRD) durante os últimos 30 anos (Fig. 12-1). Embora seja descrito que a utilização da PD esteja atualmente aumentando, aproximadamente 93% dos pacientes nos Estados Unidos usam hemodiálise como sua modalidade inicial. Mundialmente, aproximadamente 89% dos pacientes com ESRD são tratados com hemodiálise.

I. INDICAÇÕES PARA INICIAR DIÁLISE

Iniciar um paciente em diálise está associado a mudanças drásticas em seu estilo de vida e está frequentemente associado a complicações médicas. Por essas razões, é importante avaliar por completo os benefícios de iniciar diálise em pacientes com CKD. Em geral, condições que ameaçam a vida, como hiperpotassemia grave, sobrecarga grave de volume, ou pericardite urêmica obrigarão o início imediato da diálise. Sintomas menos graves, como alterações cognitivas leves associadas à uremia, justificariam início de diálise, se o paciente tiver acesso apropriado para diálise [p.ex., fístula arteriovenosa (AVF) para hemodiálise ou cateter para PD]. Se o paciente não tiver acesso, os benefícios da diálise devem ser ponderados em relação ao risco de uma infecção de cateter de hemodiálise temporário.

Idealmente, diálise deve ser iniciada antes que se desenvolvam sintomas ameaçadores à vida. Possíveis indicações para iniciar diálise estão listadas no Quadro 12-1. As recomendações de diretrizes mais recentes para início de diálise vêm de Kidney Disease: Improving Global Outcomes (K-DIGO) As recomendações K-DIGO sugerem iniciar diálise quando sintomas ou sinais de doença renal se desenvolvem, pressão arterial ou hipervolemia não controlada, condição nutricional deteriora ou está presente alteração cognitiva.

Embora a maioria dos pacientes com uma taxa de filtração glomerular gravemente comprometida (GFR; < 10 mL/min) terá algumas complicações de insuficiência renal, não há GFR específica que obrigue o início de diálise. Possíveis be-

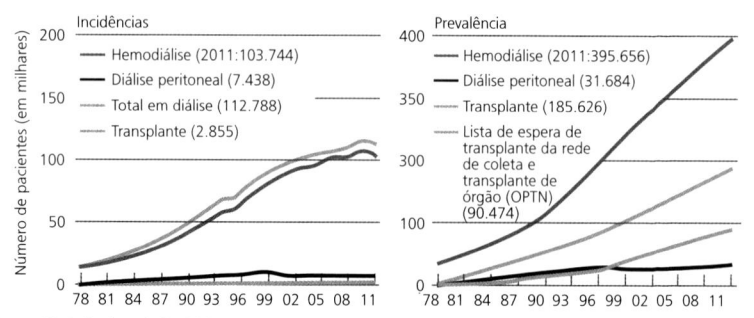

Figura 12-1. Dados de incidência e prevalência de diálise nos Estados Unidos. (De: Atlas of end-stage renal disease in the United States. *Am J Kidney Dis* 2013;61(1):e149-e164.) Reimpressa com permissão.

Quadro 12-1	Indicações Potenciais para Início de Diálise
Sobrecarga de volume refratária a diuréticos	
Hiperpotassemia	
Pleurite ou pericardite	
Neuropatia periférica	
Encefalopatia	
Desnutrição	
Náusea/vômito	
Sangramento urêmico	
Acidose metabólica	
Hipertensão resistente	
Hiperfosfatemia grave	
Hipocalcemia grave	

nefícios de começar diálise mais cedo (GFR > 10 mL/min) incluem prevenção de desnutrição e melhora da situação de volume. Embora os estudos observacionais tenham tido resultados conflitantes a respeito do benefício de iniciar diálise precocemente, houve só um estudo controlado para testar a cronologia do início de diálise. O estudo Initiating Dialysis Early and Late (IDEAL) randomizou 828 pacientes com início "precoce" de diálise (GFR 10 a 15 mL/min) ou com início "tardio" de diálise (GFR 5 a 7 mL/min). O desfecho principal era morte de qualquer causa. Na análise de intenção de tratar, não houve diferença no desfecho principal entre os dois grupos. Depois de um acompanhamento de 3,6 anos, ambos os grupos tiveram uma taxa de mortalidade acima de 35%. Também não houve diferença em desfechos secundários (eventos cardiovasculares, infecções) entre os grupos. No estudo, o médico dispôs do critério de iniciar diálise com uma GFR acima de 7 mL/min, se a diálise fosse considerada justificada. Consequentemente, a maioria no grupo de início tardio necessitou começar diálise antes que a GFR atingisse 7 mL/min. Deve também ser notado que medidas de GFR estimadas [pela equação da Modification of Diet in Renal Disease (MDRD)] entre os dois grupos foram pequenas; 9 mL/min no grupo precoce *versus* 7,2 mL/min no grupo tardio. Embora o estudo IDEAL não suporte começar rotineiramente diálise em pacientes com uma GFR entre 10 e 15 mL/min, ele também mostrou que a maioria dos pacientes desenvolve uma necessidade de diálise logo depois que sua GFR cai abaixo de 10 mL/min.

Educação a respeito da diálise constitui uma parte essencial do tratamento pré-diálise. Por essa razão, os pacientes devem ser bem informados sobre todas as opções possíveis (incluindo cuidado paliativo). Alguns pacientes com expectativa de vida significativamente reduzida (comorbidade grave ou pacientes idosos) podem não viver mais tempo com diálise e podem ter uma redução na qualidade de vida com a diálise. Por exemplo, um estudo observou que os pacientes idosos em casa de repouso começando diálise têm uma taxa de mortalidade de 58% em 1 ano, enquanto têm uma chance de apenas 13% de manter seu estado funcional pré-diálise. A decisão de iniciar diálise nestes pacientes deve ser colaborativa entre o paciente, o nefrologista e os membros da família.

II. HEMODIÁLISE
A. Procedimento de Hemodiálise

Hemodiálise é a modalidade de diálise mais comum nos Estados Unidos; ela pode ser realizada em uma unidade de diálise para pacientes ambulatoriais ou em casa. A maioria dos pacientes nos Estados Unidos recebe hemodiálise em um centro de diálise. Hemodiálise em unidades de diálise é geralmente realizada três vezes por semana, com cada tratamento durando perto de 4 horas. Alguns pacientes recebem sessões noturnas mais longas em unidades de diálise. Pacientes de diálise domiciliar fazem tratamentos mais curtos mais frequentemente (cinco ou seis vezes por semana, conhecida como diálise diária curta) ou tratamentos noturnos.

Durante o procedimento de hemodiálise, sangue é movido rapidamente através de um circuito extracorpóreo. O sangue é removido por uma agulha ou através de uma via do cateter e entra no filtro de diálise (Fig. 12-2). O filtro de diálise contém milhares de tubos ocos com uma membrana semipermeável. Fora do tubo está o dialisado movendo-se contracorrente. Solutos no sangue (alta concentração) movem-se para o dialisado (baixa concentração) por difusão. O sangue é, então, retornado por uma agulha venosa separada ou uma via do cateter. Em um processo conhecido como ultrafiltração, líquido é removido mudando-se a pressão hidrostática através da membrana de diálise.

A hemodiálise convencional tem muitas vantagens. Com os filtros modernos, o tratamento fornece remoção rápida e efetiva de solutos de pequeno peso molecular durante um tratamento de 4 horas. As máquinas de hemodiálise também permitem controle preciso da ultrafiltração, permitindo aos médicos prescrever uma quantidade específica de remoção de líquido. Nos centros de diálise, os pacientes podem ter profissionais de saúde treina-

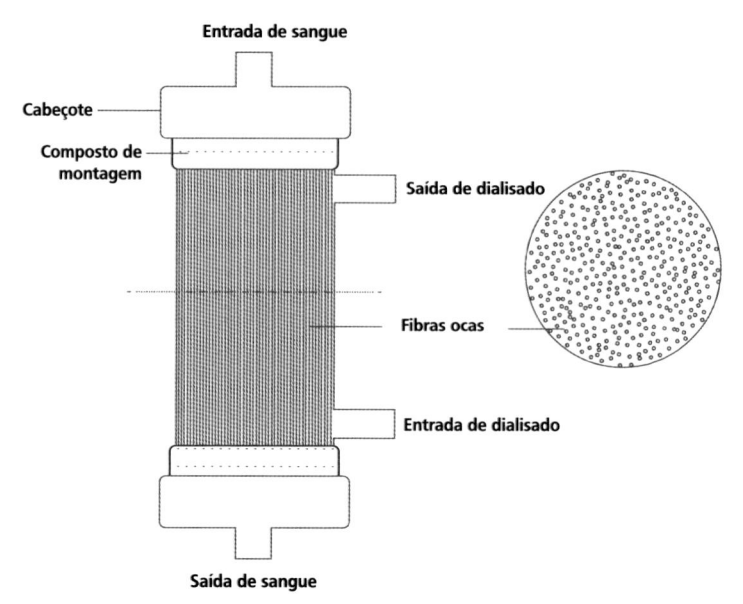

Figura 12-2. Esquema de um filtro de diálise. (De: Bieber SD, Himmelfarb J. Hemodialysis. In: Coffman TM, Falk RJ, Molitoris BA, Neilson EG, Schrier RW, eds. *Schrier's diseases of the kidney.* Vol II, 9th ed. Philadelphia, PA: Lippincott Williams & Wilkins, 2013:2473-2505.)

dos para fazer o tratamento, e o tempo total de tratamento é aproximadamente 12 horas/semana. Entretanto, hemodiálise em centro tem também algumas limitações. Como não é um tratamento contínuo, a remoção de líquido é não fisiológica e, muitas vezes, necessita remover grandes volumes de líquido durante um tratamento de 4 horas. Hemodiálise também não é muito efetiva para remover moléculas maiores ou solutos que estão ligados a proteína.

B. Acesso para Hemodiálise

Para realizar hemodiálise regularmente, é necessário ter um acesso de diálise através do qual sangue possa ser removido a uma velocidade rápida de fluxo. O acesso preferido para hemodiálise é uma AVF. AVFs são criadas por anastomoses cirúrgicas de uma artéria a uma veia, geralmente no braço. AVFs têm uma taxa mais baixa de complicações infecciosas e não infecciosas e, em média, podem ser usadas durante tempo mais longo que outros tipos de acesso. Entretanto, as AVFs levam tempo para amadurecer (pelo menos 6 a 8 semanas, mas até 6 a 9 meses), e algumas falham em se tornarem adequadas para diálise. Antes da criação de uma AVF, mapeamento das veias da extremidade superior é geralmente feito com ultrassom. Mapeamento venoso pode detectar estenose central e medir diâmetro de veia. Conforme recomendado nas diretrizes da Kidney Dialysis Outcomes Quality Initiative (K-DOQI), a AVF deve idealmente ser realizada distalmente no braço não dominante. Contudo, como o sucesso de uma AVF depende do tamanho da veia, se as veias do antebraço tiverem menos de 3 mm, então uma fístula no segmento braço não dominante seria a segunda escolha.

Enxertos arteriovenosos (AVGs) são enxertos sintéticos conectados à artéria e à veia. AVGs podem ser usados mais rapidamente, às vezes, tão cedo quanto 2 a 3 semanas após colocação. AVGs também têm uma taxa mais alta de sucesso primário. Entretanto, AVGs falham mais cedo que AVFs devido à hiperplasia neointimal, exigem intervenções frequentes para manter a perviedade e têm um risco maior de infecção. AVGs devem idealmente ser realizadas nos braços, mas podem ser colocados na coxa, se não houver veias adequadas nos braços.

Finalmente, cateteres de duplo lúmen podem ser usados para diálise. Cateteres são mais frequentemente implantados na veia jugular interna e podem ser usados imediatamente para diálise. Cateteres devem ser implantados na veia jugular interna, uma vez que cateteres subclávios são associados a um elevado risco de estenose subclávia, uma complicação que causa morbidade e geralmente impedirá futuro acesso de diálise no braço ipsolateral. Cateteres com propósito de uso durante mais que alguns dias são tunelizados embaixo da pele para diminuir a taxa de infecção. Entretanto, cateteres têm uma taxa de infecção muito mais alta que AVFs ou AVGs e também têm um alto índice de não funcionamento.

Uma vez que AVFs são os acessos preferidos, todavia levam tempo para maturar, os pacientes com CKD estágio 4 devem ser encaminhados para realização de fístula antes de começar diálise. Acessos são realizados preferivelmente no braço não dominante; portanto, preservar o braço não dominante de picadas de agulhas, linhas intravenosas (IV) periféricas, e cateteres centrais inseridos perifericamente é importante em pacientes com CKD.

C. Complicações da Hemodiálise

Hemodiálise pode também ser associada a numerosas complicações. Há complicações infecciosas e não infecciosas do acesso vascular. Complicações infecciosas são relativamente comuns em pacientes de HD e levam a significante morbidade. Mais comumente, pacientes de HD desenvolvem infecções da corrente sanguínea com bactérias Gram-positivas, como *Staphylococcus aureus* e estafilococos coagulase-negativos. Além da terapia antibiótica apropriada, o cateter de diálise necessita ser removido nos pacientes com bacteremia por *S. aureus*. AVFs e AVGs podem desenvolver estenose perto das anastomoses venosas ou em veias centrais. Estenose venosa pode levar ao edema do braço, dificuldade de canulização e sangramento prolongado após diálise. Estenoses são geralmente tratadas com angioplastia percutânea.

Durante os primeiros tratamentos de diálise, os pacientes começando diálise podem desenvolver a síndrome de desequilíbrio, caracterizada por cefaleia, sonolência e, raramente, convulsões ou coma. Admite-se que síndrome de desequilíbrio seja em consequência de edema cerebral após uma diminuição rápida na osmolalidade plasmática; ela raramente é vista, se os tratamentos de diálise iniciais forem curtos e feitos com baixos fluxos sanguíneos. O procedimento de diálise comumente também causa hipotensão. Hipotensão associa-se a velocidades rápidas de ultrafiltração e/ou disfunção autonômica, e é relativamente comum. Uma nova complicação recém-vista em diálise é o desenvolvimento de isquemia miocárdica silenciosa durante o tratamento, mas as consequências a longo prazo da isquemia transitória não estão bem compreendidas. Complicações muito raras, mas potencialmente fatais do procedimento de diálise são êmbolos de ar e anafilaxia.

III. DIÁLISE PERITONEAL
A. Procedimento da PD
PD é feita geralmente pelo paciente ou seu cuidador em casa e destina-se a ser um tratamento contínuo. Para realizar PD, um cateter é tunelizado através da parte subcutânea da parede abdominal para dentro da cavidade peritoneal. A localização na qual o cateter penetra na pele da parede anterior do abdome é conhecida como sítio de saída. Dialisado estéril pré-embalado é infundido para dentro da cavidade peritoneal permanecendo ali durante um período de várias horas. Dialisado peritoneal tem uma alta pressão osmótica (ou oncótica) em virtude da presença de glicose ou icodextrina (um amido). Por essa razão, líquido se move da corrente sanguínea para a cavidade peritoneal por osmose. Os solutos se movem pelo seu gradiente de concentração por difusão e também são removidos com líquido por convecção. O dialisado e ultrafiltrado são a seguir drenados da cavidade peritoneal e dialisado novo é infundido. Há dois tipos principais de PD. PD ambulatorial contínua é um tratamento manual. O paciente geralmente faz três a quatro trocas manuais de dialisado por dia. PD automática usa uma máquina cicladora para infundir e drenar dialisado várias vezes durante toda a noite. Quando o dialisado permanece no peritônio durante o dia, este procedimento é conhecido como PD de ciclagem contínua (CCPD). Menos comumente, os pacientes realizam PD intermitente noturna; o ciclador realiza as trocas à noite, mas nenhum líquido permanece na cavidade peritoneal durante o dia.

PD é o método preferido de diálise em alguns países devido ao custo mais baixo. PD frequentemente dá ao paciente mais liberdade e autonomia do que HD. O paciente é responsável por executar as trocas, verificar os sinais vitais, pesar-se e usar seu julgamento para determinar as concentrações de glicose adequadas para suas permanências (desse modo afetando sua remoção de líquido). Embora muitos pacientes sob HD também continuem no seu emprego, PD pode tornar mais fácil continuar no emprego devido a um dia ininterrupto quando se executa CCPD. A remoção de líquido também é mais gradual e contínua que a HD, potencialmente tornando-a mais tolerável de um ponto de vista hemodinâmico. Como não requer acesso vascular, PD pode ser mais fácil de realizar do que HD em pacientes sem veias adequadas.

B. Complicações da PD
PD geralmente não é associado a infecções da corrente sanguínea (bacteremias). Entretanto, pacientes podem desenvolver infecções do sítio de saída ou peritonite infecciosa. Infecções do sítio de saída se apresentam com dor no sítio de saída, eritema e drenagem purulenta. Os organismos mais comuns associados a infecções do sítio de saída são *Staphylococcus* coagulase-negativos, *S. aureus*, e *Pseudomonas aeruginosa*. A não ser que o paciente tenha uma história de infecção do sítio de saída por *Pseudomonas*, tratamento inicial pode ser dirigido contra organismos Gram-positivos e ajustado dependendo dos dados de cultura. Peritonite é diagnosticada, se o paciente satisfizer dois de três critérios diagnósticos: dor abdominal, líquido de PD turvo com leucócitos > 100 células/L e > 50% neutrófilos, ou bacterioscopia/cultura Gram-positiva do líquido de PD. Tratamento antibiótico empírico de peritonite exige cobertura para bactérias Gram-positivas e Gram-negativas. Tratamento subsequente da peritonite depende do patógeno. A maioria dos casos de peritonite bacteriana se resolve com antibioticoterapia. Cateteres peritoneais podem necessitar ser removidos,

se houver uma infecção concomitante do sítio de saída ou peritonite recidivante (episódio repetido com as mesmas bactérias). Pacientes com peritonite fúngica devem sempre ter o cateter removido.

Devido à pressão intra-abdominal aumentada, PD pode causar hérnia na região inguinal ou da parede abdominal. Como resultado, os pacientes que têm uma hérnia necessitarão ter a hérnia corrigida antes de iniciar PD. Pacientes com ruptura diafragmática podem ter líquido de PD entrando no espaço pleural, levando a derrame pleural. Uma vez que PD contém glicose hipertônica, os pacientes tipicamente recebem uma carga moderada de carboidrato diariamente com o tratamento. Finalmente, problemas do cateter, como dobra ou má-posição, podem levar a problemas com a diálise e podem exigir correção cirúrgica.

IV. QUESTÕES GERAIS RELACIONADAS COM O TRATAMENTO DOS PACIENTES EM DIÁLISE CRÔNICA

A. Dose de Diálise

Um objetivo importante da diálise é eliminar sinais e sintomas urêmicos. Se os pacientes continuarem a ter sintomas urêmicos em diálise, a dose deve ser aumentada. Em hemodiálise, a dose pode ser aumentada aumentando-se o tempo de diálise, a taxa de fluxo sanguíneo ou a área de superfície do filtro de diálise. Em PD, as principais modificações que aumentarão a dose de diálise são o aumento dos volumes de permanência ou aumento de trocas. Na ausência de sintomas urêmicos, a análise da depuração de ureia com a diálise oferece um modo de monitorizar a dose de diálise. Ureia é usada como a principal medida, porque é uma molécula pequena facilmente medida. As duas equações mais comuns que medem a dose de diálise para hemodiálise são a relação de redução de ureia (URR), mostrada no Quadro 12-2, e Kt/V ureia, um valor sem unidade que representa a depuração de ureia durante o tempo normalizado para o volume de distribuição. Kt/V pode ser estimada a partir de muitas equações diferentes, e URR pode ser facilmente calculada à beira do leito. Entretanto, a medida da URR não considera alterações no volume corporal que ocorrem com hemodiálise. A adequação da PD é tipicamente medida calculando-se Kt/V ureia padronizada semanalmente.

Embora estudos de observação tenham sugerido que depuração mais alta de ureia esteja associada à melhora da mortalidade, estes achados não foram demonstrados nos poucos estudos randomizados que avaliaram duas ou mais diferentes doses de diálise. O estudo de hemodiálise randomizado (HEMO) com 1.848 pacientes com diálise três vezes por semana de dose padrão ou diálise de alta dose. O grupo de dose padrão recebeu, em média, 190 minutos de tratamento de diálise três vezes por semana, enquanto o grupo de alta dose recebeu 219 minutos por tratamento. Depois de um acompanhamento de mais de 2 anos, não houve diferença na mortalidade entre os dois grupos;

Quadro 12-2 — Cálculo da Relação de Redução de Ureia

$$\frac{\text{BUN pré-diálise} - \text{BUN pós-diálise}}{\text{BUN pré-diálise}} \times 100\%$$

BUN, nitrogênio ureico sanguíneo.

ambos os grupos tiveram uma média anual acima de 16%. A adequação da PD no estudo do México (ADEMEX) randomizou 965 pacientes para continuarem sua prescrição de PD ou aumentarem a dose de PD. Aos 2 anos, não houve vantagem de sobrevida com PD de alta dose, uma vez que ambos os grupos tiveram taxa de mortalidade acima de 30%. Embora não houvesse vantagem de sobrevida com o grupo de alta dose, menos pacientes com PD de alta dose desenvolveram sintomas urêmicos. Com base nos dados observacionais e estudos de intervenção, é recomendado que os pacientes de hemodiálise tenham um *Kt/V single-pool* mínimo de 1,4 para cada tratamento e que os pacientes de PD tenham um *Kt/V* semanal padronizado mínimo de 1,7.

B. Saúde Cardiovascular
Nos Estados Unidos, a maioria dos pacientes em diálise morre de causas cardiovasculares, como infarto agudo do miocárdio, morte cardíaca súbita e insuficiência cardíaca congestiva. Infelizmente, a redução da mortalidade cardiovascular tem sido dificultada pela ausência de tratamentos com base em evidência. Dois grandes estudos randomizando pacientes de diálise para estatinas ou placebo não mostraram um benefício de mortalidade. Uma vez que hipertrofia ventricular esquerda (LVH) e sobrecarga de volume estão presentes na maioria dos pacientes incidentes, é possível que o melhor controle hídrico possa evitar piora da função cardíaca. Obtenção de euvolemia exige ao mesmo tempo remoção de líquido com diálise e adesão do paciente a uma dieta com pouco sal. Estudos recentes também mostraram que hemodiálise mais frequente e hemodiálise noturna podem levar à regressão da LVH.

Uma vez que não há estudos de intervenção suportando um objetivo específico de pressão arterial em pacientes de diálise, a pressão arterial ideal para um paciente de diálise não é conhecida. A prática clínica é ditada pela extrapolação de resultados das populações geral e de CKD. Dados de estudos observacionais em pacientes de diálise podem ser úteis, mas, infelizmente, os estudos observacionais mostraram resultados conflitantes quanto aos níveis de pressão arterial e a mortalidade cardiovascular. Isto é em parte em razão da alta variabilidade das leituras de medida da pressão arterial nos pacientes de hemodiálise, dependendo da cronologia da medição. De fato, os monitores de pressão arterial ambulatorial predizem mortalidade melhor em pacientes de diálise do que as medidas de pressão arterial durante a diálise. K-DOQI sugere uma pressão arterial pré-diálise de 140/90, embora a força dessa recomendação deve se levar em conta as observações acima. Para atingir o controle da pressão arterial, é crucial manter a euvolemia; entretanto, apesar de atingirem euvolemia, muitos pacientes necessitarão de medicações anti-hipertensivas.

C. Doença Óssea Mineral
Anormalidades no metabolismo mineral começam antes que o paciente inicie diálise. Aumentos no hormônio paratireóideo circulante (PTH) e no hormônio fosfatúrico fator de crescimento para fibroblastos 23 (FGF-23) frequentemente ocorrem em pacientes com CKD estágios 2 e 3. Fósforo sérico sobe e cálcio sérico diminui mais tarde no curso da CKD. Estas alterações bioquímicas são associadas a alterações no metabolismo ósseo. PTH elevado é geralmente associado à doença óssea de alto *turnover* (osteíte fibrosa cística). Pacientes em diálise podem também ter uma forma de doença óssea conhecida como osteomalacia, uma doença de mineralização óssea defeituo-

sa às vezes associada à toxicidade de alumínio. Finalmente, doença óssea de baixo *turnover* é associada a baixos níveis de PTH e altos níveis de cálcio sérico. Embora marcadores sanguíneos possam ajudar a distinguir formas de doença óssea, uma biópsia óssea é a única maneira definitiva de diagnosticar a anormalidade específica no metabolismo ósseo. É geralmente aceito que a manutenção de um fósforo sérico normal e a redução de níveis muito elevados de PTH melhorará a saúde óssea global.

D. Nutrição

Prevenção de desnutrição melhora a qualidade de vida dos pacientes de diálise e, provavelmente, melhora a mortalidade. Os pacientes de diálise estão em risco de desnutrição em consequência da degradação muscular aumentada, ingestão calórica inadequada e perdas de proteína decorrentes da própria diálise. Uma avaliação abrangente do estado nutricional inclui avaliações seriadas do peso, marcadores séricos (albumina, pré-albumina ou creatinina), questionários (Subjective Global Assessment), entrevistas dietéticas, medições antropomórficas e, possivelmente, coletas de urina para medir excreção de nitrogênio (uma estimativa da ingestão diária de proteína). Valores baixos de albumina sérica de fato se correlacionam com a mortalidade; entretanto, albumina sérica isoladamente não é suficientemente sensível ou bastante específica para diagnosticar desnutrição proteico calórica.

As diretrizes do K-DOQI recomendam que os pacientes em diálise consumam 35 Kcal/kg/dia. As recomendações também afirmam que os pacientes de hemodiálise ingiram proteína mais que 1,2 g/kg/dia, e os pacientes de PD ingeriram mais de 1,3 g/kg/dia. Esta última recomendação é em virtude das perdas de proteína aumentadas com PD. Há um significativo volume de dados demonstrando que o tratamento da acidose metabólica melhora o estado nutricional. Portanto, é crucial assegurar que os pacientes de diálise mantenham níveis séricos normais de bicarbonato.

E. Anemia

Anemia ocorre na maioria dos pacientes em diálise. Em estudos observacionais, anemia foi associada a uma diminuição na qualidade de vida, prejuízo na função cardíaca e mortalidade. No passado, anemia era tratada com transfusões de hemácias, um tratamento que podia causar sobrecarga de ferro ou sensibilização a futuros transplantes e que conferia riscos de infecções, como hepatites B e C. Agentes eritropoéticos recombinantes (ESAs), como eritropoetina e darbepoetina, são agora usados para tratar anemia e evitar transfusões de sangue. Entretanto, não há dados provenientes de estudos randomizados de que os ESAs melhorem a mortalidade em pacientes de diálise. Uma vez que altas doses de ESAs podem causar hipertensão, problemas de acesso vascular e acidente vascular cerebral, recomenda-se que eles não sejam usados para aumentar os níveis de hemoglobina acima de 11,5 g/dL. Uma variedade de formulações de ferro IV também é comumente usada em pacientes de diálise. As formulações mais recentes são bem toleradas e ajudam a melhorar a responsividade aos ESAs. Até esta data, não há dados de longo prazo no que diz respeito a formulações de ferro IV e à mortalidade. Há muitas estratégias de tratamento para usar estes agentes, inclusive algumas que confiam mais consistentemente em ferro IV. Uma vez que não houve comparações diretas das duas classes de tratamento, o tratamento de anemia varia significativamente dependendo das características dos pacientes e das preferências do médico.

Leituras Sugeridas

Cooper BA, Branley P, Bulfone L, et al. A randomized, controlled trial of early versus late initiation of dialysis. *N Engl J Med* 2010;363(7):609-619.

Eknoyan G, Beck GJ, Cheung AK, et al. Effect of dialysis dose and membrane flux in maintenance hemodialysis. *N Engl J Med* 2002;347(25):2010-2019.

Himmelfarb J, Ikizler TA. Hemodialysis. *N Engl J Med* 2010;363(19):1833-1845.

Introduction to volume two: atlas of end-stage renal disease in the United States. *Am J Kidney Dis* 2013;61(1):e149-e164.

Kurella Tamura M, Covinsky KE, Chertow GM, Yaffe K, Landefeld CS, McCulloch CE. Functional status of elderly adults before and after initiation of dialysis. *N Engl J Med* 2009;361(16):1539-1547.

Locatelli F, Nissenson AR, Barrett BJ, et al. Clinical practice guidelines for anemia in chronic kidney disease: problems and solutions. A position statement from Kidney Disease: Improving Global Outcomes (KDIGO). *Kidney Int* 2008;74(10):1237-1240.

Paniagua R, Amato D, Vonesh E, et al. Effects of increased peritoneal clearances on mortality rates in peritoneal dialysis: ADEMEX, a prospective, randomized, controlled trial. *J Am Soc Nephrol* 2002;13(5):1307-1320.

Teitelbaum I, Burkart J. Peritoneal dialysis. *Am J Kidney Dis* 2003;42(5):1082-1096.

13 Paciente com Transplante Renal

James E. Cooper ▪ Laurence Chan ▪ Alexander Wiseman

I. **INTRODUÇÃO E EPIDEMIOLOGIA.** A prevalência de doença renal terminal (ESRD) nos Estados Unidos e em nações desenvolvidas é alarmantemente alta. Em 2011, houve 115.643 novos pacientes com ESRD e mais de 615.899 pacientes totais com ESRD nos Estados Unidos. Estes são aumentos dramáticos em relação às décadas precedentes. Atualmente, hemodiálise, diálise peritoneal e transplante renal são os únicos tratamentos disponíveis para ESRD.

Comparações de receptores de transplante renal com pacientes em diálise aguardando transplante mostraram que o transplante renal, na maioria dos casos, é o tratamento ideal para ESRD. As vantagens incluem sobrevida mais longa dos pacientes, menos morbidade, economia de custos e melhora da qualidade de vida em comparação com diálise. Doação de rim vivo permanece o tratamento mais efetivo, com sobrevida média do enxerto de 12 a 15 anos, com sobrevida mais longa para transplantes entre irmãos com boa compatibilidade. Estas boas notícias são abrandadas pela realidade de que a demanda de rins para transplante excede em muito o suprimento de órgãos disponíveis. Embora aumentos modestos nos transplantes de doador falecido tenham ocorrido devido a esforços para melhorar a recuperação a partir de doadores com critérios expandidos, doadores com morte cardíaca e doadores com morte cerebral, estes aumentos não são significativos para suprir as demandas. Com mais de 119.900 pacientes na lista de espera de rim, em setembro de 2013, o resultado é que muitos pacientes morrerão na lista de espera antes de receberem um transplante.

II. **SELEÇÃO DE PACIENTES.** Existem poucas contraindicações para receber um transplante de rim. Entretanto, os pacientes não devem receber um transplante, se tiverem uma infecçao ativa, doença imunológica ativa em evolução que ocasionou à insuficiência renal, neoplasia metastática, forem incapazes de obedecer a um esquema médico devido a razões médicas ou psicológicas, ou estiverem em alto risco operatório em virtude de outras condições. Embora não haja limite definido de idade para receber um transplante de rim, os pacientes idosos (idade > 70) com comorbidades têm menos benefício de sobrevida demonstrável em comparação com diálise e devem passar por triagem completa e receber aconselhamento quanto aos benefícios esperados e riscos potenciais do transplante.

   A. **Avaliação do Receptor**

   Os objetivos de avaliar um potencial receptor devem ser identificar potenciais barreiras ao transplante, identificar condições tratáveis que atenuariam o risco da cirurgia ou imunossupressão, e explicar os benefícios e riscos. Atenção é dada à causa de ESRD e sua tendência a recidivar nos transplantes de rim. Comorbidades e os efeitos da imunossupressão sobre estas condições devem ser considerados. Idade do paciente mais velha que 50 anos, diabetes, eletrocardiograma anormal, angina, ou insuficiência cardíaca congestiva foram demonstradas como preditores de morte cardíaca e eventos cardíacos não fatais com transplante renal. Estratégias não invasivas, como imagem de perfusão com tálio e eco de esforço com dobutamina, demonstraram a capacidade de predizer eventos cardíacos e podem impedir pacientes de alto risco de realizar angiografia. Triagem de neoplasia deve-se seguir a diretrizes apropriadas à idade. Em pacientes com neoplasias, uma remissão de 2 a 5 anos pode ser necessária antes do transplante, dependendo do tipo de tumor, do grau de invasão e tratamento prévio. Embora obesidade seja um risco para complicações relacionadas com a ferida, os resultados a longo prazo são semelhantes a pacientes não obesos, a menos que exista doença cardiovascular. Triagem psicossocial geralmente é efetuada. A análise geralmente inclui avaliação quanto ao vírus de imunodeficiência humana (HIV) e hepatites B e C. A avaliação funcional ou de imagem dos rins e do trato urinário inferior pode ser necessária em certos pacientes. Tipagens ABO e do antígeno leucocitário humano (HLA) são realizadas, juntamente com determinação da situação sorológica quanto à citomegalovírus (CMV) e varicela. Depois que um paciente foi aceito como candidato, ele ou ela é acrescentado à lista de espera de transplante, momento no qual a triagem médica inicial de potenciais doadores de rim vivo pode ter lugar. Um paciente na lista de espera durante mais de 1 ano deve ser visto periodicamente para atualizar sua condição.

O sangue do candidato é triado quanto a anticorpos anti-HLA usando-se *single antigen blads* (SABs), enquanto na lista de espera de transplante há vários intervalos variados dependendo do protocolo. Anticorpos contra antígeno(s) HLA de outro indivíduo são produzidos como resultado de transfusão prévia, gravidez e/ou transplante de órgão. Anticorpos anti-HLA detectados como resultado deste processo de triagem são usados para calcular o grau global de sensibilização HLA, ou reatividade contra painel calculado (cPRA). Se os anticorpos forem julgados clinicamente significativos pelo centro de transplante, o correspondente antígeno HLA é listado como "inaceitável" para aquele receptor, e rins de doadores contendo aquele antígeno não serão oferecidos. Assim, valores mais altos de cPRA equivalem a menos doadores compatíveis potenciais, resultando em tempos de espera previstos significativamente mais longos para o receptor. Este processo é conhecido como "prova cruzada virtual". Ver a Seção IV.A para mais detalhes sobre prova cruzada doador/receptor.

B. Doadores de Órgãos
1. **Doadores Vivos.** Embora os riscos da doação de rim sejam pequenos, estes riscos necessitam ser cuidadosamente explicados a um **doador vivo** potencial. Mortalidade é incomum, mas ocorreu em 0,02% dos doadores (2 por 10.000). Infecção, sangramento e outras complicações pós-operatórias ocorrem em até 15% dos pacientes. Progressão para ESRD ocorreu e pode ser ligeiramente mais comum que na população geral; entretanto, permanece uma consequência infrequente. Elevação leve da pressão arterial e proteinúria após doação foram descritos em alguns estudos, mas não todos, e as consequências em longo prazo atualmente não estão claras. Após compatibilidade de ABO e uma prova cruzada negativa serem asseguradas, processo de avaliação do doador pode começar. Se houver múltiplos candidatos, o doador com menos incompatibilidades HLA é geralmente selecionado. Os doadores são cuidadosamente triados quanto a doença renal para evitar a possibilidade de perda de função no rim restante. Hipertensão, proteinúria, obesidade, cálculos renais e doença renal estrutural ou funcional são todas contraindicações relativas à doação dependendo da gravidade. Análise quanto a diabetes

melito latente com um teste de tolerância à glicose pode ser efetuada, se houver uma história familiar ou risco percebido de diabetes futuro. Quando receptores são afetados por doenças hereditárias, como doença renal policística ou nefrite hereditária, a condição precisa ser excluída em doadores parentes, clinicamente ou com análise genética. Se um doador for considerado aceitável, imagem dos rins é efetuada com angiotomografia computadorizada ou outras modalidades, permitindo à equipe avaliar quanto a anomalias estruturais ou vasculares e adequação para doação laparoscópica.

2. Doadores Falecidos

Um doador falecido deve também ser avaliado. A presença de metástase, causa desconhecida da morte, HIV ou infecção disseminada exclui a doação. Doadores com hepatite C são às vezes aceitos para receptores hepatite C–positivos. Uma combinação de fatores, como hipertensão, idade avançada, creatinina sérica elevada, oligúria ou dependência de suporte pressórico, pode excluir um doador. Biópsias pré-implante podem ser feitas em casos individuais quando houver preocupação com a função de um rim doador. **Doadores de critérios padrão (SCDs)** tipicamente tiveram morte cerebral primária, enquanto a função cardíaca e respiratória permaneceu intacta, e não preenchem critérios para doador expandidos. **Doadores de critérios expandidos (ECDs)** são definidos por qualquer doador com mais de 60 anos, ou qualquer doador com mais de 50 anos com pelo menos dois dos seguintes: creatinina sérica terminal acima de 1,5, acidente vascular cerebral como causa de morte, ou hipertensão preexistente. Rins ECD têm um risco relativo 1,7 de perda do enxerto em comparação com rins SCD, mas ainda fornecem benefício de sobrevida comparados com diálise em populações selecionadas. Eles são comumente usados em receptores com características associadas a má sobrevida em diálise, como idade avançada ou diabetes. Em **doação após morte cardíaca (DCD)**, os órgãos são retirados de um doador que sofreu morte cardíaca após um período de parada circulatória, geralmente no contexto de suspensão de cuidados médicos no hospital. Embora tempos mais longos de isquemia quente levem a um aumento na função retardada do enxerto (DGF), rins DCD têm sobrevida e função similares em longo prazo quando comparados com rins SCD.

C. Preditores de Resultado

Fatores do receptor, fatores do doador e compatibilidade doador/receptor todos influenciam a sobrevida do enxerto a longo prazo. Receptores que são mais jovens, com baixos níveis de PRA, com menos tempo em diálise e que são empregados ou têm educação superior têm sobrevida superior do enxerto. Raça e etnia podem afetar a sobrevida do enxerto com sobrevida mais longa quando o doador não for afrodescendente, e quando o receptor não for afrodescendente nem hispânico. Rins de doadores vivos parentes ou não parentes sobrevivem mais tempo em média do que rins de doador falecido, do mesmo modo que rins de doadores mais jovens comparados com doadores mais velhos. Conforme descrito acima, rins de doador falecido com critérios ECD têm uma expectativa de sobrevida mais curta *versus* rins de critérios padrão. Finalmente, fatores de compatibilidade do doador e receptor também afetam os resultados: melhor combinação HLA, prova cruzada imunológica negativa, combinação de situação sorológica CMV e índice de massa corpórea doador/receptor equivalente, todos têm efeitos positivos sobre a sobrevida do enxerto a longo prazo.

III. IMUNOLOGIA E FARMACOTERAPIA
A. Imunologia
Uma revisão básica dos mecanismos do reconhecimento imune e da resposta a um aloenxerto é útil para melhor compreender o paciente que recebeu transplante de rim, bem como os agentes farmacológicos usados para prevenir rejeição ao aloenxerto.

1. **Complexo de Histocompatibilidade Principal**
   As células nos tecidos dos mamíferos, das aves e dos peixes com ossos expressam moléculas de superfície do complexo de histocompatibilidade principal (MHC), as quais são cruciais para o sistema imune ser capaz de reconhecer e responder a um antígeno estranho. Em humanos, estas moléculas do MHC estão localizadas no braço curto do cromossomo 6 e codificam as proteínas chamadas *HLAs*. As moléculas MHC servem a duas funções básicas: elas identificam o próprio do não próprio e coordenam o reconhecimento pelo receptor de célula T (TCR) do complexo antígeno–MHC. As moléculas MHC são divididas em dois grupos: classe I e classe II. As moléculas MHC classe I aparecem na superfície de todas as células nucleadas e são conhecidas como *HLA-A, B e C*. As moléculas MHC classe II aparecem sobre as células apresentadoras de antígeno (APCs) e são chamadas *HLA-DR, DP e DQ*. Um *haplótipo* MHC é herdado de cada um dos pais como um lócus contendo cada uma das seis moléculas HLA geneticamente ligadas. Em transplante renal, só HLA-A, -B e -DR são determinados em virtude de sua imunogenicidade. Um "rim com zero de incompatibilidade HLA" não tem incompatibilidade em qualquer lócus para HLA-A, -B e –DR, embora incompatibilidades possam estar presentes em HLA-C, -DP, -DQ ou em outros antígenos menores. Embora os avanços na imunossupressão tenham estreitado as vantagens dos transplantes bem compatibilizados, um transplante idêntico em dois haplótipos de um membro da família ou um transplante falecido com zero de incompatibilidade HLA confere um benefício de sobrevida do enxerto em comparação com graus menores de compatibilidade.

2. **Células Apresentadoras de Antígeno**
   APCs são distribuídas de uma maneira universal nos tecidos do corpo e possibilitam às células T reconhecer antígenos estranhos. Monócitos, macrófagos, células dendríticas e células B ativadas podem todos servir como APCs. Seja por fagocitose, seja através de imunoglobulina (Ig) da superfície (célula B), as APCs capturam antígenos estranhos, degradam-nos e os processam em peptídeos, e expressam estes peptídeos estranhos em moléculas de superfície do MHC classe II. Por intermédio de interações com TCR e vários eventos decorrentes, a célula T é, então, capaz de coordenar uma resposta imune a este antígeno estranho.

3. **Células T**
   As células T são processadas no timo e são centrais para imunidade celular e reconhecimento e rejeição de aloenxerto. Estas propriedades as tornam um alvo comum de drogas destinadas a evitar rejeição. Central para a resposta imune é a capacidade da célula T de reconhecer antígenos estranhos por um TCR da superfície. Estes receptores reconhecem antígenos pelas vias indireta ou direta. A *via indireta* envolve o reconhecimento pelo TCR de um antígeno MHC estranho (não próprio) que foi destacado do enxerto e é apresentado por uma molécula MHC-própria localizada em uma super-

fície de APC. A *via direta* envolve reconhecimento por TCR de um antígeno MHC estranho intacto presente na superfície de uma APC do doador que foi destacada do enxerto. Este último fenômeno ocorre só em respostas aloimunes e é responsável pela maioria do reconhecimento por TCR em rejeição aguda de enxerto a uma frequência de 100:1 em comparação com reconhecimento indireto.

Existem duas classes principais de células T: células T auxiliares que expressam moléculas de superfície CD4 (CD4$^+$), e células T citotóxicas que expressam CD8 (CD8$^+$). As células CD4$^+$ reconhecem moléculas MHC classe II na superfície de APCs, enquanto as células CD8$^+$ são restritas ao reconhecimento de MHC classe I. Células CD4$^+$ são ativadas após reconhecimento de um antígeno estranho (p. ex., MHC estranho de um transplante renal). Elas então iniciam uma resposta imune aos peptídeos estranhos, secretando citocinas importantes na proliferação e ativação de células B e ativação de células T citotóxicas. As células T CD8$^+$ matam células que apresentam antígeno estranho pelo uso de moléculas citotóxicas como perforinas, granzimas, e Fas, que dispara apoptose na célula-alvo. As células T reguladoras (Treg) são um subconjunto de células T auxiliares recentemente descrito que suprimem a ativação e proliferação de células T CD4$^+$ e CD8$^+$ e foram implicadas em tolerância no aloenxerto.

4. **Interações das Células T e APC**
Células T e APCs têm diversas interações importantes centrais para reconhecimento e rejeição de aloenxerto. *Sinal 1* é o termo para a ligação inicial da célula T à APC através de interações entre o complexo TCR/CD3 e peptídeo estranho apresentado pelo MHC. Sinal 1 é um processo calciodependente e resulta em ativação de calcineurina. Embora sinal 1 sozinho cause anergia, a adição do **sinal 2,** também conhecido como *coestimulação,* levará a uma resposta imune. O sinal de coestimulação mais bem compreendido é entre CD28 na superfície da célula T e B7 na superfície da APC. Ativação de CD28/B7 leva à sinalização intracelular, produção de interleucina 2 (IL-2), e ativação de células T. Enquanto CD28 é expressado em células T em repouso, a molécula de superfície do linfócito T citotóxico antígeno 4 (CTLA-4) é expressada apenas em células T ativadas. CTLA-4 se liga preferencialmente a B7 e, eventualmente, inativa a resposta imune, desse modo fornecendo potente *feedback* negativo. Outra molécula coestimuladora, CD40, é encontrada em APCs e células B ativadas, e se liga ao ligante CD40 (CD40L) nas células T. A via CD40/CD40L é importante na produção de Ig e troca de classe pelas células B.

5. **Células B**
As células B se desenvolvem em múltiplos locais do corpo, incluindo o fígado, baço e linfonodos. Em resposta à ativação induzida pelo alorreconhecimento das células T e sinalizando proliferação, as células B produzem anticorpos que são específicos para antígenos MHC estranhos. Quando estes anticorpos são específicos para antígenos doadores eles são chamados anticorpos doador-específicos (DSA). Citotoxicidade celular mediada por anticorpo ocorre via fixação de complemento e lise celular subsequente. Células B e anticorpos são importantes na rejeição de aloenxerto, com o potencial de causar rejeição hiperaguda (destruição imediata do aloenxerto decorrente de anticorpos pré-formados), bem como rejeição aguda e crônica mediada por anticorpo (decorrente de DSA pré-formado ou *de novo*).

B. **Farmacoterapia**
Em 1960 e 1970, os primeiros agentes imunossupressores de transplante consistiam em esteroides e azatioprina. Desde aquela época, o número de agentes imunossupressores disponíveis aumentou enormemente. Agentes podem ser usados para terapia de *dessensibilização* antes do transplante, terapia de *indução* no momento do transplante, terapia de *manutenção* para prevenir rejeição do aloenxerto, ou o tratamento de *rejeição aguda*. Há um grande grau de superposição entre as indicações, e muitos agentes são usados "*off-label*" (sem indicação comprovada). Agentes comumente usados, seu mecanismo de ação e toxicidades comuns aparecem no Quadro 13-1. Dessensibilização é discutida separadamente (ver a Seção IV.A).
1. **Agentes Usados para Indução**
   a. **Basiliximab.** Anticorpo monoclonal murino/humano quimérico que se liga ao receptor a IL-2 nas células T ativadas, inibindo ativação e proliferação de células T induzida por IL-2 sem esgotar populações de células T. É administrado como infusões intravenosas (IV) de 20 mg ao tempo do transplante e 4 dias mais tarde, e é 75% humanizado com mínimos efeitos colaterais.
   b. **Globulina Antitimocitária (ATG, Timoglobulina).** Preparações de Ig policlonal desenvolvidas injetando-se extratos tímicos humanos em coelhos (rATG) ou, menos comumente, em cavalos (Atgam) e purificando os anticorpos produzidos. Estas preparações neutralizam linfócitos por múltiplos mecanismos mediados por anticorpos, com um efeito sustentado sobre a proliferação, e são mais efetivos que basiliximab na prevenção de rejeição aguda. Toxicidades são relacionadas com imunossupressão, heterogeneidade das preparações, reações alérgicas ou anafilactoides a preparações não humanas e citopenias. Esquemas posológicos são comumente 1,5 mg/kg IV diariamente por 3 a 5 dias, mas podem variar conforme o centro.
   c. **Alentuzumab (Campath).** Anticorpo monoclonal humanizado anti-CD-52 que causa depleção de células B e T. Devido às suas potentes propriedades imunossupressivas ele é, muitas vezes, usado sem o uso de esteroide e protocolos de redução de imunossupressão; entretanto, também se associa à profunda linfopenia, suscetibilidade a infecção e síndromes autoimunes. Além disso, uma mudança no tipo e na cronologia da rejeição pode ser vista, incluindo rejeições induzidas por monócitos e humorais, ocorrendo depois dos meses iniciais pós-transplante. É usado "*off-label*" (sem indicação comprovada) para indução de transplante de rim, e a posologia padrão não foi definida; entretanto, 30 mg IV no momento do transplante é comum.
2. **Agentes Usados para Manutenção**
   a. **Inibidores de Calcineurina.** Ciclosporina A (CsA) e tacrolimo (FK506) são o sustentáculo da imunossupressão de manutenção. Ambos os agentes se ligam à calcineurina intracelular, inibindo translocação de fator de transcrição fator nuclear das células T ativadas (NFAT) para o núcleo e subsequente proliferação celular induzida por citocina. Ciclosporina e tacrolimo têm efeitos colaterais semelhantes, mas hiperlipidemia, hipertensão, hirsutismo e hiperplasia gengival são mais comuns com ciclosporina, e diabetes melito pós-transplante (PTDM) e neurotoxicidade podem ser mais comuns com tacrolimo. Eles têm

Quadro 13-1 Drogas Comumente Usadas em Transplante Renal

Classe e Drogas	Mecanismo	Toxicidade	Indicação
Inibidores de Calcineurina			
Ciclosporina	Liga-se à ciclofilina e bloqueia ação de calcineurina	Hipertensão, hiperlipidemia, nefrotoxicidade, neurotoxicidade, hirsutismo, hiperplasia gengival	M
Tacrolimo	Liga-se a FKBP, inibindo ação de calcineurina	PTDM, efeitos colaterais de neurotoxicidade semelhantes à ciclosporina	M
Inibidores de TOR			
Sirolimo Everolimo	Ligam-se a FKBP e inibem efeitos mTOR, sinalização de citocina, ciclo celular, e coestimulação mediada por CD28	Colesterol e triglicerídeos elevados, citopenias, acne, cicatrização de ferida, pneumonite	M, CIM
Antimetabólitos			
Azatioprina	Liberação de 6-MP *in vivo*, interfere com a síntese de DNA, ciclo celular	Citopenias, diarreia, hepatotoxicidade, neoplasias	M
Micofenolato mofetil Ácido micofenólico	Inibidores de inosina monofosfato desidrogenase, bloqueia síntese *de novo* de purinas	Diarreia, desconforto GI, citopenias, CMV invasivo	M
Corticosteroides	Múltiplos locais de ação; produção de citocinas, proliferação de células T, tráfego de leucócitos, outros	HTN, PTDM, hiperlipidemia, obesidade, infecção, osteoporose, AVN	I, M, CR

(Continua)

Quadro 13-1	Drogas Comumente Usadas em Transplante Renal (Cont.)		
Classe e Drogas	Mecanismo	Toxicidade	Indicação
Belatacept	Proteína de fusão de Ig humana e CTLA-4, inibe coestimulação mediada por CD28	PTLD: apenas para uso em pacientes EBV-positivos	M, CIM
Terapias de Anticorpo			
Globulina antitimocitária	Ab policlonal de coelho contra timócitos	Reação alérgica, leucopenia	I, CR
Basiliximab	Ab monoclonal parcialmente humanizado (75%), mesmo alvo que daclizumab		I
Alentuzumab	Ab monoclonal humanizado contra CD52 nos linfócitos e monócitos	Linfopenia, síndromes autoimunes, infecção, rejeição retardada	I
IVIG	Imunomodulação, múltiplos locais de ação	Reações à infusão, cefaleia, lesão renal aguda quando à base de sacarose	AMR, D
Rituximab	Anticorpo monoclonal anti-CD20 depletador de células B	Reações à infusão e dermatológicas, citopenias	AMR, D

Ab, anticorpo; AMR, rejeição mediada por anticorpo; AVN, necrose avascular; CIM, minimização de inibidor de calcineurina; CMV, citomegalovírus; CR, rejeição celular; D, dessensibilização; EBV, vírus de Epstein-Barr; FKBP, proteína ligadora de FK; GI, gastrointestinal; HTN, hipertensão; I, indução; IgG, imunoglobulina G; IL-2, interleucina 2; IVIG, imunoglobulina intravenosa; M, manutenção; 6-MP, 6-mercaptopurina; PTDM, diabetes melito pós-transplante; PTLD, doença linfoproliferativa pós-transplante; TCR, receptor de célula T; TOR, alvo de rapamicina.

ambos potencial de causar nefrotoxicidade. A posologia é ajustada de acordo com níveis sanguíneos de vale ou pico e varia dependendo do esquema imunossupressivo (ver Seção V.C.1).
  b. **Inibidores do Alvo Mamífero da Rapamicina (mTOR-Is).** Sirolimo e everolimo regulam para baixo mTOR, inibindo transdução de sinal mediada por IL-2 e proliferação celular. Toxicidades importantes incluem hipertrigliceridemia, hipercolesterolemia, citopenias, pneumonite, demora na cicatrização, linfoceles, diarreia e proteinúria, bem como potencialização da toxicidade de inibidor de calcineurina. Como ocorre com os inibidores de calcineurina, a posologia é ajustada de acordo com níveis sanguíneos de vale ou pico e varia dependendo do esquema imunossupressor (ver Seção V.C.1).
  c. **Antimetabólitos.** Micofenolato mofetil (MMF), ácido micofenólico (MPA) e azatioprina podem ser usados em combinação com inibidores de calcineurina e corticosteroides para imunossupressão de manutenção. Eles inibem síntese de purinas e subsequente proliferação de linfócitos. MMF e MPA muitas vezes causam diarreia e desconforto gastrointestinal, podem ser associados a citopenias, e podem ser associados a um risco aumentado de CMV invasivo tecidual. Eles são administrados a 1 g (MMF) ou 720 (MPA) duas vezes ao dia. Azatioprina fornece inibição menos seletiva dos linfócitos e pode ser associada a citopenias e neoplasias. Ela é comumente aplicada a 1,5 mg/kg por dia.
  d. **Corticosteroides** são usados durante indução, como terapia de manutenção e para o tratamento de rejeição aguda. Eles inibem a resposta imune por um efeito amplo sobre mediadores inflamatórios. Sua efetividade é complicada por uma variedade de efeitos colaterais bem conhecidos, incluindo hipertensão, intolerância à glicose, ganho de peso, cataratas, má cicatrização, osteoporose e osteonecrose. Embora retirada e não uso de corticosteroides tenham sido explorados (ver Seção V.C.2), eles permanecem sendo um sustentáculo da imunossupressão atual em ~70% dos centros de transplante nos Estados Unidos.
  e. **Belatacept** é uma proteína de fusão que consiste na parte Fc da IgG humana e o domínio extracelular de CTLA-4 que foi aprovada nos Estados Unidos para uso em receptores de transplante renal em 2011. Ele se liga com alta afinidade a B7 na APC, inibindo coestimulação de células T mediada por CD28 (sinal 2, ver Seção III.A.4). Ele é usado em protocolos poupadores de inibidor de calcineurina (ver Seção V.C.2), e é geralmente bem tolerado; entretanto, foi associado a incidências mais altas de doença linfoproliferativa pós-transplante (PTLD) e por essa razão só é indicado em pacientes que são soropositivos para vírus de Epstein-Barr (EBV, que tem um menor risco de PTLD). É disponível apenas em formulação IV, e é infundido uma vez por mês durante uma fase de manutenção (mais frequentemente durante o início).
3. **Agentes Usados para Tratamento de Rejeição**
   O tratamento farmacológico da rejeição depende do tipo de resposta imune conforme determinado pela histologia de uma biópsia do aloenxerto (ver Seção VI.B). Corticosteroides e globulina antitimocitária (descrito nas seções precedentes) são usados na rejeição mediada por células (células T). Imunoglobulina intravenosa (IVIG), rituximab, bortezomib e eculizumab foram usados para tratar rejeição mediada por anticorpo (células B), muitas vezes em combi-

nação com plasmaférese. IVIG exerce ação imunomoduladora por numerosos mecanismos, incluindo inibição de atividade de citocinas, inibição da ativação e funcionalidade das células T, e inibição da ativação de complemento. Rituximab é um anticorpo anti-CD20 monoclonal quimérico murino/humano que reduz populações de linfócitos pré-B e B maturos. Bortezomib é um inibidor de proteossomo que reduz os números de células plasmáticas secretoras de anticorpo. Eculizumab é um anticorpo monoclonal que inibe ativação de complemento C5 terminal, desse modo limitando toxicidade celular mediada por anticorpo, e está aprovado para tratamento de síndrome hemolítico-urêmica atípica. Estes agentes, embora frequentemente muito efetivos, são todos considerados "*off-label*" (sem indicação comprovada) para a indicação de rejeição de transplante de rim, e a posologia não foi padronizada. Efeitos colaterais comuns destes agentes encontram-se listados no Quadro 13-1.

4. **Interações de Drogas**
Embora não seja possível listar todas as interações de drogas potenciais, é importante o clínico estar atento aos tipos gerais de interações ao iniciar novas terapias ou presenciar toxicidades inesperadas. Em geral, interações podem resultar de alterações na absorção, no metabolismo, na excreção, ou através de toxicidade aditiva ou sinergística com agentes que têm efeitos colaterais semelhantes. Os agentes que podem diminuir a absorção de agentes imunossupressores incluem antiácidos, colestiramina e alimento, enquanto agentes pró-motilidade podem aumentar a absorção. Metabolismo de tacrolimo e ciclosporina ocorre pelo citocromo P-450-3A4; portanto, agentes que afetam este sistema podem alterar os níveis de inibidor de calcineurina ou metabolismo alterado do agente interativo, levando à toxicidade ou a concentrações inadequadas. Os exemplos incluem bloqueadores dos canais de cálcio, antifúngicos azóis, antibióticos macrolídeos e suco de toranja, os quais podem aumentar os níveis de inibidor de calcineurina; e anticonvulsivantes e rifampicina, os quais podem diminuir os níveis. Sinvastatina e atorvastatina não devem ser usadas com ciclosporina em virtude da depuração reduzida e do risco de miopatia e rabdomiólise. Alopurinol pode causar mielossupressão grave, quando usado com azatioprina, e deve ser evitado. Ciclosporina reduz a exposição ao MMF, e mTOR-Is podem potencializar nefrotoxicidade de inibidor de calcineurina. Por outro lado, anti-inflamatórios não esteroides e inibidores de ACE podem ter efeitos aditivos sobre a hemodinâmica glomerular com inibidores de calcineurina. Embora este sumário não esgote o assunto, atenção cautelosa a estas possibilidades pode evitar morbidade por interações de drogas.

IV. TRANSPLANTE
A. Prova Cruzada e Dessensibilização
Prova cruzada entre o receptor e o doador é geralmente efetuada imediatamente antes do transplante, a fim de minimizar o risco de rejeição hiperaguda e aguda mediada por anticorpo. Isto é feito usando-se citotoxicidade dependente de complemento, citometria de fluxo de base celular, ensaios de SAB de fase sólida, ou uma combinação destes métodos. Se um ensaio de prova cruzada for positivo, toma-se uma decisão ou de cancelar o procedimento ou prosseguir com alguma forma de dessensibilização dependendo do risco percebido de rejeição, da experiência do centro de transplante e dos recursos disponíveis. Os protocolos de dessensibilização visam reduzir o risco de rejeição, diminuindo o impacto de DSA preexistentes no receptor. Eles variam dependendo da fonte do órgão doador e do

grau de positividade da prova cruzada, e geralmente consistem em terapias que são usadas para tratar rejeição mediada por anticorpo (Seções III.B.3 e VI.B). Exemplos incluem tratamentos de plasmaférese seguidos por IVIG em baixa dose (100 a 200 mg/kg) até que o ensaio de prova cruzada seja negativo (útil para pacientes com transplante de doador vivo e datas de cirurgia que possam ser planejadas ou adiadas), e IVIG em alta dose (1 a 2 g/kg) com ou sem rituximab imediatamente antes e/ou depois da cirurgia (em receptores de rim de falecido). Transplante por intermédio de uma prova cruzada positiva geralmente aumenta o risco de rejeição e perda do enxerto mesmo com dessensibilização, mas, provavelmente, melhora os resultados dos pacientes em comparação com permanecer em diálise.

B. Indução
Com poucas exceções, os receptores de transplante de rim receberão uma série curta de esteroides em alta dose no momento do transplante, seguida por uma diminuição gradativa para a dose de manutenção inicial. Seja por risco aumentado percebido de rejeição, seja por protocolo local, terapia com anticorpo pode ser administrada durante indução. Riscos aumentados de rejeição podem ser vistos naqueles com PRA alto, transplantes prévios e em afro-americanos. Terapias baseadas com anticorpo disponíveis incluem ATG, antagonistas dos receptores a IL-2 e alentuzumab. ATG e alentuzumab depletam o *pool* de linfócitos e fornecem imunossupressão mais potente em comparação com antagonistas de receptor a IL-2, mas também têm maior potencial de toxicidade (ver Seção III.B.1).

C. Nefrectomia no Doador
Rim de doador vivo pode ser retirado por cirurgia aberta ou laparoscópica, cada uma com suas próprias vantagens e desvantagens. O rim esquerdo é mais frequentemente selecionado devido à sua veia renal mais longa e acessibilidade. Taxas de doação laparoscópica aumentaram em virtude de avanço técnico e preferências do doador. Em geral, doação laparoscópica tem vantagens de hospitalização mais curta, retorno mais rápido ao trabalho e menos dor, mas com custos mais altos, maior tempo operatório e uma curva de aprendizado para diminuir as taxas de morbidade para iguais às da nefrectomia aberta. Rins de falecido são removidos junto com um *patch* de aorta e veia cava inferior como parte de uma retirada de múltiplos órgãos. Os órgãos são, então, separados e armazenados em solução de preservação hipotérmica até o implante. Perfusão pulsátil pode ser usada, especialmente em rins ECD ou DCD.

D. Cirurgia de Transplante
O rim transplantado é implantado na fossa ilíaca direita ou esquerda. A veia e artéria renal são ambas conectadas por uma anastomose terminolateral, a veia doadora geralmente sendo conectada à veia ilíaca externa e a artéria doadora à artéria ilíaca externa. O ureter é implantado na bexiga, e a mucosa da bexiga é puxada sobre o ureter para criar um túnel que evite refluxo e fístula urinária. Um *stent* ureteral é muitas vezes colocado no momento da cirurgia para assegurar patência e evitar fístula urinária. Linfáticos são ligados para evitar formação de linfocele pós-operatória. Um cateter de Foley é colocado no momento da cirurgia e mantido até 5 dias pós-operatoriamente. Transplante de rim na ausência de isquemia do doador ou complicação técnica é geralmente acompanhado pela imediata produção de urina.

V. TRATAMENTO PÓS-OPERATÓRIO

A. Tratamento pós-operatório imediato do transplantado envolve monitorização estreita do débito de urina, administração de líquido e sinais vitais. Muitos centros usam algoritmos, os quais substituem o débito de urina por soro meio-fisiológico ou solução semelhante. A diurese intensa que pode-se seguir em um transplantado pode causar perturbações no potássio, magnésio, cálcio e fósforo. O efeito de hormônio paratireóideo elevado com um rim funcionando subitamente também contribui para estas anormalidades. Necessidades de insulina podem aumentar em pacientes diabéticos ou naqueles sem diabetes prévio, em razão da presença de esteroides, inibidores de calcineurina, e a melhora de depuração de insulina pelo rim transplantado. Um paciente não complicado com um rim funcionando pode geralmente deambular pelo dia 1 ou 2 de pós-operatório, e a dieta pode ser avançada conforme tolerado. Pelo dia 3 ou 4 de pós-operatório, o cateter de Foley pode ser removido, e o paciente pode ter alta, se estiver livre de outras complicações.

B. **Complicações cirúrgicas** incluem problemas com cada um dos aspectos do transplante: as anastomoses vasculares, complicações urológicas, linfocele e complicações de ferida.

1. Complicações urológicas incluem fístula urinária, obstrução e refluxo. *Stent* de rotina em muitos centros pode ser responsável por uma diminuição na incidência de complicações urológicas. Fístula urinária pode ocorrer em aproximadamente 2% dos transplantes. Ele geralmente é em decorrência de necrose ureteral causada pela interrupção do suprimento sanguíneo ureteral distal, mas pode ser no local do implante na bexiga ou nos cálices. A apresentação clínica é de débito urinário diminuído, dor, febre, dor à palpação abdominal, edema e uma coleção de líquido perirrenal na ultrassonografia. Aspiração de líquido revela uma creatinina alta que excede em muito a creatinina plasmática. O diagnóstico pode ser confirmado por cintilografia radionuclídica ou urografia CT demonstrando extravasamento dentro dos tecidos locais. Cateterismo com Foley temporário e *stent* ureteral seguida por reparo cirúrgico constituem o tratamento usual. *Obstrução ureteral* pode ser secundária à isquemia ureteral, bem como a coleções líquidas ou massas. Imagem de ultrassonografia, cistograma ou outros estudos geralmente levam a um diagnóstico; a obstrução pode ser resolvida por reparo ureteral, colocação de *stent*, ou nefrostomia. *Refluxo vesicoureteral* para dentro do ureter transplantado é menos comum desde a introdução da tunelização submucosa do ureter através da parede da bexiga.

2. **Trombose arterial ou venosa** é incomum, mas pode ocorrer como resultado de hipercoagulabilidade preexistente ou dificuldade técnica, e deve ser suspeitada quando deterioração súbita se desenvolve em um transplante previamente funcionando. Embora tromboses venosas possam ocasionalmente ser revertidas por cirurgia ou trombólise, as tromboses vasculares mais frequentemente levam à perda do enxerto.

3. **Linfocele** se apresenta como uma coleção líquida cística assintomática. Ela pode, no entanto, causar obstrução do enxerto e reduzir a função renal, dor ou edema de extremidade inferior e trombose venosa profunda decorrente da compressão dos vasos iliofemorais. Linfoceles são distinguidas de fístulas urinárias através da aspiração de líquido que possui uma creatinina no líquido igual à creatinina sérica. O líquido aspirado deve também ser enviado para contagem celular e coloração com Gram, a fim de excluir hematoma ou abscesso. Linfoceles podem ser aspiradas, mas podem exigir reparo cirúrgico (marsupialização), se forem recorrentes.

4. **Complicações da ferida** podem-se originar dos problemas anteriormente detalhados, ou devido à infecção. Suspeita clínica é necessária, uma vez que a imunossupressão mascara os sintomas e aumenta o risco de infecções de feridas. Drenagem imediata e administração de antibiótico são centrais para o tratamento.
5. **Infecções** no primeiro mês pós-operatório são semelhantes àquelas em outros pacientes pós-operatórios, mas ocorrem mais frequentemente em pacientes imunossuprimidos. Infecções de pulmão, urina, da ferida e infecções relacionadas com cateteres de diálise são culpados comuns. Infecções de coleções líquidas (linfocele, urinoma e hematoma) também podem ocorrer. Infecções oportunistas e outras infecções são discutidas na Seção VI.

C. **Imunossupressão de Manutenção**
 1. **Tratamento Convencional**
    Desde 1995, as opções de imunossupressão de manutenção foram expandidas com a introdução do MMF, tacrolimo, microemulsão de ciclosporina e sirolimo. O tratamento padrão nos Estados Unidos consiste em um inibidor de calcineurina, um antimetabólito e corticosteroides. Os inibidores de calcineurina, tacrolimo e ciclosporina têm eficácia semelhante na sobrevida do paciente e do enxerto, mas com perfis de toxicidade ligeiramente diferentes. Tacrolimo também baixou a incidência e gravidade da rejeição em comparações diretas com a ciclosporina. Uma conduta é manter níveis mínimos de ciclosporina que são mais altos (300 ng/mL) no primeiro mês, com diminuição gradual para 150 a 250 ng/mL pelos 6 meses e 50 a 200 ng/mL após 12 meses. Similarmente, níveis-alvos de tacrolimo são 6 a 12 ng/mL no primeiro mês, 5 a 8 ng/mL nos meses 1 a 5, e 4 a 7 ng/mL após 6 meses. Os níveis-alvos podem necessitar ser mais baixos em pacientes recebendo sirolimo, e são frequentemente individualizados com base na idade, PRA, compatibilidade, história de rejeição e a presença de infecção. MMF e sirolimo em grande parte suplantaram azatioprina em uso clínico, uma vez que ambos resultam em menos rejeição aguda. O terceiro agente usado em esquemas de combinação é corticosteroides; eles são geralmente diminuídos rapidamente a 20 mg por dia em 1 a 2 semanas pós-transplante. São a seguir diminuídos gradualmente para 5 a 10 mg diários pelo mês 6. A disponibilidade de múltiplos agentes permitiu aos clínicos escolherem um esquema que melhor se adapte ao perfil de risco imunológico de um paciente e à suscetibilidade percebida a efeitos colaterais. Por exemplo, os pacientes com segundo transplante ou má compatibilidade que estiverem em maior risco de rejeição podem fazer uso de tacrolimo. Entretanto, um paciente obeso com uma história familiar de diabetes, mas com baixo risco imunológico pode fazer uso de ciclosporina ou escolhido para um protocolo de retirada de esteroide em uma tentativa de reduzir o risco de PTDM.
 2. **Esquemas Alternativos**
    As toxicidades de corticosteroide e inibidores de calcineurina levaram a múltiplos estudos clínicos de estratégias de retirada e não utilização. Metanálise da retirada tardia de esteroide foi associada à rejeição aguda e perda de enxerto, particularmente em afro-americanos. Em contraste, estudos de retirada precoce ou não utilização de esteroides em pacientes de baixo risco mostraram-se promissores; entretanto, elas são associadas a taxas mais altas de rejeição com benefício limitado em complicações metabólicas, e faltam resulta-

dos a longo prazo. Retirada/não utilização de inibidor de calcineurina é outro objetivo por causa de nefrotoxicidade e outros efeitos colaterais. Estudos clínicos de belatacept, um bloqueador da coestimulação, em combinação com esteroides e MMF, mostram função melhorada aos 3 anos do enxerto apesar de taxas aumentadas de rejeição aguda em comparação com esquemas contendo ciclosporina; entretanto, dados de sobrevida de enxerto e pacientes a longo prazo ainda não são disponíveis e há um risco mais alto de PTLD (Seção VII.C). Os mTOR-Is sirolimo e everolimo foram estudados em diversas estratégias de não utilização de inibidor de calcineurina incluindo protocolos de não utilização, retirada e conversão. Embora os resultados do estudo ELITE-Symphony mostrem que a não utilização de inibidor de calcineurina usando mTOR-I é associada a piores resultados de enxerto, os estudos de conversão ou retirada precoce (1 a 6 meses) ou tardia (> 6 meses) foram mais promissores. Entretanto, como o belatacept, a maioria das experiências de minimização de inibidor de calcineurina usando mTOR-Is mostraram taxas aumentadas de rejeição aguda, e melhoras a longo prazo na sobrevida de pacientes ou enxertos não foram publicadas.

VI. COMPLICAÇÕES MÉDICAS. Em adição a DGF, rejeição aguda ou crônica, e doença recorrente, pacientes transplantados são suscetíveis a insuficiência renal de todas as causas que afetam a população geral. Nas 48 horas iniciais após transplante, causas técnicas relacionadas com a cirurgia ou DGF são mais comuns. Após 48 horas, a abordagem a um paciente com disfunção renal deve excluir hipovolemia, toxicidade de medicação e obstrução do trato urinário, e deve tentar descobrir causas de necrose tubular aguda (ATN), como hipotensão, sepse ou radiocontraste. Avaliação quanto à rejeição aguda deve ser realizada se causas claras não forem encontradas.

A. Função Retardada do Enxerto

DGF é comumente definida como a necessidade de diálise nos primeiros 7 dias após transplante. Ela ocorre em 20% a 30% dos transplantes de doador falecido, mas é incomum em transplantes de doador vivo. Embora fatores técnicos ou outros eventos que afetam a função renal possam causar DGF, ela é mais comumente um resultado de ATN pós-isquêmica, causada por hipovolemia ou hipotensão do doador, ou isquemia fria ou quente prolongada durante recuperação e preservação. DGF soma-se ao custo e duração da hospitalização, e é associada à sobrevida diminuída a curto e longo prazo do enxerto. Para determinar a causa da disfunção do enxerto no período pós-operatório inicial, uma ultrassonografia renal deve ser efetuada para excluir causas técnicas, e a cronologia da biópsia renal para excluir rejeição aguda deve ser guiada pelo risco imunológico do paciente.

B. Rejeição Aguda

Rejeição refere-se a uma resposta imunológica pelo receptor ao órgão transplantado. Há vários tipos de rejeição aguda. *Rejeição hiperaguda* é rara, e é causada por anticorpos pré-formados contra antígeno doador, levando à destruição imediata do enxerto após perfusão. *Rejeição aguda acelerada* geralmente ocorre 2 a 3 dias após transplante, e muitas vezes é um processo mediado por anticorpo que tem lugar em pacientes pré-sensibilizados com prévios transplantes, transfusões ou gestações. Rejeição celular aguda é uma resposta mediada por células T ou por anticorpo, ou uma combinação de ambas, que pode ocorrer a qualquer tempo, mas é mais comum de 5 a 7 dias pós-transplante até 4 semanas após o transplante, com uma diminuição gradual do risco nos primeiros 6 meses. Clinicamente, sintomas como febre de baixo grau, um aloenxerto inchado (doloroso à palpação) e oligúria não são vistos comumente com a imunossupressão moderna. Por essas razões, monitoramento laboratorial frequente e um alto índice de suspeição são necessários para diagnosticar rejeição aguda. Rejeição aguda tipicamente se apresenta como uma diminuição na função renal, conforme medido pela creatinina sérica. Entretanto, rejeição pode ocorrer sem alterações discerníveis na função renal, um processo chamado *rejeição subclínica*. Alguns centros efetuam "biópsias de protocolo" de rotina para avaliar quanto à rejeição subclínica e outras anormalidades do enxerto. Os esquemas atuais incorporando agentes mais novos reduziram a incidência de rejeição aguda no primeiro ano para 15% ou menos, melhoraram a sobrevida de aloenxerto de doador falecido em 1 ano para aproximadamente 90%, e podem ser responsáveis por alguma da melhoria vista nos resultados a longo prazo. O diagnóstico de rejeição aguda exige uma biópsia renal guiada por ultrassom, com aplicação dos critérios de Banff para graduar a gravidade da rejeição ou revelar outra patologia. Aspectos patológicos de infiltração intersticial com linfócitos, tubulite e endarterite são vistos na rejeição de células T, enquanto inflamação capilar peritubular e coloração C4d, DSA circulante, e lesão tecidual são diagnósticas de processos mediados por anticorpo. Tratamento de rejeição de células –T aguda é usualmente de 3 a 5 dias de curso de altas doses de esteroides IV e/ou 5 a 10 dias de curso de ATG para rejeição mais grave. Tratamento de rejeição mediada por anticorpo geralmente envolve cinco ou mais sessões de plasmaférese seguidas por IVIG, e ocasionalmente rituximab ou bortezomib para casos mais graves. Embora a maioria das rejeições agudas possa ser revertida, sua ocorrência permanece um preditor poderoso da sobrevida do enxerto a longo prazo, principalmente na rejeição mediada por anticorpo ou rejeição de células T comprometendo os grandes vasos.

C. Doença Recorrente

O diagnóstico de doença recorrente é orientado pelo cenário clínico e conhecimento de que doenças tendem a recidivar nos transplantes de rim. Nefrite recorrente pode-se apresentar como proteinúria, síndrome nefrótica, hematúria microscópica e perda de função. Ela pode ser diferenciada de outras causas (disfunção crônica do aloenxerto, doença glomerular *de novo*) por biópsia renal. No paciente que se submeteu a transplante, as variáveis importantes são a frequência de recorrência e a frequência de perda de enxerto em razão de recorrência. Por exemplo, glomerulonefrite membranoproliferativa tipo II (MPGN) recidiva em torno de 100% dos casos e comumente leva à perda do enxerto. Glomerulosclerose focal primária e segmentar e MPGN tipo I recorrem em 20% para 60% dos pacientes, também comumente pode levar à perda do enxerto. Alternativamente, nefropatia de IgA recorre em aproximadamente 50% dos receptores, mas não é comum causar perda do enxerto. Lúpus eritematoso sistêmico também pode recidivar microscopicamente em aloenxertos de rim, mas é raro ser importante clinicamente. Doença glomerular foi a causa de 30% de toda perda de enxerto em um estudo, metade da qual foi em virtude de doença recorrente.

D. Lesão Crônica do Aloenxerto

Apesar de uma redução importante na incidência de rejeição aguda ao longo das últimas várias décadas, a sobrevida a longo prazo do enxerto melhorou apenas marginalmente. A causa mais comum de perda de enxerto é morte do paciente com um enxerto funcionando, a maioria da qual é decorrente de doença cardiovascular, é responsável por perto da metade de todos os casos. Os casos restantes de perda de enxerto são em consequência de uma variedade de lesões tanto imunológicas (rejeição crônica) quanto não imunológicas (p. ex., qualidade do órgão doador, hipertensão, toxicidade de droga), cuja epidemiologia se transformou com o tempo. Estudos de biópsia por protocolo de pacientes transplantados nos anos 1980 e 1990 descreveram fibrose intersticial/atrofia tubular (IFTA) em decorrência da toxicidade de inibidor de calcineurina como a causa dominante de disfunção tardia do enxerto. Estudos mais recentes mostraram uma taxa mais baixa de IFTA em enxertos perdidos, colocando mais ênfase na patologia glomerular e lesão crônica do enxerto mediada por anticorpo. A patologia glomerular pode consistir em doença primária recorrente ou *de novo,* esta última muitas vezes na forma de glomerulopatia do transplante. Esta lesão é caracterizada por duplo contorno da membrana basal glomerular com proteinúria, é, muitas vezes, associada à coloração C4d glomerular e DSA circulante, e é o prenúncio de um prognóstico particularmente ruim para o enxerto. Dano crônico ao enxerto mediado por anticorpo, ocasionalmente na forma de glomerulopatia do transplante, é frequentemente em razão da não adesão à medicação prescrita e foi descrito como responsável por mais de 60% das perdas de enxerto. IFTA é ainda um achado de patologia em até 30% das perdas de enxerto, cuja causa é geralmente multifatorial e pode incluir infecção crônica, rejeição, toxicidade de droga ou doença glomerular. Dano crônico ao aloenxerto não é tipicamente uma doença reversível, e o tratamento é individualizado. Por exemplo, um paciente com suspeita de toxicidade de inibidor de calcineurina pode-se beneficiar com uma redução ou suspensão do agente agressor, enquanto um paciente com DSA circulante e rejeição crônica mediada por anticorpo pode-se beneficiar de aumento da exposição a imunossupressor.

VII. TRATAMENTO CLÍNICO DO PACIENTE TRANSPLANTADO. O sucesso do transplante renal e a crescente população de transplantados são infelizmente acompanhados pelas complicações de comorbidades e efeitos colaterais da imunossupressão a longo prazo. Os pacientes muitas vezes morrem com enxerto funcionando, em consequência de doença cardiovascular, infecções e neoplasias, e estas e outras condições contribuem para um espectro de doenças comuns em transplante.

A. Doenças Infecciosas

No paciente que se submeteu a transplante, sinais e sintomas típicos de infecção podem ser ausentes, e coinfecções são comuns, exigindo pesquisa aumentada. Infecções após transplante renal ocorrem em padrões que são importantes reconhecer. Imediatamente após transplante, os pacientes estão em risco de infecções pós-operatórias comuns: infecções de ferida, pneumonia, de cateter e urinárias. Os primeiros 6 meses após transplante são marcados por um risco de infecções oportunistas devido à imunossupressão mais intensa, especialmente após indução de anticorpo. Por esta razão, os pacientes geralmente recebem profilaxia contra pneumonia por *Pneumocystis carinii* durante pelo menos 6 meses, e contra CMV durante 3 a 6 meses, se estiverem em risco (ver seção seguinte). Alguns centros dão profilaxia para infecções fúngicas. Após 6 meses, o risco de infecções oportunistas é mais baixo, mas permanece presente, e os pacientes permanecem em risco de infecções mais frequentes e graves por patógenos adquiridos na comunidade. Revisaremos alguns patógenos comuns e princípios específicos do transplante renal.

1. **Imunossupressão durante Infecção**
   Não há diretrizes claras para diminuir a imunossupressão durante infecção. Além disso, muitas infecções acarretam um risco aumentado de rejeição aguda devido à regulação para cima da imunovigilância e atividade. Em geral, infecções leves tratadas com antimicrobianos apropriados podem ser controladas sem alteração na imunossupressão. Entretanto, infecções mais graves podem exigir diminuição ou suspensão de medicações antiproliferativas (sirolimo, MMF, azatioprina) e reduções na dosagem de inibidor de calcineurina. Infecções graves ou ameaçando a vida devem incluir atenção ao requisito de doses de estresse de corticosteroides, as quais são, muitas vezes, adequadas para diminuir o risco de rejeição durante uma enfermidade. Redução da imunossupressão é mais bem realizada com monitorização cuidadosa da função do enxerto junto com a consulta aos médicos de transplante.

2. **Citomegalovírus**
   CMV é um vírus de herpes humano que é comum na população geral, mas geralmente não ocasiona morbidade grave sem imunossupressão. O risco de infecção CMV é relacionado com a situação sorológica do doador e receptor. Um receptor de órgão potencial que não foi exposto a CMV está em risco de uma infecção primária, se transplantado com um órgão CMV-positivo, um receptor que foi exposto antes do transplante está em risco de reativação ou superinfecção, especialmente, se recebendo indução com anticorpo, e doença CMV é incomum em transplantes doador-negativos/receptor-negativos. Por essas razões, pacientes doador-positivos/receptor-negativos e pacientes receptor-positivos geralmente recebem profilaxia contra CMV durante 3 a 6 meses, geralmente com valganciclovir. Infecção CMV leva à morbidade relacionada diretamente com a infecção, mas também aumenta o risco de rejeição aguda, perda de enxerto e morte. Clinicamente, a doença frequentemente se apresenta como febre de baixo grau, leucopenia e/ou trombocitopenia e mal-estar. Invasão tecidual pode ocorrer em 5% a 15% das infecções, com síndromes de pneumonite, hepatite, esofagite e diarreia sendo mais comuns. Análise baseada em reação de cadeia de polimerase (PCR) é a técnica diagnóstica mais sensível, mas existem outras opções, inclusive biópsia de tecidos afetados. O tratamento padrão é ganciclovir IV, um análogo de nucleosídeo, embora resistência ao ganciclovir possa se desenvolver.

3. **Nefropatia por BK Vírus (Poliomavírus)**
   Vírus BK humano (BKV) é um poliomavírus que está presente como infecção latente na maioria da população e tem tropismo pelo trato geniturinário. Durante imunossupressão, o vírus pode-se reativar. Em pacientes submetidos a transplante renal, BKV mais comumente causa uma síndrome de função renal diminuída e nefrite intersticial, a qual parece clínica e patologicamente similar à rejeição aguda. Uma vez que a descoberta na época da nefropatia pode ser tarde demais para evitar perda do enxerto, as práticas atuais enfatizam fazer triagem de virúria e viremia BK usando-se análise à base de PCR. Técnicas imunoistoquímicas e a presença de inclusões virais podem ser usadas para confirmar o diagnóstico por meio de biópsia renal. É importante suspeitar de nefropatia por BKV quando presumida rejeição aguda não responder a esteroides ou ocorrer após 6 meses, uma vez que

aumentar a intensidade da imunossupressão pode levar à perda do enxerto. O fundamento do tratamento é diminuir a intensidade da imunossupressão, o que pode estabilizar a disfunção renal relacionada com o BKV, mas aumentar o risco de rejeição aguda. IVIG, cidofovir e leflunomida foram usadas em casos esporádicos, com sucesso variável, em indivíduos com viremia continuada ou função renal em declínio apesar da redução da imunossupressão.

4. **Hepatites B e C**
Embora a incidência de hepatite B em pacientes com ESRD venha diminuindo por causa da imunização, técnicas de isolamento e triagem do sangue transfundido, infecções por hepatite C são relativamente comuns, afetando até 7% dos receptores de transplante de doador falecido nos EUA. Não há consenso sobre o tratamento ou resultado de qualquer das doenças em relação ao transplante renal. Para hepatite B, os pacientes com antigenemia geralmente recebem avaliação e biópsia hepática antes do transplante, uma vez que as terapias antivirais podem ser mais efetivas antes do transplante. Para hepatite C, os efeitos sobre os resultados e tratamento são um pouco controversos. Dados sugerem que infecção por hepatite C aumenta o risco de perda do enxerto, morte e PTDM. Embora muitos pacientes tenham doença leve, indolente, há relatos de progressão rápida para cirrose e insuficiência hepática após transplante de rim. Um fator complicador é que terapia com interferon aumenta o risco de rejeição aguda. A maioria dos pacientes com hepatite C deve realizar biópsia hepática para excluir cirrose e pode levar em consideração a terapia com interferon antes do transplante.

5. **Vírus de Imunodeficiência Humana.** Infecção por HIV foi historicamente uma contraindicação ao transplante, mas transplante renal bem-sucedido é agora mais comum em pacientes livres de infecções oportunistas com replicação viral indetectável e contagens sustentadas de CD4 acima de 200. Por razões que não estão completamente compreendidas, os receptores de rim HIV+ experimentam rejeição aguda a índices até quatro vezes mais altos em comparação com pacientes HIV-negativos. Inibidores de protease podem aumentar significativamente os níveis do inibidor de calcineurina, e monitorização frequente para titulação da dose apropriada é essencial quando usados juntos.

6. **Outras Infecções**
Infecções urinárias são comuns após transplante renal, e pielonefrite do rim transplantado pode levar à função renal diminuída. Infecções pulmonares tanto por patógenos comuns quanto incomuns são a causa mais comum de infecção invasiva tecidual. Embora a lista de patógenos que afetam os pacientes seja longa demais para mencionar, o diagnóstico diferencial deve incluir doenças fúngicas, como *Cryptococcus, Candida* e fungos endêmicos, doença micobacteriana, *Nocardia, Pneumocystis carinii,* patógenos virais e outros.

7. **Imunização**
Receptores de transplante potenciais devem receber imunização contra gripe, pneumococo, hepatite B e varicela, se eles forem soronegativos. Após transplante, muitos centros aguardam 6 meses antes de quaisquer imunizações por causa de riscos teóricos de estimular o sistema imune e aumentar o risco de rejeição. Por outro lado, as vacinas podem ser menos efetivas neste período de tempo. As vacinas de pólio oral, tifoide, varicela, febre amarela e

Bacillus Calmette-Guérin (BCG) são vacinas vivas que são contraindicadas após transplante renal, em virtude de sua capacidade de causar doença em hospedeiros imunocomprometidos. Entretanto, a vacina viva de sarampo-caxumba-rubéola (MMR) pode ser administrada depois de 6 meses, se indicado. Vacinação de gripe, pneumococo, hepatites A e B, e tétano-difteria devem ser administradas conforme indicado. O papel da vacina do vírus papiloma humano (HPV) em candidatos a transplante requer elucidação.

B. Doença Cardiovascular. Doença cardiovascular é a causa mais comum de morte em pacientes com um enxerto funcionando. Doença isquêmica de artéria coronária, insuficiência cardíaca congestiva e hipertrofia ventricular esquerda são todas mais comuns em pacientes com doença renal, e doença vascular cerebral é outra causa importante de morbidade e mortalidade. Por essas razões, esforços para melhorar os resultados após transplante renal foram apropriadamente alterados para se focalizarem em riscos cardiovasculares. Os esforços de prevenção de eventos cardiovasculares iniciam com a avaliação pré-transplante, estratificação do risco e intervenção, quando necessário. Após transplante, atenção é dada à modificação dos fatores de risco existentes e cuidadosa avaliação e tratamento de novos sintomas ou doença.

  1. Hipertensão

  Desde a introdução dos inibidores de calcineurina, hipertensão tem estado presente em 70% a 90% dos pacientes após transplante de rim. Hipertensão representa não apenas um fator de risco cardiovascular modificável, mas também é correlacionada com perda de enxerto. Os clínicos devem visar a uma pressão arterial–alvo abaixo de 130/80 mmHg conforme indicado pelas recomendações atuais para pacientes com doença renal crônica. A escolha de agentes após transplante de rim é controvertida e complicada pela interpretação das flutuações na função renal que ocorrem com diuréticos, inibidores de ACE e bloqueadores dos receptores à angiotensina (ARBs). Em geral, β-bloqueadores e bloqueadores dos canais de cálcio dihidropiridinas são usados no período pós-transplante inicial em razão da sua ausência de interações de drogas e os efeitos sobre a função renal. Muitos pacientes necessitam de diuréticos por causa da retenção de sal decorrente de corticosteroides, inibidores de calcineurina e outra medicação utilizada para o controle da pressão arterial. Inibidores de ACE e ARBs são frequentemente evitados inicialmente após transplante em decorrência de efeitos sobre a hemodinâmica renal e a creatinina sérica.

  2. Hiperlipidemia

  Anormalidades dos lipídios ocorrem em pelo menos 50% dos receptores de transplante e representam um importante fator de risco cardiovascular modificável. Hipertrigliceridemia, alta lipoproteína de baixa densidade e baixa lipoproteína de alta densidade ocorrem frequentemente como parte de uma síndrome metabólica que é comum após transplante. Corticosteroides, inibidores de calcineurina e sirolimo podem todos desempenhar papéis importantes na piora dos perfis lipídicos. Apesar de preocupações com rabdomiólise decorrente de interações de drogas, há agora dados prospectivos de estudos controlados randomizados indicando que estatinas (especificamente, fluvastatina) podem prevenir morte cardíaca e infarto miocárdico não fatal após transplante renal sem efeitos sobre a sobrevida do enxerto. Outras terapias, como niacina, fibratos e resinas fixadoras, foram usadas também. Como sempre, deve ser dada atenção a interações de drogas, especialmente a respeito do risco de rabdomiólise (estatinas, fibratos e inibidores de calcineurina) e absorção diminuída ou aumentada (resinas ligadoras e ezetimibe).

3. Diabetes Melito

a. Fundamentos

Diabetes é um importante fator de risco independente para doença cardiovascular, está presente em 30% a 40% dos pacientes antes de transplante, e se desenvolve após transplante em 2,5% a 35% dos pacientes não diabéticos dependendo de fatores de risco pré-transplante e do esquema imunossupressivo. Complicações do diabetes têm efeitos importantes sobre os resultados dos pacientes, levando à morbidade cardiovascular e infecciosa, perda e função diminuída de aloenxerto renal, bem como sobrevida diminuída dos pacientes. Em pacientes com diabetes precedendo transplante, o controle pode ser piorado pelos corticosteroides, inibidores de calcineurina, e a meia-vida diminuída da insulina endógena e exógena devido à função renal melhorada. Controle rigoroso do diabetes tende a diminuir complicações diabéticas, com base na evidência acumulada em outras populações. Um alvo de hemoglobina glicosilada de 6,5 a 7,0 tende a ser associado a resultados melhores.

b. Diabetes Melito Pós-Transplante

PTDM, também chamado *diabetes de início novo pós-transplante,* complica uma porcentagem substancial dos transplantes de rim, e é associado a resultados piores dos pacientes. Os riscos para PTDM incluem aumento da idade, obesidade, história familiar de diabetes, raça/etnia afro-americana ou hispânica, infecção hepatite C e tolerância anormal à glicose. Os corticosteroides têm efeitos adversos bem conhecidos sobre a resistência insulínica, e os inibidores de calcineurina são diabetogênicos, provavelmente devido a uma combinação de toxicidade para as células β e promoção da resistência insulínica. Glicose plasmática em jejum deve ser rotineiramente monitorizada após transplante porque a incidência de PTDM é alta. Prevenção de diabetes pela perda de peso e por exercício nos pacientes em risco deve ser tentada, e o tratamento de diabetes de início novo deve obedecer diretrizes estabelecidas.

4. Outros Fatores de Risco Cardiovascular

Tabagismo é obviamente um importante fator modificável de risco cardiovascular, e evidência está se acumulando de que o tabagismo também influencia a deterioração da função renal, e é um risco de perda de enxerto. Em qualquer estágio no processo do transplante, aconselhamento, programas formais de combate ao tabagismo e a agentes farmacológicos devem ser oferecidos para encorajar o ato de parar de fumar. Anemia está presente em muitos pacientes, tanto antes quanto após transplante, e pode ser não reconhecida e não tratada. Anemia é correlacionada com hipertrofia ventricular esquerda e doença cardiovascular; portanto, diagnóstico e tratamento baseados na causa são provavelmente apropriados.

C. Neoplasia

Neoplasia é uma complicação importante da imunossupressão, provavelmente em consequência de efeitos sobre a imunovigilância de populações anormais de células tumorais e cânceres mediados por vírus. A intensidade da imunossupressão, incluindo exposição a anticorpos antilinfócitos, é um fator importante a determinar o risco de neoplasia. Cânceres de pele não melanoma, especialmente carcinomas de células escamosas, têm uma incidência e agressividade particularmente altas em pacientes de transplante em comparação com a população geral. mTOR-Is demonstraram recentemente diminuir carcinomas de células escamosas subsequentes em pacientes com pelo menos um evento prévio, e conversão de terapia baseada em inibidor de calcineurina para um mTOR-I pode estar justificada nesta população. Transplantados são aconselhados a evitar o sol, usar filtro solar e roupa protetora, e a ver um dermatologista pelo menos uma vez por ano. Depois dos cânceres de pele, PTLDs são a neoplasia mais comum a seguir. Estes linfomas são associados à infecção EBV e geralmente contêm DNA de EBV. Os riscos são aumentados após terapias com anticorpo que esgotam células T. Estas neoplasias são muitas vezes manejadas com redução na imunossupressão, mas os tumores agressivos, particularmente quando monoclonais, podem exigir terapia sistêmica. Similarmente, as mulheres estão em risco aumentado de carcinomas de células escamosas do colo do útero relacionados com infecção de HPV e necessitam teste de Papanicolaou, anualmente, com frequência aumentada de vigilância e atenção, se houver quaisquer anormalidades. Cânceres da vulva, períneo e anogenitais também são mais frequentes após transplante. Hepatites B e C podem levar ao carcinoma hepatocelular; e sarcoma de Kaposi, causado por herpes-vírus humano 8, é outro câncer mediado por vírus que afeta os transplantados. Carcinoma de células renais ocorre em 4% dos transplantados, talvez em razão de doença renal cística adquirida. Triagem dos rins nativos quanto à doença foi aconselhada. Outros tumores sólidos, como câncer de mama, pulmão e cólon mostram elevação modesta do risco em comparação com a população geral. Dados os riscos de neoplasia em transplante, triagem apropriada à idade deve ocorrer antes da colocação na lista de espera, e deve continuar por toda a vida do paciente.

D. Doença Óssea
1. Doença Óssea Preexistente
O quadro clínico após transplante renal é frequentemente complicado pela presença de doença óssea preexistente. Mais comumente, hiperparatireoidismo secundário leva à osteíte fibrosa, conferindo um risco de perda óssea e fratura. Outras causas de doença óssea preexistente incluem doença óssea adinâmica (baixo *turnover*), osteomalacia relacionada com alumínio e artropatia associada à β_2-microglobulina. Além disso, os pacientes diabéticos têm densidade mineral óssea diminuída em comparação com outras populações.

2. Doença Óssea Pós-Transplante
Está bem estabelecido que até 9% da densidade óssea é perdida nos primeiros 6 a 12 meses após transplante. Além disso, osteopenia e osteoporose estão presentes em um número substancial de pacientes que receberam transplante após acompanhamento a longo prazo. Os transplantados correm um risco aumentado de fratura de 3% a 4% por ano nos primeiros 3 anos após transplante, diminuindo um pouco após este tempo. Risco de fratura é aumentado em homens e mulheres, e é particularmente aumentado em mulheres mais velhas. Há muitos fatores contribuindo para o meio interno que suporta perda óssea. Esteroides são conhecidos por induzir

osteopenia e osteoporose por meio de efeitos sobre a absorção e excreção de cálcio, agravamento de hiperparatireoidismo secundário, hipogonadismo e efeitos sobre o *turnover* ósseo. Ciclosporina, hiperparatireoidismo secundário, perda renal de fosfato, uremia e hormônios gonadais são outros fatores que contribuem para a perda óssea. Outra síndrome que afeta os transplantados é osteonecrose avascular, especialmente da cabeça femoral, a qual é associada ao uso de esteroide. Pacientes se apresentam com dor óssea, mas podem ser assintomáticos. Muitas vezes, os pacientes necessitam de intervenção operatória, incluindo substituição da articulação afetada.

3. **Tratamento**

    A cronologia e frequência de avaliação da densidade mineral óssea não estão bem definidas, mas elas devem ser efetuadas a um intervalo estabelecido, por causa do risco de fraturas. Controle do hiperparatireoidismo secundário antes do transplante é importante. Depois do transplante, suplementos de cálcio e vitamina D são recomendados, a não ser que hipercalcemia esteja presente. Paratireoidectomia é geralmente reservada para pacientes com hipercalcemia sintomática ou persistente ou com hiperparatireoidismo persistente (mais de 1 a 2 anos). Cinacalcet foi usado com algum sucesso em hiperparatireoidismo pós-transplante. Experiências de bifosfonatos mostraram reduzir a perda óssea especialmente quando dados imediatamente após transplante, mas as indicações não estão definidas e permanecem preocupações a respeito do risco de doença óssea adinâmica. Exercício com pesos constitui uma intervenção de baixo custo que deve ser recomendada a todos os pacientes.

E. **Doença Hematológica**

Distúrbios hematológicos são comuns após transplante e têm origens multifatoriais. Anemia e eritrocitose pós-transplante (PTE) são comuns e são comentados no texto subsequente. Leucopenia e trombocitopenia são vistas frequentemente como complicações de medicação antiproliferativa, CMV ou outras infecções virais, ou qualquer uma dentre várias doenças primárias.

1. **Anemia**

    Anemia é comum após transplante renal, ocorrendo em 30% a 40% dos pacientes em algumas séries. Além disso, ela foi correlacionada com um risco aumentado de eventos cardiovasculares e morte, e por essas razões pode ser um fator prognóstico importante. É mais comum no período inicial pós-transplante, mas também pode estar presente em maior frequência em pacientes com função renal diminuída. Um fator óbvio envolvido na presença de anemia é produção diminuída de eritropoetina, especialmente quando a função do enxerto está prejudicada. Deficiência de ferro, inibidores de ACE, ARBs, MMF e azatioprina também foram associados à anemia após transplante. Síndrome hemolítico-urêmica recorrente ou *de novo* pode ser uma causa drástica de anemia e perda de enxerto, e pode ser associada a inibidores de calcineurina e outras medicações. Embora sejam necessários dados prospectivos, parece prudente corrigir anemia dependendo da etiologia subjacente, incluindo administração de eritropoetina para aqueles com doença renal crônica estágios III–V.

2. **Eritrocitose Pós-Transplante**

    PTE, um hematócrito acima de 51%, ocorre em 5% a 15% dos receptores de transplante renal. A etiologia da doença não está clara, mas foram implicados mecanismos dependentes e não dependentes de eritropoetina. Ela é mais comum em fumantes, aqueles sem episódios de rejeição aguda, e pacientes com diabetes. Esta condição pode geralmente ser manejada por tratamento com inibidores de ACE ou ARBs. Ocasionalmente, flebotomia pode ser necessária, se o hematócrito não puder ser baixado a menos de 56%.

F. **Gravidez**

Anos de experiência em transplante renal permitiram alguma compreensão da gravidez após transplante. A maioria das mulheres é aconselhada a evitar gravidez por algum tempo após o transplante, geralmente 6 meses a 2 anos. A fertilidade é melhorada após transplante, e atenção deve ser dedicada à contracepção. Em mães de alto risco de infecção CMV primária, gravidez deve provavelmente ser retardada até que uma resposta de anticorpo tenha ocorrido, e a viremia tenha desaparecido. A função renal, se normal ao tempo da concepção, provavelmente não é adversamente afetada durante gravidez. Entretanto, o risco de uma deterioração relacionada com a gravidez na função renal é aumentado quando já está presente insuficiência renal. Intolerância à glicose pode também complicar a gravidez, levando a diabetes gestacional ou necessidades aumentadas de insulina naquelas com diabetes. Imunossupressão deve ser mantida em níveis semelhantes às mulheres não grávidas, mas os níveis devem ser checados frequentemente, uma vez que as alterações na farmacocinética são imprevisíveis. É improvável que prednisona seja teratogênica, e inibidores de calcineurina e azatioprina têm riscos mínimos a pequenos. MMF é teratogênico e contraindicado na gravidez, e as mulheres planejando gravidez devem ser convertidas para azatioprina. mTOR-Is têm limitada experiência na gravidez. Os resultados fetais após transplante renal incluem risco importante de parto prematuro (50%) e retardo do crescimento (40%), mas estes resultados podem ser mais estreitamente relacionados com a função renal diminuída do que ao transplante por si próprio. Depois do parto, amamentação pode não ser recomendada em pacientes tomando inibidores de calcineurina, mas a discussão dos riscos e benefícios deve ser individualizada.

Leituras Sugeridas

Chan L, Gaston R, Hariharan S. Evolution of immunosuppression and continued importance of acute rejection in renal transplantation. *Am J Kidney Dis* 2001;38(6 Suppl 6):S2-S9.

Chan L, Wiseman A, Wang W, *et al.* Outcomes and complications of renal transplantation, Chapter 98. In: Schrier RW, ed. *Diseases of the kidney and urinary tract*, 8th ed, Vol. III. Philadelphia, PA: Lippincott Williams & Wilkins, 2006:2553-2611.

Hariharan S, Johnson CP, Bresnahan BA, *et al.* Improved graft survival after renal transplantation in the United States, 1988 to 1996. *N Engl J Med* 2000;342(9):605-612.

Kasiske BL, Chakkera HA, Louis TA, *et al.* A meta-analysis of immunosuppression withdrawal trials in renal transplantation. *J Am Soc Nephrol* 2000;11(10):1910-1917.

Meier-Kriesche HU, Schold JD, Srinivas TR, *et al.* Lack of improvement in renal allograft survival despite a marked decrease in acute rejection rates over the most recent era. *Am J Transplant* 2004;4(3):378-383.

Oberbauer R, Segoloni G, Campistol JM, *et al.* Early cyclosporine withdrawal from a sirolimus-based regimen results in better renal allograft survival and renal function at 48 months after transplantation. *Transpl Int* 2005;18(1):22-28.

Wolfe RA, Ashby VB, Milford EL, *et al.* Comparison of mortality in all patients on dialysis, patients on dialysis awaiting transplantation, and recipients of a first cadaveric transplant. *N Engl J Med* 1999;341(23):1725-1730.

14 Paciente com Doença Renal e Hipertensão na Gravidez

Phyllis August ▪ Diana I. Jalal ▪ Judy Blaine

Na maioria dos casos, gravidez em mulheres com doenças renais é bem-sucedida, contanto que a função renal esteja bem preservada e hipertensão ausente.

I. **FUNÇÃO RENAL E PRESSÃO ARTERIAL NA GRAVIDEZ NORMAL.** A anatomia e função dos rins e do trato urinário inferior são alteradas durante a gestação. Alterações fisiológicas na homeostasia de volume e pressão arterial (BP) também ocorrem, e reconhecer isto é um pré-requisito para a interpretação apropriada dos dados das pacientes grávidas com doença renal ou hipertensão (Quadro 14-1).
   A. **Alterações Anatômicas e Funcionais no Trato Urinário.** O comprimento do rim aumenta aproximadamente 1 cm durante gestação normal. As principais alterações anatômicas do trato urinário durante gravidez, no entanto, são vistas no sistema coletor, no qual cálices, pelves renais e ureteres se dilatam muitas vezes dando a impressão errônea de uropatia obstrutiva. A dilatação é acompanhada por hipertrofia do músculo liso ureteral e hiperplasia do seu tecido conectivo, mas não está claro se refluxo vesical é mais comum em grávidas. A causa da dilatação ureteral é debatida. Alguns pesquisadores favorecem mecanismos hormonais, enquanto outros pesquisadores acreditam que ela seja de origem obstrutiva. Claramente, à medida que a gravidez progride, a adoção de uma postura supina ou ereta pode causar obstrução ureteral quando o útero aumentado apreende os ureteres no rebordo pélvico (Fig. 14-1). Estas alterações morfológicas resultam em estase no trato urinário e uma propensão das mulheres com bacteriúria assintomática a desenvolverem pielonefrite, especialmente em mulheres com uma história de infecção prévia do trato urinário (UTI).

   Normas aceitáveis de aumento do tamanho renal devem ser por 1 cm, se estimado durante gravidez ou no puerpério imediato, e reduções do comprimento renal notadas vários meses pós-parto não devem ser atribuídas a doença renal. Raramente, a dilatação ureteral é de magnitude suficiente para causar uma síndrome de "distensão" (caracterizada por dor abdominal, e ocasionalmente pequenos aumentos nos níveis de creatinina sérica apresentando-se na gestação adiantada; estes se resolvem com a colocação de *stents* ureterais). Por outro lado, como a dilatação dos ureteres pode persistir até a 12ª semana pós-parto, exame ultrassonográfico ou radiológico eletivo do trato urinário deve ser adiado, se possível, até depois desta época.
   B. **Hemodinâmica Renal.** As alterações na hemodinâmica renal na gestação são as mais notáveis e clinicamente significativas de todas as alterações do trato urinário na gravidez.
      1. **Taxa de filtração glomerular (GFR) e fluxo plasmático renal (RPF)** aumentam para níveis 30% e 50%, respectivamente, acima dos valores não gravídicos durante a gravidez. Aumentos na GFR que já estão presentes

Quadro 14-1	Alterações Renais na Gravidez Normal	
Alteração	**Manifestação**	**Relevância Clínica**
Tamanho renal aumentado	Comprimento renal aproximadamente 1 cm maior em radiografias	Diminuições de tamanho pós-parto não devem ser erroneamente interpretadas por perda de parênquima
Dilatação das pelves, dos cálices e ureteres	Assemelha-se a hidronefrose em ultrassonografia renal ou pielografia intravenosa (mais marcada à direita)	Não deve ser erroneamente interpretada por uropatia obstrutiva; avaliação eletiva deve ser adiada para a 12ª semana pós-parto; infecções do trato urinário superior são mais agressivas; urina retida leva a erros de coleta
Vasodilatação renal aumentada	Taxa de filtração glomerular e fluxo plasmático renal aumentam 35–50%	Valores de creatinina e nitrogênio ureico séricos diminuem durante gestações normais; creatinina > 0,8 mg/dL já é suspeita; excreção urinária de proteína, aminoácido e glicose aumentam todas
Alterações no metabolismo acidobásico	Limiar renal de bicarbonato diminui	Bicarbonato sérico é 4–5 μmol/L mais baixo na gestação normal
Manejo renal de água	Osmorregulação alterada	Osmolalidade sérica diminui 10 mOsm/L (sódio sérico diminui 5 mEq/L) durante gestação normal
–	Limiares osmóticos para sede e AVP diminuem; a depuração metabólica de AVP aumenta acentuadamente; altos níveis de vasopressinase circulante	Metabolismo aumentado de AVP pode causar diabetes insípido transitório na gravidez

AVP, arginina vasopressina.

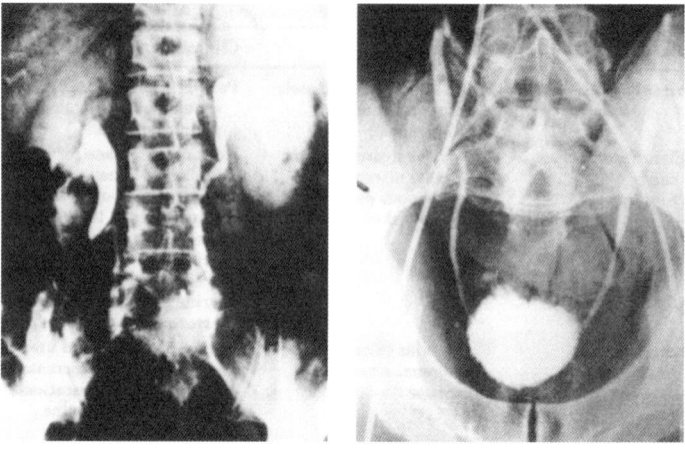

Figura 14-1. Pielografia intravenosa. **A:** Dilatação ureteral da gravidez. O ureter direito está cortado nitidamente no rebordo pélvico onde ele cruza a artéria ilíaca (o sinal ilíaco). **B:** Relação entre os ureteres e artérias ilíacas pode ser demonstrada em estudos de autópsia. Observar o sinal ilíaco no rebordo pélvico à direita. (De: Dure-Smith P. Pregnancy dilation of the urinary tract. *Radiology* 1970;96:545. Reimpressa com permissão.)

durante os primeiros dias depois da concepção atingem um máximo durante o primeiro trimestre. A base para o aumento na GFR e RPF é desconhecida. Estudos em animais sugerem que vasodilatação renal [mediada por óxido nítrico (NO)] ocasiona um fluxo plasmático glomerular aumentado o que constitui um fator contributivo, mas não o único. RPF é máximo no meio da gestação, declinando um pouco no terceiro trimestre. Embora aumentos na GFR medidos pela infusão de inulina pareçam ser sustentados até o termo, a depuração de creatinina em 24 horas declina durante as últimas 4 semanas da gravidez, acompanhada por aumentos nos níveis de creatinina sérica de 15% a 20%.

O aumento na GFR tem implicações clínicas importantes. Como a produção de creatinina fica inalterada durante a gravidez, aumentos na sua depuração resultam em níveis séricos diminuídos. Usando o método de Hare, um grupo de investigadores observou que a creatinina sérica verdadeira, que foi em média 0,67 mg/dL em mulheres não grávidas, diminuiu para 0,46 mg/dL durante a gestação [para converter em unidades SI (μmol/L), multiplicar creatinina sérica (mg/dL por 88,4)]. Em estudos que também mediram cromogênio de creatinina (que forneceram resultados semelhantes àqueles descritos na maioria dos laboratórios clínicos), os valores foram 0,83 mg/dL em mulheres não grávidas e diminuíram para 0,74, 0,58 e 0,53 mg/dL no primeiro, segundo e terceiro trimestres da gravidez, respectivamente. Portanto, os valores considerados normais em mulheres não grávidas podem refletir função renal diminuída durante a gravidez. Por exemplo, em mulheres grávidas, concentrações de creatinina sérica excedendo 0,8 mg/dL ou de nitrogênio ureico sérico que sejam maiores que 13 mg/dL sugerem a necessidade de avaliação adicional da função renal.

2. **Outras Consequências da Hemodinâmica Renal Aumentada.** GFR e RPF aumentados também alteram o conteúdo de soluto urinário. Por exemplo, excreção de glicose, maioria dos aminoácidos e diversas vitaminas hidrossolúveis aumentam, e estes aumentos no conteúdo de nutrientes da urina podem ser um fator na suscetibilidade aumentada das grávidas a UTIs. Excreção de proteína na urina também aumenta durante a gestação, mas o caso da excreção de albumina é mais complexo e debatido.

C. **Regulação Acidobásica na Gravidez.** A regulação acidobásica renal é alterada durante a gestação. O limiar de bicarbonato diminui, e as urinas matinais são frequentemente mais alcalinas do que aquelas no estado não grávido. Além disso, as concentrações de bicarbonato plasmático diminuem aproximadamente 4 µmol/L, sendo em média 22 µmol/L. Esta alteração mais provavelmente representa uma resposta renal compensadora à hipocapnia, porque as mulheres grávidas hiperventilam, e sua PCO_2 é em média só 30 mmHg. A alcalose leve (pH arterial em média 7,44) encontrada na gravidez está de acordo com esta interpretação. Uma vez que os níveis de PCO_2 e HCO_3 já estão diminuídos, as mulheres grávidas estão, em teoria, em desvantagem quando ameaçadas por acidose metabólica súbita [p. ex., acidose láctica na pré-eclâmpsia, cetoacidose diabética ou lesão renal aguda (AKI)]; entretanto, elas respondem com aumentos apropriados no ácido e na amônia urinários tituláveis após uma carga ácida, e regeneração de prótons já é evidente em níveis de pH sanguíneo mais altos que aqueles em mulheres não grávidas avaliadas similarmente. Finalmente, quando tratando grávidas com distúrbios pulmonares, deve ser notado que uma PCO_2 de 40 mmHg, normal em mulheres não grávidas, significa considerável retenção de dióxido de carbono na gravidez.

D. **Excreção de Água.** Após concepção, ocorre uma diminuição rápida nos níveis de osmolalidade plasmática de 5 a 10 mOsm/kg abaixo daquela de pessoas não grávidas. Se esta diminuição ocorresse em uma mulher não grávida, ela pararia de secretar hormônio antidiurético e entraria em um estado de diurese de água; entretanto, as grávidas mantêm esta nova osmolalidade, diluindo e concentrando urina apropriadamente quando a mulher é submetida à carga de água ou desidratação. Isto sugere um reajuste do sistema osmorreceptor, e, de fato, estudos clínicos demonstram que os limiares osmóticos para sede e para liberação de arginina vasopressina (AVP) estão diminuídos em mulheres grávidas. Além disso, o plasma das mulheres grávidas contém grandes quantidades de enzima placentária (vasopressinase) capaz de destruir quantidades substanciais de AVP *in vitro;* ademais, a produção *in vivo* e a depuração metabólica do hormônio AVP são aumentadas quatro vezes após o meio da gestação.

As alterações na osmorregulação e metabolismo da AVP podem ser responsáveis por duas síndromes incomuns de diabetes insípido transitório que complicam a gravidez. Uma, na qual a poliúria é responsiva à AVP e desamino-8-D-arginina vasopressina (dDAVP), provavelmente ocorre em mulheres com diabetes insípido central parcial inaparente, cuja doença é trazida à luz pelo aumento nas taxas de eliminação hormonal durante a gestação avançada. O outro distúrbio, no qual poliúria acentuada continua apesar de grandes doses de AVP, é responsivo a dDAVP, um análogo resistente à inativação por vasopressinase. Estas grávidas podem ter níveis circulantes excessivamente altos desta enzima aminopeptidase em virtude de ativação aumentada.

E. **Regulação de Volume.** A maioria das mulheres hígidas ganha aproximadamente 12,5 kg durante a primeira gravidez e 1 kg menos durante gestações subsequentes. A maior parte do acréscimo é líquido, com água corporal total aumentando 6 a 8 L, 4 a 6 L dos quais é extracelular. O volume plasmático aumenta 50% durante a gestação, a maior taxa de aumento ocorrendo durante o meio da gravidez, enquanto aumentos do espaço intersticial são os maiores no terceiro trimestre. Uma retenção cumulativa gradual de aproximadamente 900 mEq de sódio ocorre na gravidez; isto é distribuído entre os produtos da concepção e o espaço extracelular materno. Estas alterações nos compartimentos intravascular e intersticial maternos produzem hipervolemia aparente, todavia os receptores de volume da grávida sentem estas alterações como normais. Portanto, quando restrição de sal ou terapia diurética limita esta expansão fisiológica, as respostas maternas assemelham-se àquelas em mulheres não grávidas com depleção de sal. Esta é uma razão muito forte para a relutância em recomendar restrição de sódio ou diuréticos durante gravidez. As mulheres grávidas são agora aconselhadas a usar sal no alimento ao seu gosto, e alguns pesquisadores acreditam que uma ingestão liberal de sódio é benéfica durante a gestação. Outra adaptação fisiológica que parece influenciar o equilíbrio de sódio durante a gravidez é a acentuada estimulação do sistema renina–angiotensina–aldosterona. Os níveis de aldosterona estão marcadamente aumentados durante a gravidez, apesar de BP normal e equilíbrio de potássio normal. É provável que secreção aumentada de aldosterona seja um mecanismo compensador para contrabalançar o aumento na excreção de sódio que seria esperado como resultado do grande aumento na GFR e RPF. É sabido que a vasodilatação arterial que causa subenchimento arterial relativo, como ocorre na gravidez, estimula o sistema renina–angiotensina–aldosterona. Além disso, aumentos na aldosterona equilibram os efeitos natriuréticos dos grandes aumentos na progesterona durante a gravidez.

F. **Regulação da Pressão Arterial (BP).** A BP média começa a diminuir cedo na gestação, com os níveis diastólicos nos meio da gravidez, sendo em média 10 mmHg menores que as medidas pós-parto. Mais tarde na gravidez, a BP aumenta, gradualmente, aproximando-se de valores não gravídicos perto do termo. Uma vez que o débito cardíaco aumenta rapidamente no primeiro trimestre e permanece relativamente constante daí em diante, a diminuição na pressão é decorrente de um decréscimo acentuado na resistência vascular sistêmica. A elevação lenta para valores não gravídicos depois de um nadir no trimestre do meio é interessante, porque demonstra que o tônus vasoconstritor aumentando é uma característica da gestação adiantada em mulheres hígidas, bem como em mulheres nas quais pré-eclâmpsia está se desenvolvendo. A causa da diminuição na resistência vascular sistêmica durante a gravidez é obscura. Estudos da complacência arterial na gravidez demonstram elevações iniciais, talvez em decorrência de alterações nos fatores de crescimento vascular. Ocorrem elevações do estrogênio e progesterona plasmáticos a concentrações que podem relaxar o músculo liso, e aumentos nas prostaglandinas vasodilatadoras e na relaxina também estão presentes durante a gestação. Aumentos hormonalmente mediados na produção endotelial de NO também podem contribuir para a vasodilatação na gravidez. Com a BP mais baixa, os níveis de todos os componentes do sistema renina–angiotensina são aumentados durante a gravidez. Respostas hipotensivas exageradas à inibição da enzima conversora em grávidas normais sugerem que o sistema renina–angiotensina aumentado na gravidez é uma resposta fisiológica normal à BP diminuída e excreção aumentada de sódio.

Falta de conhecimento da flutuação na BP durante gestação normal pode levar a erros de diagnóstico. Por exemplo, mulheres com hipertensão essencial leve frequentemente experimentam uma diminuição na BP durante o começo da gravidez, e a BP pode mesmo se aproximar de níveis normais. Elas podem, então, ser erroneamente rotuladas pré-eclâmpticas no último trimestre, quando ocorrem pressões francamente elevadas.

G. **Metabolismo Mineral.** Os níveis de cálcio sérico diminuem na gravidez, em conjunção com uma diminuição nas concentrações de albumina circulantes. Os níveis de cálcio ionizado, no entanto, permanecem na faixa não grávida normal. Alterações notáveis relacionadas com os hormônios reguladores do cálcio também ocorrem durante gravidez normal. A produção de 1,25-diidroxivitamina D_3 aumenta já tão cedo quanto no primeiro trimestre, atingindo níveis circulantes que são aproximadamente o dobro dos valores não gravídicos. A absorção gastrointestinal de cálcio aumenta, resultando em "hipercalciúria absortiva", com excreção de urina em 24 horas frequentemente excedendo 300 mg/dia (em pessoas apropriadamente nutridas). Os níveis de hormônio paratireóideo intacto são mais baixos durante gravidez normal.

II. AVALIAÇÃO CLÍNICA DA FUNÇÃO RENAL NA GRAVIDEZ

A. **Exame da Urina.** A associação de proteinúria com eclâmpsia foi observada pela primeira vez em 1840, e a ciência do tratamento pré-natal avançou consideravelmente quando os médicos começaram a examinar sistematicamente a urina das grávidas, principalmente quanto à albuminúria. Em certos casos, doença renal latente é primeiro descoberta pela detecção de excreção excessiva de proteína ou hematúria microscópica durante uma avaliação pré-natal de rotina.

Mulheres não grávidas hígidas excretam consideravelmente menos de 100 mg de proteína na urina diariamente, mas em decorrência da relativa imprecisão e variabilidade dos métodos de teste usados nos laboratórios dos hospitais, proteinúria não é considerada anormal até ela exceder 150 mg/dia. Durante gravidez, a excreção de proteína aumenta, e excreção até 300 mg/dia pode ainda ser normal. Ocasionalmente, uma grávida hígida pode excretar mais que essa quantidade. Na gravidez, o padrão ouro para avaliação de proteinúria anormal é a análise da proteína na urina de 24 horas. Uma excreção de proteína de 24 horas de mais de 300 mg é anormal na gravidez e se correlaciona com uma medida com bastão de imersão de 1+. Embora comumente usada para detectar proteinúria, análise com bastão de imersão na urina é suscetível a erro devido a variações na concentração da urina; portanto, se o nível de suspeita for alto, deve ser realizada análise da urina de 24 horas. A relação de proteína total e creatinina que se mostrou precisa para estimar com precisão a excreção de proteína de 24 horas da urina em pacientes não grávidas. Na gravidez, no entanto, a relação proteína/creatinina urinária não reflete adequadamente o equivalente a 0,3 g por 24 horas de proteinúria e subestima proteinúria grave.

Poucas tentativas foram feitas para quantificar o sedimento urinário na gravidez. A excreção de eritrócitos e leucócitos pode aumentar durante gestação normal, e um a dois eritrócitos por campo de grande aumento é aceitável em um exame de urina.

B. Testes de Função Renal. A depuração de creatinina endógena, a aproximação mais satisfatória da GFR em não grávidas, é igualmente útil para avaliar a função renal em grávidas. As grávidas, bem como as mulheres não grávidas, mostram pequena variação (aproximadamente 10% por dia) na excreção urinária de creatinina e, presumivelmente, na produção de creatinina, a qual em uma dada mulher é semelhante durante e após gestação. O limite inferior da depuração normal de creatinina durante a gestação deve ser 30% maior que a média de 110 a 115 mL/minuto das mulheres não grávidas. O cálculo da GFR por fórmulas baseadas na creatinina sérica é confundido pelo peso materno aumentando que não é peso muscular, e nem a Modificação da Dieta em Doença Renal (MDRD) nem as estimativas de GFR de Cockroft-Gault foram validadas na gravidez.

Excreção de ácido e concentração e diluição urinárias são semelhantes em mulheres grávidas e não grávidas. Portanto, testes como carga de amônio (raramente indicado na gestação) dão valores semelhantes àqueles em mulheres não grávidas. Ao examinar a capacidade de diluição urinária, o clínico deve estar ciente de que a postura supina pode interferir com este teste. Portanto, estudos para detectar concentrações osmolais mínimas devem ser feitos com a paciente deitada de lado. Entretanto, embora o decúbito lateral seja a posição requerida para avaliação pré-natal da maioria dos parâmetros de função renal, esta postura interfere com os testes de concentração. Por exemplo, uma osmolalidade urinária que era 800 mOsm/kg após desidratação durante a noite pode diminuir para 400 mOsm/kg dentro de 1 hora pela mobilização de líquido das extremidades durante repouso no leito, desse modo resultando em inibição, induzida pelo volume da secreção de AVP, uma diurese osmótica leve, ou ambas. Estas observações demonstram a importância da postura ereta, como sentada quieta, quando a concentração urinária máxima é medida na gravidez.

C. Papel da Biópsia Renal na Gravidez. Biópsia renal percutânea não é realizada frequentemente durante gestação. De fato, gravidez foi em certa época considerada uma contraindicação relativa ao procedimento por causa de relatos iniciais de sangramento excessivo e outras complicações em mulheres grávidas. Agora está evidente que se a biópsia renal for realizada em mulheres com BP bem controlada e índices normais da coagulação, a morbidade é semelhante à de pacientes não grávidas. Biópsia renal deve ser considerada apenas quando a função renal deteriora subitamente distante do termo e nenhuma causa óbvia está presente. Isto acontece porque certas formas de glomerulonefrite rapidamente progressiva, quando diagnosticadas precocemente, podem responder a tratamento agressivo, como pulsos de esteroides e, talvez, plasmaférese. Outra situação na qual biópsia pode ser recomendada é síndrome nefrótica sintomática. Embora alguns possam considerar uma tentativa terapêutica de esteroides nesses casos, pode ser prudente determinar de antemão se a lesão tem probabilidade de responder a esteroides, porque a própria gravidez é um estado hipercoagulável propenso à piora por esse tratamento. Biópsia pode usualmente ser adiada quando proteinúria isolada se desenvolve em uma mulher normotensa com função renal bem preservada que não tem nem hipoalbuminemia acentuada nem edema intolerável. Estas mulheres podem geralmente ser avaliadas a intervalos mais frequentes, e monitoradas quanto a sinais de deterioração na função renal ou desenvolvimento de pré-eclâmpsia superposta e biópsia renal adiada para o período pós-parto. Similarmente, é raro que haja uma necessidade de biópsia renal durante gravidez em mulheres com função renal normal e hematúria microscópica assintomática, quando nem cálculo nem tumor é sugerido por ultrassonografia. Mais tarde na gravidez (depois de 30 semanas) biópsia raramente é indicada e quase sempre deve ser adiada até depois do parto.

III. DOENÇA RENAL NA GRAVIDEZ

A. **Bacteriúria Assintomática.** UTI é o problema renal mais comum que ocorre na gravidez. A urina das grávidas propicia crescimento bacteriano melhor que a das mulheres não grávidas por causa do seu conteúdo aumentado de nutrientes. Isto, mais a dilatação ureteral, estase e ocasionalmente obstrução, seria de esperar que aumentasse a suscetibilidade das mulheres grávidas a UTI. Surpreendentemente, este não é o caso e, com a exceção de certos grupos de alto risco (pacientes diabéticas e grávidas com traço falciforme), a prevalência de bacteriúria assintomática durante gestação varia entre 4% e 7%, um valor semelhante àquele em mulheres não grávidas sexualmente ativas. A história natural das UTIs assintomáticas é, no entanto, muito diferente na gravidez.

Embora no estado não gravídico bacteriúria assintomática seja muito benigna, progressão para cistite franca ou pielonefrite ocorre em até 40% das grávidas afetadas. Por essas razões, triagem de todas as mulheres grávidas quanto à presença de bacteriúria assintomática e tratamento daquelas com uroculturas positivas são importantes.

1. **Método de Coleta de Urina.** As mulheres grávidas contaminam espécimes de urina do meio da micção mais frequentemente. A incidência pode ser reduzida pelo uso de múltiplas lavagens vulvares combinado com procedimentos de coleta cuidadosamente supervisionados. Em algumas mulheres, é necessária aspiração suprapúbica para diferenciar contaminação de infecção verdadeira. Gravidez não é uma contraindicação a este procedimento.

    Se a urina for estéril no começo da gravidez, ela geralmente permanece assim até o termo. Por outro lado, um pequeno número (1% a 2%) das grávidas, cujas uroculturas originais eram negativas, subsequentemente têm bacteriúria. Exame de urina anormal e presença de disúria não diferenciam entre contaminação e infecção verdadeira. Por exemplo, disúria ocorre em 30% das grávidas, cuja urina é estéril, e a urina pode estar infectada e ainda conter menos de dois leucócitos por campo de grande aumento.

2. **Método de Tratamento.** O modo ideal de tratar UTI assintomática na gravidez não foi definido precisamente. Na literatura mais antiga, alguns autores recomendaram tratamento antibiótico contínuo desde o momento em que a bacteriúria foi detectada até o parto. Isto foi fundamentado na crença de que a taxa de recidiva era alta, e que a maioria das mulheres bacteriúricas tem comprometimento parenquimatoso renal em oposição à infecção da bexiga. Entretanto, agora está evidente que metade destas infecções afeta apenas a bexiga, e a maioria destes pacientes é curada por tratamento padrão de curta duração (ou mesmo dose única). Mais de 90% dos uropatógenos envolvidos são bacilos Gram-negativos aeróbicos, geralmente *Escherichia coli,* e os médicos recomendam uma série de 4 a 7 dias do antibiótico ao qual o organismo cultivado é sensível, preferivelmente uma sulfa de curta ação, nitrofurantoína, amoxicilina, uma cefalosporina, ou uma

dose única de fosfomicina. Esta conduta, quando combinada com vigilância de bacteriúria recorrente, foi demonstrada muito efetiva.
3. **Importância da Avaliação Pós-Parto.** UTI assintomática foi ligada a trabalho de parto prematuro, hipertensão e anemia durante a gestação, mas estas asserções não foram provadas. Por outro lado, uma incidência aumentada de patologia oculta do trato urinário está presente nestas grávidas. Portanto, as mulheres com bacteriúria durante a gravidez podem-se beneficiar da avaliação do seu trato urinário pós-parto, especialmente naquelas em quem a infecção for resistente ao tratamento.

B. **Bacteriúria Sintomática.** A conduta clínica com UTI sintomática durante gestação difere daquela para bacteriúria assintomática.
1. **Pielonefrite Aguda.** Pielonefrite foi uma causa de morte materna na era pré-antibiótica, e 3% das pacientes grávidas em uma série relatada mais recentemente desenvolveram choque séptico. Em certa época, UTIs sintomáticas complicavam quase 2% de todas as gestações, mas a triagem pré-natal combinada com tratamento rápido da bacteriúria assintomática reduziu estas incidências para aproximadamente 0,5%. A bacteriologia destas infecções assemelha-se àquela em pacientes assintomáticas (predominantemente *E. coli*), e a maioria dos casos apresenta-se após o meio da gravidez. A apresentação clínica da pielonefrite na gravidez pode ser drástica. Conforme notado no texto precedente, a doença causava mortes maternas na era pré-antibiótica, e as UTIs superiores em grávidas são associadas a efeitos exagerados de endotoxemia, incluindo choque, síndrome de angústia respiratória adulta, acentuada disfunção renal e anormalidades hematológicas e hepáticas. UTIs sintomáticas foram também implicadas na etiologia do retardo do crescimento intrauterino, prematuridade, anomalias congênitas e morte fetal; entretanto, a maioria dos estudos descrevendo estas associações não foi adequadamente controlada quanto a potenciais fatores de confusão. O tratamento da pielonefrite deve ser agressivo, e é realizado melhor em hospital.

   A maioria das pacientes com pielonefrite responde rapidamente, com defervescência dentro de 48 a 72 horas. Uma vez afebril por 48 horas, terapia oral pode ser iniciada e continuada até completar 10 a 14 dias de tratamento. Terapia supressora em baixa dose contínua durante o resto da gravidez é recomendada por causa da alta taxa de recorrência. Uma conduta alternativa, vigilância frequente de infecção recorrente com pronto tratamento quando bacteriúria significativa é identificada, foi dita ser tão efetiva quanto terapia supressora.
2. **Abscesso perirrenal e formação de abscesso renal ou carbúnculo,** embora complicações infrequentes da gestação, devem ser considerados no diagnóstico diferencial de febre pós-parto. É importante reconhecer que uma alta incidência de uroculturas positivas ocorre no período pós-parto — talvez 17% a 20% nos primeiros dias após o parto, diminuindo para 4% após o terceiro dia pós-parto. Estes casos, que se resolvem espontaneamente, podem refletir uma ruptura temporária nos mecanismos antibacterianos da hospedeira normal no período pós-parto imediato, em vez de infecção verdadeira.
3. **Uso de Antibiótico na Gravidez.** O antibiótico de primeira escolha para infecções sintomáticas muda de década para década, em virtude do aparecimento rápido de espécies resistentes, resultando, desse modo, no uso de dro-

gas que ainda não tiveram tempo para avaliar sua segurança na gravidez. Os médicos continuam a recomendar o início do tratamento com cefalosporinas, porque uma porcentagem importante das infecções *E. coli* adquiridas na comunidade são resistentes à ampicilina. Para cistite de rotina, nitrofurantoína é frequentemente efetiva, e é aceitável durante a gravidez.

O médico deve também ser conhecedor de problemas específicos do uso de antibióticos em obstetrícia e prever a toxicidade fetal potencial de agentes que cruzam a barreira placentária. (Informação concernente à segurança de drogas durante a gravidez está listada no *Physician's Desk Reference,* que é atualizado anualmente.) Resumidamente, sulfas não devem ser usadas perto do termo, porque elas podem precipitar kernicterus no recém-nascido. A atividade antiácido fólico do trimetoprim foi associada a anomalias, como fenda palatina em animais, e esta droga de combinação deve também ser evitada, pelo menos antes do meio da gravidez.

Aminoglicosídeos, como gentamicina, podem ser usados na gravidez. Fluoroquinolonas cruzam a placenta e devem ser evitados, se possível. Tetraciclinas são contraindicadas, porque elas se depositam nos ossos e dentes fetais e podem causar reações graves na mãe, inclusive insuficiência hepática. Nitrofurantoína é contraindicada a termo por causa do risco de doença hemolítica no recém-nascido.

C. Lesão Renal Aguda

1. **Incidência.** Antes de 1970, a incidência de AKI na gravidez suficientemente grave para exigir tratamento dialítico foi estimada entre 1 em 2.000 e 1 em 5.000 gestações, e representava uma proporção considerável dos casos relatados em grandes séries. Desde então, o número de pacientes com AKI por causas obstétricas declinou marcadamente, e a incidência agora é estimada em menos de 1 em 20.000 gestações. Esta tendência, atribuída à liberalização das leis de aborto e aperfeiçoamento do tratamento pré-natal, não foi compartilhada pelas nações mais pobres e menos industrializadas. No mundo em desenvolvimento, a incidência de AKI na gravidez foi estimada tão alta quanto 20% e constitui uma causa importante de morbidade e mortalidade fetal e materna.

   A distribuição de frequência da AKI durante gestação era bimodal, com um pico cedo na gravidez (12 a 18 semanas) compreendendo a maioria dos casos associados a aborto séptico, e um segundo pico entre a semana gestacional 35 e o puerpério, devido principalmente a pré-eclâmpsia, sepse e complicações hemorrágicas, especialmente descolamento da placenta.

2. **Causas.** AKI na gravidez pode ser induzida por qualquer uma das doenças que levam à insuficiência renal na população geral, como necrose tubular aguda (ATN). Cedo na gravidez, os problemas mais comuns são doença pré-renal decorrente de hiperêmese gravídica, e ATN resultando de um aborto séptico. Diversas doenças incomuns diferentes podem levar à AKI mais tarde na gravidez. Pré-eclâmpsia leve a moderadamente grave não é geralmente associada à insuficiência renal, porque a função renal é geralmente mantida na faixa normal ou quase normal para uma mulher não grávida. Uma variante de pré-eclâmpsia, a síndrome de *H*emólise, *E*nzimas hepáticas (*L*iver) *E*levadas, e baixas (*Low*) *P*laquetas (HELLP) (ver Seção VI.B), pode ser associada à disfunção renal importante, especialmente se não tratada prontamente.

a. **Microangiopatia Trombótica (TMA).** TMA é caracterizada por agregados de fibrina e plaquetas na microvasculatura, particularmente no rim e cérebro. Aspectos histológicos incluem edema celular endotelial, acúmulo de proteína na camada de células endoteliais, e às vezes duplo contorno da membrana basal glomerular.

TMA afetando principalmente o rim é chamada síndrome hemolítico-urêmica (HUS), enquanto TMA caracterizada por trombocitopenia profunda e perturbações neurológicas é chamada púrpura trombocitopênica trombótica (TTP). TTP é causada por uma doença adquirida ou herdada de uma metaloproteinase ADAMTS13 que cliva multímeros ultragrandes de fator de von Willebrand, enquanto HUS é causada por desregulação e ativação descontrolada do sistema complemento.

Um diagnóstico diferencial importante e difícil é o de AKI na gravidez adiantada em associação à anemia hemolítica microangiopática e trombocitopenia. Gravidez é considerada um fator de risco para TTP/HUS. Entretanto, não está claro se a patogênese destas doenças na gravidez é semelhante àquela em não grávidas. TTP/HUS é rara na gravidez, e precisa ser distinguida da variante HELLP de pré-eclâmpsia, uma condição muito mais comum. A distinção destas síndromes é importante por razões terapêuticas e prognósticas, mas há considerável superposição nas suas características clínicas e laboratoriais. Aspectos que podem ser úteis para fazer o diagnóstico incluem a cronologia do início e o padrão das anormalidades laboratoriais, as quais na TTP podem incluir níveis diminuídos de uma protease clivadora de von Willebrand. Pré-eclâmpsia tipicamente se desenvolve no terceiro trimestre, com apenas alguns casos se desenvolvendo no período pós-parto, usualmente dentro de poucos dias do parto. TTP geralmente ocorre pré-parto, com muitos casos se desenvolvendo no segundo trimestre, bem como no terceiro. HUS é geralmente uma doença pós-parto. Sintomas podem começar no pré-parto, porém a maioria dos casos são diagnosticados pós-parto.

Pré-eclâmpsia é muito mais comum que TTP/HUS, e é geralmente precedida por hipertensão e proteinúria. Insuficiência renal é incomum, mesmo em casos graves, a menos que ocorra marcada coagulação intravascular disseminada (DIC). Em alguns casos, pré-eclâmpsia se desenvolve no período pós-parto imediato, e quando a trombocitopenia é grave, ela pode ser indistinguível de HUS. Contudo, pré-eclâmpsia se recupera espontaneamente, enquanto HUS só melhora infrequentemente.

Em contraste com TTP/HUS, pré-eclâmpsia pode ser associada a DIC leve e prolongamento do tempo de protrombina e tempo de tromboplastina parcial. Outro aspecto laboratorial da pré-eclâmpsia/síndrome HELLP que não é geralmente associado a TTP/HUS é elevações acentuadas nas enzimas hepáticas. A presença de febre é mais compatível com um diagnóstico de TTP do que pré-eclâmpsia ou HUS. As principais características que distinguem HUS são sua tendência a ocorrer no período pós-parto e a gravidade da insuficiência renal associada. O tratamento de pré-eclâmpsia/síndrome HELLP é tirar o feto e tratamento suportivo. Tratamento mais agressivo raramente está indicado. O tratamento de TTP/HUS inclui infusão de plasma ou plasmaférese e

outras modalidades usadas em pacientes não grávidas com estas doenças, embora estudos clínicos destas modalidades na gravidez não tenham sido realizados.
- b. **Necrose Cortical Renal.** Necrose cortical renal (RCN) ocorre em 1,5% a 2% de todas as causas de AKI nos países desenvolvidos e em 3% a 7% de todas as causas de AKI nos países em desenvolvimento. Os eventos desencadeadores primários de RCN são complicações obstétricas (aborto séptico, descolamento da placenta e DIC). As pacientes afetadas tipicamente se apresentam com oligúria ou anúria, hematúria e dor no flanco. Ultrassonografia ou tomografia computadorizada pode demonstrar áreas hipoecoicas ou hipodensas no córtex renal. A maioria dos pacientes necessita de diálise, mas 20% a 40% têm recuperação parcial da função renal.
- c. **Pielonefrite Aguda.** Algumas mulheres grávidas podem desenvolver AKI em associação à pielonefrite.
- d. **Esteatose hepática aguda da gravidez** (infiltração gordurosa dos hepatócitos sem inflamação ou necrose) é uma complicação rara da gravidez que é associada a azotemia importante. As mulheres com esta afecção muitas vezes se queixam de anorexia e ocasionalmente dor abdominal no terceiro trimestre. Características clínicas sugerindo pré-eclâmpsia, incluindo hipertensão e proteinúria, não são incomuns. Resultados de laboratório revelam elevações nas enzimas hepáticas, hipoglicemia, hipofibrinogenemia e tempo de tromboplastina parcial prolongado. Está indicado fazer o parto, e a maioria das pacientes melhora logo depois.
- e. **Obstrução do Trato Urinário.** Gravidez associa-se à dilatação do sistema coletor, a qual não é geralmente associada a disfunção renal. Raramente, complicações como grandes fibromas uterinos, os quais podem aumentar no contexto de gravidez, podem levar à uropatia obstrutiva. Incomumente, obstrução aguda do trato urinário na gravidez é induzida por um cálculo renal. Diagnóstico pode geralmente ser feito por ultrassonografia. Muitas vezes, os cálculos passam espontaneamente, mas ocasionalmente cistoscopia é necessária para inserção de um *stent* para remover um fragmento de cálculo e aliviar obstrução, particularmente, se houver sepse ou rim solitário.

3. O **tratamento** da AKI ocorrendo na gestação ou imediatamente pós-parto é semelhante àquele em não grávidas (ver Capítulo 11), mas vários pontos peculiares à gravidez merecem ênfase. Uma vez que hemorragia uterina perto do termo pode ser oculta, e subestimada a perda sanguínea, qualquer perda sanguínea franca deve ser reposta precocemente. As grávidas devem ser rapidamente supertransfundidas para sustar o desenvolvimento de necrose tubular ou cortical aguda. Tanto diálise peritoneal quanto hemodiálise foram usadas com sucesso em pacientes com AKI relacionada com obstetrícia. Nem peritonite pélvica nem o útero aumentado constitui contraindicação ao primeiro método. De fato, esta forma de tratamento é mais gradual que hemodiálise e por essa razão tende menos a precipitar trabalho de parto. Uma vez que ureia, creatinina e outros metabólitos que se acumulam na uremia atravessam a placenta, diálise deve ser empreendida precocemente, com o objetivo de manter o nitrogênio ureico sanguíneo em aproximadamente 50 mg/dL. Na verdade, as vantagens da diálise precoce em

pacientes não grávidas são ainda mais importantes na paciente grávida, tornando os argumentos para diálise profilática bastante atrativos. Remoção excessiva de líquido deve ser evitada, porque ela pode contribuir para comprometimento hemodinâmico, redução da perfusão uteroplacentária e trabalho de parto prematuro. Alguns obstetras e neonatologistas recomendam monitorização fetal contínua durante tratamentos de diálise, começando no meio da gravidez. Finalmente, o médico deve estar ciente de possível desidratação no recém-nascido, porque o recém-nascido geralmente sofre uma diurese intensa induzida pela ureia.

D. Gravidez em Mulheres com Doença Renal Preexistente. A conduta atual no tratamento da gravidez em mulheres com doença renal crônica (CKD) é principalmente baseada em estudos retrospectivos. Entretanto, várias generalizações podem ser feitas e algumas diretrizes apresentadas a respeito da gestação em mulheres com alteração renal crônica (Quadro 14-2).

1. **Prognóstico.** Aconselhamento e tratamento de mulheres com CKD é baseado na seguinte abordagem geral: Fertilidade e capacidade de suportar uma gravidez não complicada se relacionam com o grau de comprometimento funcional, e se hipertensão está presente, e não à doença subjacente.

    a. **Grau de Comprometimento.** As pacientes são consideradas arbitrariamente em três categorias: função renal preservada ou levemente prejudicada (creatinina sérica menor ou igual a 1,5 mg/dL), insuficiência renal moderada (creatinina 1,5 a 3,0 mg/dL) e insuficiência renal grave (creatinina mais alta ou igual a 3 mg/dL).

    No Quadro 14-3, prognósticos materno e fetal em cada categoria estão sumarizados. Gravidez é arriscada na presença de disfunção renal moderada ou grave, porque até 40% das gestações na primeira categoria são complicadas ou por hipertensão difícil de controlar ou declínios súbitos na GFR, os quais podem não se reverter após o parto. Uma incidência ainda mais alta de problemas maternos sérios ocorre quando a insuficiência renal é grave. Isto é especialmente verdadeiro em mulheres recebendo tratamento dialítico, nas quais menos de 50% das gestações têm sucesso, e problemas de extrema prematuridade ocorrem em muitas destas gestações. Notavelmente, embora o prognóstico seja com base principalmente no grau de comprometimento funcional, a doença subjacente também pode desempenhar um papel. Por essa razão, todas autoridades médicas são contrárias à gravidez em mulheres com esclerodermia e periarterite nodosa.

    b. **Nível da BP.** O nível da BP no momento da gestação constitui um índice prognóstico importante. Na ausência de hipertensão, a história natural da maioria da doença parenquimatosa renal estabelecida não é afetada por gestação (embora pré-eclâmpsia possa ocorrer mais facilmente). Em contraste, quando doença renal e hipertensão coexistem a gestação tende a ser mais complicada, ou por aumentos graves na BP ou por reduções adicionais na função renal. Mulheres com BP bem controlada e apenas leve disfunção renal podem ter gravidez relativamente não complicada; entretanto, elas precisam ser vistas frequentemente e devem compreender que a sua gestação pode ser interrompida precocemente, se a função renal deteriorar ou se a sua BP se tornar difícil de controlar.

Quadro 14-2	Sumário da Gravidez em Mulheres com Doença Renal Preexistente
Doença	**Comentários**
Glomerulonefrite crônica e glomerulosclerose focal e segmentar (FSGS)	Incidência aumentada de pressão arterial alta, geralmente mais tarde na gestação, mas geralmente sem resultados adversos, se a função renal estiver preservada e hipertensão estiver ausente antes da gestação; alguns casos de exacerbação na gravidez foram descritos em mulheres com nefropatia de imunoglobulina A, glomerulonefrite membranoproliferativa, e FSGS
Lúpus eritematoso sistêmico	Controverso: prognóstico é mais favorável, se a doença estiver em remissão 6 meses ou mais antes da concepção
Vasculite	Relatos de casos de GN de Wegener sugerem resultados aceitáveis, se a doença estiver em remissão e a função renal for normal; esclerodermia e poliarterite podem ser associadas à hipertensão grave e acelerada durante a gravidez
Nefropatia diabética	Ausência de efeito adverso sobre a lesão renal. Frequência aumentada de infecções, alta incidência de proteinúria extrema e hipertensão perto do termo; época ideal para gravidez é quando a função renal é normal, hipertensão ausente e albuminúria for < 300 mg/d
Refluxo vesicoureteral	Bacteriúria na gravidez pode levar ao agravamento; infecção urinária é comum
Doença renal policística	Poucos problemas quando função está preservada, e hipertensão é ausente; entretanto, a incidência de pré-eclâmpsia é aumentada
Urolitíase	Dilatação e estase ureteral não parecem afetar a história natural, mas infecções podem ser mais frequentes; *stents* foram colocados com sucesso durante gestação
Cirurgia urológica prévia	Infecção do trato urinário é comum em caso com desvio urinário, e a função renal pode sofrer diminuição reversível; cesariana poderia ser necessária para evitar ruptura do mecanismo de continência, se tiver sido construído esfíncter artificial ou neouretra
Após nefrectomia, rim pélvico solitário	Gravidez é bem tolerada; poderia ser associada a outras malformações do trato urogenital; distocia ocorre raramente em caso de rim pélvico

GN, glomerulonefrite.
Generalizações são para mulheres somente com disfunção renal leve (nível de creatinina sérica menor de 1,5 mg/dL) e sem hipertensão à concepção.

Quadro 14-3	Gravidez e Doença Renal: Estado Funcional Renal		
	Categoria		
	Leve	Moderada	Grave
Possibilidades	Cr < 1,5 mg/dL	Cr 1,5–3,0 mg/dL	Cr > 3,0 mg/dL
Complicações da gravidez	25%	47%	86%
Resultado obstétrico bem-sucedido	96% (85%)	90% (59%)	47% (8%)
Sequelas a longo prazo	< 3% (9%)	25% (71%)	53% (92%)

Cr, creatinina.
Estimativas são baseadas em 1.862 mulheres com 2.799 gestações (1973 a 1992) e não incluem doenças do colágeno. Números entre parênteses referem-se às possibilidades quando complicação(ões) se desenvolve(m) antes de 28 semanas de gestação.
De: Davidson JM, Lindheimer MD. Renal disorders. In: Creasy RK, Resnick RK, eds. *Maternal–fetal medicine,* 3rd ed. Philadelphia, PA: WB Saunders, 1994. Reimpresso com permissão.

E. **Proteinúria.** A excreção de proteína na urina, que aumenta na gravidez normal, pode aumentar marcadamente em grávidas com doença renal parenquimatosa preexistente. Em uma grande série, um terço das pacientes com doença renal preexistente desenvolveram proteinúria na faixa nefrótica durante a gestação. Estes aumentos não refletem necessariamente piora da doença renal subjacente.
  1. **Hemodinâmica Renal.** Grávidas com doenças renais que têm apenas mínima alteração renal geralmente experimentam aumento na GFR durante gestação, embora os níveis não atinjam aqueles vistos em mulheres grávidas hígidas. Por essa razão, uma diminuição no nível de creatinina sérica no início da gravidez é um bom sinal prognóstico. Se os níveis de creatinina sérica antes da concepção excederem 1,5 mg/dL, decréscimos durante a gestação são menos comuns, e, conforme assinalado, o prognóstico dessas gestações é mais reservado.
F. **Glomerulonefrite.** Glomerulonefrites em mulheres em idade reprodutiva incluem nefropatia de imunoglobulina (Ig) A, glomerulosclerose focal e segmentar, glomerulonefrite membranoproliferativa, nefrite de lesão mínima e nefropatia membranosa. Dados que sustentam a noção de que subtipo histológico confere um prognóstico específico para gravidez são ausentes. Em vez disso, quando a função renal é normal e hipertensão ausente, o prognóstico é bom. A ausência de grávidas em grandes levantamentos epidemiológicos de glomerulonefrite pós-estreptocócica é notável e levou à especulações de que a gravidez protegeria as mulheres desta doença. Entretanto, esta forma de nefrite de complexos imunes de fato ocorre raramente na gestação, na qual ela pode assemelhar-se a pré-eclâmpsia. Seu prognóstico é favorável, porque nestes casos nos quais a ocorrência de glomerulonefrite pós-estreptocócica aguda durante gestação foi adequadamente documentada, a função renal se recuperou rapidamente e a gravidez geralmente teve um resultado bem-sucedido.

G. Doença Colagenovascular
1. **Nefrite Lúpica.** O efeito da gestação em mulheres com lúpus eritematoso que têm comprometimento renal é difícil de avaliar, em parte por causa do curso imprevisível da doença, independentemente de gravidez. A atividade da doença nos 6 meses antes da concepção é frequentemente um guia prognóstico útil (quanto mais longa a remissão, melhor a perspectiva). Embora a maioria das gestações, na presença de função preservada, prossiga tranquilamente ou seja acompanhada por declínios funcionais apenas transitórios, em aproximadamente 10% a gestação parece causar dano renal permanente e acelerar a doença renal. Por outro lado, transmissão placentária de autoanticorpos maternos é associada a uma frequência aumentada de aborto espontâneo nestas mulheres, e certos anticorpos anticitoplasmáticos [especialmente anti-antígeno de síndrome de Sjögren (ASS-A/Ro)] causam uma síndrome de lúpus neonatal caracterizada por bloqueio cardíaco congênito, lesões cutâneas transitórias ou ambas. Mulheres com lúpus eritematoso sistêmico (SLE) têm uma alta incidência de níveis detectáveis de anticorpos antifosfolipídicos (anticorpos anticardiolipinas e anticoagulante lúpico). Altos títulos destes anticorpos são associados a diversas complicações da gravidez, incluindo perda fetal espontânea, síndromes hipertensivas indistinguíveis de pré-eclâmpsia; e eventos trombóticos, incluindo trombose venosa profunda, êmbolo pulmonar, infarto do miocárdio e acidente vascular cerebral. Por outro lado, mulheres grávidas com anticorpos antifosfolipídicos circulantes podem manifestar uma forma rara de insuficiência renal rápida pós-parto, associada a trombos glomerulares. Por essas razões, as mulheres com SLE devem ser triadas quanto a anticorpos antifosfolipídicos cedo na gestação. A conduta terapêutica quando grávidas manifestam anticorpos antifosfolipídicos é debatida, e muitos não tratariam pacientes assintomáticas que manifestarem baixos títulos. Entretanto, quando os títulos são elevados (nível de IgG antifosfolipídio acima de 40 GPL), a maioria dos médicos prescreve aspirina (80 a 325 mg/dia). Heparina em combinação com aspirina é recomendada em pacientes com uma história de eventos trombóticos e pode também ser aconselhável quando os títulos são acima de 80 GPL.

Uma exacerbação de nefrite lúpica pode ser difícil de distinguir de pré-eclâmpsia quando uma mulher com história de lúpus apresenta piora da função renal, proteinúria e hipertensão. Elevação nas enzimas hepáticas e hipertensão grave de início novo são mais compatíveis com pré-eclâmpsia. Hipocomplementemia e síndrome nefrítica grave sem hipertensão são mais compatíveis com nefrite lúpica. Muitas vezes, uma exacerbação de nefrite no terceiro trimestre parece desencadear "pré-eclâmpsia superposta", e melhora na BP e proteinúria ocorre apenas depois do parto. Entretanto, na presença de análise sorológica anormal, muitas vezes é razoável tratar proteinúria e azotemia que pioram com prednisona em altas doses, na esperança de que ela melhore, particularmente, se o feto for imaturo. Entretanto, vigilância estreita materna e fetal é da máxima importância, e a retirada deve ser considerada no contexto de sinais óbvios de síndrome HELLP, hipertensão em aceleração e/ou azotemia, e outros sinais de condição materna piorando.

Anteriormente, pacientes com nefropatia lúpica eram consideradas propensas à recidiva no puerpério imediato, e alguns médicos ainda começam ou aumentam tratamento esteroide durante e após o parto. Essas interpretações de "puerpério tempestuoso" agora são questionadas, e a maioria dos médicos institui ou muda o tratamento, se aparecerem sinais de atividade aumentada da doença, ou doença *de novo*.

2. Gravidez em pacientes com outras **vasculites** apenas raramente foi relatada. Várias gestações bem-sucedidas em mulheres com granulomatose de Wegener foram relatadas. As mulheres podem ser tratadas com corticosteroides, azatioprina, ciclosporina e imunoglobulina intravenosa (IVIg) com segurança. Ciclofosfamida é contraindicada na gravidez. Essas gestações são de alto risco e devem ser conduzidas por uma equipe multidisciplinar, e quando possível as mulheres devem ser aconselhadas para aguardar até que sua doença esteja em remissão antes de ficarem grávidas. Poliarterite nodosa e **esclerodermia com comprometimento renal** são condições raras e potencialmente perigosas na gravidez por causa da hipertensão associada, a qual pode-se tornar maligna.

H. **Nefropatia Diabética.** Diabetes é uma das doenças clínicas mais comuns encontradas durante gravidez, e a maioria dos casos são decorrentes de diabetes gestacional. Diabetes preexistente impõe riscos importantes à gravidez. Muitas mulheres mais jovens com diabetes pré-gestacional têm diabetes tipo 1, e sua doença esteve presente por 10 a 15 anos, elas podem mostrar sinais iniciais de nefropatia diabética. Mulheres com microalbuminúria em vez de macroalbuminúria, função renal bem preservada e BP normal têm um bom prognóstico para gravidez, embora elas apresentem um risco elevado de aumento transitório da proteinúria associada à gravidez, pré-eclâmpsia e infecção urinária. Mulheres com diabetes tipo 1 com microalbuminúria e função renal normal e normotensão devem ser encorajadas a *não* adiar gravidez por causa do prognóstico pior, uma vez se desenvolva nefropatia franca. Poucos estudos de gravidez e nefropatia associados com diabetes tipo 2 são disponíveis. Entretanto a evidência limitada sugere resultados semelhantes às pacientes com diabetes tipo 1.

Os efeitos da gestação em pacientes diabéticas com nefropatia franca são semelhantes àqueles em mulheres com outras formas de doença parenquimatosa renal. O prognóstico é determinado pelo grau de hipertensão e comprometimento funcional renal.

I. **Proteinúria na Faixa Nefrótica durante Gravidez.** A causa mais comum de proteinúria na faixa nefrótica (mais de 3,5 g/dia) na gravidez avançada é pré-eclâmpsia, um diagnóstico que pode passar despercebido quando as pressões diastólicas são entre 85 e 95 mmHg. O prognóstico fetal na pré-eclâmpsia com proteinúria intensa é pior que em outros estados pré-eclâmpticos, mas o prognóstico materno é semelhante. A maioria das causas usuais de síndrome nefrótica, incluindo nefropatia membranosa, glomerulonefrite proliferativa ou membranoproliferativa, doença de lesão mínima, nefropatia diabética, amiloidose e glomerulosclerose segmentar focal foi descrita em grávidas. Os prós e contras da biópsia renal durante gravidez já foram mencionados.

Não se deve confundir alterações fisiológicas durante a gestação com a exacerbação de uma doença que está causando a síndrome nefrótica; muitas mulheres com uma variedade de distúrbios renais não nefróticos desenvolvem proteinúria extrema quando grávidas. Esses aumentos na proteína urinária podem-se relacionar com hemodinâmica renal aumentada, alterações na barreira glomerular, e, possivelmente, uma elevação na pressão da veia renal. Outras alterações na gravidez que simulam sinais que acompanham síndrome nefrótica incluem diminuições a albumina sérica (aproximadamente 0,5 a 1,0 g/dL), aumento nos níveis de colesterol e outros lipídios circulantes, e edema, que pode ocorrer em qualquer momento em até 80% das gestações normais.

Terapia diurética para tratamento de edema deve ser usada com cautela durante gravidez, particularmente quando a BP não está elevada. A preocupação é que depleção de volume intravascular possa prejudicar a perfusão uteroplacentária. Exceções a isto, no entanto, são as mulheres com hipertensão, nas quais diuréticos podem ser necessários para controlar a BP.

Prognóstico na maioria das grávidas nefróticas com função preservada é bom; entretanto, há alguma evidência sugerindo que o resultado fetal pode ser pior no contexto de proteinúria materna importante e sustentada. Glomerulosclerose segmentar focal, uma causa frequente de síndrome nefrótica em mulheres em idade reprodutiva, é uma doença na qual a história natural durante gestação permanece debatida. Alguns afirmam que a gravidez leva à perda funcional irreversível e hipertensão sustentada pós-parto; outros consideram a história natural desta entidade na gravidez semelhante à da maioria das outras doenças.

J. **Doença Tubulointersticial**
  1. **Refluxo Vesicoureteral.** Nefropatia de refluxo decorrente de refluxo vesicoureteral (VUR) pode causar CKD em mulheres jovens. Um estudo prospectivo de 54 gestações em 46 mulheres com nefropatia de refluxo observou que pré-eclâmpsia ocorreu em 24% e foi mais comum em mulheres com hipertensão. Nove (18%) experimentaram deterioração da função renal durante gravidez, e aquelas com função renal reduzida preexistente estiveram em maior risco. Um terço dos bebês tiveram o parto pré-termo e 43% tiveram VUR. Estas mulheres de alto risco devem ser examinadas com culturas de urina, e devem ser tratadas prontamente quando infecções estiverem presentes, com consideração de terapia antibiótica supressiva enquanto durar a gravidez em alguns casos.
  2. **Doença de rins policísticos dominante adulta** pode permanecer não detectada na gestação. Anamnese cuidadosa das grávidas quanto a uma história familiar de problemas renais e ultrassonografia pode levar à sua detecção mais cedo. Pacientes com mínimo prejuízo funcional têm poucas complicações, mas estão em risco aumentado de pré-eclâmpsia. Elas também são propensas a UTIs, e, por essa razão, pode ser prudente realizar uroculturas mais frequentemente. Hipertensão geralmente acompanha ou precede a instalação da deterioração funcional, e a gravidez nessas grávidas é mais arriscada.

     Algumas mulheres com nefropatia policística dominante autossômica têm cistos no fígado que podem aumentar com gravidez repetida, bem como com uso de anticoncepcional oral. Uma alta incidência de aneurismas cerebrais também ocorre em certas famílias afetadas. De conhecimento desta situação familiar, geralmente identificada por uma história de hemorragias subaracnóideas em parentes, a paciente deve ser submetida a triagem usando-se angiorressonância magnética. Se um aneurisma for detectado, deve ser obtida consulta neurocirúrgica, e o obstetra pode

querer evitar trabalho de parto natural. Todas estas pacientes devem receber aconselhamento genético antes da gravidez para assegurar que elas tenham conhecimento de que 50% da sua prole estão em risco. Finalmente, predizer o resultado fetal usando sondas moleculares em células cultivadas do líquido amniótico é possível.
3. **Rim Solitário.** Mulheres com rim solitário parecem tolerar bem a gestação. Entretanto, se a nefrectomia foi feita para nefrolitíase ou pielonefrite crônica, o rim restante pode ser infectado. Pacientes com estas condições devem ser cuidadosamente investigadas por frequente exame e cultura da urina durante toda a gravidez e no puerpério.

K. **Rins pélvicos** podem ser associados a outras malformações do trato urogenital da mãe. Além disso, distocia pode ocorrer quando o rim está na pelve verdadeira.

L. **Urolitíase e Hematúria.** A prevalência de urolitíase na gestação varia entre 0,03% e 0,35% no hemisfério ocidental. Muitos cálculos contêm cálcio, e alguns são de origem infecciosa. Um levantamento de 148 gestações em 78 formadoras de cálculos não selecionadas sugere que a gravidez tem pouca influência sobre o curso da doença calculosa (embora mulheres com cálculos renais possam ter uma incidência aumentada de abortos espontâneos). Deve ser notado que a maioria das séries descritas focaliza mulheres cujos cálculos são principalmente da variedade não infecciosa, e pouco se sabe dos cálculos de estruvita infectados mais graves durante a gestação. De qualquer maneira, UTI na presença de nefrolitíase exige tratamento pronto e prolongado (3 a 5 semanas), seguido por terapia supressiva durante o puerpério imediato, porque o cálculo pode representar um foco de infecção resistente à esterilização.

Há poucos estudos com cistinúria na gravidez, mas a maioria das mulheres com esta doença também passa bem na gestação. D-Penicilamina se usada nestas pacientes parece não ter efeitos adversos aparentes sobre a mãe ou o feto.

Cálculos renais estão entre as causas mais comuns de dor abdominal (de origem não obstétrica) que exigem hospitalização durante a gestação, e, quando complicações sugerem a necessidade de intervenção cirúrgica, a gravidez não deve dissuadir do exame radiológico. Se o cálculo obstruir o ureter, intervenção com colocação de *stent* ureteral, nefrostomia percutânea ou, raramente cirurgia está indicada. Hematúria macroscópica espontânea ou microscópica ocasionalmente complica uma gestação tranquila. O diagnóstico diferencial inclui todas as causas de hematúria em pacientes não grávidas (ver Capítulo 8), mas frequentemente nenhuma etiologia é demonstrável, e o sangramento regride pós-parto. Foi sugerido que estes eventos seriam decorrentes de ruptura de pequenas veias em torno da pelve renal dilatada. Hematúria pode ou não ocorrer em gestações subsequentes. Seja como for, a investigação de hematúria pode frequentemente ser adiada até depois do parto, e técnicas não invasivas, como ultrassonografia e imagem de ressonância magnética, são úteis para chegar a essas decisões.

IV. TRANSPLANTE RENAL

A. Menstruação e fertilidade reaparecem na maioria das mulheres 1 a 12 meses após transplante de rim. Gravidez não é incomum após transplante renal, e o risco para a mãe e o bebê é muito mais baixo nesta população do que em pacientes grávidas em diálise. Embora gravidez tenha se tornado comum após transplante, há pouco mais que relatos de casos, séries e bancos de dados voluntários para orientar a clínica; uma Conferência de Consenso gerou um relatório em 2005 sumarizando a literatura e criou diretrizes de prática, bem como identificou vazios do conhecimento. A maioria das gestações (mais de 90%) que prosseguem além do primeiro trimestre tem sucesso. Entretanto, há complicações maternas e fetais decorrentes de efeitos imunossupressores, hipertensão preexistente e alteração renal. Estas incluem complicações maternas da terapia com glicocorticosteroide, como intolerância à glicose, hipertensão (47% a 73%), pré-eclâmpsia (30%) e infecção aumentada. Complicações fetais são geralmente vistas em transplantados com função renal prejudicada (creatinina ≥ 1,5 mg/dL e hipertensão preexistente). Neste grupo, os resultados adversos incluem uma incidência mais alta de parto prematuro (50% a 54%), bebês pequenos para a idade gestacional (33% a 45%) e mortalidade neonatal aumentada (1% a 3%) em comparação com a população geral (12,3%, 5% e 0,68%, respectivamente). Apesar da incidência mais alta de parto prematuro e mais baixo peso ao nascimento, estudos a longo prazo mostram que os filhos de transplantados se desenvolvem normalmente.

Diretrizes de melhor prática delinearam critérios para considerar gravidez em transplantados, sendo sugerido que aquelas contemplando gravidez devem satisfazer os seguintes:

- Boa saúde e função renal estável durante 1 a 2 anos depois do transplante sem nenhuma rejeição aguda ou continuada recente ou infecções
- Proteinúria ausente ou mínima (menos de 0,5 g/dia)
- BP normal ou hipertensão facilmente controlada
- Nenhuma evidência de distensão pielocalicial em ultrassonografia antes da concepção
- Creatinina sérica menos de 1,5 mg/dL
- Terapia medicamentosa: prednisona 15 mg por dia ou menos, azatioprina 2 mg/kg ou menos, ciclosporina menos de 5 mg/kg/dia

Embora os níveis de ciclosporina tendam a diminuir durante a gravidez, não há informação sobre se a posologia da droga deve ser aumentada. Tacrolimo não foi usado tão amplamente em gravidez quanto ciclosporina, embora a experiência crescente sugira que é seguro, com um perfil de efeitos colaterais semelhante ao da ciclosporina. Considerações sobre hipertensão e retardo de crescimento são importantes; não existe BP-alvo estabelecida, embora 140/90 mmHg seja sugerida e anti-hipertensivos devam ser trocados para aqueles seguros na gravidez. Micofenolato mofetil foi descrito como embriotóxico em animais, e é associado a deformidades de orelha e outras incluindo unhas hipoplásticas, dedos curtos, fenda palatina e tetralogia de Fallot em humanos. Esta droga deve ser descontinuada antes da concepção, e podem ter a medicação trocada para azatioprina, se indicado. Sirolimo causa ossificação retardada em estudos animais, e embora resultados humanos nascidos vivos bem-sucedidos tenham sido relatados, seu uso é contraindicado em humanos até que mais dados sejam disponíveis. Finalmente, dados do *National Transplantation Pregnancy Registry* e da *European Dialysis and Transplant Association* sugerem que em mulheres com função renal estável quase normal, gravidez raramente afeta o enxerto, embora possa haver pequenas elevações na creatinina sérica pós-parto em comparação com a creatinina pré-gravidez. Por outro lado, as mulheres com função do transplante significativamente reduzida pré-parto estão em risco de deterioração irreversível após o parto, como observado com CKD em rins nativos. Rejeição é difícil de diagnosticar na gravidez, e pode ser necessária biópsia renal; a opinião de consenso é que corticosteroides e IVIg são tratamentos seguros para rejeição aguda, mas a segurança de globulinas antilinfocitárias e rituximab na gravidez é desconhecida.

V. DIÁLISE. A fertilidade é reduzida em pacientes fazendo diálise, em consequência de anormalidades da liberação de hormônio luteinizante hipofisário que levam à anovulação. Gravidez que ocorre em pacientes submetendo-se à diálise de manutenção é de extremo alto risco, e a concepção deve ser fortemente desaconselhada em virtude de muito alta mortalidade fetal; em grandes pesquisas apenas 42% a 60% dessas gestações resultam em um bebê nascido vivo. Prematuridade, muito baixo peso ao nascimento e retardo do crescimento intrauterino são comuns, e aproximadamente 85% dos bebês nascidos de mulheres que concebem após iniciar diálise são nascidos antes de 36 semanas de gestação. O fator isolado mais importante que influencia o resultado fetal nas pacientes em diálise é o nível de ureia plasmática materna. Em pacientes submetendo-se à hemodiálise, ambos, o número de sessões de diálise por semana e o tempo por sessão, devem ser aumentados para um mínimo de 20 horas/semana, visando a uma ureia pré-diálise de 30 a 50 mg/dL (5 a 8 mmol/L). Heparinização deve ser minimizada para prevenir sangramento obstétrico. Bicarbonato no dialisado deve ser diminuído para 25 mEq/L, em concordância com os níveis de bicarbonato mais baixos esperados da gravidez. Se estiver sendo usada diálise peritoneal, é recomendado diminuir volumes de troca aumentando frequência de troca ou uso de ciclador. Ingestão adequada de calorias e proteína é necessária; ingestão de proteína de 1 g/kg/dia mais um adicional de 20 g/dia foi sugerida. Depois do primeiro trimestre, o peso "seco" materno deve ser aumentado aproximadamente 400 g por semana para ajustar ao aumento de peso progressivo esperado na gravidez. Terapia anti-hipertensiva deve ser ajustada para a gravidez descontinuando-se inibidores de enzima conversora de angiotensina (ACE) e bloqueadores do receptor a angiotensina (ARBs), e visando à manutenção de pressão diastólica materna de 80 a 90 mmHg, usando metildopa, labetalol e nifedipina de liberação prolongada em doses padrão para atingir o alvo. Anemia deve ser tratada com ferro suplementar, ácido fólico e eritropoetina. Eritropoetina é segura na gravidez, e a resistência à eritropoetina relacionada com a gravidez requer um aumento de dose de aproximadamente 50% para manter níveis-alvo de hemoglobina de 10 a 11 g/dL. Devido a conversão placentária de 25-hidroxivitamina D_3, suplementação de vitamina D deve ser reduzida, e sua utilização deve ser guiada pelos níveis de vitamina D, hormônio paratireóideo, cálcio e fósforo. Suplementação de magnésio pode ser necessária para manter nível de magnésio sérico em 5 a 7 mg/dL (2 a 3 mmol/L). Aspirina em baixa dose foi sugerida para prevenção de pré-eclâmpsia. Os bebês nascidos de mães em diálise podem necessitar de monitoramento quanto à diurese osmótica no período pós-parto imediato, se a ureia materna era alta no momento do parto.

VI. DOENÇAS HIPERTENSIVAS DA GRAVIDEZ. Hipertensão durante a gestação permanece uma causa importante de morbidade e morte em ambos, mãe e filho.

A. Das muitas **classificações** propostas de hipertensão complicando gravidez, a do Comitê de Terminologia do Colégio Americano de Obstetras e Ginecologista (1972) tem sido a mais útil. O Programa Nacional de Educação sobre Hipertensão Arterial nos Estados Unidos aprovou este sistema em 1990 e novamente em 2000. As quatro categorias de doenças hipertensivas na gravidez são as seguintes:
  1. **Pré-Eclâmpsia.** Pré-eclâmpsia, que afeta entre 2% e 7% das mulheres grávidas, é caracterizada por hipertensão, proteinúria, edema, e, às vezes, anormalidades da coagulação e da função hepática, ocorre na gravidez avançada (após 20 semanas), principalmente em nulíparas. Hipertensão no terceiro trimestre é definida como uma BP de 140/90 mmHg ou mais (Korotkoff V) sustentada por 4 a 6 horas.
     Tentativas foram feitas de categorizar esta doença como grave (p. ex., pressões diastólica e sistólica de 110 e 160 mmHg ou mais, proteinúria intensa, oligúria e sintomas neurológicos) ou leve. Uma vez que uma paciente com pré-eclâmpsia aparentemente leve (p. ex., uma grávida adolescente com uma BP sistólica de 140/85 mmHg e traços de proteinúria) pode subitamente convulsionar (caso no qual a doença é chamada *eclâmpsia*, uma complicação associada à mortalidade materna), termos tais como *leve* e *grave* podem ser enganosos. Hipertensão durante gravidez avançada em uma nulípara, estejam ou não presentes outros sinais, constitui razão suficiente para considerar hospitalização e tratamento como se a paciente estivesse potencialmente pré-eclâmptica.
  2. **Hipertensão Crônica.** A maioria das mulheres nesta categoria tem hipertensão essencial, mas em algumas a BP elevada é secundária a condições, como estenose de artéria renal, coarctação da aorta, doença renal, aldosteronismo primário e feocromocitoma. Evidência de doença arteriolar e conhecimento de que hipertensão está presente antes da concepção ou no início da gestação são úteis para estabelecer um diagnóstico. Abuso de cocaína pode-se mascarar como hipertensão crônica na gravidez. Feocromocitoma tem um resultado catastrófico durante gravidez; portanto, análise de metanefrinas plasmáticas deve ser considerada em grávidas hipertensas selecionadas não avaliadas previamente.
  3. **Hipertensão Crônica com Pré-Eclâmpsia Superposta.** Mulheres hipertensas estão em risco aumentado de desenvolvimento de pré-eclâmpsia superposta, e, quando isto ocorre, a morbidade e mortalidade materna e fetal são maiores do que quando pré-eclâmpsia se desenvolve em uma mulher previamente normotensa. Muitas mortes maternas atribuíveis à doença hipertensiva ocorrem em mulheres previamente hipertensas com pré-eclâmpsia superposta.
  4. **Hipertensão gestacional**, que é alta BP aparecendo primeiro após o meio da gravidez, é distinguida de pré-eclâmpsia pela ausência de proteinúria. Esta categoria é ampla e inclui mulheres que mais tarde desenvolvem critérios diagnósticos de pré-eclâmpsia, bem como mulheres com hipertensão crônica nas quais a BP diminuiu no começo da gravidez, mascarando o diagnóstico verdadeiro. Hipertensão gestacional que se resolve pós-parto, e que não era pré-eclâmpsia em retrospecto, tende mais a ocorrer em mulheres que desenvolvem hipertensão essencial mais tarde na vida.
  5. O médico deve estar ciente de que, em raras ocasiões, convulsões e hipertensão podem-se desenvolver após o parto. A chamada eclâmpsia

pós-parto tardia (hipertensão e convulsões 48 horas a semanas após o parto) está pouco compreendida, e é tratada por hospitalização, sulfato de magnésio e tratamento suportivo.

Estudos recentes sugerem que hipertensão durante gravidez é associada a risco aumentado de doença cardiovascular, doença renal e diabetes. Isto é verdadeiro quanto a todos os tipos de hipertensão durante a gravidez.

B. **Fisiopatologia da Pré-Eclâmpsia.** Pré-eclâmpsia é uma síndrome, cujas manifestações afetam muitos sistemas de órgãos, incluindo o cérebro, fígado, rim, vasos sanguíneos e placenta. Portanto, embora o foco possa ser na hipertensão e proteinúria, devemos sempre estar cientes de que esses sinais e sintomas podem ser mínimos, enquanto outras síndromes ameaçadoras à vida se desenvolvem, incluindo convulsões e insuficiência hepática, ambas frequentemente associadas à trombocitopenia, bem como sinais de DIC.

A placenta pode ser criticamente comprometida na gênese de pré-eclâmpsia, e a falha da invasão citotrofoblástica das artérias espirais uterinas é uma das alterações mais iniciais desta doença. Por essa razão, estes vasos não sofrem a transformação esperada para os vasos sanguíneos dilatados característicos da placentação normal. Esta anormalidade pode ser subjacente à má perfusão placentária e ao retardo de crescimento característicos da pré-eclâmpsia. A razão para a falha do trofoblasto em invadir as artérias espirais uterinas é obscura. A pesquisa focalizou a modulação anormal das moléculas de adesão do citotrofoblasto, integrinas e interações anormais do fator de crescimento endotelial vascular (VEGF)–ligantes. Admite-se que a placentação anormal levando à síndrome materna da pré-eclâmpsia ocorra cedo na gravidez (10 a 20 semanas de gestação). Finalmente, um crescente volume de evidência sugere a produção de fatores antiangiogênicos, como sFlt-1 e endoglina na gênese da pré-eclâmpsia. Foi observada em mulheres com pré-eclâmpsia a presença de níveis circulantes aumentados de uma variante de *splicing* ("encaixe") de um receptor para VEGF chamado *sFlt-1*. SFlt-1 é considerado liberado da placenta dentro do sangue materno, e por ligação ao VEGF causa biodisponibilidade diminuída de VEGF, alteração celular endotelial vascular materna, e os aspectos clínicos característicos, como hipertensão e proteinúria. Administração experimental de sFlt-1 e endoglina em ratas grávidas recapitula os achados histológicos renais clássicos da endoteliose glomerular. Estudos atuais estão em andamento para determinar se a avaliação do sFlt-1 é um teste útil para triagem ou diagnóstico precoce de pré-eclâmpsia.

Os mediadores de hipertensão na pré-eclâmpsia não estão claramente compreendidos. Evidência sugere que a vasoconstrição resulta de uma interação complexa de alterações hormonais e vasculares. O sistema renina–angiotensina é estimulado na gravidez normal e relativamente suprimido em mulheres com pré-eclâmpsia. Entretanto, as pacientes com pré-eclâmpsia são mais sensíveis aos efeitos pressores da angiotensina II, e, por essa razão, este peptídeo pressor pode desempenhar um papel na sua BP elevada. Níveis de aldosterona são também mais baixos em mulheres pré-eclâmpticas que em mulheres com gravidez normal, embora ainda mais altos que os níveis não grávidos.

Alterações na função das células endoteliais vasculares são características importantes da fisiopatologia da pré-eclâmpsia. As células endoteliais produzem uma variedade de substâncias importantes na modulação do tônus vascular e da coagulação (p. ex., NO, prostaciclina e endotelina). Estudos em animais de hipertensão gestacional, bem como estudos clínicos em mulheres, sugerem que NO e prostaciclina diminuídas, e endotelina aumentada, além dos fatores antiangiogênicos mencionados anteriormente, são ao mesmo tempo sequelas e fatores contributivos para vasoconstrição, agregação de plaquetas, e coagulação intravascular aumentada e, finalmente, as manifestações clínicas maternas da pré-eclâmpsia.

A capacidade de excretar sódio pode ser prejudicada na pré-eclâmpsia, mas o grau ao qual isto ocorre varia, uma vez que doença grave pode ocorrer na ausência de edema (a paciente "pré-eclâmptica seca"). Mesmo quando edema é acentuado, o volume plasmático é abaixo daquele para gravidez normal, e, muitas vezes, está presente hemoconcentração. Este último fenômeno pode-se relacionar com o desenvolvimento de uma "falha" na vasculatura (por essa razão, hipoalbuminemia nesta doença pode ter três componentes: perda renal de proteína, alteração do fígado e extravasamento do espaço intravascular para o intersticial). Uma diminuição ou aumento subótimo no volume intravascular também parece preceder o início de hipertensão franca.

O débito cardíaco muitas vezes está diminuído, e as pressões venosa central e encunhada capilar pulmonar são normais ou baixas. Portanto, alta BP é mantida por um aumento pronunciado na resistência periférica. As alterações no débito cardíaco, combinadas com as reduções no volume intravascular, e o fato de que a perfusão placentária está diminuída na pré-eclâmpsia são razões importantes pelas quais uso de diurético é desaconselhado nesta doença.

Em uma variedade de pré-eclâmpsia, HELLP, predominam anormalidades da coagulação e alteração hepática, enquanto hipertensão e proteinúria podem ser mínimas. Esta síndrome põe em risco a vida, porque as contagens de plaquetas podem cair muito abaixo de 100 mm^3, enquanto níveis de transaminases e desidrogenase láctica se elevam acima de 1.000 unidades/L e evidência de uma acentuada anemia hemolítica microangiopática aparece no esfregaço do sangue periférico, tudo em menos de 24 horas. Reconhecimento precoce desta variante HELLP e pronta interrupção da gestação são importantes; essa ação evita morbidade materna substancial.

A patogênese da convulsão eclâmptica também está pouco compreendida. Vasospasmo, isquemia e hemorragia local podem todos desempenhar um papel. A importância da hipertensão por si própria na gênese das convulsões é debatida, porque convulsões podem ser observadas em mulheres nas quais a BP está apenas levemente elevada. Descrições da síndrome de leucoencefalopatia posterior reversível, que é caracterizada por autorregulação cerebrovascular alterada, disfunção endotelial e sequelas clínicas drásticas no contexto de BP elevada, podem ser relevantes para a eclâmpsia.

C. Função e Morfologia Renais na Pré-Eclâmpsia
  1. **GFR e RPF.** Ambos GFR e RPF diminuem na pré-eclâmpsia. Os decréscimos aproximam-se de 25% na maioria dos casos, de modo que a GFR das mulheres pré-eclâmpticas frequentemente permanece acima dos valores pré-grávidicos. Entretanto, em raros casos, grandes diminuições de função podem ocorrer e, ocasionalmente, levar à necrose tubular ou cortical aguda.

2. **Ácido Úrico.** Alterações ocorrem no manejo renal de urato na pré-eclâmpsia. Uma diminuição na remoção de ácido úrico, acompanhada por aumentos nos níveis sanguíneos deste soluto, pode ocorrer semanas antes de aparecerem quaisquer sinais clínicos da doença. Na gravidez, níveis de urato sérico acima de 4,5 mg/dL são suspeitos [para converter em unidades do SI (µmol/L), multiplicar mg/dL por 59,48]. O nível de hiperuricemia também se correlaciona com a gravidade da lesão renal pré-eclâmptica, bem como com o resultado fetal.
3. **Proteinúria** aumentada, que pode ser moderada ou intensa, é uma característica da pré-eclâmpsia, e o diagnóstico é suspeito na sua ausência. A magnitude de proteinúria não parece afetar o prognóstico materno, mas a excreção de proteína na faixa nefrótica é associada a maior perda fetal.
4. **Cálcio.** Estudos demonstraram que o manejo renal de cálcio está alterado na pré-eclâmpsia, e que em contraste com grávidas normotensas, ou aquelas com hipertensão crônica ou transitória, as pacientes com pré-eclâmpsia demonstram hipocalciúria acentuada. A base para esta anormalidade é desconhecida. Níveis de 1,25 vitamina D são mais baixos, e de paratormônio mais altos, quando comparados com gravidez normal.
5. Pré-eclâmpsia é acompanhada por uma lesão histológica característica: **endoteliose capilar glomerular** (Fig. 14-2). Em mulheres diagnosticadas clinicamente como pré-eclâmpticas, esta lesão está presente sozinha em aproximadamente 85% das biópsias obtidas de primíparas e em consideravelmente menos biópsias de multíparas. As pacientes restantes têm evidência de nefrosclerose ou outra doença parenquimatosa. Endoteliose glomerular é caracterizada por células endoteliais capilares glomerulares

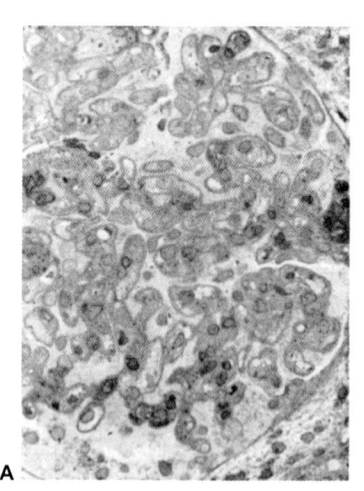

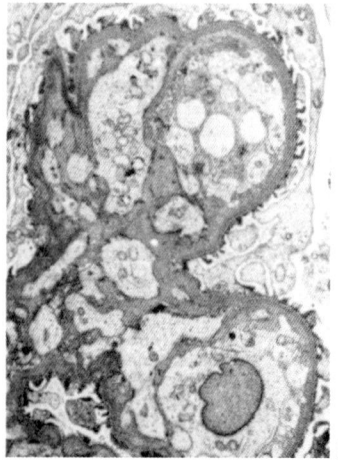

Figura 14-2. A: Microscopia eletrônica demonstrando obliteração capilar completa por células endoteliais intumescidas. Observar, no entanto, que a membrana basal está normal e os pedicelos epiteliais estão intactos. **B:** Microscopia mostrando um glomérulo de um rim pré-eclâmptico. Células endoteliais e mesangiais intumescidas que exibem vacuolização proeminente tomam espaço das luzes capilares. (Cortesia de B. H. Spargo, M.D.)

intumescidas com a aparência de um "glomérulo sem sangue". Alguns afirmam que pré-eclâmpsia é uma causa de esclerose glomerular focal, mas outros acreditam que as lesões da pré-eclâmpsia são completamente reversíveis, com a presença de esclerose glomerular focal refletindo nefrosclerose preexistente ou doença renal primária. Mulheres com endoteliose glomerular isolada tendem a ter gestações subsequentes tranquilas, mas quando esclerose glomerular focal ou alterações nos vasos renais estão presentes, hipertensão tende mais a recidivar em gestações subsequentes.

D. Tratamento da Pré-Eclâmpsia
1. **Hospitalização.** Tratamento ambulatorial é arriscado no tratamento da pré-eclâmpsia. Por essa razão, suspeita da doença é suficiente para considerar hospitalização. Essa conduta diminui a frequência de convulsões e outras consequências de erro de diagnóstico. Em geral, a maturidade fetal é avaliada; se a gestação estiver perto do termo, indução é a terapia de escolha, caso contrário tentativas de contemporizar são feitas para manter a gravidez no estágio anterior. Repouso é uma parte do regime terapêutico extremamente importante, o qual deve ser prescrito em vez de sugerido. Interrupção da gravidez deve ser considerada quando sinais de eclâmpsia iminente (p. ex., hiper-reflexia, cefaleias e dor epigástrica) se desenvolvem ou persistem; BP não pode ser controlada; creatinina sérica, nitrogênio ureico e ácido úrico se elevam; evidência laboratorial sugere DIC ou função hepática anormal (transaminases aumentadas); ou teste obstétrico específico sugere risco fetal. Quando sinais de convulsões (eclâmpsia) iminentes estão presentes, sulfato de magnésio parenteral é a droga de escolha.
2. **Tratamento da Hipertensão.** A abordagem ao tratamento da alta BP em grávidas é controversa. Conforme notado, o exame morfológico de placentas pré-eclâmpticas demonstra invasão trofoblástica diminuída das artérias espirais uterinas, tornando estes vasos mais contringidos que o normal. Assim, a perfusão da placenta está comprometida. Portanto, redução agressiva na BP materna pode diminuir ainda mais a perfusão uteroplacentária (*i. e.*, má autorregulação do fluxo sanguíneo uterino). Assim, grandes diminuições na pressão média da mãe devem ser evitadas, especialmente em emergências agudas. Dados sobre gravidez humana são limitados, mas eles sugerem que diminuições na pressão materna podem de fato reduzir a perfusão placentária. Outros argumentaram que, com base em evidência obtida de estudos em animais, o fluxo sanguíneo uterino é autorregulado, e por essa razão a hipertensão deve ser tratada agressivamente. Admitindo que exista a autorregulação uterina, uma pergunta crítica, porém não respondida, é quão rapidamente ela tem lugar, porque os fetos podem ser prejudicados por curtos períodos de isquemia. Por essas razões, o autor prescreve o uso cuidadoso de hidralazina ou labetalol parenteral, em adição ao cuidado materno constante e monitorização fetal, quando hipertensão aguda exceder níveis diastólicos de 100 mmHg ou níveis sistólicos de 150 mmHg (Quadro 14-5). Esta conduta é bem-sucedida na maioria das grávidas. Bloqueadores dos canais de cálcio orais de ação longa também foram usados para tratar hipertensão aguda associada à pré-eclâmpsia.

Diazóxido pode ser usado em raros casos resistentes e deve ser administrado apenas em pequenas doses (30 mg de uma vez). Nitroprussiato de sódio deve ser evitado, porque envenenamento por cianeto e morte fetal foram observados em animais de laboratório. Inibidores de ACE e ARBs não devem ser usados na gravidez.
3. **Tratamento da Convulsão Eclâmptica.** Vários grandes estudos clínicos demonstraram que sulfato de magnésio é superior a outros anticonvulsivos para prevenção de convulsões eclâmpticas recorrentes, e também para prevenção primária de eclâmpsia em mulheres com pré-eclâmpsia. O protocolo usual é administrar uma dose de carga de 4 g de sulfato de magnésio, infundida ao longo de 15 minutos, seguida por uma infusão de manutenção de 1 a 2 g/hora, visando atingir níveis plasmáticos de 2 a 4 µmol/L. Como a incidência de convulsão é mais alta no puerpério imediato, constitui prática comum começar sulfato de magnésio imediatamente após o parto e continuá-lo por 24 horas.

E. **Prevenção da Pré-Eclâmpsia.** Muitas estratégias foram investigadas em estudos clínicos bem realizados (incluindo milhares de mulheres) de terapia antiplaquetas, suplementação nutricional e vitaminas antioxidantes para a prevenção de pré-eclâmpsia. Estes estudos, e metanálises subsequentes, demonstram um pequeno (10% a 15% de redução no risco relativo) benefício da aspirina em baixa dose para a prevenção de pré-eclâmpsia e resultados adversos significativos maternos e fetais. No que se refere a estratégias nutricionais, suplementação de cálcio parece ter um pequeno benefício em mulheres ingerindo uma dieta básica com baixo cálcio, e não muito benefício em mulheres ingerindo uma dieta com cálcio normal. Até agora, suplementação antioxidante com vitaminas C e E não mostrou benefício em três grandes estudos randomizados controlados.

Embora prevenção de pré-eclâmpsia geralmente não seja possível, evitar complicações graves pode ser realizada pelo reconhecimento precoce da doença antes que essas complicações se desenvolvam. Se sinais iniciais forem detectados, hospitalização deve ser fortemente considerada para permitir monitorização estreita da paciente. Se a pré-eclâmpsia for detectada precocemente, repouso no leito e monitorização constante da condição materna e fetal podem possibilitar prolongamento da gravidez em alguns casos.

F. **A Paciente Hipertensa sem Pré-Eclâmpsia.** Gestações em mulheres com hipertensão crônica são associadas a riscos aumentados maternos bem como fetais. As complicações incluem pré-eclâmpsia superposta, descolamento da placenta, necrose tubular e cortical aguda, retardo do crescimento intrauterino, e morte fetal no segundo trimestre. Esses eventos parecem se correlacionar com a idade da grávida e a duração da sua BP alta. Portanto, a maioria destas complicações ocorre em mulheres com mais de 30 anos ou com evidência de dano a órgãos-alvo. Em contraposição, a maioria das mulheres (aproximadamente 85%) com hipertensão essencial tem gestações não complicadas e bem-sucedidas.

As mulheres com hipertensão crônica frequentemente têm reduções na BP pelo meio da gravidez, de modo que a sua BP pode não exceder aquela observada em mulheres grávidas normotensas. A falta de ocorrência desta diminuição, ou aumentos na BP na gravidez inicial ou no trimestre intermediário, indica um prognóstico reservado para a gestação. O resultado fetal é pior em mulheres hipertensas com pré-eclâmpsia superposta do que em mulheres previamente normotensas com esta complicação, e a combinação de hipertensão crônica e pré-eclâmpsia aumenta o risco de hemorragia cerebral. Pacientes com hipertensão crônica e pré-eclâmpsia superpostas devem ser hospitalizadas, e sua hipertensão controlada. Retirada do feto deve ser considerada, se a condição materna ou fetal for instável.

1. **Terapia Anti-Hipertensiva.** Diretrizes para terapia anti-hipertensiva durante gestação são menos claras que aquelas para mulheres hipertensas não grávidas. Nestas últimas, existem dados incontestáveis de grandes estudos da população para documentar os benefícios da redução da BP com medicação, mesmo em mulheres com apenas hipertensão leve. Durante gravidez, no entanto, embora a segurança materna permaneça a preocupação principal, há também um desejo de minimizar a exposição fetal a drogas, dados os seus desconhecidos efeitos a longo prazo sobre o crescimento e desenvolvimento. Uma revisão sistemática de estudos clínicos de hipertensão encontrou apenas 13 estudos clínicos randomizados comparando terapia anti-hipertensiva com nenhum tratamento ou com placebo em mulheres com hipertensão crônica. A droga mais comumente usada, metildopa, foi administrada a pouco mais de 200 pacientes. Seis estudos mostraram ausência de redução na mortalidade perinatal com tratamento anti-hipertensivo, enquanto três relataram uma tendência a mortalidade perinatal mais baixa com tratamento. Uma questão que pode ser debatida é se baixar a BP prevenirá pré-eclâmpsia superposta, mas pouca ou nenhuma evidência convincente suporta esta alegação. Portanto, é permissível tolerar níveis de BP mais altos durante gestação que não causam mal a curto prazo, enquanto limitando uso de drogas anti-hipertensivas. A este respeito, a maioria das mulheres grávidas com hipertensão crônica tem apenas elevações leves ou muito moderadas na BP e necessita de pouca ou nenhuma medicação. Entretanto, os níveis "apropriados" ou "toleráveis" de BP nestas pacientes durante a gestação parecem ter sido estabelecidos empiricamente, e são necessários estudos clínicos multicêntricos para suportar ou rejeitar essas práticas.

Não há geralmente acordo sobre se graus leves de hipertensão durante gestação devem ser tratados ou não. Embora um grupo afirme que essa terapia diminui a incidência de pré-eclâmpsia superposta, a maioria restringiria tratamento até níveis diastólicos de pelo menos 15 mmHg acima da hipertensão limítrofe (definida pelos autores como 75 mmHg no segundo trimestre e 85 mmHg na gestação avançada). Grávidas muito jovens, no entanto, podem necessitar de tratamento em níveis mais baixos. Os Quadros 14-4 e 14-5 resumem o conhecimento atual sobre o uso de anti-hipertensivos na gravidez. A informação disponível sobre a segurança e eficácia destas medicações em mulheres grávidas é limitada.

Uma estratégia razoável, baseada nos dados disponíveis, é tratar hipertensão materna quando a BP excede 145 a 150 mmHg sistólica, 95 a 100 mmHg diastólica. Exceções, no entanto, incluem doença renal parenquimatosa e evidência de dano em órgãos-alvos (p. ex., retinopatia e hipertrofia cardíaca), nas quais terapia é recomendada uma vez que os níveis sejam 90 mmHg ou mais.

O argumento sobre se deve tratar é discutível quando só o bem-estar fetal é considerado. Alguma evidência sugere benefícios fetais quando

Quadro 14-4	Diretrizes para Tratamento de Hipertensão Grave Próxima do Termo ou durante Trabalho de Parto
Regulação da Pressão Arterial	
	O grau ao qual a pressão arterial deve ser diminuída é controverso; recomenda-se manter níveis diastólicos entre 90 e 100 mmHg
Farmacoterapia	
	Labetalol, administrado por via intravenosa, é um agente efetivo e seguro para hipertensão pré-eclâmptica; começar com 20 mg e repetir a dose cada 20 min, até 200 mg, até que a pressão arterial desejada seja atingida. Efeitos colaterais incluem cefaleia
	Hidralazina administrada por via intravenosa também pode ser usada; começar com baixas doses (5 mg em *bolus* intravenoso), a seguir administrar 5 a 10 mg cada 20–30 min para evitar diminuições precipitadas na pressão; efeitos colaterais incluem taquicardia e cefaleia
	Bloqueadores dos canais de cálcio (de ação longa) foram usados por via oral
	Diazóxido deve ser usado apenas no raro caso em que hidralazina, labetalol ou bloqueadores dos canais de cálcio não tiveram sucesso; doses pequenas (30 mg uma vez) foram descritas como efetivas; efeitos colaterais incluem parada do trabalho de parto e hipoglicemia neonatal
	Abster-se de usar *nitroprussiato de sódio*, porque envenenamento fetal por cianeto foi descrito em animais; entretanto, o bem-estar materno deve ditar a escolha de terapia
Prevenção de Convulsões	
	Sulfato de magnésio parenteral é a droga de escolha para prevenir convulsões eclâmpticas; terapia deve ser continuada por 12–24 h pós-parto, porque um terço das mulheres com eclâmpsia tem convulsões durante este período

hipertensão leve a moderada é tratada com drogas anti-hipertensivas durante a gravidez.

Em suma, os riscos desconhecidos, mas potenciais do tratamento anti-hipertensivo durante a gravidez são razões suficientes para restringir farmacoterapia quando hipertensão leve (sistólica 140 a 150 mmHg, diastólica 90 a 95 mmHg) está presente, particularmente durante o trimestre inicial. Conforme assinalado, muitas destas pacientes experimentam uma diminuição fisiológica na BP que, ocasionalmente, atinge níveis normotensos. Pacientes com evidência de doença renal ou dano a órgãos-alvo necessitam do início de tratamento com níveis mais baixos (menos de 90 mmHg).

Quadro 14-5	Drogas Anti-Hipertensivas Usadas para Tratar Hipertensão Crônica na Gravidez

Agonistas dos Receptores α_2-Adrenérgicos

Metildopa é a droga muito mais usada deste grupo. Sua segurança e eficácia são suportadas por evidência de estudos randomizados e um estudo de acompanhamento de 7,5 anos de crianças nascidas de mães tratadas com metildopa

Antagonistas dos Receptores β-Adrenérgicos

Estas drogas, especialmente *atenolol* e *metoprolol*, parecem ser seguras e eficazes na gravidez adiantada, mas retardo do crescimento fetal foi descrito quando o tratamento foi começado no início ou meio da gestação. Bradicardia fetal pode ocorrer, e estudos em animais sugerem que a capacidade do feto de tolerar estresse hipóxico pode ser comprometida

Antagonistas dos Receptores α-Adrenérgicos e Receptores β-Adrenérgicos

Labetalol parece ser tão efetivo quanto metildopa, mas não foram realizados estudos de acompanhamento de crianças nascidas de mães que receberam labetalol, e ainda existe preocupação com hepatotoxicidade materna

Bloqueadores dos Canais de Cálcio

Vários estudos pequenos e revisões sugerem que tanto di-hidropiridinas de ação longa quanto verapamil e diltiazem são seguros e efetivos na gravidez

Vasodilatadores de Ação Direta

Hidralazina é usada frequentemente como terapia adjuntiva com metildopa e antagonistas dos receptores β-adrenérgicos. Raramente, trombocitopenia neonatal foi descrita. A experiência com *minoxidil* é limitada, e esta droga não é recomendada

Inibidores da Enzima Conversora de Angiotensina (ACE)

Captopril causa morte fetal em diversas espécies animais, e vários inibidores de ACE foram associados a oligoidrâmnio e insuficiência renal neonatal quando administrados a humanas; não usar em nenhum tempo na gravidez

Bloqueadores dos Receptores a Angiotensina II

Estas drogas não foram usadas na gravidez; em vista dos efeitos deletérios de bloquear geração de angiotensina II com inibidores de ACE, antagonistas dos receptores a angiotensina II também são considerados contraindicados na gravidez

Diuréticos

Diuréticos podem ser usados em mulheres com hipertensão sensível ao sal e/ou doença renal; tentativas devem ser feitas para usar a mais baixa dose possível e evitar depleção de volume

Leituras Sugeridas

Armenti VT, Radomski JS, Moritz MJ, et al. Report from the National Transplantation Pregnancy Registry (NTPR): outcomes of pregnancy after transplantation. *Clin Transpl* 2004;103-114.

August P, Mueller FB, Sealey JE, et al. Role of renin-angiotensin system in blood pressure regulation in pregnancy. *Lancet* 1995;345(8954):896-897.

Cadnapaphornchai MA, Ohara M, Morris KG, et al. Chronic NOS inhibition reverses systemic vasodilation and glomerular hyperfiltration in pregnancy. *Am J Physiol Renal Physiol* 2001;280(4):F592-F598.

Chapman AB, Johnson AM, Gabow PA, et al. Pregnancy outcome and its relationship to progression of renal failure in autosomal dominant polycystic kidney disease. *J Am Soc Nephrol* 1994;5(5):1178-1185.

Chapman AB, Zamudio S, Woodmansee W, et al. Systemic and renal hemodynamic changes in the luteal phase of the menstrual cycle mimic early pregnancy. *Am J Physiol* 1997;273(5 Pt 2):F777-F782.

Chen HH, Lin HC, Yeh JC, et al. Renal biopsy in pregnancies complicated by undetermined renal disease. *Acta Obstet Gynecol Scand* 2001;80(10):888-893.

Clowse ME, Magder L, Witter F, et al. Hydroxychloroquine in lupus pregnancy. *Arthritis Rheum* 2006;54(11):3640-3647.

Conde-Agudelo A, Villar J, Lindheimer M, et al. World Health Organization systematic review of screening tests for preeclampsia. *Obstet Gynecol* 2004;104(6):1367-1391.

Conrad KP, Debrah DO, Novak J, et al. Relaxin modifies systemic arterial resistance and compliance in conscious, nonpregnant rats. *Endocrinology* 2004;145(7):3289-3296.

Davison JM, Shiells EA, Philips PR, et al. Serial evaluation of vasopressin release and thirst in human pregnancy. Role of human chorionic gonadotrophin in the osmoregulatory changes of gestation. *J Clin Invest* 1988;81(3):798-806.

Davison JM, Sheills EA, Philips PR, et al. Metabolic clearance of vasopressin and an analogue resistant to vasopressinase in human pregnancy. *Am J Physiol* 1993;264 (2 Pt 2):F348-F353.

Derksen RH, Bruinse HW, de Groot PG, et al. Pregnancy in systemic lupus erythematosus: a prospective study. *Lupus* 1994;3(3):149-155.

Duley L. Evidence and practice: the magnesium sulphate story. *Best Pract Res Clin Obstet Gynaecol* 2005;19(1):57-74.

Duley L, Henderson-Smart DJ, Knight M, et al. Antiplatelet agents for preventing preeclampsia and its complications. *Cochrane Database Syst Rev* 2004;(1):CD004659.

Erkan D. The relation between antiphospholipid syndrome-related pregnancy morbidity and non-gravid vascular thrombosis: a review of the literature and management strategies. *Curr Rheumatol Rep* 2002;4(5):379-386.

Fakhouri F, Vercel C, Fremeaux-Bacchi V. Obstetric nephrology: AKI and thrombotic microangiopathies in pregnancy. *Clin J Am Soc Nephrol* 2012;7:2100-2106.

Fesenmeier MF, Coppage KH, Lambers DS, et al. Acute fatty liver of pregnancy in 3 tertiary care centers. *Am J Obstet Gynecol* 2005;192(5):1416-1419.

Gammill HS, Jeyabalan A. Acute renal failure in pregnancy. *Crit Care Med* 2005;33 (Suppl 10):S372-S384.

Haase M, Morgera S, Budde K, et al. A systematic approach to managing pregnant dialysis patients—the importance of an intensified haemodiafiltration protocol. *Nephrol Dial Transplant* 2006;20(11):2537-2542.

Hofmeyr GJ, Atallah AN, Duley L, et al. Calcium supplementation during pregnancy for preventing hypertensive disorders and related problems. *Cochrane Database Syst Rev* 2006;(3):CD001059.

Holley JL, Reddy SS. Pregnancy in dialysis patients: a review of outcomes, complications, and management. *Semin Dial* 2003;16(5):384-388.

Khan KS, Wojdyla D, Say L, et al. WHO analysis of causes of maternal death: a systematic review. *Lancet* 2006;367(9516):1066-1074.

Le Ray C, Coulomb A, Elefant E, *et al*. Mycophenolate mofetil in pregnancy after renal transplantation: a case of major fetal malformations. *Obstet Gynecol* 2004;103 (5 Pt 2):1091-1094.

Maynard S, Min JY, Merchan J, *et al*. Excess placental soluble fms-like tyrosine kinase 1 (sFlt1) may contribute to endothelial dysfunction, hypertension, and proteinuria in preeclampsia. *J Clin Invest* 2003;111:649-658.

McKay DB, Josephson MA. Pregnancy in recipients of solid organs—effects on mother and child. *N Engl J Med* 2006;354(12):1281-1293.

National High Blood Pressure Education Program Working Group. National High Blood Pressure Education Program Working Group report on high blood pressure in pregnancy. *Am J Obstet Gynecol* 2000;183:S1-S22.

Prakash J, Kumar H, Sinha DK, *et al*. Acute renal failure in pregnancy in a developing country: twenty years of experience. *Ren Fail* 2006;28(4):309-313.

Richman K, Gohh R. Pregnancy after transplantation: a review of registry and single-center practices and outcomes. *Nephrol Dial Transplant* 2012;27:3428-3434.

Rossing K, Jacobsen P, Hommel E, *et al*. Pregnancy and progression of diabetic nephropathy. *Diabetologia* 2002;45(1):36-41.

Ruiz-Irastorza G, Lima F, Alves J, *et al*. Increased rate of lupus flare during pregnancy and the puerperium: a prospective study of 78 pregnancies. *Br J Rheumatol* 1996;35(2):133-138.

Rumbold AR, Crowther CA, Haslam RR, *et al*. Vitamins C and E and the risks of preeclampsia and perinatal complications. *N Engl J Med* 2006;354(17):1796-1806.

Smith WT, Darbari S, Kwan M, *et al*. Pregnancy in peritoneal dialysis: a case report and review of adequacy and outcomes. *Int Urol Nephrol* 2005;37(1):145-151.

Sturgiss SN, Wilkinson R, Davison JM, *et al*. Renal reserve during human pregnancy. *Am J Physiol* 1996;271(1 Pt 2):F16-F20.

15 Paciente com Hipertensão

Seth Furgeson ▪ Charles R. Nolan ▪ Robert W. Schrier

I. **DEFINIÇÃO E CLASSIFICAÇÃO DA HIPERTENSÃO.** A definição de hipertensão é um pouco arbitrária, porque a pressão arterial (BP) não é distribuída bimodalmente na população. Em vez disso, a distribuição das leituras de BP na população é unimodal, e um nível arbitrário de BP tem que ser definido como o limar acima do qual hipertensão pode ser diagnosticada. A correlação entre os níveis de BP sistólica (SBP) e BP diastólica (DBP) e o risco cardiovascular há muito tem sido reconhecida. Tornou-se claro que em pacientes com mais de 50 anos, SBP de mais de 140 mmHg é um fator muito mais importante de risco cardiovascular que a DBP. O aumento da BP tem claramente um efeito adverso sobre a mortalidade em um período inteiro de medidas registradas, mesmo aquelas geralmente consideradas como sendo na faixa normal. O objetivo de identificar e tratar alta BP é reduzir o risco de doença cardiovascular e a morbidade e mortalidade associadas. O sétimo relatório do Joint National Committee (JNC) de Prevenção, Detecção, Avaliação e Tratamento da Hipertensão Arterial (JNC 7) estabeleceu critérios para o diagnóstico e para a classificação da BP em pacientes adultos (Quadro 15-1). A BP ideal em um indivíduo que não está agudamente doente é menos de 120/80 mmHg. Indivíduos com um SBP de 120 a 139 mmHg ou uma DBP de 80 a 89 mmHg devem ser considerados como pré-hipertensos; estes pacientes necessitam de modificações do estilo de vida que promovem a saúde, a fim de prevenir doença cardiovascular. Os pacientes com pré-hipertensão estão correndo o dobro do risco de desenvolvimento de hipertensão em relação àqueles com valores mais baixos. Embora normotensos por definição, estes pacientes pré-hipertensos devem ser reavaliados anualmente para excluir o desenvolvimento de hipertensão. Hipertensão é definida arbitrariamente como uma SBP de 140 mmHg ou mais ou uma DBP de 90 mmHg ou mais, ou em virtude de o paciente tomar medicações anti-hipertensivas. O estágio da hipertensão (estágio 1 ou 2) é determinado pelos níveis de ambas a SBP e a DBP (Quadro 15-1). Esta classificação deve ser baseada na média de duas ou mais leituras de BP em cada uma de duas ou mais visitas depois da triagem de BP inicial. Quando a SBP e a DBP caírem dentro de diferentes categorias, a categoria mais alta deve ser selecionada para classificar a BP do indivíduo.

II. **EPIDEMIOLOGIA DA HIPERTENSÃO.** Os dados do National Health and Nutrition Examination Survey (NHANES) indicam que aproximadamente 28% da população adulta nos Estados Unidos têm hipertensão, um número que permaneceu relativamente estável durante a última década. De acordo com o mesmo estudo, a prevalência da hipertensão aumenta agudamente com a idade. O aumento crescente da hipertensão é não apenas o resultado do tamanho elevado da população, mas também reflete a prevalência aumentada da obesi-

Quadro 15-1	Classificação da Pressão Arterial (BP) em Adultos[a]		
Classificação da BP[b]	**BP Sistólica (mmHg)**[c]		**BP Diastólica (mmHg)**[c]
Normal	< 120	e	< 80
Pré-hipertensão	120–139	ou	80–89
Hipertensão estágio 1	140–159	ou	90–99
Hipertensão estágio 2	≥ 160	ou	≥ 100

[a]Adultos com 18 anos e mais velhos.
[b]Classificação deve ser baseada na média de duas ou mais leituras de pressão arterial corretamente medidas e obtidas em cada uma de duas ou mais visitas ao consultório.
[c]Quando BP sistólica e diastólica caírem em categorias diferentes, classificar com base na categoria mais alta.
Adaptado com permissão de Chobanian AV, Bakris GL, Black HR et al. The seventh report of the Joint National Committee on Prevention, Detection, Evaluation and Treatment of High Blood Pressure. The JNC 7 Report. *JAMA* 2003;289:2560-2572.

dade e o envelhecimento global da população. Os dados do *Framingham Heart Study* indicam que mesmo os indivíduos que são normotensos aos 55 anos têm um risco de 90% durante toda a vida de desenvolver hipertensão. Muitos pacientes hipertensos têm uma história familiar positiva de hipertensão dos pais. O modo de herança é complexo e provavelmente poligênico na maioria dos casos. Homens e mulheres afrodescendentes têm uma prevalência de hipertensão duas vezes mais alta (30%) do que homens e mulheres brancos (15%) em uma amostragem de quase 18.000 adultos americanos com idades de 48 a 75 anos nos dados do NHANES. A prevalência parece ser igual em homens e mulheres na maioria das pesquisas. Os indivíduos obesos têm significativamente mais hipertensão que os indivíduos não obesos. Na infância, obesidade é uma causa importante de hipertensão. Mais da metade da população adulta tem sobrepeso [índice de massa corpórea (BMI) de 25 a 29,9] ou é obesa (≥ 30). Dados do NHANES III mostram que entre homens e mulheres, brancos, afrodescendentes e méxico-americanos a prevalência de hipertensão e os níveis médios de SBP e DBP aumentam à medida que o BMI aumenta nas idades mais jovens que 60 anos. Globalmente, a prevalência de hipertensão em adultos obesos é 41,4% em homens e 37,8% em mulheres; em comparação com 14,9% em homens e 15,2% em mulheres com BMI ≤ 25. Prova adicional da importante relação entre o peso corporal e a BP é encontrada na observação de que a BP diminui mesmo com modesta redução de peso. A ingestão de sal (cloreto de sódio) na alimentação tem efeitos importantes sobre a BP, especialmente em pacientes com outros fatores predisponentes ao desenvolvimento de hipertensão, como idade avançada, obesidade, diabetes de início adulto, história familiar positiva de hipertensão, raça negra ou doença renal subjacente. Numerosos estudos epidemiológicos mostraram que a ingestão de sal na dieta se correlaciona com a BP média em uma população. Os pescadores norte-japoneses que ingerem 450 mEq de sódio diariamente têm uma prevalência de 40% de hipertensão. Em contraposição, as populações indígenas do Alasca e os índios ianomâmis no Brasil e Venezuela, que têm ingestão de sal na dieta de 1 mEq de sódio por dia, não desenvolvem hipertensão em qualquer idade. Intersalt, um estudo epidemiológico internacional, examinou a relação entre a ingestão alimentar de sódio (baseada na excreção de sódio urinário em 24 horas) e a BP em mais de 10.000 indivíduos com idades entre 20 a 59 anos de 52 países em todo o mundo. Os resultados demonstram uma correlação significativa entre SBP e DBP médias e a ingestão dietética de sódio. Estas observações podem ser explicadas com base no papel do manejo renal anormal de sódio na patogênese da hipertensão, o que se encontra discutido na Seção IV. As implicações terapêuticas destas observações incluem restrição de sódio na dieta como parte do tratamento não farmacológico e a recomendação de diuréticos tiazidas como farmacoterapia de primeira linha para o tratamento da hipertensão na maioria dos pacientes. Apesar dos conhecidos riscos cardiovasculares da hipertensão não tratada e da disponibilidade generalizada de tratamento farmacológico efetivo, a identificação e o controle efetivo da hipertensão permanecem sendo um importante problema de saúde pública nos Estados Unidos. De acordo com os mais recentes dados do NHANES, houve melhoras graduais no controle da hipertensão nos Estados Unidos de 1988 a 2008. Em 2008, 81% dos pacientes sabiam que tinham hipertensão e 73% dos pacientes estavam em tratamento. Entretanto, só 50% de todos os pacientes com hipertensão tinham BP controlada. A alta prevalência continuada da hipertensão e complicações relacionadas com a hipertensão, como acidente vascular cerebral, complicações cardiovasculares, insuficiência cardíaca e doença renal terminal (ESRD) representa um importante desafio de saúde pública.

III. RISCO DE DOENÇA CARDIOVASCULAR. A relação da BP ao risco cardiovascular é contínua e independente de outros fatores de risco cardiovascular. Começando em 115/75 mmHg e durante um período inteiro de BP, cada aumento de 20/10 mmHg duplica o risco de doença cardiovascular. O risco global de morbidade e mortalidade cardiovascular em pacientes com hipertensão é determinado não apenas pelo estágio de hipertensão, mas também pela presença de outros fatores de risco, como fumo, hiperlipidemia e diabetes, e pela existência de dano em órgãos-alvos (Quadro 15-2). Os principais órgãos-alvos afetados pela hipertensão são o coração, vasculatura periférica, sistema nervoso central, rim e olho. A maioria das consequências da hipertensão são o resultado de lesão vascular progressiva. Hipertensão acelera doença vascular aterosclerótica e agrava os efeitos deletérios do diabetes, fumo e hiperlipidemia na aorta e seus ramos principais. Doença aterosclerótica resulta em importante morbidade por infarto miocárdico (MI), infarto cerebral aterotrombótico, doença vascular periférica com claudicação e doença renal em conquência de isquemia ou embolização de colesterol. Doença renal hipertensiva pode resultar de vasculite induzida pela hipertensão no contexto de hipertensão maligna ou lesão renal mais insidiosa a partir de hipertensão essencial de longa duração com nefrosclerose hipertensiva benigna. Hipertensão é também um cofator importante na progressão de outras doenças renais, especialmente nefropatia diabética. Hipertensão também pode causar doença vascular cerebral na forma de infarto lacunar ou hemorragia intracerebral. Hipertrofia ventricular esquerda (LVH) e insuficiência cardíaca congestiva (CHF), frequentemente decorrente de disfunção diastólica isolada, são o resultado da resistência vas-

Quadro 15-2	**Fatores de Risco Cardiovascular e Dano a Órgãos-Alvo**

Principais Fatores de Risco

Hipertensão[a]

Tabagismo

Obesidade (BMI)[b] > 30[a]

Sedentarismo

Dislipidemia[a]

Diabetes melito[a]

Microalbuminúria ou GFR estimada < 60 mL/min

Idade (acima de 55 anos em homens, acima de 65 anos em mulheres)

História familiar de doença cardiovascular prematura (homens com menos de 55 anos ou mulheres com menos de 65 anos)

Dano em Órgãos-Alvos

Coração

   Hipertrofia ventricular esquerda

   Angina ou infarto miocárdico prévio

   Revascularização coronariana prévia

   Insuficiência cardíaca

Cérebro

   Acidente vascular cerebral prévio ou ataque isquêmico transitório

Doença renal crônica

Doença arterial periférica

Retinopatia (Quadro 15-8)

BMI, índice de massa corpórea; GFR, taxa de filtração glomerular.
[a]Componentes da síndrome metabólica associados à resistência insulínica e hiperinsulinemia.
[b]BMI é calculado como peso em quilogramas dividido pelo quadrado da altura em metros.
Adaptado com permissão de Chobanian AV, Bakris GL, Black HR et al. The seventh report of the Joint National Committee on Prevention, Detection, Evaluation and Treatment of High Blood Pressure. The JNC 7 Report. *JAMA* 2003;289:2560-2572.

cular periférica elevada (pós-carga) imposta pela hipertensão sistêmica. Em estudos clínicos, terapia anti-hipertensiva foi associada a reduções importantes na incidência de acidente vascular cerebral (35% a 40%), MI (20% a 25%) e insuficiência cardíaca (50%). Foi estimado que em pacientes com hipertensão estágio 1 (SBP 140 a 159 mmHg e/ou DBP 90 a 99 mmHg) e fatores adicionais de risco cardiovascular, atingir uma redução sustentada de 12 mmHg no SBP por 10 anos prevenirá uma morte para cada 11 pacientes tratados. No contexto de doença cardiovascular preexistente ou dano a órgãos-alvos, o tratamento de nove pacientes evitaria uma morte.

IV. PATOGÊNESE DA HIPERTENSÃO. Um grande volume de dados experimentais demonstrou a importância do rim na patogênese da hipertensão. Até esta data, cada uma das causas genéticas de hipertensão que foram elucidadas demonstraram-se relacionadas com uma anormalidade do manejo renal de sódio. Por exemplo, a síndrome de Liddle resulta da reabsorção de sódio aumentada tubular distal em decorrência de uma anormalidade nos canais de sódio no néfron distal. Experimentos de transplante cruzado em raças de ratos hipertensos e normotensos validam a importância do rim na patogênese da hipertensão, porque a presença ou ausência de hipertensão depende da fonte doadora do rim.

A hipótese de Guyton afirma que o mecanismo mais importante e fundamental para determinar o controle a longo prazo da BP é o mecanismo de *feedback* do volume do líquido renal. Em termos simples, por meio deste mecanismo básico, os rins regulam a pressão arterial alterando a excreção renal de sódio e água, desse modo controlando o volume circulatório e o débito cardíaco. Mudanças na BP, por sua vez, influenciam diretamente na excreção renal de sódio e água, desse modo fornecendo um mecanismo de *feedback* negativo para o controle do volume do líquido extracelular (ECF), débito cardíaco e BP. Por exemplo, um aumento na BP sistêmica levará a um aumento na excreção de sódio, um processo conhecido como natriurese de pressão. A hipótese é que alterações neste mecanismo de controle da pressão pelo volume do líquido renal são a causa fundamental de quase todos os estados hipertensivos (Fig. 15-1). Em todo estado hipertensivo, existe uma anormalidade subjacente na capacidade natriurética intrínseca do rim, tal que a ingestão diária de sal não pode ser excretada a uma BP normal, e o desenvolvimento de hipertensão é necessário para induzir uma natriurese sob pressão que permita ao rim excretar a ingesta de sal diária. Balanço de sódio e volume do ECF normais são mantidos, mas à custa de hipertensão sistêmica. A causa subjacente para a anormalidade na capacidade natriurética depende da etiologia da hipertensão. Na hipertensão essencial, alguma anormalidade subjacente aumenta a avidez renal por sódio. Em pacientes com obesidade e resistência à insulina (síndrome metabólica), a hiperinsulinemia aumenta a reabsorção de sódio tubular proximal. Níveis aumentados de angiotensina II e atividade do sistema nervoso simpático também aumentam a reabsorção de sódio. Mineralocorticoides aumentam a reabsorção de sódio tubular distal. Doença parenquimatosa renal causa perda de néfrons, resultando em um defeito natriurético. Anormalidades nos níveis de endotelina renal ou óxido nítrico podem também prejudicar a natriurese. A hipótese de Guyton afirma que esta capacidade natriurética diminuída do rim inicialmente leva à retenção renal de sal e água, expansão do volume do ECF e débito cardíaco aumentado com hipertensão. Esta fase de expansão de volume e débito cardíaco alto é de curta duração. No con-

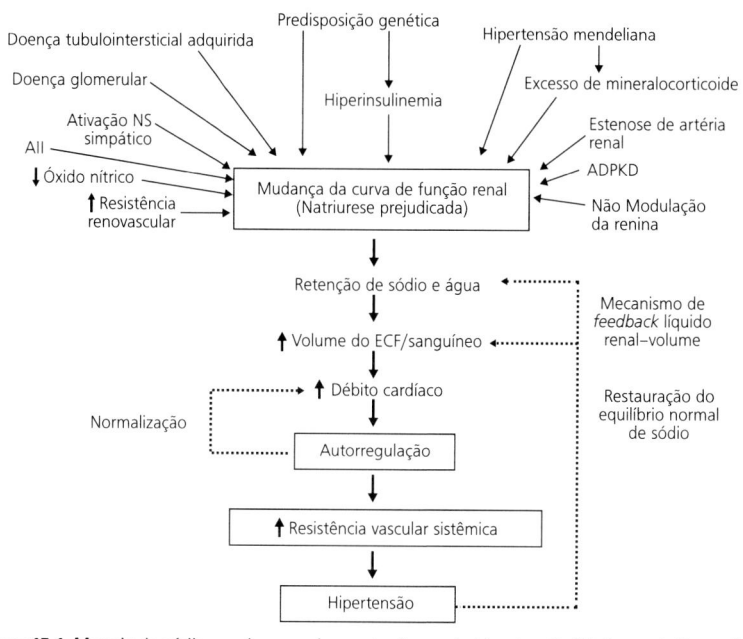

Figura 15-1. Manejo de sódio renal anormal na patogênese da hipertensão (hipótese de Guyton). No contexto de hipertensão essencial, doença renal primária, excesso de mineralocorticoide, ou resistência à insulina com hiperinsulinemia, um defeito na capacidade natriurética intrínseca do rim está presente e previne que o equilíbrio de sódio seja mantido com um nível normal de BP. Inicialmente, este comprometimento da natriurese leva a aumentos no volume do líquido extracelular (ECF) e no débito cardíaco. Entretanto, este estado hemodinâmico é de curta duração. Ocorre autorregulação circulatória para manter perfusão normal nos tecidos, resultando em um aumento na resistência vascular sistêmica (SVR). O aumento na SVR leva à hipertensão sistêmica. Com natriurese induzida por pressão, o mecanismo de *feedback* do volume de líquido renal retorna o balanço de sódio, volume do ECF e débito cardíaco ao normal. Hipertensão sistêmica pode ser conceituada como um mecanismo essencialmente protetor que impede sobrecarga hídrica ameaçando a vida no contexto de capacidade reduzida natriurética renal. Equilíbrio de sal e volume de líquido são mantidos normais, mas à custa de hipertensão sistêmica. (ADPKD, doença de rins policísticos autossômica dominante; NS, sistema nervoso; AII, angiotensina II.) (Adaptada com permissão de Nolan CR, Schrier RW. The kidney in hypertension. In: Schrier RW, ed. *Renal and electrolyte disorders,* 6th ed. Philadelphia, PA: Lippincott Williams & Wilkins, 2003.)

texto de alto débito cardíaco, a vasoconstrição autorregulatória de cada leito vascular combina o fluxo sanguíneo com as necessidades metabólicas dos tecidos. Este fenômeno de autorregulação circulatória leva a um aumento na resistência vascular sistêmica (SVR). Portanto, hipertensão que foi inicialmente causada por alto débito cardíaco se torna hipertensão com alta SVR.

O desenvolvimento de hipertensão representa um mecanismo protetor, porque induz o rim a sofrer uma natriurese e diurese de pressão, desse modo restaurando balanço normal de sal e retornando o volume do ECF ao normal. Este mecanismo explica por que um problema subjacente com a excreção de sódio, como na hipertensão sensível ao sal, é manifestado sob a forma de hipertensão com alta SVR sem evidência de sobrecarga hídrica franca. Na ausência de natriurese de pressão, os pacientes com uma doença primária na retenção de sódio progressivamente desenvolveriam sobrecarga hídrica franca e consequências como edema pulmonar. Suporte para esta hipótese é encontrado em modelos animais de hipertensão induzida por mineralocorticoide. Para confirmar o papel da natriurese de pressão direta na regulação do equilíbrio de sódio na hipertensão por mineralocorticoide, Hall et al. compararam a BP sistêmica e o efeito natriurético da infusão de aldosterona em modelo no cão, no qual a pressão de perfusão renal ou foi deixada aumentar ou foi mecanicamente servocontrolada para manter a pressão da artéria renal em níveis normais. No animal intacto, infusão contínua de aldosterona causou um período transitório de retenção de sódio e água com um aumento leve na BP. Esta retenção de sódio durou apenas alguns dias, no entanto, e foi seguida por um escape dos efeitos retentores de sódio da aldosterona e uma restauração do equilíbrio normal de sódio. Ao contrário, quando a pressão de perfusão renal foi servocontrolada para manter pressão de perfusão renal normal durante a infusão de aldosterona, nenhum escape da aldosterona ocorreu, e ocorreu um aumento incessante na retenção de sódio e água, acompanhado por hipertensão grave, edema, ascite e edema pulmonar. Quando o aparelho de servocontrole foi removido e a pressão de perfusão renal foi deixada subir ao nível sistêmico, seguiu-se uma imediata natriurese e diurese, com a restauração do equilíbrio de sódio e uma queda da BP. Estas observações salientam o papel central da BP na regulação da excreção renal de sódio e água. Além disso, a observação de que o manejo renal anormal de sódio é central na patogênese de todas as formas de hipertensão fornece um fundamento lógico fisiopatológico sensato para a recomendação do JNC 7 a respeito dos diuréticos tipo tiazida como terapia anti-hipertensiva de primeira linha na maioria dos pacientes.

V. AVALIAÇÃO DIAGNÓSTICA DA HIPERTENSÃO. A detecção da hipertensão começa com medida correta da BP em cada encontro de assistência à saúde. Medições repetidas da BP são usadas para determinar se as elevações iniciais persistem e exigem atenção adequada ou retornaram a valores normais e requerem apenas vigilância periódica. A medida da BP deve ser padronizada do seguinte modo: Após pelo menos 5 minutos de repouso, o paciente deve ficar sentado em uma cadeira com as costas suportadas e um braço exposto e suportado ao nível do coração. O paciente deve se abster de fumar ou ingerir cafeína por 30 minutos antes do exame. Para um manguito de tamanho apropriado, a câmara deve rodear pelo menos 80% do braço. Muitos pacientes necessitam um manguito adulto grande. Medidas devem idealmente ser tomadas com um esfigmomanômetro de mercúrio. Alternativamente, um manômetro de aneroide recentemente calibrado ou um aparelho eletrônico validado pode ser usado. O primeiro aparecimento de som (fase 1) é usado para definir a SBP. O desaparecimento do som (fase 5) é usado para definir a DBP. A BP deve ser confirmada no braço contralateral. Medida de BP fora do consultório médico pode fornecer alguma informação valiosa para o diagnóstico e tratamento da hipertensão. Automedida é útil para distinguir hipertensão sustentada de "hipertensão de jaleco branco", uma condição na qual a pressão do paciente é constantemente elevada no consultório do clínico, mas normal em outras ocasiões. Automedida também pode ser usada para avaliar a resposta a medicações anti-hipertensivas e como um instrumento para aumentar a adesão do paciente ao tratamento. Monitorização ambulatorial é útil para a avaliação de hipertensão de jaleco branco, pacientes com aparente resistência a droga, sintomas hipotensivos com medicações anti-hipertensivas e hipertensão episódica. Entretanto, medida de BP ambulatorial não é apropriada para avaliação de rotina de pacientes com suspeita de hipertensão. Em pacientes idosos, a possibilidade de **pseudo-hipertensão** deve sempre ser considerada na avaliação diagnóstica de possível hipertensão. Pseudo-hipertensão é uma condição na qual a medida indireta da pressão arterial usando um esfigmomanômetro de manguito é artificialmente alta em comparação com a medida direta intra-arterial da pressão. Falta de reconhecimento da pseudo-hipertensão pode resultar em tratamento injustificado e às vezes francamente perigoso. Pseudo-hipertensão pode resultar de calcificação de Monckeberg da média (uma forma clinicamente benigna de calcificação arterial) ou aterosclerose avançada com calcificação generalizada de placas intimais. Nestas entidades, o enrijecimento da parede arterial pode impedir o seu colapso por pressão aplicada externamente, resultando em leituras de BP indireta artificialmente altas por medições sistólicas e diastólicas. A presença de uma manobra de Osler positiva, na qual a artéria radial ou braquial permanece palpável apesar de ter sido tornada sem pulso pela insuflação proximal de um manguito acima da pressão sistólica, é um importante achado de exame físico que deve sugerir o diagnóstico. Radiografias das extremidades frequentemente revelam vasos calcificados. O diagnóstico só pode ser feito definitivamente por uma medida direta da pressão intra-arterial. Pacientes com pseudo-hipertensão são frequentemente idosos e, por essa razão, podem ter uma limitação crítica do fluxo sanguíneo para o cérebro ou o coração, tal que um tratamento inapropriado da BP pode precipitar eventos isquêmicos que ameaçam a vida.

A história e o exame físico iniciais de pacientes com hipertensão documentada deve ser planejada para avaliar o estilo de vida, identificar outros fatores de risco cardiovascular, e identificar a presença de dano em órgãos-alvos que possa afetar o prognóstico e influenciar decisões de tratamento (Quadro 15-2). Embora a maioria dos pacientes hipertensos tenha hipertensão essencial (primária) sem uma etiologia claramente definida, a avaliação inicial é também destinada a fazer triagem de causas identificáveis de hipertensão secundária (Quadro 15-3). Uma história médica deve incluir informação sobre medições prévias da BP, para avaliar a duração da hipertensão, e detalhes sobre efeitos adversos de qualquer terapia anti-hipertensiva precedente. História ou sintomas de doença de artéria coronária, CHF, doença vascular cerebral, doença vascular periférica ou doença renal devem ser cuidadosamente avaliados. Sintomas sugerindo causas secundárias não usuais de hipertensão devem ser inquiridos, como fraqueza (hiperaldosteronismo) ou ansiedade episódica, cefaleia, diaforese e palpitações (feocromocitoma). Informação sobre outros fatores de risco, como diabetes, uso de tabaco, hiperlipidemia, atividade física, e qualquer ganho recente de peso deve ser obtida. Avaliação da dieta a respeito da ingestão de sal, álcool e gordura saturada também é importante. Informação detalhada deve ser procurada a respeito de todo uso de medicação de receituário e sem receituário, incluindo remédios herbáceos e drogas ilícitas, algumas das quais podem elevar a BP ou interferir com a efetividade da terapia anti-hipertensiva. Por exemplo, drogas anti-inflamatórias não esteroides prejudicam a resposta a quase todos os agentes anti-hipertensivos e aumentam o risco de hiperpotassemia ou insuficiência renal com terapia por inibidor da enzima conversora de angiotensina (ACE).

Quadro 15-3	Causas Secundárias de Hipertensão
Síndrome metabólica (obesidade, resistência insulínica, tolerância prejudicada à glicose, dislipidemia, hipertensão)	
Apneia de sono obstrutiva	
Hipertensão induzida por droga (Quadro 15-7)	
Doença renal crônica	
Hiperaldosteronismo primário	
Doença renovascular	
Uso crônico de esteroide ou síndrome de Cushing	
Feocromocitoma	
Coarctação da aorta	
Doença tireóidea ou paratireóidea	

Adaptado com permissão de Chobanian AV, Bakris GL, Black HR *et al.* The seventh report of the Joint National Committee on Prevention, Detection, Evaluation and Treatment of High Blood Pressure. The JNC 7 Report. *JAMA* 2003;289:2560-2572.

Estimulantes, como cocaína, efedrina, anfetaminas e esteroides anabólicos podem elevar a BP. Uma história de família de hipertensão, diabetes, doença cardiovascular prematura, ou doença renal deve ser procurada. Uma história psicossocial é importante para identificar situação da família, condições de trabalho, situação de emprego, nível educacional e disfunção sexual que podem influenciar a adesão ao tratamento anti-hipertensivo.

Exame físico deve incluir a medida de altura e peso e cálculo do BMI (peso em quilogramas dividido pelo quadrado da altura em metros). Exame de fundoscopia é importante para identificar hemorragias estriadas, manchas em algodão e papiledema, os achados característicos da neurorretinopatia hipertensiva (HNR), os quais são indicadores da presença de hipertensão maligna. Documentação da presença de retinopatia arteriosclerótica (p. ex., estreitamento arterial, alterações nos cruzamentos arteriovenosos, alterações nos reflexos à luz) é menos importante, dada sua falta de significado prognóstico a respeito das potenciais complicações cardiovasculares a longo prazo da hipertensão. Exame do pescoço quanto a sopros carotídeos, veias distendidas no pescoço e aumento da tireoide é importante. Exame cardíaco deve incluir investigação de anormalidades de frequência ou ritmo, sopros e terceira ou quarta bulhas cardíacas. Os pulmões devem ser examinados quanto a estertores e evidência de broncospasmo. Exame abdominal deve incluir auscultação quanto a sopros (um sopro epigástrico presente na sístole e diástole sugere estenose de artéria renal), massas abdominais ou no flanco (doença renal policística), ou pulsação aórtica aumentadas (aneurisma aórtico abdominal). Pulsos periféricos devem ser examinados quanto à qualidade e a sopros. As extremidades inferiores devem ser examinadas quanto a edema. Um exame de triagem neurológica é usado para identificar eventos vasculares cerebrais pregressos. Testes laboratoriais de rotina são recomendados antes de iniciar terapia anti-hipertensiva para identificar outros fatores de risco e fazer triagem quanto à presença de dano em órgãos-alvos. Estes testes de rotina incluem bioquímica sanguínea (sódio, potássio, creatinina, glicemia em jejum), lipidograma [colesterol total, lipoproteína de baixa densidade) e lipoproteína de alta densidade (HDL) colesterol] e um hemograma completo. Depuração de creatinina deve ser estimada usando-se a fórmula de Cockcroft-Gault ou a Modification of Diet in Renal Disease (MDRD). Um exame de urina é usado para identificar proteinúria ou hematúria que sugeririam a presença de doença renal primária subjacente. Um eletrocardiograma de 12 derivações é usado para identificar aumento atrial esquerdo, LVH, ou MI prévio. Testes opcionais, dependendo da situação clínica, incluem depuração de creatinina de 24 horas, proteína urinária de 24 horas ou uma relação de amostra urinária de proteína para creatinina, ácido úrico sérico, hemoglobina glicosilada e testes de função tireóidea. Um ecocardiograma para identificar a presença de LVH pode ser útil em pacientes selecionados para determinar o significado clínico de hipertensão lábil. A maioria dos pacientes com hipertensão tem hipertensão primária (essencial) na qual nenhuma etiologia subjacente claramente definida é aparente.

Em contraste, uma variedade de condições incomuns pode levar à chamada **hipertensão secundária,** algumas das quais são potencialmente suscetíveis a correção cirúrgica (Quadro 15-3). As causas secundárias de hipertensão incluem doença renal crônica (CKD) subjacente, hiperaldosteronismo primário (PHA), feocromocitoma, hipertensão renovascular decorrente de displasia fibromuscular ou estenose aterosclerótica de artéria renal, coarctação da aorta e síndrome de Cushing. Causas secundárias de hipertensão que são passíveis de intervenção cirúrgica são tão incomuns que avaliação diagnóstica extensa não é justificada. Hipertensão secundária deve ser considerada quando o paciente tem início de hipertensão em uma idade precoce (menos de 30 anos) ou idade tardia (mais de 55 anos); controle inadequado da BP em um paciente aderente sob um esquema com três drogas que inclui um diurético (hipertensão resistente); hipertensão previamente bem controlada torna-se descontrolada em um paciente aderente; hematúria ou proteinúria (doença renal subjacente) ou creatinina sérica elevada (doença renal ou nefropatia isquêmica decorrente de estenose bilateral de artérias renais). História inicial, exame físico e testes laboratoriais de rotina são geralmente tudo que é necessário para avaliar a possibilidade de hipertensão secundária. Uma depuração de creatinina estimada e exame de urina normais são frequentemente suficientes para excluir doença renal subjacente como uma causa secundária da hipertensão. Detecção de massas abdominais ou no flanco pode indicar doença renal policística, um diagnóstico que pode ser confirmado com ultrassom. Uma vez que a maioria dos pacientes com PHA tem hipopotassemia não provocada enquanto não estão em tratamento com diuréticos, uma análise do potássio sérico é um teste de triagem adequado, e análise de rotina dos níveis de aldosterona ou relação aldosterona/renina plasmáticas não é necessária. Entretanto, alguns pacientes com PHA são normopotassêmicos (quando não recebendo terapia diurética). Embora triagem de rotina de todos os pacientes com hipertensão quanto a PHA não seja justificada, em um paciente com hipertensão resistente a drogas ou hipopotassemia importante induzida por terapia diurética com baixa dose, a possibilidade de PHA deve ser considerada. A este respeito, pacientes com hipertensão resistente em virtude de PHA frequentemente têm uma resposta drástica da BP após a iniciação de um antagonista de mineralocorticoide (espironolactona ou eplerenona). Avaliação quanto a qualquer retardo ou diminuição dos pulsos nas extremidades inferiores, ou uma discrepância entre BP no braço e na perna pode ser usado para triar quanto a coarctação da aorta. Uma avaliação cuidadosa de uma história de hipertensão episódica, associada à cefaleia, palpitações, diaforese e palidez é geralmente tudo que é necessário para fazer triagem de feocromocitoma. A análise de rotina das catecolaminas séricas ou urinárias não é justificada. Similarmente, avaliação quanto à obesidade troncular e estrias purpúreas abdominais é geralmente tudo que é necessário para triagem quanto à síndrome de Cushing; portanto, análise de rotina do cortisol sérico ou teste de supressão de cortisol é desnecessária. Diversos testes são notavelmente ausentes da lista recomendada de testes de triagem de rotina para hipertensão secundária. Pielografia intravenosa hipertensiva, cintilografia renal, renografia com captopril, e angiografia de subtração digital arterial todas não têm suficiente especificidade para que tenham algum valor como testes de triagem de rotina para hipertensão renovascular. A este respeito, a prevalência de hipertensão renovascular na população hipertensa geral é tão baixa, que o valor preditivo de um teste positivo por qualquer destes procedimentos é insatisfatório quando usado como teste de triagem geral.

Apneia de sono obstrutiva (OSA) é agora reconhecida como uma causa tratável importante de hipertensão. Indícios da presença de OSA incluem obesidade mórbida, hipersonolência diurna, cefaleia, ronco, ou espasmos durante o sono. O diagnóstico pode ser confirmado com um estudo do sono para documentar episódios apneicos. Tratamento apropriado com um aparelho de pressão positiva contínua na via aérea pode resultar em uma redução importante na BP.

VI. TRATAMENTO DA HIPERTENSÃO

A. **Objetivos do Tratamento.** O objetivo de tratar a hipertensão é a redução da morbidade e mortalidade cardiovascular e renal. Uma vez que a SBP se correlaciona melhor com a lesão de órgãos-alvos e a mortalidade, o foco principal deve ser em atingir o objetivo de SBP. O objetivo do tratamento é uma SBP menor que 140 mmHg e uma DBP menor que 90 mmHg. Em pacientes hipertensos com diabetes ou CKD subjacente, recomenda-se um objetivo de BP de menos de 130/80 mmHg.

B. **Tratamento Não Farmacológico.** Modificação do estilo de vida é recomendada no tratamento de todos os indivíduos com hipertensão, mesmo aqueles que necessitam de tratamento com drogas anti-hipertensivas. Todos os pacientes devem ser incentivados a adotar as modificações do estilo de vida delineadas no Quadro 15-4, especialmente se eles tiverem fatores de risco cardiovascular adicionais, como hiperlipidemia ou diabetes. Redução modesta do peso de tão pouco quanto 4 kg reduz significativamente a BP. Além dos efeitos positivos na saúde global, exercício aeróbico regular é associado a uma redução importante na BP.

Alterações na dieta podem ter efeitos significativos na BP. Ingestão de sódio na alimentação sob a forma de cloreto de sódio (NaCl; sal de mesa) tem uma forte ligação epidemiológica com a hipertensão. Metanálise de experiências clínicas indica que a limitação da ingestão de sódio na dieta a 75 a 100 mEq/dia baixa a BP ao longo de um período de várias semanas a alguns anos. A restrição da ingestão de sódio demonstrou reduzir a necessidade de

Quadro 15-4	Modificações do Estilo de Vida para Tratar Hipertensão	
Modificação	Recomendação	Redução Aproximada da SBP
Perda de peso	Manter peso normal (BMI^a 18,5–24,9)	5–20 mmHg/10 kg
Restrição de sódio na dieta	Limitar ingestão dietética de sódio a < 100 mEq/d (2,4 g sódio ou 6 g cloreto de sódio)	2–8 mmHg
Adotar dieta DASH	Consumir dieta rica em frutos, vegetais e laticínios com baixa gordura com um conteúdo reduzido de gordura saturada e total	8–14 mmHg
Aumentar atividade física	Adotar atividade aeróbica regular, como caminhadas (pelo menos 30 min/d, na maioria dos dias da semana)	4–9 mmHg
Consumo moderado de álcool	Limitar o consumo a não mais que duas bebidas por dia (30 mL etanol por d; p. ex., 710 mL cerveja, 300 mL vinho, 90 mL uísque 80 graus) na maioria dos homens, e não mais que uma bebida por dia em mulheres e homens mais leves	2–4 mmHg

BMI, índice de massa corporal; DASH, Dietary Approaches to Stop Hypertension; SBP, pressão arterial sistólica.
^{a}BMI é calculado com o peso em quilogramas dividido pelo quadrado da altura em metros.
Adaptado com permissão de Chobanian AV, Bakris GL, Black HR et al. The seventh report of the Joint National Committee on Prevention, Detection, Evaluation and Treatment of High Blood Pressure. The JNC 7 Report. JAMA 2003;289:2560-2572.

medicação anti-hipertensiva, reduzir a perda de potássio renal induzida por diurético, levar à regressão da LVH, e prevenir cálculos renais através de uma redução na excreção renal de cálcio. A ingestão de sódio na dieta americana média é acima de 150 mEq/dia, a maior parte da qual (75%) é derivada de alimentos processados. Moderação da ingestão de sódio a um nível de menos de 100 mEq/dia (2,4 g de sódio ou 6 g de cloreto de sódio) é recomendada para o tratamento não farmacológico da hipertensão.

O grupo do estudo Dietary Approaches to Stop Hypertension (DASH) comparou uma dieta rica em frutas e vegetais com uma dieta-controle em pacientes com hipertensão diastólica leve (DBP > 95 mmHg). A dieta DASH baixou ambas a SBP e a DBP significativamente nesta população. Um estudo de acompanhamento, o estudo DASH-sódio, randomizou os pacientes com hipertensão estágio 1 para a dieta DASH ou uma dieta controle. Dentro de cada grupo, os pacientes foram randomizados para três níveis de ingestão de sódio. A redução do sódio diminuiu a BP, e a dieta DASH diminuiu a BP em todos os níveis de ingestão de sódio. Pacientes no grupo DASH de baixo sódio tiveram uma SBP que foi 8 mmHg mais baixa que os pacientes no grupo controle de alto sódio, uma alteração semelhante àquela vista com agentes anti-hipertensivos.

Ingestão excessiva de etanol é um fator de risco importante para alta BP, e pode levar à hipertensão resistente. Ingestão de etanol deve ser limitada a não mais que 30 mL por dia em homens e 15 mL por dia em mulheres e em homens magros. Este tipo de ingestão moderada de etanol pode ser associado a uma redução no risco de doença de artéria coronária.

Parar de fumar e redução na gordura e colesterol da dieta são também recomendados para reduzir o risco cardiovascular global. Embora cafeína possa elevar agudamente a BP, tolerância a este efeito desenvolve-se rapidamente. A maioria dos estudos epidemiológicos não encontrou relação direta entre ingestão de cafeína e BP.

C. **Tratamento Farmacológico da Hipertensão.** A decisão de tratar hipertensão com medicações depois da falha de modificações do estilo de vida em controlar adequadamente a BP, ou inicialmente como um adjunto a modificações do estilo de vida, é baseada na gravidade (estágio) da hipertensão e em uma avaliação do risco de morbidade cardiovascular, dada a presença de outros fatores de risco cardiovascular e dano preexistente em órgãos-alvos ou doença cardiovascular (Quadro 15-2). Redução da BP com drogas claramente diminui a morbidade e mortalidade cardiovascular, independentemente de idade, sexo, raça, estágio da hipertensão ou condição socioeconômica. Benefício foi demonstrado para acidente vascular cerebral, eventos coronarianos, insuficiência cardíaca, progressão de doença renal primária, prevenção de progressão para hipertensão maligna e mortalidade por todas as causas. Numerosos estudos clínicos demonstraram que reduzir a BP com várias classes de drogas, incluindo diuréticos tipo tiazida, inibidores de ACE, bloqueadores dos receptores à angiotensina (ARBs), β-bloqueadores e bloqueadores dos canais de cálcio (CCBs) reduz todas as complicações da hipertensão.

Se for iniciada terapia com um agente, a recomendação do JNC 7 é que a maioria dos pacientes com hipertensão essencial deve ser tratada com um diurético tipo tiazida (Fig. 15-2). Estas recomendações são baseadas em vários estudos a longo prazo, o maior dos quais e central é o *Antihypertensive and Lipid-Lowering Treatment to Prevent Heart Attack Trial* (ALLHAT). ALLHAT estudou 41.000 pacientes acima de 55 anos de idade com hipertensão estágio 1 ou 2 e com pelo menos um outro fator de risco cardiovascular. Os pacientes receberam tratamento de primeira linha com clortalidona (diurético tipo tiazida), doxazosina (α-bloqueador seletivo), anlodipina (CCB) ou lisinopril (inibidor de ACE). Neste estudo, 47% dos pacientes foram mulheres, 35% foram afrodescendentes, 19% foram hispânicos, 36% eram diabéticos, e o BMI médio foi aproximadamente 30. O ramo de doxazosina foi terminado prematuramente por causa de um risco elevado de CHF. Depois de um acompanhamento médio de 4,9 anos, nem o desfecho principal (doença de artéria coronária fatal ou MI não fatal) nem os desfechos secundários de mortalidade por todas as causas, doença de artéria coronária combinada, doença arterial periférica, câncer ou ESRD tinham ocorrido mais frequentemente no grupo de clortalidona que nos grupos de anlodipina ou lisinopril. Além disso, as taxas de eventos foram significativamente mais baixas no grupo de clortalidona que em um ou ambos os outros grupos para alguns dos resultados secundários (Quadro 15-5). Conforme esperado, pacientes no grupo de clortalidona desenvolveram níveis mais altos de colesterol, níveis mais baixos de potássio sérico, e níveis mais altos de glicemia em jejum que os pacientes nos outros grupos. Contudo, a

```
┌─────────────────────────────────────┐
│   Modificações do estilo de vida    │
└─────────────────────────────────────┘
                  ↓
┌─────────────────────────────────────┐
│  Não alcançam a pressão arterial desejada │
│ (< 140/90 mmHg ou < 130/80 mmHg em pacientes com DM ou CKD) │
└─────────────────────────────────────┘
                  ↓
┌─────────────────────────────────────┐
│      Escolhas de drogas iniciais    │
└─────────────────────────────────────┘
         ↓                    ↓
┌──────────────────┐  ┌──────────────────┐
│  Hipertensão sem │  │  Hipertensão com │
│indicações definidas│ │indicações definidas│
└──────────────────┘  └──────────────────┘
```

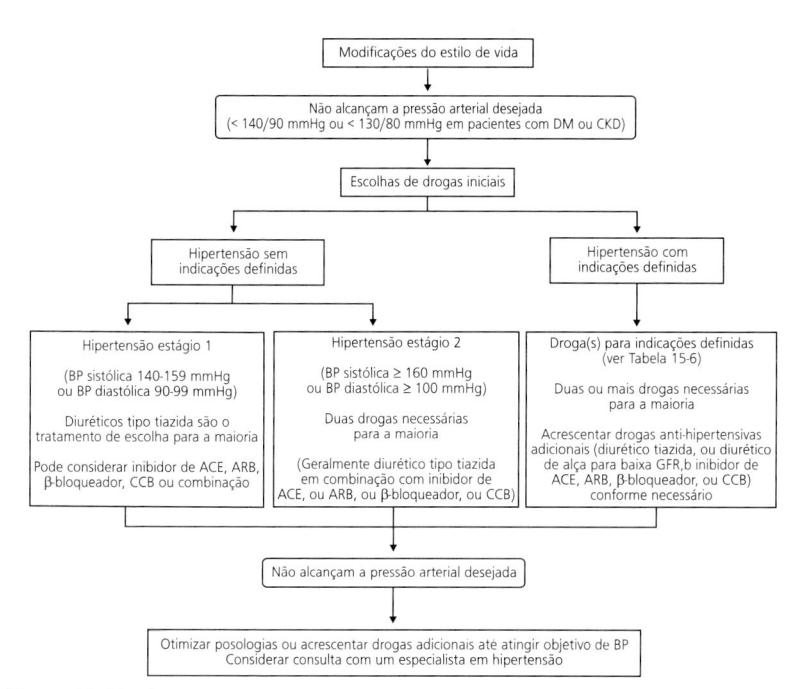

Hipertensão estágio 1	Hipertensão estágio 2	Droga(s) para indicações definidas (ver Tabela 15-6)
(BP sistólica 140-159 mmHg ou BP diastólica 90-99 mmHg)	(BP sistólica ≥ 160 mmHg ou BP diastólica ≥ 100 mmHg)	Duas ou mais drogas necessárias para a maioria
Diuréticos tipo tiazida são o tratamento de escolha para a maioria	Duas drogas necessárias para a maioria	Acrescentar drogas anti-hipertensivas adicionais (diurético tiazida, ou diurético de alça para baixa GFR,[b] inibidor de ACE, ARB, β-bloqueador, ou CCB) conforme necessário
Pode considerar inibidor de ACE, ARB, β-bloqueador, CCB ou combinação	(Geralmente diurético tipo tiazida em combinação com inibidor de ACE, ou ARB, ou β-bloqueador, ou CCB)	

```
┌─────────────────────────────────────┐
│ Não alcançam a pressão arterial desejada │
└─────────────────────────────────────┘
                  ↓
┌─────────────────────────────────────┐
│ Otimizar posologias ou acrescentar drogas adicionais até atingir objetivo de BP │
│     Considerar consulta com um especialista em hipertensão      │
└─────────────────────────────────────┘
```

Figura 15-2. Algoritmo para tratamento de hipertensão. [a]Indicações definidas são condições especiais de alto risco para as quais os estudos clínicos demonstram benefício de classes específicas de drogas anti-hipertensivas: tratamento de hipertensão no contexto de diabetes, doença renal crônica, insuficiência cardíaca, alto risco de doença coronariana, pós-MI, e para prevenção de AVC recorrente. [b]No contexto de CKD avançada com GFR de menos de 30 mL/minuto ou em pacientes com sobrecarga hídrica não responsiva a diuréticos tiazidas, pode ser necessária terapia com diurético de alça mais potente. (ACE, enzima conversora de angiotensina; ARB, bloqueador de receptor à angiotensina; BP, pressão arterial; CCB, bloqueador de canais de cálcio; CKD, doença renal crônica; DM, diabetes melito; GFR, taxa de filtração glomerular.) Adaptada com permissão de Chobanian AV, Bakris GL, Black HR et al. The seventh report of the Joint National Committee on Prevention, Detection, Evaluation and Treatment of High Blood Pressure. The JNC 7 Report. *JAMA* 2003;289:2560-2572.)

presença destas anormalidades metabólicas não se traduziu por maior número de eventos cardiovasculares ou mortes no grupo de clortalidona. Terapia diurética potencializa o efeito anti-hipertensivo da maioria das outras drogas anti-hipertensivas. Por esta razão, o algoritmo de tratamento com droga descrito no JNC 7 recomenda a adição de diurético como agente de segundo degrau, se a BP for inadequadamente controlada com qualquer outra droga escolhida como agente de primeira linha. O mecanismo de ação dos diuréticos tiazidas é bloquear reabsorção de sódio, inibindo o cotransportador de NaCl sensível a tiazida no túbulo distal. O efeito anti-hipertensivo sustentado das tiazidas, no entanto, é mediado por meio de uma redução na SVR em vez de depleção crônica de volume e uma redução do débito cardíaco, como se poderia prever. De fato, tiazidas não causam

Quadro 15-5	Resultados do Estudo *Antihypertensive and Lipid-Lowering Treatment to Prevent Heart Attack Trial*		
	Incidência em 6 Anos (%)		
Resultado	Clortalidona	Anlodipina	Lisinopril
Resultado Principal			
Doença de artéria coronária[a]	11,5	11,3	11,4
Resultados Secundários			
Mortalidade por todas as causas	17,3	16,8	17,2
Acidente vascular cerebral	5,6	5,4	6,3[b]
Cardiopatia coronariana combinada[c]	19,9	19,9	20,8
Doença cardiovascular combinada[d]	30,9	32,0	33,3[b]
Angina	12,1	12,6	13,6[a]
Revascularização coronariana	9,2	10,0	10,2[b]
Insuficiência cardíaca	7,7	10,2[b]	8,7[b]
Doença renal terminal	1,8	2,1	2,0
Câncer	9,7	10,0	9,9

[a]Cardiopatia coronariana fatal ou infarto do miocárdio não fatal.
[b]$p \leq 0{,}05$.
[c]Morte por cardiopatia coronariana, infarto do miocárdio não fatal, revascularização coronariana e angina hospitalizada combinadas.
[d]Morte por cardiopatia coronariana, infarto do miocárdio não fatal, revascularização coronariana, angina, insuficiência cardíaca e doença arterial periférica combinadas.
Adaptado com permissão de The ALLHAT Officers and Coordinators for the ALLHAT Collaborative Research Group. Major outcomes in high-risk hypertensive patients randomized to angiotensin-converting enzyme inhibitor or calcium channel blocker vs. diuretic. The Antihypertensive and Lipid-Lowering Treatment to Prevent Heart Attack Trial (ALLHAT). *JAMA* 2002;288:2981-2997.

uma grande diminuição sustentada no volume intravascular ou balanço negativo de sódio quando usadas para tratamento de hipertensão. Dentro de alguns dias a semanas do início da terapia com diuréticos tiazidas, o balanço de sal retorna na direção do normal, e sódio corporal total e o volume intravascular retornam na direção dos níveis pré-tratamento. Este aparente paradoxo pode ser compreendido no contexto da hipótese de Guyton a respeito da patogênese da hipertensão, pela qual o desenvolvimento da hipertensão sistêmica é conceituado como um mecanismo protetor essencial para manter volume líquido normal em vários estados de doença nos quais existe um comprometimento renal subjacente referente a excretar a carga diária de sódio a uma BP normal (Fig. 15-2). Neste contexto, diuréticos baixam a BP atacando o defeito renal primário na excreção de sal, de tal modo que hipertensão sistêmica (alta SVR) não é mais um pré-requisito para manutenção do equilíbrio de sódio. Deve ser notado que no ALLHAT e na maioria dos estudos clínicos, obtenção do objetivo desejado de BP frequentemente requer tratamento com dois ou mais agentes anti-hipertensivos. Adição de uma segunda droga de uma classe diferente deve ser implementada quando o uso de uma única droga em doses ideais falhar em controlar adequadamente a BP.

Uma abordagem alternativa para terapia inicial foi proposta pela Sociedade Europeia de Hipertensão. As diretrizes recentes de 2013 afirmam que reduzir a BP é mais importante que o agente específico. Na maioria das experiências comparando diferentes agentes, não há diferenças significativas nos resultados, se a BP obtida for a mesma. Por exemplo, no ALLHAT, embora houvesse benefícios em alguns resultados secundários com clortalidona, houve também uma BP significativamente mais baixa no grupo de clortalidona.

Desde a publicação do estudo ALLHAT e as recomendações JNC 7, os dados do estudo ACCOMPLISH questionaram o papel dos diuréticos como agentes de primeira linha em pacientes com hipertensão essencial. A experiência ACCOMPLISH selecionou mais de 11.000 pacientes com hipertensão e alto risco cardíaco e os randomizou para benazepril-anlodipina ou benazepril-hidroclorotiazida. Depois de 3 anos, os pacientes com benazepril-anlodipina tiveram menor tendência a atingir o desfecho principal.

Considerando os dados acima, em um paciente com hipertensão estágio 1, monoterapia com uma tiazida é uma opção razoável, em razão do número de estudos controlados randomizados de longo prazo suportando o seu uso. Alternativamente, conforme sugerido pela experiência ACCOMPLISH, poder-se-ia considerar um CCB ou inibidor de ACE com o plano de acrescentar a outra droga, se a BP ainda não estiver controlada. Em hipertensão estágio 2, pelo menos um grande estudo da supote ao inibidor de ACE e CCB em relação a um diurético, mas dada a grande quantidade de dados suportando tiazidas, uma terapia combinada com um diurético também seria apropriada. Uma vez que controle de hipertensão ainda é subótimo em todo o país, focalizar na BP alcançada em vez de agentes específicos provavelmente é mais importante.

D. Tratamento da Hipertensão em Pacientes com Diabetes. Diversos grandes estudos clínicos demonstraram que o controle da hipertensão em pacientes com diabetes reduz complicações diabéticas e melhora os resultados (Quadro 15-6). *The United Kingdom Prospective Diabetes Study* (UKPDS) comparou controle rigoroso da BP (SBP < 150 mmHg) com controles (SBP > 180 mmHg) em 1.148 pacientes com diabetes e hipertensão. Aqueles no grupo de mais baixa BP tiveram menos complicações diabéticas (retinopatia) e menos mortes relacionadas com diabetes. O estudo ADVANCE foi um estudo controlado com placebo comparando perindopril-indapamida com placebo em mais de 11.000 pacientes diabéticos. Os pacientes tinham principalmente hipertensão estágio 1 com uma SBP de entrada média de 145 mmHg. A farmacoterapia foi associada a uma diminuição nos eventos microvasculares e macrovasculares, bem como na mortalidade por todas as causas.

O anti-hipertensivo inicial ideal em pacientes diabéticos sem nefropatia não está claro. As experiências UKPDS e ADVANCE usaram inibidores de ACE (captopril ou perindopril), atenolol e indapamida. Análises *post hoc* de subgrupos diabéticos em outros grandes estudos dão suporte ao uso de diuréticos e inibidores de ACE. No ALLHAT, pacientes diabéticos não tiveram

Quadro 15-6 Estudos Clínicos e Bases de Diretrizes para Indicações Definidas para Tratamento com Classes Individuais de Drogas

Condição de Alto Risco com Indicação Definida	Diurético	β-Bloqueador	Inibidor de ACE	ARB	CCB	Antagonista de Aldosterona	Estudos Clínicos como Base
Diabetes melito	■	■	■	■	■	—	ALLHAT, UKPDS, NKF Guideline, ADA Guideline
Doença renal crônica	—	—	■	■	—	—	Captopril Trial, RENAAL, IDNT. REIN, AASK. NFK Guideline
Insuficiência cardíaca	■	■	■	■	—	■	ACC/AHA Heart Failure Guideline, MERIT-HF, COPERNICUS, CIBIS, SOLVD, AIRE, TRACE, ValHEFT, RALES
Alto risco de doença coronariana	■	■	■	—	—	—	ALLHAT, HOPE, ANBP2, LIFE, CONVINCE
Pós-infarto do miocárdio	—	■	■	—	—	■	ACC/AHA Post-MI Guideline, BHAT, SAVE, Capricorn, EPHESUS
Prevenção de AVC recorrente	■	—	■	—	—	—	PROGRESS

AASK, African American Study of Kidney Disease and Hypertension; ACC/AHA, American College of Cardiology/American Heart Association; ACE, enzima conversora de angiotensina; ADA, American Diabetes Association; AIRE, Acute Infarction Ramipril Efficacy; ALLHAT, Antihypertensive and Lipid-Lowering to prevent Heart Attack Trial; ANBP2, Second Australian National Blood Pressure Study; ARB, bloqueador dos receptores à angiotensina; BHAT, β-Blocker Heart Attack Trial; CCB, bloqueador dos canais de cálcio; CIBIS, Cardiac Insufficiency Bisoprolol Study; CONVINCE, Controlled Onset Verapamil Investigation of Cardiovascular Endpoints; COPERNICUS, Carvedilol Prospective Randomized Cumulative Survival Study; EPHESUS, Eplerenone Post-Acute Myocardial Infarction Heart Failure Efficacy and Survival Study; HOPE, Heart Outcomes Prevention Evaluation Study; IDNT, Irbesartan Diabetic Nephropathy Trial; LIFE, Losartan Intervention for Endpoint Reduction in Hypertension Study; MERIT-HF, Metoprolol CR/SL Randomized Intervention Trial in Congestive Heart Failure; MI, infarto do miocárdio; NKF, National Kidney Foundation; PROGRESS, Perindopril Protection against Recurrent Stroke Study; RALES, Randomized Aldactone Evaluation Study; REIN, Ramipril Efficacy in Nephropathy Study; RENAAL, Reduction of Endpoints in Noninsulin Dependent Diabetes Melito with the Angiotensin II Antagonist Losartan Study; SAVE, Survival and Ventricular Enlargement Study; SOLVD, Studies of Left Ventricular Dysfunction; TRACE, Trandolapril Cardiac Evaluation Study; UKPDS, Unite Kingdom Prospective Diabetes Study; ValHEFT, Valsartan Heart Failure Trial.

[a]Indicações definidas de certas classes de drogas anti-hipertensivas são baseadas em benefício provado de estudos de resultados ou diretrizes de prática clínica existentes. A indicação definida deve ser tratada em paralelo com a pressão arterial. Pacientes com estas condições de alto risco geralmente necessitam de tratamento de combinação com duas a três drogas anti-hipertensivas adicionais de classes diferentes, a fim de alcançar o objetivo recomendado de pressão arterial.

Adaptado de Chobanian AV, Bakris GL, Black HR *et al*. The seventh report of the Joint National Committee on Prevention, Detection, Evaluation and Treatment of High Blood Pressure. The JNC 7 Report. *JAMA* 2003;289:2560-2572.

diferença significativa para o resultado principal (cardiopatia coronariana fatal ou MI não fatal) quer eles fossem tratados com anlodipina, lisinopril ou clortalidona.

O objetivo de BP apropriado em diabéticos foi assunto de vários grandes estudos. O estudo *Appropriate Blood Pressure Control in Diabetes* (ABCD) foi um estudo clínico de intervenção prospectiva randomizado com 5 anos de acompanhamento que examinou o papel do controle intensivo da BP (objetivo de DBP 75 mmHg) *versus* controle padrão (objetivo de DBP 80 a 90 mmHg) em 950 pacientes com diabetes tipo 2. Dentro de cada grupo de objetivo de tratamento BP, os pacientes foram designados aleatoriamente para tratamento com um CCB diidropiridina de ação longa (nisoldipina) ou um inibidor de ACE (enalapril). Em indivíduos diabéticos hipertensos selecionados no estudo ABCD, uma diminuição significativa na mortalidade foi encontrada no grupo de controle intensivo da BP em comparação com o grupo de controle padrão. Em pacientes diabéticos normotensos, controle intensivo da BP também resultou em retardo significativo da progressão de nefropatia (conforme avaliado pela excreção de albumina urinária) e retinopatia, e foi associado a menos acidentes vasculares cerebrais. Isto ocorreu independentemente de se o tratamento inicial da BP fosse enalapril ou nisoldipina. É importante que significativamente menos MIs ocorreram em pacientes com diabetes designados para terapia inicial com o inibidor de ACE enalapril. Os resultados do ABCD indicam que controle intensivo da BP reduz a mortalidade por todas as causas em pacientes diabéticos e que terapia com inibidor de ACE deve ser preferida em relação a terapia com CCB como parte do esquema multimedicamentoso frequentemente necessário para tratamento intensivo da hipertensão em pacientes diabéticos. Dados do estudo *Hypertension Optimal Treatment* (HOT) suportam o alvo de BP do estudo ABCD. HOT randomizou pacientes para três objetivos de DBP: menos de 90, 85 ou 80 mmHg. Entre os 1.501 pacientes com diabetes no estudo, uma DBP < 80 mmHg foi associada ao menor número de eventos cardiovasculares.

O estudo de BP *Action to Control Cardiovascular Risk in Diabetes* (ACCORD) randomizou 4.733 pacientes diabéticos em alto risco cardiovascular para dois diferentes objetivos de BP — SBP de 120 *versus* 140 mmHg. Depois de 4 anos, não houve diferença no desfecho principal de morte. Entretanto, o grupo de BP mais baixa teve uma taxa mais baixa de CVAs, mas uma taxa mais alta de eventos adversos, como hipotensão e elevação na creatinina sérica. Assim, menos de 130/80 mmHg, como no estudo ABCD, pode ser ideal em pacientes diabéticos.

E. **Tratamento da Hipertensão em Pacientes com Doença Cardíaca.** LVH é um fator de risco independente para doença cardiovascular subsequente. Regressão da LVH ocorre com tratamento agressivo da BP usando todas as classes de drogas exceto os vasodilatadores de ação direta, como hidralazina e minoxidil. O estudo *Losartan Intervention for Endpoint Reduct in Hypertension* (LIFE) comparou losartana com atenolol em mais de 9.000 pacientes com evidência eletrocardiográfica de LVH. Ambas as terapias causaram regressão da LVH, mas o grupo de losartana teve redução significativamente maior na LVH em comparação com o grupo de atenolol. Cardiopatia isquêmica é uma forma comum de lesão de órgão final na hipertensão. Em pacientes com hipertensão e angina pectoris estável, o esquema de tratamento deve incluir um β-bloqueador ou, alternativamente, um CCB de longa ação. Em pacientes com síndromes coronarianas agudas (angina instável ou IM agudo), a hipertensão deve ser tratada inicialmente com β-bloqueadores e inibidores de ACE, com a adição de outros agentes, como diuréticos tiazidas, conforme necessário, para controle da BP. No tratamento crônico da BP de pacientes pós-MI, β-bloqueadores, inibidores de ACE e antagonistas dos receptores à aldosterona provaram ser benéficos. Em pacientes com cardiopatia isquêmica, terapia com aspirina em baixa dose e terapia intensiva redutora de lipídio são também indicadas. Insuficiência cardíaca representa outra população especial de pacientes hipertensos; ela pode ocorrer no contexto de disfunção sistólica ou diastólica. Em pacientes assintomáticos com disfunção LV, são recomendados inibidores de ACE e β-bloqueadores. Em pacientes com insuficiência cardíaca sintomática ou cardiopatia terminal, inibidores de ACE, β-bloqueadores, ARBs e bloqueadores dos receptores à aldosterona (espironolactona ou eplerenona) são recomendados, com diuréticos de alça potentes conforme necessário para sobrecarga hídrica.

F. **Tratamento da Hipertensão no Idoso.** O tratamento de pacientes idosos com hipertensão sistólica predominante deve obedecer ao mesmo algoritmo de tratamento. No estudo *Systolic Hypertension in the Elderly Program* (SHEP), um estudo placebo-controlado duplo cego de clortalidona em baixa dose em pacientes com mais de 60 anos com hipertensão sistólica isolada (SBP acima de 160 mmHg com DBP menor que 90 mmHg), os riscos relativos (RRs) de AVC (acidente vascular cerebral), insuficiência ventricular esquerda, MI não fatal ou doença de artéria coronária fatal, e o requerimento para revascularização do miocárdio foram todos significativamente reduzidos no grupo de tratamento ativo. O estudo *The Hypertension in the Very Elderly Trial* (HYVET) estudou pacientes acima de 80 anos de idade. Mais de 3.000 pacientes foram designados para indapamida-perindopril ou placebo com um alvo de SBP no grupo de tratamento de menos de 150 mmHg. O desfecho principal foi AVC e AVC fatal; o grupo de tratamento teve uma redução de 30% no AVC, redução de 39% em AVC fatal, e redução de 20% na taxa de morte por qualquer causa. Devido aos riscos de hipotensão ortostática e quedas, α-bloqueadores seletivos devem ser evitados no tratamento de indivíduos mais velhos com hipertensão.

G. **Tratamento da Hipertensão em Pacientes com Síndrome Metabólica.** Estudos a longo prazo comparando diferentes classes de anti-hipertensivos unicamente em pacientes hipertensos com síndrome metabólica não foram feitos. No passado, preocupações foram muitas vezes externadas de que diuréticos não deveriam ser usados como terapia de primeira linha para hipertensão, porque eles têm efeitos desfavoráveis sobre a sensibilidade à insulina e aumentam o risco de diabetes de início novo, desse modo tendo o potencial de afetar adversamente resultados cardiovasculares e renais. Uma análise retrospectiva do ALLHAT comparou diferentes classes de anti-hipertensivos em pacientes com a síndrome metabólica. A síndrome metabólica é uma coleção de características clínicas e bioquímicas relacionadas com resistência à insulina e hiperinsulinemia. Ela é caracterizada por hipertensão, obesidade central, dislipidemia (altos níveis de triglicerídeos e baixos de HDL colesterol) e níveis elevados de glicose. Em participantes do estudo com síndrome metabólica, aos 4 anos de acompanhamento, a incidência de diabetes recém-diagnosticado (glicemia em jejum acima de 126 mg/dL) foi 17,1%

com clortalidona, 16,0% com anlodipina ($p = 0,49$ *versus* clortalidona), e 12,6% com lisinopril ($p < 0,05$ *versus* clortalidona). Naqueles sem síndrome metabólica, a taxa de diabetes recém-diagnosticado foi 7,7% com clortalidona, 4,2% com anlodipina, e 4,7% com lisinopril ($p < 0,05$ para ambas as drogas *versus* clortalidona). Entre os participantes com síndrome metabólica, os RRs para o evento principal (doença coronariana fatal ou MI não fatal) e os resultados cardiovasculares secundários não foram diferentes para anlodipina *versus* clortalidona. Entretanto, o risco de insuficiência cardíaca foi mais alto em participantes sem síndrome metabólica tratados com anlodipina [RR da anlodipina *versus* clortalidona, 1,55; intervalo de confiança de 95% (IC), 1,25 a 1,35]. Em participantes com síndrome metabólica, os resultados foram superiores com clortalidona *versus* lisinopril para insuficiência cardíaca (RR 1,31; IC 95%, 1,04 a 1,64) e para o desfecho de doença cardiovascular combinada (cardiopatia coronariana, AVC, angina tratada e insuficiência cardíaca; RR, 1,19; IC 95%, 1,07 a 1,32). Os autores concluíram que apesar de um perfil metabólico menos favorável, e um risco mais alto de diabetes de início novo, diuréticos tipo tiazida são o tratamento inicial preferido para hipertensão em indivíduos mais velhos com a síndrome metabólica, em comparação com inibidores de ACE e CCBs.

H. **Tratamento da Hipertensão em Pacientes com CKD.** As recomendações do *Kidney Disease Improving Global Outcomes* (K-DIGO) a respeito do controle da BP em doença renal foram lançadas recentemente. Em pacientes não diabéticos com doença renal não proteinúrica (< 300 mg/dia), eles recomendam tratar os pacientes para um objetivo de BP < 140/90 mmHg e não especificam um estudo de anti-hipertensivo. Evidência para este objetivo de BP vem do acompanhamento a longo prazo de pacientes no estudo *African American Study of Kidney Disease and Hypertension* (AASK). Para um componente do estudo, o AASK randomizou os pacientes com hipertensão e CKD para dois objetivos de BP — pressão arterial média (MAP) 92 ou 102 mmHg. Durante o estudo, o grupo de baixa BP teve uma BP média de 130/78 mmHg e o outro grupo teve uma BP de 141/86 mmHg. Após 9 anos de acompanhamento, não houve diferença nos resultados nos pacientes com pouca proteinúria. O estudo MDRD mostrou um benefício com objetivos de BP mais baixos. O estudo MDRD também randomizou não diabéticos com CKD para dois objetivos diferentes de BP. No grupo com objetivo de baixa BP, a BP alcançada foi 126/77 mmHg, e no outro grupo, a BP foi 134/81 mmHg. Os pacientes no grupo de baixa BP tiveram menos tendência a alcançar desfecho principal de insuficiência renal ou mortalidade; entretanto, os pacientes no grupo de baixa BP mais comumente receberam inibidores de ACE.

De acordo com as diretrizes do K-DIGO, os pacientes com doença renal não diabética e proteinúria devem ser tratados para um objetivo de BP de 130/80 mmHg, preferivelmente com um inibidor de ACE ou um ARB. Suporte para o objetivo de BP vem do acompanhamento do estudo AASK. Pacientes com proteinúria importante tiveram muito mais tendência a atingir o desfecho no estudo AASK, o qual foi composto de duplicação da creatinina sérica, ESRD ou morte. Entre estes pacientes de alto risco, o objetivo mais baixo de BP reduziu significativamente o risco de encontrar o desfecho.

Tratar pacientes proteinúricos com inibidores de ACE ou ARBs tem importante suporte experimental e clínico. Uma vez que inibidores de ACE e ARBs diminuem o tônus da arteríola eferente, eles devem diminuir hipertensão intraglomerular. No estudo com benazepril, pacientes já em razoável controle da BP foram randomizados para tratamento com benazepril ou placebo. Pacientes em tratamento com benazepril tiveram uma redução maior na BP e uma redução de 25% na excreção de proteína. O risco de progressão para um desfecho principal (duplicação da creatinina sérica ou progressão para diálise) foi reduzido em 53% nos pacientes tratados com benazepril. Os benefícios da terapia com inibidor de ACE foram vistos principalmente em pacientes com doenças glomerulares crônicas ou nefropatia diabética, enquanto não houve benefício em pacientes com doença renal policística ou outra CKD excretando menos de 1 g de proteína por dia. Estes são contextos nos quais fatores hemodinamicamente mediados podem não ser tão importantes na progressão da doença. No estudo *Ramipril Efficacy in Nephropathy* (REIN), pacientes com doença renal não diabética foram randomizados para ramipril ou placebo mais outra terapia anti-hipertensiva conforme necessário para alcançar DBP abaixo de 90 mmHg. O estudo foi finalizado prematuramente entre os pacientes excretando mais de 3 g de proteína por dia por causa de um benefício importante com tratamento com inibidor de ACE em relação a redução da velocidade de declínio da função renal. Embora os resultados finais do estudo AASK não tenham mostrado diferença entre os grupos de tratamento na velocidade de declínio da GFR, o grupo do ramipril teve uma redução de 22% no risco do desfecho proposto (redução na GFR de mais de 50% da básica, ESRD ou morte). No estudo REIN-2, CCB diidropiridina falhou em fornecer renoproteção em pacientes com doença renal não diabética, apesar de redução adicional da BP daquela obtida com doses fixas de inibidores da ACE. Os CCBs não diidropiridinas (diltiazem e verapamil) têm efeitos antiproteinúricos, enquanto as diidropiridinas (anlodipina e nifedipina) mostraram aumentar a proteinúria em alguns estudos. Este paradoxo pode ser explicado pelo efeito variado das diferentes classes de CCBs na autorregulação renal. A este respeito, diidropiridinas causam dilatação preferencial arteriolar aferente, o que permite que mais pressão sistêmica seja transmitida ao glomérulo, desse modo aumentando a pressão glomerular e limitando seu efeito antiproteinúrico.

Em pacientes diabéticos com CKD e sem proteinúria, K-DIGO recomenda tratamento para objetivo de BP de menos de 140/90 mmHg. Os dois estudos nos quais esta recomendação é baseada são os previamente mencionadas nos estudos ABCD e ACCORD. Controle da BP mais rigoroso que 140/90 mmHg é associado a alguns benefícios cardiovasculares, mas, conforme observado no estudo ACCORD, é também associado a possível dano. Em nefropatia diabética proteinúrica, K-DIGO recomenda um objetivo de BP de 130/80 mmHg e tratamento com um inibidor de ACE ou um ARB. Se este objetivo de BP não for alcançado após terapia inicial com um inibidor de ACE ou um ARB, um diurético deve ser adicionado ao esquema. Adição de um diurético constitui terapia lógica dado o papel central da natriurese prejudicada na patogênese da hipertensão no contexto de CKD. Diuréticos tiazidas podem ser efetivos nos estágios iniciais da CKD, enquanto diuréticos de alça podem ser necessários em pacientes com doença renal mais avançada ou resistência a diurético no contexto de síndrome nefrótica.

I. **Tratamento do Paciente com Hipertensão Resistente.** Hipertensão resistente é definida como falha em obter BP menor que 140/90 mmHg em um paciente aderente com um esquema de três drogas, incluindo um diurético. Os médicos devem primeiro assegurar que o paciente tem hipertensão resistente obedecendo a todos os passos acima concernentes ao diagnóstico da hipertensão (Seção V). Hipertensão verdadeiramente resistente deve provocar uma investigação quanto a formas subjacentes potencialmente tratáveis de hipertensão secundária (Quadro 15-3). O Quadro 15-7 delineia outras causas de hipertensão resistente. Atualmente, uma terapia experimental conhecida como denervação renal está se mostrando promissora como tratamento para hipertensão resistente. Denervação renal é efetuada via cateterismo percutâneo das artérias renais. Ablação por radiofrequência é aplicada 4 a 6 vezes em cada artéria renal. Um estudo recente, Simpli-

Quadro 15-7	Causas de Hipertensão Resistente
Medida inadequada da pressão arterial (BP) (uso de manguito de BP de tamanho inadequado em pacientes obesos)	
Pseudo-hipertensão em indivíduos idosos	
Hipertensão de jaleco branco (consultório)	
Sobrecarga de volume ou pseudotolerância	
Ingestão de sódio excessivo na dieta	
Retenção de líquido por doença renal subjacente	
Terapia diurética inadequada (deixar de usar diurético de alça com CKD avançada)	
Desobediência	
Não aderência do paciente à terapia devido a falta de informação, custo ou efeitos colaterais	
Avaliação inadequada do médico (posologia inadequada de drogas ou falta de inclusão de diurético no esquema)	
Induzida por droga	
Agentes anti-inflamatórios não esteroides ou inibidores de ciclo-oxigenase 2	
Cocaína, anfetaminas ou outras drogas ilícitas	
Simpaticomiméticos (agentes descongestionantes ou anoréxicos)	
Anticoncepcionais orais	
Esteroides suprarrenais	
Eritropoetina	
Alcaçuz	
Suplementos dietéticos vendidos sem receita médica (ephedra, ma huang, lima)	
Consumo excessivo de álcool	
Causas secundárias definidas de hipertensão (Quadro 15-3)	
CKD, doença renal crônica	

city-HTN 2, foi um estudo de fase II realizado em pacientes com hipertensão resistente. Em média, os pacientes tiveram uma queda na BP de 32/12 mmHg em um acompanhamento de 6 meses. A terapia ainda é experimental nos Estados Unidos, e estudos maiores estão em andamento. Consulta com um especialista em hipertensão deve ser considerada se o objetivo de BP não puder ser alcançado.

VII. CRISES HIPERTENSIVAS

A. **Definição de Crises Hipertensivas.** A maioria dos pacientes hipertensos são assintomáticos durante muitos anos até que sobrevêm complicações decorrentes de aterosclerose, doença cerebrovascular ou CHF. Em uma minoria de pacientes, este curso "benigno" é marcado por uma crise hipertensiva. Uma crise hipertensiva é definida como o ponto de virada na evolução de uma doença na qual o tratamento agudo da BP elevada desempenha um papel decisivo no resultado final. A pressa com a qual a BP precisa ser controlada varia com o tipo de crise hipertensiva. Entretanto, o papel crucial da hipertensão no processo da doença tem que ser identificado, e um plano para tratar a BP implementado com sucesso para que o resultado do paciente seja ideal. O nível absoluto da BP claramente não é o fator mais importante a determinar a existência de uma crise hipertensiva. Por exemplo, em crianças, mulheres grávidas e outros indivíduos previamente normotensos nos quais hipertensão leve a moderada se desenvolve subitamente, uma crise hipertensiva pode ocorrer a um nível de BP que normalmente é bem tolerado pelos adultos com hipertensão crônica. Além disso, em adultos com hipertensão leve a moderada, uma crise pode ocorrer com o início agudo de disfunção de órgão-alvo comprometendo o coração ou o cérebro. O Quadro 15-9 dá uma lista dos tipos de apresentação das crises hipertensivas.

B. **Hipertensão maligna** é uma síndrome clínica caracterizada por uma elevação acentuada da BP com lesão arteriolar aguda disseminada (vasculopatia hipertensiva). Fundoscopia revela HNR com hemorragias em forma de chama, manchas em algodão (exsudatos moles), e às vezes papiledema (Fig. 15-3, Quadro 15-8). Independentemente da gravidade da elevação da BP, na ausência de HNR, hipertensão maligna não pode ser diagnosticada. HNR é, portanto, um achado clínico extremamente importante, indicando a presença de arteriolite induzida por hipertensão, que pode comprometer os rins, o coração e o sistema nervoso central. Com hipertensão maligna, ocorre uma progressão rápida e constante para ESRD, se controle efetivo da BP não for implementado. Mortalidade pode resultar de insuficiência cardíaca hipertensiva aguda, hemorragia intracerebral, encefalopatia hipertensiva, ou complicações de uremia. Hipertensão maligna representa uma crise hipertensiva; controle adequado da BP claramente previne estas complicações mórbidas.

C. **Crises Hipertensivas Decorrentes de Hipertensão Não Maligna com Complicações Agudas.** Mesmo em pacientes com hipertensão benigna, nos quais HNR está ausente, uma crise hipertensiva pode ser diagnosticada com base na presença de disfunção aguda concomitante de órgão-alvo (Quadro 15-9). Crise hipertensiva decorrente de hipertensão não maligna com complicações agudas incluem hipertensão acompanhada por encefalopatia hipertensiva, insuficiência cardíaca hipertensiva aguda, dissecção aórtica agu-

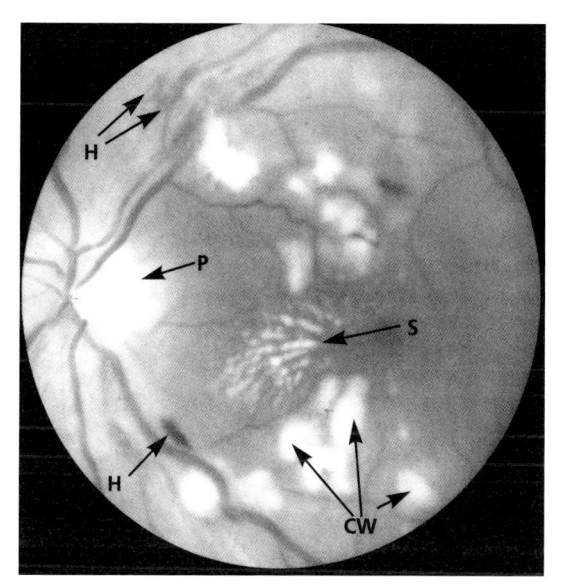

Figura 15-3. Neurorretinopatia hipertensiva na hipertensão maligna. Fotografia do fundo em um homem de 30 anos com hipertensão maligna demonstra todos os aspectos característicos da neurorretinopatia hipertensiva, incluindo hemorragias estriadas (*H*), manchas em algodão (*CW*), papiledema (*P*), e uma figura de estrela na mácula (*S*).

da, hemorragia intracerebral, hemorragia subaracnóidea, traumatismo cranioencefálico grave, MI agudo ou angina instável, e sangramento ativo. Hipertensão mal controlada em um paciente necessitando de cirurgia aumenta o risco de isquemia cerebral ou miocárdica intraoperatória e insuficiência renal aguda pós-operatória. Hipertensão pós-operatória grave, incluindo hipertensão pós-cirurgia de pontes em artérias coronárias e hipertensão pós-endarterectomia carotídea, aumenta o risco de sangramento pós-operatório, encefalopatia hipertensiva, edema pulmonar e isquemia miocárdica. Os vários estados de excesso de catecolaminas podem causar uma crise hipertensiva com encefalopatia hipertensiva ou insuficiência cardíaca hipertensiva aguda. Pré-eclâmpsia e eclâmpsia representam crises hipertensivas que são exclusivas da gravidez. Crise renal de esclerodermia é uma crise hipertensiva na qual a falha em controlar adequadamente a BP com um esquema que inclua um inibidor de ACE resulta em perda rápida irreversível de função renal. Crises hipertensivas também podem ocorrer em pacientes tetraplégicos em virtude de hiper-reflexia autonômica induzida por distensão intestinal ou vesical. O início súbito de hipertensão neste contexto pode levar à encefalopatia hipertensiva ou edema pulmonar agudo.

D. Tratamento da Hipertensão Maligna. Hipertensão maligna deve ser tratada rapidamente para prevenir complicações, como encefalopatia hipertensiva, insuficiência cardíaca hipertensiva e insuficiência renal. A abordagem tradicional aos pacientes com hipertensão maligna tem sido iniciar com agentes

Quadro 15-8	Classificação da Retinopatia Hipertensiva
Arteriosclerose Retiniana e Retinopatia Arteriosclerótica (Características de Hipertensão Benigna)	
Estreitamento arteriolar (focal ou difuso)	
Alterações nos cruzamentos arteriovenosos	
Alargamento do reflexo arteriolar à luz	
Alterações em fios de cobre ou de prata	
Perivasculite	
Hemorragias retinianas redondas solitárias	
Exsudatos duros	
Oclusão da veia central ou ramos	
Neurorretinopatia Hipertensiva (*Sine Qua Non* da Hipertensão Maligna)	
Estreitamento arteriolar generalizado	
Hemorragias estriadas (em forma de chama)[a]	
Manchas em algodão (exsudatos moles)[a]	
Papiledema bilateral[a]	
Figura em estrela na mácula	

[a]Estes aspectos distinguem arteriosclerose retiniana (hipertensão benigna) de neurorretinopatia hipertensiva (hipertensão maligna).
Adaptado com permissão de Nolan CR. Malignant hypertension and other hypertensive crises. In: Schrier RW, ed. *Diseases of the kidney and urinary tract*, 8th ed. Boston, MA: Lippincott Williams & Wilkins, 2007:1370-1436.

parenterais potentes. Em geral, a terapia parenteral deve ser usada em pacientes com evidência de disfunção aguda de órgãos-alvos (encefalopatia hipertensiva ou edema pulmonar) ou naqueles incapazes de tolerar medicações orais. Nitroprussiato ou labetalol intravenoso (IV) são os tratamentos de escolha para pacientes necessitando de terapia parenteral. Em geral, reduzir a pressão arterial média por 20% ou a um nível de 160 a 170/100 a 110 mmHg é seguro. O uso de um agente de curta ação como nitroprussiato tem vantagens óbvias, porque a BP pode ser rapidamente estabilizada em níveis mais altos, se desenvolver complicação durante a redução rápida da BP. Se nenhuma evidência de hipoperfusão do órgão vital é aparente durante redução inicial, a BP pode, gradualmente, ser baixada a menos de 140/90 mmHg ao longo de um período de 12 a 36 horas. Agentes anti-hipertensivos orais devem ser iniciados tão logo seja possível, a fim de minimizar a duração da terapia parenteral. A infusão pode ser retirada à medida que os agentes orais se tornem efetivos. O fundamento da terapia oral inicial deve ser vasodilatadores arteriolares, como hidralazina ou minoxidil. β-Bloqueadores são necessários para controlar taquicardia reflexa, e um diurético deve ser iniciado dentro de

Paciente com Hipertensão

Quadro 15-9	Apresentação das Crises Hipertensivas
Hipertensão maligna (*neurorretinopatia hipertensiva presente*)	
Encefalopatia hipertensiva (*ocorre com hipertensão maligna ou benigna grave*)	
Hipertensão não maligna ("benigna") com complicações agudas (*disfunção aguda de órgãos-alvo na ausência de neurorretinopatia hipertensiva*)	
Insuficiência cardíaca hipertensiva aguda (edema pulmonar em consequência da disfunção diastólica aguda)	
Síndromes coronarianas agudas	
Infarto agudo do miocárdio	
Angina instável	
Dissecção aórtica aguda	
Fatalidades no sistema nervoso central	
Encefalopatia hipertensiva	
Hemorragia intracerebral	
Hemorragia subaracnóidea	
Traumatismo craniano grave	
Estados de excesso de catecolaminas	
Crise de feocromocitoma	
Interações inibidor de monoamina oxidase–tiramina	
Síndromes de abstinência de droga anti-hipertensiva	
Superdose de fenilpropanolamina	
Pré-eclâmpsia e eclâmpsia	
Sangramento ativo (inclusive sangramento pós-operatório)	
Hipertensão mal controlada em pacientes necessitando de cirurgia de emergência	
Hipertensão pós-operatória grave	
Hipertensão pós-ponte de artéria coronária	
Hipertensão pós-endarterectomia carotídea	
Crise renal da esclerodermia	
Hiper-reflexia autonômica em paciente tetraplégico	

Adaptado de Nolan CR. Malignant hypertension and other hypertensive crises. In: Schrier RW, ed. *Diseases of the kidney and urinary tract*, 8th ed. Boston, MA. Lippincott Williams & Wilkins, 2007:1370-1436.

alguns dias para evitar retenção de sal e água em resposta à terapias vasodilatadoras quando a ingestão de sal na dieta do paciente aumentar. Diuréticos podem não ser necessários como uma parte da terapia parenteral inicial, porque os pacientes com hipertensão maligna frequentemente se apresentam com depleção de volume devido à natriurese induzida pela pressão. Embora muitos pacientes com hipertensão maligna necessitem definitivamente de terapia parenteral inicial, alguns pacientes podem ainda não ter evidência de disfunção cerebral ou cardíaca, ou função renal deteriorando rapidamente, e, portanto, não necessitem de controle instantâneo da BP. Estes pacientes podem, muitas vezes, ser tratados com um esquema oral intensivo, frequentemente com um β-bloqueador e minoxidil, destinado a trazer a BP sob controle dentro de 12 a 24 horas. Depois que a crise imediata se resolveu, e a hipertensão foi controlada com terapia parenteral inicial, terapia oral, ou ambas, vigilância durante toda a vida da BP é obrigatória. Se o controle faltar, hipertensão maligna pode recidivar mesmo após anos de terapia anti-hipertensiva bem-sucedida. Terapia tríplice com um diurético, um β-bloqueador e um vasodilatador é, muitas vezes, necessária para manter controle satisfatório da BP a longo prazo.

E. **Tratamento de outras Crises Hipertensivas.** Nitroprussiato de sódio é a droga de escolha para o tratamento de geralmente todas as crises hipertensivas listadas no Quadro 15-9, inclusive hipertensão maligna, encefalopatia hipertensiva, insuficiência cardíaca hipertensiva aguda, hemorragia intracerebral, hipertensão perioperatória, crises hipertensivas relacionadas com catecolaminas, e dissecção aórtica aguda (em combinação com β-bloqueadores). Labetalol IV também é um tratamento apropriado para a maioria das crises hipertensivas. Nitroglicerina intravenosa também pode ser útil em pacientes com isquemia miocárdica concomitante, porque ela dilata colaterais intracoronarianos.

Nitroprussiato de sódio é um agente hipotensor intravenoso potente com um início imediato e curta duração de ação. O local de ação é o músculo liso vascular. Ele não tem ação direta sobre o miocárdio, embora possa afetar indiretamente o desempenho cardíaco por meio de alterações na hemodinâmica sistêmica. Nitroprussiato é um complexo de coordenação de ferro com cinco componentes cianeto e um grupo nitroso. O grupo nitroso se combina com cisteína formando nitrosocisteína, um ativador potente de adenilato ciclase que causa acumulação de guanosina monofosfato cíclico (cGMP) e o relaxamento do músculo liso vascular. Nitroprussiato causa vasodilatação de ambos os vasos de resistência arteriolares e os vasos de capacitância venosos. Sua ação hipotensora é um resultado da diminuição da SVR. A diminuição combinada na pré-carga e pós-carga reduz a tensão da parede miocárdica e a demanda de oxigênio do miocárdio. A rede de efeitos do nitroprussiato sobre o débito cardíaco e a frequência cardíaca dependem do estado intrínseco do miocárdio. Em pacientes com disfunção sistólica ventricular esquerda e pressão diastólica final ventricular esquerda elevada, ele causa um aumento no volume sistólico e débito cardíaco como resultado da redução da pós-carga. A frequência cardíaca pode, na realidade, diminuir em resposta ao desempenho cardíaco melhorado. Em contraste, na ausência de disfunção ventricular esquerda, a venodilatação e redução da pré-carga podem resultar em um aumento reflexo no tônus simpático e na frequência cardíaca. Por esta razão, nitroprussiato deve ser usado com um β-bloqueador na dissecção aórtica aguda.

A ação hipotensiva do nitroprussiato aparece dentro de segundos, e é imediatamente reversível quando a infusão é interrompida. O cGMP no músculo liso vascular é rapidamente degradado por fosfodiesterases cGMP = específicas. Nitroprussiato é metabolizado rapidamente, com uma meia-vida de 3 a 4 minutos. Cianeto é formado, como produto intermediário de curta duração, pela combinação direta com grupos sulfidrila nos eritrócitos e tecidos. Os grupos cianeto são rapidamente convertidos em tiocianato pelo fígado, em uma reação na qual tiossulfato atua como doador de enxofre. Tiocianato é excretado pelo rim, com uma meia-vida de 1 semana em pacientes com função renal normal. Acumulação e toxicidade de tiocianato podem ocorrer quando uma dose alta ou infusão prolongada é necessária, especialmente em pacientes com insuficiência renal. Quando estes fatores de risco estão presentes, os níveis de tiocianato devem ser monitorados e a infusão suspensa, se o nível for acima de 10 mg/dL. Toxicidade de tiocianato é rara em pacientes com função renal normal necessitando menos de 3 µg/kg/minuto por menos de 72 horas. Envenenamento por cianeto é uma complicação muito rara, a não ser que a remoção hepática do cianeto seja prejudicada por doença hepática grave, ou doses maciças de nitroprussiato (mais de 10 µg/kg/minuto) sejam usadas para induzir hipotensão deliberada durante cirurgia. Uma vez a crise hipertensiva tenha regredido e a BP esteja adequadamente controlada, deve ser iniciada terapia anti-hipertensiva oral. A infusão de nitroprussiato é retirada à medida que os agentes anti-hipertensivos orais se tornem efetivos.

F. Tratamento da Hipertensão Grave Não Complicada no Contexto de Tratamento Agudo. Os benefícios da redução aguda na BP no contexto de crise hipertensiva verdadeira são óbvios (Fig. 15-4). Felizmente, crises hipertensivas verdadeiras são eventos relativamente raros que nunca afetam a maioria dos pacientes hipertensos. Muito mais comum que crise hipertensiva verdadeira é o paciente que se apresenta com BP marcadamente elevada (mais de 180/100 mmHg) na ausência de HNR (hipertensão maligna) ou dano agudo a órgãos-alvos que significariam uma crise verdadeira. Esta entidade, conhecida como *hipertensão grave não complicada,* é muito comum no departamento de emergência ou outros pronto atendimentos. Dos pacientes com hipertensão grave não complicada, 60% são inteiramente assintomáticos e se apresentam para buscar receitas ou checagens de rotina da BP, ou são constatados com pressão elevada durante exames físicos de rotina. Os outros 40% se apresentam com achados inespecíficos como cefaleia, tontura ou fraqueza na ausência de evidência de disfunção aguda de órgãos-alvos.

No passado, esta entidade foi chamada *urgência hipertensiva,* refletindo a noção errônea e que uma redução aguda da BP em poucas horas no serviço de emergência era essencial para minimizar o risco de complicações em curto prazo da hipertensão grave. Esquemas de tratamento comumente usados eram uma dose inicial de clonidina oral ou nifedipina sublingual. Entretanto, a prática da redução aguda da BP na hipertensão grave não complicada não é mais considerada o padrão de tratamento. O Estudo *Veterans Administration Cooperative Study of patients with severe hypertension* incluiu 70 pacientes tratados com placebo que tinham uma DBP média de

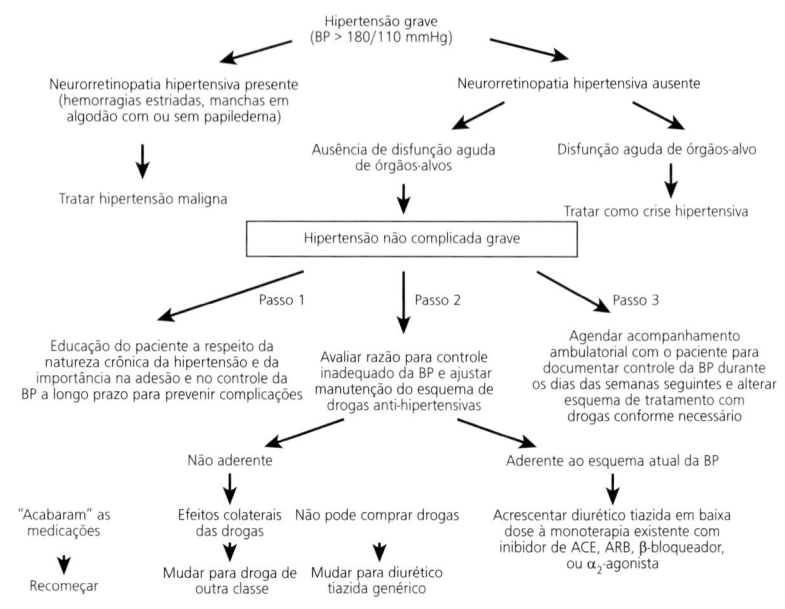

Figura 15-4. Algoritmo para tratamento da hipertensão grave não complicada. (ACE, enzima conversora de angiotensina; ARB, bloqueador do receptor à angiotensina; BP, pressão arterial; CCB, bloqueador do canal de cálcio.) (Adaptada com permissão de Nolan CR. Hypertensive crises. In: Schrier RW, ed. *Atlas of diseases of the kidney,* Vol. 3. Philadelphia, PA: Current Medicine, 1999.)

121 mmHg no inicio. Entre estes pacientes não tratados, 27 experimentaram eventos mórbidos a uma média de 11 (± 2) meses de acompanhamento. Entretanto, o evento mórbido mais precoce ocorreu após 2 meses. Estes dados sugerem que em pacientes com hipertensão grave não complicada nos quais hipertensão grave não é acompanhada por evidência de hipertensão maligna ou disfunção aguda de órgãos-alvo, complicações eventuais em decorrência de acidente vascular cerebral, MI ou insuficiência cardíaca tendem a ocorrer ao longo de uma questão de meses a anos em vez de horas ou dias. Embora o controle a longo prazo da BP possa claramente prevenir estas complicações eventuais, uma crise hipertensiva não pode ser diagnosticada, porque nenhuma evidência indica que a redução aguda da BP resulta em uma melhora no prognóstico a curto ou longo prazo. Embora a redução aguda da BP em pacientes com hipertensão grave não complicada usando nifedipina sublingual ou dose de clonidina oral tenha sido em certa época o padrão de tratamento *de fato,* esta prática era mais frequentemente ansiedade por parte do médico assistente à elevação considerável da BP, ou era motivada pelo temor de repercussões médico-legais no improvável caso de uma complicação hipertensiva ocorrer dentro de horas a dias. Observar e documentar a queda drástica na BP é uma manobra terapêutica satisfatória, mas nenhuma base científica existe para esta conduta. Nenhuma litera-

tura suporta a noção de que alguma meta de redução da BP precisa ser alcançada antes que o paciente com hipertensão grave não complicada deixe o setor de emergência. De fato, a redução aguda da BP é frequentemente contraproducente, porque ela pode produzir efeitos colaterais adversos que tornam o paciente menos propenso a aderir à terapia medicamentosa a longo prazo. Em vez disso, a intervenção terapêutica aguda deve focalizar a adaptação de um esquema anti-hipertensivo de manutenção efetivo, bem tolerado, com educação do paciente a respeito da natureza crônica do processo de doença e da importância da adesão e do acompanhamento médico a longo prazo. Se o paciente tiver simplesmente ficado sem remédios, reinstituição do esquema de drogas previamente efetivo deve ser suficiente. Se o paciente for considerado aderente a um esquema de drogas existente, uma alteração sensível no esquema, como um aumento em uma posologia subótima de uma droga existente ou a adição de uma droga de outra classe, é apropriada. A este respeito, a adição de uma baixa dose de um diurético tiazida como agente de segunda etapa à monoterapia existente com inibidor de ACE, ARB, CCB, β-bloqueador ou α-agonista central é muitas vezes bem efetiva. Outro objetivo essencial da intervenção aguda deve ser proporcionar acompanhamento ambulatorial apropriado dentro de alguns dias. Uma redução gradual da BP a níveis normotensos ao longo de alguns dias a uma semana deve ser realizada em conjunto com visitas ambulatoriais frequentes para modificar o esquema farmacoterápico e reforçar a importância da aderência durante toda a vida com a terapia. Embora menos drástico que a redução aguda da BP no contexto de tratamento agudo, este tipo de abordagem ao tratamento da hipertensão crônica tende mais provavelmente prevenções das complicações hipertensivas a longo prazo e episódios recorrentes de hipertensão não complicada grave.

Leituras Sugeridas

Acute Infarction Ramipril Efficacy (AIRE) Study Investigators. Effects of ramipril on mortality and morbidity of survivors of acute myocardial infarction with clinical evidence of heart failure. *Lancet* 1993;342:821-828.

Agadoa LY, Appel L, Bakris GL, et al. Effect of ramipril versus amlodipine on renal outcomes in hypertensive nephrosclerosis: a randomized controlled trial. *JAMA* 2001;285:2719.

ALLHAT Collaborative Research Group. Major cardiovascular events in hypertensive patients randomized to doxazosin versus chlorthalidone: the antihypertensive and lipid-lowering to prevent heart attack trial (ALLHAT). *JAMA* 2000;238:1967-1975.

ALLHAT Officers and Coordinators for the ALLHAT Collaborative Research Group. Major outcomes in high-risk hypertensive patients randomized to angiotensin-converting enzyme inhibitor, calcium channel blocker versus diuretic. *JAMA* 2002;288:2981-2997.

Appel LJ, Moore TJ, Obarzanek E, et al. A clinical trial of the effects of dietary patterns on blood pressure. DASH Collaborative Research Group. *New Engl J Med* 1997;336(16):1117-1124.

Appel LJ, Wright JT Jr, Greene T, et al. Intensive blood-pressure control in hypertensive chronic kidney disease. *New Engl J Med* 2010;363(10):918-929.

Beckett NS, Peters R, Fletcher AE, et al. Treatment of hypertension in patients 80 years of age or older. *New Engl J Med* 2008;358(18):1887-1898.

Black HR, Davis B, Barzhay J, et al. Metabolic and clinical outcomes in nondiabetic individuals with the metabolic syndrome assigned to chlorthalidone, amlodipine, or lisinopril as initial treatment for hypertension. A report for the Antihypertensive and

Lipid-Lowering Treatment to Prevent Heart Attack Trial (ALLHAT). *Diabetes Care* 2008;31:353-360.

Black HR, Elliott JW, Grandits G, et al. Principal results of the Controlled Onset Verapamil Investigation of Cardiovascular End Points (CONVINCE) trial. *JAMA* 2003;289:2073-2082.

Brenner BM, Copper ME, de Zeeuq D, et al. Effects of losartan on renal and cardiovascular outcomes in patients with type 2 diabetes and nephropathy (RENAAL). *N Engl J Med* 2001;345:861-869.

Capricorn Investigators. Effect of carvedilol on outcome after myocardial infarction in patients with left-ventricular dysfunction: the CAPRICORN randomized trial. *Lancet* 2001;357:1358-1390.

Chobanian AV, Bakris GL, Black HR, et al. The seventh report of the Joint National Committee on Prevention, Detection, Evaluation, and Treatment of Hypertension. The JNC 7 report. *JAMA* 2003;289:2560-2572.

Cohn J, Tognoni G. A randomized trial of the angiotensin receptor blocker valsartan in chronic heart failure (ValHEFT). *N Engl J Med* 2001;345:1667-1675.

Cushman WC, Evans GW, Byington RP, et al. Effects of intensive blood-pressure control in type 2 diabetes mellitus. *New Engl J Med* 2010;362(17):1575-1585.

Dahlof B, Devereux RB, Kjeldsen SE, et al. Cardiovascular morbidity and mortality in the Losartan Intervention for Endpoint Reduction in Hypertension Study (LIFE). *Lancet* 2002;359:995-1003.

Egan BM, Zhao Y, Axon RN. US trends in prevalence, awareness, treatment, and control of hypertension, 1988–2008. *JAMA* 2010;303(20):2043-2050.

Estacio RO, Jeffers BW, Hiatt WH, et al. The effect of nisoldipine as compared with enalapril on cardiovascular outcomes in patients with noninsulin dependent diabetes mellitus and hypertension. *N Engl J Med* 1998;338:645-652.

GISEN (Cruppo Italiano di Studi Epidemiologici in Nefrologia) Group. Randomized placebo-controlled trial of effect of ramipril on decline in glomerular filtration rate and risk of terminal renal failure in proteinuric, non-diabetic nephropathy (REIN). *Lancet* 1997;349:1857-1863.

Guyton AC, Manning RD, Norman RA, et al. Current concepts and perspectives of renal volume regulation in relationship to hypertension. *J Hypertens* 1986;4(Suppl 4):S49-S56.

Hall JE, Granger JP, Smith MJ, et al. Role of renal hemodynamics and arterial pressure in aldosterone "escape". *Hypertension* 1984;6(Suppl 1):I183-I192.

Hansson L, Zanchetti A, Carruthers SG, et al. Effects of intensive blood-pressure lowering and low-dose aspirin in patients with hypertension: principal results of the Hypertension Optimal Treatment (HOT) randomised trial. HOT Study Group. *Lancet* 1998;351(9118):1755-1762.

Heart Outcomes Prevention Evaluation Study Investigators. Effects of an angiotensin-converting-enzyme inhibitor, ramipril on cardiovascular events in high-risk patients (HOPE). *N Engl J Med* 2000;342:145-153.

Intersalt Cooperative Research Group. Intersalt: an international study of electrolyte excretion and blood pressure. Results for 24 hour urinary sodium and potassium excretion. *Br Med J* 1988;297:319-330.

Jamerson K, Weber MA, Bakris GL, et al. Benazepril plus amlodipine or hydrochlorothiazide for hypertension in high-risk patients. *New Engl J Med* 2008;359(23):2417-2428.

KDIGO Blood Pressure Work Group. KDIGO clinical practice guideline for the management of blood pressure in chronic kidney disease. *Kidney Int* 2012;2(Suppl):337-414.

Kober L, Torp-Pedersen C, Carlsen JE, et al. Trandolapril Cardiac Evaluation (TRACE) study group. A clinical trial of the angiotensin-converting enzyme inhibitor trandolapril in patients with left ventricular dysfunction after myocardial infarction. *N Engl J Med* 1995;333:1670-1676.

Lewis EJ, Hunsicker LG, Bain RP, et al. The effect of angiotensin-converting enzyme inhibitor on diabetic nephropathy: the Collaborative Study Group (Captopril trial). *N Engl J Med* 1993;329:1456-1462.

Lewis EJ, Hunsicker LG, Clarke WR, et al. Renoprotective effect of the angiotensinreceptor antagonist irbesartan in patients with nephropathy due to type 2 diabetes (INDT). *N Engl J Med* 2001;345:851-860.

Lifton RP, Gharavi AG, Geller DS. Molecular mechanisms of human hypertension. *Cell* 2001;104:545-556.

Mancia G, Fagard R, Narkiewicz K, et al. 2013 ESH/ESC guidelines for the management of arterial hypertension: the Task Force for the Management of Arterial Hypertension of the European Society of Hypertension (ESH) and of the European Society of Cardiology (ESC). *Eur Heart J* 2013;34(28):2159-2219.

Maschia G, Alberti D, Janin G, et al. Effect of the angiotensin-converting-enzyme inhibitor benazepril on the progression of chronic renal insufficiency. *N Engl J Med* 1996;334:939.

Nolan CR. Hypertensive crises. In: Schrier RW, ed. *Atlas of diseases of the kidney*, Vol. 3. Philadelphia, PA: Current Medicine, 1999:8.1-8.30.

Nolan CR. Malignant hypertension and other hypertensive crises. In: Schrier RW, ed. *Diseases of the kidney and urinary tract*, 7th ed. Boston, MA: Lippincott Williams & Wilkins, 2001:1513-1592.

Nolan CR, Schrier RW. The kidney in hypertension. In: Schrier RW, ed. *Renal and electrolyte disorders*, 6th ed. Philadelphia, PA: Lippincott Williams & Wilkins, 2003:341-400.

Okin PM, Devereux RB, Jern S, et al. Regression of electrocardiographic left ventricular hypertrophy by losartan versus atenolol: the Losartan Intervention for Endpoint reduction in Hypertension (LIFE) Study. *Circulation* 2003;108(6):684-690.

Packer M, Coats AJ, Fowler MB, et al. Effect of carvedilol on survival in severe chronic heart failure (COPERNICUS). *N Engl J Med* 2001;344:1651-1658.

Pitt B, Remme W, Zannad F, et al. Eplerenone, a selective aldosterone blocker, in patients with left ventricular dysfunction after myocardial infarction (EPHESUS). *N Engl J Med* 2003;348:1309-1321.

Pitt B, Zannad F, Remme WJ, et al. Randomized Aldactone Evaluation Study Investigators. The effect of spironolactone on morbidity and mortality in patients with severe heart failure (RALES). *N Engl J Med* 1999;341:709-717.

PROGRESS Collaborative Study Group. Randomised trial of perindopril-based blood pressure lowering regimen among 6105 individuals with previous stroke or transient ischaemic attack. *Lancet* 2001;358:1033-1041.

Ruggenenti P, Perna A, Loriga G, et al. Blood pressure control for renoprotection in patients with non-diabetic renal disease (REIN-2): mulicentre, randomized controlled trial. *Lancet* 2005;365:939.

Sacks FM, Svetkey LP, Vollmer WM, et al. Effects on blood pressure of reduced dietary sodium and the Dietary Approaches to Stop Hypertension (DASH) diet. DASH-Sodium Collaborative Research Group. *New Engl J Med* 2001;344(1):3-10.

Sarnak MJ, Greene T, Wang X, et al. The effect of a lower target blood pressure on the progression of kidney disease: long-term follow-up of the Modification of Diet in Renal Disease study. *Ann Intern Med* 2005;142(5):342-351.

Schrier RW, Estacio R, Esler A, et al. Effects of aggressive blood pressure control in normotensive type 2 diabetic patients on albuminuria, retinopathy and strokes. *Kidney Int* 2002;61:1086-1097.

Schrier RW, Estacio RO, Mehler PS, et al. Appropriate blood pressure control in hypertensive and normotensive type 2 diabetes mellitus: a summary of the ABCD trial. *Nat Clin Pract Nephrol* 2007;3:428-438.

SHEP Cooperative Research Group. Prevention of stroke by antihypertensive treatment in older persons with isolated systolic hypertension. Final results of the Systolic Hypertension in the Elderly Program (SHEP). *JAMA* 1991;265:3255-3264.

SOLVD Investigators. Effect of enalapril on survival in patients with reduced left ventricular ejection fractions and congestive heart failure. *N Engl J Med* 1991;325:293-302.

UK Prospective Diabetes Study Group. Efficacy of atenolol and captopril in reducing risk of macrovascular and microvascular complications in type 2 diabetes: UKPDS 39. *Br Med J* 1998;317:713-720.

Whelton PK, Barzilay J, Cushman WC, *et al.* Clinical outcomes in antihypertensive treatment of type 2 diabetics, impaired fasting glucose concentration and normoglycemia. Antihypertensive and Lipid-Lowering Treatment to Prevent Heart Attack Trial (ALLHAT). *Arch Intern Med* 2005;165:1401-1409.

Wing LMH, Reid CM, Ryan P, *et al.* Second Australian National Blood Pressure Study Group. A comparison of outcomes with angiotensin-convertingenzyme inhibitors and diuretics for hypertension in the elderly (ANBP2). *N Engl J Med* 2003;348:583-592.

Wright JT Jr, Harris-Haywood S, Pressel S, *et al.* Clinical outcomes by rate in hypertensive patients with and without the metabolic syndrome. Antihypertensive and Lipid-Lowering Treatment to Prevent Heart Attack Trial (ALLHAT). *Arch Intern Med* 2008;168:207-217.

16 Diretrizes Práticas para Posologia de Drogas em Pacientes com Função Renal Prejudicada

Ali Olyaei ▪ William M. Bennett

Função renal diminuída, independentemente da etiologia, apresenta desafios importantes aos médicos que prescrevem. Considerações adicionais ao selecionar e estabelecer posologia de medicamentos para pacientes com disfunção renal incluem comorbidades (hipertensão, diabetes, doença cardíaca, idade avançada) e as múltiplas drogas usadas para tratar estas condições. Estes fatos salientam a importância de estabelecer a função renal basal antes de iniciar novos esquemas de medicação, bem como o frequente monitoramento da função renal durante todo o curso do tratamento medicamentoso. Monitorar concentração plasmática terapêutica, se possível, é uma consideração importante. Entretanto, para muitos agentes farmacoterápicos, as concentrações plasmáticas não podem ser monitoradas no contexto clínico. Assim, é importante que os profissionais de saúde compreendam a relação entre função renal reduzida ou prejudicada, farmacocinética e seleção apropriada de drogas, e protocolos de posologia para estados de doença específicos.

Rins funcionando adequadamente facilitam a homeostasia necessária para o ótimo funcionamento celular e metabólico, pela regulação do transporte de solutos e água, excreção de resíduos de produtos metabólicos, conservação de nutrientes, e equilíbrio de ácidos e bases. Estes componentes funcionais desempenham papéis integrados na absorção, distribuição, metabolismo e especialmente na excreção de medicações e metabólitos. Doença renal crônica (CKD) e em particular o estado urêmico influenciam cada sistema de órgãos e cada aspecto da eliminação das drogas. As alterações fisiológicas associadas a CKD não são limitadas apenas às drogas com alta excreção renal; de fato, doença renal tem efeitos pronunciados sobre a farmacologia de muitas drogas. Qualquer diminuição significativa na função renal, conforme indicado por uma taxa de filtração glomerular (GFR), apresenta desafios de seleção e posologia de drogas terapêuticas. GFR diminuída é vista comumente em pacientes idosos e obviamente em pacientes com lesão renal aguda (AKI) e CKD.

Embora muitos médicos concebam que diminuições relacionadas com CKD na função renal e doença renal terminal (ESRD) alteram significativamente a farmacocinética e farmacodinâmica de muitas medicações, há uma percepção aumentada de que muito mais pacientes são afetados por má função renal do que se pensava previamente. Por essas razões, é necessário estabelecer a função renal basal, bem como avaliação sistemática e continuada da função renal em todos os pacientes durante todo o esquema terapêutico, a fim de evitar lesão adicional aos rins, bem como alcançar o resultado clínico desejado para o paciente.

Diminuições na função renal relacionadas com a idade são causadas principalmente por uma diminuição no tamanho do paciente, fluxo sanguíneo e subsequentemente GFR. Com alterações na vasculatura e perfusão renal, o número de néfrons também diminui. A velocidade desta perda se acelera à medida que o paciente progride para ESRD. Os rins também sofrem alterações degenerativas que diminuem a sua capacidade de concentrar a urina. Além disso, o rim lesado perde sua capacidade de se adaptar a vários estresses; glicose, sódio e bicarbonato não são reabsorvidos tão eficientemente, e em consequência das velocidades diminuídas de secreção, hiperpotassemia pode ocorrer mais comumente. Equilíbrio acidobásico é mais difícil de manter, alterações no pH e carga hídrica podem levar a desequilíbrios críticos que podem ocasionar e exacerbar a toxicidade de medicações que são metabolizadas e eliminadas via processos renais.

DOENÇA RENAL CRÔNICA E FARMACOCINÉTICA DAS DROGAS

Absorção

A absorção de drogas na CKD é afetada por possíveis aumentos no pH gástrico, gastroparesia, edema da parede intestinal, vômito e diarreia, e atividade intestinal diminuída de CYP450. Em geral, é difícil avaliar o efeito da CKD na absorção de drogas, uma vez que muitos destes pacientes tomam múltiplas medicações, muitas das quais não podem ser descontinuadas ou suspensas para estudar a alteração na absorção de outras drogas. Medicações ingeridas pelos pacientes com CKD para tratar estas condições, como antiácidos, inibidores de bomba de prótons, e antagonistas dos receptores H2, também exercem impacto na absorção de outras drogas. pH gástrico aumentado diminui a absorção, e, portanto, a biodisponibilidade de drogas que são absorvidas mais facilmente em um ambiente ácido. Tomar antiácidos também pode diminuir absorção de drogas, especialmente de tetraciclinas e fluoroquinolonas, pela quelação desses componentes dentro de compostos insolúveis. Gastroparesia, ou esvaziamento gástrico retardado, é comum em pacientes com CKD, e pode aumentar a quantidade de tempo necessária para alcançar concentrações máximas de drogas, embora isto pareça só influenciar medicações de ação muito curta. Por outro lado, edema da parede intestinal, vômito e diarreia podem diminuir a absorção total de droga em pacientes com CKD. Finalmente, insuficiência renal é ligada a atividade gastrointestinal (GI) diminuída de CYP450. Isto pode aumentar drasticamente a quantidade de droga absorvida, ao reduzir significativamente a quantidade de droga metabolizada via CYP450 no trato GI.

Distribuição

A distribuição de droga em pacientes CKD é afetada por alterações nos estados hídricos e alterações na quantidade da ligação à proteína no plasma, a qual influencia as concentrações de drogas terapêuticas, e a ligação aos tecidos, a qual afeta o volume de distribuição. Os pacientes com insuficiência renal avançada são comumente urêmicos e têm baixos níveis de albumina plasmática. Drogas ácidas são afetadas mais significativamente pela hipoalbuminemia por causa da competição aumentada pelos sítios de ligação disponíveis. Isto pode levar ao acúmulo de outras medicações e metabólitos, enquanto também aumenta os níveis de droga livre no plasma, o que também pode levar à toxicidade ou, opostamente, a mais droga sofrendo biotransformação, resultando em ação diminuída da droga. A situação hídrica e a composição corporal global também são significativamente impactadas pela CKD e constituem considerações importantes ao escolher e dosificar drogas. Os médicos devem estar cientes de que o volume de distribuição se alterará em pacientes com ascite, edema, e o estado total de hidratação, especialmente com drogas hidrofílicas. Tecido adiposo aumentado e massa muscular magra diminuída, ou pacientes com consumo muscular, também são comuns em pacientes idosos e pacientes com CKD. Estas alterações na composição corporal podem reduzir o volume de distribuição, desse modo aumentando os níveis séricos de drogas hidrofílicas.

Metabolismo

O metabolismo de drogas metabolizadas por via renal e não renal e dos metabólitos é significativamente retardado em pacientes com comprometimento renal. Isto pode levar ao acúmulo de drogas, agentes farmacologicamente ativos, bem como metabólitos tóxicos, e pode levar a eventos adversos importantes. Quando uma droga sofre biotransformação, um metabólito da droga ativo é um subproduto frequente. Estes metabólitos têm efeito e ação, e embora a droga inicial possa ser efetivamente excretada pela urina, o metabólito ainda ativo pode facilmente se acumular a níveis potencialmente perigosos, causando resultados clínicos adversos. CKD também impacta no metabolismo de drogas por meio de atividades prejudicadas do CYP450 em reações de Fase I e Fase II, as quais são necessárias para as drogas sofrerem biotransformação esperada e subsequentes resultados terapêuticos.

Eliminação

Eliminação de drogas e metabólitos ativos é dependente de vários aspectos do funcionamento renal: GFR, secreção tubular, e reabsorção. Eliminação de droga via filtração glomerular em pacientes CKD ocorre em relação ao nível de GFR do paciente, a quantidade de droga livre em comparação com a quantidade de droga ligada à proteína. Pacientes CKD também experimentam secreção tubular diminuída, bem como reabsorção reduzida de medicação, o que é indicado por níveis mais altos de concentração na urina de drogas eliminadas por via renal. Finalmente, é importante rever que a insuficiência renal retarda a eliminação de metabólitos de drogas ativos, os quais ainda são biologicamente ativos, e quando eles atingem um certo nível de acúmulo podem causar resultados clínicos adversos. Para muitas drogas, os rins são a via principal para eliminação de droga do corpo. CKD reduz a filtração glomerular e pode ser avaliada pela depuração de creatinina. Para calcular função renal ou ajustar quanto à eliminação de droga, os seguintes cálculos são recomendados quando se estiver determinando a depuração de creatinina nos adultos com função renal estável.

Equação de Cockcroft-Gault (CG)

$$CrCl \ (mL/min) = [(140 - idade) \times Peso \ em \ kg]/(creatinina \ sérica \times 72) \times (0,85 \ se \ mulher)$$

Peso corporal ideal (IBW) foi usado a não ser que peso corporal atual (ABW) < IBW, Se ABW foi > 30% do IBW, peso corporal ajustado foi usado onde:

peso corporal ajustado = [(ABW − IBW) × 0,4] + IBW.
IBW homem = 50 + 2,3 × (Altura em polegadas − 60);
IBW mulher = 45,5 + 2,3 × (Altura em polegadas − 60)

Para homens e mulheres obesos a equação deve ser modificada:

$$(homens \ obesos) = \frac{(137 - idade) \times [(0,285 \times peso) + (12,1 \times alt^2)]}{51 \times SCr}$$

$$(mulheres \ obesas) = \frac{(146 - idade) \times [(0,287 \times peso) + (9,74 \times alt^2)]}{60 \times SCr}$$

peso, peso do paciente em kg.
alt, altura do paciente em cm.

Equação reexpressa Modificação da Dieta em Doença Renal (MDRD)

eGFR MDRD = $175 \times SCr - 1{,}154 \times Idade - 0{,}203 \times (0{,}742 \text{ se mulher}) \times (1{,}21 \text{ se AA})$

AA refere-se a afro-americano

Equação Colaboração Doença Renal Crônica Epidemiologia (CKD-EPI)

eGFR CKD-EPI = $141 \times \min(SCr/\kappa, 1)\alpha \times \max(SCr/\kappa, 1) - 1{,}209 \times 0{,}993^{Idade} \times 1{,}018$ [se mulher] $\times 1{,}159$ [se afro-americano], onde κ é 0,7 para mulheres e 0,9 para homens, α é $-0{,}329$ para mulheres e $-0{,}411$ para homens, mín indica o mínimo de SCr/κ ou 1, e máx indica o máximo de SCr/κ ou 1.

É muito importante mencionar que estas equações só podem ser aplicadas em pacientes com função renal estável. Assim, durante AKI, a creatinina sérica ou a depuração de creatinina não refletirão mais a velocidade de depuração verdadeira renal ou da droga. Nestes casos, outros métodos devem ser aplicados (uma coleta de urina de tempo marcado) para estimar a função renal. Finalmente, em pacientes oligúricos, a depuração de creatinina deve ser considerada menos de 5 mL/minuto.

Uma das principais limitações das mais recentes equações de estimação da GFR disponíveis (CKD-EPI e MDRD) é a falta de informação acerca da posologia de droga na CKD. Em pacientes obesos e mais velhos, evidência crescente sugere que a equação de Cockcroft-Gaulté é superior às outras estimativas da GFR obtidas pelo uso da MDRD e CKD-EPI. Para todas estas equações, o reconhecimento das limitações destas equações de estimação é essencial quando se estiver considerando posologia de droga com comprometimento renal.

POSOLOGIA DE DROGAS EM PACIENTES COM DOENÇA RENAL CRÔNICA

Selecionar e dosificar drogas para pacientes com CKD é um desafio clínico significativo e exige coordenação estreita entre o paciente, o médico e o farmacêutico. Uma avaliação inicial abrangente do paciente, incluindo testes de função hepática, níveis de albumina sérica, alergias, grau de função renal, estado de hidratação, além de todas as medicações, vendidas sem receituário e de receituário, alergias e comorbidades, é fundamental. A revisão da lista de medicações do paciente neste momento é para assegurar uma razão clínica válida para manter essa terapia e assegurar que medicações não são um agente causal do funcionamento renal diminuído do paciente. Se drogas adicionais forem necessárias, é crítico escolher a droga menos nefrotóxica disponível e trabalhar com o farmacêutico para selecionar doses apropriadas iniciais e de manutenção. Finalmente, monitoramento frequente de níveis de drogas quando disponível e da função renal é crítico para assegurar proteção da função renal residual (Quadro 16-1). Há dois métodos para ajuste da posologia em pacientes com função renal reduzida: intervalo prolongado ou dose reduzida. Prolongar o intervalo entre doses é muitas vezes um método conveniente e custoefetivo de alterar a dose de droga em pacientes com comprometimento renal. Este método é particularmente útil para drogas com largas faixas terapêuticas e longas meias-vidas plasmáticas. Terapia parenteral prolongada pode ser completada sem aumentar o tempo de hospitalização quando o intervalo entre as doses pode ser alongado com segurança para permitir terapia domiciliar. Se a faixa entre os níveis terapêutico e tóxico for estreita demais, podem resultar concentrações plasmáticas potencialmente tóxicas ou subterapêuticas.

Para manter o mesmo intervalo de doses que em pacientes com função renal normal, pode diminuir a quantidade de cada dose individual dada aos pacientes com função renal prejudicada. Este método é efetivo para drogas com faixas terapêuticas estreitas e meias-vidas plasmáticas curtas em pacientes com insuficiência renal. Na prática,

Quadro 16-1 Monitoramento de Drogas Terapêuticas em Pacientes com Doença Renal Crônica

Nome da Droga	Faixa Terapêutica	Quando Coletar Amostra	Frequência para Coletar Níveis
Ácido valproico (divalproex sódico)	40–100 µg/mL	Vale: Imediatamente antes da dose seguinte	Checar 2–4 d após primeira dose ou mudança de dose
Aminoglicosídeos (aplicação cada 24 h) Gentamicina, Tobramicina, Amicacina	0,5–3 mg/L	Obter nível de droga a qualquer momento 12 h após dose	Após dose inicial, repetir nível de droga em 1 semana ou se a função renal se alterar
Aminoglicosídeos (posologia convencional) Gentamicina, Tobramicina, Amicacina	Gentamicina e Tobramicina: Vale: 0,5–2 mg/L Pico: 5–8 mg/L Amicacina: Pico: 20–30 mg/L Vale: < 10 mg/L	Vale: Imediatamente antes da dose Pico: 30 min após uma infusão de 30–45 min	Checar pico e vale com terceira dose Para terapia menos de 72 h, níveis não são necessários. Repetir níveis de drogas semanalmente ou se a função renal se alterar
Carbamazepina	4–12 µg/mL	Vale: Imediatamente antes de aplicar	Checar 2–4 dias após primeira dose ou alteração da dose
Ciclosporina	150–400 ng/mL	Vale: Imediatamente antes de aplicar	Diariamente na primeira semana, depois semanalmente
Digoxina	0,8–2,0 ng/mL	12 h após dose de manutenção	5–7 dias após primeira dose em pacientes com função normal renal e hepática; 15–20 dias em pacientes anéfricos
Fenitoína Fenitoína livre	10–20 µg/mL 1–2 µg/mL	Vale: Imediatamente antes de aplicar	5–7 dias após primeira dose ou após alteração da dose

(Continua)

Quadro 16-1 Monitoramento de Drogas Terapêuticas em Pacientes com Doença Renal Crônica (Cont.)

Nome da Droga	Faixa Terapêutica	Quando Coletar Amostra	Frequência para Coletar Níveis
Fenobarbital	15–40 μg/mL	Vale: Imediatamente antes de aplicar	Checar 2 semanas após primeira dose ou alteração na dose. Nível de acompanhamento em 1–2 meses
Lidocaína	1–5 μg/mL	8 h após infusão IV iniciada ou alterada	
Lítio	Aguda: 0,8–1,2 mmol/L Crônica: 0,6–0,8 mmol/L	Vale: Antes da dose matinal a pelo menos 12 h desde a última dose	
Procainamida NAPA (n-acetilprocainamida), um metabólito da procainamida	4–10 μg/mL Vale: 4 μg/mL Pico: 8 μg/mL 10–30 μg/mL	Vale: Imediatamente antes da dose seguinte ou 12–18 h após iniciar ou mudar uma infusão Coletar com amostra de procainamida	
Quinidina	1–5 μg/mL	Vale: Imediatamente antes da dose seguinte	
Sirolimo	10–20 ng/dL	Vale: Imediatamente antes da dose seguinte	
Tacrolimo (FK-506)	10–15 ng/mL	Vale: Imediatamente antes da dose seguinte	Diariamente na primeira semana, depois semanalmente
Teofilina VO ou Aminofilina IV	15–20 μg/mL	Vale: Imediatamente antes da dose seguinte	
Vancomicina	Vale: 5–15 mg/L Pico: 25–40 mg/L	Vale: Imediatamente antes da dose Pico: 60 min após uma infusão de 60 min	Com terceira dose (quando iniciando a primeira terapia, ou depois de cada ajuste de posologia). Para terapia com duração menor de 72 h, níveis não necessários. Repetir níveis de drogas, se a função renal se alterar

uma combinação dos métodos frequentemente é efetiva e conveniente. O método de combinação usa modificação da dose e do intervalo entre as doses. Para drogas com meias-vidas particularmente longas em pacientes com função renal prejudicada, administrar a dose diária total como uma dose única cada dia. Similarmente, dividir a dose diária total e administrar duas vezes por dia. A decisão de estender o intervalo de administração, além de um período de 24 horas, deve ser baseada na necessidade de manter níveis terapêuticos de pico ou vale da droga. Quando o nível pico for mais importante, prolongar o intervalo das doses. Entretanto, quando o nível mínimo de vale precisar ser mantido, pode ser preferida modificação da dose individual ou uma combinação dos métodos de doses e intervalos. Os Quadros a seguir fornecem informação sobre posologia de drogas em várias categorias em pacientes com CKD.

Leituras Sugeridas

Abdelhafiz AH, Tan E, El Nahas M. The epidemic challenge of chronic kidney disease in older patients. *Postgrad Med* 2008;120(4):87-94.

Aronow WS. Treatment of hypertension in the elderly. *Compr Ther* 2008;34(3-4):171-176.

Beers MH, Ouslander JG, Fingold SF, et al. Inappropriate medication prescribing in skilled-nursing facilities. *Ann Intern Med* 1992;117(8):684-689.

Culberson JW, Ziska M. Prescription drug misuse/abuse in the elderly. *Geriatrics* 2008;63(9):22-31.

Ferrario CG. Geropharmacology: a primer for advanced practice. Acute care and critical care nurses, part I. *AACN Adv Crit Care* 2008;19(1):23-35.

Ferrario CG. Geropharmacology: a primer for advanced practice. Acute care and critical care nurses, part II. *AACN Adv Crit Care* 2008;19(2):134-149.

Garinis GA, van der Horst GT, Vijg J, Hoeijmakers JH. DNA damage and ageing: new-age ideas for an age-old problem. *Nat Cell Biol* 2008;10(11):1241-1247.

Giavarina D, Cruz DN, Soffiati G, Ronco C. Comparison of estimated glomerular filtration rate (eGFR) using the MDRD and CKD-EPI equations for CKD screening in a large population. *Clin Nephrol* 2010;74(5):358-363.

Le Couteur DG, Kendig H. Pharmaco-epistemology for the prescribing geriatrician. *Australas J Ageing* 2008;27(1):3-7.

Lipcsey M, Furebring M, Rubertsson S, Larsson A. Significant differences when using creatinine, modification of diet in renal disease, or cystatin C for estimating glomerular filtration rate in ICU patients. *Ups J Med Sci* 2011;116(1):39-46.

McDonald M, Hertz RP, Unger AN, Lustik MB. Prevalence, awareness, and management of hypertension, dyslipidemia, and diabetes among United States adults aged 65 and older. *J Gerontol A Biol Sci Med Sci* 2009;64A(2):256-263.

Papaioannou A, Clarke JA, Campbell G, Bedard M. Assessment of adherence to renal dosing guidelines in long-term care facilities. *J Am Geriatr Soc* 2000;48(11):1470-1473.

Rule AD, Amer H, Cornell LD, et al. The association between age and nephrosclerosis on renal biopsy among healthy adults. *Ann Intern Med* 2010;152(9):561-567.

Tam-McDevitt J. Polypharmacy, aging, and cancer. *Oncology (Williston Park)* 2008;22(9):1052-1055, discussion.

Posologia de Antimicrobianos na Insuficiência Renal

Drogas	Posologia Normal	% de Excreção Renal	Ajuste da Posologia na Insuficiência Renal			Comentários
			GFR > 50	GFR 10–50	GFR < 10	
Antibióticos aminoglicosídeos						
Estreptomicina	7,5 mg/kg cada 12 h (1,0 g cada 24 h para tuberculose)	60%	cada 24 h	cada 24–72 h	cada 72–96 h	Nefrotóxicos. Ototóxicos. Toxicidade pior quando hiperbilirrubinêmico. Medir níveis séricos para eficácia e toxicidade. Absorção peritoneal aumenta com presença de inflamação. Volume de distribuição (Vd) aumenta com edema, obesidade e ascite
						Para o tratamento de tuberculose. Pode ser menos nefrotóxico que outros membros da classe
Canamicina	7,5 mg/kg cada 8 h	50–90%	60–90% cada 12 h ou 100% cada 12–24 h	30–70% cada 12–18 h ou 100% cada 24–48 h	20–30% cada 24–48 h ou 100% cada 48–72 h	Nefrotóxico. Ototóxico. Toxicidade pior quando hiperbilirrubinêmico. Vd aumenta com edema, obesidade e ascite. Não usar dose uma vez por dia em pacientes com depuração de creatinina menos de 30–40 mL/min ou em pacientes com insuficiência renal aguda ou nível incerto de função renal
Gentamicina	1,7 mg/kg cada 8 h	95%	60–90% cada 8–12 h ou 100% cada 12–24 h	30–70% cada 12 h ou 100% cada 24–48 h	20–30% cada 24–48 h ou 100% cada 48–72 h	Penicilinas concomitantes podem resultar em níveis subterapêuticos de aminoglicosídeo. Pico 6–8, vale < 2

Tobramicina	1,7 mg/kg cada 8 h	95%	60–90% cada 8–12 h ou 100% cada 12–24 h	30–70% cada 12 h ou 100% cada 24–48 h	20–30% cada 24–48 h ou 100% cada 48–72 h	Penicilinas concomitantes podem resultar em níveis subterapêuticos de aminoglicosídeo. Pico 6–8, vale < 2
Netilmicina	2 mg/kg cada 8 h	95%	50–90% cada 8–12 h ou 100% cada 12–24 h	20–60% cada 12 h ou 100% cada 24–48 h	10–20% cada 24–48 h ou 100% cada 48–72 h	Pode ser menos ototóxico que outros membros da classe. Pico 6–8, vale < 2
Amicacina	7,5 mg/kg cada 12 h	95%	60–90% cada 12 h ou 100% cada 12–24 h	30–70% cada 12–18 h ou 100% cada 24–48 h	20–30% cada 24–48 h ou 100% cada 48–72 h	Monitorar níveis. Pico 20–30, vale < 5
Cefalosporina						Anormalidades da coagulação, elevação transitória do nitrogênio ureico sanguíneo, erupção cutânea e síndrome semelhante à doença do soro
Cefalosporina Oral						
Cefaclor	250–500 mg 3 ×/d	70%	100%	100%	50%	
Cefadroxil	500 mg–1 g 2 ×/d	80%	100%	100%	50%	
Cefixima	200–400 mg cada 12 h	85%	100%	100%	50%	
Cefpodoxima	200 mg cada 12 h	30%	100%	100%	100%	

(Continua)

Posologia de Antimicrobianos na Insuficiência Renal *(Cont.)*

Drogas	Posologia Normal	% de Excreção Renal	Ajuste da Posologia na Insuficiência Renal			Comentários
			GFR > 50	GFR 10-50	GFR < 10	
Ceftibuten	400 mg cada 24 h	70%	100%	100%	50%	
Cefuroxima axetila	250-500 mg 3 ×x/d	90%	100%	100%	100%	Mal absorvida na presença de bloqueadores H2. Bem absorvida com alimento
Cefalexina	250-500 mg 3 ×/d	95%	100%	100%	100%	Raramente, nefrite intersticial alérgica. Bem absorvida quando administrada intraperitonealmente. Pode causar sangramento por biossíntese prejudicada de protrombina
Cefradina	250-500 mg 3 ×/d	100%	100%	100%	50%	Rara nefrite intersticial alérgica. Bem absorvida quando administrada intraperitonealmente. Pode causar sangramento por biossíntese prejudicada de protrombina
Cefalosporinas IV						
Cefamandol	1-2 g IV cada 6-8 h	100%	cada 6 h	cada 8 h	cada 12 h	
Cefazolina	1-2 g IV cada 8 h	80%	cada 8 h	cada 12 h	cada 12-24 h	
Cefepima	1-2 g IV cada 8 h	85%	cada 8-12 h	cada 12 h	cada 24 h	
Cefmetazol	1-2 g IV cada 8 h	85%	cada 8 h	cada 12 h	cada 24 h	

Cefoperazona	1–2 g IV cada 12 h	20%	Nenhum ajuste renal é necessário		Deslocada da proteína pela bilirrubina. Reduzir a dose em 50% na icterícia. Pode prolongar o tempo de protrombina
Cefotaxima	1–2 g IV cada 6–8 h	60%	cada 8 h	cada 12 h	cada 12–24 h	Metabólito ativo na ESRD. Reduzir a dose ainda mais para insuficiência hepática e renal combinada
Cefotetan	1–2 g IV cada 12 h	75%	cada 12 h	cada 12–24 h	cada 24 h	
Cefoxitina	1–2 g IV cada 6 h	80%	cada 6 h	cada 8–12 h	cada 12 h	Pode produzir falso aumento na creatinina sérica ao interferir no ensaio
Ceftazidima	1–2 g IV cada 8 h	70%	cada 8 h	cada 12 h	cada 24 h	
Ceftriaxona	1–2 g IV cada 24 h	50%	Nenhum ajuste renal é necessário		
Cefuroxima sódica	0,75–1,5 g IV cada 8 h	90%	cada 8 h	cada 8–12 h	cada 12–24 h	Raramente nefrite intersticial alérgica. Bem absorvida quando administrada intraperitonealmente. Pode causar sangramento por biossíntese prejudicada de protrombina
Penicilina						Anormalidades de sangramento, hipersensibilidade, convulsões
Penicilina Oral						
Amoxicilina	500 mg VO 3×/d	60%	100%	100%	50–75%	
Ampicilina	500 mg VO cada 6 h	60%	100%	100%	50–75%	

(Continua)

Posologia de Antimicrobianos na Insuficiência Renal (Cont.)

Drogas	Posologia Normal	% de Excreção Renal	Ajuste da Posologia na Insuficiência Renal			Comentários
			GFR > 50	GFR 10-50	GFR < 10	
Dicloxacilina	250–500 mg VO cada 6 h	50%	100%	100%	50–75%	
Penicilina V	250–500 mg VO cada 6 h	70%	100%	100%	50–75%	
Penicilina IV						
Ampicilina	1–2 g IV cada 6 h	60%	cada 6 h	cada 8 h	cada 12 h	
Nafcilina	1–2 g IV cada 4 h	35%	Nenhum ajuste renal é necessário			
Penicilina G	2–3 milhões unidades IV cada 4 h	70%	cada 4–6 h	cada 6 h	cada 8 h	Convulsões. Reações falso-positivas de proteína na urina. Seis milhões de unidades/d limite superior de dose na ESRD
Piperacilina	3–4 g IV cada 4–6 h		Nenhum ajuste renal é necessário			Toxicidade específica: Sódio 1,9 mEq/g
Ticarcilina/clavulanato	3,1 g IV cada 4–6 h	85%	1–2 g cada 4 h	1–2 g cada 8 h	1–2 g cada 12 h	Toxicidade específica: Sódio 5,2 mEq/g
Piperacilina/tazobactam	3,375 g IV cada 6–8 h	75–90%	cada 4–6 h	cada 6–8 h	cada 8 h	Toxicidade específica: Sódio 1,9 mEq/g

Quinolonas					
Cinoxacina	500 mg cada 12 h	55%	100%	50%	Evitar	Fotossensibilidade. Alimento, laticínios, alimentação por tubo e Al(OH)$_3$ podem diminuir a absorção das quinolonas
Fleroxacina	400 mg cada 12 h	70%	100%	50–75%	50%	
Ciprofloxacina	200–400 mg IV cada 24 h	60%	cada 12 h	cada 12–24 h	cada 24 h	Mal absorvida com antiácidos, sucralfato e quelantes de fosfato. Dose intravenosa 1/3 da dose oral. Diminui níveis de fenitoína
Lomefloxacina	400 mg cada 24 h	76%	100%	200–400 mg cada 48 h	50%	Agentes neste grupo são mal absorvidos na presença de magnésio, cálcio, alumínio e ferro. Metabolismo da teofilina é prejudicado. Doses orais mais altas podem ser necessárias para tratar peritonite na CAPD
Levofloxacina	500 mg VO cada dia	70%	cada 12 h	250 mg cada 12 h	250 mg cada 12 h	L-isômero da ofloxacina parece ter farmacocinética e toxicidades semelhantes
Moxifloxacina	400 mg cada dia	20%	Nenhum ajuste renal é necessário			
Ácido nalidíxico	1,0 g cada 6 h	Alta	100%	Evitar	Evitar	Agentes neste grupo são mal absorvidos na presença de magnésio, cálcio, alumínio e ferro. Metabolismo da teofilina é prejudicado. Doses orais mais altas podem ser necessárias para tratar peritonite na CAPD

(Continua)

Posologia de Antimicrobianos na Insuficiência Renal (Cont.)

Drogas	Posologia Normal	% de Excreção Renal	Ajuste da Posologia na Insuficiência Renal			Comentários
			GFR > 50	GFR 10-50	GFR < 10	
Norfloxacina	400 mg VO cada 12 h	30%	cada 12 h	cada 12–24 h	cada 24 h	Ver acima
Ofloxacina	200–400 mg VO cada 12 h	70%	cada 12 h	cada 12–24 h	cada 24 h	Ver acima
Pefloxacina	400 mg cada 24 h	11%	100%	100%	100%	Excelente movimento transperitoneal bidirecional
Esparfloxacina	400 mg cada 24 h	10%	100%	50–75%	50% cada 48 h	
Trovafloxacina	200–300 mg VO cada 12 h	10%	Nenhum ajuste renal é necessário			
Agentes Diversos						
Azitromicina	250-500 mg VO cada dia	6%	Nenhum ajuste renal é necessário			Nenhuma interação interdrogas com Ciclosporina/Tacrolimo (CSA/FK)
Claritromicina	500 mg VO 2 ×/d					20%
Clindamicina	150–450 mg VO 3 ×/d	10%	Nenhum ajuste renal é necessário			Aumenta nível de CSA/FK

Diritromicina	500 mg VO cada dia		Nenhum ajuste renal é necessário	Não enzimaticamente hidrolizada ao composto ativo eritromicilamina
Eritromicina	250–500 mg VO 4 ×/d	15%	Nenhum ajuste renal é necessário	Aumenta nível de CSA/FK, evitar em pacientes transplantados
Imipenem/ Cilastatina	250–500 mg IV cada 6 h	50%	500 mg cada 8 h	250–500 mg cada 8–12 h	250 mg cada 12 h	Convulsões na ESRD. Depuração não renal na insuficiência renal aguda é menor que na insuficiência renal crônica. Administrada com cilastatina para prevenir nefrotoxicidade de metabólito renal
Meropenem	1 g IV cada 8 h	65%	1 g cada 8 h	0,5–1 g cada 12 h	0,5–1 g cada 24 h	
Metronidazol	500 mg IV cada 6 h	20%	Nenhum ajuste renal é necessário	Neuropatia periférica, aumento LFTs, reação tipo dissulfiram com bebidas alcoólicas
Pentamidina	4 mg/kg/dia	5%	cada 24 h	cada 24 h	cada 48 h	Inalação pode causar broncospasmo, administração IV pode causar hipotensão, hipoglicemia e nefrotoxicidade
Trimetoprim/ Sulfametoxazol	800/160 mg VO 2 ×/d	70%	cada 12 h	cada 18 h	cada 24 h	Aumenta creatinina sérica. Pode causar hiperpotassemia

(Continua)

Posologia de Antimicrobianos na Insuficiência Renal *(Cont.)*

Drogas	Posologia Normal	% de Excreção Renal	Ajuste da Posologia na Insuficiência Renal			Comentários
			GFR > 50	GFR 10–50	GFR < 10	
Vancomicina	1 g IV cada 12 h	90%	cada 12 h	cada 24–36 h	cada 48–72 h	Nefrotóxico, ototóxico, pode prolongar o efeito de bloqueio neuromuscular dos relaxantes musculares. Pico 30, vale 5–10
Vancomicina	125–250 mg VO 4 ×/d	0%	100%	100%	100%	Vancomicina oral é indicada apenas para o tratamento de *Clostridium difficile*
Antibióticos Antituberculose						
Rifampicina	300–600 mg VO cada dia	20%	Nenhum ajuste renal é necessário			Diminui nível de CSA/FK. Muitas interações com drogas
Agentes Antifúngicos						
Anfotericina B	0,5–1,5 mg/kg/dia	< 1%	Nenhum ajuste renal é necessário			Nefrotóxico, reações relacionadas com infusão, dar 250 mL soro fisiológico antes de cada dose
Amphotec	4–6 mg/kg/dia	< 1%	Nenhum ajuste renal é necessário			
Abelcet	5 mg/kg/dia	< 1%	Nenhum ajuste renal é necessário			
AmBisome	3–5 mg/kg/dia	< 1%	Nenhum ajuste renal é necessário			

Azóis e Outros Antifúngicos					
Fluconazol	200–800 mg IV cada dia/ 2×/d	70%	100%	100%	50%	Aumentam nível de CSA/FK
Flucitosina	37,5 mg/kg	90%	cada 12 h	cada 16 h	cada 24 h	Disfunção hepática. Supressão da medula mais comum em pacientes azotêmicos
Griseofulvira	125–250 mg cada 6 h	1%	100%	100%	100%	
Itraconazol	200 mg cada 12 h	35%	100%	100%	50%	Má absorção oral
Cetoconazol	200–400 mg VO cada dia	15%	100%	100%	100%	Hepatotóxico
Miconazol	1.200–3.600 mg/dia	1%	100%	100%	100%	
Terbinafina	250 mg VO cada dia	> 1%	100%	100%	100%	
Voriconazcl	4 mg/kg cada 12 h	> 1%	100%	100%	100%	Uso IV deve ser limitado a apenas poucas doses em pacientes com CrCl < 30 mL/min

(Continua)

Posologia de Antimicrobianos na Insuficiência Renal (Cont.)

Drogas	Posologia Normal	% de Excreção Renal	Ajuste da Posologia na Insuficiência Renal			Comentários
			GFR > 50	GFR 10–50	GFR < 10	
Agentes Antivirais						
Aciclovir	200–800 mg VO 5×/dia	50%	100%	100%	50%	Má absorção. Neurotoxicidade na ESRD. Preparação intravenosa pode causar insuficiência renal, se injetada rapidamente
Adefovir	10 mg	45%	100%	10 mg cada 48 h	10 mg cada 72 h	Nefrotóxico
Amantadina	100–200 mg cada 12 h	90%	100%	50%	25%	
Cidofovir	5 mg/kg semanalmente ×2 (indução) 5 mg/kg cada 2 semanas	90%	Sem dados: evitar	Sem dados: evitar	Sem dados: evitar	Nefrotoxicidade limita a dose com proteinúria, glicosúria, insuficiência renal — nefrotoxicidade e depuração renal, reduzida com coadministração de probenecida
Delavirdina	400 mg cada 8 h	5%	Sem dados: 100%	Sem dados: 100%	Sem dados: 100%	

Droga	Dose	% renal	ClCr > 50	ClCr 10–50	ClCr < 10	Observações
Didanosina	200 mg cada 12 h (125 mg se < 60 kg)	40–69%	cada 12 h	cada 24 h	50% cada 24 h	Pancreatite
Famciclovir	250–500 mg VO 2 ×/d a 3 ×/d	60%	cada 8 h	cada 12 h	cada 24 h	VZV: 500 mg VO 3 ×/d; HSV: 250 mg VO 2 ×/d. Metabolizado ao composto ativo penciclovir
Foscarnet	40–80 mg IV cada 8 h	85%	40–20 mg cada 8–24 h, de acordo com ClCr			Nefrotóxico, neurotóxico, hipocalcemia, hipofosfatemia, hipomagnesemia e hipopotassemia
Ganciclovir IV	5 mg/kg cada 12 h	95%	cada 12 h	cada 24 h	2,5 mg/kg cada dia	Granulocitopenia e trombocitopenia
Ganciclovir VO	1.000 mg VO 3 ×/d	95%	1.000 mg 3 ×/d	1.000 mg 2 ×/d	1.000 mg cada dia	Ganciclovir oral deve ser usado apenas para prevenção de infecção citomegalovírus (CMV). Sempre usar ganciclovir IV para o tratamento de infecção CMV
Indinavir	800 mg cada 8 h	10%	Sem dados: 100%	Sem dados: 100%	Sem dados: 100%	Nefrolitíase — insuficiência renal aguda em virtude de cristalúria, nefrite tubulointersticial
Lamivudina	150 mg VO 2 ×/d	80%	cada 12 h	cada 24 h	50 mg cada 24 h	Para hepatite B
Nelfinavir	750 mg cada 8 h	Sem dados	Sem dados	Sem dados	Sem dados	
Nevirapina	200 mg cada 24 h × 14 d	< 3%	Sem dados: 100%	Sem dados: 100%	Sem dados: 100%	Pode ser parcialmente removida por hemodiálise e diálise peritoneal
Ribavirina	500–600 mg cada 12 h	30%	100%	100%	50%	Síndrome hemolítico-urêmica

(Continua)

Posologia de Antimicrobianos na Insuficiência Renal (Cont.)

Drogas	Posologia Normal	% de Excreção Renal	Ajuste da Posologia na Insuficiência Renal			Comentários
			GFR > 50	GFR 10-50	GFR < 10	
Rifabutina	300 mg cada 24 h	5-10%	100%	100%	100%	
Rimantadina	100 mg VO 2 ×/d	25%	100%	100%	50%	
Ritonavir	600 mg cada 12 h	3,50%	Sem dados: 100%	Sem dados: 100%	Sem dados: 100%	Muitas interações de drogas
Saquinavir	600 mg cada 8 h	< 4%	Sem dados: 100%	Sem dados: 100%	Sem dados: 100%	
Estavudina	30-40 mg cada 12 h	35-40%	100%	50% cada 12-24 h	50% cada 24 h	
Valaciclovir	500-1.000 mg cada 8 h	50%	100%	50%	25%	Púrpura trombocitopênica trombótica/síndrome hemolítico-urêmica
Vidarabina	15 mg/kg infusão cada 24 h	50%	100%	100%	75%	
Zanamivir	2 aspirações 2 ×/d × 5 dias	1%	100%	100%	100%	Biodisponibilidade por inalação e exposição sistêmica à droga é baixa
Zalcitabina	0,75 mg cada 8 h	75%	100%	cada 12 h	cada 24 h	
Zidovudina	200 mg cada 8 h, 300 mg cada 12 h	8-25%	100%	100%	100 mg cada 8 h	Enorme variação interpacientes. Metabólito excretado pelo rim

Posologia de Drogas Analgésicas na Insuficiência Renal

Analgésicos	Posologia Normal	% de Excreção Renal	Ajuste da Posologia na Insuficiência Renal			Comentários
			GFR > 50	GFR 10–50	GFR < 10	
Narcóticos e Antagonistas dos Narcóticos						
Alfentanil	Indução anestésica 8–40 µg/kg	Hepática	100%	100%	100%	Titular o esquema posológico
Butorfanol	2 mg cada 3–4 h	Hepática	100%	75%	50%	
Codeína	30–60 mg cada 4–6 h	Hepática	100%	75%	50%	
Fentanil	Indução anestésica (individualizada)	Hepática	100%	75%	50%	Terapia de Substituição Renal Contínua (CRRT) — titular
Meperidina	50–100 mg cada 3–4 h	Hepática	100%	Evitar	Evitar	Normeperidina, um metabólito ativo, acumula-se na ESRD e pode causar convulsões. Ligação à proteína é reduzida na ESRD. 20–25% excretados inalterados em urina ácida
Metadona	2,5–5 mg cada 6–8 h	Hepática	100%	100%	50–75%	Não deve ser usada para dor aguda

(Continua)

Posologia de Drogas Analgésicas na Insuficiência Renal (Cont.)

Analgésicos	Posologia Normal	% de Excreção Renal	Ajuste da Posologia na Insuficiência Renal			Comentários
			GFR > 50	GFR 10–50	GFR < 10	
Morfina	20–25 mg cada 4 h	Hepática	100%	75%	50%	Sensibilidade aumentada ao efeito da droga na ESRD. Metabólitos ativos
Naloxona	2 mg IV	Hepática	100%	100%	100%	
Pentazocina	50 mg cada 4 h	Hepática	100%	75%	75%	
Propoxifeno	65 mg VO cada 6–8 h	Hepática	100%	100%	Evitar	Metabólito ativo norpropoxifeno acumula-se na ESRD. Cardiotóxico
Sufentanil	Indução anestésica	Hepática	100%	100%	100%	CRRT — titular
Não Narcóticos						
Acetaminofeno	650 mg cada 4 h	Hepática	cada 4 h	cada 6 h	cada 8 h	Superdose pode ser nefrotóxica. Droga é principal metabólito da fenacetina
Ácido acetilsalicílico	650 mg cada 4 h	Hepática (renal)	cada 4 h	cada 4-6 h	Evitar	Nefrotóxico em altas doses. Pode diminuir GFR quando fluxo sanguíneo renal é dependente de prostaglandina. Pode agravar sintomas urêmicos GI e hematológicos. Ligação a proteína reduzida na ESRD

Posologia de Agentes Anti-Hipertensivos e Cardiovasculares na Insuficiência Renal

Agentes Anti-Hipertensivos e Cardiovasculares	Posologia Normal	% de Excreção Renal	Ajuste de Posologia na Insuficiência Renal			Comentários
			GFR > 50	GFR 10–50	GFR < 10	
Inibidores da ACE						Hiperpotassemia, insuficiência renal aguda, angioedema, erupção cutânea, tosse, anemia e toxicidade hepática
Benazepril	10 mg cada dia	20%	100%	75%	25–50%	
Captopril	6,25–25 mg VO 3 ×/d	35%	100%	75%	50%	Raramente, proteinúria, síndrome nefrótica, disgeusia, granulocitopenia. Aumenta níveis de digoxina sérica
Enalapril	5 mg cada dia	45%	100%	75%	50%	Enalaprilato é o componente ativo formado no fígado
Fosinopril	10 mg VO cada dia	20%	100%	100%	75%	Fosinoprilato é o componente ativo formado no fígado. Droga menos comum que outros inibidores de enzima conversora de angiotensina para se acumular na insuficiência renal

(Continua)

Posologia de Agentes Anti-Hipertensivos e Cardiovasculares na Insuficiência Renal *(Cont.)*

Agentes Anti-Hipertensivos e Cardiovasculares	Posologia Normal	% de Excreção Renal	Ajuste de Posologia na Insuficiência Renal			Comentários
			GFR > 50	GFR 10-50	GFR < 10	
Lisinopril	2,5 mg cada dia	80%	100%	50-75%	25-50%	Análogo da lisina de um metabólito farmacologicamente ativo do enalapril
Pentopril	125 mg cada 24 h	100%	50-75%	50%		
Perindopril	2 mg cada 24 h	100%	75%	50%		Metabólito ativo é perindoprilato. A depuração do perindoprilato e seus metabólitos é quase exclusivamente renal. Aproximadamente 60% do perindopril circulante está ligado a proteínas plasmáticas, e apenas 10-20% do perindoprilato é ligado
Quinapril	10 mg cada dia	30%	100%	75-100%	75%	Metabólito ativo é o quinaprilato. Noventa e seis por cento do quinaprilato é excretado por via renal

Ramipril	2,5 mg cada dia	10 mg 2×/d	15%	100%	50–75%	25–50%	Metabólito ativo é ramiprilat. Dados são sobre ramiprilat
Trandolapril	1–2 mg cada dia	4 mg cada dia	33%	100%	50–100%	50%	
Antagonistas dos Receptores à Angiotensina II							Hiperpotassemia, angioedema (menos comum que com inibidores de ACE)
Candesartana	16 mg cada dia	32 mg cada dia	33%	100%	100%	50%	Candesartana cilexetila é rápido e completamente bioativado por éster-hidrólise durante absorção do trato gastrointestinal para candesartana
Eprosartana	600 mg cada dia	400–800 mg cada dia	25%	100%	100%	100%	Farmacocinética da eprosartana mais variável na ESRD. Ligação diminuída a proteína na uremia
Irbesartana	150 mg cada dia	300 mg cada dia	20%	100%	100%	100%	
Losartana	50 mg cada dia	100 mg cada dia	13%	100%	100%	100%	

(Continua)

Posologia de Agentes Anti-Hipertensivos e Cardiovasculares na Insuficiência Renal *(Cont.)*

Agentes Anti-Hipertensivos e Cardiovasculares	Posologia Normal	% de Excreção Renal	Ajuste de Posologia na Insuficiência Renal			Comentários
			GFR > 50	GFR 10–50	GFR < 10	
Valsartana	80 mg cada dia	7%	100%	100%	100%	
Telmisartana	20–80 mg cada dia	< 5%	100%	100%	100%	
Betabloqueadores						Diminuem HDL, mascaram sintomas de hipoglicemia, broncospasmo, fadiga, insônia, depressão e disfunção sexual
Acebutolol	400 mg cada 24 h ou 2 ×/d	55%	100%	50%	30–50%	Metabólitos ativos com longa meia-vida
Atenolol	25 mg cada dia	90%	100%	75%	50%	Acumula na ESRD
Betaxolol	20 mg cada 24 h	100%	100%	50%	50%	

Bopindolol	1 mg cada 24 h	4 mg cada 24 h	< 10%	100%	100%	100%	
Carteolol	0,5 mg cada 24 h	10 mg cada 24 h	< 50%	100%	50%	25%	
Carvedilol	3,125 mg VO 3 ×/d	25 mg 3 ×/d	2%	100%	100%	100%	Cinética é dependente da dose. Concentrações plasmáticas de carvedilol foram descritas como aumentadas em pacientes com comprometimento renal
Celiprolol	200 mg cada 24 h		10%	100%	100%	75%	
Dilevalol	200 mg 2 ×/d	400 mg 2 ×/d	< 5%	100%	100%	100%	
Esmolol (IV somente)	50 µg/kg/min	300 µg/kg/min	10%	100%	100%	100%	Metabólito ativo retido na insuficiência renal
Labetalol	50 mg VO 2 ×/d	400 mg 2 ×/d	5%	100%	100%	100%	Para uso IV: 20 mg injeção intravenosa lenta ao longo de um período de 2 minutos. Injeções adicionais de 40 ou 80 mg podem ser administradas a intervalos de 10 min até um total de 300 mg ou infusão contínua de 2 mg/min

(Continua)

Posologia de Agentes Anti-Hipertensivos e Cardiovasculares na Insuficiência Renal (Cont.)

Agentes Anti-Hipertensivos e Cardiovasculares	Posologia Normal	% de Excreção Renal	Ajuste de Posologia na Insuficiência Renal			Comentários
			GFR > 50	GFR 10–50	GFR < 10	
Metoprolol	50 mg 2 ×/d	100 mg 2 ×/d	< 5%	100%	100%	
Nadolol	80 mg cada dia	90%	100%	50%	25%	Começar com intervalo prolongado e titular
Pembutolol	10 mg cada 24 h	< 10%	100%	100%	100%	
Pindolol	10 mg 2 ×/d	40%	100%	100%	100%	
Propranolol	40–160 mg 3 ×/d	< 5%	100%	100%	100%	Biodisponibilidade pode aumentar na ESRD. Metabólitos podem causar interferência no ensaio na bilirrubina aumentada por ESRD. Hipoglicemia relatada na ESRD

Sotalol	80 mg 2 ×/d	160 mg 2 ×/d	70%	100%	50%	25–50%	Extrema precaução deve ser feita no uso de sotalol em pacientes com insuficiência renal submetidos a hemodiálise. Para minimizar o risco de arritmias induzidas, os pacientes que iniciam ou reiniciam com BETAPACE® devem ser admitidos por um mínimo de três dias (com sua dose de manutenção) em uma unidade que possa fornecer ressuscitação cardíaca e monitorização eletrocardiográfica contínua
Timolol	10 mg 2 ×/d	20 mg 2 ×/d	15%	100%	100%	100%	
Bloqueadores dos Canais de Cálcio							Di-hidropiridina: cefaleia, edema de tornozelos, hiperplasia gengival e ruborização Não di-hidropiridina: bradicardia, constipação, hiperplasia gengival e bloqueio AV

(Continua)

Posologia de Agentes Anti-Hipertensivos e Cardiovasculares na Insuficiência Renal *(Cont.)*

Agentes Anti-Hipertensivos e Cardiovasculares	Posologia Normal		% de Excreção Renal	Ajuste de Posologia na Insuficiência Renal			Comentários
				GFR > 50	GFR 10–50	GFR < 10	
Anlodipina	2,5 VO cada dia	10 mg cada dia	10%	100%	100%	100%	Pode aumentar níveis de digoxina e ciclosporina
Bepridil	Sem dados	< 1%	Sem dados	Sem dados	Sem dados	Fraco vaso-dilatador e anti-hiper-tensivo	
Diltiazem	30 mg 3 ×/d	90 mg 3 ×/d	10%	100%	100%	100%	Disfunção renal aguda. Pode exacerbar hiperpotassemia. Pode aumentar níveis de digoxina e ciclosporina
Felodipina	5 mg VO 2 ×/d	20 mg cada dia	1%	100%	100%	100%	Pode aumentar níveis de digoxina
Isradipina	5 mg VO 2 ×/d	10 mg 2 ×/d	< 5%	100%	100%	100%	Pode aumentar níveis de digoxina

Nicardipina	20 mg VO 3 ×/d		30 mg VO 3 ×/d	< 1%	100%	100%	Uremia inibe metabolismo hepático. Pode aumentar níveis de digoxina
Nifedipina X_	30 mg cada dia	90 mg 2 ×/d		10%	100%	100%	Evitar formulação de nifedipina de ação curta
Nimodipina	30 mg cada 8 h			10%	100%	100%	Pode baixar pressão arterial
Nisoldipina	20 mg cada dia	30 mg 2 ×/d		10%	100%	100%	Pode aumentar níveis de digoxina
Verapamil	40 mg 3 ×/d	240 mg/d		10%	100%	100%	Disfunção renal aguda. Metabólitos ativos acumulam-se particularmente com formas de liberação sustentada
Diuréticos							Hipopotassemia/hiperpotassemia (agentes poupadores de potássio), hiperuricemia, hiperglicemia, hipomagnesemia, aumentam colesterol sérico

(Continua)

Posologia de Agentes Anti-Hipertensivos e Cardiovasculares na Insuficiência Renal (Cont.)

Agentes Anti-Hipertensivos e Cardiovasculares	Posologia Normal	% de Excreção Renal	Ajuste de Posologia na Insuficiência Renal			Comentários
			GFR > 50	GFR 10-50	GFR < 10	
Acetazolamida	125 mg VO 3 ×/d	90%	100%	50%	Evitar	Pode potencializar acidose. Não efetiva como diurético na ESRD. Pode causar efeitos colaterais neurológicos em pacientes de diálise
Amilorida	5 mg VO cada dia	50%	100%	100%	Evitar	Hiperpotassemia com GFR < 30 mL/min, especialmente em diabéticos. Acidose metabólica hiperclorêmica
Bumetanida	1-2 mg VO cada dia	35%	100%	100%	100%	Ototoxicidade aumentada na ESRD em combinação com aminoglicosídeos. Altas doses efetivas na ESRD. Dor muscular, ginecomastia
Clortalidona	25 mg cada 24 h	50%	cada 24 h	Evitar	Não efetiva com baixa GFR	

Ácido etacrínico	50 mg VO cada dia	100 mg VO 2×/d	20%	100%	100%	Ototoxicidade aumentada na ESRD em combinação com aminoglicosídeos
Furosemida	40–80 mg VO cada dia	120 mg VO 3×/d	70%	100%	100%	Ototoxicidade aumentada na ESRD, especialmente em combinação com aminoglicosídeos. Altas doses efetivas na ESRD
Indapamida	2,5 mg cada 24 h	< 5%	100%	100%	Evitar	Não efetiva na ESRD
Metolazona	2,5 mg VO cada dia		10 mg VO 2×/d	70%	100%	100%	Altas doses efetivas na ESRD. Ginecomastia, impotência
Piretanida	6 mg cada 24 h	12 mg cada 24 h	40–60%	100%	100%	Altas doses efetivas na ESRD. Ototoxicidade
Espironolactona	100 mg VO cada dia	300 mg VO cada dia	25%	100%	100%	Evitar	Metabólitos ativos com meia-vida longa. Hiperpotassemia comum, especialmente em diabéticos. Ginecomastia, acidose hiperclorêmica. Aumenta níveis séricos por interferência no imunoensaio

(Continua)

Posologia de Agentes Anti-Hipertensivos e Cardiovasculares na Insuficiência Renal (Cont.)

Agentes Anti-Hipertensivos e Cardiovasculares	Posologia Normal	% de Excreção Renal	Ajuste de Posologia na Insuficiência Renal			Comentários
			GFR > 50	GFR 10–50	GFR < 10	
Tiazidas	25 mg 2×/d	50 mg 2×/d	> 95%	100%	100%	Evitar
Torasemida	5 mg VO 2×/d	25%	100%	100%	100%	Altas doses efetivas na ESRD. Ototoxicidade
	20 mg cada dia					
Triantereno	25 mg 2×/d	5–10%	cada 12 h	cada 12 h	Evitar	Hiperpotassemia comum quando GFR < 30, especialmente em diabéticos. Metabólito ativo com longa meia-vida na ESRD. Antagonista do ácido fólico. Urolitíase. Cristalúria em urina ácida. Pode causar insuficiência renal aguda
Agentes Diversos						
Anrinona	5 mg/kg/min dose diária < 10 mg/kg	10–40%	100%	100%	100%	Trombocitopenia. Náusea, vômito na ESRD
	10 mg/kg/min dose diária < 10 mg/kg					

Clonidina	0,1 mg VO 2×/d / 3×/d	1,2 mg/d	45%	100%	100%	Disfunção sexual, tontura, hipotensão postural
Digoxina	0,125 mg 4×/d — cada dia	0,25 mg VO cada dia	25%	100%	100%	Diminuir dose inicial 50% na ESRD. Radioimunoensaio pode superestimar níveis séricos na uremia. Depuração diminuída por amiodarona, espironolactona, quinidina, verapamil. Hipopotassemia, hipomagnesemia aumentam toxicidade. Vd e depuração corporal total diminuídas na ESRD. Nível sérico 12 horas após dose é o melhor guia na ESRD. Anticorpos imunes à digoxina podem tratar toxicidade grave na ESRD
Hidralazina	10 mg VO 4×/d	100 mg VO 4×/d	25%	100%	100%	Reação semelhante a lúpus
Midodrina	Sem dados	Sem dados	75–80%	5–10 mg cada 8 h	5–10 mg cada 8 h	Sem dados	Pressão arterial elevada

(Continua)

Posologia de Agentes Anti-Hipertensivos e Cardiovasculares na Insuficiência Renal *(Cont.)*

Agentes Anti-Hipertensivos e Cardiovasculares	Posologia Normal		% de Excreção Renal	Ajuste de Posologia na Insuficiência Renal			Comentários
				GFR > 50	GFR 10–50	GFR < 10	
Minoxidil	2,5 mg VO 2 ×/d	10 mg VO 2 ×/d	20%	100%	100%	100%	Derrame pericárdico, retenção de líquido, hipertricose e taquicardia
Nitroprussiato	1 µg/kg/min		< 10%	100%	100%	100%	Toxicidade pelo cianeto
Anrinona	5 µg/kg/min	10 µg/kg/min	25%	100%	100%	100%	Trombocitopenia. Náusea, vômito na ESRD
Dobutamina	2,5 µg/kg/min	15 µg/kg/min	10%	100%	100%	100%	
Milrinona	0,375 µg/kg/min	0,75 µg/kg/min		100%	100%	100%	

Posologia de Agentes Endócrinos e Metabólicos na Insuficiência Renal

Agentes Hipoglicêmicos	Posologia Normal	% de Excreção Renal	Ajuste de Posologia na Insuficiência Renal			Comentários
			GFR > 50	GFR 10–50	GFR < 10	
						Evitar todos os agentes hipoglicêmicos em CRRT
Acarbose	25 mg 3 ×/d	35%	100%	50%	Evitar	Dor abdominal, N/V e flatulência
Acetoexamida	250 mg cada 24 h	Nenhuma	Evitar	Evitar	Evitar	Efeito diurético. Pode elevar falsamente a creatinina sérica. Metabólito ativo tem $T_{1/2}$ de 5–8 horas em pacientes hígidos, e é eliminada pelo rim. Hipoglicemia prolongada em pacientes azotêmicos
Clorpropamida	100 mg cada 24 h	47%	50%	Evitar	Evitar	Prejudica excreção de água. Hipoglicemia prolongada em pacientes azotêmicos
Glibonurida	12,5 mg cada 24 h	Sem dados	Sem dados	Sem dados	Sem dados	
Gliclazida	80 mg cada 24 h	< 20%	50–100%	Evitar	Evitar	

(Continua)

Posologia de Agentes Endócrinos e Metabólicos na Insuficiência Renal (Cont.)

Agentes Hipoglicêmicos	Posologia Normal		% de Excreção Renal	Ajuste de Posologia na Insuficiência Renal			Comentários
				GFR > 50	GFR 10-50	GFR < 10	
Glipizida	5 mg por dia	20 mg 2 ×/d	5%	100%	50%	50%	
Gliburida	2,5 mg por dia	10 mg 2 ×/d	50%	100%	50%	Evitar	
Metformina	500 mg 2 ×/d	2.550 mg/dia (2 ×/d ou 3 ×/d)	95%	100%	Evitar	Evitar	Acidose láctica
Repaglinida	0,5-1 mg	4 mg 3 ×/d					
Tolazamida	100 mg cada 24 h	250 mg cada 24 h	7%		100%	100%	Efeitos diuréticos***
Tolbutamida	1 g cada 24 h	2 g cada 24 h	Nenhuma	100%	100%	100%	Pode prejudicar excreção de água
Troglitazona	200 mg por dia	600 mg por dia	3%	100%	Evitar	Evitar	Diminui nível CSA. Hepatotóxico.
Agentes Parenterais							Posologia guiada pelos níveis de glicemia
Insulina	Variável		Nenhuma	100%	75%	50%	Metabolismo renal da insulina diminui com azotemia
Insulina lispro	Variável		Sem dados	100%	75%	50%	Evitar todos os agentes hipoglicêmicos orais em CRRT

						Disfunção hepática, mialgia e rabdomiólise com CSA/FK
Atorvastatina	10 mg por dia	80 mg por dia	< 2%	100%	100%	100%
Bezafibrato	200 mg 2 ×/d – 4 ×/d 400 mg SR cada 24 h		50%	50–100%	25–50%	Evitar
Colestiramina	4 g 2 ×/d	24 g/d	Nenhuma	100%	100%	100%
Clofibrato	500 mg 2 ×/d	1.000 mg 2 ×/d	40–70%	Cada 6–12 h	Cada 12–18 h	Evitar
Colestipol	5 g 2 ×/dia	30 g/dia	Nenhuma	100%	100%	100%
Fluvastatina	20 mg por dia	80 mg/dia	< 1%	100%	100%	100%
Genfibrozila	600 mg 2 ×/d	600 mg 2 ×/d	Nenhuma	100%	100%	100%
Lovastatina	5 mg por dia	20 mg/d	Nenhuma	100%	100%	100%
Ácido nicotínico	1 g 3 ×/d	2 g 3 ×/d	Nenhuma	100%	50%	25%
Pravastatina	10–40 mg por dia	80 mg/dia	< 10%	100%	100%	100%
Probucol	500 mg 2 ×/d		< 2%	100%	100%	100%
Crestor	5–20 mg por dia	40 mg/dia		100%	100%	100%
Sinvastatina	5–20 mg por dia	20 mg/dia	13%	100%	100%	100%

Posologia Antitireóidea na Insuficiência Renal

Drogas Antitireóideas	Posologia Normal	% de Excreção Renal	Ajuste de Posologia na Insuficiência Renal			Comentários
			GFR > 50	GFR 10-50	GFR < 10	
Metimazol	5–20 mg 3 ×/d	7	100%	100%	100%	
Propiltiuracil	100 mg 3 ×/d	< 10	100%	100%	100%	

Agentes Gastrointestinais

Agentes Gastrointestinais	Doses Normais		% de Excreção Renal	Ajuste de Posologia na Insuficiência Renal			Comentários
	Dose Inicial	Dose Máxima		CFR > 50	CFR 10–50	GFR <10	
Cimetidina	300 mg VO 3 ×/d	800 mg VO 2 ×/d	60%	100%	75%	25%	Múltiplas interações interdrogas — betabloqueadores, sulfonilureias, teofilina, warfarina etc.
Famotidina	20 mg VO 2 ×/d	40 mg VO 2 ×/d	70%	100%	75%	25%	Cefaleia, fadiga, trombocitopenia, alopecia
Lansoprazol	15 mg VO por dia	30 mg 2 ×/d	Nenhuma	100%	100%	100%	Cefaleia, diarreia
Nizatidina	150 mg VO 2 ×/d	300 mg VO 2 ×/d	20%	100%	75%	25%	Cefaleia, fadiga, trombocitopenia, alopecia
Omeprazol	20 mg VO por dia	40 mg VO 2 ×/d	Nenhuma	100%	100%	100%	Cefaleia, diarreia
Rabeprazol	20 mg VO por dia	40 mg VO 2 ×/d	Nenhuma	100%	100%	100%	Cefaleia, diarreia
Pantoprazol	40 mg VO por dia	80 mg VO 2 ×/d	Nenhuma	100%	100%	100%	Cefaleia, diarreia

(Continua)

Agentes Gastrointestinais (Cont.)

Agentes Gastrointestinais	Doses Normais		% de Excreção Renal	Ajuste de Posologia na Insuficiência Renal			Comentários
	Dose Inicial	Dose Máxima		CFR > 50	CFR 10–50	GFR <10	
Ranitidina	150 mg VO 2 ×/d	300 mg VO 2 ×/d	80%	100%	75%	25%	Cefaleia, fadiga, trombocitopenia, alopecia
Cisaprida	10 mg VO 3 ×/d	20 mg 4 ×/d	5%	100%	100%	50–75%	Evitar com antifúngico azol, antibióticos macrolídeos e outros inibidores de P450 IIIA-4
Metoclopramida	10 mg VO 3 ×/d	30 mg VO 4 ×/d	15%	100%	100%	50–75%	Aumenta nível de ciclosporina e tacrolimo. Neurotóxico
Misoprostol	100 µg VO 2 ×/d	200 µg VO 4 ×/d		100%	100%	100%	Diarreia, N/V. Agente abortivo
Sucralfato	1 g VO 4 ×/d	1 g VO 4 ×/d	Nenhuma	100%	100%	100%	Constipação, diminui absorção de MMF

Posologia Neurológica/Anticonvulsivante na Insuficiência Renal

Anticonvulsivos	Posologia Normal	% de Excreção Renal	Ajuste de Posologia na Insuficiência Renal			Comentários
			GFR > 50	GFR 10–50	GFR < 10	
Carbamazepina	2–8 mg/kg/dia — ajustar para efeito colateral e TDM	2%	100%	100%	100%	Concentração plasmática 4–12, visão dupla, retenção de líquido, mielossupressão
Clonazepan	0,5 mg 3×/d 2 mg 3×/d	1%	100%	100%	100%	Embora nenhuma redução da dose seja recomendada, a droga não foi estudada em pacientes com comprometimento renal. Recomendações são baseadas em características conhecidas da droga, não em dados de estudos clínicos
Etossuximida	5 mg/kg/dia — ajustar para efeito colateral e TDM	20%	100%	100%	100%	Concentração plasmática 40–100, cefaleia
Felbamato	400 mg 3×/d 1.200 mg 3×/d	90%	100%	50%	25%	Anorexia, vômito, insônia, náusea
Gabapentina	150 mg 3×/d 900 mg 3×/d	77%	100%	50%	25%	Menos efeitos colaterais no CNS em comparação com outras drogas
Lamotrigina	25–50 mg/dia 150 mg/dia	1%	100%	100%	100%	Autoindução, interação interdrogas importante com valproato

(Continua)

Posologia Neurológica/Anticonvulsivante na Insuficiência Renal *(Cont.)*

Anticonvulsivos	Posologia Normal		% de Excreção Renal	Ajuste de Posologia na Insuficiência Renal			Comentários
				GFR > 50	GFR 10-50	GFR < 10	
Levetiracetam	500 mg 2 ×/d	1.500 mg 2 ×/d	66%	100%	50%	50%	
Oxcarbazepina	300 mg 2 ×/d	600 mg 2 ×/d	1%	100%	100%	100%	Menos efeito sobre P450 em comparação com carbamazepina
Fenobarbital	20 mg/kg/dia — ajustar para efeito colateral e TDM		1%	100%	100%	100%	Concentração plasmática: 15-40, insônia
Fenitoína	20 mg/kg/dia — ajustar para efeito colateral e TDM		1%	Ajustar para insuficiência renal e baixa albumina			Concentração plasmática 10-20, nistagmo, checar nível de fenitoína livre
Primidona	50 mg	100 mg	1%	100%	100%	100%	Concentração plasmática 5-20
Valproato de sódio	7,5-15 mg/kg/dia — ajustar para efeito colateral e TDM		1%	100%	100%	100%	Concentração plasmática: 50-150, ganho de peso, hepatite, checar nível de valproato livre
Tiagabina	4 mg por dia, aumentar 4 mg/dia, titular semanalmente		2%	100%	100%	100%	Dose total diária pode ser aumentada 4-8 mg a intervalos semanais até resposta clínica ser obtida ou até 32 mg/dia. A dose diária total deve ser administrada em doses divididas duas a quatro vezes por dia

						Cálculo renal
Topiramato	50 mg por dia	200 mg 2 ×/d	70%	100%	50%	Evitar	
Trimetadiona	300 mg 3 ×/d – 4 ×/d	600 mg 3 ×/d – 4 ×/d	Nada	cada 8 h	cada 8–12 h	cada 12–24 h	Metabólitos ativos com meia-vida longa na ESRD. Síndrome nefrótica
Vigabatrina	1 g 2 ×/d	2 g 2 ×/d	70%	100%	50%	25%	Encefalopatia com acumulação de droga
Zonisamida	100 mg por dia	100–300 mg por dia/2 ×/d	30%	100%	75%	50%	Fabricante recomenda que zonisamida não deve ser usada em pacientes com insuficiência renal (GFR estimada < 50 mL/min) uma vez que houve experiência insuficiente concernente à posologia e toxicidade da droga. Doses de zonisamida de 100–600 mg/dia são efetivas para função renal normal. Recomendações de doses para comprometimento renal são baseadas em taxas de depuração

Posologia Reumatológica na Insuficiência Renal

Agentes para Artrite e Gota	Posologia Normal	% de Excreção Renal	Ajuste de Posologia na Insuficiência Renal			Comentários
			GFR > 50	GFR 10-50	GFR < 10	
Alopurinol	300 mg cada 24 h	30%	75%	50%	25%	Nefrite intersticial. Raramente, cálculos de xantina. Excreção renal de metabólito ativo com $T_{1/2}$ de 25 horas em função renal normal — $T_{1/2}$ 1 semana em pacientes com ESRD. Dermatite esfoliativa
Auranofina	6 mg cada 24 h	50%	50%	Evitar	Evitar	Proteinúria e síndrome nefrítica
Colchicina	Início: 2 mg, a seguir 0,5 mg cada 6 h Crônica: 0,5–1,0 mg cada 24 h	5-17%	100%	50-100%	25%	Evitar uso prolongado, se GFR < 50 mL/min
Ouro sódico	25-50 mg	60-90%	50%	Evitar	Evitar	Proteinúria de tiomalato — Síndrome nefrítica — Nefrite membranosa
Penicilamina	250–1.000 mg cada 24 h	40%	100%	Evitar	Evitar	Síndrome nefrótica
Probenecida	500 mg 2 ×/d	< 2%	100%	Evitar	Evitar	Ineficaz em GFR reduzida

Drogas anti-inflamatórias não esteroides					Podem reduzir a função renal. Reduzem agregação das plaquetas. Síndrome nefrótica. Nefrite intersticial. Hiperpotassemia. Retenção de sódio
Diclofenaco	25–75 mg 2 ×/d	< 1%	50–100%	25–50%	25%
Diflunisal	250–500 mg 2 ×/d	< 3%	100%	50%	50%
Etodolaco	200 mg 2 ×/d	Desprezível	100%	100%	100%
Fenoprofeno	300–600 mg 4 ×/d	30%	100%	100%	100%
Flurbiprofenc	100 mg 2 ×/d – 3 ×/d	20%	100%	100%	100%
Ibuprofeno	800 mg 3 ×/d	1%	100%	100%	100%
Indometacina	25–50 mg 3 ×/d	30%	100%	100%	100%
Cetoprofeno	25–75 mg 3 ×/d	< 1%	100%	100%	100%
Cetorolaco	30–60 mg inicial, a seguir 15–30 mg cada 6 h	30–60%	100%	50%	25–50%	Perda auditiva aguda na ESRD
Ácido meclofenâmico	50–100 mg 3 ×/d – 4 ×/d	2–4%	100%	100%	100%

(Continua)

Posologia Reumatológica na Insuficiência Renal *(Cont.)*

Agentes para Artrite e Gota	Posologia Normal	% de Excreção Renal	Ajuste de Posologia na Insuficiência Renal			Comentários
			GFR > 50	GFR 10-50	GFR < 10	
Ácido mefenâmico	250 mg 4 ×/d	< 6%	100%	100%	100%	
Nabumetona	1,0–2,0 g cada 24 h	< 1%	100%	50–100%	50–100%	
Naproxeno	500 mg 2 ×/d	< 1%	100%	100%	100%	
Oxaproxina	1.200 mg cada 24 h	< 1%	100%	100%	100%	
Fenilbutazona	100 mg 3 ×/d – 4 ×/d	1%	100%	100%	100%	
Piroxicam	20 mg cada 24 h	10%	100%	100%	100%	
Sulindaco	200 mg 2 ×/d	7%	100%	100%	100%	Metabólito ativo sulfito na ESRD
Tolmetina	400 mg 3 ×/d	15%	100%	100%	100%	

Posologia Sedativa na Insuficiência Renal

Sedativos	Posologia Normal	% de Excreção Renal	Ajuste de Posologia na Insuficiência Renal			Comentários
			GFR > 50	GFR 10–50	GFR < 10	
Barbitúricos						Podem causar sedação excessiva, aumentar osteomalacia na ESRD. Hemoperfusão com carvão ativado e hemodiálise são mais efetivas do que diálise peritoneal por intoxicação
Pentobarbital	30 mg cada 6–8 h	Hepática	100%	100%	100%	
Fenobarbital	50–100 mg cada 8–12 h	Hepática (renal)	Cada 8–12 h	Cada 8–12 h	Cada 12–16 h	Até 50% droga inalterada excretada na urina com diurese alcalina
Secobarbital	30–50 mg cada 6–8 h	Hepática	100%	100%	100%	
Tiopental	Indução anestésica (individualizada)	Hepática	100%	100%	100%	
Benzodiazepinas						Podem causar sedação excessiva e encefalopatia na ESRD

(Continua)

Posologia Sedativa na Insuficiência Renal *(Cont.)*

Sedativos	Posologia Normal	% de Excreção Renal	Ajuste de Posologia na Insuficiência Renal			Comentários
			GFR > 50	GFR 10-50	GFR < 10	
Alprazolam	0,25–5,0 mg cada 8 h	Hepática	100%	100%	100%	
Clorazepato	15–60 mg cada 24 h	Hepática (renal)	100%	100%	100%	
Clordiazepóxido	15–100 mg cada 24 h	Hepática	100%	100%	50%	
Clonazepam	1,5 mg cada 24 h	Hepática	100%	100%	100%	Embora nenhuma redução de dose seja recomendada, a droga não foi estudada em pacientes com comprometimento renal. Recomendações são baseadas em características conhecidas da droga, não em dados de estudos clínicos
Diazepam	5–40 mg cada 24 h	Hepática	100%	100%	100%	Metabólitos ativos desmetildiazepam e oxazepam podem-se acumular na insuficiência renal. Dose deve ser reduzida, se administrada por mais tempo que alguns dias. Ligação à proteína diminui na uremia

Estazolam	1 mg ao deitar	Hepática	100%	100%	100%	
Flurazepam	15–30 mg ao deitar	Hepática	100%	100%	100%	
Lorazepam	1–2 mg cada 8–12 h	Hepática	100%	100%	100%	
Midazolam	Individualizada	Hepática	100%	100%	50%	
Oxazepam	30–120 mg cada 24 h	Hepática	100%	100%	100%	
Quazepam	15 mg ao deitar	Hepática	Sem dados	Sem dados	Sem dados	
Temazepam	30 mg ao deitar	Hepática	100%	100%	100%	
Triazolam	0,25–0,50 mg ao deitar	Hepática	100%	100%	100%	Ligação à proteína correlaciona-se com concentração de alfa-1 ácido glicoproteína
Benzodiazepinas: Antagonista das benzodiazepinas						Pode causar sedação excessiva e encefalopatia na ESRD
Flumazenil	0,2 mg IV ao longo de 15 s	Hepática	100%	100%	100%	

(Continua)

Posologia Sedativa na Insuficiência Renal (Cont.)

Sedativos	Posologia Normal	% de Excreção Renal	Ajuste de Posologia na Insuficiência Renal			Comentários
			GFR > 50	GFR 10-50	GFR < 10	
Agentes sedativos diversos						
Buspirona	5 mg cada 8 h	Hepática	100%	100%	100%	
Etclorvinol	500 mg ao deitar	Hepática	100%	Evitar	Evitar	Removido por hemoperfusão. Sedação excessiva
Haloperidol	1–2 mg cada 8–12 h	Hepática	100%	100%	100%	Hipertensão, sedação excessiva
Carbonato de lítio	0,9–1,2 g cada 24 h	Renal	100%	50–75%	25–50%	Nefrotóxico. Diabetes insípido nefrogênico. Síndrome nefrótica. Acidose tubular renal. Fibrose intersticial. Toxicidade aguda, quando níveis séricos > 1,2 mEq/L Níveis séricos devem ser medidos periodicamente 12 h após dose. $T_{1/2}$ não reflete acumulação tecidual extensa. Níveis plasmáticos apresentam rebote após diálise. Toxicidade aumentada por depleção de volume, NSAIDs e diuréticos
Meprobamato	1,2–1,6 g cada 24 h	Hepática (renal)	Cada 6 h	Cada 9–12 h	Cada 12–18 h	Sedação excessiva. Excreção aumentada por diurese forçada

Posologia Antiparkinson na Insuficiência Renal

Agentes Antiparkinson	Posologia Normal	% de Excreção Renal	Ajuste de Posologia na Insuficiência Renal			Comentários
			GFR > 50	GFR 10-50	GFR < 10	
Carbidopa	1 compr. 3 ×/d a 6 compr./d a	30	100%	100%	100%	Necessita de titulação cuidadosa da dose de acordo com a resposta clínica
Levodopa	25–500 mg 2 ×/d a 8 g cada 24 h	Nada	100%	50–100%	50–100%	Metabólitos ativos e inativos excretados na urina. Metabólitos ativos com $T_{1/2}$ longo na ESRD

Posologia Antipsicótica na Insuficiência Renal

Antipsicóticos	Posologia Normal	% de Excreção Renal	Ajuste de Posologia na Insuficiência Renal			Comentários
			GFR > 50	GFR 10-50	GFR < 10	
Fenotiazinas						Hipotensão ortostática, sintomas extrapiramidais e confusão podem ocorrer
Clorpromazina	300–800 mg cada 24 h	Hepática	100%	100%	100%	Sem comentários
Prometazina	20–100 mg cada 24 h	Hepática	100%	100%	100%	Sedação excessiva pode ocorrer em ESRD
Tioridazina	50–100 mg VO 3 ×/d. Aumentar gradualmente. Máximo de 800 mg/dia	Hepática	100%	100%	100%	
Trifluoperazina	1–2 mg 2 ×/d. Aumentar não mais que 6 mg	Hepática	100%	100%	100%	
Perfenazina	8–16 mg VO 2 ×/d, 3 ×/d ou 4 ×/d. Aumentar até 64 mg por dia	Hepática	100%	100%	100%	

Tiotixeno	2 mg VO 3 ×/d. Aumentar gradualmente a 15 mg por dia	Hepática	100%	100%	100%	
Haloperidol	1–2 mg cada 8–12 h	Hepática	100%	100%	100%	Hipotensão, sedação excessiva
Loxapina	12,5–50 mg IM cada 4–6 h					Não administrar droga IV
Clozapina	12,5 mg VO 25–50 mg por dia até 300–450 pelo fim de 2 semanas. Máximo: 900 mg por dia	Metabolismo quase completo	100%	100%	100%	
Risperidona	1 mg VO 2 ×/d. Aumentar para 3 mg 2 ×/d		100%	100%	100%	
Olanzapina	5–10 mg	Hepática	100%	100%	100%	Potenciais efeitos hipotensivos
Quetiapina	25 mg VO 2 ×/d. Aumentar em incrementos de 25–50 2 ×/d ou 3 ×/d, até o quarto dia. Total 300–400 mg	Hepática	100%	100%	100%	
Ziprasidona	20–100 mg cada 12 h	Hepática	100%	100%	100%	Pode agravar azotemia. Retenção de Na^+, intolerância à glicose e hipertensão

Posologias Diversas na Insuficiência Renal

Corticosteroides	Posologia Normal	% de Excreção Renal	Ajuste de Posologia na Insuficiência Renal			Comentários
			GFR > 50	GFR 10-50	GFR < 10	
Betametasona	0,5–9,0 mg cada 24	5%	100%	100%	100%	
Budesonida	Sem dados	Nenhuma	100%	100%	100%	
Cortisona	25–500 mg cada 24 h	Nenhuma	100%	100%	100%	
Dexametasona	0,75–9,0 mg cada 24 h	8%	100%	100%	100%	
Hidrocortisona	20–500 mg cada 24 h	Nenhuma	100%	100%	100%	
Metilprednisolona	4–48 mg cada 24 h	< 10%	100%	100%	100%	
Prednisolona	5–60 mg cada 24 h	34%	100%	100%	100%	
Prednisona	5–60 mg cada 24 h	34%	100%	100%	100%	
Triancinolona	4–48 mg cada 24 h	Sem dados	100%	100%	100%	

Anticoagulantes	Posologia Normal	% de Excreção Renal	Ajuste de Posologia na Insuficiência Renal			Comentários
			GFR > 50	GFR 10-50	GFR < 10	
Alteplase	60 mg ao longo de 1 h e, a seguir, 20 mg/h durante 2 h	Sem dados	100%	100%	100%	Ativador do plasminogênio tipo tecidual [tPa]
Aspirina	81 mg/dia	10%	100%	100%	100%	Irritação e tendência a sangramento GI
Clopidogrel	75 mg/dia	50%	100%	100%	100%	Irritação e tendência a sangramento GI
Dalteparina	2.500 unidades SC/dia	Desconhecida	100%	100%	50%	
Dipiridamol	50 mg 3 ×/d	Sem dados	100%	100%	100%	
Enoxaparina	30 mg 2 ×/d	8%	100%	75-50%	50%	1 mg/kg cada 12 h para tratamento de DVT. Checar atividade antifator Xa 4 horas após a segunda dose em pacientes com disfunção renal. Alguma evidência de acumulação da droga na insuficiência renal
Heparina	75 U/kg iniciais a seguir 15 U/kg/h	Nada	100%	100%	100%	Meia-vida aumenta com a dose

Posologias Diversas na Insuficiência Renal (Cont.)

Anticoagulantes	Posologia Normal		% de Excreção Renal	Ajuste de Posologia na Insuficiência Renal			Comentários
				GFR > 50	GFR 10-50	GFR < 10	
Iloprost	0,5–2,0 ng/kg/min durante 5–12 h		Sem dados	100%	100%	50%	
Indobufeno	100 mg 2 ×/d	200 mg 2 ×/d	< 15%	100%	50%	25%	
Estreptocinase	250.000 U iniciais, a seguir 100.000 U/h		Nada	100%	100%	100%	
Sulfimpirazona	200 mg 2 ×/d		25–50%	100%	100%	Evitar	Insuficiência renal aguda. Efeito uricosúrico em uma baixa GFR
Ticlopidina		250 mg 2 ×/d	2%	100%	100%	100%	Diminuir nível de CSA — pode causar neutropenia grave e trombocitopenia
Ácido tranexâmico	25 mg/kg 3 ×/d – 4 ×/d		90%	50%	25%	10%	
Urocinase	4.400 U/kg iniciais, a seguir 4.400 U/kg qualquer hora		Sem dados	Sem dados	Sem dados	Sem dados	
Warfarina	2,5–5 mg/d	Ajustar conforme a INR	< 1%	100%	100%	100%	Monitorar RNI a curtos intervalos. Começar a 5 mg/dia. 1 mg vitamina K IV ao longo de 30 minutos ou 2,5–5 mg VO pode ser usada para normalizar RNI (INR)

Índice Remissivo

Entradas acompanhadas por um *f* ou *q* itálico indicam figuras e quadros, respectivamente.

α-Adrenérgico(s)
  receptores, 315*q*
    antagonistas dos, 315*q*
α_2-Adrenérgico(s)
  receptores, 315*q*
    agonistas dos, 315*q*
ΔAG (Aumento no *Anion Gap*), 62
  acidose com, 69
    metabólica, 69
      acidose láctica, 71
      cetoacidose, 69
      insuficiência renal, 72
      piroglutâmica, 72
        por acetaminofeno, 72
      por ingestão, 72
        de etileno glicol, 72
        de metanol.73
      por intoxicação, 72
      por salicilato, 72

A

AASK (*African-American Study of Kidney Disease and Hypertension*), 247, 337
ABCD (*Appropriate Blood Pressure Control in Diabetics*), 247, 335
Abdome
  radiografia simples do, 108
    horizontal, 108
Abelcet, 366*q*
Abordagem
  ao paciente hiponatrêmico, 29
    hiposmolar, 29
Abscesso
  na gravidez, 294
    perirrenal, 294
  renal, 294
    formação de, 294
  visceral, 175*q*
Absorção
  de água, 38*f*
    regulada pela vasopressina, 38*f*
    vias de sinalização, 38*f*
  de cálcio do trato GI, 80, 90
    aumentada, 80
      síndrome de leite-álcali, 82
      hipercalcemia na CKD, 82
      intoxicação pela vitamina D, 82
      doenças granulomatosas, 82
    diminuída, 90
  intestinal, 89
    de cálcio, 89
      medidas para diminuir a, 89
    de drogas, 352
      CKD e, 352
Acarbose, 387*q*
ACCORD (*Action to Control Cardiovascular Risk in Diabetes*), 335
ACE (Enzima Conversora de Angiotensina), 16, 186, 245, 306
Acebutolol, 376*q*
ACEIs (Inibidores da Enzima Conversora de Angiotensina), 315*q*, 373*q*
  efeitos de, 13*f*
  e azotemia pré-renal, 218
  e ARBs, 248
    tratamento combinado com, 248
    na doença renal diabética, 248
Acetaminofeno, 372*q*
  acidose por, 72
    piroglutâmica, 72
Acetazolamida, 9*q*, 382*q*
Acetoexamida, 387*q*
Aciclovir, 368*q*
Acidemia, 62
Ácido
  acetilsalicílico, 372*q*
  ascórbico, 203*q*
  etacrínico, 9*q*, 383*q*
  microfenólico, 269*q*
  nalidíxico, 362*q*
  nicotínico, 389*q*
  tranexâmico, 408*q*
  úrico, 11, 117*q* 3, 228
    cálculo renal de, 113

avaliação do paciente, 117
diagnóstico definitivo, 115
fisiolpatologia, 114
sinais, 114
sintomas, 114
tratamento, 122
nefropatia aguda de, 228
AKI por, 228
valproico, 355*q*
zolendrônico, 88*q*
Acidobásico
controle, 250
na CKD, 250
equilíbrio interno, 48
do potássio, 48
Acidose
D-lática, 71
lática, 71, 76
tipo A, 71
tipo B, 71
tratamento de, 76
metabólica, 63, 67, 68, 76
causas de, 69, 70*q*
com AG normal, 72
AG, 69
e respiratória, 68
evento primário, 67
hiperclorêmica, 72
ingestão de ácido inorgânico, 74
perda de bicarbonato, 73
GI, 73
renal, 73
tratamento, 76
respiratória, 67, 75, 77
causas de, 75
evento primário, 67
tratamento, 77
direto, 77
RTA, 73
distal, 73
proximal, 73
Adaptação
cerebral, 35
à hipotonicidade, 35
no tratamento da hiponatremia, 35
Adefovir, 368*q*
ADEMEX (Adequação da Diálise Peritoneal no Estudo do México), 260
Adenoma
paratireoideo, 92
remoção de, 92
hipoparatireoidismo após, 92
Adenovírus
e hematúria, 166
ADHF (Insuficiência Cardíaca Desconpensada Aguda), 208
ADHR (Raquitismo Hipofosfatêmico Autossômico), 102

AG (*Anion Gap*), 62
normal, 72
acidose metabólica com, 72
ingestão de ácido inorgânico, 74
perda de bicarbonato, 73
GI, 73
renal, 73
sérico, 63
acidose metabólica, 63
alcalose metabólica, 63
verificar quanto a evidência, 66
de distúrbio metabólico, 66
oculto, 66
Agente(s)
antifúngicos, 366*q*
abelcet, 366*q*
ambisome, 366*q*
amphotec, 366*q*
anfotericina B, 366*q*
anti-hipertensivos, 373*q*
e cardiovasculares, 373*q*
acebutolol, 376*q*
acetazolamida, 382*q*
ácido etacrínico, 383*q*
amilorida, 382*q*
anlodipina, 380*q*
anrinona, 386*q*
atenolol, 376*q*
benazepril, 373*q*
bepridil, 380*q*
betabloqueadores, 376*q*
betaxolol, 376*q*
bopindolol, 377*q*
bumetanida, 382*q*
candesartana, 375*q*
captopril, 373*q*
carteolol, 377*q*
carvedilol, 377*q*
celiprolol, 377*q*
clortalidona, 382*q*
dilevalol, 377*q*
diuréticos, 381*q*
dobutamina, 386*q*
enalapril, 373*q*
eprosartana, 375*q*
esmolol, 377*q*
IV somente, 377*q*
espironolactona, 383*q*
felodipina, 380*q*
fosinopril, 373*q*
furosemida, 383*q*
indapamida, 383*q*
inibidores da ACE, 373*q*
isradipina, 380*q*
labetalol, 377*q*
lisinopril, 374*q*
losartana, 375*q*
metolazona, 383*q*
metoprolol, 378*q*

milrinona, 386q
minoxidil, 386q
nadolol, 378q
nicardipina, 381q
nifedipina XL, 381q
nimodipina, 381q
nisoldipina, 381q
nitroprussiato, 386q
pembutolol, 378q
pentopril, 374q
pindolol, 378q
piretanida, 383q
propranolol, 378q
quinapril, 374q
ramipril, 375q
sotalol, 379q
telmisartana, 376q
tiazidas, 383q
timolol, 379q
torasemida, 384q
trandolapril, 375q
triantereno, 383q
valsartana, 376q
verapamil, 381q
antimicrobianos, 143q, 144q
  para tratamento de UTIs, 143q, 144q
    intravenosos, 144q
    orais, 143q
antivirais, 368q
  aciclovir, 368q
  adefovir, 368q
  amantadina, 368q
  cidofovir, 368q
  delavirdina, 368q
  didanosina, 369q
  estavudina, 370q
  famciclovir, 369q
  foscarnet, 369q
  ganciclovir, 369q
    IV, 369q
    VO, 369q
  indinavir, 369q
  lamivudina, 369q
  nelfinavir, 369q
  nevirapina, 370q
  ribavirina, 370q
  rifabutina, 370q
  rimantadina, 370q
  ritonavir, 370q
  saquinavir, 370q
  valaciclovir, 370q
  vidarabina, 370q
  zalcitabina, 371q
  zanamivir, 370q
  zidovudina, 371q
diversos, 144q, 364q, 384q
  anrinona, 384q
  azitromicina, 364q
  claritromicina, 364q
  clindamicina, 365q
  clonidina, 385q
  digoxina, 385q
  diritromicina, 365q
  eritromicina, 365q
  gentamicina, 144q
  hidralazina, 385q
  imipenem/cilastatina, 365q
  meropenem, 365q
  metronidazol, 365q
  midodrina, 385q
  pentamidina, 365q
  trimetoprim/sulfametoxazol, 144q, 365q
  vancomicina, 144q, 365q
farmacológicos, 33, 37
  demeclociclina, 37
  estimulam a liberação, 33
    de vasopressina, 33
  lítio, 37
GI, 391q
  cimetidina, 391q
  cisaprida, 392q
  famotidina, 391q
  lansoprazol, 391q
  metoclopramida, 392q
  misoprostol, 392q
  niizatidina, 391q
  omeprazol, 391q
  pantoprazol, 391q
  rabeprazol, 391q
  ranitidina, 392q
  sucralfato, 392q
hipoglicêmicos, 387q, 388q
  acarbose, 387q
  acetoexamida, 387q
  ácido nicotínico, 389q
  atorvastatina, 389q
  bezafibrato, 389q
  clofibrato, 389q
  clorpropamida, 387q
  colestipol, 389q
  colestiramina, 389q
  crestor, 389q
  fluvastatina, 389q
  genfibrozila, 389q
  glibonurida, 387q
  gliburida, 388q
  gliclazida, 387q
  glipizida, 388q
  insulina, 388q
    lispro, 388q
  lovastatina, 389q
  metformina, 388q
  parenterais, 388q
  pravastatina, 389q
  probucol, 389q
  repaglinida, 388q
  sinvastatina, 389q
  tolazamida, 388q

tolbutamida, 388q
troglitazona, 388q
no transplante renal, 268
  para indução, 268
    alentuzumab, 268
    ATG, 268
    basiliximab, 268
    campath, 268
    timoglobulina, 268
  para manutenção, 268
    antimetabólitos, 271
    belatacept, 271
    corticosteroides, 271
    inibidores de calcineurina, 268
    mTOR-Is, 271
  para tratamento de rejeição, 271
para artrite, 396q
  e gota, 396q
    ácido, 397q, 398q
      meclofenâmico, 397q
      mefenâmico, 398q
    alopurinol, 396q
    auranofina, 396q
    cetoprofeno, 397q
    cetorolaco, 397q
    colchicina, 396q
    diclofenaco, 397q
    diflunisal, 397q
    etodolaco, 397q
    fenilbutazona, 398q
    fenoprofeno, 397q
    flurbiprofeno, 397q
    ibuprofeno, 397q
    indometacina, 397q
    nabumetona, 398q
    naproxeno, 398q
    NSAIDs, 397q
    ouro sódico, 396q
    oxaproxina, 398q
    penicilamina, 396q
    piroxicam, 398q
    probenecida, 396q
    sulindaco, 398q
    tolmetina, 398q
posologia de, 373q-389q, 391q-392q
  antiparkinson, 403q
  GI, 391q-392q
  na insuficiencia renal, 373q-389q
    anti-hipertensivos, 373q-386q
    cardiovasculares, 373q-386q
    endócrinos, 387q-389q
    metabólicos, 387q-389q
  para artrite, 396q-398q
  para gota, 396q-398q
que iniba reabsorção óssea, 87
  bifosfonatos, 87
  cinacalcet, 88
  nitrato de gálio, 88

Agonista(s)
  dos receptores, 315q
  α_2-adrenérgicos, 315q
Água
  absorção de, 38f
    regulada pela vasopressina, 38f
    vias de sinalização, 38f
  excreção de, 289
    na gravidez, 289
  privação de, 44q
    teste de, 44q
      interpretação, 44q
      procedimentos, 44q
  reposição de, 46
    método de cálculo da, 46
    velocidade de correção, 46
  retenção de, 6, 177
    renal, 6
AIDS (Síndrome de Imunodeficiência Adquirida)
  SIADH por, 34
AIN (Nefrite Intersticial Aguda)
  achados, 223
    laboratoriais, 223
    na urina, 223
  exame físico, 223
  história, 223
  por drogas, 211, 224q
    tipos de, 224q
  por infecção, 211
  suspeita de, 231
    biópsia renal na, 231
  tratamento, 234
AKI (Lesão Renal Aguda), 201-240, 289, 351
  avaliação do paciente com, 214
    azotemia pré-renal, 214
    doença renal intrínseca, 220
      de grandes vasos, 220
      de pequenos vasos, 220
      índices diagnósticos, 217q
        urinários, 217q
    pós-renal, 218
      achados urinários, 219
      exame físico, 218
      história, 218
      testes radiológicos, 219
  características da, 213q
    em relação à localização, 213q
    de desenvolvimento, 213q
  causas de, 216q
    achados urinários, 216q
  classificações da, 207
    causas, 207
      azotemia pré-renal, 207
      intrarrenal, 209
      intrínseca, 209
    definições, 207
      glomerulares, 210
      interstício, 211

Índice Remissivo | 413

pós-renal, 209
tubular, 211
vasculares, 209
critérios, 202q
  para classificação, 202q
  para diagnóstico, 202q
  RIFLE, 202q
de origem desconhecida, 231
  biópsia renal na, 231
definição, 201
  distinguir de CKD, 206
    anemia, 206
    registros antigos, 206
    ultrassonografia renal, 206
  do KDIGO, 203q
em circunstâncias clínicas especiais, 229
  associada a cristais, 229
  e HCT, 230
  e infecção HIV, 229, 230q
  nefropatia de fosfato, 229
    aguda, 229
  no contexto da doença hepática, 231
epidemiologia da, 212
  adquirida, 212
    na comunidade, 212
    no hospital, 212
  morbidade, 214
  mortalidade, 214
  prevenção da, 212
isquêmica, 211
na gravidez, 295
  causas, 295
    esteatose hepática aguda, 297
    obstrução do trato urinário, 297
    pielonefrite aguda, 297
    RCN, 297
    TMA, 296
  incidência, 295
  tratamento, 297
nefrotóxica, 211, 226
  causas específicas de, 226
    nefropatia de ácido úrico aguda, 228
    nefrotoxicidade de aminoglicosídeo, 226
    por contraste, 226
    rabdomiólise, 227
reconhecimento de, 201
  biomarcadores de, 205
  DU na, 207
  marcador de, 201, 205
    BUN, 205
    cistatina C, 205
    SCr, 201
tratamento, 232
  AIN, 234
  ATN, 234
  azotemia pré-renal, 232
  doença renal, 234
    intrínseca, 234
    primária, 234

indicações de CRRT na, 239q
insuficiência pós-renal, 233
princípios de, 234
  o que evitar, 234
tratamento suportivo, 235
AKIN (*Acute Kidney Injury Network*), 201
  critérios, 202q
    para AKI, 202q
      de classificação, 202q
      de diagnóstico, 202q
AL (Amiloidose de Cadeia Leve de Imunoglobulina), 174q
Albumina
  sérica, 94
    examinar a concentração de, 94
    na hipocalcemia, 94
Albuminúria
  alta, 171
Alça
  diuréticos de, 9q, 10q
    doses-teto de, 10q
    inibidores de Na-K-2Cl, 9q
      ácido etacrínico, 9q
      bumetanida, 9q, 14q
      furosemida, 9q, 14q
      torsemida, 9q, 14q
Alcalemia, 62
Alcalose
  metabólica, 63, 67, 68, 74, 77
    causas de, 74, 75q
      depleção de cloreto, 74
      repleta de cloreto, 74
    correção de, 77
      depleção de cloreto, 77
    e acidose, 68
      respiratória, 68
    evento primário, 67
    tratamento da, 77
      repleta de cloreto, 77
  respiratória, 67, 75, 77
    causas de, 75
    evento primário, 67
    tratamento, 77
      definitivo, 77
Aldosterona
  antagonistas da, 9q
    espironolactona eplerenona, 9q
  escape de, 7f
    em indivíduo hígido, 7f
    falha do, 7f
      no subenchimento arterial, 7f
  receptores da, 18
    bloquear os, 18
  sódio da, 7
    efeito retentor de, 7
Alentuzumab, 268, 270q
Alfentanil, 371q

ALLHAT (*Antihypertensive and Lipid-Lowering Treatment to Prevent Heart Attack Trial*), 330
resultados do estudo, 332q
Aloenxerto
lesão crônica do, 277
Alport
síndrome de, 166, 168, 171, 174q, 175q
e hematúria, 166
e proteinúria, 171
glomerular, 171
Alprazolam, 400q
Alteplase, 407q
Alteração(ões)
hemodinâmicas, 208
intrarrenais, 208
Amantadina, 368q
Ambisome, 366q
Amicacina, 355q, 359q
Amiloide
deposição de, 198
doença de, 198
diagnóstico, 198
tratamento, 198
Amiloidose
por infecção crônica, 174q
Amilorida, 9q, 14q, 58q, 382q
Aminofilina
IV, 355q
Aminoglicosídeo(s)
amicacina, 355q
gentamicina, 355q
nefrotoxicidade de, 226
AKI nefrotóxica por, 226
tobramicina, 355q
Amostra(s) de Urina
coleta de, 158
método de, 158
do meio da micção, 158, 159q
Amoxicilina, 143q, 361q
AMP (Adenosina Monofosfato), 37
Amphotec, 366q
Ampicilina, 144q, 361q, 362q
ANA (Anticorpo Antinuclear), 183
Analgésico(s)
não narcóticos, 245
consumo excessivo de, 245
e ESRD, 245
Análise
das variáveis, 65
acidobásicas, 65
ANCA (Anticorpo Citoplasmático Antineutrófilo), 181, 222
Anemia
como complicação da CKD, 248
tratando a, 248
falciforme, 166, 174q
e hematúria, 166
no tratamento, 261
com diálise, 261

para distinguir AKI, 206
de CKD, 206
tratamento clínico da, 284
no paciente transplantado, 284
Anfotericina
B, 366q
Angiotensina
II, 58q, 315q, 375q
inibidores da, 58q
receptores à, 315q, 375q
antagonistas dos, 375q
bloqueadores dos, 315q
Anidrase
carbônica, 9q
inibidores da, 9q
acetazolamida, 9q
Ânion(s)
excreção de, 32
diurese obrigando à, 32
osmótica, 32
Anlodipina, 380q
Anrinona, 384q, 386q
Antagonista(s)
da aldosterona, 9q
espironolactona eplerenona, 9q
da vasopressina, 38
das benzoadiazepinas, 401q
do VEGF, 174q
dos narcóticos, 371q
dos receptores, 315q, 375q
à angiotensina II, 375q
α-adrenérgicos, 315q
β-adrenérgicos, 315q
não peptídicos, 39
do receptor, 39q
da AVP, 39q
Antibiótico(s)
aminoglicosídeos, 358q
antituberculose, 366q
rifampicina, 365q
uso de, 294
na gravidez, 294
Anticoagulante(s)
ácido, 408q
tranexâmico, 408q
alteplase, 407q
aspirina, 407q
clopidogrel, 407q
dalteparina, 407q
dipiridamol, 407q
enoxaparina, 407q
estreptocinase, 408q
heparina, 407q
iloprost, 408q
indobufeno, 408q
na insuficiência renal, 407q-408q
posologia, 407q-408q
sulfimpirazona, 408q
ticlopidina, 408q

Índice Remissivo | 415

urocinase, 408q
warfarina, 408q
Anticonvulsivante
  posologia de, 393q-395q
  na insuficiencia renal, 393q-395q
Anticonvulsivo(s)
  carbamazepina, 393q
  clonazepam, 393q
  etossuximida, 393q
  felbamato, 393q
  fenitoína, 394q
  fenobarbital, 394q
  gabapentina, 393q
  lamotrigina, 393q
  levetiracetam, 394q
  oxcarbazepina, 394q
  primidona, 394q
  tiagabina, 394q
  topiramato, 395q
  trimetadiona, 395q
  valproato de sódio, 394q
  vigabatrina, 395q
  zonisamida, 395q
Anticorpo
  terapias de, 270q
    alentuzumab, 270q
    basiliximab, 270q
    globulina antimocitária, 270q
    rituximab, 270q
Antifúngico(s)
  abelcet, 366q
  ambisome, 366q
  amphotec, 366q
  anfotericina B, 366q
  outros, 367q
    azóis e, 367q
      cetoconazol, 367q
      flucitosina, 367q
      fluconazol, 367q
      griseofulvina, 367q
      itraconazol, 367q
      miconazol, 367q
      terbinafina, 367q
      voriconazol, 367q
Anti-GBM (Autoanticorpos à Membrana Basal Glomerular), 181, 210
  anticorpos, 223
  doença, 190
    diagnóstico, 190
    fisiopatologia, 191
    tratamento, 191
Antimetabólito(s)
  ácido microfenólico, 269q
  azatioprina, 269q
  microfenolato mofetil, 269q
  MMF, 271
  MPA, 271
Antimicrobiano(s)
  posologia de, 358q-371q
  na insuficiência renal, 358q-371q
Antiparkinson
  carbidopa, 403q
  levodopa, 403q
  na insuficiência renal, 403q
  posologia, 403q
Antipsicótico(s)
  clorpromazina, 404q
  clozapina, 405q
  fenotiazinas, 404q
  haloperidol, 405q
  loxapina, 405q
  na insuficiência renal, 404q-405q
  posologia, 404q-405q
  olanzapina, 405q
  perfenazina, 404q
  prometazina, 404q
  quetiapina, 405q
  risperidona, 405q
  tioridazina, 404q
  tiotixeno, 405q
  trifluoperazina, 404q
  ziprasidona, 405q
Antiviral(is)
  aciclovir, 368q
  adefovir, 368q
  amantadina, 368q
  cidofovir, 368q
  delavirdina, 368q
  didanosina, 369q
  estavudina, 370q
  famciclovir, 369q
  foscarnet, 369q
  ganciclovir, 369q
    IV, 369q
    VO, 369q
  indinavir, 369q
  lamivudina, 369q
  nelfinavir, 369q
  nevirapina, 370q
  ribavirina, 370q
  rifabutina, 370q
  rimantadina, 370q
  ritonavir, 370q
  saquinavir, 370q
  valaciclovir, 370q
  vidarabina, 370q
  zalcitabina, 371q
  zanamivir, 370q
  zidovudina, 371q
APCs (Células Apresentadoras de Antígeno), 266
  células T e, 267
    interações das, 267
APS (Síndrome de Anticorpo Antifosfolipídico), 198
ARBs (Bloqueadores dos Receptores à Angiotensina), 186,, 245 281, 306, 330
  ACEIs e, 248
    tratamento combinado com, 248

na doença renal diabética, 248
e azotemia pré-renal, 218
Arteriografia
  na hematúria, 169
Artrite
  e gota, 396q
    agentes para, 396q
      ácido, 397q, 398q
        meclofenâmico, 397q
        mefenâmico, 398q
      alopurinol, 396q
      auranofina, 396q
      cetoprofeno, 397q
      cetorolaco, 397q
      colchicina, 396q
      diclofenaco, 397q
      diflunisal, 397q
      etodolaco, 397q
      fenilbutazona, 398q
      fenoprofeno, 397q
      flurbiprofeno, 397q
      ibuprofeno, 397q
      indometacina, 397q
      nabumetona, 398q
      naproxeno, 398q
      NSAIDs, 397q
      ouro sódico, 396q
      oxaprozina, 398q
      penicilamina, 396q
      piroxicam, 398q
      probenecida, 396q
      sulindaco, 398q
      tolmetina, 398q
    reumatoide, 174q
Ascite
  cirrótica, 21
    opções para tratar, 21
      taxa de diurese, 22
    terapia inicial, 21
Aspirina, 407q
Atenolol, 315q, 376q
ATG (Globulina Antimocitária), 268
ATN (Necrose Tubular Aguda), 276
  achados laboratoriais, 225
  AKI e, 234
  AKI nefrotóxica, 226
    causas específicas de, 226
      nefropatia de ácido úrico aguda, 228
      nefrotoxicidade de aminoglicosídeo, 226
      por contraste, 226
      rabdomiólise, 227
  drogas nefrotóxicas, 212
  exame, 225
    de urina, 225
    físico, 225
  história, 225
  isquemia renal, 211
  na gravidez, 295
  toxinas endógenas, 212

Atorvastatina, 389q
ATPase (Na-K-Adenosina Trifosfatase), 48
AVC (Acidente Vascular Cerebral)
  RRs de, 336
AVF (Fístula Arteriovenosa), 253, 256
AVGs (Enxertos Arteriovenosos), 257
AVP (Arginina Vasopressina), 21f, 28, 205, 287q, 289
  receptor da, 39q
    antagonistas do, 39q
    não peptídicos, 39q
  resposta à privação de, 44
    no diagnóstico, 44
    de doença poliúrica, 44
Azatioprina, 269q
Azitromicina, 364q
Azóis
  outros antifúngicos, 367q
    cetoconazol, 367q
    flucitosina, 367q
    fluconazol, 367q
    griseofulvina, 367q
    itraconazol, 367q
    miconazol, 367q
    terbinafina, 367q
    voriconazol, 367q
Azotemia
  pré-renal, 207, 214, 232
    achados urinários, 215
    alterações hemodinâmicas, 208
      intrarrenais, 208
    causas de, 207f
      depleção do volume, 208
        intravascular total, 208
        por subenchimento arterial, 208
    distúrbios específicos, 215
      ACEIs, 218
      ARBs, 218
      ciclosporina, 218
      HRS, 215
      tacrolimo, 218
      vasomotora, 217
        decorrente de NSAIDs, 217
    exame físico, 215
    história, 214
    tratamento, 232
      depleção verdadeira de volume, 232
      hipovolemia, 232
      subenchimento arterial, 233
        com excesso de ECF, 233
Aztreonam, 144q

B

Bactéria(s)
  gram-negativas, 133q
    Enterobacter, 133q
    Escherichia coli, 133q
    Klebsiella pneumoniae, 133q

Proteus, 133*q*
Pseudomonas aeruginosa, 133*q*
gram-positivas, 133*q*
  Enterococos, 133*q*
  Staphylococcus, 133*q*
    aureus, 133*q*
    não *aureus*, 133*q*
    saprophyticus, 133*q*
  outras, 133*q*
Bacteriúria
  assintomática, 126, 127*f*, 128, 142, 293
    contexto clínico, 128
    na gravidez, 293
      avaliação pós-parto, 294
      coleta de urina, 293
      tratamento, 293
    prevalência de, 127*f*
      por idade, 127*f*
      por sexo, 127*f*
    tratamento de, 142
      crianças, 145
      diversos, 145
      gravidez, 142
      população geral, 145
    piúria sintomática sem, 146
      tratamento, 146
    prevalência de, 153*f*
      em pacientes cateterizados, 153*f*
      pela duração, 153*f*
      pelo sistema de drenagem, 153*f*
  significante, 125
  sintomática, 294
    na gravidez, 294
      abscesso, 294
        perirrenal, 294
        renal, 294
      carbúnculo, 294
      pielonefrite aguda, 294
      uso de antibiótico, 294
Barbitúrico(s), 399*q*
Basiliximab, 268, 270*q*
Bastão
  de imersão, 159, 160, 215, 221, 221
    análise com, 159
    e esterase leucocitária, 160
    na azotemia pré-renal, 215
    na doença glomerular, 222
      por causa nefrótica, 222
    nas TMA, 221
    padrão, 160
      e albumina, 160
      e heme, 160
    resultado de, 160, 172
      negativo, 172
      positivo para heme, 160
BCG (Bacillus Calmette-Guérin)
  no paciente transplantado, 281
Belatacept, 269*q*, 271
Benazepril, 373*q*

Benzodiazepina(s), 399*q*
  antagonistas das, 401*q*
Bepridil, 380*q*
Betabloqueador (es), 376*q*
Betametasona, 406*q*
Betaxolol, 376*q*
β-Adrenérgico(s)
  receptores, 315*q*
    agonistas dos, 315*q*
β-Bloqueadores, 17
β-Lactâmicos
  amoxicilina, 143*q*
  ampicilina, 144*q*
  aztreonam, 144*q*
  cefalexina, 143*q*
  cefepima, 144*q*
  cefixima, 143*q*
  cefpodoxima, 143*q*
  cefradina, 143*q*
  ceftazidima, 144*q*
  ceftriaxona, 144*q*
Bexiga
  urina na, 129
    residual, 129
Bezafibrato, 389*q*
Bicarbonato
  perda de, 73
    acidose metabólica por, 73
      com AG normal, 73
      GI, 73
      renal, 73
Bicarbonatúria, 32
Bifosfonato(s), 174*q*
  na hipercalcemia, 87
Bilirrubina
  sérica, 203*q*
    níveis de, 203*q*
      muito elevados, 203*q*
Biodisponibilidade
  das drogas, 11
    diuréticas, 11
Biomarcador (es)
  de AKI, 205
Biópsia
  renal, 231, 292
    indicações de, 231
      AKI de origem desconhecida, 231
      suspeita, 231
        de AIN, 231
        de GN, 231
      na gravidez, 292
Bioquímica
  urinária, 214
    na AKI, 214
BKV (BK Vírus)
  nefropatia por, 279
    tratamento clínico da, 279
      no paciente transplantado, 279

Bloqueador (es)
  do RAS, 176
BMI (Índice de Massa Corporal), 106, 319
Bopindolol, 377q
BP (Pressão Arterial), 318
  em adultos, 319q
    classificação da, 319q
  na gravidez normal, 286
    alterações no trato urinário, 286
      anatômicas, 286
      funcionais, 286
    excreção de água, 289
    hemodinâmica renal, 286
      aumentada, 289
      GFR, 286
      RPF, 286
    metabolismo mineral, 291
    regulação na, 289, 290
      acidobásica, 289
      de volume, 290
Budesonida, 406q
Bumetanida, 9q, 14q, 382q
BUN (Nitrogênio Ureico Sanguíneo), 85, 108
  como marcador, 205
    de AKI, 205
    de GFR, 205
Buspirona, 402q
Butorfanol, 371q

C

Calcidiol, 86
Calcineurina
  inibidores de, 268, 269q
    ciclosporina, 269q
    tacrolimo, 269q
Cálcio, 117q
  absorção intestinal de, 89
    medidas para diminuir a, 89
    na hipercalcemia, 89
  cálculo renal contendo, 109, 110q, 116
    avaliação do paciente, 116
    baixo volume urinário, 113
    fatores de risco para, 110q
    hipercalciúria, 109
    hiperuricosúria, 112
    hiperoxalúria, 112
    hipocitratúria, 110
    rim em esponja medular, 113
    tratamento, 118
      formas específicas, 120
      opções terapêuticas inespecíficas, 119
  carbonato, 96q
  citrato, 96q
  do osso, 82, 90
    reabsorção de, 82, 90
      aumentada, 82
      diminuída, 90
  do trato GI, 80, 90
    absorção de, 80, 90
      aumentada, 80
      diminuída, 90
  excreção urinária de, 86
    aumentada, 86
    na hipercalcemia, 86
  fosfato de, 122
    cálculos de, 122
    tratamento, 122
  gluconato, 96q
  homeostasia do, 80f
  lactato, 96q
  nefrolitíase contendo, 111q
    estudos randomizados em, 111q
  oral, 96q
    preparações de, 96q
  sérico, 79-104
    distúrbios do, 79-104
      hipercalcemia, 80
      hipocalcemia, 90
      regulação, 79
Calcitonina
  de salmão, 88q
Calcitriol, 86
Cálculo(s)
  renais, 106-124
    apresentação inicial, 107
      avaliação laboratorial, 107
      diagnóstico definitivo, 108
      tratamento, 108
    avaliação do paciente, 116
      contendo cálcio, 116
      de ácido úrico, 117
      de cistina, 118
    passagem espontânea, 109q
      possibilidade de, 109q
    tipos de, 109
      contendo cálcio, 109
      de ácido úrico, 113
      de cistina, 116
      de estruvita-carbonato, 115, 118
      relacionados com drogas, 116
    tratamento, 118
      contendo cálcio, 118
      de ácido úrico, 122
      de cistina, 123
      de estruvita-carbonato, 123
  ureteral, 165
    e hematúria, 165
CALM (*Candersartan and Lisinopril Microalbuminuria*), 248
Camada
  celular, 171
    endotelial, 171
      e proteinúria glomerular, 171
cAMP (Adenosina Monofosfato Cíclico), 48
Campath, 268
Canamicina, 358q

c-ANCA (Coloração Citoplasmática dos
  Neutrófilos), 191, 222
Câncer
  GN associada a, 175q
  rapidamente progressiva, 175q
Candesartana, 375q
Captopril, 315q, 373q
Carbamazepina, 355q, 393q
Carbonato
  de cálcio, 96q
  de lítio, 402q
Carbúnculo
  formação de, 294
  na gravidez, 294
Carcinoma
  de mama, 174q
  de pulmão, 174q
  do cólon, 174q
  SIADH por, 34
Carga
  de fosfato, 99
  e hiperfosfatemia, 99
    maciça, 99
    súbita, 99
CARRESS-HF (*Ultrafiltration in
  Decompensated Heart Failure with
  Cardiorenal Syndrome*), 15
Carteolol, 377q
Carvedilol, 377q
Catecolamina(s)
  no equilíbrio interno, 48
  do potássio, 48
Cateter (es)
  infecções associadas a, 155
  urinários, 152
    cuidado de, 152
    recomendações para, 152
Cátion(s)
  excreção de, 32
    diurese obrigando à, 32
    osmótica, 32
CBC (Hemograma Completo), 181
CCBs
  amilorida, 9q
  triantereno, 9q
CCBs (Bloqueadores dos Canais de Cálcio),
  314q, 315q, 330, 379q
CCPD (Diálise Peritoneal de Ciclagem
  Contínua), 258
Cefaclor, 359q
Cefalexina, 143q, 360q
Cefalosporina, 203q, 359q
  IV, 360q
    cefamandol, 360q
    cefazolina, 360q
    cefepima, 360q
    cefmetazol, 360q
    cefoperazona, 361q
    cefotaxima, 361q

cefotetan, 361q
cefoxitina, 361q
ceftazidima, 361q
ceftriaxona, 361q
cefuroxima sódica, 361q
oral, 359q
  cefaclor, 359q
  cefalexina, 360q
  cefpodoxima, 359q
  cefradina, 360q
  ceftibuten, 360q
  cefuroxima axetila, 360q
Cefamandol, 360q
Cefepima, 144q, 360q
Cefixima, 143q
Cefmetazol, 360q
Cefoperazona, 361q
Cefotaxima, 361q
Cefotetan, 361q
Cefoxitina, 361q
Cefpodoxima, 143q, 359q
Cefradina, 143q, 360q
Ceftazidima, 144q, 361q
Ceftibuten, 360q
Ceftriaxona, 144q, 361q
Cefuroxima
  axetila, 360q
  sódica, 361q
Celiprolol, 377q
Célula(s)
  B, 267
  renais, 163
    tubulares, 163
  T, 266, 267
    e APC, 267
    interações das, 267
Centrifugação
  da urina, 158
Cetoacidose, 69
  alcoólica, 71
  de inanição, 71
  diabética, 71, 76
    tratamento, 76
      específico, 76
Cetoconazol, 367q
Cetonúria, 32
Cetose
  plasmática, 203q
CFUs (Unidades Formadoras de Colônias), 125
CG (Cockcroft-Gault)
  equação de, 353
CHF (Insuficiência Cardíaca Congestiva), 10q,
  15, 320
  etiologia, 16
  de baixo débito, 18*t*
  sintomas clínicos, 15
  tratamento, 16
CHOIR (*Corretion of Hemoglobin and
  Outcomes in Renal Insufficiency*), 249

Churg-Strauss
  síndrome de, 184q
Ciclosporina, 58q, 269q, 355q
  e azotemia pré-renal, 218
Cidofovir, 368q
Cilastatina, 365q
Cilindro(s)
  eritrocitário, 164f
    em urina ácida, 164f
      composto de eritrócitos, 164f
  urinários, 163
    de células epiteliais tubulares, 163
      renais, 163
    de erutrócitos, 163
    de leucócitos, 163
    gordurosos, 163
    granulares, 163
    hialinos, 163
    largos, 164
Cimetidina, 203q, 391q
Cinacalcet
  na hipercalcemia, 88
Cinoxacina, 362q
Ciprofloxacina, 143q, 144q, 362q
Cirrose, 1-26
  ascíte cirrótica, 21
    opções para tratar, 21
      terapia inicial, 21
  edema cirrótico, 21
    opções para tratar, 21
      taxa de diurese, 22
  hepática, 20, 175q
  progressão da, 21f
    estágios da, 21f
  vasodilatação arterial, 23
    sistêmica, 23
      tratamento orientado, 23
Cirurgia
  de transplante, 273
  hipoparatireoidismo após, 91
    da tireoide, 91
    das paratireoides, 91
    radical, 91
    do pescoço, 91
  urológica, 299q
  pélvica, 299q
Cisaprida, 392q
Cistatina
  C, 205
    como marcador, 205
      de AKI, 205
      de GFR, 205
    cálculo renal de, 116
      avaliação do paciente, 118
      fsiopatologia, 116
      sinais, 116
      sintomas, 116
      tratamento, 123

Cistite
  aguda, 165
    e hematúria, 165
  tratamento (s), 145, 146
    não complicada, 145
      de curta duração, 145
      de sete dias, 146
      piúria sintomática, 146
        sem bacteriúria, 146
    recorrente, 146
      emergentes, 147
      estratégias antimicrobianas, 146
      profilaxia não antimicrobiana, 147
      reinfecções, 146
Cistoscopia
  retrógrada, 220
    na AKI pós-renal, 220
Citologia
  da urina, 169
    na hematúria, 169
Citoscopia
  na hematúria, 169
Citrato, 117q
  de cálcio, 96q
CKD (Doença Renal Crônica), 187, 241-251, 253, 327, 351
  comorbidade cardiovascular, 250
    tratamento de, 250
  definição da, 241
    GFR, 241
    lesão renal, 241
  distinguir, 206
    de AKI, 206
      anemia, 206
      registros antigos, 206
      ultrassonografia renal, 206
    de doenças agudas, 206q
      ultrassonografia para, 206q
  e farmacocinética das drogas, 352
    absorção, 352
    distribuição, 352
    eliminação, 353
    equação, 353, 354
      colaboração CKD-EPI, 354
      de CG, 353
      reexpressa MDRD, 354
    metabolismo, 353
    posologia, 354
      terapeuticas, 355q-356q
        monitoramento de, 355q-356q
  e hiperfosfatemia, 98
  estadiamento da, 241
  estágios de, 242q
    NKF, 242q
      K/DOQI, 242q
        classificação, 242q
        plano de ação, 242q
        prevalência, 242q
  hipercalcemia na, 82

Índice Remissivo | 421

hiperparatireoidimo com, 90
  tratamento de, 90
    secundário, 90
    terciário, 90
hipertensão na, 337
  tratamento da, 337
  nefrologista, 250
    quando encaminhar ao, 250
  prevalência, 244
  progressão da, 244
    mecanismo de, 244
    para ESRD, 245
      fatores de risco, 245
      retardando a, 245
  tratando complicações de, 248, 250
    anemia, 248
    controle, 249, 250
      acidobásico, 250
      do fosfato, 249
CKD-EPI (Doença Renal Crônica-Epidemiologia)
  colaboração, 204, 354
    equação, 354
Claritromicina, 364q
Clavulanato, 362q
Clindamicina, 365q
Clofibrato, 389q
Clonazepam, 393q, 400q
Clonidina, 385q
Clopidogrel, 407q
Clorazepato, 400q
Clordiazepóxido, 400q
Cloreto
  depleção de, 74, 77
    alcalose metabólica com, 77
    correção da, 77
  variedade com, 74
    alcalose metabólica da, 74
  variedade repleta de, 74, 77
    alcalose metabólica da, 74
    tratamento da, 77
Clorotiazida, 9q, 14q
Clorpromazina, 404q
Clorpropamida, 387q
Clortalidona, 9q, 382q
Clozapina, 405q
CMV (Citomegalovírus), 264
  e hematúria, 166
  tratamento clínico do, 279
    no paciente transplantado, 279
CO_2 total (Dióxido de Carbono Total Sérico), 62, 63
Cockcroft-Gault
  fórmula, 204
COD (Oxalato de Cálcio Di-Hidratado), 106
Codeína, 371q
Colesterol
  éster, 164f
  esférula de, 164f
  do tamanho de eritrócito, 164f
  vista com luz polarizada, 165f
Colestipol, 389q
Colestiramina, 389q
Coleta
  de amostras de urina, 158
  método de, 158
Cólon
  carcinoma do, 174q
COM (Oxalato de Cálcio Mono-Hidratado), 106
Comorbidade
  cardiovascular, 250
  na CKD, 250
    tratamento de, 250
Complexo(s)
  imunes, 175q, 210
    doenças com deposição de, 210
      granular, 210
      linear, 210
    GN mediada por, 175q
    induzida pelo HIV, 175q
Comunidade
  AKI adquirida na, 212
    características, 213q
Concentração
  de albumina sérica, 94
    examinar a, 94
    na hipocalcemia, 94
  de fósforo, 95
    avaliar na hipocalcemia, 95
    sérico, 95
    urinário, 95
  de sódio, 30
    urinário, 30
      de mais de 20 mEq/L, 30
      de menos 10 a 20 mEq/L, 30
Contraste
  AKI por, 226
    prevenção, 226
      NAC, 227
  nefropatia de, 226
Controle
  da osmolalidade, 28
    sérica, 28
  do sódio, 28
    sérico, 28
  na CKD, 249, 250
    acidobásico, 250
    do fosfato, 249
Corpo
  volume líquido do, 3
    regulação do, 3
      plasmático, 4
      sanguíneo, 4
        efetivo, 4
        total, 4
Corticosteroide(s), 88q, 269q, 271
  betametasona, 406q

budesonida, 406q
cortisona, 406q
dexametasona, 406q
hidrocortisona, 406q
metilprednisolona, 406q
na insuficiência renal, 406q
    posologia, 406q
prednisolona, 406q
prednisona, 406q
triancinolona, 406q
Cortisona, 406q
cPRA (Reatividade Contra Painel Calculado), 264
CrCl (Depuração de Creatinina), 204
CREATE (*Cardiovascular Risk Reduction by Early Anemia Treatment with Renal Insufficiency*), 249
Creatinina
    produção de, 203q
        aumentada, 203q
    total, 172
        excreção de, 172
            na urina de 24 horas, 172
            e excreção de proteína, 172
Crestor, 389q
Crioglobulinemia, 175q, 193
    diagnóstico, 193
    fisiopatologia, 193
    mista, 184q
    tratamento, 193
Crise(s)
    hipertensivas, 340
        apresentação das, 343q
            com complicações agudas, 340
        definição, 340
        hipertensão maligna, 340
        por hipertensão não maligna, 340
        tratamento, 344
    renal, 184q
        de esclerodermia, 184q
Cristal(is)
    AKI associada a, 229
    na urina, 164
    urinários, 229q
        associados à AKI, 229q
CRRT (Terapia de Substituição Renal Contínua), 235, 236
    indicações de, 239q
        na AKI, 239q
    tipos de, 236q
        comparação da IHD e, 236q
    versus IHD, 239q
    análise da, 239q
CsA (Ciclosporina A), 268
CTLA-4 (Linfócito T Citotóxico Antígeno 4), 267
CVD (Doença Cardiovascular), 241
    no paciente transplantado, 281
        diabetes melito, 282
        hiperlipidemia, 281
        hipertensão, 281
        outros fatores de risco, 282
    risco de, 173, 320
        aumentado, 173
            UACR elevada e, 173
        na hipertensão, 320
CVVH (Hemofiltração Venovenosa Contínua), 233

D

Dalteparina, 407q
DASH (*Dietary Approaches to Stop Hypertension*), 329
DBP (Pressão Arterial Diastólica), 318
DCD (Doação após Morte Cardíaca), 265
DCT (Túbulo Contornado Distal)
    diurético de, 8, 9q, 14q
        inibidores de NaCl, 9q
            clorotiazida, 9q, 14q
            clortalidona, 9q
            hidroclorotiazida, 9q, 14q
            indapamida, 9q
            metolazona, 9q, 14q
            muitos outros, 9q
dDAVP (desamino-8-D-arginina vasopressina), 289
Débito
    cardíaco, 5f, 18f
        diminuído, 5f
            subenchimento arterial e, 5f
            e pressão de enchimento ventricular, 18f
            relação entre, 18f
Deficiência
    de glicocorticoide, 33
Delavirdina, 368q
Demeclociclina
    na hiponatremia, 37
        assintomática, 37
        crônica, 37
Depleção
    do volume, 208, 232
        efetivo, 208
            por subenchimento arterial, 208
        intravascular total, 208
        verdadeira, 232
            na azotemia pré-renal, 232
Deposição
    de amiloide, 198
        doença de, 198
            diagnóstico, 198
            tratamento, 198
    de complexos imunes, 210
        doenças com, 210
            granular, 210
            linear, 210
Depósito(s)
    imunes, 210
        doenças sem, 210

Índice Remissivo | 423

Dessensibilização
  no transplante, 272
Desvio
  de fosfato, 100
  do ECF, 100
  para o ICF, 100
Dexametasona, 406q
DGF (Função Retardada do Enxerto), 265
  após transplante renal, 276
Diabete(s)
  e proteinúria, 173
  hipertensão na, 333
    tratamento da, 333
  insípido, 42, 43
    central, 42
    nefrogênico, 42
      adquirida, 42
      anormalidades alimentares e, 43
      congênita, 42
      drogas e, 43
      secundário, 42
        a doenças renais, 42
        à hipercalcemia, 42
        à hipopotassemia, 42
        a vasopressinase, 43
  melito, 174q, 282
    tratamento clínico, 282
      no paciente transplantado, 282
Diálise
  dados de, 254f
    de incidência, 254f
    de prevalência, 254f
  e gravidez, 306
  filtro de, 256f
  RRT crônica com, 253-261
    HD, 255
    indicações, 253, 254q
    PD, 258
    questões gerais do tratamento, 259
      anemia, 261
      doença óssea mineral, 260
      dose, 259
      nutrição, 261
      saúde cardiovascular, 260
Diazepam, 400q
Diazóxido, 314q
DIC (Coagulação Intravascular Disseminada), 296
Dicloxacilina, 362q
Didanosina, 369q
Dieta
  anormalidades da, 43
  e diabetes insípidos, 43
    nefrogênico, 43
Digitálico(s)
  overdose de, 58q
Digoxina, 355q, 385q
Dilevalol, 377q
Dipiridamol, 407q
Diretriz(es) Prática(s)
  para posologia de drogas, 351-408
    na função renal prejudicada, 351-408
      farmacocinética na CKD das, 352
      terapêuticas, 355q-356q
      monitoramento de, 355q-356q
Diritromicina, 365q
Disfunção
  do SNC, 45
    correlação da, 45
      com o grau de hiperosmolalidade, 45
Distribuição
  de drogas, 352
    CKD e, 352
  dos líquidos, 1, 2q
    corporais, 1, 2q
      edema generalizado, 3
      fenômeno corporal total, 3
      lei de Starling, 1
Distúrbio(s)
  acidobásico(s), 62-77
    causa do, 62, 69
      subjacente, 69
    compensações nos, 67q
      esperadas, 67q
    identificação dos principais, 64
      análise das variáveis acidobásicas, 65
      exemplo de distúrbio, 65
        misto, 65
        simples, 65
      fisiologia acidobásica, 64
      química acidobásica, 64
    julgando o, 66
      se misto, 66
      se simples, 66
    mistos, 68, 69q
      exemplos de, 68, 69q
      tríplice, 69q
    progressão de passos, 62
      até o tratamento ideal, 62
    quando suspeitar, 62
      AG sérico, 63
      clínica, 62
      CO_2 total, 63
      laboratório, 62
      potássio sérico, 63
    simples, 65q, 66
      passos para julgar o, 66
    tratamento dos, 76
    tríplice, 68
  do cálcio, 79-104
    sérico, 79-104
      hipercalcemia, 80
      regulação do, 79
  do fósforo, 79-104
    sérico, 79-104
      hiperfosfatemia, 98
      hipofosfatemia, 100
      regulação do fosfato, 97

visão geral, 97
eletrolíticos, 43
  e diabetes insípidos, 43
  nefrogênico, 43
infiltrativos, 92
  hipoparatireoidismo por, 92
metabólicos, 66, 68
  oculto, 66
    evidência de, 66
  respostas respiratórias aos, 68
  efeitos das, 68
Diurese
  osmótica, 32
    bicarbonatúria, 32
    cetonúria, 32
    de glicose, 32
    de manitol, 32
    de ureia, 32
    obrigando à excreção, 32
      de ânios, 32
      de cátions, 32
  taxa de, 22
Diurético(s), 315q, 381q
  complicações dos, 19q
  de alça, 9q, 10q, 14q
    doses-teto de, 10q, 14q
    infusão de, 14q
      contínua, 14q
    inibidores de Na-K-2Cl, 9q
      ácido etacrínico, 9q
      bumetanida, 9q
      furosemida, 9q
      torsemida, 9q
  de DCT, 9q, 14q
    inibidores de NaCl, 9q
      clorotiazida, 9q, 14q
      clortalidona, 9q
      hidroclorotiazida, 9q, 14q
      indapamidaa, 9q
      metolazona, 9q, 14q
      muitos outros, 9q
  de ducto coletor, 9q, 14q
    antagonistas da aldosterona, 9q
      espironolactona, 9q, 14q
      eplerenona, 9q
    CCBs, 9q
      amilorida, 9q, 14q
      trianteren, 9q
  de túbulo proximal, 14q
    acetazolamida, 14q
  do ducto coletor, 9q, 14q
  efeitos de, 13f
    comparação dos, 13f
  em altas dose, 234
    na AKI, 234
  entrega de, 11
    ao local alvo, 11
    prejudicada, 11

infusão de, 13
  contínua, 13
  ligação de, 12
    à proteína, 12
    no líquido tubular, 12
  no tratamento, 8, 25
    do edema, 8, 25
  osmóticos, 9q
  proximais, 9q
    inibidores da anidrase carbônica, 9q
      acetazolamida, 9q
  resistência a, 11
    causas de, 11
  uso de, 30
    excessivo, 30
Divalproex
  sódico, 355q
Doador (es)
  de órgãos, 264
    falecidos, 265
      DCD, 265
      ECDs, 265
      SCDs, 265
    vivos, 264
  nefrectomia no, 273
Dobutamina, 386q
Doenças
  anti-GBM, 190
    diagnóstico, 190
    fisiopatologia, 191
    tratamento, 191
  associadas à perda de néfrons, 174q
  ateroembólica, 220
    avaliação urinária, 221
      exame, 221
      sedimento, 221
      teste, 221
    exame físico, 221
    história, 220
    investigação laboratorial, 221
  cardíaca, 335
    hipertensão na, 335
    tratamento da, 335
  de deposição, 198
    de amiloide, 198
      diagnóstico, 198
      tratamento, 198
  de Fabry, 174q
  de Paget, 84
    hipercalcemia por, 84
  glomerular(es), 180-199, 210, 221, 222
    avaliação clínica, 181
      síndrome, 181, 183
        nefrítica, 181
        nefrótica, 183
      classificação histológica, 183q
        da GN crescêntica, 183q
        da RPGN, 183q

com deposição de complexos imunes, 210
  granular, 210
  linear, 210
padrões clínicos, 180
  correlação clinicopatológica, 181
  síndrome, 180
    nefrítica, 180
    nefrótica, 180
pauci-imunes, 210
por causa nefrítica, 222
  anticorpos anti-GBM, 223
  complemento sérico, 223
por causa nefrótica, 221
  achados, 222
    laboratoriais, 222
    urinários, 222
  história, 222
primárias, 182q
  definidas pela histologia, 182q
sem depósitos imunes, 210
tratamento, 183, 188
  específicas, 188
  proteinúrica, 183
visão geral, 180
granulomatosas, 82
  hiperalcemia secundária a, 82
hepática, 231, 233
  AKI no contexto de, 231
  e azotemia pré-renal, 233
infecciosas, 278
  no paciente transplantado, 278
    CMV, 279
    hepatites, 280
      B, 280
      C, 280
    HIV, 280
    imunização, 280
    imunossupressão, 279
    nefropatia por BKV, 279
    outras infecções, 280
    poliomavírus, 279
limitada ao rim, 194
  MN primária, 194
na gravidez, 286-315
  colagenovascular, 301
    nefrite lúpica, 301
    vasculites, 302
  hipertensiva, 306
    classificações, 307
    pré-eclâmpsia, 308, 309
      fisiopatologia da, 308
      função renal na, 309
      morfologia renal na, 309
      paciente hipertensa sem, 312
      prevenção da, 312
      tratamento da, 311
  renal, 286-315
    AVI, 295

bacteriúria, 293, 294
  assintomática, 293
  sintomática, 294
  preexistente, 298
tubulointersticial, 303
  rim(ns), 303, 304
    policísticos dominante, 303
    solitário, 304
  VUR, 303
no paciente transplantado, 283, 284
  hematológica, 284
    anemia, 284
    PTE, 284
  óssea, 283
    pós-transplante, 283
    preexistente, 283
    tratamento, 284
óssea, 260
  mineral, 260
    no tratamento com diálise, 260
proteinúria e, 174
  genéticas, 174
  reumáticas, 174
  sistêmicas, 174q
recorrente, 277
  após transplante renal, 277
rena(is), 42, 43, 174q, 206q, 220, 221, 234, 246, 247, 248, 299q
  agudas, 206q
    distinguir de CKD, 206q
    ultrassonografia para, 206q
  diabetes insípido nefrogênico, 42, 43
    secundário, 42
  intrínseca, 220, 221, 234
    de grandes vasos, 220
    de pequenos vasos, 220
  diabética, 246, 248
    com microalbuminúria, 246
    com nefropatia estabelecida, 246
    tratamento combinado na, 248
      com ACEIs, 248
      com ARBs, 248
  não diabética, 247
    estudos, 247
  policística, 174q, 299q
  primária, 234
    vasculite, 234
    GN, 234
SIADH por, 34
  do SNC, 34
  pulmonares, 34
sistêmicas, 184q, 186q
  lesão glomerular por, 184q, 186q
  e apresentação clínica, 184q, 186q
    nefrítica, 184q
    nefrótica, 186q
Dopamina
  em dose renal, 234
  na AKI, 234

Dose
  de diálise, 259
  no tratamento, 259
DOSE (Estudo Controlado Duplo-Cego Randomizado/*Diuretic Optimization Strategies Evaluation*), 15
Droga(s)
  AIN induzida por, 211, 224q
    tipos de, 224q
  analgésicas, 371q-372q
    posologia das, 371q-372q
      na insuficiência renal, 371q-372q
  antitireóideas, 390q
    metimazol, 390q
    propiltiuracil, 390q
  cálculos relacionados com, 116
  diuréticas, 8, 9q, 10, 11
    biodisponibilidade das, 11
    classificação das, 9q
      fisiológicas, 9q
    por via oral, 10
  e diabetes insípido, 43
    nefrogênico, 43
  farmacocinética das, 352
    e CKD, 352
      absorção, 352
      distribuição, 352
      eliminação, 353
      equação, 353, 354
        colaboração CKD-EPI, 354
        de CG, 353
        reexpressa MDRD, 354
      metabolismo, 353
      posologia, 354
      terapêuticas, 355q-356q
        monitoramento de, 355q-356q
    limiares, 10
  nefrotóxicas, 212
    AKI por, 212
  nefrotóxicas, 234
    na AKI, 234
  no transplante renal, 269q-270q, 272
    comumente usadas, 269q-270q
    interação de, 272
  posologias de, 235, 351-408
    na AKI, 235
    na função renal prejudicada, 351-408
    diretrizes práticas para, 351-408
DSA (Anticorpos Doador-Específicos), 267
DU (Débito Urinário), 111q, 202q
  na AKI, 207
    anúria, 207
    oligúria, 207
Ducto Coletor
  diuréticos de, 9q, 14q
    antagonistas da aldosterona, 9q
      espironolactona eplerenona, 9q, 14q
    CCBs, 9q
      amilorida, 9q, 14q
      triantereno, 9q

E

EABV (Volume Sanguíneo Arteriral Efetivo), 4, 7f
EBV (Vírus de Epstein-Barr), 271
ECDs (Doadores de Critérios Expandidos), 265
ECF (Líquido Extracelular), 1, 7f, 28, 48, 64, 79, 109
  desvio do, 100
    de fosfato, 100
    para o ICF, 100
  excesso de, 233
    subenchimento arterial com, 233
    na azotemia pré-renal, 233
  volume do, 46
    correção de, 46
      da depleção, 46
      da expansão, 46
Eclâmpsia
  pós-parto, 307, 308
  tardia, 307, 308
Edema
  cirrótico, 21
    opções para tratar, 21
    taxa de diurese, 22
  generalizado, 3
  síndrome nefrótica e, 187
    tratamento, 187
  tratamento do, 8
    dietético, 8
    diurético, 8
      drogas diuréticas, 8, 10, 11
      resistência a, 11
Efeito
  retentor, 7
    de sódio, 7
    da aldosterona, 7
Eliminação
  de drogas, 353
    CKD e, 353
ELISA (Ensaio Imunossorvente Ligado à Enzima), 222
  teste, 191
ENaCs (Canais de Sódio Epiteliais Amilorida-sensíveis), 49
Enalapril, 373q
Endocardite, 175q
  bacteriana, 184q
Enoxacina, 143q
Enoxaparina, 407q
Enterobacter, 133q
Enterococos, 133q
Eprosartana, 375q
Equação
  acidobásica, 64
  colaboração, 354
    CKD-EPI, 354
  de CG, 353
  MDRD, 354
    reexpressa, 354

Equilíbrio
    do potássio, 48
        externo, 49
            extrarrenal, 50
            rim, 49
        interno, 48
            acidobásico, 48
            catecolaminas, 48
            insulina, 48
            tonicidade, 49
Eritrócito(s)
    com ampla variação, 161f
        de hemoglobina, 161f
        em conteúdo, 161f
        em forma, 161f
        em tamanho, 161f
    esférula do tamanho de, 164f
        de colesterol éster, 164f
Eritromicina, 365q
Escherichia coli, 133q
Esclerodermia
    com comprometimento renal, 302
    e gravidez, 302
    crise renal de, 184q
Esférula
    de colesterol éster, 164f
    do tamanho de eritrócito, 164f
    vista com luz polarizada, 165f
Esmolol, 377q
Esparfloxacina, 364q
Espironolactona, 14q, 58q, 383q
    eplerenona, 9q
ESRD (Doença Renal Terminal), 106, 165, 187, 241, 253, 263, 320, 351
    progressão para, 175
        fatores de risco de, 245
            analgésicos não narcóticos, 245
                consumo excessivo de, 245
            etnicidade, 245
            gênero, 245
            tabagismo, 245
        proteinúria e risco de, 175
        retardando a, 245
            terapia anti-hipertensiva, 245
Estavudina, 370q
Estazolam, 401q
Esteatose
    hepática, 297
        aguda, 297
            na gravidez, 297
Esterase
    leucocitária, 160
Estilo de Vida
    para tratar hipertensão, 329q
        modificações do, 329q
Estreptocinase, 408q
Estreptomicina, 358q

Estresse
    hiponatremia euvolêmica por, 33
    emocional, 33
    físico, 33
Estruvita-Carbonato
    cálculo renal de, 115
        avaliação do paciente, 118
        fatores de risco, 115
        fisiopatologia, 115
        sinais, 115
        sintomas, 115
        tratamento, 123
Estudo(s)
    ibesartana microalbuminúria, 247
    randomizados, 111q
        em nefrolitíase, 111q
            contendo cálcio, 111q
Etclorvinol, 402q
Etileno
    glicol, 72
        envenenamento por, 76
            tratamento, 76
        ingestão de, 72
            acidose metabólica com ΔAG por, 72
Etnicidade
    e ESRD, 245
Etossuximida, 393q
Everolimo, 269q
Exame
    de urina, 158, 159, 160, 167, 214, 219, 220, 221, 225, 291
        análise microscópica, 160
            células tubulares renais, 163
            cilindros urinários, 163
            cristais, 164
            hematúria, 161
            leucócitos urinários, 162
            piúria, 162
        bastão de imersão, 159
            análise com, 159
        coleta de amostras, 158, 159q
            método de, 158
            no meio da micção, 159q
        inspeção macroscópica, 158
            centrifugação da, 158
            cor, 158
        microscópico, 167
            na hematúria, 167
        na AKI, 214, 219
            pós-renal, 219
        na ATN, 225
        na doença renal, 220, 221
            intrínseca, 220, 221
        na gravidez, 291
    ultrassonográfico, 108
        do trato geniturinário, 108
Excreção
    de água, 289
        na gravidez, 289

de ânions, 32
   diurese obrigando à, 32
      osmótica, 32
de cátions, 32
   diurese obrigando à, 32
      osmótica, 32
de soluto, 39
   aumento na, 39
urinária, 100
   de fosfato, 100
      aumentada, 100
Exercício(s)
   hematúria após, 167, 172
      intenso, 172
      vigoroso, 167
   hiponatremia induzida por, 34
   SIADH por, 34
Extrarrenal
   equilíbrio externo, 50
      do potássio, 50
      outros, 50
      trato GI, 50

F

Fabry
   doença de, 174q
Faixa Nefrótica
   proteinúria na, 171, 173
Famciclovir, 369q
Famotidina, 391q
Farmacocinética
   das drogas, 352
      e CKD, 352
         absorção, 352
         distribuição, 352
         eliminação, 353
         equação, 353, 354
            colaboração CKD-EPI, 354
            de CG, 353
            reexpressa MDRD, 354
         metabolismo, 353
         posologia, 354
         terapêuticas, 355q-356q
            monitoramento de, 355q-356q
Farmacoterapia
   no transplante renal, 266
      interação de drogas, 272
      para indução, 268
      para manutenção, 268
      para tratamento de rejeição, 271
Felbamato, 393q
Felodipina, 380q
FENa (Fração de Excreção de Sódio), 218
Fenitoína, 394q
   livre, 355q
Fenobarbital, 355q, 394q, 399q
Fenômeno
   corporal, 3
      total, 3

Fenotiazina(s), 404q
Fentanil, 371q
Ferida
   do transplante renal, 275
   complicações da, 275
FEUN (Fração de Excreção de Nitrogênio Ureico), 226
Filtro
   de diálise, 256f
Fisiologia
   acidobásica, 64
   do potássio, 48
      visão geral da, 48
         equilíbrio externo, 49
            extrarrenal, 50
            rim, 49
         equilíbrio interno, 48
            acidobásico, 48
            catecolaminas, 48
            insulina, 48
            tonicidade, 49
Fleets Phospho Soda, 104q
Fleroxacina, 362q
Flucitosina, 203q, 367q
Fluconazol, 367q
Flumazenil, 401q
Fluoroquinolona(s)
   ciprofloxacina, 143q, 144q
   enoxacina, 143q
   levofloxacina, 143q, 144q
   lomefloxacina, 143q
   norfloxacina, 143q
   ofloxacina, 143q, 144q
Flurazepam, 401q
Fluvastatina, 389q
Fluxo
   urinário, 129
      obstrução ao, 129
Fórmula
   de Cockcroft-Gault, 204
   MDRD, 204
      modificada, 204
Foscarnet, 369q
Fosfato
   controle do, 249
      na CKD, 249
   e hiperfosfatemia, 99
      carga de, 99
         maciça, 99
         súbita, 99
      reabsorção tubular de, 99
         aumentos primários na, 99
   e hipofosfatemia, 100
      desvio do ECF de, 100
         para o ICF, 100
      excreção urinária, 100
         aumentada, 100
      ingestão dietética, 100
         diminuída, 100

perdas extrarrenais, 103
nefropatia de, 229
  aguda, 229
  AKI e, 229
preparações de, 104*q*
  orais, 104*q*
regulação do, 97
Fosinopril, 373*q*
FSGS (Glomerulosclerose Segmentar Focal), 171, 180, 210, 299*q*
  primária, 195
    diagnóstico, 195
    fisiopatologia, 195
    tratamento, 196
  secundária, 197
Função Renal
  na gravidez normal, 286
    alterações no trato urinário, 286
      anatômicas, 286
      funcionais, 286
    avaliação clínca da, 291
      exame da urina, 291
      papel da biópsia renal, 292
      testes de função renal, 292
    excreção de água, 289
    hemodinâmica renal, 286
      aumentada, 289
      GFR, 286
      RPF, 286
    metabolismo mineral, 291
    regulação na, 289, 290
      acidobásica, 289
      da BP, 290
      de volume, 290
Furosemida, 9*q*, 14*q*, 88*q*, 383*q*

G

Gabapentina, 393*q*
Gálio
  nitrato de, 88
    na hipercalcemia, 88
Ganciclovir
  IV, 369*q*
  VO, 369*q*
GBCAs (Agentes de Contraste à Base de Gadolínio)
  na AKI, 234
GBM (Membrana Basal Glomerular), 168, 207
  na síndrome de Alport, 171
Gênero
  e ESRD, 245
Genfibrozila, 389*q*
Gentamicina, 144*q*, 355*q*, 358*q*
Geração
  de osmólitos, 45
    na hipernatremia, 45
      crônica, 45

GFR (Taxa de Filtração Glomerular), 7*f*, 26*f*, 49, 85, 106, 180, 201, 253, 286, 351
  bem preservada, 57
  hiperpotassemia na, 57
  marcador de, 201, 205
    BUN, 205
    cistatina C, 205
    SCr, 201
  na pré-eclâmpsia, 309
GI (Gastrointestinal), 352
  trato, 50, 80
    absorção aumentada de cálcio do, 80
      doenças granulomatosas, 82
      hipercalcemia na CKD, 82
      intoxicação pela vitamina D, 82
      síndrome de leite-álcali, 82
    no equilíbrio do potássio, 50
  sangramento, 205
Glibonurida, 387*q*
Gliburida, 388*q*
Glicemia
  controle adequado da, 176
  e proteinúria, 176
Gliclazida, 387*q*
Glicocorticoide
  deficiência de, 33
Glicose
  diurese de, 32
Glicosídeo(s)
  digitálicos, 17
Glipizida, 388*q*
Globulina
  antitimocitária, 270*q*
Glomerulopatia
  idiopática, 175
  primária, 175
Glomerulosclerose
  secundária, 174*q*
  segmentar, 175*q*
    focal, 175*q*
Gluconato
  de cálcio, 96*q*
GN (Glomerulonefrite), 166*f*, 176
  abordagem clínica à, 185*q*
    baseada no complemento sérico, 185*q*
  AKI e, 234
  crescêntica, 183*q*
    classificação histológica da, 183*q*
  crônica, 299*q*
  e hematúria, 166, 167
    pós-estreptocócica, 167
      aguda, 167
  estreptocócica, 175*q*
  gravidez e, 300
  mediada por complexos imunes, 175*q*
    induzida pelo HIV, 175*q*
  membranoproliferativa, 175*q*
  por infecção, 194
    diagnóstico, 194

fisiopatologia, 194
tratamento, 194
pós-estreptocócica, 184q
rapidamente progressiva, 175q
associada a câncer, 175q
suspeita de, 231
biópsia renal na, 231
urina de paciente com, 161f
eritrócitos na, 161f
Goodpasture
síndrome de, 175q, 184q
Gota
artrite e, 396q
agentes para, 396q
ácido, 397q, 398q
meclofenâmico, 397q
mefenâmico, 398q
alopurinol, 396q
auranofina, 396q
cetoprofeno, 397q
cetorolaco, 397q
colchicina, 396q
diclofenaco, 397q
diflunisal, 397q
etodolaco, 397q
fenilbutazona, 398q
fenoprofeno, 397q
flurbiprofeno, 397q
ibuprofeno, 397q
indometacina, 397q
nabumetona, 398q
naproxeno, 398q
NSAIDs, 397q
ouro sódico, 396q
oxaproxina, 398q
penicilamina, 396q
piroxicam, 398q
probenecida, 396q
sulindaco, 398q
tolmetina, 398q
GPA (Síndrome de Goodpasture), 222
diagnóstico, 190
fisiopatologia, 191
tratamento, 191
Granulomatose
de Wegener, 167, 175q
com poliangiite, 184q
e hematúria, 167
Gravidez
doença renal na, 286-315
AKI, 295
causas, 295
esteatose hepática aguda, 297
obstrução do trato urinário, 297
pielonefrite aguda, 297
RCN, 297
TMA, 296
incidência, 295
tratamento, 297
bacteriúria, 293, 294
assintomática, 293
sintomática, 294
colangenovascular, 301
nefrite lúpica, 301
vasculites, 302
diálise, 306
estado funcional renal, 300q
GN, 300
hematúria, 304
hipertensiva, 306
classificações, 307
pré-eclâmpsia, 308, 309
fisiopatologia da, 308
função renal na, 309
morfologia renal na, 309
paciente hipertensa sem, 312
prevenção da, 312
tratamento da, 311
nefropatia diabética, 302
normal, 286
alterações renais na, 287q
BP na, 286
função renal na, 286
preexistente, 298
prognóstico, 298
sumário da, 299q
proteinúria, 300, 302
hemodinâmica renal, 300
na faixa nefrótica, 302
rins pélvicos, 304
transplante renal, 304
tubulointersticial, 303
rim(ns), 303, 304
policísticos dominante adulta, 303
solitário, 304
VUR, 303
urolitíase, 304
hipertensão na, 286-315
na paciente transplantada, 285
regulação na, 289
acidobásica, 289
Griseofulvina, 367q
Guyton
hipótese de, 323f

H

HAART (Terapia Antirretroviral Altamente Ativa), 230
Haloperidol, 402q, 405q
HAM (Hipoparatireoidismo, Insuficiência Suprarrenal e Candidíase Mucocutânea)
síndrome, 91
HCO_3, 64
alterações do, 66
direções das, 66
primária, 66
potencial, 62

HCT (Transplante de Células Hematopoéticas)
  AKI e, 230
HD (Hemodiálise), 253
  acesso para, 256
  complicações da, 257
  procedimento de, 255
  profilática, 227
HDL (Lipoproteína de Alta Densidade), 327
HELLP (Hemólise, Enzimas Hepáticas
  Elevadas e Baixas Plaquetas)
  síndrome, 295
Hematúria
  abordagem, 165
    considerações diagnósticas específicas, 167
      arteriografia, 169
      citologia da urina, 169
      citoscopia, 169
      exame de urina microscópico, 167
      exames de imagem, 168
      quantificação de proteinúria, 167
      urocultura, 167
    princípios gerais, 165
  achados anormais, 158-178
    na microscopia urinária, 158-178
      análise microscópica, 161
      exame de urina, 158
  causas de, 165
  diagnóstico de, 160, 166f
    diferencial, 166f
  e progressão para ESRD, 175
  em pacientes anticoagulados, 167
  glomerular, 161
  nefrítica, 175q
    causas de, 175q
Hematúria
  na gravidez, 304
HEMO (Estudo de Hemodiálise
  Randomizado), 259
Hemodinâmica
  renal, 286, 289, 300
    aumentada, 289
      consequências da, 289
    GFR, 286
    gravidez e, 300
    RPF, 286
Henoch–Schönlein
  púrpura de, 175q, 184q
Heparina, 58q, 407q
Hepatite(s)
  B, 174q, 175q
  C, 174q, 175q, 184q
  no paciente transplantado, 280
    tratamento clínico da, 280
    B, 280
    C, 280
HHM (Hipercalcemia Humoral de
  Neoplasia), 83
Hidralazina, 314q, 315q, 385q
Hidroclorotiazida, 9q, 14q

Hidrocortisona, 406q
  teste de supressão com, 86
Hipercalcemia
  causas de, 84
    diversas, 84
    de neoplasia, 83
    diabetes secundário à, 42
    insípido, 42
    nefrogênico, 42
  diagnóstico, 85
    calcidiol, 86
    calcitriol, 86
    concentração de PTH, 86
      intacta, 86
    exame laboratorial, 85
    inicial, 85
    teste de supressão, 86
      com hidrocortisona, 86
  etiologia, 80, 81q
    absorção aumentada de cálcio, 80
      do trato GI, 80
    reabsorção aumentada, 82
      de cálcio do osso, 82
    na CKD, 82
    por doença de Paget, 84
    por hiperparatireoidismo, 82
      primário, 82
      secundário, 83
      terciário, 83
    por hipertireoidismo, 84
      secundária, 82
    a doenças granulomatosas, 82
  sinais de, 85
  sintomas de, 85
  tratamento, 86, 88q
    absorção intestinal de cálcio, 89
      medidas para diminuir a, 89
    do hiperparatireoidismo, 89
      assintomático, 89
      com CKD, 90
    excreção urinária aumentada, 86
      de cálcio, 86
    reabsorção óssea, 87
      agente que iniba, 87
Hipercalciúria, 109
  e hematúria, 169
  tratamento, 121
Hipercoagulabilidade, 177
  síndrome nefrótica e, 187
  tratamento, 187
Hiperuricosúria, 112
  e hematúria, 169
  tratamento, 122
Hiperfosfatemia
  diagnóstico, 99
  etiologia, 98
    carga de fosfato, 99
    maciça, 99
    súbita, 99

CKD, 98
  lesão renal, 98
    aguda, 98
  reabsorção tubular de fosfato, 99
    aumentos primários na, 99
  sinais, 99
  sintomas, 99
  tratamento, 99
Hiperlipidemia, 177
  síndrome nefrótica e, 187
    tratamento, 187
  tratamento clínico da, 281
    no paciente transplantado, 281
Hipernatremia, 28-46
  abordagem diagnóstica à, 41f
  aguda, 45
    versus crônica, 45
      prognósticos da, 45
  euvolêmica, 41
    diabetes insípido, 42
      central, 42
      nefrogênico, 42
      secundário a vasopressina, 43
    paciente hipernatrêmico, 40
      abordagem ao, 40
      hipervolêmico, 41
      hipovolêmico, 40
  sinais, 45
    geração de osmólitos, 45
      crônica, 45
  sintomas, 45
    disfunção do SNC, 45
      correlação da, 45
        com o grau de hiperosmolalidade, 45
  tratamento, 46
    correção de volume do ECF, 46
      da depleção, 46
      da expansão, 46
    reposição de água, 46
      método de cálculo da, 46
    velocidade de correção, 46
Hiperosmolalidade
  grau de, 45
    correlação com o grau de, 45
    da disfunção do SNC, 45
Hiperoxalúria, 112
  tratamento, 122
Hiperparatireoidismo
  hipercalcemia por, 82
    primário, 82
    secundário, 83
    terciário, 83
  tratamento do, 89
    assintomático, 89
    na CKD, 90
    secundário, 90
    terciário, 90
Hiperpotassemia, 48-60
  abordagem diagnóstica à, 56f

conduta, 54
diagnóstico, 58
  potássio urinário, 58
  taxa de excreção de, 58
  TTKG, 58
manifestações clínicas da, 55q, 59
medicações que causam, 58/q
na GFR bem preservada, 57
por desvios celulares, 54
  de potássio, 54
potássio, 48
  fisiologia do, 48
  visão geral da, 48
pseudo-hiperpotassemia, 54
sustentada, 54
tratamento, 59
Hipertensão, 318-347
  avaliação diagnóstica da, 324
  BP, 319q
    em adultos, 319q
      classificação da, 319q
  causas, 326q
    secundárias, 326q
  classificação da, 318
  crises hipertensivas, 340
    apresentação das, 343q
    definição, 340
    hipertensão maligna, 340
    por hipertensão não maligna, 340
      com complicações agudas, 340
    tratamento, 344
  CVD, 320
    risco de, 320
  dano a órgãos-alvo, 321q
  definição de, 318
  epidemiologia da, 318
  fatores de risco, 321q
    cardiovascular, 321q
  maligna, 184q, 341f
    HNR na, 341f
  na gravidez, 286-315
    crônica, 307, 315q
      com pré-eclâmpsia superposta, 307
    drogas anti-hipertensivas, 315q
    diretrizes para tratamento, 314q
      no trabalho de parto, 314q
      próximo ao termo, 314q
    gestacional, 307
  patogênese da, 322, 323f
    manejo de sódio renal, 323f
      anormal, 323f
  resistente, 339q
    causas de, 339q
  secundária, 327
  síndrome nefrótica e, 187
    tratamento, 187
  tratamento da, 281, 328
    algoritmo para, 331f
    clínico, 281

no paciente transplantado, 281
com classes individuais de drogas, 334*q*
  bases de diretrizes para, 334*q*
  estudos clínicos para, 334*q*
farmacológico, 330
grave não complicada, 345
  algoritmo para, 346*f*
maligna, 341
modificações para tratar, 329*q*
  do estilo de vida, 329*q*
na CKD, 337
na diabetes, 333
na doença cardíaca, 335
na síndrome metabólica, 336
não farmacológico, 328
no idoso, 336
objetivos, 328
resistente, 338
Hipertireoidismo
  hipercalcemia por, 84
Hipoalbuminemia, 177
Hipocalcemia
  avaliação da, 94*f*
  diagnóstico, 94
    avaliar a concentração, 95
      de fósforo, 95
        sérico, 95
        urinário, 95
      de magnésio sérico, 95
    examinar a concentração, 94
      de albumina sérica, 94
  etiologia, 90, 92*q*
    causas menos comuns, 93
    defeito no metabolismo, 93
      da vitamina D, 93
    hipoparatireoidismo, 91
    resistência ao PTH, 93
      de órgão-final, 93
  familiar, 91
  sinais, 93
  sintomas, 93
  tratamento, 95
    e hipoparatideoidismo, 96
    preparações, 96
      de cálcio oral, 96*q*
      de vitamina D, 96
    sintomática, 96
      aguda, 96
Hipocitratúria, 110
  tratamento, 121
Hipofosfatemia
  diagnóstico, 103
  etiologia, 100, 101*q*
    desvio de fosfato do ECF, 100
      para o ICF, 100
    excreção urinária aumentada, 100
      de fosfato, 100
    ingestão dietética, 100
      diminuída, 100

perdas extrarrenais, 103
sinais, 103
sintomas, 103
tratamento, 103
Hipomagnesemia
  grave, 92
  hipoparatireoidismo por, 92
Hiponatremia, 28-46
  abordagem diagnóstica à, 30*f*
  euvolêmica, 33
    com hipotireoidismo, 33
    deficiência, 33
      de glicocorticoide, 33
    estresse, 33
      emocional, 33
      físico, 33
    liberação de vasopressina, 33
      agentes farmacológicos estimulam a, 33
    SIADH, 34
    induzida por exercícios, 34
  paciente hiponatrêmico, 29
    hiposmolar, 29
      abordagem ao, 29
  sinais, 34
  sintomas, 34
  sódio sérico, 28
    interpretação do, 28
  tratamento, 35
    assintomática crônica, 37
      agentes farmacológicos, 37
        demeclociclina, 37
        lítio, 37
      antagonistas da vasopressina, 38
      aumento na excreção de soluto, 39
      restrição de líquido, 37
    fatores que afetam, 35
    hipervolêmica, 39
    hipotonicidade, 35
      adaptação cerebral à, 35
    hipovolêmica, 39
    sintomática, 36
      aguda, 36
      crônica, 36
Hipoparatireoidismo
  após cirurgia, 91
    da tireoide, 91
    das paratireoides, 91
    radical, 91
      do pescoço, 91
  idiopático, 91
    por síndrome autoimune, 91
      poliglandular tipo I, 91
  por distúrbios infiltrativos, 92
  por hipocalcemia familiar, 91
  por hipomagnesemia grave, 92
  transitório, 92
    após remoção, 92
      de adenoma paratireoideo, 92
  tratamento, 96

Hipopotassemia, 48-60
    abordagem diagnóstica à, 51f, 52f
    de mudança celular, 53
    diabetes secundário à, 42
        fisiologia do, 48
            visão geral da, 48
        insípido, 42
        nefrogênico, 42
    diagnóstico, 50
        abordagem inicial, 50
        alcalose metabólica, 51
        doenças associadas à, 53
            genéticas, 53
        potássio corporal total, 51
            diminuição no, 51
        pseudo-hipopotassemia, 50
    manifestações da, 54
    por diminuição, 53
        no potássio corporal, 53
            total, 53
    potássio, 48
    tratamento da, 54
Hipótese
    de Guyton, 323f
Hipotonicidade
    adaptação cerebral à, 35
    no tratamento, 35
        da hiponatremia, 35
Hipovolemia
    na azotemia pré-renal, 232
Histologia
    doenças definidas pela, 182q
        glomerulares, 182q
        primárias, 182q
HIV (Vírus de Imunodeficiência Humana), 166f, 183, 264
    AKI e, 229, 230q
    GN induzida por, 175q
        mediada por complexos imunes, 175q
    nefropatia associada a, 174q
    tratamento clínico do, 280
        no paciente transplantado, 280
HLA (Antígeno Leucocitário Humano), 264
HMG-CoA (Inibidores de 3-hidróxi-3-metilglutaril-coenzima), 187
HNR (Neurorretnopatia Hipertensiva), 326
    na hipertensão, 341f
        maligna, 341f
Homeostasia
    do cálcio, 80f
HOPE (*Heart Outcomes Prevention Evaluation*), 247
Hospital
    AKI adquirida no, 212
        características, 213q
HOT (*Hypertension Optimal Treatment*), 335
HPV (Papilomavírus Humano)
    no paciente transplantado, 281
HRS (Síndrome Hepatorrenal)
    critérios diagnósticos, 217
    na azotemia pré-renal, 215
HUS (Síndrome Hemolítico-Urêmica), 198, 199, 206
    na gravidez, 296
HYVET (*The Hypertension in the Very Elderly Trial*, 336

I

ICF (Líquido Intracelular), 48, 64
    desvio para, 100
        de fosfato, 100
        do ECF, 100
ICU (Unidade de Terapia Intensiva), 212
IDEAL (*Initiating Dialysis Early and Late*), 254
IDNT (*Ibesartan Diabetic Nephropathy Trial*), 246
Idoso
    hipertensão no, 336
        tratamento da, 336
IDSA (*Infectious Diseases Society of America*), 146
IFE (Imunofixação)
    urinária, 170
IFTA (Fibrose Intersticial/Atrofia Tubular), 278
IgA (Imunoglobulina A), 166f
    nefropatia de, 167, 175q, 188
        diagnóstico, 188
        e hematúria, 167
        fisiopatologia, 189
        hereditária, 175q
        tratamento, 189
IHD (Hemodiálise Intermitente), 235, 236
    comparação da, 236q
    e tipos de CRRT, 236q
    CRRT versus, 239q
        análise da, 239q
IL-2 (Interleucina 2), 267
IL-18 (Interleucina-18), 205
Iloprost, 408q
Imipenem, 365q
Imunização
    no paciente transplantado, 280
Imunologia
    no transplante renal, 266
        APCs, 266
        células, 266, 267
            B, 267
            T, 266
            interações das células T, 267
                e APC, 267
        MHC, 266
Imunossupressão
    de manutenção, 275
        após transplante renal, 275
            tratamento convencional, 275
            esquemas alternativos, 275

tratamento clínico da, 279
  no paciente transplantado, 279
Indapamida, 9q, 383q
Índice(s)
  urinários, 215, 217q
    diagnósticos, 217q
    na azotemia pré-renal, 215
Indinavir, 369q
Indobufeno, 408q
Indução
  no transplante renal, 268, 273
    agentes para, 268
      alentuzumab, 268
      ATG, 268
      basiliximab, 268
      campath, 268
      timoglobulina, 268
Infecção(ões)
  AIN associada à, 211
  associadas a cateter, 155
  crônica, 174q
  de *shunt* ventriculoperitoneal, 175q
  e transplante renal, 275
  mistas, 133q
  por *Staphylococcus aureus*, 184q
    amiloidose por, 174q
    resistente à meticiliina, 184q
  renais, 148
    recorrentes, 148
      recidivas, 148
      tratamento de, 148
        fatores de risco, 151
        prognóstico, 151
        prolongado, 151
        quimioterapia supressiva, 151
        sintomática aguda, 151
  síndrome nefrótica e, 187
    tratamento, 187
Infusão
  contínua, 13
  de diuréticos, 13
Ingestão
  acidose metabólica por, 72, 74
    com AG normal, 74
      de ácido inorgânico, 74
    com ΔAG, 72
      de etileno glicol, 72
      de metanol, 72
  dietética, 100
    diminuída, 100
    de fosfato, 100
Inibidor(es)
  da anidrase carbônica, 9q
    acetazolamida, 9q
  de calcineurina, 268, 269q
    ciclosporina, 269q
    tacrolimo, 269q
  de NaCl, 9q
    clorotiazida, 9q

clortalidona, 9q
hidroclorotiazida, 9q
indapamida, 9q
metolazona, 9q
muitos outros, 9q
de Na-K-2Cl, 9q
  ácido etacrínico, 9q
  bumetanida, 9q
  furosemida, 9q
  torsemida, 9q
de tirosina cinase, 174q
de TOR, 269q
  everolimo, 269q
  sirolimo, 269q
Instrumentação
  do trato urinário, 129
Insuficiência
  cardíaca, 1-26, 233
    e azotemia pré-renal, 233
  hepática, 215
  pós-renal, 233
    AKI e, 233
  renal, 10q, 72, 175, 358q-390q, 393q-408q
    acidose metabólica por, 72
      com ΔAG, 72
    aguda, 10q
      grave, 10q
    e progressão para ESRD, 175
    posologia na, 358q-390q, 393q-408q
      anticonvulsivante, 393q-395q
      antiparkinson, 403q
      antipsicótica, 404q-405q
      antitireóidea, 390q
      de agentes, 373q-389q
        anti-hipertensivos, 373q-386q
        cardiovasculares, 373q-386q
        endócrinos, 387q-389q
        metabólicos, 387q-389q
      de antimicrobianos, 358q-371q
      de drogas analgésicas, 371q-372q
      diversas, 406q-408q
        anticoagulantes, 407q-408q
        corticosteroides, 406q
      neurológica, 393q-395q
      reumatológica, 396q-398q
      sedativa, 399q-402q
Insulina, 388q
  lispro, 388q
  no equilíbrio interno, 48
    do potássio, 48
Interação(ões)
  das células T, 267
    e APC, 267
  de drogas, 272
    e transplante renal, 272
Interpretação
  do sódio sérico, 28

do teste, 44*q*
de privação de água, 44*q*
Intoxicação(ões)
pela vitamina, 82
D, 82
por salicilato, 72, 76
acidose metabólica por, 72
com ΔAG, 72
tratamento de, 76
ISF (Líquido Intersticial), 2*f*
Isquemia
renal, 211
AKI por, 211
Isradipina, 380*q*
Itraconazol, 367*q*
IVF (Líquido Intravenoso), 232
IVIG (Imunoglobulina Intravenosa), 270*q*, 271
IVP (Pielograma Intravenoso), 108

J
JVP (Pulsação Venosa Jugular), 232

K
K/DOQI (*Kidney Disease Outcomes Quality Initiative*), 241, 256
CKD, 242*q*
estágios de, 242*q*
classificação, 242*q*
plano de ação, 242*q*
prevalência, 242*q*
KDIGO (*International Kidney Disease Improving Global Outcomes*), 187, 201, 253, 337
definição do, 203*q*
de AKI, 203*q*
KIM-1 (Molécula de Lesão Renal-1), 205
Klebsiella
pneumoniae, 133*q*
K-phos, 104*q*
neutral, 104*q*

L
Labetalol, 314*q*, 315*q*, 377*q*
Lactato
de cálcio, 96*q*
Lamivudina, 369*q*
Lamotrigina, 393*q*
Lansoprazol, 391*q*
LDH (Desidrogenase Láctica)
na doença renal, 220
intrínseca, 220
Lei
de Starling, 1
Lesão
crônica, 277
do aloenxerto, 277
glomerular, 184*q*, 186*q*
por doenças sistêmicas, 184*q*, 186*q*
e apresentação clínica, 184*q*, 186*q*

nefrítica, 184*q*
nefrótica, 186*q*
renal, 98
aguda, 98
e hiperfosfatemia, 98
Leucemia, 174*q*
linfocítica, 175*q*
crônica, 175*q*
Leucócito(s)
urinários, 162
Levedura, 133*q*
Levetiracetam, 394*q*
Levofloxacina, 143*q*, 144*q*, 362*q*
L-FABP (Proteína Ligadora de Ácido Graxo Hepático), 206
Liberação
de vasopressina, 33
agentes farmacológicos estimulam a, 33
Lidocaína, 355*q*
LIFE (*Losartan Intervention for Endpoint Reduct in Hypertension*), 335
Linfocele
e transplante renal, 274
Linfoma, 174*q*
Lipidúria, 177
Líquido(s)
corporais, 1, 2*q*
distribuição dos, 1, 2*q*
edema generalizado, 3
fenômeno corporal total, 3
lei de Starling, 1
parte arterial dos, 4
do corpo, 3
volume, 3
regulação do, 3
resposta à privação de, 44
no diagnóstico, 44
de doença poliúrica, 44
restrição de, 37
na hiponatremia, 37
assintomática crônica, 37
tubular, 12
proteína no, 12
ligação de diurético à, 12
Lisinopril, 374*q*
Lítio, 174*q*, 355*q*
carbonato de, 402*q*
na hiponatremia, 37
assintomática, 37
crônica, 37
Lomefloxacina, 143*q*, 362*q*
Lorazepam, 401*q*
Losartana, 375*q*
Lovastatina, 389*q*
Loxapina, 405*q*
LVH (Hipertrofia Ventricular Esquerda), 260, 320

M

Magnésio
  sérico, 95
    concentração de, 95
  sulfato de, 314*q*
Malária, 174*q*
Mama
  carcinoma, 174*q*
Manitol
  diurese de, 32
Manutenção
  no transplante renal, 268
    agentes para, 268
      antimetabólitos, 271
      belatacept, 271
      corticosteroides, 271
      inibidores de calcineurina, 268
      mTOR-Is, 271
MAP (Pressão Arterial Média), 337
  efeitos sobre a, 13*f*
    do vasodilatador, 13*f*
McCune-Albright
  síndrome de, 102
MCD (Doença de Lesão Mínima)
  diagnóstico, 196
  fisiopatologia, 196
  secundária, 197
  tratamento, 196
MDRD (Modificação da Dieta em Doença Renal), 255, 292, 327
  equação, 354
    reexpressa, 354
  fórmula, 204
    modificada, 204
Mecanismo(s)
  neuro-hormonal, 6
Medicação(ões)
  proteinúria, 174*q*
    secundária, 174*q*
  que afetam a SCr, 203*q*
  sem afetar a função renal, 203*q*
Medula
  óssea, 174*q*
    transplante de, 174*q*
      proteinúria secundária após, 174*q*
MEN (Neoplasia endócrina Múltipla), 83
Meperidina, 372*q*
Meprobamato, 402*q*
Meropenem, 365*q*
Metabolismo
  da vitamina D, 81*f*
  de drogas, 353
    CKD e, 353
  mineral, 291
    na gravidez, 291
Metadona, 372*q*

Metanol
  envenenamento por, 76
    tratamento, 76
  ingestão de, 72
    acidose metabólica por, 72
    com ΔAG, 72
Metformina, 388*q*
Meticilina
  infecção resistente à, 184*q*
    por *Staphylococcus aureus*, 184*q*
Metildopa, 315*q*
Metilprednisolona, 406*q*
Metimazol, 390*q*
Metoclopramida, 392*q*
Metolazona, 9*q*, 14*q*, 383*q*
Metoprolol, 315*q*, 378*q*
Metronidazol, 365*q*
MHC (Complexo de Histocompatibilidade Principal), 266
MI (Infarto Miocárdico), 320
Miconazol, 367*q*
Microalbuminúria, 160
  doença renal com, 246
    diabética, 246
  estudo irbesartana, 247
Microfenolato
  mofetil, 269*q*
Microscopia Urinária
  achados normais, 158-178
    hematúria, 158-178
      abordagem, 165
      causas de, 165
      exame de urina, 158
    proteinúria, 158-178
      abordagem, 173
      avaliação da, 169
Midazolam, 401*q*
Midodrina, 385*q*
Mieloma
  múltiplo, 174*q*, 175*q*
Milrinona, 386*q*
Mineralocorticoide
  deficiência de, 31
  receptores a, 18
    bloquear os, 18
Minoxidil, 386*q*
Misoprostol, 392*q*
MMF (Micofelato Mofetil), 271
MMR (Sarampo-Caxumba-Rubéola)
  no paciente transplantado, 281
MN (Nefropatia Membranosa), 181
  primária, 194
    diagnóstico, 194
    fisiopatologia, 195
    tratamento, 195
  secundária, 197
Morfina, 372*q*
Moxifloxacina, 362*q*
MPA (Ácido Micofenólico), 271

MPGN (Glomerulonefrite
  Membranoproliferativa), 181, 277
  diagnóstico, 189, 193
  fisiopatologia, 190
  tratamento, 190
MPO (Mieloperoxidase), 191, 222
mTOR-Is (Inibidores do Alvo Mamífero da
  Rapamicina)
  everolimo, 271
  sirolimo, 271

N

NAC (N-acetilcisteína)
  na prevenção, 227
    de AKI por contraste, 227
NaCl (Cloreto de Sódio), 8, 31
  ingestão de, 11
    excessiva, 11
  inibidores de, $9q$
    clorotiazida, $9q$
    clortalidona, $9q$
    hidroclorotiazida, $9q$
    indapamida, $9q$
    metolazona, $9q$
    muitos outros, $9q$
  retenção renal de, 25
    primária, 25
Nadolol, $378q$
Nafcilina, $362q$
Na-K-2Cl
  inibidores de, $9q$
    ácido etacrínico, $9q$
    bumetanida, $9q$
    furosemida, $9q$
    torsemida, $9q$
Naloxona, $372q$
Não Narcótico(s)
  acetaminofeno, $372q$
  ácido acetilsalicílico, $372q$
NAPA (n-Acetilprocainamida), $355q$
Narcótico(s)
  alfentanil, $371q$
  butorfanol, $371q$
  codeína, $371q$
  e antagonistas dos, $371q$
  fentanil, $371q$
  meperidina, $372q$
  metadona, $372q$
  morfina, $372q$
  naloxona, $372q$
  pentazocina, $372q$
  propoxifeno, $372q$
  sufentanil, $372q$
NE (Norepinefrina), $21f$
Necrose
  tubular, 163
    aguda, 163

Nefrectomia
  no doador, 273
  rim pélvico após, $299q$
  solitário, $299q$
Nefrite
  intersticial, 163
    aguda, 163
  lúpica, $184q$, 192, 301
    diagnóstico, 192
    e gravidez, 301
    fisiopatologia, 192
    tratamento, 193
  perdedora de sal, 31
Nefrolitíase
  contendo cálcio, $111q$
    estudos randomizados em, $111q$
Nefrologista
  quando encaminhar ao, 250
Néfron(s)
  perda de, $174q$
    doenças associadas à, $174q$
Nefropatia
  associada a HIV, $174q$
  de ácido úrico, 228
    aguda, 228
      AKI por, 228
  de contraste, 226
  de fosfato, 229
    aguda, 229
      AKI e, 229
  de IgA, 167, $175q$, 188, 189
    diagnóstico, 188
    fisiopatologia, 189
    hereditária, $175q$
    tratamento, 189
  de refluxo, $174q$
  diabética, 173, 197, $299q$, 302
    diagnóstico, 197
    e gravidez, 302
    fisiopatologia, 197
    incipiente, 173
    tratamento, 198
  e hematúria, 166
  estabelecida, 246
    doença renal com, 246
      diabética, 246
    pacientes diabéticos com, 246
      tipo 1, 246
      tipo 2, 246
  por BKV, 279
    tratamento clínico da, 279
      no paciente transplantado, 279
Nefrotoxicidade
  de aminoglicosídeo, 226
    AKI nefrotóxica por, 226
Nelfinavir, $369q$
Neoplasia
  e hematúria, 165
  hipercalcemia de, 83

tratamento clínico da, 282
  no paciente transplantado, 282
Netilmicina, 359q
Neutra-Phos, 104q
Nevirapina, 370q
NFAT (Fator Nuclear das Células T Ativadas), 268
NFK (*National Kidney Foundation*), 241
NGAL (Gelatinase Neutrofílica), 205
NHANES (*National Health and Nutrition Examination Survey*), 106, 318
  III, 244, 249
Nicardipina, 381q
Nifedipina
  XL, 381q
Niizatidina, 391q
Nimodipina, 381q
Nisoldipina, 381q
Nitrato
  de gálio, 88
    na hipercalcemia, 88
Nitrofurantoína, 143q
Nitroprussiato, 386q
  de sódio, 314q
NKCC (Na^+-K^+-Cl_2), 48
NKCC2 (Na^+-K^+-2Cl), 53
NO (Óxido Nitroso), 288
Norfloxacina, 143q, 364q
NSAIDs (Drogas Anti-Inflamatórias Não Esteroides), 8, 58q, 174q, 197
  azotemia pré-renal, 217
  vasomotora, 217
Nutrição
  no tratamento, 261
    com diálise, 261

O

Obesidade
  mórbida, 174q
Obstrução
  ao fluxo urinário, 129
  do trato urinário, 297
    na gravidez, 297
  sinusoidal, 231
    hepática, 231
      síndrome de, 231
  unilateral, 209
    de rim solitário, 209
  uretral, 209
    bilateral, 209
Ofloxacina, 143q, 144q, 364q
Olanzapina, 405q
Omeprazol, 391q
Órgão(s)-Alvo
  dano a, 321q
OSA (Apneia de Sono Obstrutiva), 328
Os-cal, 96q
Osmolalidade
  sérica, 28
    controle da, 28

Osmólito(s)
  geração de, 45
    na hipernatremia, 45
      crônica, 45
Osso
  cálcio do, 82
    reabsorção aumentada de, 82
      doença de Paget, 84
      hiperparatireoidismo, 82
      hipertireoidismo, 84
      hipercalcemia, 84
      neoplasia, 83
Overdose
  de digitálicos, 58q
Oxalato, 117q
Oxazepam, 401q
Oxcarbazepina, 394q

P

Paciente
  edemaciado, 1-26
  cirrose, 1-26
  insuficiência cardíaca, 1-26
    congestiva, 15
  líquidos corporais, 1, 2q
    distribuição dos, 1, 2q
    edema generalizado, 3
    fenômeno corporal total, 3
    lei de Starling, 1
  resistência a diurético, 11
    causas, 11
      entrega prejudicada ao local ativo, 11
      ingestão excessiva de NaCl, 11
      ligação à proteína no líquido tubular, 12
    tratamento, 12
      DOSE, 15
      infusões contínuas, 13
      soma, 12
  síndrome nefrótica, 1-26
  tratamento do edema, 8
    dietético, 8
    diurético, 8
  volume líquido do corpo, 3
    regulação do, 3
      efeito retentor de sódio, 7
        da aldosterona, 7
      parte arterial, 4
      plasmático, 4
      processos compensatórios, 6
      sanguíneo, 4
        efetivo, 4
        total, 4
  hipernatrêmico, 40
    abordagem ao, 40
    hipervolêmico, 41
    hipovolêmico, 40
      perdas, 40, 41
        extrarrenais, 40
        renais, 41

hiponatrêmico, 29
 edemaciado, 29
 hipervolêmico, 29
 hiposmolar, 29
  abordagem ao, 29
 hipovolêmico, 29
Paget
 doença de, 84
 hipercalcemia por, 84
Pamidronato
 dissódico, 88q
p-ANCA (Coloração Perinuclear dos Neutrófilos), 191, 222
Pantoprazol, 391q
Paracentese
 de grandes volumes, 22
Paratireoide(s)
 cirurgia das, 91
  hipoparatireoidismo após, 91
Pauci-imune(s), 210
PCO2 (Pressão Parcial de Dióxido de Carbono), 62, 64
 alterações da, 66
  direções das, 66
  primária, 66
 compensação da, 66
  magnitude da, 66
PD (Diálise Peritoneal), 237, 253
 complicações da, 258
 procedimento da, 258
Pefloxacina, 364q
Pembutolol, 378q
Penicilamina, 174q
Penicilina
 IV, 362q
  ácido nalidíxico, 362q
  ampicilina, 362q
  cinoxacina, 362q
  ciprofloxacina, 362q
  esparfloxacina, 364q
  fleroxacina, 362q
  levofloxacina, 362q
  lomefloxacina, 362q
  moxifloxacina, 362q
  nafcilina, 362q
  norfloxacina, 364q
  ofloxacina, 364q
  pefloxacina, 364q
  penicilina G, 362q
  piperacilina, 362q
  piperacilina/tazobactam, 362q
  quinolonas, 362q
  ticarcilina/clavulanato, 362q
  trovafloxacina, 364q
 oral, 361q
  amoxicilina, 361q
  ampicilina, 361q
  dicloxacilina, 362q
  penicilina V, 362q

Pentamidina, 58q, 365q
Pentazocina, 372q
Pentobarbital, 399q
Pentopril, 374q
Perfenazina, 404q
Pescoço
 cirurgia do, 91
  radical, 91
   hipoparatireoidismo após, 91
pH
 sanguíneo, 64
PHA (Hiperaldosteronismo Primário), 327
PHEX (Gene Regulador de Fosfato com homologia a Endopeptidase)
 mutações inativadoras de, 102
Pielografia
 retrógrada, 220
  na AKI pós-renal, 220
 intravenosa, 288f
Pielonefrite
 aguda, 294, 297
  na gravidez, 294, 297
 bacteriana aguda, 148
  tratamento de, 148
   ambulatorial, 148
   em internação, 148
Pindolol, 378q
Piperacilina, 362q
 tazobactam, 362q
Piretanida, 383q
Piúria
 condições podem causar, 160
 sintomática, 146
  sem bacteriúria, 146
  tratamento, 146
PLA2R (Receptor Fosfolipase A2), 195
Plicamicina, 88q
Poliangiite
 granulomatose com, 184q
 microscópica, 167, 184q
  e hematúria, 167
Poliarterite
 microscópica, 175q
 nodosa, 184q
Poliomavírus
 tratamento clínico do, 279
 no paciente transplantado, 279
Posologia(s)
 de agentes, 391q-392q
  GI, 391q-392q
 de drogas, 235, 351-408
  na AKI, 235
  na CKD, 354
  na função renal prejudicada, 351-408
   diretrizes práticas para, 351-408
  na insuficiência renal, 358q-390q, 393q-408q
   anticonvulsivante, 393q-395q
   antiparkinson, 403q
   antipsicótica, 404q-405q

antitireóidea, 390q
de agentes, 373q-389q
  anti-hipertensivos, 373q-386q
  cardiovasculares, 373q-386q
  endócrinos, 387q-389q
  metabólicos, 387q-389q
de antimicrobianos, 358q-371q
de drogas analgésicas, 371q-372q
diversas, 406q-408q
  anticoagulantes, 407q-408q
  corticosteroides, 406q
  neurológica, 393q-395q
  reumatológica, 396q-398q
  sedativa, 399q-402
Potássio
  desvio de, 50
  fisiologia do, 48
    visão geral da, 48
      equilíbrio externo, 49
        extrarrenal, 50
        rim, 49
      equilíbrio interno, 48
        acidobásico, 48
        catecolaminas, 48
        insulina, 48
        tonicidade, 49
  sérico, 63
  urinário, 58
    no diagnóstico, 58
      da hiperpotassemia, 58
    taxa de excreção de, 58
PR-3 (Proteinase-3), 191, 222
Pravastatina, 389q
Prednisolona, 406q
Prednisona, 406q
Pré-Eclâmpsia, 307
  fisiopatologia da, 308
  função renal na, 309
    ácido úrico, 310
    cálcio, 310
    GFR, 309
    proteinúria, 310
    RPF, 309
  morfologia renal na, 309
    endoteliose capilar, 310
      glomerular, 310
  paciente hipertensa sem, 312
    terapia anti-hipertensiva, 313
  prevenção da, 312
  superposta, 307
    hipertensão crônica com, 307
  tratamento da, 311
    da convulsão eclâmptica, 312
    da hipertensão, 311
    hospitalização, 311
Preparação(ões)
  de vitamina D, 96
  oral, 96q, 104q
  de cálcio, 96q

de fosfato, 104q
Pressão
  de enchimento ventricular, 18f
  débito cardíaco e, 18f
    relação entre, 18f
Primidona, 394q
Privação
  de água, 44q
    teste de, 44q
      interpretação, 44q
      procedimentos, 44q
    resposta à, 44
      no diagnóstico, 44
        de doença poliúrica, 44
        de AVP, 44
        de líquido, 44
Probucol, 389q
Procainamida, 355q
Procedimento(s)
  do teste, 44q
  de privação de água, 44q
Processo(s)
  compensatórios, 6
    mecanismos, 6
      neuro-humoral, 6
      retenção renal, 6
        de água, 6
        de sódio, 6
      vasodilação arterial, 6
        sistêmica, 6
Prometazina, 404q
Propiltiuracil, 390q
Propoxifeno, 372q
Propranolol, 378q
Prostatite
  bacteriana, 130, 131
    aguda, 130
    crônica, 131
  tratamento da, 152
    bacteriana, 152
      aguda, 152
      crônica, 152
    não bacteriana, 152
Proteína(s)
  de Tamm-Horsfall, 169
  do diafragma-fenda, 171
    mutações genéticas em, 171
  excreção de, 172
    na urina de 24 horas, 172
    e creatinina total, 172
  na urina, 159
Proteinúria
  abordagem, 173
  avaliação do risco, 175
  causas, 173
    glomerular, 175q
      por doença sistêmica, 174q
      por medicação, 174q

recomendações de terapia, 176
  específicas, 176
achados anormais, 158-178
  na microscopia urinária, 158-178
  exame de urina, 158
avaliação da, 169
  considerações fisiológicas, 169
    anormal, 170
    de transbordamento, 170
    glomerular, 171
    pós-renal, 171
    tubular, 170
  definições para classificar, 171
    albuminúria alta, 171
    franca, 171
    isolada, 172
    na faixa nefrótica, 171
    ortostática, 172
    síndrome, 171
      nefrítica, 171
      nefrótica, 171
    transitória, 172
  detecção da, 172
    UACR, 173
    UPCR, 173
  quantificação da, 172
    coleta de urina de 24 horas, 172
    quantitativa, 172
  gravidez e, 300
    hemodinâmica renal, 300
    na faixa nefrótica, 302
    na gravidez, 302
  nefrítica, 175q
    causas de, 175q
  quantificação de, 167
    na hematúria, 167
  síndrome nefrótica, 178q, 184
    tratamento, 178q, 184
    de complicações, 178q
    de sinais, 178q
Proteus, 133q
Prova
  cruzada, 272
  no transplante, 272
PSA (Antígeno Prostático Específico), 130
Pseudo-Hipertensão, 325
Pseudomonas
  aeruginosa, 133q
PTDM (Diabetes Melito Pós-Transplante), 268, 275, 282
PTE (Eritrocitose Pós-Transplante)
  tratamento clínico da, 284
PTH (Hormônio Paratireóideo), 79, 109
  circulante, 260
  concentração de, 86
    intacta, 86
  resistência ao, 93
    de órgão-final, 93

PTHrP (Peptídeo Relacionado com o Hormônio Paratireóideo), 79
  produção excessiva de, 83
PTLD (Doença Linfoproliferativa Pós-Transplante), 271
PTT (Púrpura Trombocitopênica Trombótica), 184q
Pulmão
  carcinoma do, 174q
Púrpura
  de Henoch–Schönlein, 175q, 184q

Q

Quazepam, 401q
Quetiapina, 405q
Química
  acidobásica, 64
    equação acidobásica, 64
    HCO_3, 64
    $PCO2$, 64
    pH sanguíneo, 64
  da urina, 215
    na azotemia pré-renal, 215
Quinapril, 374q
Quinidina, 355q
Quinolona(s), 362q

R

Rabdomiólise
  AKI por, 227
    achado urinário, 227
    terapia, 228
    causas de, 228q
Rabeprazol, 391q
Radiografia
  simples, 108
    do abdome, 108
      horizontal, 108
Ramipril, 375q
Ranitidina, 392q
RAS (Sistema Renina-Angiotensina)
  bloqueadores do, 176
  drogas bloqueadoras do, 176
    efeito antiproteinúrico das, 176
    e proteinúria, 176
RCN (Necrose Cortical Renal)
  na gravidez, 297
Reabsorção
  de cálcio do osso, 82, 90
    aumentada, 82
      doença de Paget, 84
      hiperparatireoidismo, 82
      hipertireoidismo, 84
      hpercalcemia, 84
      neoplasia, 83
    diminuída, 90
  óssea, 87
    agente que iniba, 87
    bifosfonatos, 87

cinacalcet, 88
nitrato de gálio, 88
tubular, 99
  de fosfato, 99
  aumentos primários na, 99
Receptor (es)
  à angiotensina II, 315q, 375q
    antagonistas dos, 375q
    bloqueadores dos, 315q
  a *mineralocorticoide*, 18
    bloquear os, 18
  α-adrenérgicos, 315q
    antagonistas dos, 315q
  α$_2$-adrenérgicos, 315q
    agonistas dos, 315q
  β-adrenérgicos, 315q
    antagonistas dos, 315q
  da AVP, 39q
    antagonistas do, 39q
    não peptídicos, 39q
  de transplante renal, 263
    avaliação do, 263
Refluxo
  nefropatia de, 174q
Registro(s)
  antigos, 206
    para distinguir AKI, 206
    de CKD, 206
Regulação
  do fosfato, 97
  do volume líquido, 3
    do corpo, 3
  na gravidez, 289, 290
    acidobásica, 289
    de volume, 290
REIN (*Ramipril Efficacy in Nephropathy*), 248, 338
Rejeição
  no transplante renal, 271, 276
    aguda, 276
    tratamento de, 271
      agentes para, 271
Remoção
  de adenoma, 92
    paratireoideo, 92
    hipoparatireoidismo após, 92
RENAAL (*The Reduction of Endpoints in Type 2 diabetes with the Angiotensin II Antagonist Losartan*), 246
Renografia
  isotópica, 220
    na AKI pós-renal, 220
Repaglinida, 388q
Reposição
  de água, 46
    método de cálculo da, 46
Resistência
  a diurético, 11
    causas de, 11

diurética, 12
  tratamento da, 12
Resposta(s)
  respiratórias, 68
    efeitos das, 68
    aos distúrbios metabólicos, 68
Retenção
  renal, 6, 177
    de água, 6, 177
    de sódio, 6, 177
Retentor
  de sódio, 7
    da aldosterona, 7
    efeito de, 7
Retinopatia
  hipertensiva, 342q
    classificação da, 342q
Ribavirina, 370q
Rifabutina, 370q
Rifampicina, 365q
RIFLE (Risco, Lesão, Insuficiência, Perda, Estágio Final de Doença Renal), 201
  critérios, 202q
    para AKI, 202q
      de classificação, 202q
      de diagnóstico, 202q
Rim (ns)
  do trato urinário, 209
    superior, 209
  em esponja, 113
    medular, 113
  na gravidez, 303, 304
    pélvicos, 304
    policísticos, 303
      doença dominante adulta, 303
    solitário, 304
  no equilíbrio externo, 49
    do potássio, 49
      ânions não absorvíveis, 50
      da dieta, 49
      mineralocorticoides, 49
      néfron distal, 49
        fluxo de sódio no, 49
        fornecimento de sódio no, 49
      WNK cinases, 50
  pélvico, 299q
    solitário, 299q
    após nefrectomia, 299q
  solitário, 209
    obstrução de, 209
    unilateral, 209
Rimantadina, 370q
Risperidona, 405q
Ritonavir, 370q
Rituximab, 270q
Rolaids, 96q
ROMK (Canal de Potássio Medular Externo Renal), 49

RPF (Fluxo Plasmático Renal)
  na hemodinâmica renal, 286
  na pré-eclâmpsia, 309
RPGN (Glomerulonefrite Rapidamente Progressiva), 180, 207, 210
  classificação histológica da, 183q
RRs (Riscos Relativos)
  de AVC, 336
RRT (Terapia de Substituição Renal), 201, 202q, 214
  crônica, 253-261
    com diálise, 253-261
      HD, 255
      indicações, 253, 254q
      PD, 258
      tratamento, 259
        questões gerais do, 259
    iniciando em, 237
    modalidades de, 236
      CRRT, 236
      diálise peritoneal, 237
      IHD, 236
      SLED, 237
RTA (Acidose Tubular Renal), 109
  distal, 73
    hipertalassêmica, 73
    hipotalassêmica, 73
  proximal, 73

S

SABs (*Single Antigen Blads*), 264
SAFE (*Saline vs. Albumin Fluid Evaluation*), 232
Sal
  perdedora de, 31, 32
    nefrite, 31
    síndrome cerebral, 32
  substitutos do, 58q
Salicilato
  intoxicação por, 72
    acidose metabólica por, 72
      com ΔAG, 72
Salmão
  calcitonina de, 88q
Sangramento
  GI, 205
  não glomerular, 162
    duas populações de células, 162f
Saquinavir, 370q
Sarcoidose, 174q
Saúde
  cardiovascular, 260
    no tratamento, 260
      com diálise, 260
SBP (Pressão Arterial Sistólica), 318
SCDs (Doadores de Critérios Padrão), 265
SCr (Creatinina Sérica), 202q, 203q
  como marcador, 201
    de AKI, 201
    de GFR, 201

condições que afetam a, 203q
  sem afetar a função renal, 203q
medicações que afetam a, 203q
  sem afetar a função renal, 203q
SCUF (Ultrafiltração Contínua Lenta), 233
Secobarbital, 399q
Sedativa
  posologia, 399q-402
  na insuficiencia renal, 399q-402q
Sedativo(s)
  alprazolam, 400q
  antiparkinson, 403q
    carbidopa, 403q
    levodopa, 403q
  barbitúricos, 399q
  benzodiazepinas, 399q, 401q
    antagonista das, 401q
  clonazepam, 400q
  clorazepato, 400q
  clordiazepóxido, 400q
  diazepam, 400q
  diversos, 402q
    buspirona, 402q
    carbonato de lítio, 402q
    etclorvinol, 402q
    haloperidol, 402q
    meprobamato, 402q
  estazolam, 401q
  fenobarbital, 399q
  flumazenil, 401q
  flurazepam, 401q
  lorazepam, 401q
  midazolam, 401q
  oxazepam, 401q
  pentobarbital, 399q
  posologia, 399q-402q
  quazepam, 401q
  secobarbital, 399q
  temazepam, 401q
  tiopental, 399q
  triazolam, 401q
Sedimento(s)
  urinário, 214, 215, 219, 220, 221, 222
    avaliação do, 214
      na AKI, 214
      na AKI pós-renal, 219
      na azotemia pré-renal, 215
      na doença glomerular, 222
        por causa nefrótica, 222
      na doença renal, 220, 221
        intrínseca, 220, 221
      nas TMA, 221
Seleção
  de pacientes, 263
    para transplante renal, 263
      avaliação do receptor, 263
      doadores de órgãos, 264
      preditores de resultado, 265

Sepse
  AKI por, 212
SHEP (*Systolic Hypertension in the Elderly Program*), 336
Shunt
  ventriculoperitoneal, 175q
  infecção de, 175q
SI (Sistema Internacional), 79
SIADH (Síndromde do Hormônio Antidiurético Inapropriado), 33
  causas, 34
    AIDS, 34
    carcinoma, 34
    doenças, 34
      do SNC, 34
      pulmonares, 34
    hiponatremia, 34
      induzida por exercícios, 34
Sífilis
  secundária, 174q
Síndrome
  autoimune, 91
    poliglandular, 91
      tipo I, 91
  cerebral, 32
    perdedora de sal, 32
  de Alport, 166, 168, 171, 174q, 175q
    e hematúria, 166
    e proteinúria, 171
      glomerular, 171
  de Churg-Strauss, 184q
  de Goodpasture, 175q, 184q
  de leite-álcali, 82
    hipercalcemia por, 82
  de McCune-Albright, 102
  de obstrução sinusoidal, 231
    hepática, 231
  de quebra-nozes, 167
    e hematúria, 167
  de Sjögren, 174q
  HAM, 91
  HELLP, 295
  hemolítico-urêmica, 184q
  hepatorrenal, 24f
    tipos de, 24f
  metabólica, 336
    hipertensão na, 335
      tratamento da, 335
  nefrítica, 171, 180, 181, 188
    avaliação clínica, 181
    padrões clínicos, 180
    tratamento, 188
      com manifestações sistêmicas, 190
      limitada ao rim, 188
  nefrótica, 1-26, 171, 174q, 177, 178, 180, 183, 184, 187, 188, 194
    avaliação clínica, 183
    congênita, 174q
    diferenciar edema na, 26f
      de *overfill*, 26f
      de *underfill*, 26f
    padrões clínicos, 180
    patogênese, 24
    retenção de NaCl renal, 25
      primária, 25
    tratamento, 25, 178, 184, 187, 188, 194
      de complicações, 178q
      de sinais, 178q
      e edema, 187
      e hipercoagulabilidade, 188
      e hiperlipidemia, 187
      e hipertensão, 187
      e infecção, 188
      e proteinúria, 184
      limitada ao rim, 194
      por doença sistêmica, 197
  unha-patela, 174q
  uretral, 129
    aguda, 129
      prostadodinia, 131
      prostatite, 130
      uretrite, 130
      vaginite, 130
Sinvastatina, 389q
Sirolimo, 174q, 269q, 355q
Sjögren
  síndrome de, 174q
SLE (Lúpus Eritematoso Sistêmico), 158, 174q, 175q, 299q
  e gravidez, 301
  e hematúria, 167
SLED (Diálise de Baixa Eficiência Sustentada), 237
SNC (Sistema Nervoso Central)
  disfunção do, 45
    correlação da, 45
      com o grau de hiperosmolalidade, 45
  doenças do, 34
    SIADH por, 34
Sobrecarga
  de volume, 235
    na AKI, 235
Sódio
  da aldosterona, 7
    efeito retentor de, 7
  nitroprussiato de, 314q
  renal, 323f
    anormal, 323f
      manejo de, 323f
        na patogênese da hipertensão, 323f
  restrição de, 25
    na dieta, 25
  retenção de, 6, 177
    renal, 6
  sérico, 28
    controle do, 28
    interpretação do, 28

urinário, 30
  concentração de, 30
    de mais de 20 mEq/L, 30
    de menos 10 a 20 mEq/L, 30
  valproato de, 394q
Soluto
  excreção de, 39
  aumento da, 39
Soro
  fisiológico, 88q
Sotalol, 379q
SSA (Teste do Ácido Sulfossalicílico), 172
Staphylococcus
  aureus, 133q, 184q
    infecção por, 184q
      resistente à meticilina, 184q
  não *aureus*, 133q
  saprophyticus, 133q
Starling
  forças de, 2f
  efeito das, 2f
  lei de, 1
Subenchimento
  arterial, 5f, 7f, 233
    com excesso de ECF, 233
      na azotemia pré-renal, 233
    débito cardíaco e, 5f
      diminuído, 5f
    falha do escape e, 7f
      da aldosterona, 7f
    vasodilação arterial e, 5
      sistêmica, 5
Substituto(s)
  do sal, 58q
Succinilcolina, 58q
Sucralfato, 392q
Sufentanil, 372q
Sulfametoxazol, 365q
Sulfato
  de magnésio, 314q
Sulfimpirazona, 408q
suPAR (Receptor Solúvel a Urocinase), 196
Suporte
  nutricional, 235
    na AKI, 235
SVR (Resistência Vascular Sistêmica), 323

T
Tabagismo
  e ESRD, 245
Tacrolimo, 269q, 355q
  e azotemia pré-renal, 218
Tamm-Horsfall
  proteína de, 169
Taxa
  de diurese, 22

Tazobactam, 362q
TBMN (Nefropatia de Membrana Basal Fina), 166f, 168
TBW (Água Corporal Total), 28
TC (Tomografia Computadorizada)
  helicoidal, 108
    na cólica renal, 108
    na AKI pós-renal, 220
TCR (Receptor de Célula T), 266
Telmisartana, 376q
Temazepam, 401q
Teofilina
  VO, 355q
Terapia
  anti-hipertensiva, 245
    para progressão, 245
    para ESRD, 245
  diurética, 14q, 17
    de combinação, 14q
Terbinafina, 367q
Teste(s)
  da urina, 221, 222
    na doença, 221, 222
      glomerular, 222
        por causa nefrótica, 222
      renal intrínseca, 221
  de função renal, 292
    na gravidez, 292
  de privação, 44q
    de água, 44q
      interpretação, 44q
      procedimentos, 44q
  de supressão, 86
    com hidrocortisona, 86
  radiológicos, 219
    na AKI pós-renal, 219
      cistoscopia retrógrada, 220
      pielografia retrógrada, 220
      renografia isotópica, 220
      TC, 220
      ultrassonografia renal, 219
Tetraciclina, 143q
Tiagabina, 394q
Tiazida(s), 383q
Ticarcilina, 362q
Ticlopidina, 408q
Timoglobulina, 268
Timolol, 379q
Tiopental, 399q
Tioridazina, 404q
Tiotixeno, 405q
TIPS (*Shunt* Portossistêmico Intra-Hepático Transjugular), 21
  contraindicações ao, 23f
  stent, 233
Tireoide
  cirurgia da, 91
    hipoparatireoidismo após, 91

Tirosina
  cinase, 174q
    inibidores de, 174q
TMA (Microangiopatia Trombótica), 198
  achados, 221
    laboratoriais, 221
    urinários, 221
  exame físico, 221
  história, 221
  HUS, 199
  na gravidez, 296
  TTP, 199
Tobramicina, 355q, 359q
Tolazamida, 388q
Tolbutamida, 388q
Tonicidade
  no equilíbrio interno, 49
  do potássio, 49
Topiramato, 395q
TOR (Alvo de Rapamicina)
  inibidores de, 269q
    everolimo, 269q
    sirolimo, 269q
Torasemida, 384q
Torsemida, 9q, 14q
Toxicidade(s)
  acidose metabólica com ΔAG por, 72
    por acidose piroglutâmica, 72
      por acetaminofeno, 72
    por ingestão, 72
      de etileno glicol, 72
      de metanol, 72
    por intoxicação, 72
    por salicilato, 72
Toxina(s)
  endógenas, 212
  AKI por, 212
TPF (Fluxo Plasmático Renal), 286
Trandolapril, 375q
Transplante Renal, 263-285
  cirurgia de, 273
  complicações médicas, 276
    DGF, 276
    doença recorrente, 277
    lesão crônica do aloenxerto, 277
    rejeição aguda, 276
  dessensibilização, 272
  drogas usadas em, 269q-270q
  e gravidez, 304
  epidemiologia, 263
  farmacoterapia, 266
    para indução, 268
    para manutenção, 268
    para tratamento de rejeição, 271
    interação de drogas, 272
  imunologia, 266
    APCs, 266
    células, 266, 267
      B, 267
  T, 266
    interações das células T, 267
    e APC, 267
  MHC, 266
  indução, 273
  introdução, 263
  nefrectomia no doador, 273
  paciente transplantado, 278
    tratamento clínico do, 278
    doença(s), 278, 281, 283, 284
      cardiovascular, 281
      hematológica, 284
      infecciosas, 278
      óssea, 283
      gravidez, 285
      neoplasia, 282
  prova cruzada, 272
  seleção de pacientes, 263
    avaliação do receptor, 263
    doadores de órgãos, 264
    preditores de resultado, 265
  tratamento pós-operatório, 273
    complicações cirúrgicas, 274
      da ferida, 275
      infecções, 275
      linfocele, 274
      trombose, 274
        arterial, 274
        venosa, 274
      urológicas, 274
    imediato, 275
    imunossupressão, 275
    de manutenção, 275
Transplante
  proteinúria secundária após, 174q
  renal, 174q
  de medula óssea, 174q
Trato
  geniturinário, 108
    exame do, 108
    ultrassonográfico, 108
  GI, 50, 80
    absorção aumentada de cálcio do, 80
    doenças granulomatosas, 82
    hipercalcemia na CKD, 82
    intoxicação pela vitamina D, 82
    síndrome de leite-álcali, 82
    no equilíbrio do potássio, 50
  urinário, 129, 209, 286
    alterações no, 286
      anatômicas, 286
      funcionais, 286
    instrumentação do, 129
    obstrução do, 297
      na gravidez, 297
    superior, 209
      obstrução do, 209
Treg (Células T Reguladoras), 267
Triancinolona, 406q

Triantereno, 9q, 383q
Triazolam, 401q
Trifluoperazina, 404q
Trimetadiona, 395q
Trimetoprim, 58q, 143q, 203q, 365q
Trimetoprim-sulfametoxazol, 143q, 144q
Troglitazona, 388q
Trombose
  e transplante renal, 274
    arterial, 274
    venosa, 274
Trovafloxacina, 364q
TSC (Cotransportador de NaCl sensível a Tiazida), 53
TTKG (Gradiente Transtubular de Potássio)
  no diagnóstico, 58
  da hiperpotassemia, 58
TTP (Púrpura Trombocitopênica Trombótica), 198, 199, 206
  na gravidez, 296
Túbulo
  proximal, 14q
    dietéticos de, 14q
      acetazolamida, 14q

U

UACR (Relação Albumina-Creatinina Urinária), 173
UAG (*Anion Gap* Urinário), 74
UKPDS (*United Kingdom Prospective Diabetes Study*), 246, 333
Ultrassom
  renal, 168
Ultrassonografia
  renal, 206, 219
    na AKI pós-renal, 219
    para distinguir AKI, 206
    de CKD, 206
UNLOAD (*Ultrafiltration versus Intravenous Diuretics for Patients Hospitalized for Acute Decompensated Heart Failure*), 15
UPCR (Relação Proteína-Creatinina Urinária), 173
UPEP (Eletroforese das Proteínas Urinárias), 170
Ureia
  diurese de, 32
Uretrite, 130
Urina
  achados na, 223
    na AIN, 223
  ácida, 164f
    cilindro eritrocitário em, 164f
      composto de eritrócitos, 164f
  branca, 159
  citologia da, 169
    na hematúria, 169
  coleta de, 117q, 169, 181, 293
    de 24 horas, 117q, 169, 181
    valores normais da, 117q
    na bacteriúria assintomática, 293
    na gravidez, 293
  de paciente com GN, 161f
    eritrócitos na, 161f
  exame de, 158, 159, 160, 167, 214, 219, 220, 225, 291
    análise microscópica, 160
      células tubulares renais, 163
      cilindros urinários, 163
      cristais, 164
      hematúria, 161
      leucócitos urinários, 162
      piúria, 162
    bastão de imersão, 159
      análise com, 159
      coleta de amostras, 158, 159q
      método de, 158
      no meio da micção, 159q
    inspeção macroscópica, 158
      centrifugação da, 158
      cor, 158
    microscópico, 167
      na hematúria, 167
    na AKI, 214, 219
      pós-renal, 219
    na ATN, 225
    na doença renal, 220
      intrínseca, 220
    na gravidez, 291
    na azotemia pré-renal, 215
      índices, 215
      química, 215
  negra, 159
  proteína na, 159
  púrpura, 159
  residual, 129
    na bexiga, 129
  teste da, 221, 222
    na doença, 221, 222
      glomerular, 222
        por causa nefrótica, 222
      renal intrínseca, 221
  verde, 159
Urocinase, 408q
Urocultura
  na hematúria, 167
Urolitíase, 299q
  na gravidez, 304
Uromodulina, 169
URR (Relação de Redução de Ureia), 259
  cálculo da, 259q
UTI (Infecção do Trato Urinário), 106, 125-155, 286
  características clínicas, 129
    síndrome uretral, 129

aguda, 129
contexto clínico, 128
   bacteriúria assintomática, 128
   sintomáticas, 129
      instrumentação do trato urinário, 129
      obstrução ao fluxo urinário, 129
      refluxo vesicoureteral, 129
      urina residual na bexiga, 129
definições, 125
   bacteriúria significante, 125
   classificação clínica, 126
      bacteriúria assintomática, 126
      cistite aguda não complicada, 126
         em mulheres, 126
         infecções recorrentes em mulheres, 126
      complicadas, 126
      localização anatômica, 125
      não complicadas, 126
      recorrência de, 125
diagnóstico laboratorial, 131
   culturas de urina, 134
      interpretação das, 134
   exame da urina, 136
      microscópico, 136
   local de infecção, 138
      localização do, 138
   outros procedimentos, 138
      indicações, 138
   radiografia, 138
      indicações, 138
   testes bioquímicos, 137
      para bacteriúria, 137
   urina para cultura, 131
      amostra de, 131
fatores de risco, 126
patogênese, 126
sintomáticas, 127f
   distribuição de frequência das, 127f
      por idade, 127f
      por sexo, 127f
tratamento, 139
   agentes antimicrobianos, 140, 143q, 144q
      β-lactâmicos, 140
      fluoroquinolonas, 142
      intravenosos, 144q
      macrolídeos, 142
      nitrofurantoína, 140
      orais, 143q
      tetraciclinas, 142
      trimetoprim, 141
      trimetoprim-sulfametoxazol, 141
   cateteres urinários, 152, 155
      cuidado de, 152
      infecções associadas a, 155
   da pielonefrite bacteriana, 148
      aguda, 148
   da prostatite, 152
   de bacteriúria assintomática, 142
   de cistite, 145, 146
      não complicada, 145
      recorrente, 146
      reinfecções, 146
   de infecções renais, 148
      recidivas, 148
      recorrentes, 148
   recomendações para, 149q-150q
   subjacente, 139
      acompanhamento, 139
      princípios de, 139

V

VA NEPHRON D (*Combined Angiotensin Inhibitions for the Treatment of Diabetic Nephropathy*), 248
Vaginite, 130
Valaciclovir, 370q
Valproato
   de sódio, 394q
Valsartana, 376q
Vancomicina, 144q, 355q, 365q
Variável(is)
   acidobásicas, 65
   análise das, 65
Vasculite, 176, 180-199, 299q
   AKI e, 234
   e gravidez, 302
   renal, 191
      diagnóstico, 191
      fisiopatologia, 192
      Pauci-Imune, 191
      tratamento, 192
   visão geral, 180
Vasodilatação
   arterial e, 5f, 6, 21f, 23
   sistêmica, 5f, 6, 21f, 23
      hipótese da, 21f
      subenchimento arterial e, 5f
      tratamento para, 23
Vasodilatador(es)
   de ação direta, 315q
   efeitos do, 13f
   sobre a MAP, 13f
Vasopressina
   absorção regulada pela, 38f
   de água, 38f
      vias de sinalização, 38f
   antagonistas da, 38
   liberação de, 33
      agentes farmacológicos estimulam a, 33
Vasopressinase
   diabetes secundário a, 43
      insípido, 43
      nefrogênico, 43
VEGF (Fatores de Crescimento Endotelial Vascular), 308
   antagonistas do, 174q

Verapamil, 381*q*
Vidarabina, 370*q*
Vigabatrina, 395*q*
Vitamina
  D, 81*f*, 82, 93, 96
    intoxicação pela, 82
    metabolismo da, 81*f*, 93
      defeitos no, 93
    preparações de, 96
Volume
  depleção do, 208
  efetivo, 208
    por subenchimento arterial, 208
  intravascular total, 208
  do ECF, 46
    correção de, 46
    da depleção, 46
    da expansão, 46
  líquido, 3
    do corpo, 3
    regulação do, 3
  plasmático, 4
    parte arterial, 4
      processos compensatórios, 6
    total, 4
  regulação de, 290
    na gravidez, 290
  sanguíneo, 4
  efetivo, 4
  total, 4
  sobrecarga de, 235
    na AKI, 235
  urinário, 113, 122
    baixo, 113
Voriconazol, 367*q*
VUR (Refluxo Vesicouretal), 129, 299*q*
  na gravidez, 303

W
Warfarina, 408*q*
Wegener
  granulomatose de, 167, 175*q*
    e hematúria, 167

X
XLH (Hipofosfatemia Ligada ao X), 102

Z
Zalcitabina, 371*q*
Zanamivir, 370*q*
Zidovudina, 371*q*
Ziprasidona, 405*q*
Zonisamida, 395*q*